現代中国研究叢書

中国教育学

王道俊、郭文安［主編］

小関禮子［監訳］

渡邊英子［訳］

樹立社

本書は、中華人民共和国国家教育省の委託により編成された。
普通高等教育における国家レベルで企画された教材であり、
全国の教員養成専門学校・大学で公共教育学の教育に供するものである。

本書第三版は以下の各賞を受賞している
国家図書賞ノミネート
全国高等教育優秀教科書賞
全国優秀哲学社会科学学術著作賞
呉玉章賞
全国優秀ベストセラー賞（文芸教育分野）
全国トップ10ベストセラー（文芸教育分野）

本書第六版は以下の各賞を受賞している
全国教育科学研究優秀成果一等賞
中国大学出版社優秀教材一等賞

普通高等教育国家級企画教材

教育学
（第七版）
王道俊 郭文安　監修

人民教育出版社

第7版の出版にあたり

　本書は、中国教育部の文科系教科書編纂・選定計画の重点プロジェクトであり、当人民教育出版社が中心になって華中師範大学など五つの大学の専門家や学者が共同編集した「教育学」 が元になっている。1978年に正式に編集作業が始まり、1980年に初版、1982年に第2版、1988年、1989年に第3版、第4版（新装版第1版、第2版）、1999年に第5版（新装版第3版）、2009年に第6版を出版している。発行以来、教師や学生から高い評価を得ており、全国高等教育優秀教科書賞、全国哲学・社会科学優秀教科書賞を受賞している。学芸賞、全国図書賞ノミネート賞、全国教育科学研究優秀業績第一位、中国大学出版会優秀教科書賞など各賞を受賞し、中国のベストセラー（文学・教育）のトップ10に選ばれている。第九次五カ年計画期間中には、中国教育部から「普通高等教育国家級企画教材」に指定された。何度かの改訂・増刷を重ね、これまでに600万部以上が発行され、新中国の教育学教材史に奇跡を起こした。中国の改革開放以来の古典的な教育学の教科書となった。

　本書は、以下のような特長を狙っている。

1. 先進的思考

　質の高い教育学の教科書を作るために、王道俊教授らは40年近くもマルクス主義を指針として、最善を尽くして教育の理念を体現してきた。この精神は教材の更新ごとに一層深く実践され、反映されている。

2. 広範な視点の堅持

　本書は、教育学という学問の特性を科学的に把握した上で、教育の理念と理論における矛盾し相反するものの統一に特別な注意を払っている。歴史的、発展的、弁証法的な視点を用いて、教育思想の異なる流派の見解を理解し、整理し、新しい理論的な高みに昇華していく。

3. 背景の豊饒さ

　本書は、歴代の教育改革の実践における経験知と一般的な傾向を反映しており、

教育の基礎理論として相対的に安定した信頼性を担保している。

4. 時代の反映

　本書の改訂ごとにその時代の特性や教育の発展と変化の新たなニーズを取り入れて概念や教材を積極的に更新し、教育理論研究の真髄を反映してきた。

　本書の著者群は、中国の教育分野の著名な学者である。苦心し尽力を惜しまず、時代を反映した先進的で科学的な実用に足る質の高い教材を作り上げていただけたと自負している。

　本書をより良いものにするために、読者の皆様からの貴重なご意見・ご感想を歓迎するものである。

人民教育出版社

教員教育カリキュラム・教材研究開発センター

2016 年 6 月

第六版序文

　本書「教育学」は、高等教員教育における基礎講座である教育学の教科書である。本書の執筆作業は、元々は中国教育部の第九次五カ年計画における全国共通教材プロジェクトに端を発している。1999 年には、本書の執筆スタッフの選任を始めたが、諸般の事情により、遅々として進まなかった。その間、人民教育出版社は、王道俊氏と王漢瀾氏の編著「教育学」（新版）の改訂を幾たびも依頼してきた。中国教育部の委託を受けて 1988 年に刊行された本書は、全国高等教育優良教材賞、全国優秀哲学・社会科学学術論文賞を受賞し、国家図書賞やトップ 10 のベストセラー（文学・教育）にノミネートされたが、その頃には既に刊行から 10 年以上経って、やや陳腐化し、確かに全面改訂しなければならないところまで来ていた。チームで同じ性質の本を 2 冊同時に別々に執筆することは現実的ではなく賢明でもないことから、アイデアや資料を更新して反映させるために「改訂」を中心に 2 冊を 1 冊にまとめるという戦略をとることを決めた。時代の特性の変化と新たなニーズを取り入れ、「教育学」（新装版）のよく知られたシステムや規範、方法を利用して「改訂」も考慮に入れる。このように本書を編纂することで、実際には二つの任務を同時に達成したとも言えよう。

　教材は人材育成における重要な資料であり、教育のための主なツールである。人材の質を高めるためには、先行して教材の質の向上を図らなければならない。特に現代では、科学技術が急速に進歩し、社会の発展と思想や生活様式の刷新が加速している。時代に適応した人材育成は急務となっている。世界各国が教育改革に注目し、時代のニーズに対応できる新世代の人材育成のために教育学の教材の更新を加速させている。もはや常態化しているといってよい。研究に比べれば非常に平凡で注目度の低い仕事だが、非常に重要な仕事であり、しっかりと取り組むべきプロジェクトだ。状況や課題の必要性から、1950 年代以降、当社は教育学の教材の新刊・改訂に多く参画し、この仕事の厳しさと重要性を深く認識している。

　編集者にとって、教育学教材の編集過程は、教育理論と実践の問題点を研究・調査することであり、また思想や認識の向上と教育概念の変化のプロセスといえる。思考レベルを高め、時代に合った正しい概念と方法で指導してこそ、現代的

で先進的な教材作成が可能となる。これは、当社が認識し、渇望し、希求し、心血を注いできたことである。以下、要点をあげる。

1. 人間中心の科学的発展観の思想指導を堅持

どのような観念が統合・集約された教材、教育課題を分析するのでも、編集において教材に時代の精神が反映されているかが、現代教育論のレベルと質の高さの鍵を握るといえる。これまでの教育学は、教育の発展と変化を分析する上で、常に歴史的唯物論的な視点と方法論を堅持しようとしてきたが、往々にして教育の発展を決定する社会の発展や教育の発展を決定する人間の発展が、一方的に強調されていることが多かった。その後、確かに人間教育の能動性や人間に対する理解は著しく向上し、進展していった。教育現場では特に自主性、能動性、創造性に重きが置かれるようになり、しかも教育の社会的機能が重視されるようになった。かくして、社会の社会的・物質的条件が人間と教育の能動性を制約することが軽視されている。しかも、自己と他者というテーマ、個人と集団というテーマをどのように対処するのか、異なるレベルと範囲の関係を利害関係や能動性をどのように調和させるかについては、理論的にはあまり明確に論じられていないと感じられている。人の主体性と創造性を強調しているだけでは、対人関係の問題を総合的かつ適切に解決することは難しい。現代において、世界でも人間中心を強調しすぎることにより単純に経済発展や利益だけを追求するための競争が過激になっていることを反省し始めている。環境汚染、生態系の不均衡、エネルギー危機などの深刻な問題と、人間の質を向上させ、共に生きることを学び、持続可能な開発などの新しい概念が重視されてきた。中国の改革開放の急速な発展の重要な節目で、中国共産党は社会と人間の発展に関する現代の国内及び国際的な歴史的な経験と教訓を賢明にまとめあげた。これにより、輝かしい科学的展望を打ち出し、第一に重要なのは発展であり、核心は人を基にすることであり、ベースとなる要求は包括的、協調的、持続可能な開発であり、基本的なアプローチは統一的に計画しながら、各方面にも配慮することにある。発展に関する科学的展望は、発展に関するマルクス主義的世界観と持続可能な発展のマルクス主義的概念という中国的特徴を持つ社会主義理論体系の重要な部分である。この方法論の集中的な具体化は、中国の社会主義近代化建設の道筋を示し、中国の教

育発展と改革、教育研究の基礎であり、教材開発には、科学的・理論的な基礎となる。人間の総合的な進歩と社会の総合的な発展の中で、教育は人材育成を目的とした仕事であり、社会史的活動主体の基礎を担う仲介者である。特に対人関係や人が従事する様々な事業のマネジメントに重点を置いている。教師と生徒を中心に、関係者全員の熱意、創造性、責任感を刺激するために、相互に制御し行動し、相互に関係を促進する。したがって、教育における様々な教育理論と実践の問題を議論する際には、人間本位の科学的な発展観の指導をしっかり行うことによってのみ、教育の理論と実践の問題を議論することができ、現代人の発達、教育の発展、社会の発展の複雑な関係をよりよく説明し、解決しうる。

2. 中国の社会発展の実情と今後の方向性を踏まえ、教育理論研究の本質と教育改革の時代を最大限に反映

　教育学教材が内容豊かで充実したものであるためには、教育認識と教育研究の輝かしい成果を蓄積し、現代の教育改革の動向や息吹を反映した「活きた水源を持つ」ものでなければならない。近現代において教育改革の波があり、歴史的な流れの中で有名な教育者やその名作が続々と登場してきた。教育学のみならず、哲学、心理学、社会学、人類学、文化学などの関連分野の急速な発展が教育理論を大きく変革させてきた。中国の社会主義近代化と中華民族の偉大な復興をどう進めていくか、旧来のやり方に固執せず、盲目的に真似することなく、そして、中国の文化的特性と社会発展の真のニーズを踏まえて、先人の理解の本質と思想の輝きを合理的に反映させ、名言・格言、発展過程における重要な理論的・実践的革新、現在の改革力学、最新の研究成果などを紹介している。これは、教材の知識基盤を充実させ、教材の理論的・知的レベルを高め、知的・理論的・実践的な啓発だけでなく、説得力や説明力にも必要不可欠なことである。各章の基本的な考え方や根拠、現在の問題点の探究と新たな展開への反映を充実させた。中国の教育理論と実践の発展の実態に焦点を当て、理論体系にも一部調整と気づきがある。

3．教育学の学問としての特徴を把握し、教育活動と直面する諸課題に焦点を当て、包括的、弁証法的、論理的、歴史的に教育理論の発展を解説

　西洋の産業革命以降、社会の経済的・政治的変化が加速し始め、それに伴って教育理論と実践は加速して発展し、変容してきた。異なる教育概念の分裂を刺激し、論争は研ぎ澄まされ、異なる教育学流派間の対立を引き起こし、並び立たず盛衰をもたらした。これは古いものから新しいものへと入れ替わるパターンであるが、衰退した流派は、その新しい状況の中で、無視できない価値を示すために、様相を変えて跋扈してくる。このようにして、歴史の中で複雑な勢力図が作り上げられてきた。カリキュラムや教育の分野における理論的な展開は、文系や理系、知識や能力の重視、学習能力の重視、道徳の重視、教え方と探究のどちらを重んじるか、子どもの発達に合わせているのか、教師の主導的な役割か、子どもの学習の能動性や自律性かなど、最も典型的な発展をしてきた。この種の議論は歴史の中で何度も繰り返され、時には一方が支配し、時には他方が支配することもあり、そのたびに新たな要因、意味合いや価値観が生まれる。実際、歴史的発展からみれば、そのような激論は対立する側と相互に依存し、拘束され、相互に影響し合い、促進し合うことを明らかにしている。教職理論と教職実践を継続的に発展させていくためには、反対と矛盾の闘争が内在しているということを認識しなければならない。しかし、私たち教育者は、自分の経験、洞察力、興味、あるいはある種の外部からの圧力や制限によって制限されているものだ。ある種の誤報、しばしば故意に、あるいは知らず知らずのうちに一方的に、あるいは恣意的に、一方の側または他方の側を支持し、他方を全否定して、一度気づいた時には、慌てて行き過ぎたことが教育改革の怠慢や浮き沈みを招き、生徒の人格形成に多くの不必要な重傷を負わせてしまうこともあった。このような教訓は非常に多く、常に心に留めておかなければならない。こうした状況をもたらす理由は主に、教育者のこの分野に対する知識不足や態度にある。本書は、議論の幅を広げる一助になればとの思いで編集された。

　本書の各章では、異なる視点からの相違点や論争を簡潔にレビューしており、これにより視野を広げ、知識を増やし、理論レベルを高め、考え方を変え、狭く盲目的などの一方向のジレンマから脱却するよう促している。自主的で現実的、総合的で弁証法的、論理的でダイナミックな分析と思考、科学的でタイムリーな

問題解決ができるよう構成している。各章の復習思考問題は、単なる復習で基本的な概念や原理を固めていくという従来のパターンを変え、分析力やディスカッション問題や実践的な演習で学生が主体的に考えて取り組むことができるように、また、学生自身が主体的な思考を持つことができるように工夫した。

また、執筆の過程では、非現実的な曖昧な議論にならないように配慮し、基本にそって読みやすく、教えやすい実用的な教材となるように配慮した。

以上が編集の願いと尽力した点であるが、力不足の点はあるだろう。効果は実践による検証を待たねばならない。まだ多くの欠点や不行き届きがあるだろうが、ぜひ諸兄の厳しい批評をお願いするものである。ご批判、ご意見は次回の改訂で活かしてまいりたい。

この教材の作成においては、人民教育出版社の多大な配慮とサポートをいただいた。胡寅生氏、劉立徳氏、韓華球氏など多くの同志からの励まし、助言、助力を頂戴し、編集の中で研究成果を参考引用させていただいた。心より感謝の意を表するものである。

本書は、王道俊と郭文安が編集を担当した。各章は以下のように分担した。

序章（涂艶国）、第一章「教育の概念」（涂艶国）、第二章「教育と発達」（涂艶国）、第三章「教育と社会の発展」（董澤芳）、第四章「教育のねらい」（王坤慶）、第五章「教育制度」（雁国灘）、第六章「課程」（郭元祥）、第七章「教授法（上）」（郭文安）、第八章「教授法（中）」（郭文安）、第九章「教授法（下）」（郭文安）、第十章「徳育」（杜時忠）、第十一章「美育」（王坤慶）、第十二章「体育」（王坤慶）、第十三章「総合実践活動」（郭元祥）、第十四章「学級担任」（杜時忠）、第十五章「教師」（呉航）、第十六章、「学校管理」（岳偉）。編集担当は全章を丁寧に見直し、程度の差こそあれ関連する内容を要約、改訂、加筆し、全編をまとめた。

編集者

2008 年 4 月

目　次

序　章 ………………………………………………………………………… 1
　　　復習思考問題　14

第一章　教育の概念 ……………………………………………………… 11
　第一節　教育について　16
　第二節　教育の基本要素　23
　第三節　教育の発展の歴史　28
　　　復習思考問題　36

第二章　教育と発達 ……………………………………………………… 39
　第一節　概論　40
　第二節　発達を支えるコンセプト　48
　第三節　発達における教育の役割　62
　　　復習思考問題　71

第三章　教育と社会の発展 ……………………………………………… 73
　第一節　教育の社会的制約性　74
　第二節　教育の社会的機能　80
　第三節　中国における教育と社会主義の構築　97
　　　復習思考問題　113

第四章　教育の目的 ……………………………………………………… 115
　第一節　教育の目的の概要　116
　第二節　マルクスの全人的発展の学説　126

第三節　中国の教育の目的　132
　　復習思考問題　148

第五章　教育制度 ……………………………………………………149
第一節　教育制度の概要　150
第二節　現代の学校教育制度　154
第三節　中国の学校教育制度　164
　　復習思考問題　172

第六章　教育課程 ……………………………………………………173
第一節　教育課程の概要　174
第二節　教育課程の設計　191
第三節　課程改革　203
　　復習思考問題　214

第七章　教学（上）……………………………………………………215
第一節　概論　216
第二節　教育カリキュラムの発展　221
第三節　教育カリキュラムの改革　240
　　復習思考問題　286

第八章　教学（中）……………………………………………………287
第四節　教学の原則　288
第五節　教学の方法　317
　　復習思考問題　338

xiii

第九章　教学（下） ……………………………………………………339

第六節　教学の構成　340

第七節　教学の評価　362

　復習思考問題　383

第十章　徳　育 ……………………………………………………385

第一節　徳育のあらまし　386

第二節　品徳発展の法則　403

第三節　徳育過程　414

第四節　徳育の原則　424

第五節　徳育のルートと方法　448

　復習思考問題　472

第十一章　美　育 ……………………………………………………475

第一節　美育のあらまし　476

第二節　美育の任務と内容　489

第三節　美育の実施　501

　復習思考問題　516

第十二章　体　育 ……………………………………………………519

第一節　体育のあらまし　520

第二節　体育課程の基本要素と法則　531

第三節　生徒の成長を促す体育基本方針　541

　復習思考問題　549

第十三章　総合実践活動 ……………………………………………551

第一節　総合実践活動のあらまし　552

第二節　総合実践活動の案出と実施　561

　　復習思考問題　576

第十四章　学級担任 ……………………………………577

第一節　学級担任の仕事のあらまし　578

第二節　学級集団の育成　583

第三節　学級担任の仕事の内容と方法　598

　　復習思考問題　615

第十五章　教師論 ……………………………………617

第一節　教師の仕事のあらまし　618

第二節　教師の資質　631

第三節　教師の育成と向上　636

　　復習思考問題　645

十六章　学校管理 ……………………………………647

第一節　学校管理のあらまし　648

第二節　学校管理の目標とプロセス　655

第三節　学校管理の内容と要件　662

第四節　学校管理の発展趨勢　674

　　復習思考問題　681

監訳者挨拶　682

序　章

一、教育学の研究対象について

　すべての科学や学問には研究対象が存在する。主体（研究者、学者）は、明確な研究対象を設定することで、対象に向けた理解や実践活動を効果的に行うことができ、客観的理解と実践から生まれた課題について研修を深めまとめることにより、研究対象の本質、法則性、価値や変化を明らかにし、段階を踏んで体系的な科学や学問の理論へと深化させることができる。科学や学問分野によりそれぞれの研究対象があり、その研究対象の理解と研究こそが科学や学問の基礎であり、研究対象のない体系的な科学や学問は存在しない。科学研究というものは、研究対象が明確に定義されている場合にのみ、効果的に実施することができる。

　教育学とは、教育活動を学問の対象とする学問である。しかし、教育は自己完結型の自然存在ではなく、人間を育成するために人為的に構築された極めて複雑な社会的存在であり社会活動システムである。その核となるテーマは、人間の発達を導き、育成し、規律することにあり、どのような人間をどのように育成すれば効果的に育成できるかというテーマの答えを得ることである。それは社会や人間の発展とともに進化し、変化していく。人間を育成する教育は複雑でダイナミックなものであり、十分かつ深く理解するには、まだ程遠い道のりであるが、歴史的に特に近代教育学の文脈の中で、教育学は、教育活動における現象や研究と教育の本質を明らかにすることの重要性を認識してきたといえる。以下、主な点を挙げる。

　まず、教育の規律を明らかにすることに重点を置いている。

　いわゆる教育の規律とは、人の意思に左右される教育の中の様々な要因と教育とそれ以外のものとの間の関係の本質的な関連、及び教育の進展と変化のプロセスの規則性をいう。古来、中国の教育思想と経験は、人間を育てる上での教育経験とその課題研究と経験から生まれたものである。例えば「学記」に「建国君民，教学為先」（国を建て民に君たるに、教学を先と為す）と「道而弗牽，強而弗抑，開而弗達」（君子の教するや、導きて牽かず、強めしめて抑へず、開きて達せしめず）とあるように、貴重な体験のすべては教育の規則性に反映している。中でも近現代の西洋における教育学では、教育は子どもの自然な発達に合わせた

ものでなければならず、社会の経済的、政治的な発展の要請に応えることを追求している。また、教育の基本的な規則性を明確に理解したうえで、より包括的に深く教育の発展の規則性をしっかりと効率的に探究し、教育学の科学的、体系的、実践的な教育への発展を明らかにしている。教育学の課題は、教育現象や課題を研究する中で、教育経験を総括し、様々な検証可能な客観的な教育原理（マクロ、ミクロ）を明らかにすることである。そして、教育業務の原理・原則・方法・組織の有効性を明らかにし、教育者に理論的・方法論的根拠を提供することにある。その意味で、教育学とは教育現象や教育問題の研究を通して、教育の規則性を明らかにする学問である。教育における教育規律の研究は十分ではなく、教育学の科学性の強化と改善がまだまだ必要であることは認めるべきである。

　第二に、教育の価値を探ることに重点を置いている。
　教育というのは、規則的な活動体系だけでなく、人が追求する価値がある活動体系の一種である。人は教育活動を行っていく中で、常に意識的にも無意識的にも、生きる意味や社会的理想の選択や要求を出発点とし、教育的価値観を形成する。したがって、教育が人間の発達を導き規範となるために、教育活動に従事する者は、教育活動において、真摯に教育の価値や問題を探究し、正しい価値を選んで合理的に良心的な教育を立案しなければならない。例えば、孔子の教育の目的は、封建的な道徳をもって「学者」「紳士」「賢者」を育成することであり、孟子は「人倫を明らかにする」という道徳至上主義という教育の目的を主張した。「夏曰校，殷曰序，周曰庠，学則三代共之：皆所以明人倫也。人倫明于上，小民親于下」（夏は校と曰い、殷は序と曰い、周は庠と曰う。學は則ち三代之を共にす。皆人倫を明らかにする所以なり。人倫上に明らかにして、小民下に親しむ。）。すなわち夏の時代は校と言い、殷の時代は序と言い、周の時代は庠と言ったが、都の学校である學は夏・殷・周の三代を通じて同じ名称だった。この目的は、古代中国、いや、封建社会のすべての時代における教育の目的であり、その価値志向は非常に明確であった。古代の学校教育は、その教育目的の価値観に基づき、課程の内容、教育組織、教師と生徒の関係、教育方法、学校運営などの様々な側面において、明確で強い価値観の要求があったのであろう。孔子や孟子の教育の価値志向に対する考え方がどうであれ、人間を育てるための教育活動の価値選択

性・規定性は必然であり、社会や人間の発展とともに前方に進化していくものであることだけは、教育の固有かつ本質的な属性であると理解すべきだろう。

　現実の社会生活では、ルールだけで価値観を中立に保つとか、それを否定するような教育は存在しない。教育は主観的な活動であり、対象者の状況や要求に応じて人間の発達に配慮しなければならず、人間の理想や目標に応じた価値観を選択し、人間形成の道すじや方法を導き指し示す学問である。したがって、教育を学問の対象とする教育学は、教育の価値観や概念、あるいは教育のあるべき姿を探求する学問である。科学主義者は、おそらく教育的価値観を探求する教育学を受け付けず、教育原則の探求に専念するだろうが、人々が教育の価値観や価値観が目指す公正性、合理性、必要性を議論することを抹消することはできない。原則論ばかりで価値観を否定するような教育学でさえ実際にはある種の教育的価値観を表現しているとさえいえる。このように、教育学が教育の価値観を探求するかどうかではなく、教育学が設定した価値観の方向性が本当に人間の存在と人格形成にとって有益なものかどうかが問題なのであり、社会の公正で調和のとれた発展に資するものであるかが、教育の価値を判断するための基本的な基準となる。それでも人によって教育原則の理解度に差があるとすれば、教育の価値の理解度にはより多くの議論があるのも不思議ではない。多くの教育学の流派が林立しているのは、必ずしも教育原則の理解の違いによるものではなく、有する教育の価値観の違いによるものであることが多い。教育における価値観の研究があまりに不十分であることに留意すべきだろう。教育の価値観において選択の多様性を尊重する必要がある一方で、それは現実の人間の現実の生存や将来の展望に関わる問題であるとの見方も必要だ。それぞれが正しいかもしれず誤りかもしれないが、それを調和させて組み合わせるためには、慎重な対話や議論を経なければなるまい。ある意味、今の時代は、国も世界も人類の生存と未来を作り出そうとする人間の活動の実態が生み出す危機に直面している。社会の発展と人類の未来は、人間が自覚して選択し創造していくことに大きく左右されることから、教育の価値という課題の重要性がますます問われるようになっている。教育学の研究と教育の実践において重要な位置を占めている。

　教育原則に則って教育を運営していくべきだとよくいわれる。中国では、教育原則に基づいて教育を行えば、事業は円滑に発展し、成功をおさめることが実践

で証明されている。教育原則に抵触すると、教育の仕事は難しくなり、教育がうまくいかなくなるものだ。しかし、教育の原則に沿うということは機械的にそれに従うだけでいいということではない。客観的な原則の必要性は、実践が機械的で独善的、受動的であることとは一致しない。教育実践の過程で人々は、原則を把握することで、可能な範囲で様々な価値の選択で能動的であることができる。もちろん、必要な基礎の上でこそ自由にあるべき姿を追求し、実践を探究できる。すなわち教育的価値の追求は、教育原則の遵守と矛盾しない。それは、意識的に原則に従うことを前提にしているからこそ、価値の選択が対象者の実践に影響を与え、導くことになる。したがって、教育学研究は、教育を改革・革新する活動の中で、複数の可能性と統一された選択肢、現実と理想、客観的法則と主観的動態の弁証法的統一性に焦点を当てることが多いのである。

　次に、教育の芸術を探求することに重点を置いている。

　教育とは、教育者と教育対象との相互作用である。教育者には、それぞれの経験や人生経験、教育スタイルがある。教育の受け手もまた、個々の特性を持った生きている人間である。被教育者は自分の主観的な意志、自分の感情、自分の理解を持っていて、反応し、選択する。たとえ彼らが受け入れようとしたとしても、彼らの理解、認識、適用、改善、自己努力によってのみ、彼らの知性と感情を内在化し、人格の自由で包括的な発展を促進することができるのだ。したがって、人間の教育は、才能、精神性、潜在能力、ダイナミズム、好奇心、活力に満ちた活動でなければならず、決まった方法や手段があるわけでもなく、単純で、機械的、強制的であってはならないのである。その意味で、教育とは芸術であり、教育方法や知恵、子どもの内なるモチベーションを発揚し、向上させる動力になることに最も関心を置き、最も創造的で個性的な芸術であるといえるだろう。問題は、教育学が教育の法則や価値の研究において不十分であるばかりでなく、教育の芸術の探求において更に不十分であることである。

　つまり、教育学とは、人間を育てるという教育活動を学問の対象とし、教育の現象や課題を研究し、教育の本質や教育芸術、教育原則や価値観、芸術を明らかにする学問である。どのような人を育てればいいのか、どのように育てればいいのかという二つの基本的な課題に答えることを使命とし、そのロジックは「目的と手段」の構造になっており、教育の基本的な考え方や理論を重視する。

また、教育学研究の対象を正しく理解し、教育を学ぶことの価値と課題を深く理解するためには、以下の二つの課題を明らかにする必要がある。

　第一として、教育学は教育方針や政策とは異なるということだ。教育学の仕事は、教育原則を明らかにし、教育の価値と芸術を探求することである。一方、教育方針や教育要領とは、一定の社会や人間の開発の必要に応じて人々が策定する教育作業の指針のことで、これらは国の意思を反映し、法的効力を持ち、これに従い実施されなければならないものだ。中国の教育政策も科学的な概念と方法に基づいており、教育の客観的な原則や価値規範を反映して策定されているが、教育政策と教育学はまだ混同して語るべきではない。教育学は、理論的な研究や探求を重視する学問として、議論の余地が広く、教育政策の策定根拠となる可能性があるが、必ずしも国の意思を反映しているわけではなく、ましてや法的効力を持つものではない。教育学が教育実践に与える影響は、主に教育理論や概念上の指導である。教育学は、教育政策に関する問題点を明らかにし、それに基づいて行われることもあるが、常に理論的な探究を維持し、教育方針・指導要領の解釈権はなく、教育方針・指導要領は教育学研究の主要な対象でなく、最終的な根拠でもない。教育学の主な仕事が教育政策の精緻化と正当化にあるとすれば、教育原則や教育の価値観、教育芸術のような教育理論の議論の研究をおろそかにすることになり、本末転倒で教育学の地位と役割の弱体化・消滅につながりかねない。

　第二に、教育学は教育経験の集大成とは異なる。教育経験は具体的で、生き生きとしていて、価値のあるものだが、感情的で、表面的で、部分的で、断片的なものだ。教育原則、教育価値観、教育芸術などを含むものだが、それらに突出したものではない。教育経験を学ぶことは重要だが、学ぶべきは教育経験の手順の丸写しではなく精神の本質である。もちろん、教育学は教育の実践経験から切り離すことはできない。教育の実体験がなければ、教育学は根無し草に他ならない。教育経験を大切にすべきだが、教育学を教育経験の集大成にして、単なる教育経験の発表だけで満足してはいけない。教育学を豊かにし、発展させるために、教育経験から教育原則、教育の価値観、更には教育の芸術までを引き出し、教育の実践経験を理論的なレベルに引き上げることが重要だ。

　要するに、教育学は教育原則を明らかにし、教育の価値を論じ、教育の芸術を論じる学問であるから、教育学の研究を通じて、我々は教育の基本的な理論を

把握し、教育の正しい概念を確立することができる。そして、教育の仕事に従事する自覚、創造性を向上させ、盲目的な仕事の仕方を避け、教育への関心を高め、人民教育への情熱を深めて、教育のプロフェッショナルな思考を確立していくことで、社会主義建設の人材育成のために、より一層貢献していくことができる。教育学を学ばなくても教育で教えて良い仕事ができるという考えは、一方的で非現実的であり、教師の質と教育の質の向上にはつながらない。

教育とは社会現象であり、社会とともに変化するもので、異なる社会の中では教育学で研究する教育や実践は異なり、研究者により視点とアプローチが異なり、それぞれの教育学がある。今日、中国の教育学は、マルクス主義の指導の下、中国古来の教育遺産の継承を批判し、外国の有益な教育経験から学ぼうとしている。教育の普遍的な原則と中国の社会主義的な特徴ある教育の概念や原理を明らかにして、中国の社会主義の教育実践に用いることにより、人間の全面的な自由な発展と中国社会主義の近代化に役立てようとしている。本書もまた、中国社会の実情や世界の動向を踏まえた上での試みであり、実事求是で人間を基にした思考で編纂した。言うまでもなく、これはあくまでも私たちの主観的な要求でしかない。

二、教育学の発生と発展について

教育学には長い歴史があり、その歴史を簡潔に理解することは、教育学の研究や発展で重要な意義がある。

教育学は、社会の発展と人類の教育経験の蓄積に伴い、徐々に形成され発展してきた学問である。その発生と発展は、以下の四つの段階に大別できる。

（一）教育学の萌芽段階

古代社会において、教育学はその黎明期にあり、独立した学問を形成していなかった。古代の思想家や教育者の教育思想は、彼らの哲学や倫理学、政治学の作品の中に含まれている。例えば、古代中国の教育者である孔子（前551〜前479年）の著書『論語』には、哲学、倫理、政治、教育に関係する言論が含まれている。古代ギリシャの哲学者プラトン（Plato、前427〜前347）の教育思想は、彼の政治学の著作『国家論』という本に描かれている。

人類史上、教育をテーマにした最初の著作は中国の『学記』だった。戦国時代末期頃に儒家の思孟学派によって書かれたものだ。海外の教育に関する最古の著作である古代ローマの教育者M.F.クインティリアヌス（M. F. Quintilianus 35-96）が『弁論家の教育』を書いたよりも約三百年前だったことは重要な意味がある。『学記』は、中国の古代教育の経験と儒教の教育思想を高度にまとめたもので、1,229語で構成されている。古代における教育の役割、学校教育制度、教育原則や方法、教師と生徒の関係性などが精緻に論じられ、時代を超えた名著であり、今でも学ぶところは多い。

（二）教育学の独立形成段階

近代になり生産や科学が発展するに従い、資産階級は必要な人材を育成し、教育理念を明確にするために、教育の取り組みと方法、教育における経験の体系的な要約でイノベーションを起こし、やや体系化された教育学が誕生した。

1632年、チェコの有名な教育者コメニウス（J. A. Comenius, 1592-1670）は『大教授学』を著した。これは、近代教育学に関する最も初期の著作である。この書では、初等教育普及の考え方を紹介し、学級制や指導の内容・原理・方法について論じた。教職を高く評価し、教師の役割を重視した。これらの主張は、新しい教育理念と実践を広める上で重要な役割を果たした。

1762年、フランスの突出した啓蒙思想家であるルソー（J. J. Rousseau, 1712-1778）は小説の形式の教育の名著『エミール』を発表したが、これは彼の教育に対する自然主義的な考えを体系的に説明したものである。ルソーは、教育の仮説的対象であるエミールを「モデル」として用いて、個人の自然年齢段階における教育についての彼自身の考えを説明している。年齢ごとの個別教育の目的、重点、内容、方法など、様々な課題について独特な洞察をみることができる。本書の最大の功績は、子どもの成長と教育の関係を研究することによって新たな教育研究分野を開拓し、教育過程における子どもの地位を高め、現代の教育思想の転換に貢献したことである。

1776〜1787年の間に、ドイツの有名な哲学者カント（I. Kant, 1724-1804）は、前後4回にわたりケーニヒスベルク大学で教育学の講義を行った。大学に教育学講座を開設した最初の教授の一人である。その後、ケーニヒスベルク大学のカン

トの後を継いで、ヘルバルト（J. F. Herbart, 1776-1841）が、ケーニヒスベルク大学の教育学を引き継ぎ、1806年には『一般教育学』を出版。この書は「序論」「教育の一般的目的」「関心の多面性（教職）」「人格の道徳力（道徳教育）」の四つのセクションに分かれており、教育学が独立した学問としてのメルクマールとなっている。

この段階では、教育学における教育問題の研究は、既に経験的な記述から理論的な記述へと移行し、心身の発達と天性など子どものニーズに合わせた教育の必要性が強調されるようになり、心理学の知識を使って教育問題に取り組み始めるようになった。

三、教育学の多様化段階

科学技術の発達と心理学、社会学、倫理学、政治学などの学問の台頭により、教育学は単に関連する概念だけでなく、社会学や心理学の実験的方法を用いて教育問題を研究するようになり、教育学は科学的発展の道へさらなる一歩を進めるようになった。世界中で、1850年代以降、社会状況、研究方法、教育に対する認識の異なる様々な教育学が登場した。

1861年、イギリス資産階級の思想家・社会学者であるスペンサー（H. Spencer, 1820-1903）の『教育論』が出版された。スペンサーは思弁哲学を否定し、科学とは経験的事実の記述と記録であると主張した実証主義者である。彼は、充実した人生を送るための準備をすることが教育の仕事であると提唱した。人間の生活を以下のように分類した。

1. 自己を守るために直接寄与する活動
2. 生活必需品の獲得から間接的に自己防衛に資する活動
3. 子孫の育成・教育を目的とした活動
4. 正常な社会的・政治的関係の維持に関する活動
5. 人生の余暇時間を趣味や愛情を満足するための活動

これに基づいて、生理学、衛生学、数学、力学、物理学、化学、地学、生物学などの実践的な学問の重要性を強調している。彼は古典や文学の教育に非を唱えた。また「戦場での勝敗は兵士の体力に左右されることが多いだけでなく、市場

での競争も生産者の持久力によって決まるところが大きい」と体育にも力点を置いた。教授法の面では、自発的に生徒が学ぶよう啓発することをスペンサーは提唱し、形式教育に反対し、実践的な教育を重視した。これは19世紀の大工業生産時代における教育に対する要求が、明らかに実用主義的な性格を持っていたことを反映している。

1901年、ドイツのモイマン（E. Meumann, 1862-1915）は「実験教育学」を導入した。彼は、過去の教育学はしばしば実践と対立するものであり、理論や偶然の経験だけを結論に反映させないためには、実験を用いて子どもの生活や学習を研究しなければならないと主張した。もう一人、ドイツ人教育者であるレイ（W. A. Lay, 1862-1926）も1908年に『実験教育学』を出版している。レイによれば、教育とは、人間の成長のための実際の指導であり、生物−社会（バイオコミュニティ）において完全な個性を作り上げることを目的とする。教育の基本は活動と表現であり、活動の各単位には三つのプロセスがあるとしている。すなわち、刺激−連想−反応、または印象−同化−表現、または観察−精神的な消化（理解）−発現だ。彼は、教育におけるあらゆる受動、受容、吸収は、活動、表現、構築、創造に代わるべきだと提唱した。これらの理論は洞察力に富み、教育の重要な進歩であることは間違いない。しかし、実験方法を教育研究における唯一有効な手段として過大評価すると、教育学を「科学主義」の迷路に誘導してしまう恐れがある。

19世紀後半から20世紀初頭にかけて、アメリカのデューイ（J. Dewey, 1859-1952）は、プラグマティズム教育哲学を創設した。デューイはどのような教育を目指したのか？著書『明日の学校』では、まずルソーのエミールの格言を引用して、教育は自然な発達を意味することを説明している。デューイによると、人間の経験の獲得は、連続性と相互作用の原則に従わなければならない。彼は経験論を起点に「教育は生活」「教育は成長」「教育は経験の不断の再構築であり変革」「なすことによって学ぶ」「子ども中心」「学校と社会」など、民主主義の理想を実現するための手段としての新しい教育の考え方を明確に打ち出した。デューイの「子ども中心」教育は、子どもたちの教育の解放であり、伝統的な教育思想を現代的な教育思想へと転換させる重要なメルクマールである。そのため、デューイの教育理論や実験は大きな意味を持ち、世界に多大な影響を与えた。以

来、教育の分野では、ヘルバルトに代表される伝統的な教育学派と、デューイに
代表される近代的な教育学派の対立が続いてきた。

ロシアの 10 月革命以降、20 年以上の教育改革を経て、相反する両極の経験
をまとめ、1939 年にカイロフ（И. А. Каирова, 1893-1978）を総編集長とする
『教育学』が出版された。この本は、社会主義教育原則をマルクス主義的な視点
と方法で解明しようとする教育学で、ソ連と中国に非常に大きな影響力を与え
た。17 ～ 19 世紀のヨーロッパの伝統的な教育思想を踏襲しながら、体系的な知
識、学級指導、教師の主導的役割を重視したところに積極的意味合いがあったが、
生徒の主体性や知性の育成の向上、人格の育成に対する取り組みには配慮不足や
研究が未踏である部分があった。

近代中国では、1901 年に王国衛が日本の立花銑三郎の『教育学』を翻訳して
以来（『教育世界』に掲載）、一方では海外の教育学を翻訳して紹介し、他方では
独自の教育学を生み出すようになった。

1919 年から 1949 年にかけて、中国の学者が編纂した教育学に関する本が次々
と出版された。中でも影響力があったのは、舒新城の『教育通論』（中華書館
1927 年版）、庄澤宣の『教育概論』（中華書館　1928 年版）と、范寿康の『教育
概論』（開明書店　1931 年版）、孟憲承の『教育概論』（商務印書館　1933 年版）、
呉俊升・王西征による『教育概論』（正中書局　1935 年版）などがある。これら
の作品は、中国における近代的な教育分野の構築に決定的な役割を果たした。

中国の新民主主義革命の時には、楊賢江（1895-1931）が 1930 年に李浩吾のペ
ンネームで著した『新教育大綱』がある。これは、マルクス主義の視点から教育
を論じようとした中国で初めての本である。本書では、教育の本質と役割を論じ、
教育を社会の上部構造の一つとして捉え、社会の中で生計を立てるための手段で
あり、階級闘争の道具であり、教育論において一定の啓発の役割を果たしてきた。

新中国成立後の 1950 ～ 60 年代、マルクス主義に導かれた大多数の教育論者は、
中国の旧解放区や新中国成立後の教育の経験をまとめ、教育学の著書が多く編纂
され、マルクス主義教育学の中国における創建段階といえる。

四、教育学理論の深化段階

　1960 年代以降、科学技術の急激な発達により、人材の育成と活用が生産性向上や経済発展の主な要因となり、グローバルな新しい教育改革をもたらし、教育学の発展に寄与した。また、教育学が社会学、経済学、心理学などと互いに深く連携するようになり、影響を与えあうようになった。サイバネティックや情報理論、システム理論、複雑系科学の知的アプローチの影響も避けられなくなった。このように、ここ数十年、教育学は様々な国で理論的に深化し、豊かになり、発展してきた。これにより以下に挙げる教育学の名著も生み出されたのである。

　1956 年、アメリカの心理学者ブルーム（B. S. Bloom, 1913-1999）が教育目標の分類体系（訳者注：タキソノミー）を開発した。彼は、教育目標を認知、情意、精神運動の三つの領域に大きく分け、それぞれを階層化、細分化し、低いところから高いところまで段階的に配列した。ブルームの教育目標の分類は、教師が教育の目的と課題をより慎重に定義するのに役立ち、教育活動の過程や教育評価の実施における方法や枠組みを観察、分析するための基礎を提供したが、情意や精神運動の目標の精緻化は更に研究する必要がある。

　1963 年にアメリカの教育心理学者ブルーナー（J. S. Bruner, 1915-2016）は著書『教育の過程』を発表した。彼は「どの教科でも、子どもにその学問の基礎構造を理解させなくてはならない」という仮説を提示した。また、「どの教科でも、知的性格をそのままに保って、発達のどの段階のどの子どもにも効果的に教えることができる」と考えていた。子どもの能力開発に特に力を入れ、発見学習（learning by discover）を提唱した。教材の選択や生徒の能力開発についてブルーナーは肯定的に考えていたが、子どもたちが早くから科学を学べるという主張は簡単には進められなかった。

　1958 年、ソビエトの心理学者で教育者のザンコフ（L. V. Занков, 1901-1977）は、『ソ連の教育学』誌に掲載された「子どもの教育と発達の相互関係」についてまとめた「教育と発達の問題について」という文章で、教育学は教育と子どもの心理的発達の関係を重視すべきで、同時に子どもの発達の内的原因、内的矛盾が発達において重要な要素であると強調した。彼が編集を担当した『教職と発達』は 1975 年に出版された。本書は、1957 年から 1974 年にかけて行われた彼

の教育学改革の実験をまとめたもので、実験教育学理論の体系を網羅的に説明している。伝統的なソ連の教育学理論が学生の知力の発達を軽視してきたことを批判し、学生の発達に先んじて教育が行われるべきで、学生の通常の発達を促進することを強調している。ザンコフの教育学理論は、かつてソ連の学制や教育改革の大きな原動力となった。

1972年から旧ソビエト連邦は、ソ連教育科学アカデミー副学長ババンスキー（J. K. Бабанский, 1927-1987）の教育と学習プロセスの最適化に関する数冊の本のシリーズを相次いで出版した。ババンスキーによれば、教育はシステムとして捉えられるべきであり、システム全体とその一部、部分と部分の関係、システムとその環境の関係という観点から彼は、教育を最適に扱うために、その相互関係や相互作用の文脈の中で教育を研究した。彼は、教育学的プロセスを、社会的要素（目的、内容）、心理的要素（動機、意志、感情、思考など）、管理的要素（計画、組織、調整、管理）に分割した。ババンスキーは、現代システム論の方法を教育学の研究に導入し、教育論の科学的側面を新たに探求した。

ここ数十年、中国の教育者の大半はマルクス主義を指針とし、中国の教育の発展と改革における主要な実践的・理論的課題を研究してきた。教育の実践経験を真摯に総括し、貴重な中国の教育遺産を継承し、海外の有益な教育理論を取り入れながら、教育学の科学的水準を向上させ、中国の特色を持った教育理論と実践を推進し、多くの分野で実りある結果が出ている。

第一に、教育概念や教育方法論の変革と更新を進めることで、教育理論と教育実践を発展させてきた。

第二に、教育学の台頭と発展により、一般教育、中等教育、初等教育、就学前教育、高等教育、職業教育、成人教育、特別教育、カリキュラム論、教職論、道徳教育など多くの分野が徐々に形成されてきたことが挙げられる。同時に他の学問との交流により、教育心理学、教育哲学、教育統計学、教育経済学、教育社会学、教育管理学や各学科の教育学が形成され、教育技術学、教育人類学、教育未来学などを生み出してきた。

第三に、主体的かつ積極的に様々な教育実験を深化させ、教育理論と実践の統合を推進し、様々な教育実験間で互いに競い合って学び合い、発展してきている。

第四に、教育実践の中で思慮深く経験豊富で、多くの貴重な研究成果をあげて

いる学者的な教師が数多く出現していることである。彼らは教育実践の現場の活力を大きく高めている。

第五に、特定のテーマについて広範な研究が行われている。特に博士課程の学生グループは、この分野に積極的に取り組んでおり、彼らの学術的な専門書が多数出版されており、中国において現代教育概念の普及や運用、イノベーションを促進している。

要するに、教育学の発展という観点から、一般教育学（通称でいうところの教育学）とは、一般的な原理と初等・中等教育を学ぶ学問である。したがって、教育学は、教育学科体系の発展のために、創造的で原則的で、根本的な役割を果たしている。教育学の発展、充実、進歩は、様々な教育の分岐的な各種学問の形成と発展を促進し、指導し、規制するのに役立つ。当然、教育学も、教育の諸分野の発生や発展、革新から新たな視点や方法を引き出し、自らを豊かにし、向上させていくことが必要である。我々が編纂してきたこの教育学という本は、一般教育学の教科書である。

復習思考問題

1. 教育学の研究対象は何か？ 教育学が教育方針や経験の集大成とは異なる理由を述べよ。

2. 「教育は教育原則に則って行わなければならない」という主張について事例を挙げて説明せよ。

3. 自分の教育経験を振り返り、教育に対する認識が教育実践にどのような影響を与えたのか、いくつかの例を挙げよ。現代教育における教育実践の認識について、混乱や葛藤を経験したことはあるか？

4. 教育が芸術であるということは、教育が創造的な活動であると言っても過言ではない。新しい教育経験を創造し、自分なりの教育スタイルをどのように展開していこうと考えているのだろうか。この問いを念頭に置いて、本書の学習・考察を進めることを期待する。

5. あなたが教育学を学ぶ上でもっている認識と要求を述べよ。

第一章

教育の概念

教育とは何か？ これは、教育学で研究すべき基本的な概念であり、基礎理論の課題であり、教育者が明確に把握しなければならない問題である。

第一節　教育について

一、人間の自己再生としての教育

（一）人間の生活の継続と再生のための必要条件としての教育

　人類は、自らの生活を継続し、再生し、向上させるために、認識と実践のプロセスの中で、社会生活を少しずつ生み出し、まとめ、積み重ねてきた。生産や組織ガバナンスの経験は、ある種の生活習慣、道徳規範、政治思想、組織秩序の形成につながってきた。部族や国家の既存の社会生活を維持・永続させるために上の世代が蓄積してきた生産や労働、社会的・政治的秩序に関する経験を次の世代は生かさなければならない。同時に、新たに生まれた個人は、若くて何も知らない幼児から社会で生産に携わる人へと成長していくだろう。すなわち生物学的な人間から社会的な人間への変容には、大人の育成や教育も必要であり、それが教育を生みだしてきた。したがって、教育は人間の社会活動を育成し、新しい世代の成長と社会生活の継続と発展に不可欠な活動である。その意味で、教育は人間社会の永劫的な領域であり、昔から人間社会の一部である。また、社会における経済、政治、文化の発展に伴い、人類が蓄積してきた知識はますます豊かになり、教育が人類の発展と社会に与える影響も大きくなるだろう。

（二）人間社会特有の現象としての教育

　教育は人間社会特有の現象であり、その他の動物界には見られない。動物の中には、人間の子育てと似たような方法で幼い子どもの世話をするものもいるが、それは動物の本能的な活動だ。つまり動物の種族が長い生物学的進化の過程で開発し、染色体で遺伝する行動遺伝子として表面化する、プログラムされた一連の行動であり、動物の幼生が特定の発達段階に達し、特定の環境条件によって

刺激されるたびに自発的に発現するものである。動物界は、人間のような高度に発達した言語や思考をもっているわけではなく、意識的に道具を作ったり、自然を理解し変容させたり、生産や生活の経験を蓄積していくわけでもなく、個々の活動の経験を伝達するための言語ももたない。すなわち、目的のある教育活動を生み出すことはできない。エンゲルスはかつて「要するに、動物は外的自然を利用するだけである、自然界に変化をもたらすと言ってもそれはそこに存在することでに過ぎない。（訳者注：一部中略あり）これに対し人は、自然をして人間の役に立つように作り変える、つまり自然を支配するのである」と指摘した。マルクスは「資本論」の中で、この問題を鮮やかなたとえで説明した。「クモの活動は機織りに似ているし、ミツバチの巣作りの技術は、地球上の多くの建築家を凌駕している。しかし、最も下手な建築家が最も器用な蜂よりも最初から優れているのは、蜜蝋で巣を作る前に自分の頭の中で巣を作ってしまっているところだ」と。つまり、人間だけが、客観的な世界の知識と自分のニーズという二つの尺度で、現実にはまだ存在しない実践のモデルを概念的に頭の中に構築することができ、既存の世界を人間の存在に適した世界へと変容させていくことができる。それはまさに、世界を変える経験を次世代に伝える必要があるからであり、彼らが対象意識、自己認識、実践意図を形成するのに役立ち、教育活動をプロデュースする力だ。動物界には教育があるといったり、教育は生物学的な衝動であると考える学者もいる。このような考えは、教育の社会性、目的、使命を無視し、人間と動物の根本的な違いを見ようとしないもので、非科学的である。

二、教育という言葉の由来

教育そのものが進化し、人々の認識が広がっていく中で、教育のもつ意味も変わってきている。中国では、甲骨文字に「教」「育」という二文字が初めて登場した。「教」は甲骨文字の中で「」である。人が鞭を持って占いを行い、子どもたちに習い事を指導しているイメージである。「育」は甲骨文字の中で「」であり、子育てをしている女性の姿だ。先秦以前の古文では、ほとんどが「教」という言葉だけを使って教育を論じている。「教」と「育」という二文字を一緒に使用した最古の人物は、孟子（約前372～前289年）で、彼は「天下の英才を

得て、之を教育するは、三楽なり」と述べている。欧米では、英語では「教育」を表すのに education、フランス語では éducation、ドイツ語では erziehung という言葉を使っている。ラテン語の単語 eduiêre から派生したもので、ラテン語の単語 eduiêre は動詞 educêre から派生したものだ。この「e」から始まるラテン語は「出る」という意味があり、ラテン語の ducêre には「引く」という意味がある。このように、「教育」という言葉には「引き出す」という意味がある。

　しかし、古今東西、教育とは何かについては様々な解釈がある。例えば、孟子は、人間の本性は本質的に善であると考えており、教育の意味は本質的な善が保たれるように「善なる心を保ち、その性質を育てる」ことにあるとしている。荀子（約前 313 ～前 238 年）は、人間は本質的に悪であると考え、教育の役割は「悪なる情性を化し偽を起し善を積む」ように、人としての本性を人となるように矯正することであるとした。彼の見解では、「善を以て人を先く、これを教と謂う」という。一方、『学記』では、「教えなるものは、善を長じて其の失を救うものなり」としている。東漢時代の徐沈は、その著書『説文解字』の中で「教とは、上の施す所を下の効う所なり」と述べている。「育とは、子を養って善をなさしむる」と言っている。ルソーは「教育は子どもの自然な発達の過程に沿って、子どもに内在する観察力、思考力、感覚を養うべきである」と言っている。また、ペスタロッチ（J. H. Pestalozzi, 1746-1827）は「教育の目的は人間の持つすべての天賦の力量と能力を発達させることにある」と論じ、更にヘルバルトによれば「教育の問題全体を、道徳という一つの概念に含めることができる」と言う。これらの記述の中には、社会の発達の必要性から教育を説明するものもあれば、人間の発達の必要性から教育の意味を探るものもある。教育における教育者と学習者の関係に焦点を当てたものもある。これらのアプローチは、それぞれの視点から教育の異なる役割を強調しているが、教育の目的は人を育てることであるという点では共通している。

三、教育の質的特徴

　教育とは、人間を目的をもって育成するための社会活動であり、人間の社会生活に欠かせないものである。教育は、誰もが参加する当たり前の活動のように思

われるかもしれないが、実際には、社会的な発展と手を携えて行われる、非常に複雑で能動的な活動なのだ。しかし、教育には比較的安定した質的特性がある。

（一）目的のある人間育成活動

　教育とは、盲目的で独りよがりなものではなく、意識的で目的のある活動である。教育の目的は、生産の実りの追求でもなく、部族国家の統治でもなく、学芸の創造でもなく、戦闘や軍事での勝利でもない。その目標、内容、活動は、人間としての成長を育み、促進するために意図的に選択されている。その主な任務は、若い世代の身体的、知的、道徳的、美的、行動的（実践的な知恵と能力）な発達を促進し、彼らが生物学的発達から、社会的文化的発達へと移行できるようにすることである。すなわち、人間が徐々に社会的な存在に成長し、社会生活のあらゆる面で発達の必要性に適応し、貢献する人間になっていくことである。

（二）教育者が受け手を指導して体験を伝えていく双方向の活動

　若者が自身の願いや経験のみによって成長しようとしても、その効果は低く、社会の期待や要求に応えることは難しい。したがって、経験豊かな親や年配の世代、あるいは専門知識を持った教師が、若い世代やその他の教育を受ける人々に、言語や絵文字の形で人種や人間の経験を学び、伝え、実践して、生活や交流、実践の中で彼らの経験の社会的意味を理解できるように導くことが必要である。そうすることで、知性と人格を効果的に伸ばし、社会のニーズに適応し貢献できる人間、専門家になることができるのだ。したがって、教育とは、教育者が被教育者を指導し、経験を学び、伝え、実践する双方向の活動であるといえる。

（三）学習者の学習意欲を高め、自発的な学習へと励まし導く活動

　教育者と被教育者の相互作用は、生徒が積極的で自発的な学習者、自己教育者になることを目指し、生徒の学習意欲を高めることを基本に、動機づけられている。すべての教育は、本質的に自己教育であるといえる。孔子は生徒の学習と自己啓発の意識、選択性、関連性を非常に重要視している。彼は「三者三様の教師がいるはずだ。良い人を選んで従い、良くない人を選んで正す」と言った。被教育者の学習意欲、自己要求意欲を高めてこそ、生徒は人生の相互作用の中でも、

常に意識的に自分を教育し、自己構築することができる。

　つまり、教育とは、被教育者の心身の発達を促すために、意図的に学習・教育へと導く活動である。

四、教育活動とその他の社会活動の区別

　教育は、人間の社会生活と生産活動によって育まれ、若い世代の心身の発達を意識的に促すことによって、社会の継続と発展に奉仕するものである。分業がなく、単純な手作業しかなかった原始社会では、若い世代の育成は、社会生活の実践的なプロセスに参加させることで自然に達成され、特別な教育活動を組織する必要がなかった。社会における分業の進展、生産、政治、軍事、文学における経験の蓄積、文章の生産、知識の体系化、合理化、深化に伴い、才能を育てるための若い世代への知識の伝達は非常に難しくなり、生活の実践への参加のみによって人材を育成することはできなくなった。学識ある人々が目的をもって、計画的に組織化して、生徒に学び知識を使うように教える教師が必要になってきたのである。こうして、学校教育という新しいタイプの社会活動が、社会の中に徐々に現れてきた。それ以来、教育は社会活動から分化し、独立した活動になった。

　教育は、人間を目的をもって形成する社会活動として、生産、政治、文学、芸術、科学など他の社会活動とは大きく異なるものである。人間の社会活動はすべて目的がある活動であるが、その目的はそれぞれ異なっている。学校教育は、他の社会活動と区別されるだけでなく、社会の要請と子どもの心身の発達の法則に従って、科学的かつ効果的に人材を育成することができ、家庭教育や社会生活のための教育とは明確に区別されるものである。学校教育の特殊性や重要性から、学校教育＝「学校に行くこと」と思われがちだが、当然それは極めて狭く、一面的な考えに過ぎない。そこで、近代の多くの著名な教育者たちは、学校教育にとどまらず、家庭、社会、生活におけるあらゆる教育を含むべき教育の概念の拡大に着目し「学習する社会」「生涯教育」、更には「社会教育」といった概念を提唱して、人間の成長における生涯教育と学校教育の関係が模索されてきた。

　教育は、若い世代の成長に影響を与えるものとして、最初から人間特有の意識に基づいた、双方向の動的相互作用であると考えるべきである。デューイは、

「すべての教育は、個人が人類の社会意識に参加することによって行われる。生まれてからほとんど無意識のうちに始まっている」とうまく表現している。例えば、親や兄姉が幼児の認知・運動・情緒の発達を促すために、音とジェスチャーを同時に使いながら意図的に言葉を教えることは、幼児が参加する最初の教育活動だ。デューイは「唯一の真の教育は、子ども自身が認識する社会的状況の様々な要求によって引き起こされる子どもの能力への刺激を通してもたらされる」といっている。この教育の結果、人類が長い時間をかけて蓄積してきた知的・道徳的な富を共有することで、個人は徐々に成長していく。「世界で最も正式で専門的な教育は、確かにこの普遍的なプロセスから離れることはできない。教育は、この過程をある特定の方向に従って整理したり区別したりすることしかできない」とも言っており、これは、家庭・社会教育が、意識的・意図的に被教育者の発達を促す相互作用のプロセスでもあり、学校教育の基礎となることをよく示しているデューイの言葉だ。家庭・社会教育は、学校教育のような厳密な目的、計画、組織、要件はなく、教育と学習の相互作用を通じて、被教育者が体系的な文化的・科学的知識を効果的に習得し、社会から必要とされる人間になるよう導くことができるが、子どもが家庭や社会から期待される方向へ成長するよう効果的に導き意欲を高めるもので、子どもの成長にとって欠かすことのできない基礎的・基本的な活動である。

　また、家庭教育と社会教育とは明確に区別され、子どもの生活や交流に客観的な影響や刺激を与えるもので、特に社会教育には自発的なものと無秩序なもの、有益なものと有害なもの、矛盾するものと打ち消すもの、目的と効率に欠けるものがある。人間が生きている中で自然発生的な影響を、教育された人間の成長に有利にするためには、家庭教育、社会教育、学校教育、自己教育などで、意識的で目的を持った教育を行う必要がある。これら偶発的な自然に発生する影響を合理的かつ適時に分析し賢明な対策を講じて、状況を改善するために対象の生活の改善に力を注ぎ、被教育者の自覚と意欲を促して、能動的な発達を促進することを目的にすべきである。

五、教育の概念の定義

　これまで述べてきた通り、教育とは、人間社会の特徴である意識的で目的を
もって人間の成長を促進するものであることがわかる。そして、年長者から若い
人たちへ、世代から世代へと教育と学習を相互に行うことで、教育を受けた者の
社会化と個性化を促進し、生まれたばかりの自然人が徐々に社会に適応し、社会
の発展に貢献できる人間へと成長することを目的としている。人間社会の発展に
おいて、教育は、旧世代と新世代の間で文化を伝え、社会と個人の発展の相互作
用のメカニズムだった。このメカニズムは、主に、言語、文学、生産、管理、科
学、技術などにおいて、先人または他者が蓄積した経験を学び、応用し、革新す
ることによって、社会や時代に必要とされる人材や様々な専門家を育成すること
だ。したがって、教育とは、人間の発達と社会の発展を仲介する活動である。そ
の主な目的は、人間を第一に考え、大人になるための教育を行い、生存している
その時代の社会で実践する主体を育成することにより、人と社会を持続可能な発
展につなげることにある。したがって、目的をもって人間を育成することが、教
育の立脚点であり、教育の価値の根本であり、教育の本来の機能である。どのよ
うな教育でも、個人の成長を促進し、目的をもって才能を育てることによっての
み、社会の発展に役立つことができる。教育の人を育てるという価値を否定すれ
ば、教育の社会的価値も否定することになり、教育は社会のために何の役にも立
たない。
　教育は社会の発展とともに進化していくものであり、教育の発展とともに人々
の教育に対する理解や教育概念の定義も変化していくものである。教育は原始社
会の初期には存在していたが、社会生活から独立して注目の対象になることはな
かったので、名前をつける必要もなかった。書物の学習を通じた人材育成のため
の教育が専門的に人を育てる活動となって初めて、教育活動が注目され、名付け
られるようになった。当初は、人によって呼び名が違っていたが、発展の過程で
徐々に統一されて学校教育と呼ばれるようになった。また、人々の教育ビジョン
は、長い間、学校教育の実践によって制限され、必然的に非常に範囲が限定され
ていた。多くの場合、勉強するために学校に行くことが唯一の教育であって、家
庭教育、OJT、社会教育を教育とみなさない、極めて一方的なものであった。こ

のような考え方は、人間のより良い形成のためのあらゆる教育力の調整と統合の障害となり、教育の概念への正しい理解を妨げるものであった。もちろん、教育の概念には広い範囲の外周があり、厳密に区別して適用する必要がある。そうしないと理論的な混乱や誤りが生じる可能性があり、教育実践を危うくする。したがって、教育の概念を狭義と広義で区別して定義する必要がある。

狭義の教育は、常に標準化、制度化、体系化され、特別に組織化された教育を指す。今日の狭義の教育とは、主に全日制の学校教育、半日制や夜間制の学校教育、通信教育、ラジオ・テレビ教育、オンライン教育などの学校教育を指す。それは、社会の現実と将来の要求に基づいており、教育を受けた者の心身の発達のルールに沿ったものであり、目的を持って計画され、組織的に被教育者を能動的に学習させ、積極的に経験を再構築・変容させ、素質の向上と健全な人格形成のための活動であり、被教育者が社会の要求に応え得る、社会の発展に貢献し得るものとなるよう、理にかなった存在としての人間を追究し、創造するものである。

広義の教育は、人間の知識や技能を意図的に高め、人間の思想や道徳に影響を与え、人間の体質を強化する活動のすべてである。組織化されていようがいまいが、体系化されていようが断片的であろうが、教育者が教えようが独学であろうが、教育は教育である。それには、家庭内、学校、友人間、社会で人々へのあらゆる種類の意図的な影響と彼らが影響を自覚した認識、選択、対策、自己の教育や構築が含まれる。

本書では、狭義の教育に焦点を当てながらも、必要に応じて広義の教育にも論及していく。

第二節　教育の基本要素

前節では、人間の自己再生としての教育、教育という言葉の語源、教育の質的特徴、教育の概念について、理論的に教育の概念を多面的体系的に論じてきた。本節では、前節での教育に関して抽象的で概略的なとりとめのない説明を、より具体的で明快で直感的なものとして試みたい。教育活動とは何かを別の視点から、より簡潔に、より直感的に、より操作的に理解し、評価できるように示して教育

の概念を把握したい。実際、教育活動の基本的な要素は、教育の最も原始的で、最も単純で、同時に教育の最も中核であり、基本的で、根源的な存在である。すべての教育活動は、教育活動を構成する基本的な要素である「教育者」「被教育者」「教育の内容」「教育方法」で成り立っている。これは教育活動に共通するものであり、教育はこれらの要素のいずれが欠けても真の意味ではありえない。社会的な交流や活動の中に組み込まれた原始的な教育であっても、今日のような学校教育システム、教員養成システム、教育管理システム、教育出版システムなど、大規模で複雑な教育システムであっても教育の基本的な要素は含まれているはずだ。いずれも教育の基本的な要素から発展し、基づいたものである。しかし、教育活動の基本要素を一般化することはできず、教育活動に従事していない者を教育者や被教育者として含めるべきではない。

　教育の基本要素を探究し、把握することは大切だ。まず、教育の質的性質を理解するのに役立つ。教育という現象がどんなに複雑なものであっても、教育である以上はこの四つの基本的要素を含んでいなければならず、教育と呼べるのは、この四つの基本要素を含んだ人間の育成のための意識的で効果的な教育活動だけである。これらの要素が一つでも欠ければ、教育活動を構成することは不可能であり、教育とは呼べない。第二に、教育活動の仕組みの分析に役立つ。教育者、被教育者、内容、方法という各要素の特徴と教育活動における役割を個別に分析して、状態や機能を総合的に検討することで、教育活動の相互関係や全体的な構造と機能、教育活動のより良いデザインとその効果、質の向上をより深く理解することができる。第三に、教育の様々な分野の学習と管理に役立つ。教育活動の基本的な要素の研究、設計、運営は、ミクロな教育活動の実施と改善の必要性に端を発しているが、それが現代では、教育の根幹に焦点を当てることは教育活動の範疇をはるかに超えて、マクロレベルでの教育の様々な活動分野（例　教員養成、教科書開発・出版、教育・授業改革、学校経営、教育評価、教育行政・実践）の研究と改善へと発展している。これは、教育事業の高度化と教育の質の継続的な向上を図るためのものである。

一、教育者

　教育者とは、教育活動に従事し、教育や指導で被教育者と交流し、体、知、徳、美、行（実践的な知恵や能力）の育成に影響を与える人で、主に教師をいう。

　教育者、特に教師は一般的に人生経験が豊富で、専門知識を持ち、高い道徳性と良い習慣を身につけている。彼らは、教育活動のプロセスにおけるリーダーであり、設計者であり、ガイドの立場にある。彼らの役割は、選択された文化、科学の知識とその社会的意味合いを使用し、理解することを通して、学習者が意図的かつ体系的に知的・道徳的・美的・身体的な発達を遂げ、社会に必要とされる人間になり、社会の持続可能性と発展を保障することにある。したがって、教育者は教育活動の主体であり、教育活動を意識的に開始し、適応し、効果的に完成するための不可欠な要素である。教育者の活動なくして教育はない。

　教育者は、社会で実在する人物であり、それぞれの個人的な経験、価値観、考え方、習慣、人生に対する信念や社会的な理想も持っている。社会の中で教育者として統一的な存在とされており、意識的にも無意識的にも彼らの社会的スタンスや思想的な傾向を教育に持ち込むことにより教育活動に何らかの混乱や偏りを生じさせることがある。しかしながら意識的に先進的な教育概念を身につけ、社会の発展が被教育者に望むことを察し、被教育者の成長パターンを理解し、自分の成長を望むように啓発しつつ、教育事業と被教育者を愛することを求められている。教育活動の経験の蓄積と革新に力点を置いて、意識的に被教育者の人格的資質の総合的な発達を指導し推進していくべきである。

二、被教育者

　被教育者とは、教育活動に参加し、教育者と指導・学習の交流を行い、自らの言語、知識、知恵、学力、道徳、美学、体力などの分野で発展を遂げた人をいい、主に生徒をいう。

　被教育者、特に若い生徒は、肉体的にも知的にも成長していく人生の成長の重要な時期にあり、彼らの主な任務は学ぶことにより自身の全面的な成長を獲得していくことである。教育活動に参加し、教育者と交流し、教師の指導の下、教育

の対象となるという受動的な面がある一方で、旺盛なエネルギーにあふれ、好奇心と知的探究心のある人たちであり、学習の対象となる人たちという面もある。教師の指導や伝授は、生徒の学習能力の外部的なものでしかないので、生徒の動的な側面に焦点を当てる必要がある。生徒が真に学習を獲得するためには、自発的に観察し、考え、理解し、応用し、再考し、知識を向上させる必要がある。教育活動は生徒の積極的な参加によって生徒の主体性を生かさなければ、教育者の独りよがりに過ぎず、効果はない。

　被教育者もまた社会の現実の中で生きている生身の人間であり、個人的な必要、習慣、興味、感情、欲求を教育の過程に持ち込まれるだけでなく、教育活動の中で自らの判断、選択、構成、評価をしていくこととなる。彼らのその時点での発達度、興味、習慣、態度が、教育活動の出発点であり、今後の発展の基礎となるものになる。教育活動の過程は、被教育者が学びを通して、一定の外部の教育の内容や活動を自分の理解・能力・行動に内在化できるようにすることであり、と同時に、彼らに内在する、もともと持っていた興味や創造的な才能を外的なものに変容させ、客観的なものを変容させていくという双方向の実践活動のプロセスである。このように内在化と外在化が交錯することと、教育者の経験とプロセスを継続していくことで、被教育者の経験を再構築・再編成し続けていくことにつながり、資質を発達させ、向上させていくプロセスである。認識しているかどうか、認知しているかどうかは別として、教育活動の実践的な効果は最終的には被教育者の自発的な学習、自己構築、自己実現に現れなければならない。教育者の教育活動は、被教育者の育成を指導・促進することしかできず、被教育者の発達に代わることはできない。被教育者の学ぼうとする意識や知識や能力が高まるにつれ、彼らの能動性が教育活動における役割はますます重要になり、徐々に自覚、行動、自律、自主に向かうだろう。

三、教育の内容

　教育の内容とは、教育者が教育活動の中で被教育者を教導し学習させる前人が蓄積した経験であり、主に教育の目的と青少年の発達の特徴に基づいて編纂された、最も教育的に価値のある科学・文化の基礎知識であり、一般的に教育課程、

教科書、参考資料に反映されている。ただし、教育活動においては、教育者自身の知識、経験、発言力、知的資質や仕事のスタイル、生徒と教師の話し合いや交流の中での様々な経験や見聞したものは、被教育者の学びに対して生き生きとした、能動的な影響力がある。教育の内容は教育活動の過程で非常に重要であり、教師と生徒の教育において相互の共同活動の対象であり、青少年の学習や大人になる精神を育てる源である。そのため、教育の内容も教育活動に欠かせない要素である。

　私たちは、文章で提示される教科書や参考書の内容にばかり目が行き、その内容の実践的な経験を教育に取り入れる部分はおろそかにしてしまいがちだ。本の知識が教師や第三者、生徒の経験と関連していないと、生徒が本から得た知識は、抽象的で、硬直していて、理解できないものと感じられ、恐怖や痛みさえも生み出してしまう。したがって、教育の内容は、実際には書籍の知識と実践的な経験の二つの側面が相互に関連するものになっている。感情と合理的な知識、理論と実践による知識の組み合わせだ。この二つの側面が関連してこそ、教師と生徒が教育という相互作用の中で、よりスムーズに知識を理解し、応用することができるのだ。教育活動では、教材（または講義内容）の選定にしても、それに関連した実体験や事例の選定にしても、その目的、科学性、啓発性、楽しさに注意を払うべきであり、青少年の理解と年齢特性に沿ったものでなければならない。

四、教育活動の方法

　教育活動の方法とは、被教育者が教育の内容を学習するように教導するために、教育者が選択した双方向活動の方法をいう。教育者と被教育者が教育活動の主体であり、教育の内容は教師と生徒で継承される精神の対象である。この三要素が人間の育成という一つの目的とした教育活動は、教育活動法の選択とこれを仲介して実現されなければならない。教育活動の方法の意義は、教師が主導して学習や教育の内容を、教育活動を媒介することで個人の資質に転嫁すると同時に、生徒は学習や知識の活用の取り入れ方自体も生徒の能力に蓄積されていくので、教育活動の方法は教育活動のプロセスに欠かせない。

　教育活動の方法は、アクティブで極めて多様性豊かであるべきで、単純に固定

化された方法や教材、手段やモデルであってはならない。伝えるべき教育の内容の性質、特徴、難易度、教師や生徒の資質、習慣、能力などを踏まえたものでなければならない。また、多角的、総合的に設計されるべきだ。このように、与えられた授業の中でどのような教育活動が行われるべきかという問題は、本質的には非常に複雑な動的な教育プロセスの設計・組織・実施とその目的の達成という課題であり、ある意味では、教育活動のあり方は教育活動そのものであるともいえる。

　教育活動の方法は教育プロセスにおいて、その設計、選択、及び教師と生徒の相互作用の状態に極めて重要な役割を持っている。特に、生徒の主体性、意識、創造性の発揮においては、学びの理解度を大きく左右する。生徒の知性と能力の発達の状態を決定し、生徒の思想や道徳と美的教養のレベルに深く影響を与える。したがって、経験豊富な教育者は、教育方法やアプローチの設計、選択、改善を追究せざるを得ない。

第三節　教育の発展の歴史

　教育は社会の持続性と再生のために人を育てる活動であり、社会の経済、政治、文化、科学技術の発展に伴い、教育もまた対応して発展してきた。教育の歴史的発展を検討・研究することで、教育の本質や規則性を理解することができる。

一、古代の教育

　人類が経験してきた古代は、原始社会や奴隷社会から封建的なものまで長い時代だった。この時代の特徴は、生産技術が低く経験の蓄積が不十分で、社会が徐々に階級社会に分化していったことにある。階級間、国家間の厳しい対立があり、社会の発展は比較的緩慢で分散して進み、閉鎖的で保守的であった。しかし、古代の長い歴史の中で、社会も教育も大きく変化してきた。

（一）原始時代の教育

　原始社会では、石器を使い部族の集団的な力に頼って自衛、狩猟、採集を行っていたため、生産性が低く、人々の生活、生産、戦闘の経験の蓄積は不十分で、組織化され専門的な教育活動を必要としたり、それを可能にしたりすることはなかった。そこでは、経験の世代間移動が日常生活や生産の中で行われていた。原始時代の教育は、共同生活や家庭生活、または一族の生活や仕事や遊び、儀式を通して「毎日が学びの機会」であり、人格の形成や技術、道徳などを学ぶことだった。家庭での母親の世話から狩猟などでの父の教え、一年の季節の移り変わりを観察したり、家畜の世話をしたり、年長者の話を聞いたり、氏族のシャーマンが讃美歌を歌ったりするのを聞いたりすることなど「どこにいても学ぶ機会」に溢れていた。注目すべきは、「今日まで世界の広大な地域で普及してきた、この自然で非制度化された学習方法は今日も数百万人の人々に提供されている教育の形である」ということだ。原始的な教育方法が原始社会に限ったものではなかったことは明らかだ。それは、子どもたちの社会化、個性化、更には基本的な道徳の形成にとって、今日に至るまで大きな意味を持ち続けている。

（二）古代における学校教育の発生

　奴隷社会の時代になると、生産力が向上し、社会の中で徐々に分業化が進んでいく中で、余剰生産物が発生するようになった。一部の人間は労働から離れ、生産管理、国事、文化・教育などの活動に特化することができるようになり、その結果として頭脳労働と肉体労働が分業するようになった。このような分業は、一方では生産の発展を促進し、労働と社会生活の生産において多くの経験を蓄積できるようになった。記憶、貯蔵、第三者や次世代への伝達が、文字の発生や科学・文芸の萌芽につながり、一方では奴隷社会と国家の形成と発展を進めていった。その過程で、教育を専門とする教師が出現し、学校が生まれ、学校教育は生活や生産に欠かせないものとなり、独立した形態をとるようになった。検証可能な資料によると、人類最古の学校は紀元前2500年頃にエジプトで発生したとされている。『礼記』などの書物によると、中国には既に夏王朝の時代に「庠」「序」「校」と呼ばれる教育機関があった。殷商や西周時代になると「学」「瞽宗」「辟雍」「泮宮」などの学校が設置されていた。学校の登場は、正式な教育制度の

誕生を意味し、人間教育の発展に質的な飛躍をもたらした。

（三）教育階層の誕生と強化

　奴隷社会では、奴隷の所有者が生産手段や生産者を掌握し、国家を運営していたため、学校教育も奴隷主の階級が独占し、将来の支配者になる子弟を訓練するために使用されていた。奴隷は個人の自由もなく、学校から排除された、単なる話ができる道具に過ぎなかった。これは古代中国においても同様で、いわゆる「学問は政府の中にあり」で、すなわち政府とその傘下にある学者が文化や学校教育を独占し、一方、奴隷の子どもたちには無縁のものだった。発生当初から階級的特殊性を帯びていたため、階級統治の道具になっていたことがわかる。教育の階級的特殊性は、現在でいう教育権、教育を受ける権利だけでなく、教育の目的、教育の内容、教育の方法、教師の選任等の面にも影響した。

　封建社会や国家の官僚機構はより複雑化、強化されていき、階級制度と宗教的イデオロギーの支配が強化されたため、学校教育は明確に階層化され、宗教的な性質を帯びたものになった。

（四）学校教育と生産的労働の分離

　奴隷社会と封建社会における肉体労働と頭脳労働の分離と拮抗は、学校教育と生産的労働の離脱が表れた教育事情に反映されている。奴隷主階級と地主階級が生産手段を独占し、奴隷を所有し、農民を搾取し、奴隷や農民の労働の成果を享受するようになり、生産に従事しないことで、生産を向上させるのではなく、自分たちがより良い生活を送ることができるようにするために労働力や奴隷をより多く充当するようになった。これにより、奴隷主階級と地主階級に仕える学校教育は、生産や労働から切り離されているだけでなく、極端に生産や労働を軽蔑するようになった。古代中国では、孔子が「稼を学ばんことを請ふ」弟子である樊遅を小人として叱ったことがよい例だろう。古代ギリシャのアリストテレスも、生産の実践的な知識を学ぶことに反対した。ヨーロッパの考古学者が発見した紀元前 1100 年頃の古代エジプトのパピルスには、父親が息子に勉強するよう諭した言葉が書かれていた。「心を込めて書写を学べば、重労働一切から解放され、評判の良い士官になれる」と。

肉体労働と頭脳労働の分離と対立は、歴史的に見ても避けられないものであり、社会の生産力や文化・教育の発展に積極的な役割を果たしてきた。しかし、社会において生産や文化の発展に伴い、この伝統は、生産と技術の発展、教育と人間の発展の障害となりつつある。

二、現代の教育

　現代社会には、資本主義社会と社会主義社会の両方が含まれている。この時代の主な特徴は、生産力の加速的な発展と科学技術の隆盛であり、これは各国の工業化、情報化、国際化を促進した。グローバリズムの急速な進展に伴い、国家・社会・地域のあらゆる階層、業種で専門家が大きく求められている。社会的発展における教育の地位と役割はますます高まっており、学校教育の急速な発展を促している。

（一）学校教育の段階的普及

　ヨーロッパでは資本主義的生産、特に機械による工業生産が台頭した結果、西欧の資本主義国が真っ先に普通教育を提唱した。1619年、宗教改革の影響を受けたドイツのワイマールでは、6歳から12歳までの子女を学校に通わせることを父母に義務付ける学校法令を発布した。これが普通教育の始まりだった。その後、ヨーロッパの各国もこれに倣った。しかし、これらの初期の普通教育に関する政令のほとんどは、その性質上、義務化されておらず、その効果は限定的であったが、19世紀半ば以降、資本主義国で可決された普通義務教育に関する法律のほとんどが強制力をもつようになった。例えば、アメリカでは1852年のマサチューセッツ州の「義務教育法」、イギリスでは1870年の「初等教育法」、1872年のドイツの「普通教育法」、1881〜1882年のフランス「フェリー法」、日本の1886年の「小学校令」などがある。これらの法律の施行により、先進資本主義国は、19世紀末から20世紀初頭に初等教育を普及させた。第二次世界大戦後、これらの先進国は、中等教育の普及と高等教育の大衆化を成し遂げた。これと同時期に、植民地主義から脱却したばかりの国々も経済の再生と産業の発展を目指して、基礎教育の普遍化にも力を入れ、大きな進展を遂げた。現在、中国は

9年制の義務教育を完全に普及させ、高等教育も急速に大衆化を遂げている。学校教育の普及は、教育史の中でも大きな出来事であり、社会の産業化・情報化の中で計り知れない役割を果たしてきた。そして、人材の発展水準を普遍的に高め、人類の解放に貢献した。

(二) 教育の公共性の高まり

　資本主義社会の初期には、教育は主に新興の資産階級のもので、広く労働者の利益や願望を反映することはほとんどなかった。しかし、工業生産を発展していく必要性と、教育を受ける権利を求める工業従事者をはじめとする労働者階級の闘争に伴い教育を受ける権利の階級独占は時代錯誤になり、支配層と被支配層の双方から批判の対象となった。このような状況の中で、学校教育の大きな進展は、次第に社会の公共事業となり、社会共通の話題となってきた。世界各国は、子どもたちの教育を受ける権利を確保し、強化するために多大な努力をしてきたし、今も努力を続けている。1948年12月10日に国連総会で採択された「世界人権宣言」は、子どもの教育を受ける権利を基本的人権と生存権の一部とみなし、「教育は、人格の完全な発展並びに人権及び基本的自由の尊重の強化を目的としなければならない」とした。1959年11月20日の第14回国連総会で採択された、国連史上初の子どもの権利に関する国際条約である「子どもの権利宣言」では、子どもの教育を受ける権利を更に一歩進めて定義し、子どもの権利としてだけでなく、親、社会、国家の双方の義務として強調した。教育の必要性について、社会の発展のためだけでなく、子どもの心身の発達のためであると強調している。1989年11月20日に国連総会で採択された「子どもの権利条約」では、更に子どもの生存権、発達権、教育を受ける権利について論究し、「すべての人に教育を受ける権利」の保障を強調して、教育の公共性を更に突出させた。これは現代教育の大きな前進であるが、教育における階級差別、人種差別、男女差別はいまだ解消されていない。

(三) 教育の生産性の向上

　現代社会では、工業生産の発展と科学技術の進歩に伴い、生産における科学技術や教育の役割が急速に高まっている。カール・マルクスはかつて、「機械工業

第一章　教育の概念　33

に基づく生産の全過程は、労働者の直接的な技能に従属するのではなく、科学の
イノベーションに従属する」と述べている。これは、現代社会の学校教育の目的
を、教育の観点から、リーダーと経営者の両方を輩出すること、また、教養のあ
る労働者と専門性の高い人を多数輩出することが必要であるということだ。教育
課程の中で科学技術教育の地位を高め、現代的な教育要素となるようにすべきで
ある。指導方法では、実演、実験、インターンシップなど、科学技術に対応した
方法を採用する必要があり、学校教育と生産的労働の漸進的統合は、教育の発
展において避けて通れない傾向である。マルクスが『資本論』の中で指摘したよ
うに、「工場制度には、これからの教育の胚芽があり、これからの教育において、
一定の年齢のすべての子どもたちにとって生産的な仕事と知育と体育を組み合わ
せることは、社会的生産を増やすだけでなく、生活の質を向上させる手段で、完
全に発達した人間を生み出す唯一の方法」なのである。現代教育と生産的労働の
段階的な統合は、社会の生産性と豊かさを高めるために重要な役割を果たし、ま
すます経済発展を強力に保証するものとなっている。

（四）教育制度の漸進的な改善

　学校数が急速に増加し、学校教育の階層や種類、運営や管理形態が複雑化して
いる中で、特定の教育思想、制度、プログラムや規範、要求を確定する必要が出
てきた。あらゆる階層と形態の学校が分業し、連携をしていくための指針として、
学校教育の質や事業効率の尺度として、秩序ある効率的な機能を促進するための
質と実績の施策をするためにも役立つ。これは、教育研究と改革の進展に寄与し、
学校制度、カリキュラム、指導・学習規範、試験制度、教育法制の発展にも貢献
してきた。学校教育の階層・分類・教育制度の形成が促進され、近代学校教育の
制度化を急速に発展させた。

　教育が「制度化」することによって、教育制度の様々な階層や種類の学校、教
育機関、教育行政が機能するようになった。外部・内部からのあらゆる係争や干
渉を排除し、一定のシステムの中で教育活動が秩序正しく、効果的に行われ、良
い結果が出ている。しかし、学校教育の制度化が適切に処理されていない場合に
は、偏りが生じやすく、主に次のような状況が現れる。第一に、画一化、すなわ
ち標準化の強制だ。学校教育が同じ傾向に走り「機械的硬直化」すれば、本来の

性質や生命力を失ってしまう。第二は、学校教育の閉鎖性である。学校教育制度に満足し、規範や基準が守られ実行される中、壁が構築され、保守的で後進的になり、改革や先進的な経験から学ぶことを嫌がるようになる。制度化の過程でこのような欠点をどう克服するかは、現代の教育が抱える難題だ。

三、これからの教育

　現代は経済が急速に発展し、グローバル化が顕著になっている。人間の存在の現実や将来の展望について、様々な認識、評価、態度、選択をする人がいて、教育の将来についても様々な期待と展望を抱いている。経済競争、更には軍事競争、国家間競争の鍵を握るのは人材であり、人材育成の鍵は教育だと考える人が多い。その結果、多くの国が教育改革を国策とし、人材の質の向上と高レベルな人材の輩出を望むようになった。一部の国では、高等教育のレベルが高いことを、覇権を維持・拡大するための重要なソフトパワーと見なしている。しかし、急速な経済発展に伴い、経済主義と唯物論が拡大し、精神的な空虚感が蔓延し、富と権力はますます少数の個人や一部の国に集中するようになった。社会的公平性と正義のバランスが崩れ、環境が破壊され、資源が枯渇し、生態系が悪化している。その結果、人類の進むべき道と人間教育の改革は、広く議論される根本課題であることに変わりはない。

　これからの教育は、新しい理想の教育になるだろう。この種の教育の理想は、人間本位であること、人間の発達に寄与すること、人間の全面的で自由な発達を促進することを強調している。実際、この新しい教育のあり方は、世界の教育の改革と発展の重要な潮流となっている。

　早くも1972年には、ユネスコの教育開発国際委員会が『未来の学習―フォール・レポート』という報告書を発表している。この著名な報告書は、リーダーの成長と教育改革についての基本的な考え方を示している。「人類発展の目的は、人間を日々完成させ、人格を豊かにし、複雑で多様な表現を与え、人間として、家族や社会の一員、市民や生産者として、技術の発明家や創造性に満ちた理想家として、多様な責任を担っていくことにある」。この報告書は学習社会や生涯教育の概念も紹介している。

第一章　教育の概念　35

　ユネスコの 21 世紀教育国際委員会は、1996 年に『学習：秘められた宝―ド
ロール報告書』を発表した。この重要な報告書では改めて上述の基本思想につい
て述べられている。「教育は、経済界に人材を供給するだけのものではなく、人
間を経済の部品として育成することを目的としない。一人ひとりの潜在的な才能
や能力を十分に伸ばしていくことは、根本的な教育の使命と一致しており、教育
政策の指針となるべき公正の必要性や人間と自然環境、そして伝統や習慣を尊
重することとも一致している」といっている。この報告書は、21 世紀を見据え、
教育は、身体、精神、知的、感性、美意識、個人の責任感、精神的価値観などや
すべての人間の総合的な発達を促進すべきであると主張している。誰もが、特に
青少年期に受けた教育を通じて、自立した批判精神に富んだ思想を育むことがで
きるはずだ。そして人生の様々な場面で自分が何をすべきかを自分で判断できる
ように、判断力を養うことができるはずだ。「教育の本質的な役割は、誰もが自
分の才能を可能な限り最大限に伸ばす機会を享受できるようにすることに、自分
の運命をしっかりとコントロールするために必要な思考・判断・感情・想像の自
由を掌握することができるようになることにある」としている。この報告書では、
「知ることを学ぶ」「為すことを学ぶ」「（他者と）共に生きることを学ぶ」「人間
として生きることを学ぶ」という教育が依って立つべき 4 本柱を提唱している。
　世界は今日、未曾有の精神的、社会的、生態学的危機に直面しており、紛争
が絶えない。「世界は、人種、文化、宗教的な不寛容さを目の当たりにしている
…排他主義的な世界観が横行している。このような扇動は、しばしばさらなる凶
悪犯罪や政治的暴力、更には武力紛争にまで発展することがある」。このような
厳しい状況に直面し、ユネスコは 2015 年に「Rethinking Education. Towards a
'Global'（教育を再考する）」と題した新しい報告書を発表した。「21 世紀に必要
な教育とは何か」という議論を呼びかけ、この問題について思考し、探究した。
　この報告書は「教育の目的を見直すに当たって我々のビジョンを導くのは、持
続可能な人間及び社会の発達への大きな関心である。サステナビリティとは、個
人や社会が、よりよい未来を実現するために、ローカルあるいはグローバルで実
行する責任ある行動と理解される。よりよい未来とは社会的公正と環境的責務が
社会経済発展の指針となるところである」と指摘している。教育と学習を再定
義し、「教育と知識は公共財である」と主張している。これは、「知識とその創造、

アクセス、習得、認定、活用の方法に、より大きな注意を払うべきである」こと
を意味している。そして「人間の尊厳、能力、福祉を、他者や自然との関係の中
で持続し、向上させることが21世紀の教育の鍵である」と宣言している。「教育
の目的や望まれる社会というような大きな問題に取り組む際には、文化的、社会
的、経済的、倫理的、市民的側面を考慮する必要がある。教育の経済的機能が重
要なことは疑いがないが、多くの国際的な開発論議で特徴的な、全くの実利的ビ
ジョンや人的資本アプローチを越えなければならない。教育の目的はスキル獲得
だけでなく、多様な世界での社会的調和に必要な、生命や人間の尊厳の尊重とい
う価値を育てることである。…人間が意義と尊厳のある人生を送るための能力
を開発するという教育の役割が推進されるのだ」「知識の支配的モデルにとって
代わるものを探すことが必要である。代替的な知識体系は、劣等の位置に追いや
られるべきではなく、きちんと認識して、解説されるべきである。この社会でも、
別の世界観を発見し、理解することにもっとオープンになれば、お互いから多く
を学ぶことができる」と教育を受ける権利の公平性を強調し、正規の学校教育
を基盤とした生涯教育制度を提唱している。「エンパワメント教育とは、我々が
必要とする人材―生産的で、学び続けることができ、問題を解決でき、創造的で、
自然と平和的に調和して共に生きられる人材を育成する教育のことである。国家
がそのような教育を、誰でもが人生のどの段階でも受けられるようにすれば、静
かな革命が動き始める。そこでは教育が持続可能な開発のエンジンとなり、より
よい世界への鍵となる」と述べている。報告書も人道主義を強調しているが、こ
れまでの人道主義の強調とは異なり、人類共通の善を達成することをより重視し
ている。これまでの2回のレポートのように、世界の教育の発展に重要な影響を
与えることは間違いないだろう。

復習思考問題

1. 教育の質的規定性とは？ 教育プログラムにおける基本的な要素とどのよう
   に関係し、意義を持つのか。
2. 古代教育と現代教育の共通点と相違点は？
3. 現代教育の発展の過程で、人間の地位や価値はどのように変化してきたか。
4. なぜ人によって教育の定義が違うのか？ そこに暗黙の教育概念の違いがあ

るか。

5. 教育についての認識を述べよ。この本の教育概念の定義に賛成か？ 教育とは、ある社会（階級）が人間の心身の発達に与える影響であり、その人間をある社会（階級）に必要な人間にすることであるというが、同意するか？ 教育の概念はどのように理解し、どのように表現すべきか。

第二章

教育と発達

教育の役割は、人を育て、人の成長を促すことである。教育者は、人間の発達の特徴や法則を理解し、人格の発達に影響を与える基本的な要因を知って、教育が発達に与える影響を明確にし、教育と発達の関連を正しく扱わなければならない。これがよりよく教育を行う理論的根拠である。

第一節　概論

一、発達の意味

「発達」には一般的に二つの解釈がある。一つは人類の発展や進化の過程として見る見方だ。もう一つはこの章の主題であるが、個々の人間の成長と変化のプロセスとしての捉え方だ。

また、個人の発達の定義にも広義と狭義がある。広い意味での個人の発達とは、胎児から死に至るまでの個体の変化の過程が生涯にわたって続くことを意味している。広義の発達によれば、発達の各段階には時系列があり、それに応じた行動が順番に出現し、それぞれが意味を持っている。このモデルでは、すべての段階が個人にとって大きな意味があり、特定の段階が個人の発達にとって重要だったり重要でなかったりと仮定することはできない。現代において、発達に対する関心は個人の生命の全過程に一貫しているといってよい。

狭義の意味での発達は、人が生まれてから大人になるまでのプロセスを指す。1989年に国連で採択された「子どもの権利条約」によると、子どもは18歳未満の人間と定義されている。これは、子どもの発達を子どもが大人になるまでの過程とみなしているからだ。それは、自然人から社会人へ、幼児から成人へ、小さな自我から世界を見渡し人類を思いやる大きな自己へと変容していく過程をいう。また、可能性と選択性、共通性と個性が統一されていく個人の発達過程でもある。一般的な教育学では、主に子どもの発達に注目している。

人間の発達は全体的な発達であり、大きく分けて3段階あると言われている。まずは生物の正常な発達を含む生理的発達で、体質が強くなり、神経系、運動系、生殖系の生理機能が徐々に成熟する。第二に、精神的な発達である。すなわち感

覚、知覚、注意力、記憶力、思考力、想像力、言語能力などの認知の発達がなされ、要求、興味、感情、意思が形成され、更に能力、気質、性格などの個性が形成される。第三に社会性の発達がある。社会経験や文化的知識、社会的関係性の獲得や行為の規範などを習得する。人は絶え間なく社会化し、社会性を高め、発達することで社会的な意識や人生に向き合う姿勢や実践能力を備えた人間に成長するための行動規範を獲得していく。現実的な社会の個体として、社会の発展に適応し貢献できる人間となっていく。人間の発達の三つの側面は、一定の相対的な独立性を持ちながらも、密接に結びつき、相互に制約し補強しあって、有機的に人間の身体的、知的、道徳的、美的及び実践能力の総合的な発達を促進するものである。

　発達という課題は、哲学、人類学、社会学、心理学、生理学、教育学などの分野で注目され研究されている。心理学の研究だけを見ても、多くの課題が再燃し、論争を生み続けている（表2-1参照）。このことは発達に対する理解は、明確で完全なものとは程遠く、より深く探究する必要があることを示している。

　実際、人間の発達は複雑な過程であり、生きることと成長することの過程であ

表2-1　発達心理学において繰り返されている課題と視点

課題	現在の主な見解
能動－受動	子どもたちは世界の意味を創造しようと積極的に努力、探究している。彼らは単なる情報の受動的な受け手ではなく、生活する中で与えられる報酬や懲罰に盲目的に反応しているだけである。
天性の本性－後天的育成（遺伝と環境）	発達の要因は、両者の分離ではなく、環境要因と遺伝要因の相互作用の中に見出すことができる。分かつことができない効果を生み出す。
社会－歴史	個人の特性と個人が発達する時に依存する歴史的、社会的、文化的環境との間で相互に多大な影響を受けて発達する。
発達の類似点	個人差のある発達段階には、いくつかの共通点がある。これらの発達上の類似性により、心理学者は発達の段階やレベルとして記述することがある。
発達の特異性	同時に、似たような背景や遺伝性がある人でも、個人によって大きな差があることがある。しかし、社会背景や遺伝性が異なれば、その違いはさらに大きくなる。
発達における予測可能性	人類の発達において、変化は常に存在している。年齢や経験による変化を記述し理解しようとする探究は、変化に関係する要因とプロセスの一部は識別可能であり、その影響は予測可能であるという考えに基づいている。

る。すなわち「与えられたもの」と「自己選択」「自己構築」の相互作用と相互
変容の過程である。様々な内的外的な要因及び活動が相互にけん制し、調整する
過程といえる。それは、個人の内部の生理学的、心理学的、社会文化的、外側に
見える活動パターンの連続的でより安定した発展と変化に表れる。しかし、すべ
ての変化が発達であるわけはなく、逐次的に安定して成長し、不可逆的に成長す
るものだけを発達といえる。発達は通常、個人にとってより適応的で、組織的で、
効率的で、複雑な経験、態度、能力、行動をもたらすものである。発達は生涯を
通じて続くが、中でも子どもの発達が最も顕著である。

二、発達の特徴

　発達の特徴は、様々な角度からまとめて分析することができる。人間と動物の
違いという角度から、人間の発達の特徴をまとめると「人間は道具を作って使え
る動物」であり、「人間は象徴的な動物である」などとなる。ここでは、哲学と
教育の人類学的角度から、未完成さと能動性という発達の二つの特徴に焦点をあ
てて分析する。

（一）未完成さ
　人間の未完成な性質は、その非特異性と密接に関係している。ドイツの人類学
者ミヒャエル・ラントマンは、人間の非特異性について「類人猿だけでなく、動
物全般も普通の構造面からみても人間よりも特異的である。動物の器官は、特定
の生存条件に適応しており、種それぞれの必要性は、まるで鍵のように一つの錠
にのみ適合している。…この特殊化の効果と範囲はそれぞれの状況下で行動を規
定する動物の本能でもある。しかし、人間の器官は、ある行動に対して固定的に
方向づけがない。太古の昔から固定化されていないが、人間はそれゆえに本能も
奪われている。自然は人間に何をすべきか、何をすべきでないかを規定していな
い」。このように、生物学的進化の観点からみれば、人間の非特異性は、人間が
未完成でこれから何者かになりうる発達の可能性を秘めた動物であることを意味
している。
　子どもは未完成であるだけでなく、未成熟でもある。子どもの発達を深く研究

したデューイは、この「未成熟な状態」こそが成長の第一の条件であると主張した。彼は次のように指摘している。「未成熟なる言葉のうち「未」という接頭字は単に否定的消極的な言葉でなく、肯定的積極的な意味をもっている。…われわれが「未成熟な状態」とは成長の可能を意味する、というとき、それは後日存在すべき能力が現在においては欠けているということを意味するのではない。それは現在確実に存在している力すなわち発展の能力を意味するのだ」（訳者注：ジョン・デューイ．民主主義と教育：デジタル復刻（Kindle の位置 No.1173-1174 及び No.1179-1181）．Kindle 版）。また、デューイによると、「未成熟な人間が成長するために特殊な適応能力あるいは可能性をもっていることは、すなわち彼の可塑性と名づくべきものである。それは油漆喰や蝋などの可塑性とは大いに違う。それは外界の圧迫に従って変形する受容性ではない。…それは今後遭遇する困難に対応する力を保つ能力である。可塑性とは、以前の経験の結果をもとに自身を変える一種の能力である。すなわち様々な傾向性を発展させる力である」（訳者注：ジョン・デューイ．民主主義と教育：デジタル復刻（Kindle の位置 No.1242-1246）．Kindle 版）。

「下等動物の本能は、生まれて間もなく完成する…雛の場合にはそのもって生れた天性が比較的完成されることによって経験の範囲は限定されてしまう。しかし人間の幼児の場合には、その本能的反動（反応）が互いにかち合って時に不利益となることがあるけれども、それは一時的なものである。多くのものを試そうという本能と、それによって多くの経験を得られるという有利さがある。本能行為を動物のように既成のものとして享受しないで、これを練習することによって、子どもは必要に従って行為の要因をいろいろ変化すること、及び場合に応じてこれらの要因のいろいろ異なった配合を作ることを学ぶ」（訳者注：ジョン・デューイ．民主主義と教育：デジタル復刻（Kindle の位置 No.1258-1262）．Kindle 版）。「進歩を継続する可能性は、一行為を学ぶことにおいて他の場合にそれを応用することができるような方法を発達させるところにある。そしてなお一層重要なことは、この進歩の可能性に従い、人間は学問の習慣を養成することだ。すなわち彼は学ぶということを学ぶのである」と指摘している。これは、未完成で未成熟な子どもの状態に、発達の可能性、潜在性、可塑性、そして多様な発達の傾向と可能性が含まれていることを示す十分な証拠だ。

ヒトの生物学的進化の不完全性は、妊娠期間の延長や幼少期にも反映されている。高等動物とヒトの妊娠期間は、特に哺乳類の妊娠期間とほぼ同じで長く、妊娠期間が長いということは、実はその生物が生物学的進化の最高形態に属していることを示しており、その生物が本質的にそして、それまでのすべての下位形態の生命体を内包していることを示している。高等動物は、生物学的進化においてヒトより一歩下の動物であるが、進化の歴史が似ているため、ほぼ同等の妊娠期間である。しかし、動物は幼少期が短く、生まれてすぐに自立して生活でき、1〜2年で性成熟を迎える。これに対して、人間の乳児期は動物の乳児期に比べてかなり長く、特に脳の進化には乳児期の長い期間が必要とされている。人間の脳は、生まれた時には約500mlと猿に匹敵する大きさしかないが、その後、後天的な文化環境との相互作用により、600〜800mlの原始人レベルに相当する。更に1100mlのホモ・エレクトスレベルに相当するまでに更なる発達をする。1500ccに達するのは最後の方で、これは現代のホモ・サピエンスに相当する。これが現代でいう成人である。フランスの人類学者モランは「幼児期の延長は、大脳が外界の刺激や文化の影響に接し、組織を継続的に発達することを可能にしている。言い換えれば、個人の発達の遅さが、スキルの習得、知性の開発、文化の薫陶や伝播に有利であるということだ。ホモ・サピエンスの子どもたちは、7歳まで続く可塑性の段階で言語を学ばなければならない。これは社会生活の複雑化がより長い幼児期を必要としたからだ」と主張する。デューイも「社会生活がだんだん複雑になるに従い、有用な能力を獲得するために一層長い幼年期を必要とするに至った。このように他に依存する期間が長くなるということは、可塑性、すなわち変化自在な新しい制御モデルを獲得する能力の延長を意味するのである」（訳者注：ジョン・デューイ．民主主義と教育：デジタル復刻（Kindle の位置 No.1273-1276）．Kindle 版）といっている。これは、人間が生物学的に不完全であり、進化が未完成であることを示している。人間は生まれてから、社会的・文化的環境を利用して、少しずつ発達の使命を果たさなければならないのだ。

　子どもの発達の未成熟と不完全さは、人間の発達の不確実性、選択性、開放性、可塑性を伴い、凄まじい生命力と発展の可能性を秘めている。動物の発達は、ウサギは生まれてからずっと、一生ウサギのままであるように、本質的には生まれた時に完成され、形が定まり、確定している。「人間は動物と比較して、本質的

に非決定的である。つまり、 人間の人生は決められた道を歩んでいるわけではなく、実際には自然に私たちが成長できるのは半分だけで、残りの半分は自分で完成に向かうということだ」「人間は一方的に制限されているのではなく、自分自身を形成することができ、形成しなければならない。これはまさに、人間の自己解釈が自分の存在に影響を与える根拠となっている」。教育人類学では、人間の未完成な性質とその中にある発達の可能性、潜在力、潜在的な発達の可能性は、人間の教育可能性と教育の必要性をよく説明していると主張している。

（二）能動性

人間の未完成さは、人間の生命の発達の潜在能力とその幅広い可能性を内包しているが、その発達は社会との相互の関係の中で養われ、社会的な能動性を発達させる過程であり、人間の発達が動物のそれと区別される特質である。人間は社会における労働活動によって他の動物から自分自身を分離して以来、特に文字で社会の歴史を記すようになってからは、自分が生きている状況を凝視し、変えようとする意志が高まり、自分を成長させ、意識的に若い世代の発達を促し、自律的・能動的な存在として人間を発達させようとしてきた。

ラントマンが示すように、人間はその発達において自己決定的である。「人間は自己実行的でなければならず、世界への参入を自己決定しなければならない。特定のものは、それ自身の努力によって、それ自身のために生じる問題を解決しようとしなければならない」。これは、人間の発達の自律性についての重要な表現である。私たちは、客観的な世界との相対的な関係において、人間が主体の地位を獲得し、同時に客観的な世界との間に主客関係を確立していることを知っている。人間は、主体として能動性、自律性、社会性、創造性、理想主義、使命感などの本質的な特性を獲得してきた。これらアイデンティティは、人間をその成長過程において自己決定的、反射的、自己言及的、自己形成的なものと定義するものだ。ズダルジル（rumpler, h. zdarzil）はそれをうまく表現している。「人間は反省しながら自己決定する生き物である。自己決定の能力を持っているので、人間はまた自己形成する生き物でもある。自己決定は自己形成を可能にする条件である。ここで言うべきことは、人が決断を下すならば、その決断を下すだけではなく（何らかの制約に常に従い実行する決定）その瞬間に自己を決定し、徐々

にこの制約に違反する傾向を弱め、制約に従うことを容易にしていくだろう。しまいには制約を必要に変容させ、それをいちいち守らなくてもいいように変えていく。自己決定するものはこのようにして、自己を形成する手段を作り出す」という意味だ。人は、発達する中で自律的・意識的な選択をし、自らの活動や自己形成を通じて、現実的な自身を望む自分へ変容し、これにより自己啓発につなげる。これは連続して一生続くものだ。この自己決定は、人間の発達に独自の能動性を与え、主体である人だけが持つことができる自己創造を表現している。

　主体性、自律性、自己決定、自己形成など、人間の成長発達の能動的性質は、動物のそれとの成長と発達における最も重要な違いである。この違いは教育活動の科学的根拠を提供し、努力の方向性を明確に示している。

三、発達の規則性

　人間の発達の規則性は、主に順次性、アンバランス、段階性、一人一人の差異性及び全体性に表れている。これらの規則性は教育学的に重要な意味を持ち、教育の仕事をする上で守らなければならない規則性である。

（一）順次性

　正常な状況下では、人間の発達は特定の方向性と順次性があり、順番を飛び越えることはできないし、逆行して発達することもできない。例えば動作の発達は、上から下へ、体の中心から末梢へ、おおざっぱな動きから繊細な動作へと規則性を持って発達していく。また、子どもの体が成熟する時は神経系、運動器系、生殖器系の順序となっている。脳の各部位の成熟は、後頭葉、側頭葉、頭頂葉、前頭葉の順番だ。脳細胞の発育は、軸索、樹状突起、軸索の骨髄化の順に進む。精神的には、子どもは常に無意識の注意から意図的な注意へ、機械的な記憶から意味のある記憶へ、具体的なイメージ思考から抽象的で論理的な思考へ、喜怒哀楽などの一般的な感情から道徳心、理性、美意識などの高次の感情へと発達する。人間の発達の逐次性は、子どもの心身の発達を段階的に促進する教育が必要であると説いている。

第二章　教育と発達　　47

（二）アンバランス

　人間の発達は直線的なものではなく、系統によって発達の速度が異なり、異なる時期に始まりそれぞれの成熟度に達する。また、同じ機能系統でも、その発達の時期（年齢段階）によって発達の速度は異なる。全体的な発達からみると、幼児期には最初に急速に発達する時期があり、その後幼年期に安定して発達し、思春期には再び発達が加速する第二期が現われる。その後は再び安定して、老年期には衰退が始まる。人間の発達におけるアンバランスは、成熟するメカニズムを把握してこれを活用し、発達のポイントをつかみ、タイミングを逃さず子どもの健全な育成を効果的に推進するための施策を講じる必要性を説いている。

（三）段階性

　人間の発達の変化は、量的な蓄積と質的な飛躍の両方で表れる。新しい質的要素を表す量的な蓄積が一定のレベルに達すると、質的な飛躍につながり、発展の段階性が表れる。人生の発達過程は、ピアジェの認知発達段階論、フロイトの心理的発達理論、エリクソンの心理社会的発達理論は、いずれも異なる基準に基づいており、重要な影響を段階理論にもたらした。一般的に、個人の発達における段階ごとでそれぞれの年齢特性と主な矛盾が表れ、その段階の発達上の問題に直面する。もちろん、成長における段階は相互に関連しており、前の段階が次の段階に影響を与える。だから人の成長において人生の各段階は、現在のステージだけでなく、人生の全体にとっても意味があるといえる。発達の段階では、異なる年齢段階にある子どもの特性を尊重し、その特性を踏まえた上で、発達課題の違い、教育コンセプトや方法の違い、効果的に進めるためのターゲットを絞った教育、個人の発達などその実態に即した教育を行うことが求められている。

（四）一人一人の差異性

　正常な人間の発達は、いくつかの共通の基本的な段階を経るものだが、やはり個人差は明らかにある。発達の傾向やスピード、レベルなどは人それぞれ、往々にして千差万別だ。例えば、観察するのが得意な人もいれば、記憶するのが得意な人もいて、活動的な人もいれば、静けさを好む人もいる。合理的な思考が得意な人も、抽象的に考えるのが得意な人も、早熟な人もいれば、大器晩成型もいる。

このような違いがあるからこそ、多彩な人間世界が構成されているのだ。人間の発達には個人差があるため、教育はその発達のレベルや関心の異なる子どものためにその子を深く理解し、子どもの好みや長所・短所に合わせて、個性を伸ばしていく指導をする必要がある。

（五）全体性

　教育は、生物としても社会性もある個人の独自性を発揮する、いきいきとした人間まるごとと対峙する。対象の特徴を全体として把握しないまま、人間を教育することは不可能である。したがって教育者である葉瀾瀾によれば「人間の中にある様々な要因の相互関係とその結果として形成される人間の総合的な特性を研究することが、教育の要諦である」とされている。実際、人間の発達の身体的、心理的、社会的側面は密接に関連しており、互いに作用し合うことで、人間の発達は明らかな全体性を示す。人間の発達の身体的、心理的、社会的側面にはそれぞれの法則と特性があるが、これらの法則と特性は人間の発達の全体性に取って代わることはできない。「全体はその部分の合計よりも大きい」。というのは、現代の全体の概念の核心だ。体系理論によれば、人の全体は決して単純にその部分の合計ではなく、全体の人の中にある種の秩序と構造を伴っている。全体の各側面の変化は、必然的に他の側面と全体としての人間の変化につながっていて、あらゆる面で変化に影響を与える。人間全体の中に一定の秩序と構造が存在するからこそ、発達は常にその様々な側面の相対的な独立性を提示することができるのである。人の発達の全体性は、子どもを複雑な全体として捉え、子どもの発達において体、知、徳、美、そして行（実践的な知恵と能力）という各側面の促進を総合的かつ調和のとれた方法を用いて、子どもを完全でよりよい人間に育成することを求めるものである。

第二節 発達を支えるコンセプト

　人間の発達は、多くの要因が相互に作用した結果によって決定される。これらの要因は、それぞれに分類されそれぞれの役割が認識され、評価されてきた。以

下では、遺伝、環境、個人の活動の三つの側面から考察していく。

一、発達における遺伝の役割

（一）発達のための生物学的前提条件としての遺伝的素質

遺伝とは、人が先祖代々受け継いできた生物としての解剖学的特徴、例えば構造、形態、感覚、神経系などやその人の特徴や本能、生まれつきの傾向を示す。これらの遺伝的な生理的特性は、遺伝的資質とも呼ばれ、人間の発達のための自然的または生理的な前提条件となる。これらの生理的条件がなければ、人間の発達はありえない。脳が欠損し思考する器官に障がいを得たものは、言語や科学的文化的知識を学べず、発達を身につけることは難しい。人間は大脳があるからこそ、後天的な環境と教育の影響を受けて、高度に複雑な文化や科学技術を学び、知恵と能力を育て、発明、創造することができる。

遺伝的資質は発達に途方もない生命の可能性をもたらす。20世紀初頭、アメリカの心理学者ウィリアム・ジェームズは、正常で健康な人の能力は10％しか使用されていないと仮説を立てた。後に、マーガレット・ミードの研究では10％に満たず6％であるといい、オットーは、人は自分の全能力の4％しか発揮していないと発表した。これらの研究から浮かび上がってくる興味深いことは、社会が発展し技術が進歩するにつれて、科学者たちが見積もる人間の潜在能力が増えていることだ。

人間の潜在能力とは、主に脳の潜在能力のことだ。人間の脳がこれだけの可能性を秘めている最大の理由は、その可塑性にある。人間の脳の可塑性は何によって決まるのか？人間の脳を構成する主な細胞は神経細胞だ。人間の脳には約1011個の神経細胞がある。脳内の各神経細胞には1,000から10,000個のシナプスがあり、1,000個のシナプスからインプットを受けることができると推定されている。つまり、脳内の各神経細胞は、一つあるいは複数の複雑に織り成された神経ネットワークの一部である。人間の脳の可塑性は、まさに神経ネットワークの特性によって決定される。脳は可塑的で、神経回路網は変化しやすいことから、極めて可変性が高い。つまりこれにより非常に可塑性が高いことを意味しており、人類の発達に膨大で多様な可能性を提供しているのだ。

（二）人間の発達の過程と年齢特性により制限を受ける遺伝的資質の成熟度

　遺伝的資質自体は、人体の様々な器官の形態や構造、機能を中心に、発達と成熟の過程に表れる。例えば、1歳の乳児は歩くことを学び、思春期には身長が劇的に伸び、骨格構造の変化、心臓、肺、脳の発達、性的成熟などがこれだ。遺伝的資質の成熟度は、人間のある年齢の身体的・精神的特性の出現を制限し、また可能にする。例えば「3ヵ月で寝返り、6ヵ月で座り、8カ月で這うようになり、10カ月で大きな声を出す」などとよく言われる。これは、人間の遺伝的資質の発達過程を反映している言葉だ。生後6カ月の乳児に歩き方を教えるのは無駄なだけでなく、役に立たないことだ。同じ意味で、4歳児に高度な数学を習わせるのは難しいだろう。人体の発達で一定の生理的条件を満たした場合にのみ、一定の知的能力を身につけることができる。研究によると、人間の思考の発達と脳の重さの発達は密接に関係しており、人間の脳の平均的な重さは次のように発達する傾向がある。新生児は390グラム、8～9カ月の乳児は660グラム、2～3歳児は990～1,011グラム、6～7歳の幼児は1,280グラム、9歳児の学童は1,350グラムで、12歳～13歳の思春期の平均的な脳重量は大人とほぼ同じ、つまり1,400グラムに達する。すなわち小学校入学年齢を6歳とするのは、合理的な判断といえる。

（三）遺伝的資質の違いが人間の発達に与える影響

　人間の遺伝的な資質には違いがある。遺伝的な資質の違いは、感覚器官の物理的な外観や機能だけでなく、神経活動の種類にも表れる。病院のベビールームでは、生後数日の嬰児でさえも個人差が見て取れる。おとなしい子もいれば、よく寝る子、やたらと手足を動かす子、大泣きする子もいる。1～2歳くらいの幼児からは、外界に反応するスピードや感情表現の強弱、反応に敏感かなどもわかる。これらは神経活動の種類と密接に関係している。近年、遺伝学の急速な発展で、遺伝子についての研究では、その遺伝子に存在する物質にリボ核酸（略称RNA）とデオキシリボ核酸（略称DNA）があり、これらの物質の配列や構造、動き方が人間の発達と密接な関係があることが証明された。遺伝的な資質の違いは、人間の発達に大きな影響を与える。目に障がいを得て生まれた子どもは、画家になるための訓練を受けることが難しく、生まれつき耳に障がいがあれば音楽家とし

第二章　教育と発達　　51

て鍛えられることは難しく、神経が鋭敏で並外れた知能を持つ子どもは、才能を鍛えやすい。生まれつき知的に障がいがあれば教育には難しさがあることは明らかである。（原文ママ）遺伝的資質は人間の発達に一定の影響を与え、それゆえ優生教育の問題には細心の注意を払う必要がある。

　遺伝的資質は人間の成長に生理的な可能性を与えてくれるが、人間がどのような人間に成長するかは遺伝子の質だけで決まるものではない。歴史上には時に生まれながらの天才論や「性也者，與生俱生也…上焉者，善焉而已矣；中焉者，可導而上下也；下焉者，悪焉而已矣」（性なる者は生と俱に生ずるなり。…上なる者は善のみ。中なる者は導いて上下す可きなり。下なる者は悪のみ。）などと「先天的決定論」で、人間の知識、才能や道徳的な品性の良し悪しは、生来の遺伝で決まると言うのは非科学的だ。人が革命や反革命等の思想を親から受け継ぐという、反動的な「血統論」は更に不条理だ。アメリカの心理学者エドワード・リー・ソーンダイク（1874-1949）は、次のように論じている。「人間の本性は、多くの人の選択的反応によってすべての行動や道徳性を形成する元来の傾向を持っており、そのすべてが受精卵の遺伝で決定される」。この見解によれば、後天的な生活環境の変化、社会制度の変化、教育上の措置にかかわらず、遺伝的に決められた方向性を変えたり、新たな人格を形成したりすることはできない。社会生活の条件や教育の役割を否定するこの見解も明らかに間違っている。最近ではそういった考えを持っている人はあまりいないようだが、時に形を変えて現われてくるものだ。日本の教育学者である岸根卓郎氏は、著書「私の教育論」の中で、「人種の違いに基づいて、人類は左脳が発達した左脳型の西洋人と右脳が発達した右脳型の東洋人を創造した。したがって、西洋人は…左脳教育によって物質文明を発展させるべきであり、東洋人は…右脳教育によって精神文明を発展させるべきである。…日本人だけが左脳と右脳に回路がある右脳と左脳型の人種である。したがって…日本人は、その特性（物質世界と精神世界の両方を理解するのに適した大脳）を生かし、左右の脳を融合する教育で、西洋の物質文明と東洋の精神文明を統合し、東洋と西洋の架け橋の役割を果たす」。この理論により導き出される結果は、警戒に値する。

二、発達における環境の役割

（一）発達のための外的条件としての環境

　遺伝によって、生まれたばかりの嬰児は自然人である。自然人から社会人へと変貌するには、後天的な生活環境の影響が必要となる。環境とは、人間が発達する外部的現実の基礎であり資源である。

　子どもの発達において、環境とは主に個々の子どもがその中で生活し、行動や心理活動が関係して、相互に働きかけるもので、本人の成長に影響を与える外的世界を言う。人間が生活し発達する環境は非常に複雑であり、人間の発達に影響を与える活動対象を見る限り、異なる基準によってカテゴリーに分けることができ、大きく分けて三つに分類できる。第一は自然環境だ。主に人間の労働によって変えられた自然や物質文明を指す。第二は社会環境で、人間社会が長年かけて形成した人間社会、制度、組織（家庭、学校、団体、地域、国家機関）などをいう。第三に精神文明、すなわち人間が世界を理解し、変容させてきた長い経験の結果である精神的なものを、言葉やイメージで表現したものである。（文化、科学、芸術、道徳、宗教など）

　赤ちゃんは生まれた瞬間から、特定の環境の中で生活し、他者と交流しコミュニケーションをとり、様々な活動や行事に参加していく。生活に必要な様々な道具、行動のルール、伝統や習慣、科学文化、メディアの情報などに徐々に触れ、それに順応し、利用することを学び、環境の様々な影響を受ける。環境の影響を受けて、子どもは心身を発達させていき、一定の生活経験や知識・言語能力を身につけ、様々な思想や行為、習慣を身につけていく。時代ごとに、それぞれの地域で、民族で、異なる社会階級や階層で生きてきた人々、そのイデオロギーや道徳、知識や適性、行動、習慣は著しく異なり、一人一人の思考、行動、才能、習慣は常に歴史、地理、民族文化、階級と階層の刷り込みを免れない。一人の人間が心身ともに発達できるかどうか、どこまで発達できるかは、その人が生活する社会環境と切っても切り離せないものであり、社会環境は子どもが発達する現実的な条件であり、源泉でもあり、その発達に重要な役割を果たしている。

　人間社会の環境との相互作用や社会環境の影響がなければ、生物学的な人間は社会的発達を遂げることができない。「オオカミ少年」は何度も発見されている。

第二章　教育と発達　53

　例えばメディアの報道によると、2007 年には、ロシアのカルーガ州にあるオオカミの群れが頻繁に出没する人里離れた森で、ひとりの少年が発見された。習性はオオカミに似ていて、湾曲した足で動き、非常に硬く鋭い歯を持ち、爪や足の指の爪もオオカミのように鋭くなっていた。医師たちは、彼の実年齢は 10 歳以上と推定し、高い IQ を持っているようだが、ロシア語や他の人語は全く話せなかった。警察官に名前をつけられたものの呼ばれても反応しなかった。服を渡されると、すぐに飛び上がって廊下に走り込み、自分の部屋に入った。食事は動物のようにガツガツと食べた。わずか 24 時間の入院生活で病院の警備員の監視から逃れるために「野生の技」を駆使して逃亡した。これ以外にも、3 歳の頃から犬と暮らしていた 23 歳のウクライナ人女性、オクサナ・マラヤさんは、5 年後の 8 歳の時に初めて救出された。この時点で彼女はほとんど話せず、犬のように振る舞った。彼女は 15 年間施設で生活していたが、社会生活になじめず、施設を出て新しい生活ができなかった。彼女は怒りやすく、非常に非協力的で、譲歩せずに好んで言い争いをしていた。時にはユーモアもあり、注目を集めるのが好きだった。ある時、ボーイフレンドの注意を惹くため犬のように吠えて泣き叫んだり、四つん這いになって走ったりしたので、相手は呆れてしまい、結局別れてしまった。このような事例は、幼いころに人間社会から離れて、動物に依存し、動物とともに成長すると、子どもは人間としての社会的発展を遂げることが難しいことを示している。

　また、社会で生活していても「環境を剥奪」されると、同じように人間的な成長ができなかったケースもある。19 世紀初頭、ドイツ・バーデン大公国の皇太子カスパー・ハウザーは、王位を争う宮廷の陰謀者たちにより、誕生直後に一般人と取り換えられたと言われている。3 歳の時に暗く低い地下牢に閉じ込められパンと水しか与えられず、誰にも会わなかった。17 歳の時にやっと見つけられて解放された。身長は 144 センチしかなく、膝は変形していて、幼児のように歩き、ぼんやりとした目をして光を怖がり、暗いところでもよく目が見えた。夜でも 180 歩先の馬を見ることができ、聴覚と嗅覚は鋭敏だったが、話すことはできず、幼児程度の知性しかなかった。刺されて死んだのは 22 歳。検死の結果、彼の大脳は例外的に小さく、小脳を覆っていなかった。

　これらの事実は、人間の心身の発達が後天的な環境に影響され、制約されるこ

とを十分に示しており、遺伝的な資質は発達のための生理的な基盤と発達の可能性を提供しているに過ぎない。後天的に人間が創造した文明的な生活や人間の社会的・文化的な滋養がなければ、人間は自然人からその時代に合った社会人へと成長することは不可能である。

　子どもが発達する環境とは、その子どもが生活し活動する場であり、これまでの人々が仕事や活動を通じて後世のために創造した環境であり、子どもたちの成長のための現実的な条件となっている。人間社会の進化と発展、特に生産能力の急速な発展に伴い、あらゆる年代の人々が将来の世代のニーズに応える必要性を強く意識するようになってきた。時代ごとに次世代の人たちの成長と文明を作り出し、よりよく豊かな生活を創造していく。これにより次の世代の人々は社会生活と文化の向上を図り、更にその環境の中でよりよい資質を育んでいく。これこそが、人類が持続的に進化していくための必須条件なのだ。

　ここで、人間の発達の内的条件としての遺伝的資質は、新生児にのみ適用されることを明らかにしなければならない。新生児にとっては、遺伝から得られる資質が、その子そのものである。生まれたばかりの赤ちゃんは、活動を通して環境と関わり、経験を積み、身体的・心理的な発達を身につけていく。そして、それはまた、彼が成長し続けるための内的条件となる。このように、人間の発達の内部条件は、先天的な遺伝と後天的に獲得したものとの合作であり、社会的には、人間が生きていく上での衝動が、より社会的な衝動になっていく。子どもたちは4歳頃に「ノー」と言うことを学ぶが、これは自立した判断と環境への批判が徐々に明らかになる自我の萌芽を示している。環境との相互作用の中で、その自主性、能動性、創造性が表れていく。

(二) 環境の与えられ方と対象者の選択性

　環境の与えられ方と対象者の選択性は、大人にも子どもにも通用する。ここでは、子どもや教育を受ける人を中心に述べていく。

　与えられた環境とは、自然や社会、歴史的遺産などによって、個々の子どものために作られた生活環境のことを指す。それらは子どもにとっては、客観的であり、既成のものであり、与えられるものだ。子どもは、親、兄弟、家族、国籍を選べず、常に一定の集団、共同体、地域、国、階級や階層において、過去の歴史

によって生み出された生活手段、生産手段、社会関係や制度、言語、科学技術、イデオロギー、文化や伝統、教育モデル、ライフスタイル、考え方や行動様式などに適応し、参加し、継承しなければならない。更に、社会環境の中にいる大人は、子どもの生活を意図的に指示して、子どもの発達に影響を与えている。環境は、個人にとって特に子どもにとって、予め定められ、与えられるという側面を持っている。子どもが生まれてくる社会や家庭の環境は、子どもの身体的・心理的な発達を定性的に決定するが、子どもの環境や運命が決定されているということではない。実際には環境も人も常に変化し続け、更には予期せぬ大きな変化もある。2016年生まれの中国人の乳児を例にとると、おおよそ東アジアの亜熱帯地域という客観的な環境、世界の工業化、情報化、グローバル化が加速している中国の改革開放、社会主義近代化、豊かな社会の構築と基礎教育の普遍化や高等教育の普及で大きな成果を上げている環境下にある。もちろん、子どもの民族、家族、地域文化、生活環境、個人的・社会的な関係性などは千差万別だ。しかもこれらの条件は絶え間なく変化しながら、そのすべてが子どもの思考や感情、ライフスタイル、価値観、そして個人の性格の発達に大きな影響を与える。その人の運命を変えてしまうことさえある。この意味で、子どもは客観的に、事前に与えられた環境の中でしか生きることができず、環境の影響や制限に抵抗したり、逃避したりすることはできず、自分自身が生きて発達するために、環境に適応することを課せられる。

しかし、与えられた環境が発達や運命を決定し変わらないというわけではない。環境は常に変化しており、発達には多くのチャンスや可能性、予測不可能性がある。環境は人間の発達において非常に豊かで変化が多く、複雑な要因が作用し「環境とは生物独特な行動を促進しあるいは阻害し、刺激しあるいは抑止する外界の事情をいうのである」（訳者注：ジョン・デューイ．民主主義と教育：デジタル復刻（Kindleの位置No.487-488）.Kindle版）ということを理解することが重要だ。興味深いことに、人間の発達に環境が果たす役割の性質や強さは人によって異なる。環境変化の刺激に対してポジティブに反応するかネガティブに反応するかは、対象者の内なる意志によって選択・決定されるものである。生まれたばかりの頃から、自分の生活状況を改善するために、本能的に母親や家族に泣き声で影響を与える。年齢と経験を重ねることで、能動性、自主性、選択性、創

造性は徐々に向上し、環境に対する反応や交流も少しずつ増えていく。つまり、対象者の環境に対する主体性や選択性が徐々に高まっていく。したがって、客観的で複雑で変化する環境の一つとして、発達の過程でどのような役割を果たすことができるか、どのような性質を持っているのかの多くは、環境に対する姿勢と相互作用に依存する。環境に対して否定的な態度をとっている人にとっては、無関心や回避の原因にしかならない。理解していても、それを利用することができなければ、その結果、成長の障害となり、限界となるだろう。だが、環境に対して積極的な姿勢の人は、環境を理解して活用し、困難があってもなんとか乗り越えるので、その人にとっては興味深い環境になる。生活のあらゆる面で刺激を与え、活性化し、成長と向上を促す環境は、人間の成長に多くの可能性を与えてくれる。

　人によって環境から与えられる影響は異なる。逆境の中で立ち上がる人もいれば、落ち込む人もいる。順調な時に水を得た魚のようになる人もいれば、無駄に時を過ごす人もいる。この違いを理解することが重要だ。同じ環境でも、ある人にとっては障害であり制限であり、ある人にとっては成長するきっかけであり、挑戦であり、希望であり、可能性となる。したがって、環境の役割の理解は、単純化や抽象的、固定的にはできない。綿密で具体的で動的な分析に基づいたものでなければならない。環境の役割は、人間の生活や活動と関連させて理解しなければならない。デューイが指摘するように、「『環境』とか『生活条件』とかいう言葉は単に個人を取巻いている周囲の事物のみを意味するものではない。環境とは自己の活動傾向と周囲との特殊な連続性を意味する。…真の環境とはすなわちわれわれがそれとともに変化してゆく外界の事情をいうのである」（訳者注：ジョン・デューイ．民主主義と教育：デジタル復刻（Kindle の位置 No.478-483）．Kindle 版）。これは社会生活において、画家の家系に生まれた子どもであっても、父親の絵を頻繁に見ているにもかかわらず、その作品に興味がなく好きでなければ、画家の作品やそれに関連する財産がこの子に相互作用を与えることはできないことをいっている。彼が大切にしている生活条件や現実の環境になることもなければ、積極的に成長を促進することもできず、無理に絵を学ぶことは逆効果になりうるし、彼の人格の発達を妨げる可能性さえある。反対に、その人の周りには特別なものはなく無関係でいるにもかかわらず、強い興味関心があったために、

それは相互作用の対象となりうる。のちに彼の実生活の環境の一部となり、この方面の地域や能力、専門性を大いに発展させることになる。はるか遠くの星や天体に注目する天文学者や愛好家のようなものだ。デューイが指摘するように「望遠鏡は最も身近な彼の環境である。また考古学者の環境は彼が研究しつつある人間生活の往古時代や、その時代となんらかの連絡を認めている遺物や碑文などから成り立っている」（訳者注：ジョン・デューイ．民主主義と教育：デジタル復刻（Kindle の位置 No.484-486）．Kindle 版）のである。このような現象はよく見られる。曹操の陣で漢に心を寄せた三国志の名将・関羽の物語は、鮮やかで具体的で典型的な一例である。

　環境と人との相互作用には、発達の多様な可能性を暗示していることがわかる。人の発達や人生の道のりには、先天的、選択的、不確実性と決定的な軌道が待っていて、環境により与えられたことは、人間の選択性を制限しないだけでなく、まさに環境により与えられた条件が能動性や創造性を刺激することがある。

　人は環境に適応し、自らの成長のために環境を変えることができるだけでなく、意識的に環境の資源を選択し、整理し、活用して、若い世代の向上に影響を及ぼすことができる。若い世代のより良い発展のために、このような意識と目的を持った組織の環境への影響が教育である。よって教育も環境に影響を与える。デューイは、「意識的な教育は特別に選ばれた環境といえる。そしてその選択は期待された方向に発展することを助けるような特殊の材料や方法を見出すことである。（ジョン・デューイ．民主主義と教育：デジタル復刻（Kindle の位置 No.1116-1118）．Kindle 版）と述べている。わかるように、環境には教育が含まれており、教育は社会環境の中で徐々に発展し、形成され、差異化されている。環境と教育が与える影響の違いは、主に若年層の発達に対する環境の影響は客観的、自在的、自発的であり、一方、教育が与える影響は、その育成を目的として人々が特別に意識的に組織化している点にある。環境と教育の役割を区別するために、発達への意識的な影響を教育と呼ぶことが多い。生まれた後に遭遇するすべての外部的、物理的条件や社会生活や文化的な影響（教育を含む）を、広義の環境の影響と呼び、それらは以下のような影響を与える。生まれた後に個人が遭遇するすべての外部からの自発的な影響は、狭義の環境影響と呼ばれている。

三、発達における個人活動の役割

（一）発達の決定要因としての個人活動

　個人の資質（遺伝的資質）と環境は、人間が成長するための内外の条件であり、それがなければ発達は成り立たない。しかし、環境によって、人間の成長につながる個々の資質を直に転写したり、単純に貼り付けたりすることはできない。環境が発達に影響を与える、あるいは人が環境に影響を与えたり変化させたりするためには、「人の活動」を媒介としなければ発達を誘引、促進したりはできない。自分の活動を仲介としてこそ、人は環境との相互作用の中で、環境を変容させると同時に、その影響を受けて自らを変容させていく。マルクスとエンゲルスは、「人間は環境を創造し、同様に環境が人間を創造する」と明言している。また「環境の変化を人間の活動や自己変革に適合させることは、革命的な実践として合理的に理解したとしかみなせない」とも述べている。子どもの育成についても同様である。デューイはまた、明示的に有機体と環境の相互作用の産物としての経験を論じている。子どもの発達について、彼は次のように述べている。「経験の本質を会得するには、まずそれが能動的要素と受動的要素との一種特別な結合から成立っているものであることを知らねばならない。…換言すればわれわれがその物に何事かをなせば、今度はその物がわれわれに何事かをなす。これは能動受動二方面の一種特別な結合である」（訳者注：ジョン・デューイ .民主主義と教育：デジタル復刻（Kindle の位置 No.3321-3327）.Kindle 版）。また「われわれがなそうと試みるところのものと、その結果起るところのものとの関係を認識することだ。…なにが原因と結果、すなわち活動とその結果とを結合させるものであるかを仔細に分解して見る」（訳者注：ジョン・デューイ .民主主義と教育：デジタル復刻（Kindle の位置 No.3445-3454）.Kindle 版）。子どもの個人的な発達に関する限り、その活動とは別に、個人的な資質と環境によって与えられた発達のすべての条件は、いずれもがその子の心身の発達の現実とはならない。個人の活動と個人の社会的実践は、個人の環境との相互作用の媒介者であり、個人の発達の基礎であり、発達を決定する要素である。

　環境決定論者は環境だけが人の発達を決定すると考える。このような見方をする者は、人の活動とその活動の中での人間の主体性に盲目であり、人間を消極的

受動的な環境の産物として一方的に環境が個人の発達に果たす役割を誇張してみている。例えば、古代中国の思想家・墨子は、人の発達は白い布を染料桶に入れるようなものだと考えていた。「染於蒼則蒼，染於黄則黄。所入者變、其色亦變（蒼に染むれば則ち蒼、黄に染むれば則ち黄。入る所のものの變ずれば、其の色も亦た變はる）」荀子も同じような見解を持っていた。「蓬生麻中、不扶而直、白沙在涅，與之俱黑。（よもぎも麻中に生ずれば、扶ずして直し、白き沙もどろの中にあれば、之と俱に黒なり）」西洋の行動主義心理学者が提唱した刺激－反応心理学は、人間の発達は環境刺激の結果であるとし、刺激に対してどのような反応をして、どのような人かがわかるという。哲学者や教育者にも、人生は白紙の状態で生まれ、その上に最も美しい絵を自由に描くことができ最新の文字を書くことができるものだと、人間の発達を外から作り出されるものとみなしているものもある。これらの意見は、人間の発達の特異性を完全に無視している。だからこそ、環境の役割を誇張する「環境決定論」を否定し、人間の発達における環境の役割を正しく理解すべきである。

　教育の仕事に従事するには、発達のための人の活動の価値を意識しなければならない。教育者の瞿葆奎はその著書の中で「人間の活動とは、社会及びそのすべての価値が存在し、発展する根源である。人の命と人格としての発展と形成の源泉である。教育学では、活動の問題を抜きにして、教育・指導・発展の課題を解決することは不可能である」とした。生徒の主体的な活動は、その存在と発達のあり方であり、教育の重要な基盤でもある。生徒の主体的な活動がなければ、あるいはそれを排除しなければ、生徒の発達は基礎を失い、教育は成功しない。有名な旧ソビエト連邦の心理学者ルビンシュタインは「教育者や教師は、子ども自身の活動を通さずに知識を習得し、道徳を醸成しようと、知識や道徳を強制しようとする。そのような試みは、子どもの健全な知的・精神的発達を損なうだけでなく、人格的資質の育成の基礎も破壊してしまう」と指摘している。またピアジェは、教育活動において、「子どもには自分の本物の活動というものがあり、それを実際に使って拡張しなければ、教育は成功しない」といっている。このことからも、教育は生徒の主体的な活動を指導し、組織化することで、生徒の心身や人格の発達を促進しなければならないことがわかる。

（二）個人の活動は、環境の影響の内在化と主体の自己構築を制約する

　人間は社会的・歴史的活動の主体であり、社会的実践の上に徐々に独自の能動性を形成していく。能動性には二つの側面がある。第一に社会的実践に基づいて世界を能動的に理解すること。第二に認識に基づいて積極的に実践を通して世界を変えることができるということである。だが、認識なしに意識だけで盲目的な実践を行っても、世界を変えるという目的を達成できない。世界を理解することと、世界を変容させる活動を組み合わせることによってのみ、人固有の能動性を十分に表現することができるのだ。毛沢東は「すべてのことは人の手で行うものである…それを行うためには、まず誰かが客観的な事実に基づいて、思想、規則性、意見を引き出し、計画、方針、戦略、戦術を提案することがうまくいく方法だ。思想などは主観的なものであり、やることや行動することは客観的に見た主観的なものであり、いずれも人間の特殊な能動性である。この能動性を私たちは「自覚的能動性」と名付けている」と言っている。以上のように、人間は環境との相互作用の中で、環境を変容させ、その活動の中で、個人の資質は発達し、向上していく。発達の観点から見れば、本質的には対象者の自我を構築していくプロセスである。生徒においては、この能動性は主に教育者の影響下にあり、社会生活に積極的に参加し、交流している上に自己理解、自己啓発、自己構築を能動的に進めていくことに表れる。

　生徒の育成と教育のプロセスは、ほとんどが生徒に社会での生産や人生経験を把握させるプロセスであり、人間社会の精神的な財産を自分の富へと転化していく過程である。この転化のプロセスは、鏡に物事を映し出すような機械的なものではなく、効果を発揮するためには生徒の意識的かつ能動的な参加が必要だ。外的な学習要件は、生徒に受け入れられるものでなければならない。生徒の内発的な学習欲求や成長したいという期待、その時点での生徒の経験と関連があり、開発の水準は生徒の成長したいという内的動機であるために、矛盾をはらんでいる。その生徒が学ぶための内的要件がなく、代わりに怠惰で、意識散漫、学びのモチベーションに欠けている場合は、教師の教える知識は生徒の知識や精神的な豊かさにはならない。アメリカの教育心理学者モリス・ビガー（訳者注：アメリカの乳幼児教育者 J.マックビガー . ハント）によると、外部環境があってもその人が気づかず、その要件と交流がなければ人の心理や行動に影響を与えることができ

ない。一旦、その人が気づき交流することで、人の生活空間を構成し、その心理や行動に影響を与えることができる。「生活空間は、人とその心理環境に同時に相互に働きかけ、互いに補い合い成り立つものである」。生徒ごとにそれぞれ異なる欲求があり、外部環境や生活空間も異なり、その結果それぞれの生徒の心理的及び行動には違いが出てきて、時に大きな差異となる。例えば、同じクラスの中でも、生徒の中には大変熱心に授業を聞き、教師の講義や教師と生徒の活動が彼の生活空間になっている。こういう生徒は、授業活動に集中しており、他の教室内外のことには注意を向けることがない。一方、教室内にいるものの、心はここにない生徒もいる。窓の外の心地よい鳥のさえずりや、授業後の楽しい活動に気を取られて、教師の話や課題は生活空間の外にあるというものもいる。こういう時は、教師の指導も、その生徒にとっては「見えない」「聞こえない」ものとも言える。このような状況では、教師が質問をしたり、注意をしたりすれば、その生徒はびっくりして途中の指導活動に戻ってくる。同じ環境・教育条件の下では、生徒一人一人の成長の特徴と成果は、その人の態度や能動性の発揮によって、主に決定される。

(三) 個人が精力的な活動を通じて自己の成長を選択し、構築していくこと

　上述したように、環境は人間の発達に所与の条件であるが、この与えられたものは、人が農業しかできず工業に従事できないとか、執筆しかできず銃をもてないとか、商売しかできず政治には就けないとか、民衆のために生きて役人にならないとか、南にしか住めず北に住めないなどといったことを決定するものではない。環境は与えられた範囲内で、人の活動や成長に対して開かれていて、社会における実践によって更に範囲が広がり続ける可能性がある。これは、能動的な活動を通じて、個人は外部世界との関係を把握するだけでなく、自分の成長を自分のものとして、実践の対象として自覚し受け止めることができるようになる。段階的に、目的意識をもって、意識的に認識し、自己の成長を選択し構築し、自分の人生の道を決定する。このレベルになって初めて、人は完全な意味での自己啓発の主体となることができる。人間の成長の過程は、能動的な活動によって自己を常に超越していく過程である。

　人の自己設計や自己葛藤は、主に二つの側面に表れる。一方では、周辺環境と

の関係性の現実を認識している前提で、客観的な条件が整うのを受け身で期待するのではなく、常に自分自身の成長のための条件を創造する。もう一方、将来の展望、自分自身の開発目標を設計し、それを達成するための行動を計画し、実行する中で、常に自分の挑戦目標ややり方を反省し、調整しつつ、自己啓発の目標を達成するために、常に困難や障害を克服する。

　発達の過程での自己設計や挑戦は、実は自分の人生を計画する活動であり、それを意識的に合理的に、過去の「既存の自分」を解剖し、今の「現実の自分」を調整し、未来の「理想の自分」を設定し、この過程で常に「自分を形作る」モチベーションと能力を不断に高める。それは、個人の発達の過去・現在・未来を意識の中で結びつけ、現在の発達レベルだけでなく、将来の発達の方向性と程度にも影響を与え、自己の発達、将来の自己発達の目標を意識的に利用して、現在の主体の行動を要求し、コントロールする。このようにして、自己の「過去」と「未来」を「現在」の挑戦の活動の中で一つにして、積極的で意識的な個人を向上できる。まさにその意味において、我々は人間の発達における人間の能動性の役割を高く評価している。能動性は、一定の条件下で自分の運命の可能性を主宰できる。人間は遺伝と環境の相互作用の産物であるだけでなく、自己の選択と構築の産物でもある。人の自意識が高まり、社会経験が豊かになるにつれ、主体性が発達に果たす役割はますます大きくなっていくだろう。孔子は自分の人生経験を総括してこのように表現した。「子曰わく、吾十有五にして学に志し、三十にして立ち、四十にして惑わず、五十にして天命を知る、六十にして耳従う、七十にして心の欲する所に従いて矩を踰えず」。これは実際、自分で意識した人間は学習と努力を重ねて、最終的に自覚し、自由な境涯に成長していく過程を自らまとめた言葉である。

第三節　発達における教育の役割

一、発達における教育の教導の役割

　人類の遺伝的要素は個体の発達のために生命の潜在力を提供し、環境は個体の

発達のために資源と条件を提供し、個人の活動で既存の資質と環境との相互作用を誘発し、個人の心身の発達に寄与する。しかし、現実の生活の中で、教育も人間の発達を左右する要因の一つだ。それは、個人の心身の発達に影響を与える要因同士が相互に作用するプロセスの中で、成長し、分化し、同時に常に強化されていく上でこの教育という要因は特に重要だ。教育、特に学校教育では、人間の発達に影響を与える過程に教育者を主体として加える。学習者の学習と心身の発達の指導に有意なように、環境を選択し、設計することで、若い世代を意識的に生物的人間から社会的人間へと成長させ、人類の文化を世代間で伝達し持続可能なものとするために、社会が必要とする人材になるように導いていく。

　新生児は、遺伝により能動的な本能や潜在的な資質や能力を受け継いでいるが、環境の影響を受けることで、自然に物事を知覚したり、他人と交流したり、大人の真似をして、食べる、飲む、歩くなどの簡単な生活に必要な動作を学ぶことができる。確かに、意識的に教えなくても、環境の影響により子どもは自ら経験を積み、初歩的な生活習慣を身につけることができる。しかし、歴史上の発展過程で先人たちが作り出した文化を学ぶために、言葉や文字、伝承された知識や道徳心を学ぶためには、意図的に組織化し、指導し、教え、世話をし、助ける教育がなければ、幼い子どもたちは環境からの自然な影響と個人の内的な働きだけに頼らざるを得ず困難を伴う。人間社会が構築してきた文化的規範や伝統的な慣習に適合したがらないきらいがある。

　デューイは「社会の目的や習慣を全然意識しないで生まれてきた人々は、これらの事柄を意識しかつ積極的に興味をもつように誘導されねばならない。そして教育のみがこの任に当ることができるのである」「（この）事実が、観念や実践の伝達による社会組織の絶えまない改造を可能ならしめるのである。ただしこの更新は機械的盲動的なものではない。真実にその充全な伝達のためにする努力がなかったならば、最も進歩した文明社会でも野蛮蒙昧に転落してしまう。事実、人間の子どもは野蛮きわまるものであって、もし他の者の助力教導なく打ち捨ておかれたならば、彼らはただ肉体的生存のために必要な極めて低級な能力さえも獲得することのできないほど憐れなものである。…されば人間の工芸や美術や科学や道義の練達に関するすべての能力を獲得するために教育の必要なのは勿論のことである」（訳者注：ジョン・デューイ．民主主義と教育：デジタル復刻（Kindle

の位置 No.302-304）.Kindle 版.）と指摘している。そして、デューイは付け加えて、「未熟者が教えられていることを大人が意識的にコントロールする唯一の方法は、彼らの環境をコントロールすることだ。彼らはその環境の中で行動し、それゆえに考え、感じている。…学校はもちろん、常に明示的に、そのメンバーに影響を与える知的、道徳的傾向の典型的な環境をモデルにしている」（訳者同上）と述べている。

　デューイは、子どもの活動を導く教育の役割を重視し、「子どもは眠っている人間ではなく、潜在的な活動の芽を徐々に引き出すために、大人からの強い戒めや技術を必要としている。子どもは既にとても活発だ。教育とは、子どもの活動をキャッチし、それを指導することである。指導され、組織的に適用することで、散漫になったり、単なる衝動的な表現に流されたりすることなく、価値ある結果に向かって進んでいくのだ」と思慮深く述べている。教育とは、人類の経験を伝えるための特別な環境であり、意識的に選択、設計、組織化、管理して、人間の成長を促進することを目的とした指導を伴う特別な活動である。

　ラントマンはこの問題を人類学的な観点からも取り上げている。彼は「言語は人間に固有のものではない。言語は歴史的な創造物である。人間は、外から言語を獲得するために機敏でなければならない。…もし誰も彼にまったく言葉を教えないとしたら、彼は話す能力があるにもかかわらず、依然として口がきけないのである」と言う。人間は、歴史的に言語を作り出しただけでなく、絶えず経験を積み重ね、習慣、風俗、道徳を形成し、言葉に表されるあらゆる面で文化的知識を創造し、蓄積してきたのである。また「そのためには、多くのことを意図的に（そしてしばしば苦労して）繰り返し教え込まなければならなかったし、彼らが伝統の中に入っていくまでの長い教育過程を経なければならなかった（動物の親は子だけを育てる。これは遺伝的素因に依存するかもしれない。ごくわずかではあるが、彼らを訓練することもある）人間は文化を生み出した後、教育によってそれを失わないようにしなければならない…これがすべての教育の人間学的基礎である」。人間が文化として作り上げたものは、すべて世代を超えて受け継がれ、繁栄し続けるために、若い世代に伝える教育が必要であることがわかる。

　ラントマンは、「私たちは文化の創り手であるだけでなく、文化により創られるのである」と明言している。人をつくる環境の話にしても、文化をつくる人の

話にしても、人の成長、特に育成や大人になることも成功することも、自然発生的に起こるものではなく、上の世代や教育者を通じて、意識的・有機的に行われる必要があるのではないだろうか。これは、意図的に一貫した教育をしていないとできない。

教育は、特に意識的な選択を通して、若い世代の育成に極めて重要な役割を果たしている。彼らの生活、相互作用、学習や実践活動の中で、それらを適切に教え、モデル化し、サポートするために良い環境を構築し、調整する。そして、対象者の地位を尊重し、彼らの内在する学習意欲や主体性・自律性・自己啓発を刺激し、誘導することに重点を置く。自己活動は、あらゆる面で自分の成長を導き、ケアし、維持した。このような観点から、カントは「人間は教育によってのみ人間になることができる。人間は教育の産物である」と言っている。

教育は発達を引き出す主役であり、若い世代の成長過程で教育が主導すべきは自己実現、自意識、自己啓発の意識的なプロセスであることがわかる。

二、学校教育の目的は、主に文化的・科学的知識の伝達による人間育成

学校教育とは、子どもの心身の発達のために、教育者が意識的かつ慎重に設定した環境であり、その最大の特徴は、選択され、再構成され、長い間蓄積された人間の文化的知識を精神的な対象である子どもたちと相互作用して発達を促進させ、人間にし、才能を開花させるものである。アメリカの教育者ハッチンズの有名な言葉に「教育は教えること、教えることは知識を意味している」というものがある。それは完璧に筋が通っている。

なぜ学校教育では、子どもたちの学習や知識の習得を重視しなければならないのだろうか。根本的には、子どもの成長・発達に必要なものだからだ。心理学の研究では、発達とは個人の精神の「人間化」であることがわかっている。旧ソ連の有名な心理学者ヴィゴツキーは、個人の心理学的な「人間化」の過程を研究し、「文化史的発展論」を創設して、人間と動物を区別する高次の心理機能を説明した。人間が道具の助けを借りて、生産と自然を変容させる過程における労働の役割についてのエンゲルスの考えに基づいて、ヴィゴツキーは高次の人間の心理機

能の社会的起源とその媒介について論じている。彼は、生物学的に進化してきた低次の心理機能と、歴史的に進化してきた高次の心理機能との2種類を区別しなければならないと指摘している。高次心理機能の本質は、人間の活動と相互作用のプロセスであり、象徴システムの習得によって、初期の低次心理機能に基づいて、それに対応する様々な新しい心理機能の資質の形成である。このように、高次心理機能の発達は、「心理ツール」--人間社会に特徴的な言語や記号体系という媒介により、社会的・歴史的発展の法則に制約されている。言語、記号体系が負っている社会的経験の習得は、個人の心の「人間化」に向け通らねばならない道だ。また、子どもの概念の形成と発達を研究し、子どもの科学的な概念が日常的な概念に支配的な役割を果たしていることを指摘した。この理論と彼の「発達の最近接領域」という概念に基づいて、「良い指導とは、発展に先んじて、発展につながるものでなければならない」という教育原理を提唱した。

　一方、ドイツの哲学者カッシーラーは、人間の発達におけるシンボル形式の重要性を哲学的に論じた。彼は、どんな生物にも受容体系と反応系があり、人間の中にも象徴系と呼ばれる第3の段階があると主張した。「この新たな獲得は、人間の生活全体を一変させた。人間は他の動物に比べて広い現実の中で生きるだけでなく、いわば新しい次元の現実の中で生きている」といい、カッシーラーはこの「新しい現実の次元」を「シンボル形式」と呼んでいる。そして、「言語、神話、芸術、宗教は、このシンボル形式の一部であり、それらは「記号の網」を構成する様々な糸であり、人間の経験の織り成す糸である。思考と経験の中で人間が獲得したすべての進歩は、この「記号の網」をより精巧で強力なものにした」といっている。記号の網のおかげで、人間はもはや世界を理解するために、すべてのものにおいて現実と直接向き合う必要はなくなった。「記号の網」は、世界を理解するための媒体となっている。人間は、「言語、芸術的想像力、神話的象徴、宗教的儀式などに囲まれ、これらの媒介の仲介以外には、何も見ることも知ることもできなくなった」のである。カッシーラーは、人間にとって記号はこのように重要であり、彼は人間を「アニマル・シンボリクム」と定義している。人間の発達には、記号によって読み込まれた情報内容が果たす役割がこのように明らかにされている。

　人間の文明史は、文化的知識が人間の成長を育むための最も重要な社会的要因

であり、資源であることを証明しており、人間は学校教育を通じて、若い世代に
言葉や知識を学ばせ、使うことで、人類の文化や科学を意味あるものとして伝え
ていくことができるだけでなく、世代を超えて伝達する中で昔は困難とされてい
た知識や技術を、今日では段階的に一般の人も使える普通の知識や技能へと変容
させてきた。ヘーゲルは、「個体の教育」についての議論の中で「個々は無教養
の状態から知識のある状態に導かれるべきである」と強調し、重要な任務として
いる。彼は、「知識の領域では、かつては精神的に成熟した者が努力によって求
められていた知識が、今では多くの子どもの知識、子どもの実践に還元され、子
どもの遊びにさえなってしまっている。しかも我々は教育の過程で世界文化史の
大まかな概要さえ知ることができるようになるだろう」。

　ここで明確にしておかなければならないのは、主に言語、文字、デジタル情報
を含む人間の記号系である。シンボルとそれが伝える文化的、科学的、技術的な
知識（文化的知識や知識と略して呼ばれるもの）は、人間の成長に欠かせないも
ので、文化的な知識は人間の発達を助長する複数の価値が含まれているからだ。

　第一に、理解力を発達させるものだ。知識は、人間の長期的な認識と実践の賜
物であり、先人が私たちに遺した精神的な宝である。個人の直接的な経験だけに
頼っていると、その人の知識は非常に狭く、理解は表面的なものになってしまう。
生徒が、先人の知識を学び応用できるということは、先人の知識の資源や道具を
継承して獲得することと同等で、世界を理解し、他の誰にも見えない事実を見て、
他の誰にも見つけられない問題を発見し、他の誰にも説明できない課題を発見し、
他の人にはできない経験を再構築し、先人の知識を簡単に便利に学べるというこ
とになる。いわゆる「学者は外に出なくても世情を知ることができる」とは、主
に知識を学ぶことによって世情を理解し、知ることを目的としたものである。今
日では、文字を基礎にインターネットやデジタル情報の助けを借りて、知識をよ
り迅速かつ効果的に取得することができ、人類の知識は新たな飛躍ができている。

　第二に、精神の発達を促進するものだ。知識は、科学と人文の精神を包含して
いる。科学的精神は、事実から真実を求め、主体的に考え、真実を追求し、迷信
に陥らず、盲目的に追従せず、軽率な発言をせず、人を導く。偽善やセンセー
ショナルなことを嫌い、壮大さや虚しさに寄らない。人文学の精神は、人が生き
る意味と尊厳を追求し、自由・平等・正義を主張し、人間の合理的な存在を目指

し、人間を解放へと向かわせる。知識や意識だけの問題ではなく、知識や意識の
レベルから人格のレベルまで誘導していくことで、生徒がその過程で科学的・人
文学的精神の陶冶を通して、真実に忠実であるとはどういうことか、真実を保ち
続けるとはどういうことか、人はどのように生きているのか、なぜ生きているの
かを理解してこそ、本当の意味での生き方の知恵が身につき、人生の理想と志を
持ち、社会的責任や人類の使命を負うことができるのだ。それでこそ「富にも溺
れず、貧しくても志を変えず、脅しにも屈しない」奴隷から脱した人間になれる
のだ。

　第三に、能力開発を促進するものだ。知識とそれを応用する能力は、先人が作
り上げた物事を理解し、具体的な問題を解決し、精神的・行動的な操作を実行し
ていく過程で得られる結晶だ。したがって、生徒の問題認識能力や対処能力を効
果的に育成するためには、知識の習得・理解を指導するだけでなく、それよりも
大切なのは、知識を実践に応用できるように指導し、現実の様々な問題を解決し、
挫折や失敗から知るように導くことだ。経験・教訓をまとめ、間違いを正し、段
階的に正しい方法・手順を身につけて、自分自身の探究心・発見・改善・構築力、
刷新する興味と能力を高めていくことだ。

　最後に、人間の実践の発展を促す。それは主に、社会的実践を導き、前進させ
るために、知識の人間的利用の発展を促進することを意味している。学習を通し
て知識を身につけ、何かの特性を認識することで、何かを変容させる可能性を得
て、それを促進していく。学習の目的は応用にあるとよく言われるが、これは人
間の実践の発展を促進する上での知識の価値を大きく強調している。

　知識の多面的な価値に鑑み、生徒の育成を効果的に推進するためには、教育は
生徒が知識を尊重し、知識を愛し、知識を追求するように指導しなければならな
い。真実、創造的な理解と知識の応用、そしてその過程で、子どもの知的、道徳
的、美的能力を自由に成長させ、自己を総合的に発展させ、社会的実践の主体と
させなければならない。

　ここで知識は重要な教育的価値を持つが、「知識だけの教育」を行わないこと
が重要であることを指摘しておきたい。デューイは、「このような正規の教育が
なければ、複雑な社会のすべての資源と成果を継承することは不可能である」と
述べ、学校における知識教育の役割を明確に肯定している。しかし、彼は学校の

指導が「無関心で硬直したものになりがちで、通常の蔑称を使えば、抽象的で本末転倒なものになってしまう」傾向も強調した。「正規の教育の材料が、単に学校のものであり、生活体験の材料から切り離されている危険性が常にある」といっている。永続的な社会的利益は無視される可能性が高い。学校で学んだことは記号で記憶され、実際のものから切り離され、生活体験から切り離されているので、観察、考察、操作などの活動を経ず、応用、実践、反省、改善もせず、丸暗記、半理解、教条主義で学習するなら、学んだことを自分の経験に変換し、社会の関心と結びつけて自分の人格に転化することは不可能である。そこでデューイは、このような教育は「教育の社会的必要性を無視し、意識的な生活に影響を与えるすべての人間集団との整合性を無視する」と主張したのである。また、「もし、習得した知識や専門化した知的スキルが、社会的気質の形成や、普通の生き生きとした経験の意味の向上に影響を与えることができず、学校教育が学習の『不真面目な人間』を生み出すだけだとしたら…」と指摘している。自己満足の専門家というデューイの警告は決して無益なものではなく、中国には古くから「二つの耳は世界を聞かず、一つの心は賢者の書を読むだけ」という教育の弊害を考える人々がいる。いかにして社会的実践や社会的交流を導入し、学校教育と実生活のつながりを密にし、教育の社会的必要性に注意を払い、生徒の全面的な成長を促すかは、まさに我々の教育改革の重要な課題である。

三、学校教育の果たす人間の近代性を高める上で大きな役割

人間形成における教育の役割は、社会発展の段階によって変わっている。古代社会とは対照的に、現代社会はより要求が厳しくなり、特に人間形成における教育の役割は大きくなっている。

アメリカを代表する学者であるインケルスとスミスは、「人間の近代化」というテーマで現代人の特徴を 12 の分野に分けて説明している。

1. 新しい経験や考え方、行動様式を受け入れることができる
2. 社会の変化を受け入れる準備ができている
3. やみくもに従ったり停滞したりせず、あらゆる側面から異なる意見を考慮しようとする

4. 意見や態度を形成することができる事実や情報を積極的に獲得する

5. 現在と将来を見据え、時間を厳守する

6. 自身の能力または他者と協力して、人生がもたらす試練に対処できる強い有効性と自信を有する

7. 事前に計画、段取りし実行する

8. 問題解決のために、合理的で正当な社会制度や周囲の人々に頼ることができる

9. ノウハウの重要性とそれを報酬分配の健全な基礎として利用する意欲がある

10. 自分と自分の子孫に、伝統的に認められた職業を離れて新しいことに関連した近代的職業につくという選択肢を与える意欲がある

11. 他者を尊重し自尊心を持つことの重要性を知る

12. 生産・工程を理解している

人類の近代化の形成と教育との関係はどのようなものか？あるいは、教育（主に学校教育）が人類の近代化の中でどのような役割を担うのか。インケルスらは、アルゼンチン、チリ、バングラデシュ、インド、イスラエル、ナイジェリアの6カ国を対象とした大規模な実証研究により、最低教育を受けている人のうち、現代人の特性を備えていると分類される人は10％未満であるのに対し、最高教育を受けている人のうち約80％以上が現代人の特性を備えていると分類されることを示した。また、工場で働く二つのグループを選んでテストを行ったところ「教育レベルが低い」人が現代的な特性を持っている割合は平均13％であったのに対し、「教育レベルが高い」人は49％であった。したがって、「教育は、その人の現代性のレベルを決定する主要な要因である」「教育は、その人の現代性に直接的かつ独立的に貢献する」といえる。

教育は人間の近代化において重要な役割を果たす。なぜなら、学校では読み書き算盤などあらゆる面の基本的な知識や技能だけでなく、個人の成長や国の将来に関わる姿勢、価値観、行動様式を学ぶからだ。「学校に長くいる人」は、知識が豊富なだけでなく、言葉も流暢である。彼らは時間の感覚が異なり、個人的・社会的な有効性を強く意識している。地域社会の問題に積極的に取り組み、新しいアイデアや経験、人々に対してよりオープンで、様々な人々と交流し、部下

第二章 教育と発達　71

やマイノリティに対してより深い関心を示す。彼らは科学をより真剣に受け止め、変化を受け入れ、子どもの数を制限する覚悟がある（原文ママ）。つまり、より正式な教育の恩恵を受けることにより、個人的な性格がより現代的になることは間違いない。我が国は社会主義的な近代化を進めており、人間の近代化は社会の近代化の重要な基盤であり、前提条件である。私たちは、意識的に教育の発展を優先させ、人間の近代化を促進するための教育の役割を重要視し、十分に発揮させるべきである。

復習思考問題

1. 人間形成の法則と特徴とは？ 人間の発達の法則や特徴に合わせた教育はどうすればいいのか。

2. 人間開発の可能性をどう捉えるか？ 教育は、人間の潜在能力をどのように扱い、どのように開発すべきなのか？

3. 朱に交われば赤くなるという説と、その影響は限定的であるという説がある。自身の成長との関連から意見を述べよ。

4. なぜ教育が人間形成の主役になるのか？ 教育はどのように主役になれるか？「学び方の下手な生徒などいない、教え方の下手な教師がいるだけだ」、という人もいる。また、「どんなに優れた教師でも、頑固な石にうなずくことを教えることはできない」とも言われる。この論争をどう捉えたらいいのか。

5. 以下の内容を読んで意見を述べよ。

　　北京の出版社に勤める王さんは、小学生の息子を持ち、幸福で民主的な教育を信条とし、良い成績を取ることよりも、自立した知的で個性的な人間を育てることが重要だと考えている。息子の成績は優秀だが、「破天荒だ」と批判されることも多く、王さんは三日にあけず学校に来るように言われる。彼女は記者に、教師の息子に対する発言に憤慨していると語った。しかし、長年クラス担任をしてきた李さんは、王さんのような親は自分の子どもを信じすぎていて、常に教師が子どもに対して不公平で不完全な批判をしていると感じ、教育の過程で教師の発言を意図的に軽んじていると考えている。「多くの親にとっての民主教育の本質は、一種の甘やかし」である。李さん

は、これでは「共同の力」であるべき家庭教育と学校教育が「分裂した力」
になってしまい、子どもの成長につながらない、と指摘する。

　本誌記者が取材したところ、現在、多くの学校と保護者が互いに不満を抱
いており、互いに相手が自らの教育効果を弱めていると考えている。学校側
は「５＋２＝０」、つまり学校教育は２日間の家庭教育ほどインパクトは大
きくないと考えているし、保護者側は「２＋５＝０」たった２日間の家庭教
育はもとより学校教育５日間にはかなわないと考えている。

　その結果、相互不信に陥り、「子どもを奪い合っている」状態になってい
るのである。

6.　あなた自身の成長体験に照らして、人間形成における知的学習、社会的実
　　践、対人関係、自己の主体性の役割について考察し、教育改革への意見を
　　述べよ。

第三章

教育と社会の発展

教育は人間を育てる活動であり、より大きな社会体系の中の重要な一体系である。教育は、人間個人の発達だけでなく、社会の発展にも双方向の関係がある。教育は社会の発展に制約され、またそれに反応して、中国の社会主義を構築するための重要な位置と役割がある。

第一節　教育の社会的制約性

社会の歴史的発展の過程において、教育の目的と制度・内容と方法・規模と速度は、すべて社会の生産力や経済、政治、文化的要因からある一定の制約を受けている。これが、教育の社会的制約性である。

一、生産力が教育に与える制約

（一）生産性の向上が教育事業の発展の規模や速度に与える制約

物質や資産の生産は、社会的存在と発展の基礎である。人は衣食住がそろってはじめて政治、文化、教育に携わることができる。衣食が足りなければ、教育に携わることができない。教育の発展は生産力の発達によって大きく制約されていた。原始社会は、その生産性の低さから、余剰生産物を社会に提供することができず、専門の教師や専門的な人材を育成する学校を持つことができなかった。生産性が発達し、余剰生産物を提供できるようになった古代社会では、少数の支配者はもちろん、古代の農耕労働者でさえも学校教育を必要としなかったため、学校の発展は極めて遅く、限られたものであった。工業社会では、労働者に理科教育を必要とする機械の使用が、学校の発展につながった。近代的な産業労働者、すなわちあらゆる種類の労働者や専門家を育成するという任務を、学校は徐々に引き受けなければならなかった。その結果、工業社会における学校教育は、古代の農耕社会よりも早く大規模に発展し、100年という比較的短い期間で、少数の散在する学校から組織的に大規模な学校教育事業へと変貌を遂げたのである。学校教育の発展は、個人や社会団体の熱意と、政府による教育振興によって促進された。しかし、教育開発の規模や速度は、最終的には生産力や開発のレベルに

よって決まることに留意しなければならない。

　ある種の教育は、ある種の生産力の発展に適合したものでなければならず、このことは、学校教育において従わなければならない発展の法則である。現代の学校教育の発展において、二つの状況に注意する必要がある。学校教育の発展の規模と速度が生産性の発展の要求に長期的に追いつかないと、人材不足により社会経済の発展が停滞し、社会経済の発展を促進するために教育の発展を加速する必要がある。学校教育の規模と速度が生産性の発展を超えすぎると、社会に負担をかけるだけでなく人材の供給が過剰になり、就職が非常に困難になる。社会経済の発展に重大な影響を及ぼすことになるため、教育の発展は時勢に合わせて調整することが必要である。私たちは、歴史の経験に注意を払い、起こりうる逸脱を防ぐ必要がある。

（二）生産力の発達の程度が、人材育成の仕様や教育の構造に与える制約

　どんな人間を育てるかは、生産性向上のレベルにも密接に関係している。古代社会では、農耕労働者は生産過程で学び成長したのに対し、工業社会では労働者や専門家は学校で訓練を受けなければならなくなった。産業発展という点では、蒸気機関を使った生産では初等教育レベル、電化生産では中等教育レベル、自動化・人工知能化生産では高等学校、高専以上の専門教育レベルが必要である。このことは、生産力の発展のレベルが異なれば、教育によって訓練される人々のレベルも異なることを表している。また、生産性の向上と分業の進展は、必然的に教育構造の変化をもたらす。どのようなレベルの学校が設立され、どのような専門分野が設定され、その数と比率はどうか、すべてその歴史的時代の生産力の発展レベルと産業構造によって支配されているのだ。したがって、学校教育の構造は、経済の技術構造、産業構造を反映したものでなければならない。そうであって初めて教育が育てた人材が質量ともに生産力向上の要求に応えることができる。そうでなければ、たとえ育成した人材の総数が余っていても、構造的なアンバランスが生じ、例えば、新しい分野やハイテク職種の人材が妙に不足することが多くなり、生産と経済の発展にも影響を及ぼすことになる。

　もちろん、学校教育と社会経済部門の人材育成・需給は、決して受動的・機械的・単純な相手方の育成関係ではなく、教育は、現在の職業分業のニーズだけ

でなく、将来の産業構造や分業の変化も考慮して、能動性のある人材を育成し、人々の科学・文化の基礎知識を広げ、創造力を高め、将来の科学技術の発展と社会における分業の変化に対応できるようにする必要がある。

(三) 生産力の発達が、指導内容、指導方法、指導組織の形態の開発と改革に与える制約

生産力の向上は科学技術の発展を促し、それは必然的に教育内容の発展・更新にも寄与した。例えば、14世紀以前の学校教育における自然科学のカリキュラムは、一般に数学、幾何学、天文学などの科目のみで構成されていたが、14世紀から16世紀にかけて地理学、力学が加わり、17世紀以降は代数、三角法、物理学、化学、動物学、植物学などが追加されるようになった。近代科学技術の発展に伴い、量子物理学、電子計算機、遺伝子工学、レーザー、海底開発、サイバネティックス、情報理論、システム理論などの新興科学技術も徐々に学校の教育課程に組み込まれていった。一般的な基礎教育に比べて、中等・高等職業教育のカリキュラムや内容はより急速に発展・変化している。教室での授業の構築・改善、探究・演習・実験・見学・インターンシップや視覚教材・オーディオ・ビデオ・マルチメディア教育などの現代的スキルの活用、生産性の向上や科学技術の活用と密接に関連した教育方法・教育組織の変化も同様である。

二、経済や政治体制が教育に与える制約

(一) 経済や政治体制が教育の性質と指導力に与える制約

ある種の教育の性質は、その社会の経済的・政治的システムの性質によって決定される。歴史の流れの中で、新しい社会経済的・政治的関係が古いものに取って代わるとき、新しい支配階級は、自らの利益のために、必然的に学校教育を独占し、教育の指導権を握り、教育をその経済・政治体制に奉仕させ、階級支配の重要な道具としてきた。社会主義社会が人民民主主義を確立して初めて、人民が教育の主人になるのである。

（二）経済や政治体制が教育の目的と内容に与える制約

　教育の目的は、社会の経済的・政治的システムの中で教育に対する権益、要求がまとめて現れてくるものである。階級社会では、支配階級は、常に政治権力を利用して、教育の目的、制度、指針、方針を策定し、学校教育が支配階級にとって必要な人材を育成できるよう担保し、その経済政治制度に貢献できるよう学校教育のカリキュラムや内容を規定する。社会主義社会においてのみ、教育は、すべての人民に奉仕し、人民の願望や要求を反映し、国民をできる限り満足させることができる教育となる。

（三）社会の経済や政治体制が教育を受ける権利に与える制約

　誰が、どの程度の教育を受けるかは、その社会の経済的・政治的システムによって決まる。古代の階級社会では支配者が学校教育を独占し、労働者とその子どもは学校から排除されていた。資本主義社会では、労働者の子どもは学校に行くことはできるが、経済的にも文化的にも多くの点で制限があり、質の高い教育を受けることはできなかった。社会主義社会でこそ、教育の権利と機会平等の実現により各人の人格を十分に伸ばすことができる。

　また、社会経済、政治体制は、教育に特徴的な制約を与える。例えば中央集権的な経済的・政治的権力を持つ国では、教育管理制度の中央集権化と統一化がより重視されており、経済的・政治的に地方分権化されている国では、教育管理システム上、地域の自主性を重視している。

　教育の本質、教育を指導し受ける権利、教育の目的と方針、教育のカリキュラムと内容、教育管理のシステムなど、すべてが社会の経済的・政治的システムに支配されていることは明らかである。欧米の民主主義国家でも、「超一流」「超政治的」な教育など存在しないことは明らかである。『アメリカの教育の基礎 - 社会的視点』という本には、「これほどの規模の社会事業が、特定の政治の下で気ままにさまようことを許されるはずがないことは明らかである」と書かれている。これは、社会的機関としての学校が、若者の考えや行動を社会の価値観、規範、習慣に適合させることを期待されているからだけでなく、この社会化過程の一つの形が政治化なのである。だから、どの階層の政府においても、教育は決して政治を超えた活動ではないといえる。

三、文化が教育に与える制約

　文化の概念の定義については、古今東西、諸説紛紛としている。一般的に文化とは、広義にも中庸にも狭義にも考えられる。広義の文化とは、社会的生産や生活の過程で人間が創造したすべてのものを指し、物質的・精神的生産の内容全体を含む。中庸の文化とは、経済や政治とは異なる、精神的な生産のすべての結果を指す。狭義の文化とは、もっぱら文学と芸術を指す。ここでいう文化とは、主に中間の意味での文化、つまり、ある社会集団の文化であり、長年にわたり形成された共通の言語、知識、価値観、信仰、習慣、及びその構成員の行動規範や生活様式を含む。しかし、文化の概念には主に文化概念（価値観）とそれに付随する文化パターン（行動パターン、生活様式、習慣）の双方が含まれる。これらの文化的概念や行動様式、生活様式は、民族に広く共有され、何世代にもわたって維持されており、文化的伝統として知られている。政治や経済とは対照的に、文化が教育に及ぼす影響は、幅広く、根本的で、深く、永続的である。人類の歴史の中で、異なる文化は互いに引き合い、融合することもあれば、拒絶し合い、ぶつかり合うこともあった。

　現代社会では、国際的な経済、政治、文化、科学技術の交流や協力が頻繁に行われるようになり、民族間、国家間、個人間の文化的対立や紛争が増加する中、文化的アイデンティティと教育、政治、経済との関係を理解することは、民族間、国家間の融合と協力、個人間の相互尊重と友好を促進するために重要である。

（一）文化的知識が教育の内容や水準に与える制約

　人間は文化を創造し、文化活動を行う過程で自己を発達させ、向上させていく。若い世代は、先人が創った文化的知識を継承し、学ぶことで、初めてある社会の一員に成長することができる。文化は教育の基本であり、教育の本質は「文化を通じて人を育てる」こと、つまり文化の伝承と革新を通じて人を育てることであることがわかる。特に学校教育は、自然や社会、思考に関する科学的知識を含む体系的な文化的知識を身につけることが重要な課題となっている。したがって、文化は教育の主要な資源であり、文化的知識のアイデンティティと発展水準は、教育のアイデンティティと発展水準を支配するのである。

（二）文化モデルが教育の背景とパターンに制約を与える

　まず、文化モデルは、教育のための特定の背景を提供する。文化モデルは教育者の董沢芳曰く「各個人を形成する大きな力を持っており、その全容は通常、私たちには見えない。なぜなら、それは各個人に、徐々に、ゆっくりと起こり、満足と同時に苦痛ももたらし、人はそれに適合する以外にはない」からである。これが、経済や政治体制がほぼ同じで、文化モデルが大きく異なる国に住む人々が、まったく異なる国民性を持つ主な理由である。

　第二に、文化モデルもまた、様々な形で教育のパターンを規定している。例えば、東洋の文化モデルの中核は調和、美徳、全体への配慮の追究であり、西洋の文化モデルの中核は征服、理性、個性の追究である。この二つの異なる文化モデルの影響を受けた教育モデルも、教育の目的、内容、方法など様々な面で明らかな違いがある。教育の目的についても、東洋は内面的な発展や自己啓発を重視し、「人間の良識を理解する」「克己」「自省」「自己検証」で修練を積んだ人間を育成することを目的としている。欧米では、外に向かって発展すること、外界や相手を征服すること、科学を追究し力を発揮する人材を育成することが重視されている。教育内容についても、東洋では自らを修練する学問が重視され、自然科学は軽視され、職業技術も蔑ろにされ、西洋では自然科学と技術が重視され、算術、幾何学、天文、地理、物理、化学などの実学が重視された。思考としては、東洋では「先生の威厳」「正しいかどうかを考えず上に盲従し真理かどうかを問わず書物に従うこと」「思想の伝達」が重視され、西洋では「先生と生徒の平等」「自由と民主主義」「自主的な思考」が重視されている。

（三）教育伝統を支配する文化伝統の特徴

　文化の伝統が古ければ古いほど、教育の伝統に対する制約は大きくなる。アメリカでは「民主主義社会」に向けて理想的な市民を育成することに重点を置いた実利的な教育が強く、イギリスでは教養、人格、知性の形成に重点を置いた紳士教育の遺産があり、フランスでは優秀なエリートを作ることに重点を置き、ドイツでは国を優先する市民の育成に重点を置いた教育が行われている。こうした教育の違いは、それぞれの国の文化的伝統と密接に関係している。中国には長い文化の伝統があり、例えば、価値観の面では、集団の調和を重視し、人間本位を重

んじ、政治的優位を重視し、博愛と道徳を唱え、成功と名声を追究する。思考方法の面では、理論的一般化や論理的演繹より、直観と経験則を重視し、ミクロ分析や個人差よりマクロ思考と全体の協調を重視する。こうした文化的伝統の影響から、中国の伝統的教育も、芸術より徳、教師の威厳、官吏になるための勉強といった価値を重視し、考え方においても、帰納より演繹、創造性より知識の伝達、実践力の養成といった特徴を示している。今日、私たちが教育改革で遭遇する抵抗の多くは、文化的伝統の負の要素に根ざしているといえる。文化的伝統と教育の関係を正しく理解することは、今日の教育改革を導く上で大きな実際的意義を持つ。

　また、人口動態や地理的環境なども学校教育に一定の制約や影響を与えている。人は教育の対象であり、学校教育の形成と発展の前提である。人口の発展状況は学校教育の発展速度を決定し、人口密度は学校の規模を決定し、人口の移動は学校の新設・移設・統廃合に影響を与える。地理的な環境、例えば位置、地形、気候、規模、交通事情などの地域環境は、学校の配置、学校用地の選定及び登校時間、登校内容、学校活動の仕方に大きく影響している。

第二節　教育の社会的機能

　教育は社会の発展によって条件づけられるが、同時に社会にダイナミックに反応し、社会の発展を促進する機能もある。教育の社会的機能には、大きく分けて「教育の社会変革機能」と「教育の社会移動機能」の二つがある。

一、教育の社会変革機能

　教育は、人間の潜在能力を伸ばし、人間の資質を向上させ、社会化を導き、社会的慣行に影響を与えることで、社会の発展と変化を推し進める。これが教育の社会変革機能である。教育の社会変革機能は、社会生活の様々な分野に現れている。

第三章　教育と社会の発展　　81

（一）教育の経済的機能

　教育は、生産的な経験、科学技術、経済経営の知識の習得、伝達、発展を通じて、様々な経済活動に参加するため、社会の生産性と経済発展を可能にするための労働者と専門家を育成することができる。

　1．教育は、潜在的な労働力を現実の労働力に変えるための基本的な手段である。

　労働力とは生産性の動的要素である。労働力とは何か？マルクスは「労働力、あるいは労働能力とは、生きている人間の身体に存在し、人間が何らかの使用価値を生み出すときにいつでも適用される、体力・知力の総体であると理解している」と述べている。人間の身体の中に存在する、何らかの使用価値を生み出すことのできる身体的・知的生産力の総和は、個人の自然な成長の結果ではない。個人の生活の成長は、可能な労働力を構成するだけであり、人は、ある生産部門で労働の知識と技術を習得し、なんらかの使用価値を生産できるように教育・訓練されて初めて、真の生産力となるのである。教育と訓練を通じて、若い世代を社会の様々な部門のニーズに適した有能な労働力や専門家に育てることのみが、社会の生産と経済の発展に貢献できることは明らかである。

　2．現代教育は、知識に基づく生産性を直接的な生産性に変える重要な手段である。

　近代に入り、科学知識の生産への応用に伴い、生産における機械の発明、使用、普及、革新が進み、生産工程の機械化、電化、自動化が誘発され、科学技術が最初の生産力となっている。現代の工業生産において知識と技術の重要性が増しているため、教育に対する要求もより大きく、より高くなっている。科学技術は知識という生産性の一形態に過ぎず、知識という潜在的生産性を現実の生産性に転換するためには、困難で複雑な科学研究、新しい生産設備の発明・創造とは別に、その技術的成果の生産への応用・革新・促進、経験の総括・高度化、労働者の養成など、すべて教育・指導による密接な協力が必要だということに注意しなければならない。したがって、近代的な生産の発展には、それに寄与する近代的な技術や教育の発展が必要である。現代の生産と経済発展における教育の重要性は

ますます明らかになり、現在、世界中の国々が生産と経済発展を促進するために、教育課程、教育指導、教育開発の改革を競い合っているほどである。

3. 現代教育は労働生産率向上の重要な要素である。

現代の生産は、機械化、自動化、知能化が進んでいるのが特徴である。その生産性の向上は、古代のそれとは異なり、主として労働量の増大と労働時間の延長に依存するのではなく、生産における科学技術の応用、普及、継続的な革新、労働者の教育の程度と質の向上、生産と改革における労働者の創造性の発揮に依存するものである。このように、生産における科学技術の役割が大きくなるにつれて、生産に占める精神労働の割合が大きくなっている。統計によると、機械化の初期には、生産における肉体労働と精神労働の比率は9：1、機械化が中程度になると、生産における肉体労働と精神労働の比率は6：4、自動化の場合には、生産における肉体労働と精神労働の比率は1：9となる。これは、生産の科学技術内容と知的労働内容の改善が、労働生産性を高める上で大きな役割を果たすことを十分示しているといえる。

つまり、教育は、生産経験や科学的知識を与え、あらゆるレベルや種類の労働者や専門家を訓練することによって、人間労働の熱意と創造性を発揮させ、生産の発展に強い推進力を与え、労働生産性を著しく高め、莫大な経済的利益を生み出すことができるのである。このように、現代では教育は人的資本とみなされ、国民所得や個人所得を向上させる重要な要因となっている。

アメリカでは、1900年から1959年まで、人的資本（教育投資）から得られる利益が17.5倍になったのに対し、物的資本から得られる利益は3.5倍にしかならなかった。

20世紀初頭、資本主義経済の成長の諸要素のうち、労働と資本が75％、科学技術が25％を占めていたが、1960年代には、科学技術が75％、労働と資本が25％と比率が逆転している。

セオドア・シュルツの研究では、国民所得の伸び（経済成長）が「教育」に起因する割合は、1929年から1957年の間に16.6％から32.2％に増加したと結論付けている。デニスンは、1930年から1960年までの経済成長の23.5％は、労働力の教育レベルの上昇によるものであることを発見した。学歴による年収の差

は、学校教育の投資価値をはかる一つの方法である。初等教育修了者の年間所得で、1972年の25歳以上の男性の平均は6,756ドル、中等教育修了者は10,433ドル、大学修了者は16,201ドルであった。学校教育のレベルの違いによる収入の差は、この間も続いているか、より大きくなっている。1956年の中等学校卒業生の平均収入は、初等学校卒業生より43%多く、1972年には55%多くなっている。米国で学歴による給与の違いを調査したところ、中学生で20,442ドル、高校生で27,038ドル、大学生で44,523ドル、修士で55,384ドル、博士で72,099ドル、専門職で98,197ドルという結果が出ている。このように、教育を充実させることで得られる経済効果は、投資に見合ったものであるといえる。

中国では、1996年に中学、高校、短大、大学、専門学校を卒業した生徒の収益率は、それぞれ3.59%、4.19%、6.76%、4.67%、6.58%であった。

教育経済学の研究において、教育への収穫の度合いを反映する指標としてよく使われるのがミンサー収益率で、同じ労働年数で更に1年教育を受けた場合の雇用者の収入の変化率を指すものである。李実と丁賽の計算によれば、1990年から1999年の中国の都市労働者のミンサー収益率は教育レベルとともに上昇し、1999年のデータでは、大学以上0.668%、短大0.5077%、工業中学・高校0.386%、高校0.3205%、中学0.207%となっている。

それによると、我が国の農村部では、低所得の農業部門から高所得の非農業部門への移動が、経済発展と教育への高いリターンを結びつける重要なメカニズムになっているという。地域経済がうまく運営され、非農業生産が大きく発展したことが、教育への見かけ上の収益が上昇する重要な条件であり、原動力となっている。所得分配における人的資本の役割の増大と、それに伴う教育収益率の上昇も、農村部における教育収益率上昇のもう一つの重要な推進力となるであろう。

いわゆる「知識経済」「知識社会」「情報社会」という概念について、多くの学者が異なる視点、異なる意見で論じているが、少なくとも共通していることがある。それは、経済や社会の発展における知識と教育の重要性である。アメリカの学者ピーター・ドラッカーは、著書『ポスト資本主義社会』の中で、「ポスト資本主義社会」とは「知識社会」であると指摘した。この社会では、知識が経済の発展や社会の構造、政治体制、モラルのあり方を変えていくことになる。彼は、経済学者が言うように、基本的な経済資源はもはや資本でも天然資源でも労働力

でもなく、「知識であり、知識であろう」と主張している。彼にとっても、富の創造における中心的な活動は、生産における資本の使用でも「労働」でもなく、知識労働、つまり生産における知識の使用と知識そのものの革新であろう。彼は、「国や企業の知識へのリターンが、ますますその競争力を決定する要因にならなければならない」と述べている。「知識の生産性は、経済や社会の発展、つまり経済の機能においてますます決定的なものとなっている」「すべての先進国は、国民総生産のほぼ5分の1を知識の生産と普及に費やしてる。正式な教育（若者が労働力になる前に受ける学校教育）はGNPの10分の1を占めている（第一次世界大戦時の約2％から上昇）。雇用主は、従業員のさらなる教育に、GNPの5％、場合によってはそれ以上を費やしている。このため、研究開発、すなわち新しい知識の生産には、GNPの3～5％が費やされることになる」。これらを受けて、彼は知識の再定義、知識人の再定義、そして学校と学校教育の役割と機能の再考を提唱しているのである。

　結論として、上記の情報は、教育の一般的な経済機能、国民総生産と個人所得を上げるための近代的な教育投資の一般的な役割、その発展の傾向を理解するのに役立つといえる。しかし、教育と経済の関係は複雑で変動しやすく、国や歴史的条件が異なれば、教育投資の伸びと国民所得の伸びは、様々な要因が複雑に影響し合い、異なる状況やデータで現れる。特に、個人所得の状況は更に複雑で、多くの要因の影響により、高い教育を受けた人が、低い教育を受けた人よりも高い所得を持っているとは限らないのである。逆になる場合も大いにあり得る。このことは、教育への投資と国民総生産や個人所得の増加との関係は、単純かつ機械的に分析したり、結論を出すことはできないことを思い知らされる。しかし、教育への投資と経済成長の間には本質的な関連性と一般的な規則性があることを否定してはならない。

（二）教育の政治的機能

　教育は、ある社会の政治思想とイデオロギーを普及・宣伝することによって、その社会の世論と規範を規制または主導し、人々に積極的に影響を与え、指導する。特に若い世代の政治思想と道徳を培うことによって、社会政治制度と路線の定着と発展を促進し保護することに注力する。

第三章　教育と社会の発展　85

1. 教育は、社会の政治的イデオロギーの形成により、若年層の政治社会化を完成させる。

人の社会化は発達の重要な側面であり、個人が人間になるための基礎となるものである。そして、政治化はひいては人間の社会化の重要な側面である。政治的社会化とは、人々がある社会の政治イデオロギーを受け入れ、ある社会・政治体制に適応した心の態度やアイデンティティを形成し、政治に積極的に参加し、政治を監視する能力や習慣を身につけるように導くプロセスである。このプロセスは、特に若い世代にとって重要だ。つまり、その国の国民になるための教育を確実に行うプロセスである。政治的な社会化は、主に教育を通じて行われる。教育は、文化を伝え、心を鍛え、感情を育てる活動として、直接的または間接的に、明示的または暗示的に、若い世代に一定の社会・政治的意識を伝え、彼らの政治的社会化を促進し、それによって特定の社会の政治体制と秩序の構築、強化、最適化に貢献することができる。

2. 教育は、政治家を輩出することにより、政治制度の変革と改善をすすめる。

孔子は「為政在人」とし、「人存則政挙，人亡則政息人（人が存在すれば政府は興り、人が死ねば政府は没落する）」と言った。墨子もまた、「国有賢良之士衆，則国家之治厚；賢良之士寡，則国家之治薄。（ある国に徳のある人が多いときは、その国の統治は厚く、徳のある人が少ないときは、その国の統治は軽くなる）」と信じていた。そのため、古代中国の教育は官吏の育成を重要視していた。現代社会は法の支配を重視しているため、政治家の育成に教育の注目が集まっている。行政への科学技術の本格的な浸透により、国の政治エリートの需要は更に高まっている。この変化に対応するために、多くの国では、政治エリートの育成に特化した学校や部署が設置されている。社会が発展すればするほど、政治エリートの質的要求が高くなるため、教育による政治経営人材の選抜・育成が重要となる。

3. 教育は、国民の文化的資質を高めることで、国家の民主政治の構築をすすめる。

その国の政治が民主的であるかどうかは、主にその国の政治体制にかかっているが、国民の文化的な質にも密接に関係している。国が教育の普及に尽力し、国

民が高学歴であればあるほど、民主主義の価値を認識し、政治生活と社会生活の中で、より民主的な権利を行使することができる。政治的独裁、宗教的迷信、官僚主義は、文盲が多い国では施行しやすい。世界の多くの国で民主主義を構築してきた実践的な経験から、教育の力に頼らない国はほとんどない。

4. 教育は、世論を形成し、政治状況に影響を与える重要な力でもある。

学校は知識人と若者が集まる場所であり、彼らは知識、意見、鋭い洞察力を持ち、勇気を持って自分の意見を表明し、教育者、教養人の演説、講演、論文、社会活動を通じて、一定の思想を広め、一定の世論を作り、大衆に影響を与え、一定の政治、経済の目的にかなうようにする。古今東西、学校が世論を形成し、政治に影響を与えた例は数え切れない。例えば、近代中国の五四運動や一二・九運動は、学校から始まって社会に広がり、国民的な政治運動へと発展していった。したがって、学校教育が社会政治に果たす積極的な役割を重く見るべきである。

(三) 教育の生態環境を守る機能

生態環境は、人類の生存と発展のために必要な条件であり、故郷のようなものである。古来、人類は生存と発展の環境を改善するために、厳しい自然条件と戦い、環境に目を向けたことはなかった。自然の変容における人間の不適切な行動は、人類に深刻な結果をもたらす可能性もある。実際、大規模な森林伐採や埋め立てなど、人間集団による自然の盲目的な搾取や乱用による弊害は昔から存在している。これは、植生が破壊された結果、広大な土地が砂漠化していることからも明らかである。しかし、古代では人口も少なく、技術も単純で、自然の破壊力は限られており、更に自然は自己回復能力を持っていた。19世紀までは、人間と自然との間には、ある種の不調和の問題があったものの、一般的には両者の生態系のバランスが崩れておらず、生態系の危機はまだ顕在化していない。しかし、機械の使用や技術革新、工業生産や交通機関の大発展により、人間の寿命が延び、特に人口は飛躍的に増えてきた。20世紀の半ば以降、ハイテクの出現により、自然を改造し、征服する人類の力が大きくなり、前代未聞の輝かしい成果が、災害級の悲惨な結果をもたらし、恐ろしい生態学的危機にもつながっている。

国連の推計によると、5億ヘクタールの耕作地が浸食と塩害によって耕作不能

になり、世界の森林の3分の2が生産のために伐採され、約150種の鳥獣が人間の破壊によって絶滅し、約1,000種の動物が今では希少または絶滅の危機に瀕している。侵食、土壌の劣化、森林破壊、豪雨災害、動植物の損失が続き、場合によっては増加している。

都市の台頭もこの惨状を悪化させている。アメリカでは、毎分約2ヘクタールの土地が道路の建設、都市の拡張、空港の建設、駐車場の建設など近代的な設備のために使用されている。

空気、土壌、湖沼、海洋の汚染…私たちは既に物理的及び心理的にこのでたらめな拡大の結果に直面している。静けさが消え、暴力が絶えない脅威となっている。騒音は職場や路上、家の中などで人々を混乱させ、集中力を散漫にし、新しいタイプの疲労を引き起こした。

現在の生産量では、エネルギーでも耕作地でも、再生不可能と言われる資源は、実際にはますます不足することになる。また、物理学・化学・生物科学に基づいて開発された産業は、常に公害を引き起こし、その結果、自然へのダメージや障害を与えている。地球での生活条件がまさに脅威となっている。飲料水の減少、森林伐採、温室効果、海のゴミ箱化などは、私たちの世代が将来に対して無責任であることを示す不穏な兆候である。1992年のリオデジャネイロ開発会議では、この問題の深刻さが浮き彫りにされた。

中国の状況は更に緊急性と切迫性が突出している。我々は人口13億6000万人の発展途上国であり、先進国に追いつくために、強い近代化社会主義国家を建設し、科学技術を精力的に推進し、生産と経済を発展させ、工業化、近代化、都市化を進め、比較的短期間で飛躍的な開発を実現してきた。確かに社会主義近代化の構築で前代未聞の偉業を成し遂げたのは事実だが、この経済成長志向は必然的に、功を急ぎ利に近づく方法で行われ、深刻な生態系と環境問題を引き起こし、重い代償を払ってきた。例えば、耕作地が激減し、大気、土壌、河川や湖沼、海の水が深刻な汚染を受け、動植物の種が急速に減少している。希少動物は絶滅の危機に瀕しており、多くの工業都市では青空や澄んだ水、新鮮な空気に触れることができない。「高い空に鷲が飛び、浅い水底に魚が舞い上がり、森羅万象が自由を競い合う」という光景は、更に難しい。これらの状況は、生態環境が深刻なダメージを受けていることを示しており、人々の平和な生活や幸せな仕事に影響

を与えている。生態環境を改善し、人間社会と自然界の生態バランスを回復させる必要に迫られている。

中国共産党第十八回全国大会は、生態文明の建設を中国の特色を持つ社会主義の大義の中に組み入れ、人民の幸福と国家の未来を左右する長期的な取り組みとした。また、学校がエコロジー教育の歴史的責任を負うことが求められるのも必然である。そのためには、次のような点に注意を払う必要がある。

1. 生態文明を築くという理念の確立

人類は地球の自然の懐に懐かれ、自然界の生命の一部である。母なる自然を大切にし、あらゆる自然界のものと必要な生態学的バランスを保ち、調和と発展を共にすることが必要である。しかし、人間は、個人的な利益や個人や小さな集団の生活の向上のために、自然がそれに耐えられるかどうか、害を及ぼすかどうかを顧みず、自然に対して限りなく要求し、支配しようとする傾向がある。実は、これは非合理的な考え方、行動なのだ。このジレンマを根本的に変えるためには、学校や社会で生態文明に関する教育と宣伝を強化し、子どもに若いうちから自然や生命を大切にし、資源を節約し、生態環境を保護するという思想と感情を育み、徐々に社会全体に生態文明建設の概念をしっかりと定着させる必要がある。

2. 生態文明の知識を普及させ、国民の資質を向上

生態系の災害や不均衡の原因は、自然の無秩序で過剰な開発、科学技術の不適切な運用や誤り、生命の価値や資源の保全などへの無理解、人間の質の低さが関係している等多くの原因がある。したがって、「すべての人間の機関が、自然とのより高いレベルの友好関係と安定した内部バランスを基礎とした組織構造を構築し、幸せなコミュニケーションをとるためには、人類は深遠な文化的進化を経て根本的にその資質と能力を向上させなければならない」。これは本当にその通りだ。生態文明に関する知識を体系的に普及させ、実践的な生活の中で生態とは何かを理解できるように指導すべきである。人間の長期的な発展のために、生態系を大切にし、資源を大切にすることの意義とは何か。公害と生態系の不均衡とは？それが人類にもたらす深遠な危険とは何か？そして、この知識を日常生活に活かし、鳥や花や木を愛し、植生を守り、保全するように指導し、促したい。希

少動物を保護し、水やガスを節約し、ポイ捨てをせず、清潔で衛生的な環境に気を配らなければならない。小さい頃から生態文明の知識を学ばせ、生態環境を守るための行動習慣を身につけさせることで、最終的には国家の生態文明の質を向上させることができるのである。

3. 生態文明建設のための社会活動の指導

生態文明建設は社会の変化と関係しているので、学校での生態文明教育は校内に限ったものではなく、生徒が生態文明建設のため地域へ行くことも必要だ。例えば、生徒を組織して地域に出向いて環境保護を推進したり、生態文明建設の活動家を訪問し、環境衛生や省エネの好事例を顕彰したり、地域清掃活動に参加して環境汚染を浄化するなどがあげられる。

(四) 教育の文化的機能

1. 教育による文化の継承

人間社会が無知と野蛮から今日の文明と開放に移行できたのは、文化的な教化の結果である。文化教育の前提条件は、人間による文化の創造と継承である。教育は常に文化を発信する役割を担っており、特に学校教育はその目的や計画性などが明確であるため、その役割を果たしている。時代を超えて、文化の保存という重荷を背負ってきた。

2. 教育による文化の選択

文化を効果的に継承するためには、教育が文化の選別者として機能しなければならない。デューイはこのテーマについて雄弁に語り、文化は多様すぎてそのままでは吸収できないので、教育によって「単純化」してその基本要素を吸収しなければならない、文化は醜いので教育によって「浄化」してその悪いところを取り除き、良いところを吸収しなければならない、人々が社会集団の文化的制約を受けないためには、教育によって社会文化の様々な要素を「均衡」させて、より広い社会と調和させなければならないと主張した。人々が社会集団の文化的限界を回避するために、教育は社会文化の様々な構成要素を「均衡」させ、より広い文化との活力あるつながりを確立する必要がある。教育の選択的機能は、文化的

発展の積極的な指導と意識的な規制を反映して、非常に重要である。今日の多文化社会において、中国の教育は文化選択の問題に対処するために弁証法的、歴史的唯物論的な方向性を持つべきである。

3．教育による文化の発展

　文化の生命は、その保存と蓄積だけでなく、その再生と創造にある。既存の人類の精神的な豊かさを生徒一人一人に内在させることで、教育は文化への強い関心を育み、彼らを現実社会の文化活動に適応し、参加させるだけでなく、これからの社会のニーズに合わせて、より良い文化を創造していくことができる。社会がオープンになるにつれ、国際的な文化交流における学校、特に大学の役割はますます明らかになってきている。広範な文化交流を通じて、教育は常に他民族の文化のエッセンスを吸収し、独自の文化を補完し、更新し、発展させていくだろう。

　つまり、社会の発展に伴って教育の社会的変化機能が変化する。原始社会では、教育は主に生活経験や労働経験を伝承する機能を持っていた。古代においては、教育は政治や宗教に依存していたので、政治的・文化的な信念が学校教育の第一の機能となっていた。現代では、市場経済や工業生産の発展、民主主義と法の支配の台頭などにより、教育の経済的機能が急速に強化され、浮き彫りになってきている。政治機能は今でも中心的な役割を果たしているが、文化機能は急激に低下している。現代では、科学技術の急速な進歩、国際競争の激化、社会的危機、道徳的・精神的信念の危機、生態学的危機など、様々な問題が発生している。事態の深刻さが増してきたことで、見識ある人々の自己覚醒が促され、人類の痛切な教訓を反省し、新たな社会発展の構想を打ち出した。人々は、経済発展だけでは人類に幸福と高貴さをもたらすことができないことに気づき、人類の質の革命を提案した。ハイテクノロジーとヒューマニズムは、自然との調和と持続的な発展を目指し、発展の概念の中で社会の全面的な進歩を実現するために手を携えている。それは、人間の合理的な生存と全体的な発展についてである。したがって、社会の進歩には、教育の複数の社会的変化機能が十分に認識され、十分に発揮されることがますます求められている。

第三章　教育と社会の発展　　91

二、教育による社会移動機能

（一）教育による社会移動機能の意味

　教育の社会移動機能とは、社会の構成員が、教育による育成、選別、強化を通じて、異なる社会地域、社会レベル、職業的地位、セクション組織の間を移動、調整、変化することにより、個々の知的才能を十分に発揮し、人生における価値を実現できるようにすることを指す。教育の社会移動機能は、その流れの方向によって、水平移動機能と垂直移動機能に分けられる。教育の水平的社会移動機能とは、教育や訓練によって能力を向上させた社会人が、個人の希望や可能性を考慮しながら、社会のニーズに応じて職場や単位などを変えることであり、社会階層やセクション構造における地位を上げずに環境を変える、水平移動とも呼ばれるものである。教育の垂直流動機能とは、社会の構成員が肩書きや地位、給与の昇進など、教育による訓練や選別を通じて社会階層を上昇し、社会的地位や役割を向上させる機能のことで、垂直移動とも呼ばれる。教育が社会的流動性の機能を持つ理由は、人々の資格や能力、人格を向上させ、移動するための条件や可能性を作り出すことができるからである。

　教育の社会移動機能は、様々な意味で重要である。個人にとっては、教育の社会移動機能を通じて、意欲と創造力を十分に発揮し、より良い職場、単位、地位、状況を見つけ、地位、給与、身分を徐々に前進させ、様々な個人的利益と家族の幸せを得、より高い目標や理想を実現できる。社会にとって、教育の社会移動機能を通じて、社会全体の構成員の熱意と創造性を刺激し、動員し、才能の選抜を実現し、社会の様々な制度、単位、レベルの才能の構造を有効に調整し、その効率と全体の機能を改善し最適化し、社会の発展、進歩を可能にする。教育については、社会の保守性と閉鎖性を打破し、社会の発展と進歩を促進するために、目的を持って計画的に人々を訓練することによって、社会の各構成員にとって最善の社会移動の条件を作り出すことができる。そして、教育自体を発展させて、社会と個人の発展に役立つ効果を高める過程で、個人の社会的地位と状況を改善することが目的である。したがって、教育の社会的流動性機能は、個人と社会の発展のための重要な原動力であり、これを軽視することは、個人と社会が前進するための活力を奪うことになる。

（二）教育の社会流動機能の歴史的展開

　教育の社会流動機能も時代とともに発展してきた。古代社会では、生産規模の小ささ、厳格な家父長的階層、厳格な個人的依存関係が、教育の社会的流動性を決定していた。その機能は支配階級内か狭い範囲でしか果たせなかった。しかし、古代中国では、教育は社会の流動性という望ましい機能を果たし続けていた。そのため、隋・唐の時代から、学生たちは10年間の猛勉強は役人になるための苦労の多い有望な方法で「朝は百姓が夜は天壇に入る」までの道のりと考えてきた。しかし、現代では、産業と市場経済の急速な発展、教育の絶え間ない普及と向上により、社会のほぼすべての構成員は、個人的・勤勉な追究を実現するために、様々なレベルや専門分野の教育を通じて自己を磨き、様々な種類やレベルの職業や社会的地位を獲得することができるようになった。その結果、教育の移動機能がますます重要になってきている。

　教育の社会流動機能が強化されたことで、教育が社会の構成員の優秀性と進歩を目指すインセンティブとなっている。それは、個人の資質の総合的かつ自由な発展につながり、社会構造の全体的な変化に大きな影響を与える。その結果、社会の構成員の職業的・社会的地位は、政治権力や物質的な豊かさによって決まるものから、個人の素質の向上によって決まるものへと徐々に変化している。それは社会の発展のための途方もない一歩である。現代では、教育がこの機能を十分に発揮できるかどうかが社会の注目を集め、社会の死活問題となっている。

（三）現代における教育の社会の流動に対する機能の重要な意義

　自分の状況を変え、自分の生存と発展のためにより良い状況を手に入れるためには、一定のルートを通らなければならない。太古の昔から、軍隊に入る、ビジネスをして金持ちになる、働いてお金を稼ぐ、役人になるために勉強するなどのルートがあった。そのパターンは当時から根本的には変わっていないが、現在では社会の急速な発展に伴い、教育の地位や役割が急速に高まっており、個人の社会的流動性の基本的かつ重要な役割を果たしている。

1. 教育は個人の社会的流動性の基盤となっている。

　軍隊に入っても、アルバイトをしても、ビジネスをしていても、社会の中で生

き抜いていくためには、ある程度の文化的知識とある程度の教育は必要だ。私たちは、「基礎教育」へのアクセスが個人の、彼らが従事する職業または更なる研究を追究する職業である「人生へのパスポート」であることを認識しなければならない。

2. 現代社会における流動手段としての教育

ユニセフによれば「物質的資源に比べ、知的資源が発展の要因としてますます優位に立つ未来社会において、高等教育及び高等教育機関の重要性は日を追うごとに増すばかりだ」。今日、農村地域の若い世代が社会的循環、つまり転職、キャリアアップを成功させるためには、教育、それも質の高い高等教育を経なければならない。教育が現代の社会的流動性の大きな入り口になっていること、そして、「グローバルに移動する学生の数は21世紀の最初の10年間で著しく上昇し、今後も増加すると予想される」ということが重要であるという。「現在、世界人口の7分の1（約10億人）が流動人口とみなせる」といい、このうち、留学して教育を受け、留学後に就職のために海外に滞在する学生が、最も活発な活動をする主要メンバーである。

3. 教育は社会の公平性に深く影響する

教育における社会的流動性は、基本的には教育の機会の平等と教育における社会的公平性の問題に行き着く。教育機会に対する人々の認識や要求は、歴史的にも様々である。二千年前、孔子は万人のための教育という考えを前面に打ち出したが、それは美しい願望に過ぎなかった。普遍的な教育と、学校教育という観点からの万人に平等な機会を徐々に求めるようになったのは、近代になってからのことである。しかし、現代でも中国では、学校への平等なアクセスを実現するには程遠い状況にある。個人の教育機会には、家族、富、権力、居住地でさえも多かれ少なかれ影響があるため、不利な立場にある者と権力を持つ者との教育機会の格差は拡大の一途をたどっている。今の世の中、質の高い、普遍的な、義務教育を受けられずに、教育を通じた移動はおろか、個人が生き延びることは困難だ。命の尊さを実現するために、世界は義務教育制度を採用している。そのため、世界各国が普遍的な義務教育制度を実施し、教育の公平性に注目し、教育の発展の

流れを作っている。

　まとめると、教育の社会変革機能と社会移動機能は厳密に区別されている。教育の社会変革機能とは、生産、科学技術、経済、政治、文化などの社会分野において、教育が醸成する社会的実践の機能であり、社会、国家、地域社会の発展に寄与することを目的として、社会の存立、変容、発展、国家と民族の発展に貢献することを目的とする。方、教育の社会移動機能は、教育が育む社会的・実践的な教科の育成・向上を通じ、個人の能力や行動の育成・向上を図ることである。個別に向けられた職業区分と社会的レベルの間の移動という点での能動性と創造性の促進（すなわち、個人）の志や理想に奉仕するための心身の発達、改善、進歩である。しかし、両者の間には本質的なつながりがある。教育の社会変革機能は、社会移動機能の出現と発展のための可能性のある空間を開き、教育の社会移動機能もまた社会実践の主体を育成し、向上させることで、社会変革の機能を実現するための才能と意欲を提供した。

三、教育の相対的独立性

　教育の相対的な独立性は、教育の社会的機能と本質的に結びついている。教育の社会的機能は、教育の相対的独立性の基礎であり、主な現れであるといえる。教育が独自の社会的機能を持たなければ、社会の重要なサブシステムとして発展し、相対的な独立性を形成することはできない。教育の相対的独立性とは、社会のサブシステムとしての教育を指し、社会への能動的な役割は、独自の特性と規律性を持ち、その歴史的発展は、独特の連続性と継承性を持っている。これは以下のような面で反映されている。

（一）教育とは、人を育てる活動であり、育てた人を通して社会に影響を与える。

　教育、特に学校教育は、人に影響を与え、育て、教育するという意識的なプロセスであるという点で、生産、経済、政治とは区別される。それは、若い世代の身体的、知的、道徳的、美的発達を世話し、指導し、促進することによって、若い世代を社会化し、個性化し、社会活動に積極的に参加し、後継者となって社会の存続、継続、発展に貢献することである。この社会機能は、社会の発展が加速

し、個人の能動性や創造性の成長に伴って急速に増大していくだろう。現代社会の発展を効果的に進めるためには、このような教育の特性を維持し、推進していかなければならない。もし、この人を育てるという特徴を放置したり、否定したりして、生産のための教育や政治的奉仕のための教育を急いで推進するならば、教育の育てるという特徴と機能を排除したり弱めたり、社会が必要とするあらゆる種類の人材の量と質を危うくし、社会で使える人材の不足を深刻化し、社会の発展と変革を必ず大きく損ねることになるであろう。

(二) 教育には、独自の特性、法則、活動原理がある。

　教育とは、生命力、ダイナミズム、可塑性、創造性といった特性を持ち、心身の発達と成熟に特別な法則を持つ人間を育てる活動である。教育、指導とその関連活動は、効果的に人材を育成するために、これらの基本的な特徴と法則を認識し、それに従い、創造的に応用するだけでなく、能力に応じて教える、段階的かつ秩序だった進歩、インスピレーションと指導、一緒に教え、学ぶ、教師を尊敬し、生徒を愛するなどの原則など、この点で前の世代が開発した貴重な経験や科学原理を大切にして、前の世代によって既に達成した水準にすぐに達しなければならないし、このような基盤の上でこそ、私たちは発展し、前進し続けることができるのだ。教育の特性や法律や原理を無視して、単に経済や政治の法律や原理や慣行に置き換えようとすると教育の仕事に深刻な混乱やダメージを与え、教育の効率やレベルを下げ、人材の質に影響を与える。

(三) 教育には、独自の伝統の発展と連続性がある。

　教育は独自の特性や法則、特定の社会的機能を持っているので、それが形成され、発展していくと同時に、相対的な自立性が形成され、強化されていくだろう。教育者、学習者、教育コンセプト、教育方法からなる特定の教育構造の形成、特定の教育理念、教師と生徒の関係、文化的内容と活動モデルの方法論的混合の形成、形式化された教育、クラスベースの教育、制度化された教育、体系化された教育の漸進的な確立組織形態や差別化された統合的な教育課程の段階的な構築とその指導、専攻別・学科別・学部別の統合・運営する教育制度である。それは、教育の発展によって蓄積された貴重な経験、資源、富であり、発展的な連続

性、継承性、習慣性である。したがって、学校を運営するにしても、教育を発展させるにしても、教育改革を行うにしても、教育の歴史的経験を大切にし、そこから学んでいかなければならない。教育の継続性は、その相対的な独立性を無視して、あからさまに否定されるべきではない。これらをしながら、他のことをしなければ、必然的に教育に何らかの障害が生じたり、質の低下が深刻化したりして、教育改革や開発には大きな変動が起こる。

　以上のような教育の相対的な独立性に鑑みると、教育の問題を分析・研究する際には、生産力・経済・科学技術の発展度、政治システム、文化的要求からのみ検討されるべきではない。教育自身の相対的独立性を重視し、教育のもつ社会的機能に注目し、教育自身の法則性と発展の連続性に従わなければならない。教育の相対的独立性を顧みず、学校教育を政治・経済の付属物とさえ捉え、教育を恣意的に扱うような教育・学習活動で、政治・経済的活動に機械的に従属させること、あるいは教育実践を政治的・経済的慣習によって単純に代用することや教育の特性や法則をあからさまに否定することは、教育の仕事はもちろん、政治的、経済的、文化的な発展にも有害である。このようなことは、非常に間違っているので、慎重に予防や修正をする必要がある。

　しかし、教育の相対的自立を絶対的自立と解釈することもできない。なぜなら、最終的には、教育は生産力の発展水準と政治経済システムの性質によって決定され、発展状態と国民文化の必要性によって条件づけられ、つまり、教育の社会的制約性がその基本的特徴であり続けるからである。各時代において、教育が過去から何を受け継ぎ、どの分野で改革・発展させるべきかは、その時代の生産力の発展度、政治経済体制の発展度、国民文化の発展度にもよる。生産力の発展、政治経済システムの変化、文化の進化は、遅かれ早かれ、教育の変化と発展の引き金となり、進んでいく。教育の相対的自立を絶対的自立とするならば、教育を「超経済」「超政治」「超文化」の誤った道に導き、教育の発展のための社会的基盤や原動力が失われてしまう。

第三章　教育と社会の発展　　97

第三節　中国における教育と社会主義の構築

　ここでは、教育と人と社会の相互作用の観点から、我が国の社会主義建設における教育の位置づけと役割を論証し、中国の社会主義教育の改革問題を論じる。

一、中国社会主義建設における教育の地位と役割

　中国は長きにわたり社会主義の第一段階にあり、今後もそうである。いわゆる第一次段階とは、未発達の段階のことだ。したがって、あらゆる面で適度に豊かな社会を構築し、中国の特性を持った社会主義を発展させていかなければならない。教育は民族興隆と社会進歩の礎である。今日の世界では、知識が総合的な国力や国際競争力の向上の決め手となっており、人材は経済社会の発展を促進するための戦略的資源となっており、人材育成、予備軍は、各国が競争と協力の高みに立つための重要な手段となっている。中国の将来の発展と中国の特色ある社会主義建設の鍵は人材にかかっており、根本的には教育にある。

　中国の特色ある社会主義の建設は、科学的な発展観によって導かれなければならない。科学的な発展観は、何よりもまず発展についてであり、その核心は人間本位であり、基本要件は包括的、協調的、持続可能な発展であり、基本的方法はバランスを取ることである。科学的な発展概念は、中国のあらゆる事業の発展を導く世界観と方法論であり、人間の育成を特徴とする教育にとって特別な意味を持つものである。

（一）人間中心の教育観の確立

　科学的な発展概念で教育を導くには、まず人間を中心とした教育観を確立する必要がある。人間中心の教育観を確立するということは、教育の根本的な意義が、人間の全面的な発展を促進し、生産力の発展に基づいてできるだけ多くの人間の文化的ニーズを満たし、できるだけすべての人間に教育を受ける公平な機会を与え、できるだけすべての人間の発展潜在力を伸ばし、すべての人間の自主性、自己活動、自発性、創造性を鼓舞し、他人や自然、自己との調和を保つように導き、彼らが社会の主人、国民となり、意識的に人民に奉仕し、社会主義的近代化のた

めのキャリアを築き、国家再生の夢の実現のために自己実現することである。

　その一は、人間が目的であるということである。社会の発展は、人々の生存と発展のためにある。人民中心主義を堅持し、人民の主体的立場を尊重し、人民の自主的精神を十分に発揮し、人民を緊密に頼りにして改革を推進し、人民の全面的発展を促進することだ。

　その二は、人間が主体であることである。人間と自然、人間と社会、人間と人間の関係と役割において、人間は常に主体的役割を果たしている。自然界のあらゆるものに相対して、人間は常に中心的、優先的な位置にあり、その価値は物の価値よりもはるかに高く、社会の進歩と歴史的発展の中では、常に人間が主な決め手となってきた。人類文明の歴史の中で、社会の進歩や歴史的発展に影響を与えてきた要因は数多くあるが、本当に根本的で戦略的で決定的な役割を果たしてきた要因は人間だ。

　その三は、人間の発展と社会の発展は相互に影響し合うものであるということだ。人々が総合的に発展すればするほど、人の生活はより改善されてきた。物質的・文化的条件が十分であればあるほど、人々の総合的な発展が進む。これらは、互いに結合し促進し合う、終わりのない二つの歴史的プロセスである。このことから、人々の生活の現実と現代中国社会の方向性、直面している国際環境を踏まえ、革新の精神と実践能力を核とした個人の資質を育成し、道徳、知性、体格、美学を総合的に発展させて、社会と歴史の活動の主体として、生活に適応し、生活を吟味し、生活を選択し、国家と人類の生存に適した新しい世界を絶えず創造できるようにすべきことがわかる。教育の主要テーマを取り上げ、教育の特徴を強調し、中国の社会主義近代化の建設における教育の地位と役割を把握する。人間を尊重し、人間の尊厳と価値を尊重し、人間が積極的に価値を創造し価値を実現するよう動機付けし、意図的に擬人化し奴隷化するのではなく、人間を人間として育成することに力を注ぐことは、中国における教育の概念、実践、質を試し、中国の近代化に資するための基本的価値基準となっている。

　人間本位の教育の概念を確立することは、人間が自己教育・自己啓発の主体であることを肯定することでもある。教育が個々の人間の資質の発達に大きな役割を果たしていることは間違いないが、教育は人間の発達にどれほど役立つものであっても、発達の外的原因に過ぎず、人間の発達の内的原因を通じて、すなわち、

第三章　教育と社会の発展　99

自己啓発の活動を通じて、個々の人間の資質に変換されるのである。したがって、教育は、自己教育・自己啓発における人間の主体的立場を尊重しなければならない。教育の芸術と教育の効果は、人間の自己教育と自己啓発を鼓舞し、育成し、指導し、動機づけ、発揮することに大きく依存している。個人の人間性の発達は、知識の学習、社会的・実践的な活動や相互作用の上に成り立っており、何を学び、何をするかだけが問題ではない。なぜ学び、なぜそのように行動するか、どのように学び、どのように行動するのかを見て、学習内容とその行動だけでなく、その学習や活動、コミュニケーションの方法を見なければならない。本だけで学ぶこと、知識の蔵として学ぶこと、ルールとして行うこと、受動的に学ぶこと、受動的に行うことは、人間の革新性を消し去るかもしれない思考である。実践的であること、新しい知識を生み出すための資源とツールとしての知識を学び、実践的な問題の解決に知識を適用することが大切だ。実際の問題を解決し、学び、能動的に行うことが、人間の革新的な精神と実践力を生み出すことだ。したがって、教育は、教育内容の選択と評価だけでなく、教育活動の選択と評価にも注意を払うべきである。

　人間本位の教育概念の確立は、教育理論の世界では広く注目されているが、実際の現場ではまだ十分な注目と積極的な関心を集めていない。そのメリットは、今後学び、実践し、反省し、まとめ、改善されていくだろう。

（二）教育を戦略的な位置に置き、重点的に発展させる

　「百年計画は教育の上に成り立つ」教育は、中国の社会主義近代化の構築において、基本的、先駆的、大局的な意義を持っている。科学と教育で国を活性化し、人材で国を強くするという戦略を実現するためには、教育を優先的発展の戦略的位置に置かなければならない。

　いわゆる教育の根本的な性質とは、本質的に社会主義近代化の建設における人間の資質の根本的な性質のことを指している。社会主義的近代化にはそれを構築する人が必要であり、人の質が高ければ高いほど、社会主義的近代化はより早く、より良いものになる。そして、あらゆるレベルやタイプの何百万人もの人材を育成し、国家全体の質を向上させるための基盤は、教育にあるといえる。中国の人口の多さは、負担であると同時に貴重な資源でもある。日本の人口密度は中国よ

りも高く、一人当たりの資源は私たちよりも少ない。中国の発展レベルが日本より大きく遅れ、人口資源が十分に開発・利用されていないことも重要な理由であると思われる。したがって、人口資源を開発し、中国を人口大国から人材大国へと転換させるためには、教育の発展を優先させることが必然的な戦略的方策となる。

　教育のいわゆる先駆性とは、教育の発展が社会主義近代化の建設において主導的な役割を果たすことを意味する。中国は工業化を達成する過程で、同時に知識社会時代の到来に直面している。今日の世界では、知識は力であるだけでなく、最初の力、最初の資源、最初の産業、最初の富、最初の権利、そして最初の覇権にさえなっている。これは、中国にとって課題であると同時にチャンスでもある。私たちの産業化は、先進国が歩んできた古い道をたどるべきではないし、そうすべきでもない。産業化と知識社会との間のコミュニケーションのチャンネルを開くことに焦点を当てるべきだ。現在、中国は「世界の工場」と呼ばれ、「Made in China」が世界中で売られている。しかし、この「世界の工場」でやっていることといえば、多くの製品で上流の工業デザイン、研究開発、イノベーションも、下流の市場価格やマーケティング業務も、すべて外国の多国籍企業にコントロールされている。安い労働力と資源・エネルギーの大量消費・環境汚染と引き換えに、わずかな経済的利益を得、商品の「安値ダンピング」や「基準以下」の品質で非難されることもある。それは、知的財産権やコア技術を使いこなせず、労働集約的でずさんな経済成長の手法をとってきたためだ。産業構造を調整し、経済成長様式を変え、経済成長の質と効率を向上させ、経済と社会の持続的発展を可能にするためには、知識革新とコア技術の習得が鍵であり、そのためには、教育により最新の知識と技術を普及させ、革新的人材を育成しなければならない。知識基盤経済の時代には、知識が経済成長において決定的な役割を果たすため、従来の「経済が先で、次に教育」という考え方を「教育が先で、次に経済」に変え、教育の先駆的役割を強調し、発揮させることで、教育の着実かつ急速な発展を促すことが必要である。教育の先駆的な役割は、経済発展だけでなく、科学技術や文化的価値の指導、特に社会主義の核となる価値の指導にある。

　いわゆる教育の全体的な状況とは、教育の発展が社会主義近代化建設のあらゆる側面に関係し、大局的な影響を及ぼすことを意味する。教育の社会的機能を考

えるとき、その経済的機能にばかり目が行き、「ヒト資本」論が語られ、教育の社会的機能が絞り込まれてしまうことがある。実際、教育の機能は、経済的な機能以外に、政治的、生態的、文化的、社会移動性など、社会の発展に至るまで遍在している。教育が人間的価値の向上を可能にし、社会構造の良性進化、都市と農村の格差、地域格差、貧富の差の縮小と社会的公平の拡大、人と人、人と自然の緊張関係の調和、調和のとれた社会の構築と向上に独自の積極的役割を果たすことは容易に理解できるだろう。我々は、教育の機能を十分に発揮して、人々の全面的な発展と社会全体の進歩を促進しなければならない。

二、科学教育による国の活性化と科学教育の国づくり

1997 年、中国共産党第 15 回全国代表大会の報告書の中の科学技術による国づくりの戦略は、世界の科学技術教育の発展の経験と趨勢と相まって、中国の近代化建設の喫緊の要求に応じて、中国の国情に的確に対応する重要な戦略方針であった。2013 年、習近平総書記は「中国は科学と教育で国を発展させるという戦略をしっかりと実行し、教育を常に優先的発展の戦略的地位に置き、投資を絶えず拡大し、万人教育と生涯教育の発展に努め、学習型社会を建設し、すべての子どもが教育を受ける機会を享受できるよう努力し、13 億の人民がより良い、より公平な教育を受け、自分を成長させて社会に貢献し、人々のためになる能力を身につけるように努力する」と明言した。科学と教育の繁栄を実現するためには、その前提は科学技術における国の繁栄にあり、鍵は教育における国の繁栄にあり、教育主義にあると見ることができる。

(一) 国の教育における主な取り組みと大きな成果
中国の改革開放の新時代、党と政府は相次いで大きな取り組みを行い、大きな成果を上げた。

1. 大学入試の再開と大学入試の拡大
1977 年、中国は大学入試を復活させた。それは、高等教育の質の回復、教育の公平性の回復、知識の価値の回復、知識人の地位の回復であり、知識を尊重

し、才能を尊重し、教育を尊重する社会の回復であった。1999 年、大学の拡充が始まる 2006 年全日制大学への入学者数は 540 万人で、1998 年の 108 万人の 5 倍。大学入試再開から 30 年間で、中国では 3600 万人が大学・短大に入学して進学し、国家建設の様々な分野に進出し、その多くは、各界の有力者や重要幹部となっている。大学入試の再開と大学入試の拡大は、まさに中国の現代化建設の人材育成のための基盤事業であると見るのは難しいことではない。

　現在の大学入試は、いくつかの改革が行われたものの、まだ多くの欠点があり、今後も改革を深めていく必要があることを認識する必要がある。しかし、欠点を批判して大学入試を改革することから、これを否定して廃止することまでやってはいけない。科学的・文化的な試験結果（スコア）については、すべての受験者が平等であるという原則、つまり、質の統一と公平性の原則がある。大学入試の課題は、主にどのような品質を求め、それをどう評価するかということである。科学的・文化的知識のテスト、すべての受験生個人の資質向上の水準と傾向の測定、すべての高等教育機関の新入生の需要と選抜の判断に、一枚の試験用紙と一つの標準解答を用いることが、本当に「能力主義入学」を実現したのか疑問である。したがって、入試改革の主な目的は、質の要件を明確にし、質の評価を適切に管理することである。これは、道徳的、知的、身体的、美的なあらゆる面で学生の生き生きとした活発な成長を促し、基礎教育の改革、高等教育の質の向上、教育の公平性の体現に積極的な役割を果たす。しかし、大学入試改革にある種の「恣意的」な要素を挿入し、選抜の基準とし、それが規格外、偽物、本物として制度化されれば、大学入試を復活させた本来の目的に反し、教育の質、教育の公平性を侵害するものであると考える。2014 年に公布された「入試制度改革深化の実施に関する国務院の意見」には明確に以下のように示されている。新しい改革は、人を本とし、教育法規を遵守し、公平・公正を確保するための規則の改善に重点を置くべきである。徐々に分類試験、総合評価、複数合格の試験・入学モデルを形成し、全体として公平と科学的な人材選抜を促進するという位置づけである。この度の改革は、現在の試験と入学制度の安定性を維持するということを基に、最優先の問題解決に焦点を当て、多様な高品質の人材のニーズの経済社会の発展に適応し、学生の健全な発展をより促進し、各種人材のより科学的選択、社会の公平性を維持することを目的としている。

2. 義務教育普及の法制化

中華人民共和国義務教育法（以下、義務教育法）は、1985年4月12日の第6回全国人民代表大会第4回会議で採択され、1986年7月1日に施行、義務教育が法治化された。2006年6月29日の第10回全国人民代表大会常務委員会第22回会議で改正された。改正義務教育法は8章63条からなり、義務教育の性格、経済的保障、政府の責任、管理体制、法的責任などの更なる規定をしている。この中で「義務教育は、国が実施するすべての学齢児童及び青少年が統一的に受けなければならない教育であり、国が保障しなければならない公共事業」「義務教育実施に伴う授業料・雑費は徴収しない」「国は義務教育制度の実施を確保するため、義務教育資金調達機構を設置する」「国家は義務教育を完全に財政保護の範囲に入れ、義務教育の資金は本法の規定に従って国務院と各級人民政府が保証するものとする」。「義務教育は、国務院の指導の下、中央政府直轄の省・自治区・市の人民政府が計画・実施の調整を行い、県レベルの人民政府が管理の主導権を握るものとする」と定められている。国務院と各級地方人民政府の関連部門が本法第六章（「財源の保障」に言及）の規定に違反し、義務教育財源の保障義務を果たさない場合、国務院と上級地方人民政府は一定期間内に是正を命じ、状況が深刻であれば、直接責任者及びその他の責任者は法に基づき行政処分を受けるものとする。2006年から2010年にかけて、中央と地方の各レベルの政府は、農村部の義務教育のために累計で総額2182億人民元の資金を追加し、農村部の義務教育を受ける学生の学費と雑費の免除、貧困家庭の学生に対する教科書の無償提供、寄宿生の生活費の補助、公的経費の保障水準の引き上げ、また、校舎の修繕・改築のための長期的な制度を構築し、農村部の小・中学校の教員に対する給与保証制度を確立・改善した。

3. 貧困学生に対する国の財政支援制度の確立

教育の公平性は、人生における公平な出発点であり、社会正義と社会調和の礎となるものだ。中国は大きな人口を抱える発展途上国であり、「家庭の経済的な理由で学校に通えない生徒はいない」という教育的公平性が、政府や国民が熱心に目指す目標となっている。近年、中国では貧困層の学生に対する経済支援制度が整備され、この目標達成のために確実な基盤が整った。

義務教育段階では、農村部の義務教育生徒の学費・雑費が全額免除され、経済的に恵まれない家庭の生徒には教科書と寄宿生の生活費が無償で提供された。この政策により、1億5千万人の貧困層の生徒が恩恵を受け、小学生の家庭の負担は平均140元、中学生の家庭の負担は180元も軽減された。「義務教育法」施行状況調査報告書によると、農村部における義務教育の財源は基本的に保障されており、減免・補助金政策が実施され、農家の教育負担は効果的に軽減されており、「学校教育は困難で費用がかかる」という問題は基本的に解決されている。

　新中国の建国当初、まだあらゆる問題の解決が待たれていた頃、初等教育の方針は、工業・鉱山労働者と都市住民のニーズを重視し、地方では農民が自主的に学校を運営することを奨励した。合作化、人民公社化された時期には、農村の初等教育は農民によって担われた。1980年代から1990年代にかけて、「人民による人民のための教育」というスローガンのもと、農村の義務教育の担い手が農民へと大きく移った。現在、農村部の義務教育を国の財政保護の範囲に入れることで、教育資金の配分だけでなく、経済的に恵まれない家庭の生徒にも補助金を出し、政府が農村部の義務教育に全責任を持つようになった。この根本的な転換は、中国の教育史における重要な一里塚と捉えざるを得ない。

　2010年秋学期から、普通高校の経済的に困窮している家庭の生徒を対象に、「財政投入の増加、合理的な経費負担、政策の方向性の明確化、複数・混合の資金調達、全員の責任の明確化」の原則に基づき、政府が主導して国の奨学金を中心に学費免除を補助として、社会的勢力の積極的な参加による、普通高校の経済的に困窮している家庭支援の政策体制を組んでおり、生徒の進学問題は、制度的には基本的に解決している。

　中等職業教育については、国家奨学金を設立し、農村部や都市部の経済的に困難な家庭の全日制学生を補助し、国家補助や勤工助学、インターンシップ、ワークスタディ、学校による授業料減免など様々な形態の補助金制度を形成していくこととした。

　高等教育については、1995年に国家教育委員会が「普通高等教育における経済的に困難な学生に対する授業料減免に関する事項」を通達し、それ以降、積極的に一連の措置を講じている。2010年には「国家中長期教育改革発展計画綱要(2010-2020)」が公布・実施され、国は一連の措置を導入している。高等教育機

第三章　教育と社会の発展　　105

関の経済的に恵まれない家庭の学生に対する経済的支援政策のシステムは、彼ら
が順調に入学し、学業を修了できるよう、更に改善されている。新しい経済支援
政策システムの確立により、経済的に恵まれない家庭のすべての学生が、大学進
学や職業教育を受けることができるようになる。

4. 教育事業の途方もない発展

　新中国建国後、中国の教育事業は大きな発展を遂げた。特に改革開放以降、教
育事業の発展は更に勢いを増し、目を見張る成果を収めている。

　改革開放が始まった 1978 年には、大学院の学生数は 1 万 9,400 人、総合大学
の学生数は 85 万 6,300 人、専門学校（職業中学、技工学校含む）889 万 2000 人、
高等学校 1,553 万 800 人、中学校 4,995 万 1,700 人、小学校 1 億 4,624 万人であっ
た。

　2013 年には、大学院の学生数は 179 万 4,000 人、総合大学の学生数は 2,468 万
700 人、専門学校（職業中学、技工学校含む）1,922 万 9,700 人、高等学校 2,435
万 8,800 人、中学校 4,440 万 1,200 人、小学校は 9,360 万 5,500 人に達している。

　2007 年末までに、中国国内で「両基」（訳者注：党中央が 2000 年中に達成し
ようとしている教育目標のこと。1）基本的に九年義務教育を普及 2）基本的に
青年の文盲を解決）を達成した県（市区）の累積数は 3,022 県（他の県級行政単
位 205 を含む）に達し、全国の郡数の 98％を占め、人口の 99％を「両基」でカ
バーしている。義務教育以外の教育は、特に高等教育において、更に急速に成長
している。1999 年の高等教育就学率の拡大以降、高等教育の規模は急速に拡大
し、2002 年の総就学率は 15％となり、2013 年には 34.5％に達した。

　教育事業の急速な発展に伴い、中国の教育到達度の面で大きな変化を遂げてい
る。2004 年までに、中国の 15 歳以上の人口の平均教育年数は 8.3 年に達し、世
界平均を 1 年以上上回り、九つの発展途上大国のトップとなった。2010 年の第
6 回全国国勢調査のデータは、2000 年の第 5 回のものと比較すると、人口 10 万
人あたりの大卒レベルの人数は 3,611 人から 8,930 人に増加、高卒レベルの人数
は 11,146 人から 14,032 人に増加、中卒レベルの人数は 33,961 人から 38,788 人に
増加、小卒レベルの人数は 35,701 人から 26,779 人に減少した。大陸にある 31 の
省、自治区、直轄市、及び活動中の軍人の非識字率は 6.72％から 4.08％に低下し、

2.64 ポイント下落している。

　現在、中国では学校教育の普及と改善が加速化しており、高等教育も急速に普及の道を進んでおり、人材の建設で強靭な国家を前進させている。

（二）国民教育が直面する問題点

　中国の教育事業の改革・発展は大きな成果を上げているが、まだまだ無視できない問題が多い。

1．教育への総投資額の低成長

　教育が経済成長の第一の原動力になりつつある現在、各国は教育への支出を非常に重視しており、通常は法律を定めてＧＮＰの何％を教育へ投資するかを明文化している。1980 年代には、この値は欧米先進国はともに 6％前後、途上国ではそれ以下だったが、4％以上に上方修正されている。世界各国の GNP に占める教育への公的支出の割合を見ると、その値は徐々に増加している。1998 年には、ブラジル、マレーシア、タイなどの途上国でそれぞれ 4.63％、4.49％、4.27％ に達し、韓国、カナダ、米国では 6％ を超え、7％ にも達している。スイスのローザンヌにある国際経営研究所の「2002 年世界競争力年鑑」の評価によると、GNPに占めるわが国の教育への公的支出の割合は、参加 49 カ国・地域中 47 位であった。私たちは最貧の開発途上国ではなくなったが、GNP に占める教育への公的支出の割合は開発途上国の平均以下であり、一部の貧困国よりも更に低くなっている。

　長い間、教育への投資が不十分だったため、中国の人材育成は産業構造の転換やハイテクの発展・革新に遅れをとり、中国の近代化のプロセスに影響を及ぼしてきた。実際、国は 1993 年には早くも「中国教育改革発展綱要」に教育支出の目標を GDP 比 4％と盛り込んだが、その達成には 20 年の歳月を要した。

　近年、中国は教育への財政投入を増やしており、教育支出の対 GDP 比は 2012年に 4.28％に達し、2013 年には 4.30％と更に上昇し、2014 年と 2015 年も 4％を超える水準で推移している。これは十分に評価に値する。だが国際的にみると、現在の先進国の GDP に占める教育への財政投資の割合は、平均で 5.1％だ。これに比べると、中国はまだ大きなギャップがあるといえる。

2. 教育の公平性は深刻な課題に直面している

　教育とは、個人の能力や資質の育成、特に基礎教育が人生のパスポートであり、どの人にとっても教育のレベルと質の高さは、彼の将来の人生に大きな影響を与える。所得格差はしばらくの間、人々に影響を与えるが、教育格差は生涯に渡って人々に影響を与える。そのため、現代社会では、教育の公平性の問題が広く注目されるようになってきている。新中国の建国以来、党と国家は教育の公平性の問題を重視し、労働者・農民大衆のための教育を発展させ、高齢者・少数民族・僻地・貧困地域の人々の子女の教育権を保護するために力を注いできた。改革開放以来、国家は教育の発展を優先し、9年制義務教育を強力に普及させ、高等学校レベルの教育を徐々に普及させ、大学教育の普及を推進する一方、「二免一補助」(学費・雑費の免除、経済的に恵まれない家庭の学生への生活補助の提供)を実施するなど、政策、規制、制度上の保障を絶えず改善している。これらの取り組みにより、教育の公平性という点では多大な成果を上げてきたが、社会の変化が激しい現在の中国では、教育の公平性に関する新たな問題が発生する可能性がある。

(1) 都市部と農村部、地域間の明らかな格差

　中国の都市部と農村部の二重の経済構造が変わらないため、地域間の経済・社会発展の深刻な不均衡が続いている。そのため、必然的に都市部と農村部の教育の発展のバランスが崩れ、教育に様々な格差や不平等が生じることになる。

　まず、教育資金や設備配置の違いが教育条件の不公平を招いている。例えば、2010年の上海の小学生の平均公費は年間1,400元、中学生は1,600元だが、西部地区の蘭州の小学生の平均公費は280元、中学生は300元でしかない。図書館の設備は主に都市部の学校に集中しており、農村の生徒はほとんど利用できていない。都市部の小学校の平均的な生徒の電子書籍蔵書数は農村部の生徒の4.5倍、実験設備の値段は農村部の学校の2.8倍ともいわれている。図書の蔵書数、専門の実習設備及び体育、音楽、美術の教具数についても、都市部の学校が基準を満たす割合が農村部の学校よりはるかに高い。

　第二に、教師の質の格差や教育水準の格差が、教育過程での格差につながっている。現在の都市農村教育制度の下では、教職経験の豊富な教員や教育レベルの

高い教員は、主に都市部の学校に集中しており、教育や指導の水準も農村の学校に比べてはるかに高い。

　第三に、都市部と農村部の学校における教育条件や教育水準の格差は、不公平な教育成果につながる。一般的に、農村の中等教育学校を卒業した生徒が大学に進学する確率は都市部の生徒に比べて非常に低く、農村の生徒はほとんどが一般校に集中し、都会の学生は重点校に集中する傾向がある。

　最後に、教育投資の格差は、教育の公平性に大きな影響を与える。例えば、2010年の広東省、江蘇省、上海市、浙江省の4省の教育への投資の平均値は785億5000万元であった。河南省、甘粛省、青海省、寧夏省の4省の教育支出の平均値は281億9700万元で、2.79倍の差があった。学生一人あたりの基礎教育費は東部地域が最も高く、北西部地域が最も低く、約7倍の差があった。都市部と農村部・地域の格差を縮めることは、教育の公平性を実現するための基本である。

(2) 出稼ぎ労働者の子どもたちが教育を受けるために適切に解決すべき問題点

　改革開放後、数千万人の農民が都市に出稼ぎに出て社会主義建設に参加し、彼らの子どもの教育を適切に解決するにはどうすればいいのかという課題は、社会の重要な関心事の一つになっている。これには二つの課題が含まれている。一つ目は、出稼ぎ労働者が子どもを農村の実家に留め、祖父母や近所の人に預けて保育をしている状況を指す「置き去り児童教育」の問題だ。放置された子どもたちは、長い間、父母の世話を受けられず、監督、いたわり、愛情を奪われているため、生活や勉強、道徳、心理などに問題が生じる可能性があり、時宜を得た支援を必要としている。二つ目は、出稼ぎ労働者の子どもを学校に通わせることの難しさの問題である。2010年の第6次全国調査の抽出調査によると、全国の農村には義務教育適齢児童は2,877万人いると推計されている。都市部の戸籍がないため、出稼ぎ労働者の子どもは、親と一緒に都市部に移住して学校に通う際に、教育へのアクセスという点で不公平な扱いを受けることが多いのみならず、学校に行く機会もなくしてしまうことがある。出稼ぎ労働者の子どもの教育問題を適切に解決できないことは、社会主義近代化の建設に影響を与えるだけでなく、社会の調和と安定にも影響を与える。近年、農村では小・中学校の全寮制学校の設置・整備に力を入れ、都市部では出稼ぎの子どもを学校に送り出すのが難しい

第三章　教育と社会の発展　　109

という問題を解決する方法を考えるなど、国や社会が効果的な施策を行っている。これらの施策は目覚ましい成果を上げているが、早急に解決しなければならない課題も多い。

(3) 質の高い教育資源の不足に起因する教育機会の不平等

初等・中等教育が基本的に普遍化し、高等教育も普遍化する傾向にあり、大学教育の大衆化が加速している今日、質の高い教育資源の深刻な不足が教育公平性の観点から注目されている。なぜなら、質の高い基礎教育や高等教育へのアクセスは、子どもたち一人一人の将来の成長や見通しを左右するだけでなく、それぞれの家族の人生の変化や幸福をも左右するからだ。ほぼすべての親が子どもの教育に関心を持ち、子どものために質の高い教育を確保するために費用を惜しまない。その結果、質の高い教育資源の不足と、質の高い教育への要求の高まりという矛盾が、最も顕著な教育・社会問題として広く関心を集めているのだ。質の高い教育資源の配分と生徒の家庭の経済的背景や親の社会階層との間に有意な相関関係があることは、数多くの実証研究によって明らかにされている。高学歴・高収入で恵まれた家庭の子どもは、質の高い初等・中等教育に集中し、質の高い高等教育へのアクセスが多い傾向にあり、低学歴・低収入の家庭の子どもは、平均または低い初等・中等教育に集中し、質の高い高等教育へのアクセスが少ない傾向がある。

都市と農村、地域と学校間の教育の質の深刻なアンバランス、良質な教育資源の供給不足、教育機会の深刻な不公平により、人々は自らの生存と発展のためにどうしようもない選択を迫られている。受験と試験対応、学校選択と反学校選択がゲームの焦点となり、教育の公平性とは何かという教育上の混乱が続いている。私たちは、教育においてどのような公平性を求めているのだろうか。どうすれば、私たちが望む公平性を実現できるのか。教育的公平性の現実の中で、教育的効率性はどのような位置づけにあるのか。成績や良い条件のある生徒「質の高い生徒」と同様に、努力、興味、特別な才能を持つ生徒、退屈な生徒「面白がる生徒」にどう接するべきか。教育の社会移動機能をどう捉えるか？ 生徒の選択の自由とどう向き合うか？これらの混乱を解消するには、まだ長い道のりが必要だろう。

（三）国民が満足する教育を提供するための取り組み

　中国の教育改革と発展は、刮目すべき成果を収めたが、国民はあまり満足していない。これは、中国の教育にはまだまだ問題が多いだけでなく、国民の教育に対する要求が高まっているからだ。したがって、開発の科学的展望を指針として、経済発展によって開かれた可能性の中で、教育改革を深め、教育部門の最適化を進めていくべきである。国民を満足させる教育の発展と努力は、長期的なプロセスだけでなく、現在の喫緊の課題でもある。

1．義務教育の普遍化・強化

　義務教育は、すべての教育の礎であり、社会主義近代化建設の基礎事業であり、広範な人民大衆の根本的な利益の保障と創造的な可能性の開発に関わるものであり、常に教育の最優先事項の一つとされてきた。義務教育の焦点と難しさは、またしても農村にある。長期にわたり農村教育を軽視してきたため、農村の義務教育の質は都市部に比べてはるかに遅れており、いわゆる教育の質の不足は、まず第一に農村部の教育の質の欠如であるといえる。義務教育の公平性を実現するためには、義務教育をバランスよく発展させなければならない。近年確立された義務教育の資金調達メカニズムを統合・改善し、教育への公共投資を引き続き農村部の義務教育に傾斜させていく必要がある。農村部の義務教育の資金調達は国が全面的に責任を負う。

　義務教育の学校建設の質の基本的な指標や底辺の制度を確立し、校舎、教育設備、図書資料、生活施設等を含む農村部の学校や都市部の脆弱な学校の運営条件、特に教師の状況を保障し、大幅に改善すべきである。農村の義務教育における喫緊の問題は、第一に必要な資金の不足、第二に資格のある教師の不足である。近年、国は多額の資金を投入して都市部と農村部の教育資金やハード設備の格差を徐々に縮め、農村部の教育条件が大幅に改善されているが、農村教育の質の最も重要な教師の処遇は改善されていない。

　1980年代以前、中国の農村部の小・中学校では、民営学校の教師が教師の大半を占めていた。20世紀末、政府は民営学校の教師の解消を決定したが、農村の教師に関する問題解決の政策を出したわけではなかった。農民達は仕方なく民営学校の教師のかわりに「代用教員」に置き換えるしかなかった。しかし、政府

はいまだに「民営学校の教師」を認めて、わずかな生活費を支給しているのに対し、「代用教員」は認めておらず生活補助も出していないしその地位、待遇は更に低いものであった。2005年中央政府は、この「代用教員」の問題を解決し始め、各地で採用試験を実施したため「代用教員」の数は大幅に減少した。2006年に「特別ポストプログラム」が実施され全国に広まったが、農村部の学校の教師問題を根本的に解決できておらず、農村部では「新しい代用教員」が出現している。このように、中国の農村部では、「民営学校の教師」の問題が解決した後に「代用教員」「新しい代用教員」の問題が解決した後に「新しい代用教員」というサイクルができている。この現象は、都市と農村の二元体制の影響下で、農村の教育が疎外され、教師の補充機構が崩壊していることを明らかにしている。したがって、政策レベルから農村教師の問題を再考し、都市と農村の二元的な社会構造を徐々に解消し、「特別配属プログラム」を先駆的に採用し、教員養成大学の養成の役割を十分に発揮し、農村教師の報酬を強力に改善し、都市と農村間の合理的な教師の流れを促進し、農村教師の問題を根本的に解決することが必要である。

　都市と農村、学校間の格差は歴史的なものであって、さらなる均衡ある発展によってのみ解決されるものである。したがって、その治療法は、単に質の高い学校と発展途上の学校の格差を平準化し、平等主義に徹し、教育の公平性の水準の低さに熱狂するのではなく、農村や弱小の学校の教職員の充実と改善に努め、その運営状況を改善し、質の高い学校に変身させ、既に存在する質の高い学校には更に頑張ってもらうことであって、それによりようやく国民が本当に満足できるようになるのである。

2.　中等職業教育の積極的な展開

　中等職業教育の活発な発展は、社会の発展のために多くの優秀な労働者や熟練した人材を育成し、職業の範囲を広げることにつながり、中国の産業構造の調整と経済成長モードの転換に資するものである。したがって、中国の教育事業発展のための戦略的優先事項の一つとして、中等職業教育の発展を加速させる必要がある。1980年代に中国の中等職業教育はかなり発展したが、1990年代には大きく落ち込んだ。近年、中等職業教育は改善されてきたとはいえ、まだまだ多くの

問題を抱えている。まず、生徒の確保が難しく、2010年には全国の中等専門学校枠の85.9%であった。第二に、管理が難しいこと。勉強を強いられている生徒が多いため、劣等感が強く、学校に真剣に興味を持たない生徒が多く、学校の運営が難しくなっている。第三に、就職が難しいことだ。学校教育の方向性や専門的な設定、教育の質など、社会の急速な発展や人材市場の変化に対応できない学校が多く、中等職業教育卒業者の就職難が日増しに顕著になってきている。これらの問題を解決しなければ、中等職業教育の発展を加速させることはできない。

　将来の長期的な人材需要の趨勢に鑑み、中等職業教育を精力的に発展させ、高等学校の生徒と大学進学者の生徒を徐々に1対1に維持させなければならない。そのために、各方面の学校運営への熱意を結集し、公私立学校の共同発展の新しいパターンを形成する。教育チームを充実させ、専門職設定を調整し、教育レベルと学生の質を向上させなければならない。90%の中等職業教育の生徒への授業料補助、中等職業教育卒業者の雇用ルートを広げ、質の高い優遇給を実施し、進学の機会も提供すべきである。

3. 高等教育の質の積極的な向上

　高等教育は、教育制度全体の発展のための主役であり、大学は数千万人もの専門人材の養成所であり、知識革新、技術革新、概念革新の「発祥の地」でもあり、経済社会の発展を支え、自主的なイノベーションの能力を高め、経済の競争力を高める上で重要な役割を果たす。中国の高等教育の規模は近年急速に発展しており、2011年の平均選抜率は72.3%、粗入学率は26.9%となっている。《中長期的な教育改革・発展のための国家計画（2010年～2020年）》では、2020年の高等教育の粗就学率は40%になるはずだ。中国の高等教育は今後も成長を続けていくことが見て取れるが、目下の主な課題は、高等教育の質を精力的に向上させることである。

　まず、大学の位置づけを明確にし、その特徴を確立することが必要である。中国の高等教育機関は、大まかに三つのカテゴリに分けることができる。第一のカテゴリは研究指向の総合的な大学、第二のカテゴリは、応用型の専門性の高い大学であり、第三のカテゴリは、職業的な技術技能に特化した大学だ。大学は、方向性、養成目的、カリキュラム、教育方法、教育設備や質の要求、学校の特性、

第三章　教育と社会の発展　　113

教職員の違いなどにより、それぞれに違いがあり、均一ではない。

　第二に、教職員の育成と改善を精力的に行うべきである。教育と科学研究における教師の熱意と創造性を存分に発揮させ、優れた若い教師が頭角をあらわすようにするべきだ。良い学校を運営するための鍵は、特に高等教育機関の教授たちにある。

　繰り返しになるが、学生の実践的で革新的な能力を養う必要がある。科学研究、技術革新、社会的実践に従事しながら、基礎理論、専門知識、技術力を学ぶ事が重要だ。学生の革新的な精神と実践力、コミュニケーション能力、回復力、耐える力を養うべきだ。自律性、開放性、多様な革新的な活動や交流がなければ、革新的な精神と実践力を核とした個人の資質の発展はない。

　最後に、大学のタイプ別の評価には、異なる基準を用いる必要がある。学校にはもっと自主性を持たせて、自分たちの特色を出す空間を持たせるべきだ。自主性がなければ、独自の学校運営はできない。すべてのタイプの学校がそれぞれの長所と特色を十分に発揮してこそ、社会主義近代化の建設によりよい貢献ができるのである。

復習思考問題

1. 教育の社会的制約と相対的自立とは？どうやって協調するのか？
2. 昔は教育に政治との順応を求めるのは一面的で、今は教育に経済との順応を求めるのは包括的でないと言われている。教育は、何よりもまず人と順応し、その人の全人格的な発展に寄与するものでなければならない。また、教育の階級性を消し去り、教育は抽象的に人のために尽くすべきであると主張する人もいる。更に教育は人を育てることを中心に考えるべきだという人もいれば、経済建設という一つの核のみで、多くの核をもつことは許されないという人もいる。これらの異なる見解について、どのような意見があるか？
3. 教育の社会変革機能とは？教育の社会変革機能をどう評価するか？あなたの考えでは、社会の変化に十分に活躍できる人材を輩出するためには、教育にはどのような条件が必要か？
4. 教育の社会移動機能をどう評価するか？教育のレベルでその人の運命が決

まると考える人もいれば、学校選択や進学に反対し、「役人になるための勉強」を批判する人もいる。また、教育は社会の調和のとれた発展の調整役であるという考え方もあれば、教育は社会階級の再生産の手段であるという考え方もある。この問題についてどう思うか？それは人間本位の教育の概念とどう関係しているのだろうか？

5. 投資としての教育、「人的資本」としての理解とは？教育の人的資本の側面の軽視や、教育を単なる人的資本として捉えていることが、教育界や社会にどのように現れているのだろうか。その考え方は正しいか？

6. なぜ教育を戦略的に優先させる必要があるのか？この戦略的な決定はどのように実行されるのか。

7. なぜ教育の公平性を実現すべきなのか？教育の公平性はどのような基準で評価されているのだろうか？あなたが見たことのある教育上の不公平をいくつか挙げて、その原因を分析し、解決策を示せ。

8. 国民を満足させる教育とは？現在の人々の教育に対する満足度はどうなっているのだろうか。人々の教育に対する不満の主にどこにあらわれて、その理由は何か？国民が満足できる教育を提供するためには、どのような努力をすべきか。

9. 国際情勢が大きく変化し、国内社会が大きく転換し、教育事業が大きく発展しているこの時期に、教師としてどのように考えるか？生徒へはどのように指導するか？

第四章

教育の目的

第一節　教育の目的の概要

本章では、教育の目的について取り上げている。教育の目的を明確にすること
は、教育者の教える意識を高めるためにも、学習者の自主性のためにも不可欠で
ある。

一、教育の目的の概念

教育の目的は、教育活動によって育成される個人の資質と一般的な期待と想像
であり、社会的・歴史的活動の主体である個人の素質を決めるものである。それ
は、教育を受けた人の質や、その人が自分自身の成長の中で到達すべき水準や程
度などについて、与えられた社会の定義や要件を反映している。

教育の目的の概念は、広義と狭義に分けることができる。広義の教育の目的と
は、幅広い人々の心の中に存在する被教育者への期待や要求を指す。その意味で
は、教育者であろうがなかろうが、教育の発展に何らかの期待や志を持っている
限り、教育の目的を表しているということになる。このため、教育の目的は、教
師、生徒とその保護者、教育管理者、社会の名士など、教育に関わるすべての人
の中に存在することができる。このような教育目的の形態は、より広く、直接的、
具体的に教育活動に影響を与える傾向がある。例えば、生徒と保護者は、家庭と
生徒の個人的な興味に関連した教育の実践的な実用的な側面を気にして、多くの
場合、教育の目的は、本の知識の習得、テストの点数の追求や進学することだと
理解しており、そのような教育の目的観は、何百万世帯の子ども達の教育を通し
て、広くまた直接的に学校の教育活動の方向性や質に影響を与える。教育の狭
義の目的とは、社会の主流を占めているか、国家が提唱する教育の一般的な目的
を指す。政府が提唱しているもので、社会発展の基本的なニーズを反映しており、
明確で安定したものであり、あらゆるレベル・種類の学校の教育業務や人間教育
の質に影響を与えるものである。1957 年、毛沢東が「人民の間の内部矛盾の正
しい処理について」で指摘したように、「我々の教育政策は、非教育者を道徳教
育、知的教育、身体教育のいくつかの側面で発展させ、社会主義意識を持った文
化的な労働者としなければならない」。これは毛沢東が党と国家を代表して提唱

した中国の教育の目的であり、中国の学校教育における人間育成の基本的な質的仕様である。社会の中で支配的で、国家が提唱する教育の一般的な目的が、教育者や教育を受けた人々によって認識され内在化されてこそ、教育活動の直接的な動機、原動力となるものである。本章では、狭義の教育の目的、特に中国の教育の一般的な目的について考察する。

　学校教育の実施には、教育の目的が重要である。

　第一に、オリエンテーションの役割。教育の目的は、学校教育と生徒の育成の基本的な方向性を定めたものであり、学校教育の基本的な指針となる思想であり、一般的な方向性とは、学校の教育活動の出発点であり目的地であり、その全体のプロセスを支配するものである。学校は教育目的に沿った運営しかできず、そうでなければ正しい方向から逸脱してしまう。

　第二に、調整の役割。教育の目的は、学校教育における人材育成の基本的な質的仕様を規定し、学校教育の内容や活動を選択・協働・規制する役割を果たしている。

　第三に、評価の役割。学校の質や生徒の成長の質を測る基準はいろいろあるが、基本的な基準は教育の目的だ。一般的には、学校の教育目的に沿っていて、それを達成している学校は、教育の質が高いと言われている。逆に、教育の目的から逸脱した教育の質が高いとは言えない。

二、教育の目的の構築

　中国と外国の教育思想の歴史の中で、人々はあらゆる種類の教育目的を提唱し、教育目的の様々な出所を説明してきた。教育の目的は哲学や道徳から来るという説もあれば、神の啓示から来るという説もあり、人の生物学的性質から来るという説もある。実際、社会や国によって哲学者、教育者、政治家などが異なる教育の目的を提唱しており、本質的な違いもあり、その違いの理由は何だろうか？教育の目的は一体どのようにして生じるのだろうか。それは、その提唱者によって主観的かつ恣意的に定式化されたものなのか、それとも客観的なニーズによって制約されたものなのか。これらの問いを探り、正しく答えることは、教育理論研究の避けて通れない部分であり、教育の目的の本質を深く理解し、教育の目的を

正しく構築し、実行に移すことができるようになる。

　一般に、教育の目的は、教育活動の主な目的であり、自己完結したものではなく、主体的に構成されるものである。しかし、人々が構築する教育の目的は、現実に社会的なルーツを持つものである。エンゲルスは、「社会歴史的領域で活動を行う者は、意識的で、思慮深く、あるいは情熱的に行動し、何らかの目的を追求する、意識的な意図、意図した目的なしには何も起こらない」と指摘している。しかし、人々がこうした意図や目的を心に抱く理由は、「最終的には、生産力・交換関係の発展によって決定される」のである。人々の教育目的の選択と構築も例外ではなく、人間形成における必然と偶発の統合であり、その社会歴史的な根源を有している。

（一）教育の目的の構築は、社会発展の法則を反映し、社会史的条件の可能性と限界に沿ったものでなければならない。

　人間は社会の中では能動的な存在であるが、最初は住む環境や家庭を自由に選べず、現実の自然や社会的条件を活動の場とし、それに依存し、自然や社会、人との相互作用の中で生活、労働、闘争の中でしか生存と発展を勝ち取ることができない。これにより、人間教育は、社会生活の実態とその歴史的発展の動向を反映したものでなければならないとされている。したがって、教育の目的は、社会生活の実態、生産、分業、相互作用、それらの発展の傾向のニーズに基づいてのみ構築することができる。このように教育があってこそ、社会に必要な人員や各種の人材を輩出し、社会を発展させることができるのである。

　生産力の発達度が非常に低く、農業や手工芸が生産の中心であった古代社会では、若い世代の教育は主に職場で行われ、物質的な商品を生産すると同時に生産者、すなわち農民や職人を育成するものであった。学校教育が肉体労働活動から切り離され、主に国家の利益のために支配階級の支配下に置かれたのは、文字が生まれてからのことである。その目的は、国家の政治機構のため官僚や学者を養成し、政治や倫理観の涵養を重視した。

　現代では、機械工業生産や商業経済の発展、科学技術の普及に伴い、学校教育は、単に国家官僚の育成だけではなく、一定の教養と職業技能を有する熟練労働者、生産管理者、各種専門人材を大量に輩出しなければならない。このように、

社会の構成員に対する政治的、倫理的、文化的、科学技術的な要求、また社会の発展と産業構造の変化のニーズは、学校教育の目的を策定する根拠となるものが増えてきている。

　近代になって、新たな科学技術革命の波が押し寄せ、生産力の急速な発展は社会政治経済システムの変容を加速させた。これにより、ライフスタイルや考え方、価値観が大きく変化した。世界経済、政治、文化、科学技術の急速な変化と発展の中で、欧米をはじめとする先進国が競って教育を改革し、新しい対策を探し求めている。我が国も更に教育改革を進め、教育の発展を加速させ、かつてない重要な位置に引き上げている。国民性の向上、人材の育成、社会主義思想・道徳・価値観の推進、人間の個性の全方位的な発展、革新精神と実践力の育成という新たな要求を満たすために、中国における教育の目的の建設、解釈、実施もまた、これらの大きな課題に注目しなければならない。社会の発展に適応し、促進するためには、教育の目的が社会史の可能性と限界に従わなければならないことが証明されている。

（二）教育の目的の構築もまた、人間の発達の法則を反映し、人間の発達の可能性と限界に沿ったものでなければならない。

　人間は教育の原点であり、教育の対象であり、被教育者であり、教育の対象である。教育の目的を構築し、子どもや若者を教育することは、人間の生命の遺伝的な賜物である能動性と可塑性を理解し、それに基づいたものでなければならない。また、子どもの発達の順序、段階、違いを理解し、それに基づいたものでなければならない。被教育者の積極性、自主性、創造性を理解し、導き、頼りにしないわけにはいかない。したがって、教育を構築する目的は、社会の発展のニーズに基づいているだけでなく、人間の発展の特性、法則とニーズを反映し、人間の発展の可能性と限界に従うものである。そうであるからこそ学校教育に正しい方向性を与え、円滑かつ効果的に当初の目的を達成させることができる。

　一般的に言って、古代社会は階級闘争、国家統治、倫理的・道徳的経験の総括と普及にのみ焦点を当て、人間やその肉体的・精神的発達の法則を研究することは極めて不得手であったと言える。その結果、教育の目的は主に政治的・倫理的要求を反映し、君主に忠実な臣民や文人の育成を目的とし、生徒の心身の発達は

あまり考慮されなかった。子どもたちの教育は、しばしば強制的な服従と暗記に基づくもので、子どもたちの理解や学ぶ意欲を顧みず、結果として困難で苦痛に満ちた、受動的で効果のない教育が行われてきた。

現代では、商工業の急速な発展、民主主義や科学の台頭により、人間の問題を研究することがますます重視されている。教育経験の体系化と教育学・心理学の出現により、教育目的の構築、教育内容の選択、教育過程・方法の適用を促し、社会・政治・経済の発展のニーズを考えるだけでなく、子どもの心身の発達の法則が教育目的に及ぼす制約に、より注意を払うことが求められるようになった。例えば、教育の目的において、子どもの全面的な発達に徐々に焦点を当て、人格の発達を重要なものとし、教育や指導の人間的・心理的改革を大きく促進し、教材に応じた指導を重視し、状況を生かして生徒の自発性を動員し、教育を生徒の生活体験に近づけ、分かりやすいだけでなく、面白くて魅力あるものにし、学校教育の進歩と発展を促している。

社会は人間が作る社会であり、人間は社会の歴史的状況の中で成長する人間であり、両者は相互に依存し制約を受けているというのが当然である。教育の目的の構築には、全面的で科学的に両者の実質的な発展の要求とその関係に基づかなければならず、差が出ることは防がなければならない。

教育の目的の構築には、ただ確固たる根拠と事実上の尺度だけでなく、自然な需要、価値の尺度があることを理解すべきである。人間は今を生きると同時に未来を見据えている。人間の発達と人間教育は、どちらも現在の社会史的・歴史的状況によって条件づけられており、人間世界の発展と開拓を指し示し、促進している。したがって、教育の目的の構築は、人間の発展の可能性と、社会的歴史的条件の可能性や、人間の発展と社会の発展の価値を選択し統一するものでなければならない。

現在、中国は社会主義の第一次段階にあり、我々は実践的なアプローチを取り、中国の経済社会発展の現状と展望を深く研究し、新技術革命の情報化の背景と経済グローバル化の多文化的背景に的確に対応し、世界、未来に向け志とビジョンを持って、中国の社会主義教育の目的を正しく選択し、構築していかなければならない。

三、教育の目的の価値選択

　教育活動において、人は往々にして異なった教育目的を選択して教育の価値を追求しようとして、能動的な本質が現れる。いわゆる教育目的の価値志向とは、教育目的の提案者や教育活動に従事する対象者が、自己の発達社会の発展のニーズを理解した上で、教育の価値を選択する傾向があるということを指す。

　教育活動の価値の選択については、従来から多様な意見や主張があった。まず、人格形成と社会との関係だが、個人の人格形成の促進が教育の目的であるべきという考え方もあれば、社会の発展のためのニーズの充足が教育の目的であるべきという考え方もある。第二に、個人の成長という点では、ある者は知識の蓄積を、ある者は知性の向上を、ある者は人格の完成を、ある者は美意識の育成を、ある者は運動能力の向上を、ある者は道徳、知性、体格、美意識の調和のとれた発展を重視し、ある者は教養課程と専門課程を注目して一般文化の質の向上を重視し、ある者は実践教育に注目して実用知識の習得と業務スキルの養成を重視する。最後に社会的ニーズについては、政治的利益を重視する人、経済的利益を重視する人、文化的利益を重視する人、長期的利益を重視する人、即時的利益を求める人、従来の社会秩序の維持を求める後ろ向きな人、社会の現状を変えようとする前向きな人など、様々な考えがある。

　教育の目的の価値についての意見が多様であることは偶然ではない。これは、社会生活が複雑で、教育の機能が多面的で、人間の選択の可能性が多いだけでなく、教育の目的についても人によって意見が異なるからである。異なる経済的立場、異なる文化的背景、実務経験、意識のレベル、政治的方向性、社会的イデオロギーであれば関心もニーズも価値観も違うのだから、教育の目的についても異なる価値観を持たざるを得ない。どのような社会でも、人間の発達や人間教育の価値観が選択され定義されているだろうが、その方向性の選択が理にかなっているかどうか、その妥当性を仔細に探る必要がある。

　教育の目的の価値提案に関する最も議論され、影響力のある根本的な問題の一つは、教育活動が以下に焦点を当てるべきかどうかということである。それは人間の人格の発達ニーズを満たすのか、それとも社会の発達ニーズを満たすことに焦点を当てるべきなのか。これは、教育目標の選択における典型的な二つの価値

観の方向性、すなわち、個人志向理論と社会志向理論を構成している。

(一) 個人志向理論

　歴史の中で、ルソー、フルブライト、ペスタロッチなど、教育の目的について
このような考えを持った哲学者や教育者が多くいた。今日に至るまで、多くの現
代西洋思想家は、個人の価値を教育の目的としてこの理論に基づいて教育観を表
現している。

　個人主義者、教育の基本的な目的は個人の潜在能力と個性を充分に伸ばすこと
であり、社会の要求は無関係であると考えている。以下のようなポイントがある。

　(1) 教育の目的は、個人の発達の必要性に基づいて策定され、社会の必要性に
基づいて策定されるものではない。教育の真髄は、個人の発展の潜在的な可能性
と傾向を完璧にすることであり、それ以外の目的はない。例えばルソーは、人を
作ることと市民を作ることのどちらかを選ばなければならないとしたら、個人を
作る目的を選ぶだろうと主張した。彼の見解では、教育の目的が、一定の社会的
要求に応じた個人の発達によって規定されるならば、教育は強制的で、外的なプ
ロセスとなり、人間の本質を消し去り、個人は集団に埋没し、個性を失うことに
なる。

　(2) 社会的価値観よりも個人の価値観が優先される。社会的価値は、それが個
人の発展に寄与して初めて価値を持つものであり、そうでなければ、社会的価値
の実現に単純に焦点を当てるだけでは、個人的価値を抑圧し、排除することにな
る。例えば、社会は型であり、個人はそれが鋳造しなければならない金であり、
金の価値は型の価値よりも高いので、社会の価値を決めるのは個人次第であり、
個人の価値を決めるのは社会ではない。また、社会は個人で構成されており、個
人のいない社会は存在せず、個人の価値は常に社会よりも高い。

　(3) 人は生まれながらにして健全な潜在能力を持っており、この潜在能力を発
達させることが教育の基本的な機能である。個人が社会の要求に適合することを
求められると、個人の潜在能力の健全な発達が阻害される。ルソーは、創造主の
手から生まれたものはすべて善であり、それが人間の手に渡ると、それはすべて

悪に変わると主張している。人間とは、ここでは社会的な人のことを指しているので、子どもたちは社会の強制的な影響から救われなければならない。

このような個人本位の考え方を教育の目的策定の基礎とすることは、一定の歴史的条件の下では進歩的であると我々は考えている。この個人主義的イデオロギーの台頭と普及の時期は、封建主義に対するヨーロッパのブルジョアジーの闘争と一致していた。当時、新興ブルジョアジーは、自分たちの利益を守り、資本主義を発展させるために、経済的に重税に反対しただけではなかった。政治的には封建的特権に反対し、同時にイデオロギー的には宗教神学を人間の人格に閉じ込めることに反対している。彼らは、人間性をもって神性に反対し、人権をもって神権に反対し、教育は人々のニーズに基づき、個人の価値観と要求を尊重したものであるべきだと提唱し、人間の個性を開花、開放させ、そこには積極的かつ遠大な意義があった。しかし、教育の目的の価値観の方向性という点では、個人の欲求を満たし、個性の発達を追求することだけに重点を置き、社会の発展のニーズに応えることを蔑ろにしたり、反対したりしているのでは、一方的であり、間違っており、望ましくない。

(二) 社会志向理論

歴史的にこのような教育目的観を持つ人は少なくない。19世紀末から20世紀初頭にかけては、ドイツの哲学者ナトルプ、フランスの思想家テュルゴ、ドイツの教育者ケルセンシュタイナーなど、社会派の人々がこの理論の代表的な存在であった。この考え方は、より伝統的なもので、現在でも強い影響力がある。

社会志向の理論家は、教育の基本的な目的は社会発展のニーズによって決定され、人間の潜在能力や個性のニーズは関係ないと考えている。以下のようなポイントがある。

(1) 個人の成長は、すべて社会に依存している。フランスの社会学者コントは、「真の個人は存在しない、存在するのは人類だけである。なぜならどの方面から見ても我々個人の発展はすべて社会によるものであるから」といっており、ドイツの哲学者ナトルプも、「実は個人は存在しない。人間は群衆の中で生き、社会

生活に参加しているから人間なのだ」と言っている。フランスの社会学者シャルル・チュルゴーは、「教育とは、若い世代を体系的に社会化するプロセスである。私たち一人一人の中に、（科学的抽象度の必要性は別として）不可分でありながら、異なる二つの特徴があると言えるだろう。一つは、自分自身や個人的な生活の中での出来事にのみ適合するあらゆる精神状態であり、これは個人特性と呼ぶことができる。もう一つは、私たちの中に、あるいは私たちの集団の中に、あるいは私たちの様々な集団の中に存在するために、私たちの個性とはいえない考え、感情、習慣により構成された体系だ。それは宗教的信条、道徳的信条や習慣、民族の伝統・職業的伝統、集団的思想などである。その総和が、ある種の社会的アイデンティティを構成している。教育の目的は、この社会的アイデンティティを一人一人の中に作り出すことだ」とも主張している。彼らの考えによると、人間の心身の発達の各側面は社会に依存し、社会によって条件づけられており、すべての人間の発達もまた社会のニーズを満たすために役立ち、社会に依存するものである。

（2）教育には、社会のニーズに応える以外の目的はない。ナトルプは、「教育の目的を決めるのに、個人は何の価値もない。個人は教育の原料に過ぎず、個人を教育の目的にすることはできない」と述べている。彼は、個人は無限の独立性と可能性を持っていると考えるのは誤りであり、個人の前に社会があり、個性の前に集団があるのだと主張する。個人と人格は、他者との精神的相互作用の過程で形成されるものであり、社会を離れて人格の創造と発展はありえない。彼は、人間の意識の形成は、人類に共通する理性の法則すなわち統一と連続性に基づいており、社会化と普遍化によって、個人の意識は社会の意識と一体となり、次第に広がり、高まっていくと主張した。教育のプロセスについては、理想の教化と啓蒙をすすめ、社会的理想により、個人の社会化をもたらすべきだと主張した。教育内容については、科学、芸術、道徳、宗教の四つの側面を含む社会文化を子どもたちが学ぶことを提唱した。

（3）教育の成果や効果は、教育が社会的機能を果たしているかどうかで測る。ドイツの教育者ケルセンシュタイナーによれば、「国の教育システムは、ただ一

つの目的を持っており、それは市民を作ることである」という。教育の成果や効果、善し悪しは、人類の存在と社会の繁栄を維持する能力によってしか測れない。社会から離れ、教育の成果は測れない。ケヒンシュタイナーは、教育をドイツのブルジョアジーが人民の人格鍛錬と思想統制するための重要な道具と考えていた。彼は、国家は教育を通じて将来の国民にその任務と義務を教育しなければならず、個人は国家全体の利益に従わなければならないと考えた。社会志向論者が教育の目的の価値志向を社会の効率性の観点から見ていることは容易に理解できる。

　社会志向の理論家は、社会のニーズを見て、教育目的の価値観の方向性を選択し、教育の社会的作用を見ており、特に今日のような高度に社会化された生産の時代においては、その役割はポジティブな意味合いを持っていると我々は考える。誰が見ても、今日の教育の社会的役割は、これまで以上に最優先であるべきであり、教育は、これまで以上に社会が必要とする的確な市民と社会の発展に適応する人材を輩出しなければならない。しかし、人間を道具としてしか見ず、目的としても見ず、教育を社会の立場からしか見ないということは、教育の個人の成長と完成に対する作用を完全に消し去ってしまうことになり、また、個人の発達と完成度のニーズに応える教育の役割を排除することであり、正確ではなく一方的なものであり、避けなければならない。

　もちろん、西洋の教育思想史の中では、教育目的の価値観における個人志向と社会志向の乖離を調整し、両者のバランスと調和を図る試みがなされてきた。デューイは、まさにそのような試みを行った。デューイによれば、教育の過程には心理学的側面と社会学的側面があり、教育の過程と目的は「個人のアイデンティティを社会的な目的や価値と調和させること」でなければならないとした。一方で、デューイは子ども中心主義を唱え、「教育とは成長であり、それ以外のものはない」と考えた。彼は、子どもの本能、ニーズ、興味、経験から切り離して、教育や子どもの発達過程に外的な目的を押し付けることに反対した。彼は、これは子どもの成長過程や教育過程に対する外部からの強制であり、子どもの人格に対する粗暴な干渉と捉えたのだ。一方、デューイは「社会的中心」を提唱し、「教育の社会的側面が第一」と強調した。彼は、教育が「民主的思想のしもべ」となり、いわゆる絶対主義、中央集権主義に対抗するためのツールとして機能することを求めた。また、この二つの側面を両立させるために、「学校がす

なわち社会である」と主張し、「すべての学校を社会生活の雛形とする」という
考えを打ち出し、この「小さな社会」活動を通じて、より大きな社会の調和を確
保しようとしたのである。デューイの思想には、積極的に取り入れるべき要素が
あると考える。

　教育の目的の価値志向を正しく理解するためには、マルクス主義の全人間的な
発展という考えを指針とし、個人の発展と社会の発展が密接に関連した二つの側
面であることを認識しなければならないと我々は考える。人を育てる教育の一種
として、社会的発展と個人的発展の両方のニーズに応えなければならず、歴史的
発展の過程で、この二つは対立と統合を繰り返しながら弁証法的に前進している。
人間の全面的な発展というマルクス主義の学説が科学的に論じられ、教育の目的
の価値志向を選択するための理論的な基礎が築かれたのだ。

第二節　マルクスの全人的発達の学説

　マルクスは歴史的唯物論を用いて、人間の発達と社会進歩の関係を分析し、人
間の発達は一つの社会史の過程であり、社会における生産力と生産関係の制約を
受けるものであると考えた。各世代は常に、既存の生産力、生産関係、イデオロ
ギー文化に基づいて、社会的実践に従事し、社会の交流をすすめ、自然と社会を
変え、物質文明・精神文明を創造し、同時に自らを発展させてきた。人類の未来
への道では、社会史の延長と人類の発展が相互に補強され、共に前進している。
社会の充分な発展がなければ、人間の高度な発達は不可能であり、同様に、人間
の高度な発達がなければ、社会の高度な文明と進歩を促進することは不可能であ
り、両者が歴史の大河の中で統一されているといえる。

　マルクスによれば、人間は社会的実践の主体である。また、人間社会の歴史は、
人間の活動の歴史としてしか理解できない。これはマルクスとエンゲルスが指摘
したように、「人間が環境を作り、同様に環境が人間を作る」ということだ。「環
境の変革を人間の活動や自己変革に適合させることは、革命的な実践としか見ら
れず、合理的に理解することができる」このような人間と環境との双方向の相互
作用は、人間の発達が環境の受動的な産物ではなく、人間の能動性と創造的な精

神の発露がなければ、有人の歴史活動とは成り得ない。1844 年、カール・マルクスは、ある極めて意義深い命題を提唱している。「歴史は人間の真の自然史である」別の場所では、歴史とは人間の「個人の発展の歴史」であると更に表現している。

教育は、その歴史的活動において、人間社会に特有の実践形態として、社会発展の法則に従って、ある社会が必要とする人間を育成し、創造する手段である。教育によって生み出された人々は、今度は社会の状況を変えることによって教育システムを発展させ、改善し、それに応じて人間の成長を更に高めることができる。このように、教育や社会と人間の間には、相互に抑制し、相互に促進し、継続的に前進発展するメカニズムを構成している。マルクスが、「一方では、正しい教育制度を確立するために、社会条件を変える必要があり、他方では、社会条件を変えるために、それに対応する教育制度が必要である」と深く述べているのは、この意味においてである。社会情勢も教育制度も、人間形成のために変えていく。人間の歴史的活動、社会の発展、教育の発展の関係を正しく把握することは、「歴史的決定論」という一面的な形而上学的思考方法を正すだけでなく、人間の発展を、社会活動の主体としての人間のダイナミズムと結びついた社会歴史的発展の客観的規則性であり、歴史と社会活動の真の目的として捉えることにつながるだろう。

一、社会史的プロセスとしての全人的な発達

歴史弁証法の高みから、マルクスとエンゲルスは、人間の全面的な発達は社会歴史的な過程であるという科学的な真理を明らかにしたのである。また、人間形成の社会的経過を総合的に検討し、現実の個人を主体として総合的な人間形成を行うという概念を確立した。マルクスとエンゲルスは「人間が到達した生産力の総和が社会状態を決定する。したがって、産業と交換の歴史と結びつけて『人間の歴史』を研究し探求することが常に必要である」と述べている。マルクスは、このテーゼに基づいて、人類の発展の歴史を科学的に検証し、人類の発展の未来を予言した。彼は、人類の歴史を三つの形態に分け、三つの社会形態の交替という観点から、人間の存在と発達の歴史的経過を明らかにしたのである。

資本主義に先立つ長い古代社会では、「（最初は完全に自然に発生した）人間の依存関係は、人間の生産能力が狭い範囲と孤立した場所にのみ発展する最初の社会形態」であり、「歴史を遡れば遡るほど、個人は生産しているとはいえ独立しておらず、より大きな全体に従属している」と考えられていた。このように、人間依存を前提とした古代社会の際立った特徴は、個人には心身の自由がなく、独立性も個性もなく、集団、部族、国家、そして君主や神などの支配者に依存することであった。

　現代社会では「物質的依存を基礎とした人間の自立が、普遍的な社会 - 物質的変換、包括的関係、多面的欲求、包括的能力のシステムを形成する第2の主要形態である」とされている。現代社会の顕著な特徴は、大型機械産業の創出、生産性の加速度的向上、市場経済の急速な発展と繁栄、人・地域・国家間の頻繁かつ拡大した包括的関係であり、これらは結果として、個人の人間依存からの解放と心身の一定の自立と自由の獲得につながった。しかし、人間関係はモノの関係としても現れ、物質的な利益や楽しみ、所有欲が指数関数的に拡大するにつれ、人間は次第に疎外され、すなわちモノの奴隷となってしまった。現代社会もその一つで、社会の発展と技術の進歩が人間の能力開発の要求を高め、人間の全面的な発達のための客観的可能性を与えた一方で、人間は物質的交換関係の現実に縛られ、物の依存と限界から逃れることは不可能である。資本主義社会では、「この生産は、個人を自分からも他人からも一般的に疎外する一方で、個人的な関係や個人の能力の普遍性と包括性をも生み出している」と考えた。資本主義的生産の社会化と生産手段の私的充当との間の克服しがたい矛盾のために、個人の完全な発達の真の実現は、この社会形態では不可能である。したがって、マルクスによれば、それは「第三段階のための条件を作り出す第二段階」にすぎないのである。

　第三段階の共産主義は、「個人の完全な発達と、共通の社会的生産能力が社会的富となることに基づく自由な個性」を特徴とするものである。この段階では、「私的所有権と分業の排除は、同時に近代的な生産力と世界的な交流に基づく個人の結合である」とされた。ここでは、人々は人的にも物質的にも依存から解放され、個人は完全かつ自由に発展し、一人一人の自由な発展が、すべての人の自由発展の条件である」といい、これこそが人間の完全な解放である。

　三つの異なる社会形態の下での人間の歴史的発展を科学的に考察したマルクス

の見解では、社会的な実践の歴史とは、生産力の発展に基づいて、社会的・人間的な解放に向けて人間が継続的に進歩してきた歴史であるとは考えていない。第三の形態の社会においてのみ、人間は社会、自然、そして自分自身の主人となり、必然の王国から自由の王国へと移行することができ、真の意味での人間の自由で包括的な発展が実現するのである。

二、全人的な発達の文脈

　マルクスがいう、本当の意味での人間の自由で包括的な発展とは、いったいどういうことなのだろうか。この点については、学会で異なる見解がある。豊かな意味合いを持つ人間の自由で総合的な発展を、単に「人間の労働力の総合的な発展」「人間の知力と体力の統一的な発展」と解釈する人がいるが、これは非常に不正確で不完全なものである。実際、マルクスは、「労働力あるいは労働能力とは、人間の身体、生きている人間の身体に存在し、人がある使用価値を生産するたびに使われる体力と知力の総和であると理解する」と述べている。しかし、忘れてはならないのは、マルクスが人間の総合的発展を、労働力を構成するものの観点から語っていることであり、マルクスが、近代機械工業の出現が人間の総合的発展に客観的要求を与えることを論じるのは、この労働力の点からである。しかし、豊かな社会的関係を持つ現実の個人は、生計を立てるための手段としてのみ存在するのではなく、生存欲求を満たすことを基本に、自身の発達欲求や享受欲求を満たす方向へ絶えず進んでいる。現在、中国の社会主義近代化建設の成果と直面している歴史的使命は、実は、教育の目的の価値志向の基本的内容を体現しているのである。

　マルクスとエンゲルスは、「人間は、抽象的で純粋な生物学的個体ではなく、ある社会の具体的な構成員である。人々の体力、知力、知識、才能、興味、趣味、意識の傾向、行動習慣などは、彼らが生活している生産関係と生産様式によって決定される。民族、階級、家族など、人が生きていく上での様々な社会関係、これらの社会関係が、実はその人の成長の度合いを決めている」といっている。ここでは「全人的発達」という概念は使っていないが、人々の社会的関係が人間の成長を決定する重要な要因であることを示している。このことから明らかなよ

うに、マルクスやエンゲルスのいう人間の発達とは、実際には、人間の社会的関係、体力、知力、道徳的・精神的展望、意志、感情、人格・美意識、実践能力など、人間のあらゆる面が、その労働能力の全面的発達を基礎に、調和的・統一的に発展することをいうのである。人間の全面的な発展の過程は、自由と解放に向かって絶えず進歩する過程であり、それが人類史の真の目的である。このような高い次元から人間の全面的な発展をみれば、資本主義社会における人間発展の偏りを解消することがなぜ困難なのか、人間の全面的な発展は高度に発達した社会的生産力に基づいているのか、共産主義の実現と人間の全面的発展の実現がなぜ相互に条件づけられているのかを理解することは困難ではないだろう。

マルクスの全人的な人間形成については、人間の自由な発展という観点から見なければならないことを理解することが重要である。これまでは、主に生産過程における分業の直接的な結果として、人間の偏った発達を引き起こしたため、人間の能力の総合的な発展を強調し、主に社会的関係の直接的な結果として、人間の疎外を引き起こしたため、人間の自由な発展に関心を寄せることに冷ややかであった。しかし、マルクスにとって、この二つは、人間の発展という同じプロセスの異なる側面であり、互いに影響し合い、制約し合っているのである。「全人的発展」は、人間の能力の発展という観点から、人間の発展の多面性と豊かさを強調し、「自由な発展」は、人間が人間依存、物質依存、精神奴隷から自由になるという観点から、人間の人格の調和と完成を強調している。どちらも、全人格の自由で包括的な発達を構成するものだ。

三、全人的発達の学説の現実的意義

マルクスの人間の自由で包括的な発展の学説は、歴史の中の関連理論の継承と発展に基づいた新たな探求と科学的総括であり、社会主義教育の目的の価値観の方向性を選択するための理論的根拠となっている。

(一) 人間の全面的な発展の道を広げた社会主義体制の確立

全体として、社会主義は「第三形態」の共産主義社会の初期段階に属する。中国の状況がまさにこの段階で、資本主義の基本的な矛盾が社会主義の段階で克服

されため、社会主義体制の確立は、包括的で自由な人間開発という理想的な目標の実現に向けて道筋を広げ、新たなプロセスを開始した。我々は中国の特色を持った社会主義事業を建設しており、改革開放は人民の現実的な物質的・文化的生活のニーズだけでなく、人間の質の向上、すなわち人間の自由で総合的な発展の促進を図ることにも焦点を当てるべきである。これは、新しい社会主義社会の構築に関するマルクス主義の本質的な要求である。

(二) 中国の特性に応じ、可能な限り人間の総合的な発達を促進すること

　マルクスの時代には、プロレタリアートが直面する主要な課題は、自らの階級全体の生存権を求め、社会主義体制を確立することであった。マルクスとエンゲルスは、プロレタリア革命などについての論述が多く、資本主義に取って代わられた後、いかにして社会主義を建設し、人類の総合的発展を遂げるかという問題にはあまり言及していない。今日の教育の価値志向を確立するために、マルクスやエンゲルスの言説から既成の答えを見出すことは不可能であり、我が国の現実と特性に応じて合理的な選択を行うしかないのである。中国は社会主義の初段階にあり、農業社会から工業・情報社会への転換が進んでおり、その発展は全国的に非常に偏っている。中国の教育も出発点が低く、急速かつ偏った発展で、先が長いという社会的現実に直面していることに留意する必要がある。したがって、中国の現実的な条件に従って、人間の質を向上させ、人間の人格の全面的な発展を可能な限り促進するための様々な実践的措置を講じ、これを現段階における中国における教育の目的の基本的価値志向とするしかないのである。

(三) 調和のとれた社会主義社会を構築するため基本的に内在する全面的発達

　中国の社会主義の近代化には、近代物質文明の高度な発展だけでなく、社会主義精神文明の高度な発展も必要である。若い世代に現代の科学技術を習得させるだけでなく、イデオロギー、道徳的価値観、美的能力、そして価値観の理想や人格の完成といった精神的な資質が新たなレベルに引き上げられ、より総合的な実践的な仕事力や創造力が培われてきた。これらの要素は、全面的な発達と人間の解放の基本的な要素である。人間の自由で全面的な発展なくして、社会の全面的な進歩はありえないと我々は考えている。人間の自由で包括的な発展と科学的発

展観の堅持、調和のとれた社会主義社会の構築は、相互に依存し、相互に強化し、相互に利益をもたらすものである。教育は、調和のとれた社会主義社会を構築する過程で、人間を育成することに専念する社会的・実践的活動として、自由で完全に発達した人の育成を通して、社会的発展の理想と人間的発展の理想を実現しなければならない。

(四) 全方位的な人間開発の追求と自由な人間開発の実現の調和

　中国の過去の教育理論研究と教育実践探求において、マルクスの人間の総合的な発展をより重視したが、理論研究においても実践探求においても、マルクスの追求する人間の自由な発展、特に人間の人格の自由な発展に対する重視は十分ではなく、マルクスの目指す人間の総合的発展の理想状態からは程遠いと見なければならない。したがって、中国の現在の教育改革と発展は、マルクスの人間の自由な発展というビジョンを重視し、生徒の全面的な発展を導く一方で、生徒の人格の自由な発展に注意を払い、生徒の革新精神、批判意識、独立した人格の育成を重視し、生徒の知識、知能、技能育成の面での全面的発展の要求を実現するだけではなく、生徒が精神性において自由と解放を絶えず追求できるようにしなければならず、そのためには、生徒の人格の育成に力を入れるべきである。これにより、精神性の自由と解放を追求し、実践的な知恵と行動力を高め、精神性と人格の自由な発達を通じて、より高度な全人格的成長を促進することができる。

第三節　中国の教育の目的

一、中国における教育目的の歴史的展開

(一) 古代中国における教育の目的

　古代中国の教育目的観は、主に個人の善良な美徳と理想的な人格を育成することであった。例えば孔子は、「政を為すは人に在り（政治を行うには立派な人物が必要です）」という政治的主張から始め、「君子」「賢人」として徳のある有能な人材を育成し、国を治める重責を担うことができるようにすることを教育の目

的とした。孔子は弟子たちに「文・行・忠・信」の四つの要素を教え、倫理・道徳を第一の位置に置き、「若者は家では親孝行をせよ。外に出たら目上の人には仕え、言動を謹んで広く人々を愛し、人徳を持っている人と仲良くせよ。そこで余力があれば読書を通して学問をすればよい」と説き、「道を志し、徳を拠り所に、仁の心をもって、芸術を楽しむ」ことができるようになって君子と呼べるのである。

　孟子は孔子の教育目的の概念を継承・発展させ、人間道徳の向上に一層の注意を払い、教育の最高目的である「人としての道を明らかにする」を提唱した。彼が語る人間の倫理とは、「父子には親（しん）があり、君臣には義があり、夫妻には別があり、長幼には序があり、朋友には信がある」という意味であり、「五倫」と呼ばれている。孟子は、人間の倫理に基づいて修練を重ねることによってのみ、人間の高貴な資質が作られ、誰にも頼らず堂々と生きる「大丈夫」となることができると考えた。すなわち「天下の広い場所に居て天下の正しい位置に立ち、天下の大道を行い、志を得れば人民と共に之を行う。志を得られなければ、一人で道を行い、富貴にも乱されず、貧賤にも変わらず、脅しにも屈しない。このような人を大丈夫というのである」。

　古代中国では、教育の目的の価値観の方向性は、内的には「修身（自己を涵養すること）」、外的には「治国（国を治めること）」であり、これは儒教の古典《大学》にもはっきりと表現されている。《大学》の冒頭にはこのように述べられている。「大学の道は明徳を明らかにすることであり、人民を明徳と親しくさせることであり、そして至善の境地に止まり続けることにある」。人はどのようにして至善に到達することができるのだろうか？《大学》には、物事の道理を究明し、知識を身につけ、誠実に、心を正しくし、身を正しく修め、家庭をおさめ整え、国家を治め、天下を平らにすることであると書かれており、このような修練を経てこそ儒教が期待する「内なる聖者と外なる王者」の理想的な人格を育むことができる。

　秦の時代以前から20世紀初頭まで、中国では孔子に代表される儒教が伝統的な教育思想の主流であった。その目的は、支配階級が必要とする統治の才能を持つ人材を育成することであり、それは「官吏になるための勉強」という形で現れ、このような教育目的の価値志向は孔子の時代には既に確立されていた。孔子自身

「学べば、自ずから俸禄も得られるようになる」と言っている。孔子の弟子である子夏も、「仕えてゆとりがあれば学問をする、学問をして余力があれば仕えればよい」と言っている。このような価値観のもと、古代中国の教育内容は、儒教の古典を学び、支配階級に採用される徳の高い人間を育成することが中心であった。隋・唐時代以降、歴代の封建支配者は科挙によって人材を選抜し官吏を登用し、それに対応する官位を与えていたため、「官吏になるための勉強」という教育目標が強化されたのである。科挙制度の「官吏になるための勉強」は、賢能の士を選抜し登用することに重きを置き、歴史的に一定の進歩的な意義があった。しかし、科挙制度は「学問をして余力があれば仕える」という儒教の思想を制度化、実益化したもので、清朝末期まで古代中国の知識人が名声を得るための主要な手段であり、社会の発展から乖離し、逆行するものであった。

（二）中国における近代教育の目的

アヘン戦争後、中国は「夷狄に学んで夷狄を制す」という思想のもと、教育発展の新しい道を模索し始め、西洋と東洋に学ぶ過程で、当初は「身体としての中華の伝統文明に学び、応用としての西洋に学ぶ」という基本的な考え方が生まれた。それは、封建主義の古い文化の枠の中で、西洋の資本主義の新しい文化の何らかの新しい要素を取り入れ、中国の伝統教育を改革する目的を達成することであった。これは洋学校が運営する新スタイルの学校にも表れていた。20世紀初頭、変革を求める声が高まる中、清朝政府は1904年と1905年に「学制規程」を公布し、「科挙を廃止し、学校を設立する」ことを決定した。ここに至り我が国の教育がようやく近代的な教育への転換を開始したのである。1906年、清朝政府は「皇帝に忠実であること、孔子を敬うこと、公明正大であること、武を尊ぶこと、実用的であること」という、中国の近代教育史上初めて正式に公布され実施された教育目標を掲げたのであった。教育の目的は二つに分けられる。「皇帝への忠誠」「孔子への尊敬」は中国の伝統文化を守る必要性を反映し、「尚公」「尚武」「尚実」は西洋の学問を道具として新しい質の国民性を構築する必要性を反映している。この教育の目的は、従来のものを改善したものであったが、その本質はやはり封建的支配階級が求めるいわゆる「従順な人間」の育成であった。

1911年の辛亥革命で封建的支配が覆され、ブルジョア共和国が成立した。

1912年には南京臨時政府の教育総長蔡元培は「教育政策に関する意見」の中で、公民・道徳教育、実利主義教育、軍事教育、世界観教育、美的教育を含む教育指針を提唱した。同年、北京政府教育部が正式に発表した教育方針は、基本的にこの教育方針を踏襲している。この教育方針は、清朝末期の教育目的を否定し、歴史を大きく前進させた。

1929年、国民党第三回代表大会は、中華民国の教育目的を次のように定めた。「中華民国の教育は、三民主義に基づき、人民の生活を豊かにし、社会的生存の地盤を固め、国民の生活を発展させ、国民の生命を伸ばすことを目的とし、民族を独立させ、民権を普遍化させ、民生を発展させ、世界の調和をすすめるのである。1936年には国民党政府も、《中華民国憲法草案》に「中華民国の教育の目的は、民族精神を発揚し、国民の道徳を養い、自治能力を鍛え、生活の知性を高め、健全な国民を輩出することである」。国民党統治時代に敷かれた教育の目的は、本質的には「一政党」「一つの主義」という国民党の政策の現れであり、国民党の専制統治のためのものであった。

1934年、毛沢東は江西省の革命拠点で新しい教育政策を提案し、旧ソ連の文化・教育の一般政策は「労働者大衆を共産主義の精神で教育し、文化・教育を革命戦争と階級闘争に奉仕させ、教育を労働と結び付け、中国の大衆を文明的幸福にさせることにある」と述べた。延安基地の時代である1938年、毛沢東は延安抵抗大学の教育方針として「確固とした正しい政治指導、勤勉な労働スタイル、柔軟な戦略・戦術」を提唱した。1940年、毛沢東は『新民主主義論』の中で「大衆のための新しい文化・教育、民族的・科学的」という新しい民主主義教育政策を提唱した。これらの指針は、各時代の中国における革命拠点地域の教育活動を導く上で重要な役割を果たした。

(三) 新中国における教育の目的

新中国建国以来、党と政府は教育の目的の確立を重要視し、1957年の最高国務会議で毛沢東は「我々の教育政策は被教育者が徳育、知育、身体教育の分野で発展し、社会主義意識を持った労働者へと成長させることである」と提案した。1958年、中国共産党中央委員会と国務院は『教育工作訓令』でこの教育目的を正式に確認し、「教育はプロレタリアートの政治に奉仕しなければならず、教育

は生産労働と結合しなければならない」という教育方針を打ち出した。この方針
と目的に従って、中国の教育は1950年代から1960年代にかけて、社会主義建設
のために多くの人材を育成し、社会主義の発展を促進した。しかし、文化大革命
では、毛沢東が提唱した教育の目的が、「四人組」によって「教養あるブルジョ
ア精神貴族よりも、社会主義意識の高い労働者の方がいい」などと改ざんされ、
文化や科学の知識の習得と労働者の養成を極端に対立させた。この極左思想の痛
恨の教訓は記憶されるべきものであった。

　改革開放以来、中国共産党は社会主義建設と発展の各段階のニーズに応じて、
中国の教育の目的を絶えず策定してきた。以下は代表的な発言だ。以下は代表的
な発言だ。

　1981年、中国共産党中央委員会の「中華人民共和国建国以来の党の歴史問題
に関する決議」は、「人民と青年はマルクス主義の世界観と共産主義の道徳で教
育されるべきで、道徳、知性と体格、より共産主義に徹し専門性を強め、知識人
と労農の結合、精神と肉体労働の結合という教育方針を堅持すべき」と提唱して
いる。

　1982年に公布された中華人民共和国憲法には、「国家は、道徳、知性、体力の
面で、青少年、青年、児童の全面的な発達を培う」と記されている。

　1983年、鄧小平は北京景山学院の題詞に「教育は現代、世界、未来を志向す
べきである」と刻んだ。1985年、「中国共産党中央委員会の教育制度改革に関す
る決定」は、教育政策に「三つの方向性」を盛り込んだ。「教育は近代化、世界、
未来を志向し、1990年代から次の世紀初頭までの中国の経済・社会発展のため
に、社会主義の方向性を堅持できる、あらゆるレベル、タイプの有能な人材、こ
れらの人材は、理想主義、道徳、教養、規律を備え、社会主義祖国と社会主義大
義を愛し、祖国の繁栄と人民の富強のために懸命に闘う献身性を持ち、全員が常
に新しい知識を追求し、事実から真実を求める科学精神、独自の思考、創造する
勇気を持つべきである」と述べた。

　1986年に公布された「中華人民共和国義務教育法」では、「義務教育は国の教
育政策を実施し、教育の質の向上に努め、児童・生徒を道徳的・知的・身体的
に総合的に発達させ、それにより国民全体の質を向上させ、理想主義的、道徳的、
文化的で規律ある社会主義建設人材を育てる基礎が築かれる」とし、ここで初め

て、民族の質を教育目的のレベルまで高めるとしたのである。

1993年、中国共産党中央委員会と国務院が発表した「中国教育改革発展大綱」では、「教育は社会主義に奉仕しなければならず、生産と労働を組み合わせて、道徳、知性、身体の総合的に成長した建設者と後継者を育成しなければならない」とした。

2004年、全国人民代表大会で採択された「中華人民共和国憲法改正案」では、再び「国家は青少年を育成し、子どもたちを、品性、知力、身体的な資質の面で全面的に発達させる」と規定した。

2015年に新たに改正された「中華人民共和国教育法」では、「教育は社会主義の近代化に貢献し、人民に奉仕しなければならず、生産的な仕事と社会的実践を組み合わせて、道徳的、知的、身体的、美的に発達した社会主義事業の建設者と後継者を育成しなければならない」と規定されている。これが今日の教育目的の最も標準化された表現である。

中国における教育の目的の表現は何度か変わっているが、その基本精神は同じで、子どもを将来の国家と社会の発展のための実践的な主体、主人となるように訓練することである。その基本的なポイントは以下の通りである。

1. 「労働者」や「社会主義建設人材」の育成を堅持する。

中国における教育の現代的な目的は、その表現は常に変化しているが、「労働者」あるいは「社会主義建設のための人材」の育成という基本的な規定は終始変わっていない。このように教育の目的を規定することで、中国における教育の社会主義的な方向性が明確になり、育成される人々の社会的地位と価値を明示し、働かず何かを得る搾取者や寄生虫ではなく、搾取階級にこき使われる労働者や農民、知識人でもなく、社会主義労働者や建設人材こそが、国家の主人として示されるようになったのだ。教育の目的でいう労働者とは、精神的労働者と肉体的労働者の両方を含み、現代の生産、科学技術、精神文明の発達の必要性に応じて、精神的労働と肉体的労働を組み合わせることができる新しいタイプの労働者のことである。中国は社会主義国であり、人々は社会的役割に関係なく社会のために働かなければならない。これは個人が生計を立てて自立するための手段であるだけでなく、人々に貢献するための手段でもあり、働く能力のあるすべての国

民の名誉ある義務である。誠実かつ創造的に働くことによってのみ、個人は社会的・経済的発展の推進者となり、社会主義精神文明の建設の先駆者となり、その結果、人生における理想を実現することができるのである。

2. 総合的な発達の追求を堅持する

　教育を受けた人の全方位的な発展は、様々な方法で分割して分析することができる。私たちの教育分野での共通用語は、身体的、知的、道徳的、美的、行動的な側面の育成だ。身体的とは、主に教育を受けた人の身体の成長・発達・成熟、及び体力・身体能力・体格・体質の強化を指し、知的とは、科学的・文化的な基礎知識や技能の習得、知能の発達を含み、教育の目的では「リテラシー」とも呼ばれる。道徳とは、価値観、徳性、政治姿勢、法律や規律の順守、文明的行動などを指し、教育の目的では「社会主義の自覚がある」ともいわれ、主に被教育者が、広範な人民の根本的な利益からはじまり自然、他人、社会との関係に対処できるようにすることである。美とは、美を感じ、鑑賞し、創造する能力や高尚な美的感性の開発、被教育者の美に対する追求心の育成を含むものである。行動的とは、問題の識別と問題解決の意思決定能力を含む実用的な知恵と能力を指し、すべての面の力量や考え方、見解を組織し、動員し、まとめ、頑強に創造的に実行し完成させる力が優れていることで、つまり、若い生徒が持っている必要がある総合実践能力、すなわち総合的な重要な資質を育まなければならない。

　人間の総合的な発達は、人間が実際に遭遇する人間関係の面で分析すると、主に次の三つの分野での人間関係に対応する能力の発達が含まれている。自然と関わる能力（労働生産性、科学技術研究など）、社会と関わる能力（対人関係能力、組織調整能力、共同生活能力）や自己との関わりの能力（自己理解・構成能力、自己反省と自己評価能力・自己規制・実現能力）の開発である。その人の発達が三つの分野で健全なコンピテンシーを形成するならば、その人の外界との関係や自分自身との関係は調和のとれた関係であり、この人間の発展は、調和のとれた発展または完全な発展といえる。マルクスの見解では、人間の真の完全な発展とは、人間関係の完全な所有であり、それが達成されるのは、人間の本質の回復であり、真の人間の解放である。したがって、社会発展の現在の段階にある中国の実情を考慮し、人間の総合的な発展のための現実的な要件を決定し、これを堅持

し、最終的には、人間の総合的な発達の理想実現のために努力することである。

　現在、私たちの教育学の理論では、教育の目的の研究について、身体的、知的、道徳的、美的、行動的側面などの総合的な発達についてなど、高次のレベルのものが中心で、行動の発達については軽視される傾向にある。被教育者の質的構造を議論することは必要だが、一般的、抽象的、漠然としていて、教育過程にある人々の具体的な実施、運用には向かないように思われる。また、それぞれの側面に含まれる要素や全体における位置づけ、役割、相互関係を深く分析し、教育実践の真の指針となる人間の資質の最適構造と現実的要求を明らかにし、教育目標の実現を保証することが必要である。

3. 人間の自立した人格の育成を堅持する

　被教育者の自立した人格の育成は、マルクスの全人的発展の学説の基本的な意味合いであり、根本的な目的である。人格の発達を追求するとは、被教育者の自由な人格を保護し、尊重し、発展させ、被教育者の主体的な意識、開拓者精神、創造的才能を伸ばすことであり、被教育者の個人的価値を高めるということである。

　しかし、心理学の基本概念である「パーソナリティ」という言葉は、どちらかというと個人の性格的特徴という観点から考えられている。したがって、この文脈で人間の人格の発達を理解するために、心理学における「人格」の概念を適用することは適切でないと考える。教育学における「人格」は、哲学、社会学、人材学、教育学などの観点から、より理解されるべきものであり、個人の主体性、独立性、創造性、自由性は社会との関係性の中で現れるものである。心理学的に人格があるとされる人は、哲学的・教育学的に盲従者、依存者、従順者とされることがある。したがって、ここで語られている人格は、現代の社会生活において個々の生徒が持つべき批判的、創造的、超越的精神の育成に、より重点を置いている。

　長い間、我国の教育は、被教育者の自立した人格の育成を排除するために、全人格的な発展と自立した人格に反対する思想によって導かれ、その結果、被教育者の全人格的な発展も損なわれてきたのである。たとえば、人間の全面的な発達のための統一的な要件を強調し、個性の自由な発達を否定し、人間の社会化を手

ぬるい道具化とみなし、教育を受けた人間の主体的な立場を認めず、教育を受けた人間の独立した人格を愛さず、教育を受けた人間の個人の尊厳と価値を尊ばない傾向がある。このような指導思想のもとでは、教養ある人々は生き生きとした活発な発展は望めず、本末転倒の精神で、規則にこだわり、進歩することを考えず、程度の差こそあれ、平凡な人生を送る人がかなりいるのだ。彼らの心は他人の肩で育ち、彼らの理想は他人の唇にぶら下がり、社会主義国の主人だと言いながら、主人意識と責任感がなく、社会情勢に無関心、退屈、抵抗さえ示している。これが教育の弊害であり、教育改革で取り組むべき主要な課題である。

　もちろん、社会や社会秩序の利益に逆行し、やりたい放題するような人格に賛成するわけではない。現実には、社会の利益を害するような個人主義的な要求もあり、社会の発展の必要性に逆行している。極端な利己主義への傾向や社会秩序の崩壊は、教育の目的から完全に逸脱している。このいわゆる個性化、あるいは自由な発達を教育し、抑制し、教育の目的が要求する道に引き戻さなければならない。しかし、これは結局のところ少数派の問題であり、少数派のために教育を受けた多数派の独立性や個性の発達を軽視したり、排除したりするべきではない。

　この二つは互いに相反するものではない。いわゆる「全人格的な発達」とは、教育を受けた個人が、知的、道徳的、美的、身体的、行動的に発達することが不可欠であり、すなわち人格の全人格的な発達ということである。いわゆる「独立した人格」とは、教育を受けた人の知的、道徳的、美的、身体的、行動的資質の特別な組み合わせであり、画一的であってはならず、すなわち完全に発達した人格を意味する。両者の関係は、弁証法的な一体感である。実のところ、全人的な発展は必然的に、異なる教育を受けた人々、異なる経験や体験、人生における異なる興味、価値、追求を持つ人々に、それぞれ異なる人格の特質を提示し、それは唯一無二のものではない。したがって、総合的な発展は、その人の自由な人格の形成にあるのだ。

　中国の教育が画一的な要件を備えておらず、その構成員にとって社会の発展の質的要件である被教育者の社会化を促進しないわけにはいかないというのは、正しいことだ。しかし、統一化は画一化とは違い、社会化はモデル化とは違っており、個性の自由な発育を排除してはいけない。私たちの言う独立した人格とは、十分に発達した独立した人格であり、また自由な発展とは、社会と同じ方向への

自由な発展であり、教育を受けた者の独立した自律した発展の必要性と、使命感、企業精神、創造性を育む源泉であると理解することが重要である。

　自立した人格を持つ人材の育成は、今日、世界各国の教育の共通の関心事となっている。現在、中国の社会主義改革は新たな歴史的段階に達し、諸改革の根本目的の一つは、人間の主体性を解放し、動員し、発揮させることである。したがって、中国の社会主義現代化の進展と教育改革などの深化に伴い、自立した人格を持つ人材の育成は、教育目的の価値志向の中でより重要な位置を占めるようになり、才能が生まれ、星のような人材が輝き、それぞれが最善を尽くし革新に満ちた状況が必ず訪れると信じている。

　要約すれば、中国における教育目的の価値志向の出発点と到達点は、知性、道徳、美学、体格、行動の全面的な発展を遂げ、社会主義現代化に必要な革新精神、実践能力、独立した人格を備えたあらゆるレベルとタイプの人材を育成することにあるのである。

二、中国の一般的な小・中学校における教育目標の実現

　教育の目的を実現するためには、社会全体の配慮と世代を超えた努力が必要であり、長期的なプロセスである。私たちの現在の仕事は、教育の目的を完全に実現し、初等・中等教育の課題を遂行し、若い世代が人生を発展させるための基礎を築くことだ。

(一) 一般的な小・中学校教育の性質と役目について

　中国の教育の一般的な目的は、学校教育のあらゆる形で、あらゆるレベルや種類の教育を実施することだが、すべてのレベルや種類の教育が学校の性質も課題も異なるため、教育の目的を実現するためには、小・中学校教育の性質と役目を明確にしなければならない。

　一般的な小・中学校教育の本質は基礎教育であり、その任務は、すべての生徒の基本的な資質を養い、更に専門的（職業的）な教育を受ける基礎をつくることであり、民族の資質向上の基礎を築くことである。初等・中等教育の性質と課題を正しく深く理解するには、次の基本的なポイントに基づいて行う必要がある。

1. 若い世代が人間になるための良い基礎を築く

一般的な小・中学校での教育対象は、青少年・児童であり、社会的無自覚な未成年から社会主義の新たな後継者へとなる重要な時期にある。彼らには広い道と大きな未来が待っているが、この間の生活、すなわち科学と文化の基礎知識と基礎技能を習得し、思考力と表現力を養い、優れた思想的人格と高い美的感覚を形成し、健康な身体を持ち、自ら学び、自己を磨く能力を備え、社会主義の建設者と後継者になるための基礎を固めることが必要である。そうすることで、幅広い適応力と大きな自由を手に入れ、人生の選択と受容に長け、社会生活の新たな力となることができる。したがって、一般的な初等・中等教育は、基本的かつ包括的であり、幼い子どもたちの人生に大きな影響を与えることになる。

2. 若い世代が将来の専門（職業）教育を受ける基礎を築く

若者の成長は、専門的（職業的）な発達の前に必ず一般的な発達があり、人として成長して後に才能が開花してくるので、初等・中等教育は、若い世代がさらなる専門（職業）教育を受けるための準備をするために、まず第一に、若い世代の一般的な発達を促進することに焦点を当てるべきである。しかし、中学生が全員高校に進学し、高校生が全員大学に進学できるわけではないので、中学教育の段階では適正な職業訓練の割合でなければ、すべてのレベルの建設人材や労働者を育成するという課題を達成することは困難である。この問題については、一般教育に少しの職業教育を適切に注入するという現代の外国の経験は、学ぶ価値がある。しかし、個人に高い総合的な資質が求められる現代において、一般的な初等・中等教育を職業教育にすると、生徒の一般的な発達に深刻な影響を与え、個人の偏った発達につながる。

3. 国民性向上のための基盤づくり

国家の素質というのは非常に広い概念だ。意味合いの観点から、民族の身体的資質、科学的文化的素質、労働技能の素質、思想的素養、政治的素質、道徳的素養、美的素養などがある。階層的には、世界の一流の科学者、発明家、思想家、政治家、文学者、芸術家、教育者からあらゆるレベル・種類の専門人材や労働者等が含まれる。このように、国民の資質の向上は、教育だけの課題ではなく、一

般的な初等・中等教育の課題でもない。しかし、結局のところ、一般的な初等中等教育、特に義務教育は、生徒を人間的な存在にし、専門的な（職業）教育は基礎を築くものであり、したがって、普遍的な義務教育の程度と質は、国家の質の構築と向上に直結する。

　中国の基礎教育の課題は極めて難しく、大きな意義がある。これは、基礎教育を受けている人数が何億人もいてどの国にも引けを取らないということだけではなく、何よりも基礎教育に対する中国の社会主義近代化建設の高い要求があるからである。私たちは、何千年もの封建的な文化的伝統、後進的な生産力、市場経済があまり発達していない国で、社会主義の近代化に取り組んでいる。一方では歴史的な重荷を背負い、他方では国際社会の急速な発展に伴う深刻な課題に直面している。鄧小平の中国経済社会発展のための三段階発展戦略のビジョンによると、中国の社会主義の第一段階は21世紀半ばまでに完成するという。この過程で、我国は伝統的な農業国から近代的な工業国へと変貌を遂げ、何億人もの農民が労働力を移すことになる。後進的な自然・半自然経済から先進的な市場経済へと産業・技術構造が劇的に変化する。高度工業化・情報化国家となり、経済・政治・文化制度を改革するためには、人々が経済的な存在であり、意識、政治意識、文化意識、社会心理に大きな変化が必要だ。私たちが直面するこれらの状況や課題は、すべて基礎教育に関係している。このため、1980年代以降、党と政府は教育を重視し、教育を戦略的な優先開発の位置に置いてきた。科学技術の発展、経済の活性化、更には社会全体の発展は、労働者の質の向上と多数の有能な人材の確保にかかっている。また、政府は「教育は世紀の計画の基盤」「国家のための科学と教育」などの戦略的決定を次々と打ち出し、教育の発展を推進している。これは、中国の近代化における教育の地位と役割の重要性を十分に示している。基礎教育の充実が最優先であり、教育の基本である。基礎教育の地位と役割を深く理解してこそ、社会主義近代化の構築に役立つのである。

　ここ数十年、新技術革命の進展と世界的な経済競争の激化の中で、世界各国は高度な人材の育成だけでなく、特に国民の資質向上に力を入れ、基礎教育を人的資源の開発と国家繁栄の根本としてきた。例えば、1980年代に基礎教育の質が高くないことが分かったアメリカは「国家的危機」と警戒し、日本は1980年代以降、小・中学校の教育目標を何度も改訂し、「世界に通用する日本人を育成す

る」ことであり、将来の国の存続に関わる問題であると考えている。イギリスでは1988年に「教育改革法」が成立し、基礎教育レベルでは、現代社会に適応するための基本的な「精神的・道徳的・社会的・文化的」な資質の育成に重点を置いている。これらの国は、基礎教育の質の向上が国を強くし、国民を豊かにし、ライバルを打ち負かすための基本的な国策と考えている。我々は基礎教育にもっと目を向け、国民の質を新しい近代的なレベルに引き上げることに貢献しなければならない。

(二) 一般的な小・中学校教育の構成要素

一般的な小・中学校教育は、体育、知的教育、道徳教育、美的教育、総合的な実践活動の構成要素を含む。

1. 体育

体育とは、体力や体格を鍛えるための知識や技術を身につける教育だ。体力や体格の発達は非常に重要であり、人間の人格を万能に発達させるための生理的基礎となるものだ。生産的な仕事、社会活動、軍事活動、幸せな人生を送るための基礎として、人は強くて健康な体を必要としている。そのため、体育は充実した教育の中で重要な役割を担っている。

一般的な中学校の体育科に求められる主な要件は、スポーツに関する基礎的な知識や技術を教え、身体を鍛え、良好な衛生習慣を身につけさせ、正常な身体的発達と機能的成熟を促進し、運動能力と体力を向上させることである。

2. 知育

知育とは、科学的・文化的な知識や技能を体系的に身につけ、知性を養う教育である。自然と社会の法則を理解し、分析力と問題解決力を高め、社会主義近代化各種の社会事業に取り組むために必要なスキルを身につけることができる。そのため、知的教育は総合的な発達教育の重要な要素でもある。

一般的な中学校が知育の観点から求める主な要件は、初等教育の基礎の上に科学と文化の基礎知識を更に体系的に学ばせ、相応しい基本的な技能や技巧を身につけさせ、文化的な視野を広げ、思考力、想像力、創造的な能力を伸ばし、自分

で学ぶ能力や興味、習慣を育てることである。

3. 徳育

　徳育とは、社会主義的思想観と道徳規範を理解させ、生徒の道徳実践を組織化して指導し、生徒の社会主義の美徳を育てる教育のことである。中国の教育の価値志向と社会政治的性を主に表しており、生徒の全方位的な成長の中で、一定の方向性と動機付けの役割を果たしている。したがって、道徳教育は、総合的な発展教育の重要な構成要素の中で、主導的な位置にある。

　一般的な中学校における道徳教育の要件は、主にマルクス主義の基本的見解と社会主義建設の中国的な特色を持つ理論・路線・政策への初歩的に理解させ、中国共産党を愛し、社会主義の祖国を愛し、人民を愛し、労働を愛し、科学を愛するよう生徒を教育することである。そして我が国を繁栄した、民主的文明的な近代国家にするという理想を徐々に確立し、民族が振興し、国家が繁栄し、人民が豊かになるために刻苦勉励して勤勉さと真実を求め、自主的に考え、開拓するという科学的精神を養い、資本主義と封建主義の腐敗した影響に抵抗する能力のある生徒に育てることである。また、主体的意思、集団意識、公民意識、民主意識、進取の意気、自制心、と改革開放の心を受け継ぎ、適応能力を段階的に向上させることである。

4. 美育

　美育とは、生徒の正しい美意識を養い、美を鑑賞し創造する力を養い、高貴な心情と文明的素養を養う教育のことだ。生徒の心を浄化し、美しい生活を愛し追求し、全面的な成長を促す重要な役割を果たしている。したがって、美育は、全面的な成長の教育の重要かつ不可欠な要素である。しかし、今日でも美育は十分に注目されておらず、改善されるべきである。

　一般的な中学校における美育の主な要件は、音楽、美術、文芸などの各種審美活動を通じて、生徒の精神的な生活を豊かにし、彼らが絵画、歌、ダンス、演奏などのいくつかの芸術活動の基本的なスキルを習得させ、美を感じ、美を鑑賞し、美を創造する能力を育て、活気に満ちた、楽観的で進取の美的センスと高尚な情操を育てることである。

5. 総合的な実践活動

総合的な実践活動とは、教員の指導のもと、生徒の生活や社会の実情と密接に結びつき、生徒が自ら総合的な実践活動（研究活動、文芸創作活動、ボランティア活動、社会実践、労働技術や情報技術等の活動を含む）を行い、総合的な知識を応用して実際の問題を解決した実践の経験と能力を蓄積し、自己設計力と自己反省力を高め、実践力、努力、継続力の素養を高めることである。したがって、総合的な実践活動は、同様に総合的な開発教育の重要な部分である。

一般的な小・中学校における総合的な実践活動の主な要件は、生徒が様々な総合的な実践活動に参加できるように組織化し、指導し、自主的な活動を通じて体験し、経験を積むことで、自然、社会、自己への正しい認識と生活や仕事に対する正しい理解や正しい態度と責任感を持ち、進取の気概を持ち、共に分かち合い、協調するなどの良好な資質を養い、生徒の革新的な精神と実践的な能力を高めることである。

まとめると、一般的な小・中学校の児童生徒の総合的な育成のためには、上記の五つの構成要素が比較的独立した特徴的なもので、規則や効果はどの一つも欠けてはならない。同時に、互いに制約し合い、推進し合い、統一された教育プロセスを形成している。したがって、人の発達の総合的・全人的な性質を考慮し、五つの教育を堅持し、それらがうまく統合され、互いに補完し合い、全体として機能するようにそれらの関係に対処しなければならない。現実生活では、個々の生徒やグループの成長に対し、ある傾向や問題点やある面の教育に焦点を当てることがあるが、これは教育の他の側面がおろそかになるわけではなく、そうでなければ大きな欠陥や間違いが出てくる。

近年、我が国の理論界では、社会主義近代化の建設にはどのような人材が必要であるかが議論され、あるものは知識型人材や学者型人材は不要で、知能型人材、クリエイティブな人材が必要であるという。これらの議論は、人材仕様の問題に目を向け、知識を重んじ能力を軽視し、書籍を重んじ創造性を軽視する伝統的な思想と実践の弊害に注目が集まったという点で、プラスに働いたと考えている。しかし、これまでの議論では、人間の才能の仕様は、人間の知性の発達的側面だけに限定され、発達の他の側面を無視してきた。一方で、知識と能力、読書と創造性を対立させて、一方の極端から他方の極端に移動するのも良くない。

例えば、創造性に関して言えば、同じように考えるのを求めるだけではダメで、それを求めないこともできず、時には同じように考えることも重要で、なぜなら異なる考え方を求めることが創造性の可能性に変わるのは、ある特別な状況においてのみなので、同じように考えることと異なる方法で考えることの統一性を強調すべきなのである。例えば、書籍のみではだめだが、読書をしてはいけないということではなく、読書と創作の一体化でなければならない、知的要素を無視するのではなく、知的要素だけでなく、非知的要素の一体化を考える、などがある。また、創造的精神や実践的能力の育成を重視することは間違いなく正しいが、しっかりとした知識の基礎とそれに対応する基礎訓練がなければ、いわゆる創造を実行することは難しい。生徒は結局のところ、基本を学ぶことが主であり、ある側面を強調することによって、いくつかの基本的な追求をあきらめるべきではない。真理探究心、使命感、独立心、進取の気性、自信のない人間に創造性は生まれない。したがって、創造性とは厳密に言えば、知的概念というより人格的概念である。

このように、才能の特定は、基本的に人格の全面的な発達の問題であることがわかる。したがって、教育実践においては、生徒が知的、道徳的、美的、身体的、及び総合的な実践能力のすべての面で成長するように指導することに常に注意を払い、一方を強調し他方を見失うという一面性を防ぎ、教育における全人的発展という品質概念を堅持しなければならない。

私たちが教育の五つの側面と全人格的な発展を重視するのは、すべての科目で平均的な発展を提唱するという意味ではない。すべての生徒に科学者、芸術家、技術者、アスリートになれというのは無理だし、数学、物理学、化学、生物学、歴史学、政治学などに熟達することを求めるのも必要ないだろう。しかし、教育を受けた人はみな、知的、道徳的、美的、身体的、そして総合的な実践能力のあらゆる面において、大きな欠陥なく成長することを期待するのは妥当なことである。一般的に言って、すべての若い生徒は、基本的な資質の充実した発達を基礎として、自分の個性や長所を伸ばすことができ、またそうすべきであるとされている。したがって、教育においては、生徒がよりよい基本的資質を持つと同時に、長所を十分に伸ばし、豊かで個性的な人格を形成できるよう、全人的な育成と能力に応じた指導を組み合わせることが重要である。

復習思考問題

1. 中国の社会主義初級段階における実際の社会発展や教育発展に照らして、人間の全面的な発達についてのマルクス主義の学説の実践的意義をどのように理解するかについて伺う。

2. 人間の育成・成長にとって、「個人論」と「社会論」の論争の意義は何か。

3. 中国の基礎教育改革と発展に照らして、教育目的の価値志向を正しく理解する方法を論じよ。

4. 中国の小・中学校の性質と使命をどのように理解しているか？

5. 小・中学校の実態を踏まえ、教育目標を達成する過程での問題点と対策を分析せよ。

第五章

教育制度

現代社会において、国は、教育の目的のもと、教育制度を継続的に確立、改善し、教育を再構築していくことでしか、質量共に社会の多面的なニーズに応える人材を育成し、社会の発展を促進することができない。

第一節　教育制度の概要

一、教育制度の意味と特徴

教育制度とは、具体的にどのようなものだろうか。中国百科全書の「教育」では、教育制度について、第一に「国家の性質に応じた教育の目的、政策、施設の総称」、第二に「教育機関の体系」という二つの意味で説明している。第一の解釈は、教育思想、教育理論、教育政策、教育管理制度、教育施設などを対象とし、教育のほとんどすべてを網羅するものであり、一般的すぎるものだ。二つ目の解釈は比較的多くの賛同を得ている。例えば、教育辞典では、教育制度を「一国の教育機関の体系」と説明している。

教育制度とは、その国のあらゆるレベルの教育を実施するための機構・体系と、その組織の運営に関するルールを指す。それは相互に関係する二つの基本的な側面を含んでいる。第一に、あらゆるレベルの様々な教育機関や組織、第二に、様々な関連する教育法、規則、規制など、それらが存在し運営されるためのルールという、相互に関連する二つの基本的な側面から構成されている。

教育制度には以下のような特徴がある。

(一) 客観性

教育機関の設置、レベルと種類の分化、すべてのレベルと種類の教育機関の制度化は、すべて生産力の客観的な発展水準に支配され、客観性をもつものである。古代においては、生産力の発達レベルが低かったため、学校教育は長い間、少数の人々を対象とし、ゆっくりと発展していった。近代になると、学校教育の発展は加速し、基礎教育は普遍化する傾向にあったが、普遍化する時期や年数は国によって異なるものの、最終的には、近代機械生産が労働者の文化の質に対してま

すます高い要求をするようになったことを反映するものであった。

(二) 規範性

　どんな教育システムにも規範性がある。これは特に、入学条件の定義、すなわち教育を受ける権利の定義、あらゆるレベル及びあらゆる種類の学校での訓練の目的の定義に表れている。階層社会では、教育システムは常に特定の階級の利益のためにある。一方、社会主義教育制度では、国民の文化的・教育的ニーズの高まりを最大限に保護し、満足させる役割を果たすべきである。

(三) 歴史性

　教育制度は、社会の発展とともに進化し、変化していく歴史的なものである。社会的・歴史的条件が違えば、教育ニーズも異なり、異なる教育システムを構築しなければならない。教育制度は時代の変化とともに常に変化している。

(四) 強制性

　教育制度は、若い世代である個人に先行している。それは、被教育者個人の行動に対してある種の強制力を持ち、被教育者は無条件にそれに適応し、遵守することを要求されるものだ。しかし、教育制度の発展・改革・多様化、自律性・生涯教育意識の台頭により、被教育者個人の選択肢はますます増えている。

二、教育制度をめぐる社会的制約

　教育制度の縦割りと教育目標の決定は、人間の心身の発達の法則に支配されているが、教育制度の性質と発展その状況は、主に社会の経済的、政治的、文化的要因によって決定される。

(一) 教育制度の経済的制約

　経済の発展は、教育制度に一定の物質的な基盤を提供し、教育に一定の育成の必要性を提示した。例えば、古代社会では、教育制度は基本的に生産よりも上部構造に奉仕していたので、学校教育の内容は、生産の知識や技術よりも、倫理や政治、宗教に関するものが多くを占めた。これは、支配階級が生産労働から離れ、

軽蔑していたことと、当時の生産力の発展水準が、専門教育機関を通じて労働知識や技能を伝えるに値するほど高くはなかったことの両方が関係している。社会的生産の発展が、それに関連する知識や技能が、個人の労働参加の経験を通じてではもはや習得できない段階に達して初めて、体系的な自然科学や生産の知識や技能が徐々に学校教育の中に組み込まれ、工業、農業、商業などに関する職業学校が出現した。近代的な生産の発展により、労働者にますます多くの質が求められるようになり、すべての人が受ける義務教育の期間はますます長くなり、一部の先進国では高等学校の義務化が実現しており、大学もまた大衆化し普及している。現在、社会は知識経済の時代に入りつつあり、人材育成の目的、レベル、科目区分などに深い影響を与え、教育制度の発展と変化を更に促進することは間違いないだろう。

（二）教育制度の政治的制約

階級社会では、権力を持つ支配階級が必然的に教育権を持ち、誰が教育を受け、誰が受けられないかを決め、異なる社会背景下にある学生が教育を受けられる種類、範囲、方法を深く支配する。例えば、古代の教育制度も社会の階級・階層性から、学校教育を享受できるのは一部の特権階級に限られ、それ以外の人々は初歩的な基礎教育や労働技能教育しか受けることができなかった。現代では、基礎教育は普遍化される傾向にあるものの、教育を受ける権利については、家庭の財産や文化的背景が依然として重要な役割を果たしており、教育の公平性は実現には程遠く、依然として重要な政治的課題となっている。

（三）教育制度の文化的制約

教育活動は、ある種の文化的概念の影響下で行われており、異なる文化的特性は必然的に教育システムの特性に影響を与える。例えば、資本主義国であるフランスは中央集権型の教育行政を実施しているが、アメリカは分権型の教育行政を実施しており、それぞれにそれぞれの文化の違いと密接に関係している独自の伝統や特徴がある。文化の発展の過程で、科学技術の教育システムへの影響は非常に顕著で、現代ではヒューマニズムの教育制度への影響が日増しに強くなり、各国は教育の公平性の実現に向けて、教育を受ける権利が基本的人権として認識さ

れるようになってきている。

三、教育制度の歴史的発展

　教育制度は、様々な社会的要因によって深く条件づけられ、社会の発展とともに発展していく。

　原始社会では、まだ教育は社会生活から切り離されておらず、専門的な学校教育がなく教育制度はありえなかった。

　古代社会では学校が生まれ、次第に単純な学校制度が生まれ、単純な教育制度が形成された。その階層は単純で、中国古代における教育は、初等教育の塾と大学だけであり、学位の区分や年限の規則も厳密ではなく、相互に密接に連携していたわけではなかった。

　近代教育制度は、近代学校の発展、分化、改革によって確立されたものである。一方、近代学校は、近代社会の加速的な発展の産物であり、政治的・経営的な人材を育成するだけでなく、より重要なことは、科学技術、文化、教育、経済、経営などの人材や多くの教育を受けた労働者を育成していることである。これは、近代学校の大衆性と普遍性、多型・多階層構造などの観点から、その発展の度合いを決定するものである。

　現代においても、教育制度は絶え間なく進歩している。かつての単一的な学校教育制度から、学校教育制度を主体として、幼児教育制度、学校外児童教育制度、成人教育制度を含む巨大な教育制度へと発展し、その全体的な発展方向は生涯教育であり、特に先進国において顕著である。

　生涯教育とは、人が人生の各ステージで受ける様々な教育の総体であり、また、人が受ける異なる形の教育を総合したものである。前者は、垂直的な意味で、生涯教育が若者だけのものではなく、人の一生をカバーするものであることを意味している。後者は、水平的には、生涯教育がフォーマルな教育とノンフォーマル、インフォーマルな教育の両方を包含することを示唆している。イギリスの学者 K. リッチモンドは、生涯教育の提唱者フランスの P. レングランとの対談で、「生涯教育とは、むしろ簡単にいえば、教育が学校教育にとどまらないということである。むしろその影響は、家族や仕事との関係、政治的傾向、社会活動、趣

味など、学習者の私生活や公的生活のあらゆる側面に及んでいる。生涯教育には、学校、大学、家庭、地域社会、職場、書籍、出版社、劇場、マスメディアなど、様々な機関が関わっている」と述べている。

　生涯教育の考え方も進化している。21 世紀の教育に関する国際委員会は、ユネスコへの報告書「学習一秘められた宝」（1996 年　ドロール報告書）の中で生涯教育の意味が更に明かされている。「教育とは、経済界に人材を提供するだけではなく、人間を経済的な道具としてではなく、発展の目的として扱うことである。…特に、生涯学習が 20 世紀後半の重要な考え方として残っていることは事実だが、それが純粋に雇用の範囲と、人間の継続的な調和のとれた発展のための条件として設計された生涯教育のより広い概念の中に含まれている」といっている。

　1960 年代以降、生涯教育という考え方が世界各国で注目され、社会制度の異なる国でも広く受け入れられてきた。ユネスコの教育分野における活動の指針として採択され、多くの国で生涯教育が理念や政策から実践へと移行している。つまり、各国の教育制度は、生涯教育の方向へ徐々に発展している。

第二節　現代の学校教育制度

一、近代学校教育制度の形成

　現代の教育システムの中心は学校教育制度である。学校教育制度とは、学校制度と呼ばれ、一国のあらゆるレベルの学校と、それを管理する規則を指し、各レベルの性質、課題、入学条件、修業年限、学校間の関係などを定めている。

　近代学校制度の形成は、近代学校の創設と発展につながっている。古代では、東洋でも西洋でも、現在のように大・中・小に厳密に学校が分かれていたわけではなく大きな違いがある。近代以降、商品経済と資本主義の発展に伴い、特に勤労者の子どもたちのための国民学校の発展に伴い、公教育制度が徐々に確立され、初等教育、中等教育、高等教育の三段階が厳密に分離され、相互に依存し合う近代的な学校制度となった。

近代教育制度は中世末期、ルネサンスの頃のヨーロッパで生まれた。近代の学校システムの発展は二つの路線で進んだ。一つは、大学を頂点として、その下に大学前段階の中等教育が生まれ、それが発展して近代教育の大学や中等教育が形成されるというトップダウン型の展開、もう一つは、小学校（及び職業学校）から中等教育（及び職業学校）、そして上方には今日の短大というボトムアップ型の展開であった。その発展の状況は、以下のように分類される。

（一）大学の出現と発展

ヨーロッパでは、商業、工芸、都市の発展により、12世紀にイタリアを皮切りにフランス、イギリスにも中世の大学が誕生した。14世紀までには、ヨーロッパには数十の大学があった。これらの大学は一般的に文科、神学科、医学科、法律科を設置していた。中世の大学における四つの学問分野のうち、リベラルアーツは、一般的な教育的性質を持つ七芸を教え、後の一般的な中等教育学校や大学の準備コースの役割を果たしていた。大学の4教科では、入学年齢や在学年数について厳しい決まりはなかった。文系で3〜4年学び、文法・修辞学・弁証法の三つの科目を修了すると、学士号と呼ばれる助教授になることができる。七芸を修了した人は、リベラルアーツの教員免許を取得し、修士号を取得した。文科を修了すると、大学の他の三つの科目のいずれかに入学することができ、卒業すると教職許可である博士号が与えられた。

現代の大学や高等教育機関は、二つの方法で発展してきた。一つには人文学科と自然学科の強化を通してこれらの中世の大学がオックスフォード、ケンブリッジ、パリ大学などの近代的な大学へと徐々に変貌を遂げた。次にロンドン大学、フンボルト大学、パリ高等師範学校などの新たな大学や高等教育機関の創設である。現代の大学や近代高等教育機関は、18世紀から20世紀にかけて、市場経済、近代生産、近代科学技術の発展とともに成長し、完成した。

（二）高等学校の進化

ヨーロッパでルネサンスが起こった頃、七つの芸術、ラテン語やギリシャ語の勉強を中心とした学校が出現した。イギリスではグラマースクールやパブリックスクールと呼ばれ、ドイツやフランスではリベラルアーツセカンダリースクール

と呼ばれていた。これらの学校の教育内容、修業年限、卒業の要件などは、基本的に中世の大学の教養学部と同等であり、いずれも大学への進学準備生や教会・国家の僧侶・役人を養成するものであった。そのため、古典的なリベラルアーツ高校やリベラルアーツ中等教育校と総称される。古典的なリベラルアーツの中等教育と中世の大学のリベラルアーツとの関連は明らかである。中世の大学のリベラルアーツから発展したものもあり、例えば、大学のリベラルアーツの第一段階は、18世紀にドイツでリベラルアーツの中等教育として取り入れられたものである。

18世紀初頭、ヨーロッパでは商業や工芸の発展により、経営や技術の人材が求められ、自然科学や近代外国語を主な学問とする実践的な中等教育が誕生した。これは中等教育史上の画期的な出来事であり、近代的な学校の方向性を示す決定的な一歩となった。実学系の中等学校は、古典的な教養系の中等学校よりも、生産と国民経済の発展の必要性に適していたのだ。実学系の中等学校と教養系の中等学校との間で、両者の改良と発展が争われ、近代的な中等学校が誕生することになった。

(三) 小学校の出現と普及

ルネサンスのはるか以前、西ヨーロッパには、自国語の読み書きや計算、宗教を学ぶためのギルドやキルトルという学校があり、ヨーロッパで最も古い初等教育機関であった。ルネッサンス期以降、教会は更に多くの小学校を設立した。特に、18世紀の蒸気機関の発明と使用に代表されるヨーロッパでの第一次産業・技術革命は、労働者に読み・書き・計算の能力と自然や社会に関する一定の一般知識を求め、労働者の子どもを主な教育対象とする初等教育の普及に弾みをつけた。19世紀後半には、イギリス、ドイツ、フランス、アメリカ、日本が義務教育法を制定し、初等教育を普遍化した。

(四) 中学校の出現と急速な発展

1860年代から1870年代にかけて、電気の普及により第二次産業革命と技術革命が起こった。この革命は、電気生産に従事する労働者が中等学校レベルの教養と科学の基礎知識を持つことを求めた。その結果、先進資本主義国では義務教育

を8年、9年と連続して延長した。義務教育の延長線上にあった部分は、実は中学校教育だった。欧米の国々では、時代のニーズに応えて、小学校に加えて中学校を設置している。

（五）職業専門学校の台頭

　電化に適応できる労働者は、中学校教育レベルだけでなく、一定の職業技能を持っていなければならない。従来の見習い制度ではこの要件を満たすことができなくなり、多くの先進国では職業能力開発の一環として、職業教育に関する様々な法令が相次いで採択された。1919年、ドイツは14歳から18歳までの若者に対する義務的職業教育の継続を決定した。同年、フランスでは「アスティエ法」が可決され、18歳までの若者を対象に無料の義務的商業教育を導入した。アメリカでは、1917年に「スミス・ヒューズ法」が制定され、中等職業学校が全国的に設立され、より広範囲に、職業部門と様々な職業選択コースを持つ総合中等学校として設立されたのである。1917年の10月革命後、旧ソ連でも十全な中学レベル、高校レベルの専門学校が設立された。

（六）高等学校の整備

　20世紀半ば以降、電子計算機に代表される第三次産業・技術革命の時代が始まり、労働者には科学技術知識の習得、すなわち、今後ますます発展する生産・社会生活の要求に応えるための高校以上の文化程度が新たに要求されるようになった。その結果、先進国の教育は、義務教育のさらなる延長と完全な中等教育の普及時代に入った。

（七）短大の台頭と高等教育の大衆化

　20世紀半ば以降、近代生産、近代技術の大発展と高校教育の漸進的普及に伴い、高等教育も大衆化・浸透してきた。アメリカ、日本、ドイツ、フランス、ロシア、イギリス等の国では、学齢期の若者の高等教育への進学率が、同世代の若者の半分、あるいは3分の2を超えている。アメリカは高等教育の普及に率先して取り組み、短期大学への進学率が高く、4年制大学の学生数とほぼ同数となっている。

（八）大学院教育の発展

近代的な生産と近代的な科学技術の急速な発展は、高度な科学技術人材への多大なニーズを後押しし、学部生卒業後に更に高い学位を取得させるものとなっている。その結果、20世紀初頭から先進国では大学院教育が学校教育制度に不可欠なものとなり、1950年代以降は大学院の学生教育は大幅に普及しており、一部の国では大学院生が学部生の2～4倍のスピードで増加している。

（九）幼児教育の現代における大いなる発展

19世紀には、各先進資本主義国に次々と幼児教育機関が設立された。20世紀前半には、先進国の幼児教育機関が比較的早く発展し、第二次世界大戦後は、徐々に普及していった。同時に、幼児教育の性質も、保育中心から教育中心へと変化し、20世紀末には幼児教育機関を学校制度に組み入れ、国民教育のシステムに組み込む国も出てきた。

（十）成人教育の発展と生涯教育の台頭

成人教育は、生きているかぎり学ぶという意味で、昔からある。現代の社会人教育は、この意味を超えている。それは、科学技術の学習と活用を特徴とする現代社会の産物である。一方、現代の科学技術の更新サイクルはどんどん短くなっており、学校を卒業した後も仕事の中で頻繁に知識を更新していかなければ、技術革新のニーズに対応することはできない。このように、成人教育は現代の学校教育システムの重要な構成要素として繁栄してきた。一方、科学技術や社会の進歩によって、労働者の余暇時間が増加し、人格形成の多様化へのニーズが増し、成人教育は自己啓発を目的とした精神的な追求の場となっている。その結果、あらゆるレベルの大人のための学校が出現し、現代社会が持つべき学習化社会の特徴を際立たせ、現代の学校教育システムを生涯教育システムへと加速的に発展させることを促した。

二、現代の学校教育制度の種類

現代の学校制度には、大きく分けて複線型、単線型、分岐型の3種類がある。

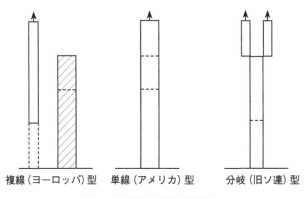

図 5-1　三種類の学校教育制度

もともとのヨーロッパ方式は複線型、アメリカ方式は単線型、旧ソ連方式は分岐型である（図 5-1 参照）。

(一) 複線型の学校教育制度

18 世紀から 19 世紀にかけてのヨーロッパでは、社会政治的、経済的、文化的発展の特殊な条件の影響を受けて、古代の学校から発展した階層的特権の痕跡を持つアカデミックモダン学校と、労働者の子弟のために新しく作られたマスモダン学校が、同時により本格的に発展し、近代ヨーロッパ教育の複線型の学校制度、略して複線型を形成した。一つは上から下の流れでその構造は大学（後にその他の高等教育機関）と高等学校（準備中等学校を含む）、もう一つは下から上の流れで、その構造は小学校（後に小学校と中学校）と後の職業学校（最初は小学校と連携した初等職業教育、後に中等学校と連携した中等職業教育へと発展）という構造になっていた。複線型は、一方の系統が中等教育（家庭教育を基本とする）から始まり、もう一方は当初小学校のみであるため、接続もリンクもしていない二つの並列系列である。これでは、集団的な小学校に通う労働者の子どもたちから、中学校や大学へ進学する権利が奪われてしまう。かつてヨーロッパ各国の学校制度は複線型であった。

産業革命や技術革命による中高一貫教育の流れとの矛盾から、複線型の改革を余儀なくされたのである。

（二）単線型

　北米の大半の地域は、当初ヨーロッパの複線型を踏襲していた。しかし、1830年以降、アメリカでは初等教育が盛んになり、その後、農業社会から工業社会へと劇的に変化したため、1870年以降、中等教育も大きく発展した。このような社会政治、経済、文化の急速な発展を背景に、初期の複線型のアカデミックな系統は十分に発達せず、短期間に大量に創設された小学校、中学校の急速な発展のために失われ、アメリカの単線型の学校が誕生したのである。アメリカの単線型は、小学校、中学校、大学で構成されている。その基礎教育の特徴は、6-3-3、5-3-4、4-4-4、8-4、6-6という1系列と複数の段階で構成されていることだ。単線型学制は、アメリカで最初に生まれ、世界各国で採用された。それは、教育の段階的な普及と現代の生産・技術の発展を促進するのに有利だったためである。

（三）分岐型

　帝政ロシア時代の学校制度は、ヨーロッパの複線型だった。十月革命後、旧ソ連は単線型の社会主義統一労働学校を設立した。その後、その発展の過程で、帝国ロシアのリベラルアーツ学校の伝統と、独立した専門学校の実践の一部が復活した。その結果、単線型の特性と複線化の要素を併せ持つ旧ソ連型の学校制度が形成された。旧ソ連型の学校制度は、ヨーロッパの複線型には含まれていなかった。そもそも別のコースとしてスタートしたわけではなく、専門学校の卒業生は対応する高等教育機関への進学権を持っていた。しかし、アメリカの単線型との違いもある。それが中学校入学段階に進むと、分岐し始めるからだ。要するに、旧ソ連のシステムは、複線型と単線型の間の分岐点型システムである。旧ソ連型中等教育学校では、上（高等学校）と下（小学校）、左（専門中等教育学校）と右（中等職業技術学校）の二つのコースがある。これが旧ソ連の教育制度の利点であり、特徴である。現在のロシアの学校制度は、基本的に旧ソ連の学校制度の構成要素を維持している。

三、現代の学校教育制度の変遷

　この百年の間に、現代の学校教育制度は、学校制度と学校段階の両面で大きな

変化を遂げてきた。

（一）学校制度では、複線型が分岐型、単線型へと移行している。

20世紀初頭まで、西欧の学校制度は複線型で、一方は小学校、もう一方は中学校と大学のみであった。その初等教育は、労働者の子どもたちだけのために設けられ、社会の中・上流階級の子どもたちは、家庭や中学校の準備クラスで初等教育を受け、それがすなわち複線型であった。二度の世界大戦後、ドイツ、フランス、イギリスは、労働者人民と政党の努力と闘争によって、ようやく統一された義務初等教育を相次いで導入し、初等教育は統合され、義務教育の上方拡大とともに、小学校は中学校と連動していくことになった。

第二次世界大戦後、西欧諸国の教育の普及は徐々に拡大し、中学校教育まで10年程度となった。かつて、ヨーロッパの中学校は段階に分けられていなかった。義務教育が導入された現在、ある生徒は高い学力レベルの全日制中学の第一段階で学び、ある生徒は新たに発展してきた低い学力レベルの中学で学び、両者の教育機会は非常に不平等なものとなっていた。その結果、イギリス、フランス、ドイツなどの国々では、中学校の二つの課程を統合した中学校教育が採用された。イギリスは最も進歩が早く、1980年代前半には統合された中学校の生徒数が全生徒数の90％を超えていた。こうして、西欧の複線型の学校は、小・中学校は単線型、その後は複線型という分岐型になったのである。イギリスでは、高校も総合中等教育校に統合されつつある。

（二）学校の各段階において著しい変化が生じている。

1. 幼児教育

近年、先進国では幼児教育が急速に発展し、フランスなどでは4〜5歳児の就学率がほぼ100％という普遍的な水準に達している国もある。また、幼児教育制度にも重要な変化が起きている。第一に、幼児教育の終了年齢が6歳または5歳に繰り上げられたこと、第二に、小学校と幼児教育の連携が強化され、年長の幼児クラスを小学校の準備クラスとするもの（ロシア）、幼稚園と小学校が連携するもの（フランス）があることだ。多くの国で、幼児教育を学校制度に取り入れることは、発展途上の傾向にある。

2. 小学校教育

数十年の間に、先進国では中学校、高校教育までが普遍化され、小学校が一般基礎教育の第一段階となった。思春期の早期化、子どもや青年の知的潜在能力に対する新しい認識、教育科学水準の向上と初等教育教師の水準の向上とともに、先進国における初等教育制度は大きく変化し、小学校と中学校・高等学校の区別がなくなり、入学年齢が6年または5年に早まり、学年が5年間（フランス）や4年間（ドイツ）に短縮され、小学校と中学校は連携し、中学校の入学試験も廃止された。

3. 中学校教育

多くの国で義務教育が中学校教育まで延長されたことにより、中学校教育が基礎教育の重要な段階となり、教育制度にも変化が生じている。第一に、中学校教育が延長され、場合によっては4年になる。第二に、中学校教育は一般教育の中間段階と見なされ、そこから中学校の名前が派生した。第三に、中学校と小学校が連携し基礎教育の段階として、文化や科学の基礎知識を統一して教え、中学校教育の最終試験を強化し後にできるようになった。

4. 高校教育

かつて西欧の二元制では、中学校教育と高校教育の区別は厳密にはなかった。近代社会の発展による人間の識字能力に対する要求の高まりに対応するため、アメリカの単線型に初めて高校ができ、その後、旧ソ連の分岐型に高校ができ、ヨーロッパの複線型の中学校は二部に分かれていて、その代わりとして高校ができたのである。それ以来、3種類の学校制度すべてに高校が設置されるようになった。3種類の学制の小・中学校は、修業年数に多少の差はあっても、文化や科学の基礎教育を行うという基本的な課題は全く同じであり、1種類になっているのである。したがって、現代では、国民皆教育が高等学校に到達すると、やがて小・中学校制度は単線型に統一されることになる。

5. 職業教育

職業教育の歴史的発展は、古代の徒弟教育から近代的な職業教育へと軌跡をた

どってきた。しかし、近代的な生産と科学技術の発展により、労働者、技術者、管理者に文化的、科学技術的能力が求められるようになると、近代的な職業教育を行う段階が徐々に増え、最初は初等教育、次に中等、高等、短大と順番に行われるようになった。職業教育が行われる段階は、近代的な生産と科学技術基盤の発展状況によって決まる。

現代では、先進国の職業教育が高等学校教育後に移行する傾向が顕著で、アメリカでは高校の職業科目が縮小し、コミュニティカレッジの職業教育の割合が増加、日本では高校レベルの「専修学校」よりも短大に相当する「専門学校」の方が圧倒的に多くなってきている。これは、先進国では高校教育が普及している一方で、現代の職業教育はより高い文化的・科学技術的基盤に基づくことが求められるようになっているためだ。現代の職業教育の特徴は、第一に文化的・科学的技術がますます高度化していること、第二に職業教育の種類が多様化していることにある。

6. 高等教育

19世紀から20世紀初頭にかけて、高等教育は主に3〜4年の学部教育であった。第二次世界大戦後、高等教育は大きく発展し、生産や科学技術と密接な関係を持つようになった。現在、現代の生産や科学技術の発展はより急速に進んでおり、人材育成のための高等教育機関への要求はますます多様化しており、高等教育は大きく変貌を遂げた。第一に、専科、学部、大学院（修士課程、博士課程）を含む多層化であり、第二に、多種類化で、現代の高等教育機関は、レベル、種類、学部、専門性の点で非常に多様である。あるものは学術的なものを重視し、あるものは専門的なものに重点を置き、あるものは職業的なものを偏重し、社会、生産、科学技術、生活のあらゆる面での連携がますます緊密になり、社会のあらゆる面で発展に影響を与えている。

第三節　中国の学校教育制度

一、中国の学校教育制度の変遷

　中国の学校制度は清朝末期に確立された。1840年のアヘン戦争以降、帝国列強が中国に侵攻し、国難はますます深刻化した。「数千年に一度の未曾有の変化」に直面した清国政府は、学校の設立、学制の整備、科挙の廃止など、封建的な教育制度を改革しなければならなくなった。

　1902年、清国政府は「欽定学堂章程」、別名「壬寅学制」を公布し、これは中国で初めて公式に公布された学校制度であったが、まだ実施されてはいなかった。1904年初頭、「奏定学堂章程」が公布され、「癸卯学制」（図5-2）とも呼ばれる、中国で初めて正式に実施された学校制度となった。この学校制度の指導理念は「中学は体、洋学は用」であり、その目的は「どのような学校であっても、

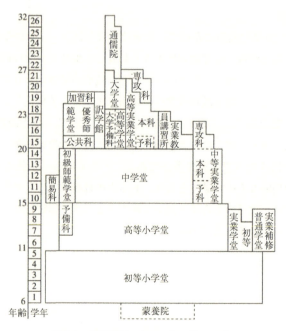

図5-2　癸卯学制　（1904年1月13日）

忠孝を基本とし、中国の経典や歴史を学ぶことである」であった。そして学生の心を純粋にし、その後、西洋の学習で彼らの知性を向上し、彼らを訓練し、将来必ず役に立つ人材になり、各が実際に役立つことにより、国家を担う逸材を養成し、慎重に弊害を防ぐという意味であった。当時の日本の学校制度にならい、儒教の尊重や読書など、封建教育の名残を残した。その目立った特徴は、教育期間が26年間と長いことである。6歳で入学した場合、20歳で中学校を卒業し、32歳で通儒院を修了する。

　第一次世界大戦後、アメリカの学校制度を手本に当時の全国教育会連合会が学校制度の改革を提唱し、1922年に北洋政府が「壬戌学制」（図5-3）、通称「6・3・3制」を公布することになった。この学校制度は、アメリカのプラグマティズムの影響を受け、社会の進化に適応する必要性を強調し、民生教育の精神を推進し、個人の成長を求め、生活教育を重視し、教育を容易にし、あらゆる分野で拡大の余地を残すものであった。初等教育は6年、中学校4年、高校2年の計2段階、中等教育も6年で、中学校3年、高等学校3年の計2段階、高等教育は4〜6年で無学年という3区分と5段階に分け、それぞれの教育課程に応じた教育を実施した。この学校制度は、国民党の支配下で何度か変更されたが、ほとんど

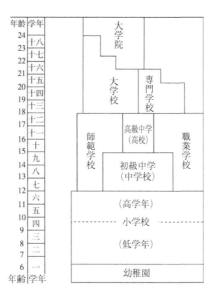

図5-3　壬戌学制（1922年）

変わらずに、広範囲に影響を及ぼした。

　新中国建国後、中央人民政府国務院は 1951 年に「学校制度改革に関する決定」を公布し、中華人民共和国の新しい学校制度を明確に打ち出した。これは、中国の学校制度の発展における新しい段階であった。まず、この学校制度は、旧解放地区の経験、1922 年学校制度、旧ソ連型の学校制度の合理的な要素を吸収し、わが国の単線式学校制度の伝統を継承し、すべての水準、種類の学校を連動させ、労働者子女の教育を受ける権利を平等に確保した。第二に、職業教育は新しい学校制度の中で重要な位置を占め、様々な建設人材の育成と生産と建設に奉仕する政策の実行が重視された。第三に、労働者・農民幹部の教育加速と労働者・農民大衆の勤務時間外の教育に重点を置き、労働者・農民への門戸開放の方向を堅持し、まず中国の学校制度を学校教育制度から幼児教育・成人教育を含む現代教育制度に発展させ、生涯教育の芽生えを示した（図 5-4）。

　1958 年、中国共産党中央委員会と国務院は「教育工作指令」を出し、「現行の学校制度は積極的かつ適切な改革が必要である。中央政府直轄の各省、自治区、

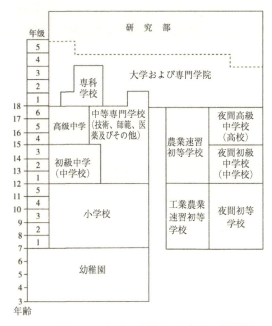

図 5-4　1951 年の中華人民共和国の学校制度

市町村の党委員会と地方政府は、新しい学校制度に関する典型的な実験を積極的に行い、中央教育省に報告する権利を有する。典型的な実験から十分な経験を得た後、新しい学校制度が全国的に採用されるよう規定されるべきである」と明言した。その後、多くの地域で学制改革の実験が行われた。例えば、6歳児就学による学年の短縮実験、小・中学校10年制の導入による学年の短縮実験、「二足のわらじ」を実現するために、複数の学校形態を取り入れた。しかし、「左翼」の影響により、性急な進め方と盲目的な開発で、学校制度改革の実験が正常な教学順序で行えないばかりか、レベルや種類を問わず新設された多くの学校は、教師と設備が追いつかず、維持することができなくなった。中央委員会はこのような状況を認識し、1961年から「調整、強固、充実、向上」の方針を掲げ、大学、中学校、小学校の業務に関する規定を策定し、一定の成果を認めながらも、当時の「左翼」的傾向を是正していくことになった。

「文化大革命」は、中国の学校制度と教育に深刻なダメージを与え、中国の新しい社会主義学校制度を徹底的に破壊した。

1976年の「四人組」壊滅後、特に第11期党中央委員会第3回全体会議以降、中国は10年間の激動による教育の混乱に素早く終止符を打ち、学校制度の再建を進めた。中学の修業年限の延長、中等専門学校と専門学校の復旧・再建、職業高校の設立、高等教育における専門教育と学部教育の2段階の高等教育の復活と高等教育機関の拡大、多くの大学・学部の復活と新設、大学院教育制度の確立と改善、各種社会人教育機関の復活と新設など、様々な改革が行われた。これにより、中国の学校制度は合理化と改善の方向へと徐々に発展していった。

二、中国における現在の学校教育制度のあり方

一世紀の間に、中国はより充実した学制を発展させ、1995年に制定された中華人民共和国の教育原則に認められている。以下のようなレベルの教育が含まれている。

就学前教育(幼稚園):3〜6、7歳の子どもたちが在籍している。

初等教育:主に全日制の小学校教育を指し、6、7歳の子どもが入学し、5〜6年間続く。成人の生涯初等教育を含む。

中等教育：全日制の中学校、各種中等専門学校、定時制中学校教育を指す。全日制中学の期間は6年、中学校3年、高等学校3年だ。職業高校は2～3年、中等専門学校は3～4年、技術工業学校は2～3年。成人教育に属するすべての種類の夜間中等教育学校については、在学期間を適宜延長している。

高等教育：全日制大学、専門学校、短期大学、大学院、各種の定時制大学を指す。高等教育機関は、高等学校卒業者と同等の学力を有する学生を入学させている。専科学校は2～3年、大学や専門学院は4～5年で、卒業試験に合格した人には学士号が授与される。定時制大学の在学期間が適切に延長され、所定の課程を修了し、試験を経て高等教育機関の全日制課程に達した者には、学力があれば同等の待遇が認められる。大学院の教育機関は、一部の大学、専門学校、科学研究機関に設置されている。大学院の修業年限は、修士課程の学生は2年から3年、博士課程の学生は3年、OJTの学生には修業年限を適切に延長している。

要するに、20世紀初頭の中国の近代的な学問体系は、欧米から導入されたもので、一般的には単線型だった。新中国建国後、生産と社会の発展に伴い、教育

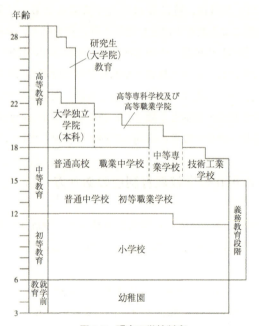

図5-5　現在の学校制度

を受けた労働者や各種の専門的な人材の需要が高まり、分岐型の要素を持つ単線型の学校制度が新設された。中国の改革開放以来、国の学校制度の改革発展の基本的な方向性は、単線型の機会均等の基礎教育を精力的に普及させ、基礎教育後の多様な職業教育・専門教育の発展により、学校制度は日を追う毎に完成された。（図 5-5）

三、中国の現在の学校教育制度の改革

1980 年代、中国における社会主義近代化建設事業の急速な発展に伴い、中国における教育事業の発展もまた加速された。しかし、全体として、教育事業は、社会主義の近代化の必要性にまだ対応できていない。基礎教育が弱く、都市と農村、地域間、学校間の格差が大きく、質の高い教育資源の不足が深刻であること、経済建設のために緊急に必要な職業教育や技術教育が適切に発展していないこと、高等教育が過度に統一され、学校に活力がなく、高等教育のレベルと学部の比率が不釣り合いで、それぞれの位置づけがあいまいであることが主な問題であった。そのため、1985 年の中国共産党中央委員会の教育制度改革に関する決定では、「この状況を根本的に変えるためには、教育制度から始め、計画的に改革を行う必要がある」と明確に指摘されたのである。基礎教育の強化と 9 年制義務教育の計画的実施、中等教育機構の再編、職業・技術教育の強力な展開、高等教育の入学・配置制度の改革、高等教育機関の自治権の拡大、学校教育の段階的管理の実施などが教育制度改革の主な内容であった。

20 世紀末から 21 世紀初頭にかけての中国における教育の改革と発展の指針として、1993 年 2 月 13 日、中国共産党中央委員会と国務院は「中国教育改革発展綱要」を発表し、20 世紀末の教育発展の一般目標である 9 年間の義務教育の基本的普遍化と若年層の非識字の基本的撲滅、党教育政策の全面実施と教育の質の全面的向上、一連の重点学校・重点学科の建設を打ち出した。

1999 年 1 月 13 日、国務院は「21 世紀教育振興行動計画」を発表し、「2000 年までに 9 年制義務教育を全国に基本的に普遍化し、若年・中年層の非識字を基本的に撲滅し、教育の質を強力に向上させる」「職業教育訓練と継続教育の制度を改善する」「高等教育を積極的かつ着実に発展させて、入学率を約 11 ％にする」

「改革の深化と新しい教育の確立」という主な目標を掲げ、経済・社会の発展に積極的に適応するため、教育制度の基本的な枠組みを深化させた。2010年までに、都市部や経済的に発展した地域では、高等教育レベルの教育が体系的に普遍化され、国民が受ける教育年数も発展途上国の先進水準に達し、高等教育の規模も大幅に拡大され、就学率は15%に近づき、生涯学習制度も基本的に確立された。

2010年7月29日、「国家中長期教育改革・発展計画（2010-2020）」が正式に公布された。これは、中国が21世紀に入ってから初めての教育改革・発展計画で、2010年から2020年までの中国の教育改革・発展の野心的な青写真が描かれている。そこに示された中国の教育改革・発展の戦略目標は、「2020年までに教育を基本的に現代化し、学習型社会を基本的に形成し、人材強国への仲間入りをする」というものだ。その基本要件は、より高いレベルの教育の普及の実現であり、すべての人々に恩恵をもたらす公平な教育の形成、より豊かな質の教育の提供、生涯教育の完全なシステムの構築、活力ある教育システムの改善である。具体的には、就学前教育の基本的な普遍化、9年制義務教育の定着と底上げ、高校段階の教育の普遍化（就学率90%）、高等教育のさらなる普及（就学率40%）、若年・中年層の非識字撲滅が求められている。

（一）基本的な就学前教育の普及

現代の幼児教育は、非常に急速に発展している。先進国では、就学前教育の終了時期を早め、上位クラスから下位クラスへ徐々に普及させ、就学前教育と小学校低学年との連携・連結を強化する傾向にある。近年、中国の就学前教育は比較的早く発展しており、上記のような傾向も見られる。しかし、中国の国情に配慮し、できる範囲で積極的に発展させることが必要である。先進国では、小学校、中学校、更には高校が普及した後に、高等階級から下級階級へと就学前教育が普及したのである。中国では義務教育や高校レベルの教育が徐々に普及し、就学前教育は徐々に普遍化されていくだろう。

（二）義務教育のバランスのとれた展開

義務教育は、国家が統一的に実施する学齢期のすべての児童、青少年が受けな

ければならない教育であり、国家が保障しなければならない公益性の事業である。それは人類の発展、教育の発展、社会の発展にとって大きな意義があるものである。中華人民共和国義務教育法は、中国の義務教育の期間を9年と規定している。2015年に改正された中華人民共和国義務教育法第4条では、「中華人民共和国の国籍を有するすべての学齢児童及び青年は、性別、民族、人種、家族財産状況、宗教信仰等にかかわらず、法律に基づいて義務教育を受ける平等な権利を有する」と規定している。各方面の努力により、2008年末には中国の教育は無償の義務教育を普及したが、これは中国の教育の大きな成果であった。しかし、中国の義務教育は不均衡な発展をしており、義務教育の均衡ある発展を促進することが、現段階での中国の教育改革・発展の大きな課題となっている。

(三) 高校教育の普遍化に向けた取り組み

　9年間の義務教育が普遍化された後、高校段階の教育の普遍化は教育の発展における重要なトレンドとなった。進学や就職といった若者の選択に対応し、社会のニーズに応えるために、高等学校段階の学校制度を多様化する。すなわち、普通高等学校、職業高等学校、中等専門学校、技術工業学校など、学生が選択できる様々な種類の学校を用意し、高等教育段階における一般高等学校の割合を拡大し、拡大し続ける中国の高等教育機関の入学者数に対応する。9年間の義務教育後の職業教育は、高校に進学できなかった生徒が、就職前の職業訓練を選択できるように多様化するようにすべきだ。そうすれば、これまでの学校制度の欠点を現段階で補い、完全なものとすることができるだろう。

(四) 全力で高等教育を発展

　ここ数十年、世界の先進国における高等教育の発展は非常に急速で、ますます開放的で大衆化されているが、この傾向は中国の高等教育にも現れている。統計によると、中国のあらゆる形態の高等教育への入学者総数は2014年に3,559万人に達し、高等教育の総就学率は37.5％に達し、国家中長期教育改革発展計画（2010-2020）で定められた2015年までに到達すべき37％という目標を前倒しで達成した。十数年の努力の末、中国の高等教育はエリート教育から大衆教育へと飛躍的な発展を遂げた。高等教育の変化は主に次の三つの側面である。第一に、

高等教育のレベルの複数化、かつての大学が学部中心であったとすれば、現在は大学、学部、修士、博士の複数のレベルがある。第二に、高等教育の種類の複数化、かつての高等教育がいくつかの学部からなる総合大学だったとすれば、現在は理学、工学、農学、医学、教育学、文学、金融、経済学、軍事学、経営学など様々な機関、学部、専門が存在する。第三に、高等教育は社会人にも開放されており、主に通信教育、ラジオ・テレビ教育、オンライン教育、自己学習試験などの形で、社会人が高等教育課程で学ぶ機会が得られるようになった。

復習思考問題

1. なぜ生涯教育は現代の教育制度の方向性になったのか？ 生涯教育に向けて、どう発展すればいいのか。

2. 現代の学校制度にはどのような種類があるのだろうか？ 中国では、主にどのような学制が行われているのだろうか？

3. 現代の学校制度の変化の傾向は？ 中国の実情と現代の学校制度の変化の流れを踏まえて、中国の現在の学校制度を更に改革していく必要があると思うか。

4. 中国の九年制義務教育の全面的普及の問題点とその対策を現地の実情に照らして分析せよ。

第六章

教育課程

第一節　教育課程の概要

一、教育課程の概念と意義

　欧米では、「課程（カリキュラム）」という言葉は、ラテン語の「currere」に由来し、競馬場のようなもの、「トラック」「履歴」という意味である。この語源によれば、最も一般的な意味は「学習の過程」である。中国では、唐・宋の時代から「課程」という言葉が使われるようになった。唐の時代、孔穎達は『詩経・小雅』の「奕奕寝庿，君子作之」という言葉について「課程を維持するには、君子が監督し、法律に従わなければならない」という解説を書いている。ここでいう「課程」とは、「秩序」のことである。宋代の朱熹は『朱子全書・論学』の中で、「期限は広く、課程は厳しく」「小さな課程を立て、大きな仕事をする」など、課程について何度も言及している。ここでいう「課程」とは、課題とそのプロセスのことだった。現代では、教育理論の深化と教育実践の充実により、「課程」という言葉は、次第に複数の意味を持つ基本的なカテゴリーに発展している。

　「教育課程」という言葉は、広義でも狭義でも使われている。広義の課程はすべての科目（指導科目）の総和であり、狭義の課程とは単一の科目である。広義の課程とは、小学校、中学校、高等学校などの課程全体を指す。狭義の課程とは、国語、数学、外国語など、あらゆる教科を課程として指す場合がある。学科とは、ある科学から選択された基本的事実、基本的概念、基本的原理からなる新しい知識の体系である。一定の教育的目標に従って一定の論理的・心理的順序で再編成されたものである。学科はいわば課程の知識の源であり、指導対象はその教科の指定である。課程という言葉は、芸術課程、科学課程、教科課程、活動課程など、科目や活動のグループやカテゴリーを指定するためにも使われる。したがって、課程という言葉の実際の意味は、それが使われる文脈に依存する。

　教育課程の内容は、教科・文化知識を中心としたもので、主に間接的な体験が含まれているが、一定の実践的な活動を設計することも求められている。生徒が獲得した直接的な経験と、これにより計画される学習体験と考えられる。教育課程の概念については、「経験としての課程」「計画された学習経験」という別の理解が提唱されている。アメリカの一部の学者には「課程の定義は、学習内容、科

目、スケジュールから、学校の指導の下で学習者に提供されるすべての経験へと変化した」というものもあり、また「学校の課程は、学校の指導の下にある生徒が既に得られた学習経験であるべき」というものもあった。早くも20世紀初頭、アメリカの著名な教育者であるデューイは、彼の経験主義教育観に基づいて、「経験」を核とした課程理論を確立した。

　私たちは、このような理解は、いくつかの異なる種類の経験を混同していると考えている。更に進んで「経験」という言葉を用いて課程の概念を一般化する人もいる。課程によって計画され、予期される学習経験、すなわち教科の知識という形で現れる人間の科学と文化の成果（個々の生徒にとっての間接的経験）を指すだけでなく、課程設計に従って生徒が実践的相互活動から得ることになる直接的経験（「経験」ともいう）（以下も同様）も指し、学校の指導のもとで生徒が既に身につけている学習経験も含まれる。しかし、生徒の持つ人生経験や課程の学習の中で得た経験は、課程の設計や将来の課程の学習の条件や基礎に過ぎず、課程の概念には含まれないし、含まれ得ないものである。生徒の現在の学習経験（沿革）については、課程の設計ではなく、課程の実施に関わる問題である。デューイは、「子どもと課程は、単に一つのプロセスを構成する二つの極に過ぎない」と述べている。二つの点が1本の直線を形成するように、子どもの現在の観点と、各種の科目を構成する事実と真理が、授業を構成する。子どもの現在の経験から、私たちが様々な主題と呼ぶ、組織化されたシステムの真理によって表されるものへと進行するのは、継続的な変化の過程である。

　明らかに、デューイはまた、課程を生徒が既に持っている経験と関連しているとはいえ、別のものとして見ている。課程は、生徒が獲得する経験を計画したり、先取りして設計することしかできず、生徒が既に獲得した経験のために設計することはできないし、必要ではない。生徒に期待する課程での経験から、既に経験している経験へと移行するためには、複雑な教育学的プロセスが求められる。ここでいうプロセスとは、教育と学習のプロセスにおいて、生徒の経験を変容させ、再構築していくプロセスのことである。

　現在、教育課程という言葉は、豊かでかつ物議を醸している概念になっている。つまり、「課程」は固定的で硬直的な概念ではなく、進化していく概念であり、課程の実践の豊かさと理論の多様性を反映しているのだ。しかし、「経験」

という言葉の「誤用」によって、課程の概念が一般化し、課程や課程理論の解消を招く可能性があることは注目に値する。

　私たちの考えでは、教育課程とは、一定の育成の目的、特定の知識や経験、期待される学習活動からなる、豊かで基本的、創造的で可能性のある計画や設定の集合体である。教育目的から見れば、人間形成のための設計図であり、課程の内容から見れば、生徒の心身の発達の規則に適し、生徒の直接的・間接的経験を結び付け、知識の体系とその習得経路であり、人格形成の全般を導くものであると言えるだろう。具体的には、人間形成の目的に沿って、教師や生徒の教育・学習活動を規制する教育課程であり、各コースの基準や教科書を具体化し、教師や生徒の成長を促すための教育・学習を組織するものだ。このように、課程は教育内容や活動を予測・設定・規制するものであり、教育・学習の基礎・土台となるものだが、教育課程の実施には関与せず、個々の学校の教師や生徒で組織される教育・学習活動には踏み込まない。課程と教育は、密接に関連しながらも、厳密には異なるものである。

　教育課程は学校教育活動において重要な要素であったが、現代の科学技術の急速な発展に伴い、現代の課程体系も複雑化、構造化、制度化され、現代の教育・指導改革における大きな課題となっている。学校教育活動におけるあるべき人材育成資源・設計図としての役割、また人材育成活動を指導・規制する役割を十分に発揮するためには、課程計画、課程標準、教科書という三つのものを把握し、相互に関連・拘束するテキストを作成することが必要である。課程計画は教育課程の全体計画とその構造設計、課程標準は各コースの性質を説明し、その質・量の基準を示すもの、教科書は各コースの内容や遂行すべき活動を示すものである。学校における教育活動のシステムの重要な側面として、教育課程の中心的な課題は、人間形成の問題である。教育課程の前提は、知識には人を育てる教育的価値があるということであり、したがって課程論や課程デザインは、知識の教育的価値の推定・選択・整理とその習得方法を中心に展開されることが多い。

（一）教育課程案

　教育課程案とは、教育機関や学校が教育の目的を達成するために設定するカリキュラムに関する文書である。教育学で学ぶ課程案は、主に中国の一般的な初

第六章　教育課程　177

等・中等学校の課程案であり、国家の教育目標やガイドラインの指導のもと、各レベルの基礎教育の目的を達成するために国家教育当局が策定した課程設定、順序、授業時間配分、課程管理に関する政策文書のことである。学校教育における課程の役割は、現代においてますます顕著になってきており、多くの先進国が人材の質の向上を目指して課程の改革を競うなど、多くの国で注目されている。新中国が成立して以来、私たちの政府も多くの課程案を公布してきた。以前は教育計画と呼んでいたが、中国の課程改革後の 2001 年に教育課程案に変更された。

　教育課程案は、主に学校の育成目的、課程の設置、学年編成等で構成されている。まず、学校の教育目標を明確に定義する必要がある。課程案は、国の教育目標を反映するだけでなく、生徒の訓練と育成という観点から、一般教育（初等、中等、高等）の特徴と要件も反映しなければならないからである。課程標準、設定された各コースの名称、これらのコースが提供する順序と学期、コース（科目または活動）の各学年（または学期）の週時数及び総時間または単位数を定義し、課程の実施、その管理及び評価について提案、要求または説明しなければならないのである。これが教育課程案の中心となる。最後に、教育課程案は、学校年度の準備についても科学的かつ合理的な取り決めをしている。各学年（学期を含む）の授業の週数、復習試験の週数、冬休み、夏休み、法定休日、農繁期の休みの週数、社会実習、地域奉仕、運動会、遠足など学校が任意に企画・手配するその他の活動の週数などが規定されている。また、これらの規定は、校務を適切に遂行するために不可欠なものであり、教育課程の編成・実施に際して、明確に規定または説明される必要がある。

　一般的に、初等・中等教育機関の教育課程は、基礎教育及び基礎教育の基本的性格を反映し、生徒の心身の発達の法則に従い、社会の進歩、経済の発展及び科学技術の発展の要求に適応し、生徒の人格の全面的発達のために良好な基礎を築くことができるとされている。したがって、基礎教育と普通高校の課程案を良心的に実施・施行し、必要な課程を全面的に開放する方法を見出すことが、質の高い教育を実施し、基礎教育の質を向上させるための基本的な保証となるのである。学校の条件が不十分であることを口実に軽率にコースを中止したり、進学率を追求する意図からコースの期間や各コースの週単位・総時間数を変更したりすることは無責任かつ違法行為であり、生徒の心身の発達に何らかの悪影響をもたらす

ため、速やかに中止・是正されるべきである。

(二) 課程標準

　課程標準とは、課程の性質や価値、目的や内容、教育実施のための提案、リソースの開発などに関する指導文書で、一定の課程理論の指導のもと、育成目的や課程案に基づいてアウトラインの形で作成されるものである。課程標準は教育科目ごとに作成され、科目の性質、特徴、課題、内容、及びその実施のための特定の方法論的要件を反映している。2001 年以前、中国ではシラバスと呼んでいたが、2001 年の課程改革後は課程標準と改名された。

　課程標準は一般に、説明（または序文）、課程の目的、課程の内容基準、及び課程実施のための提案から構成される。説明欄では、課程の性質や意義、課程の基本理念や価値観の志向、課程の設計思想や大枠（構造）、つまり課程の標準を統一するための指導思想について簡潔に説明されている。コースの目的部分は、まずコースの一般的な目的、すなわち生徒の心身の発達と質の向上、社会的発展のニーズに応えるという観点からコースが達成すべき目的、そしてコースの特性に照らして、分野、側面、レベルごとに達成すべき具体的な目的で構成される。課程の標準部分では、課程の目的が更に具体化され、課程の各領域や単元またはモジュールで達成されるべき内容及び活動の質が特定される。比較的複雑な課程については、種類別に提出しなければならない。例えば、専修か必修かに分けて提出するものもあるし、総合的な性質をもつ中学校の科学のカリキュラムと高校の技術課程のようなものについては区分別性別別の内容に分けて提出する必要がある。教育課程の実施に関する提案には、教材開発、教育課程の資源の開発と利用、指導と評価の方法とその改善など、教育課程の基準を実際に適用するための提案、要件または事例が含まれ、効果的に実践を指導することができるようになっている。課程の目的、内容基準、実施の提案が課程標準の主要である。また、課程標準にまとめられないが必要な提案（例：国語の読書教材の提案）、用語の説明（例：「歴史と社会」課程の中の社会学用語）、各種表（例：英語の単語リスト）などは、関連課程標準の付録として掲載し、容易に参照・閲覧できるようにすることが可能である。

　課程標準は、教材開発の基礎となるだけでなく、良い教材を開発するための前

提条件で不可欠なものであり、教育課程案を実施する上で非常に重要である。一方で、教師にとっても、講座の精神や科目体系を理解・把握し、教材への理解を深め、適切な授業設計（授業準備）を行うための有効なツールとなっている。

（三）教科書

　テキストとも呼ばれる教科書は、課程標準に基づいて編纂された指導規範のための本である。科目別に正確な言葉と鮮明な図式を用い、明確に体系的に記述されている、指導規範の知識だ。課程案で指定された各コースには、通常、対応するテキストが用意されている。

　教科書は一般的に、目次、本文、練習問題、実験、図表、注釈、付録などで構成されている。本文は、教科書の主要部分である。本文は一般的にカテゴリー、モジュール、アウトラインで整理され表示され、教科書の基本部分であり、授業の主な基礎となるものである。教科書に掲載されている練習問題、実験、イラスト、注釈、付録も教材の一部であり、本文の学習、理解、応用、習得に不可欠であり、指導に十分活用されるべきものである。

　教科書は、生徒が学校で体系的な基礎知識を身につけるために、段階的に学習するための主要な材料でありツールである。生徒の事前学習、教師が教える内容の理解と習得、復習、宿題、知識の深化と応用、適切な基礎技能の形成を促進するものである。教科書の読み方や使い方を学ぶことで、授業を効果的に補完し、授業の質を高めるだけでなく、課外読物を読み、更に学習方法を習得し、学習するための基礎を築くことができる。教科書の重要な役割を教え、読解力を養い向上させるために、授業と連動して教科書を十分に活用した学習ができるように整理・指導することに注意を払うべきである。

　教科書はまた、教師が授業を進める主なよりどころとなるものであり、授業を準備し、授業を行い、宿題を出し、生徒の知識を確認し評価するための基本的な材料を提供するだけでなく、教師が創造的に課程材料を開発し、社会生活の現実と関わりながら授業を行うための基礎となるものである。教科書を十分に理解し、使いこなすことは、教師が教育上の任務を成功させるための重要な条件であり、教育の質を向上させるための重要かつ実践的な方法であると言える。

　教科書は課程材料の開発と利用において、重要な位置づけと役割を担っている

が、結局のところ教科書は課程材料の一種に過ぎない。教科書をうまく編集して使うだけでなく、その他の豊富で多彩、生き生きとして具体的な資料を開発し活用することで、課程の内容を充実させ、授業の質を向上させる必要がある。この問題について、私たちは伝統的な教育に共通する偏見に反対しなければならない。それは、課程の内容と教えを教科書や本の知識の範囲に閉じ込め、生活の周りで利用できる課程材料に注意を払わず、理解せず、開発・利用せず、その結果として学校の課程と社会生活の間に必然的に断絶をもたらし、教育を閉鎖的、限定的、受動的、抽象的、硬直的にすることである。しかし、改革を推進する新しい状況において、もう一つの種類の偏りを防ぐことも必要である。すなわち、教科書を越えてその他の課程材料を幅広く開発・利用することを追求する代わりに、重要な課程材料としての教科書を十分に活用することを軽視し、他の課程材料の開発・利用における教科書の基本的・指導的役割を無視し、そのため、課程材料の開発や利用が本来の方向性や核心を失い、教育や学習活動が散漫になり、教育や学習における教科書の重要な地位や役割が弱まり、教育や教育の質にも影響を与えるようになった。

二、課程設置の沿革

課程理論の研究対象は、課程の課題であり、主に何を教えるか、何を学ぶかの問題であり、最終的にはどのような内容を設定するかという問題である。社会生活の要求を大きく反映していた古代の学校教育の課程も、課程に関する理論的な研究や指導が不足していた。アメリカの教育学者ブルベーカーは「エジプト人にしても、バビロニア人にしても、古代中国にしても、状況は変わらないようだ。課程は、フォーマルであれインフォーマルであれ、人々の日常生活に由来するものだ」といっている。つまり、子どもたちの学習は、彼らが大人になった時に、何をするのか何をして働くのかを学ぶことなのだ。

古代中国の夏、殷、周の時代には、学校は支配階級が独占し、いわゆる官学があり、官学は文武両道の将来の支配者を作るためのものであった。殷王朝の学校では祭祀、軍事、音楽・舞踊、文字などの知識や技術を学び、周王朝の学校では次第に六芸（作法、音楽、弓術、馬術、書道、数学）に基づいた課程が作られ、

第六章　教育課程　　181

　春秋時代の孔子は、六芸（詩・書・礼・楽・易・春秋）の整理に力を入れ、詩・書・礼・楽の四教科を弟子に教え、三千人の弟子を網羅し、そのうち七十二人が六芸に秀で、学生の智、仁、勇、芸の総合的な成長をより重視した。漢代以降は、文武分業の影響を受け、学校は宮廷役人の養成を主に担当し、古代の古典の学習に力を入れた。宋代以降、四書（大学、中庸、論語、孟子）が学校の主要課程として提唱され、道徳心を養い、家族を整え、国を治め、世界を平定するための知識や技術を教え、封建王朝を統治する官吏や文人を養成することになったのだ。科学技術や軍用体育については、学校では差別され、全く居場所がなく、中国の科学技術の発展や若い生徒の体力に深刻な影響を与えた。中国の封建社会の発展とともに、学校の課程の内容も変化し、充実していったが、漢の武帝が百官を退けて儒教のみを尊んだため、儒教を尊び経典を読むという課程の形式は、清朝末に科挙が廃止されて学校ができるまでほとんど変わらなかった。

　西洋では、古代ギリシャの経済的・文化的繁栄、民主主義的傾向、階級闘争の激しさから、その支配階級の上層部には教育の充実が急務であった。こうして、雄弁と知恵の技術を教え、「三芸」（文法学、修辞学、弁証法）を教えるための土台を作る「賢者学校」が誕生したのである。ソクラテス、プラトン、アリストテレスによって、自由七科（文法学、修辞学、弁証法、算術、幾何学、天文学、音楽）の課程が開発され、充実したものになったのである。古代ギリシャの課程は、その後1500年にわたり、ヨーロッパの教育に大きな影響を与えることになった。

　古代中国の課程に比べて、古代ギリシャ・ローマの課程は比較的複雑で矛盾を孕んでおり、前者の「三芸」が言語、思想が主な文系の学問であり、後者の「四芸」は自然学科に焦点を当てたものであった。古代ギリシャの教育では、三芸と四芸を調和的に組み合わせようとしていたが、実際には「四芸」よりも「三芸」を重視するという問題があった。社会が発展するにつれ、異なる歴史的時代の異なる政治、経済、宗教、哲学、科学の発展の要求に触発されて。ヨーロッパでも教育理念と課程の矛盾の摩擦が徐々に展開され、課程の発展と分化を促進していった。

　ローマ帝国の崩壊で道徳が失われ、社会秩序が乱れた時、キリスト教の力を強固にし、発展させるために、宗教教育の内容が学校教育の中で優位に立つようになった。神学の課程は、宗教的な古典、教義についての問答、初期の司祭の著

作、賛美歌などで構成され、かつての「自由七科」を非推奨とし、特に科学と体育を除外していた。中世後期になって、教会は三学がキリスト教に役立つと認識し、課程に文法、修辞学、そして何よりも論理学を取り入れるようになった。中世の宗教神学の課程は、その後のヨーロッパの学校教育に強く、深い影響を与え続けた。

　ヨーロッパの学校の課程が劇的に変化したのは、ルネサンス以降のことである。経済の発展と繁栄に従い、有閑貴族階級は次第に宗教的な事柄から離れ、世俗的な生活へと移行し、古代ギリシャやローマの思想や変革のための活動を熱心に研究するようになり、そのためのラテン語やギリシャ語の学習が重要な前提条件となったのである。その結果、ラテン語、ギリシャ語、そして「三学」が学校の課程の中で重要な役割を果たすようになったのである。これらの科目は人文科学科目と呼ばれ、人文科学の復興を示すものであった。ルネサンス期の教育思想の原点は、ギリシャやローマのように若者に均整のとれた教育を施すことであり、知性、美、徳に加えて、貴族の子弟には剣術、水泳、格闘技、乗馬などの運動による鍛錬が期待されていたのだ。しかし、ルネサンス期の課程は、文化よりも言語の研究に重点を置いた人文主義的な科目が過多になり、古代言語の学習は実生活と切り離され、非常に難しいものであり、一方的なものであった。その結果、民衆国家の台頭とともに、国家の政治生活や学校の教育活動において、国語の重要性が増していった。経済の発展とともに、理系の課程が徐々に増え、ルネサンス期に復活した人文科学も、再び衰退する傾向があった。

　資本主義的生産、文化科学や哲学の発展、センセーショナリズムの台頭により、人々の考え方に大きな変化が起こった。真の知識や物事の本質を理解するための探究は、見識よりも知覚的な観察と実験が中心で、自然に従うこと、科学的知識、実用性、功利主義が重視されるようになっていった。ベーコンは「知識は力なり」と言い、「学べることはすべて学ぶのが私の仕事だ」と宣言した。コメニウスは「すべての人にすべてのことを教える」ことを提唱し、汎知的な、百科全書的な課程を提唱した。実際、古代ギリシャでは「自由七科」は百科全書的な試みであり、18世紀半ばには百科全書的な思想家・教育者であるディドロによって強く提唱され、その後、百科全書的課程の追求は大きな影響を与えることになった。とはいえ19世紀までは、課程を支配していたのは自然科学分野よりも人文

科学分野であったが、フランス革命によって社会の価値観が変化し、科学課程を支持する人たちの自信を後押しした。先進的な思想と実用主義に後押しされ、代数学、三角法、地理学、植物学、動物学、物理学、化学などの科目がこの時期に学校の課程に取り入れられた。特に数学は、19世紀から20世紀にかけて、学校の課程の中で最も重要な位置を占め、自然科学の基礎としてだけでなく、精神修養のための重要な道具として考えられていたのである。自然科学の課程が学校で本格的に普及したのは、この時期からだといってよいだろう。

しかし、ブルジョア革命の継続的な発展、理性と主観性の哲学の台頭、国民国家と民主主義の発展の必要性などが、人文科学の新たな発展を促した。19世紀以降、国語や現代語は学校の課程で重要な位置を占め、現代外国語は次第に教科となり、歴史は文学から分離されて独立科目となり、地理学は主として人文地理学及び人間と自然の関係についての科学となり、経済学、社会学、公民などの科目も国や学校によっては教科になっていった。これらの学問は、新しいヒューマニズムの学問の発端として知られている。その後、労働、歌、踊りなどの芸術科目が徐々に学校の課程に加えられ、これも人文科学に属するようになった。更に、ロックが健全な精神は健全な肉体に宿ると唱えたことから、ルソーの提唱、ムターの体操トレーニングの最初の提唱、シュピースが多かれ少なかれ課外であった体育を担当学級の教育の課程に取り入れたことなど、人間形成の重要性は体育を抜きにしては語れなくなっていく。体育の課程の発展は、ひいては生理学や衛生学の発展にも弾みをつけた。同時に、資本主義経済と科学技術の発展により、製図やデザイン、手仕事（あるいは工芸や農学）、職業教育、活動コースなどの新設・発展が加速されたのである。19世紀末から20世紀初頭にかけて、近代的な学校の課程とその枠組みはほぼ形づくられた。

三、課程理論発展の概説

社会経済、政治、文化科学の発展の必要性に駆られ、人間の発展要求の理解に導かれ、課程が人文科学と自然科学のどちらを重視すべきかという矛盾は、課程の発展、変更、分化、充実を促し、現代の学校課程の形成と発展を導いただけでなく、異なる課程の考えの間の矛盾の分化と激化を刺激し、その結果、現在の

ようになった。これが課程論の研究と実践につながり、「課程論」の出現と発展につながった。16 世紀から 20 世紀初頭にかけて、課程の考え方は、実践的知識の習得を重視するか、それとも感覚機能の訓練を重視するのか、文化的・科学的知識を子どもに体系的に教えることを重視するか、あるいは子どもの知性を伸ばす探究活動の組織を重視するのか、社会発展や文化・科学の発展のニーズを重視するか、それとも子どもの本質・自然で自主的な興味を重視するか、科学的知識の習得を重視するか、あるいは人間の成長、心の教育、精神的価値への憧れなどを重視するかなどが主に議論され、発展してきた。これらの課題をめぐる議論は、人々に課程の基本や深さについて考え、探究することを促している。

　教育課程について、本格的な関心が初めて集まったのは、1885 年に功利主義者の教育者スペンサーが提起した「最も価値のある知識とは何か」という問いだ。この問いは示唆に富むものであり、教育課程の解明の始まりというべきものであった。スペンサーの問いとは「合理的な課程を策定する前に、……何を知ることが最も必要なのかを決定し、さまざまな種類の知識の比較価値を確認する必要がある」というものだ。 そして、「どうすれば十分に生きることができるのか？これこそ、私たちが学ぶべき偉大なことであり、教育で教えるべき偉大なことである」と強調した。科学の学習は、広義において、あらゆる活動における最良の準備である。この議論は、知識の価値を語り、社会生活における科学知識の必要性を注目したことで理にかなっているが、教育課程を単なる科学的知識と見なしている点で彼は偏っているといえる。

　その後、デューイが 1902 年に出版した『子どもとカリキュラム』は、現代の課程論に影響を与える代表的な著作である。彼は「教育プロセスにおける本質的な要素は、未熟で未発達な人間であり、成人の成熟した経験の中に具現化された特定の社会的目的、意味、価値である。教育プロセスとは、これらの要素があるべき姿で相互作用する」と主張した。彼は、「子どもの生活は全体であり、総体であるが、子どもは学校に到着すると、その世界は様々な科目によって断片化され、バラバラになる。既に分類された科目は、これまでの時代の科学が生み出したもので、子どもの経験によるものではない」と指摘したのだ。彼は、「固定された既製のもの、子どもの経験の外にある洞察として教材を放棄し、子どもの経験を変わらないものとするのではなく、変化し、形作り、生きているものとして

受け入れ、子どもとカリキュラムは単一のプロセスの両極に過ぎないことを認識することが必要である。二つの点が直線を形成するように、子どもの現在の見解と、様々な科目を構成する事実と真理とが、授業を構成する。子どもの現在の体験から、様々な主題と呼ばれる真理の組織化されたシステムによって表されるものへと進行するのは、継続的な変容の過程である」と主張している。デューイは、子どもの現在の経験と課程との関連をダイナミックな知識観を用いて説明し、子どもの経験の再構築のプロセスを評価に値するものとしているが、課程の目的の要件を明確に述べておらず、また課程と教学との関連と区別を明らかにしていないため、課程と教材に関する大きな不確実性が生じ、教材の選択に困難を生じ、教学におけるその役割を深刻に脆弱にしている。

　1918 年には F. ボビットの「課程」が出版され、教育史上初の課程理論とされている。ボビットによれば、「教育とは本質的に人間の潜在能力を明らかにするプロセスであり、社会的条件との特別な関連性がある」という。その目的は、「充実した大人の生活に関わるすべての活動の準備を形成すること、または形成すべきである」ということだ。しかし、教育の目的はどのようにして決まるのだろうか。彼は、教育の目的を決定するためには科学的な方法を用いるべきだと考えていた。そのために、成人の社会生活の活動について大規模な調査を行い、その結果を大きく分けて以下の 10 項目に分類した。10 の大まかな活動のカテゴリーは、教育の主な目的を構成し、これをもとに教育が子どもたちに獲得させるべき知識、技能、能力、態度や性格の要件を決定し、課程の基礎とした。この方法は「活動分析法」と呼ばれ、後に普及する課程の目的を決定するための方法論的基礎となった。ボビットの方法論は、社会生活の発展に適応する必要性に焦点を当てており、それはプラスの面もあるが、あまりにも煩雑で具体的で、それは、社会における教育の一般的な価値観や目的を排除し、子どもの心身の発達の特徴やニーズを浮き彫りにすることを怠っていた。

　1949 年には L. テイラーの「課程と指導の基礎」が出版された。この本は現代課程理論の基礎を定めたものとされている。テイラーは、カリキュラムの設計と開発は、次の四つの基本的な問いを中心に展開されると考えていた。すなわち、学校が達成すべき教育目標とは何か？　そのために、どのような教育体験を提供すればよいのか？　このような教育体験を効果的に組織化するには、どうすれば

よいのか？ これらの目標が達成されると、どうすれば確認できるのか？ である。
テイラーの四つの質問は、実際に課程を構成する四つの要素を示すとともに、課
程編成プロセスの四つのステップを明らかにしている。すなわち目的を明確にし、
経験を選択し、実施内容を整理し、結果を評価することである。彼のコースの原
則は、目的を定義することが主な基礎となる部分である体系的、完全、集中的な
ものであり、他のステップは目的の特定と達成を中心に構造化され、実施される。
テイラーの理論は「テイラーの原理」と呼ばれ、彼の課程開発のモデルは「ゴー
ルモデル」と呼ばれ、課程理論の発展に大きな影響を与え、今日でも西洋の課程
の分野で重要な位置を占めている。

　課程の課題は、社会や人間理解の発展に伴って変動するものであり、テイラー
は課程問題の理論モデルについて有効な解決方法を一つだけ提案しているが、多
くの課題が残されている。例えばテイラーは、目的を明確にすることの重要性を
痛感し、組織化された教科の内容、教科を学ぶ子ども、社会の発展という三つの
次元のニーズに基づき、総合的かつバランスのとれた教育課程の目的を策定する
必要性を感じていた。しかし、実際には、時代や条件によって、この三つの側面
のいずれかに焦点を当てる傾向があり、必然的に教育目標の選択に大きな影響を
与え、それが課程内容や活動モデルの選択と編成、カリキュラムの評価に大きな
影響を与え、課程理論の異なる学派の間で議論が行われることになる。例えば、
1960年代のアメリカでは、構造主義の教育者たちは、教科の構造を習得するこ
とを目的に掲げ、1970年代には、人間主義的な教育者たちが子どもの成長に焦
点を当て、子ども中心の課程を推進した。このような長年の複雑な議論に立ち入
ることは不可能であり、その必要もない。しかし、基礎教育課程開発の観点から
は、いくつかの主要な論点に焦点を当てて、その対立する側面を検討しているア
ドボカシー、それぞれの強みと弱みを知ることは、現実の教育課程改革の理論
的・実践的な課題を理解し、対処する上で参考になるだろう。

四、課程の議論におけるいくつかの重要な問題点

（一）教科課程及び活動課程

　教科課程とは、学校の教育目標や科学的発展に応じて諸科学から選択された、

生徒の年齢や発達段階に応じた知識からなる教育科目を指し、分科課程とも呼ばれる。歴史的には、中国では孔子が古代の封建的な文化書を「詩」「書」「礼」「楽」の４科目に分けたり、古代ギリシャのソフィストが文法、修辞学、弁証法の「三学」を作ったりと、昔から課程は様々に設定されてきた。西洋ルネサンス以降、科学の発展と分化が進む中で、学校では科学の発展と分化に着目し、それに対応した文科的な教科を設定して授業を行うようになった。しかし、学校における教科課程は、学校の教育目標や生徒の実際のニーズを考慮しており、科学との厳密な対応を求めてはいない。教科課程は、自然や社会などの大分類でも、算数、幾何学、三角法などの科目でもよい。コメニウス、ハーバート、スペンサー、ボビット等多くの教育者たちは、より完全な教科課程を主張した。中国では清朝末期に科挙が廃止され、学校が設立されて以来、教科を分離した教科課程も実施された。教科課程は長い歴史と影響力を持ち、学校教育と科学技術の発展・分化の両方から生まれたものであり、現在も、課程の主流となっている。

　教科課程の特徴には、以下のようなものがある。明確な目的と目標を持って、成人生活の分析と将来の社会生活の必要性に対する生徒の準備のための要件を重視していること、課程とその内容をあらかじめ選択し、生徒の心身の発達の特徴を考慮しながら、人類が組織した科学と文化の知識の論理体系に従って教材を作成し、教師と生徒が教科ごとに徐々に教えることを容易にすること、内在する課程や教材の倫理的・精神的価値と知的訓練の価値が重視され、生徒の成長において潜在的な質の高さが期待されることである。したがって、教科課程は生徒の理解の特性に沿って、人類が長い時間をかけて蓄積してきた科学的・文化的な基礎知識や技能を比較的短期間で習得しやすくなっているといえる。これは教科課程の長年の懸案事項であり、人格形成に大きな影響を及ぼしてきた。これが、教科課程が長い間評価され、学校の課程の伝統的な様式となった最大の理由である。しかし、教科課程は、静的で、事前に計画され、決められた課程と教材であり、完全に大人の生活の必要性に基づいて、遠い将来に備えるので、しばしば生徒の現実的な関心と欲求を無視し、生徒の生活と経験から容易に切り離され、強制的な命令につながるので、生徒は受動的で受身のまま、暗記学習に陥り、批判を受けて苦しむことがある。我々の警戒と訂正に値すると思われる。

　教科課程とは対照的に、活動課程は教科という論理体系の境界を取り払い、生

徒の興味、ニーズ、経験、能力に基づいた課程であり、生徒が自ら組織するように導かれた一連の目的に沿った活動を通して展開される。体験型課程、生徒中心の課程とも呼ばれる。活動課程の成り立ちは比較的遅く、その思想はルソーの自然教育から芽生え、19世紀末から20世紀初頭にかけてのデューイに代表される欧米の新進教育運動から生まれたものである。デューイによれば、「学校教科の相互関連性の真の中心は、科学でも文学でも歴史でも地理でもなく、子どもたちの社会的活動そのものである」という。彼は、子どもの活動を「社交活動」「探究活動」「製作活動」「表現活動」の四つに大別し、ゲーム、演技、活動作業、実験、裁縫、料理、工作等に注目した。彼は、これらの活動が社会活動の基本的なタイプであると考え、「これらの活動を媒介として、より正式なカリキュラムを子どもたちに紹介することは可能であり、望ましいことである」と述べた。

　活動課程の特徴は、子どもの興味、ニーズ、能力、体験、そして学習における子どもの主体的役割と内発的動機づけを重視すること、子どもの経験を再構築し変容させ、探究、交流、協力などの活動を通して知性と道徳性を育み向上させるために、子どもが為すことによって学ぶように導くことに重点を置くこと、問題解決活動のダイナミックな過程、教授 – 学習プロセスの柔軟性、包括性、形成性、人によって異なる柔軟性、課程の材料を問題解決のためのツールとして、あらかじめ決められた目的に対して使用するというコンセプトを強調している。したがって、活動課程は、子どもの熱意と自主性を動員し、個々の潜在能力、個性、創造性を発揮させ、様々な実践的問題に対処し、社会生活に適応する能力と道徳的教養を高めることができ、特に低学年の児童の個性を生き生きと活発に伸ばすのに適している。強制的な命令、受動的なリスニング、機械的な硬直化といった従来の教育の病弊に致命的な打撃を与え、課程改革への新しい道を開き、活力を注入するものだ。しかし、活動型課程は、体系的な科学的・文化的知識を教え、厳密で明確な目的や課題を達成することを重視していないため、柔軟性を重視しすぎて規範性を欠いており、その指導過程は合理的に導くことが難しい面がある。教師にとって要求が高すぎ、実施や執行が容易ではなく、逸脱が非常に生じやすく、生徒は期待される体系的な科学の基礎知識を学んでいない場合が多いこともある。

　教科課程と活動課程は、現代の学校教育の基本的な二つのタイプで、それぞれ

第六章　教育課程　　189

に特徴と欠点があり、互いに対立し、補完しあい、相互に補強しあうものである。課程の設定と編制において、一方の課程理論が他方を否定したり置き換えたりするのではなく、異なるニーズと状況に応じて、二つの課程の異なる特性と役割を持ち、双方の長所を取ってそれぞれの短所を補完し、現代の課程が最高の総合的機能を発揮できるようにするために使用されるべきである。

（二）教育課程の統一化と多様化

　社会の発展と変化に伴い、学校の課程も変化してきたが、古来、中国でも西洋でも、学校の課程は主に支配階級の思想と要求、国家の意志と核となる価値観を反映し、全国一律で一体化した課程であった。20 世紀に入ると状況は一変し、従来の単一の強制的な課程は社会のニーズにそぐわなくなった。科学技術と生産の近代化、経済のグローバル化、政治の民主化、教育の普遍化は、総じて世界の発展の加速化、差別化、多様化に寄与してきた。一国、特に大国であっても、その様々な地域の発展は著しく異なり、特色があり、教育や課程に対する要求も客観的に見て異なり、多様なものが生み出されている。特に、人々の心の解放と覚醒が進み、個人の自律意識が強化されたことにより、様々な階級、階層、国籍、地域の人々が意識的に教育や課程に対する要求を打ち出すだけでなく、少数民族、女性を含む恵まれない人々、遠隔地や貧困地域の人々も教育に対する要求を強く表明し、若い生徒一人ひとりが教育や課程に対してより多くの個別の要求を持つことになる。現代社会の多様化は、現代の教育課程の多様化をすすめ、これは、現代社会の発展の必然的な流れであると同時に、広く人々の強い、心からの願いでもある。このため、課程の一元化と多様化の問題にどう正しく対処するかが、課程の理論と実践における喫緊の課題となっている。

　現代において、教育課程の一元化とは主に、国の基本的利益、政治的方向性、核となる価値観、主流の文化、基本的道徳、また社会の発展レベル、国の信念、理想、意志を反映するように開発されるべきであるということである。それはすべての民族の統合、国民の団結、国民の質の向上、国の統一・強靭化・進歩に寄与するものだ。中国では、基礎教育課程の一元化の方向を堅持することは、若い生徒に対する国家の基本的な要求を反映し、教育の目的と指針を実行するための重要なステップであり、教育の質を向上させるための基本的な保証である。しか

し、今日の課程の一元化を語るばかりで、課程の多様性を否定、拒絶するのではなく、その多様性を認識することも肝要であろう。課程における多様性とは、主に地域によって異なる経済・社会発展のニーズ、異なる民族集団、階級、階層、グループの異なる文化、利益、ニーズ、生徒個人の自己啓発に対する選択と願望なども広く反映させるべきだということである。つまり、あらゆる側面の多様なニーズを反映させる必要があるということだ。それは、人々を第一に考え、事実から真実を求め、異なる地域、グループ、個人の違いや特徴、教育やカリキュラムの追求を尊重し、すべての当事者の固有の価値を確認し、各人の積極性を動員し、社会の民主性と公平性を高め、社会と個人の両方の発展をより色濃く、生き生きと促進することに役立つだろう。

　社会の発展が日々多様化する現在と未来において、また中国のように国土が広い多民族国家においては、課程の一元化と多様性に対処することは、極めて複雑で緻密な課題である。人間本位で、互いを尊重し、配慮し、助け合い、民主と公正を唱え、各界の熱意を結集して調和を図る必要がある。同時に、正しい政治の方向性と科学的で高度な品質基準を堅持し、若者の人格を総合的に、自由に発展させることが必要だ。したがって、課程や教材の開発においては、優先順位を区別し、緊急性重要性を見極め、総合的かつ全体的に最適な考え方や段取りをする必要がある。この点では、国内外に学ぶべき多くの貴重な経験がある。例えば、小・中学校の基礎教育課程では、国家課程とは別に、地域や学校レベルの特別なニーズに対応した一定の課程を設定し、高等学校レベルでは、義務課程とは別に、芸術と科学の分野を分けて一定の選択科目を設定し、生徒の能力に応じて指導し、個性と長所を伸ばすことができるようにすれば良い。国家課程の場合でも、教材開発における「マルチシラバス」の使用が認められており、条件の整った地域は創意工夫を凝らし、より地域の文化に即した、より特徴のある教材を開発し、教材同士が競争し、質の向上に寄与することができる。また、少数民族自治区における民族の言語や歴史・文化に関する内容も導入している。中国は、これらの分野で既に多くの正しく効果的な対策を講じ、また一定の成果を上げている。課題は、その政策を実行し、更に発展させるための条件の整備が必要なことである。

第二節　教育課程の設計

　課程設計とは、一定の教育課程案により課程標準を策定し、課程内容を選択・整理し、学習活動の方法をあらかじめ決定する活動であり、課程の目的、教育経験、学習活動の方法をあらかじめ具体化する過程である。

一、課程の目的の設計

　課程の目的は、課程を実施することによって達成されるべき生徒の心身の発達で期待される結果であり、訓練目的を具体化したものである。課程の目的は「…を理解する」「…に精通している」「…を掌握する」「…の能力や態度を育てる」というように、定量的・定性的なレベルで指定することができる。

（一）課程の目的設定の根拠
　教育課程の目的を策定する直接の根拠は、教育目的や学校の育成目的にあるはずだが、教育課程の目的は、教育目的や育成目的を単純に表現したものでない。課程の目的設計の具体的な根拠は何か？　課程の目的設計は、生徒の研究、社会の研究、教科の研究に基づいて行われるというのが、課程論の歴史において一般的に認められていることである。したがって、課程の基本的な要素は、社会、知識、生徒の三つであると考えられている。
　社会的な要因は、課程の目的に対する重要な制約要因である。課程の目的を設計するための明確な根拠を提供するためには、生活の社会的領域について深く検討することが必要である。テイラーは、社会的要因が課程の目的に与える制約を検討するため、社会的要因の検討を可能にするスキームを紹介し、健康、家族、娯楽、職業、宗教、消費、市民性などの観点から社会的要因を検討することを提唱し、課程の目的に具体的な基準を与えており。要約すると、社会の政治・経済・文化の動向、時代の特性、人間の資質に対する要求が、課程の目的を設計するための現実的な基礎となるのである。
　知識という要素は、課程の目的と本質的に結びついている。なぜなら、教育の重要な任務は、人類が蓄積してきた知識を若い世代に伝え、彼らを成長させ、社

会の伝承と発展を持続させることにあるからだ。したがって、課程の目的を定める際には、まず人間社会が整理してきた知識の対象を考慮に入れなければならない。

　課程の目的は、生徒の心身の発達と質の向上に直接関わるものであるため、生徒の心身の発達の法則や発達のニーズもカリキュラムの目的を設計するための重要な基礎となる。スペンサーの『教育論』では、生徒が将来必要とする五つの分野の分析に基づき、カリキュラムの目的と人間生活の将来のニーズに応える知識体系を提案している。

（二）課程の目的の設計における基本的な課題

　課程の目的は、課程の実施によって達成されるべき望ましい結果である。これらの成果は、課程の目的の設計において、どのように規定されているか。カリキュラムの目的はどのような種類に分類されるのか？　その特有の定量的な記述の要件は何か？　これらの問いは、課程の目的を設計する上で基本となるものである。

1. 課程の目的の具体化と抽象化の問題点

　1918 年には、ボビットが『カリキュラム』という本の中で、課程の科学化の問題を提起し、課程の目的を具体化、標準化しなければならないと主張していた。『カリキュラムの作り方』という一書では、課程の目的を考案し、10 分野合計で800 以上の目的を挙げている。一方、教育心理学者の E. L. ソーンダイクも、小学校の算数について 3,000 もの具体的な課程の目的を挙げている。当時の教育論では、課程の目的は具体的であればあるほど良いというのが流行であった。

　1949 年、テイラーは「課程と指導の基本原理」の中で、課程の目的の設計の具体化と概括性の問題を論じている。彼は実践中に勘違いしがちなのが以下の点であると指摘している。

　（1）教師がすべきこととして目的を提示しているが、生徒にどのような変化が期待されているかは述べられていない

　（2）課程の目的で網羅されている様々な要素を列挙しているが、生徒がそれらにどのように対処することが期待されるかを明示していない

（3）この行動がどのような影響を与えるかを特定せずに、目的を述べるために過度に一般化されたアプローチを使用している。

テイラーの考えでは、目的を述べるのに最も効果的なのは、生徒が身につけるべき行動の種類と、その行動を適用できる生活や内容の分野の両方を示すことであった。テイラーは「学習すべき非常に具体的な習慣としてではなく、形成されるべき一般的な反応パターンとしての目的」を強調し、1970年代には、カリキュラムは生徒が一般的な行動様式を学ぶことに関わるべきで、「目的は明確であるべきだが、必ずしも具体的ではない」と明言した。

このように課程の目的の設計には、確かに目的の具体化と抽象化という問題があるようだ。課程の目的は、育成の目的を具体化したものだが、より具体的な教育目的についていえば、概括的なものでもある。したがって、目的の具体化と抽象化の問題に対処するために、カリキュラムの目的設計では、認知領域、感情領域、運動技能領域の目的、あるいは知識・能力、思想・道徳、感情態度等の広い領域の目的などの項目を一般論として示すと同時に、これらの領域の目的を行動目的で達成するために必要な程度に記載することが望ましいと考えられる。

具体的すぎる課程の目的の設計や詳細すぎる目的行動の策定は、しばしば制限が多すぎて教育目的の策定に寄与せず、抽象的で一般的すぎる課程の目的は、課程知識の選択と整理や課程評価に寄与しない。したがって、この二つの側面は適切なバランスが保たれる必要があるといえる。

2. 課程の目的の階層と構造

課程の目的の設計には、目的の高度化レベルの問題がある。高さという点では、課程の目的の設計には大きく分けて二つのレベルがある。最も高い目的か、最小限の目的か、どちらが重要か？

目的の意図という点では、課程の目的は、課程実施の期待される成果として、一定の望ましさを持ち、実施の最高目的となるべきである。したがって、人々はしばしば基礎教育課程が高品質であることを期待し、すべての科目が高く優秀であり、すべての科目が高等教育の関連専攻のものと明確に連結できるようにしたがる。ただ、最高の目的を達成することは容易でない場合が多いため、多くの学者は課程の目的の設計は最小限の目的に基づいて行うべきだと提唱している。し

かし、課程実施の期待成果の指標として、最小限の目的は現代人の基本的資質を保証するものであり、大多数の生徒が達成できるところからスタートすることが望ましい。ただし、最小限の目的をどの程度にするのが適切かは、明確な定量的検討と目的項目での規定が必要である。

　中国の小・中学校の課程の目的は、基本的に高いレベルにある。目的の設計が高いため、小・中学校の児童・生徒は学校の学習が負担になっているようだ。実際、課程の目的の最高レベルと最低レベルは相対的なものであり、問題は、目的のレベルは一つに限るべきではなく、課程の目的の構成が必要である。課程の目的の設計は、最高基準と最低基準、究極目的とプロセス目的など、異なるレベルの目的を持つことで、課程実施において指導、規制、評価の役割を果たすことができると考えられる。

　課程の目的は、一定の論理構造を持ち、論理的に結びついた項目で構成されていることが望ましい。イギリスのカリキュラム理論家であるL.ステンハウスによれば、学校教育は「技能の習得」「知識の習得」「社会的価値・規範の確立」「思想体系の形成」という四つのプロセスから構成されている。課程の目的は、この四つの異なるプロセスの構成を考慮して策定される。例えば、アメリカの教育学者B. S. ブルーム等による教育目的分類法では、認知領域（cognitive domain）、感情領域（affective domain）、精神運動領域（psychomotor domain）、対人技能学習領域（interpersonal skills learning domain）等から目的設計することが重視されている。課程の目的の設計にはどの方向から考えるにしても、目的を体系化し構造化することが重要である。

（三）課程の目的の設計における基本的な考え方

　課程の目的の設計は、専門家が考えるだけでなく、学校の管理者や教師が課程の実施中に考えなければならないことである。課程の目的の記載方法は、課程に関係なく一貫している必要がある。一般的に、課程の目的は、成果目的、経験目的、表現目的の三つのカテゴリーから構成される。したがって、目的を示す基本的な方法はこれに対応して三つある。

1. 成果目的の設計

第六章 教育課程　195

表6-1　成果目的の表現

目的レベル		行　動
知識	理解レベル： 知識の再確認または想起： 事実または証拠の特定、識別： 例を挙げる： 対象の基本的特徴の記述：	発話、暗唱、識別、想起、選択、例示、列挙、復唱、表現、認識、再認、など。
	把握レベル： 内在するロジックの連携を理解： 既存の知識と連携： 解釈、推察、区分、展開の実施： 根拠の提示： 情報の収集、整理など：	解釈、説明、図解、比較、分類、帰納、概述、要約、判断、区別、提供、置換、推測、予測、推定、検索、収集、整理など
	応用レベル： 新しい状況で抽象的概念や原則を使う： まとめ、推考を行う： 異なる状況下で合理的なつながりを作るなど：	応用、利用、質疑、弁護、設計、解決、執筆、定式化、検査、計画、要約、推進、証明、評価など
技能	模倣レベル： 原型や手本と具体的な指示のもと操作を完成する： 提供された対象を模倣、変更するなど：	模擬、反復、再現、模倣、例証、複写、拡張、省略など。
	自立操作レベル： 自立して操作を完成する： 調整や改善を行う： 既存の技術と試験的に連携するなど：	完成、表現、制定、解決、定式化、設置、描画、測定、試行、検査など
	移行レベル： 新しい状況で既存の技能を運用する： 異なる状況で同一の技能の適用可能性を理解するなど：	連携、展開、柔軟な運用、類推、推察など

　成果目的（Outcome Objective）と呼ばれるもので、生徒の学習成果を明確に示すものである。その設計に使用される行動動詞は、具体的で、明確で、観察可能で、定量化可能である必要がある。このような、達成可能な成果を指し示す課程の目的は、主に「知識」領域で使用される。表6-1は、このような目的を説明する基本的な枠組みを示したものである。

表 6-2　経験目的の表現

目的レベル	行動
経験（知覚）レベル： 関連する活動に主体的に又は協力的に従事すること。 感覚的な意識の構築など。	経験、感覚、参加、参与、試験、探索、議論、交流、協力、共有、参観、訪問、考察、接触、体験など
反応（承認）レベル： 経験に基づいて、感情や態度、価値判断を表現すること。 それに応じて対応するなど。	遵守、拒否、認可、認同、承認、受容、同意、反対、希望、賞賛、好意、嫌悪、興味、関心、注目、重視、採用、摂受、支持、尊敬、愛護、慈しみ、軽蔑、疑問、排除、抵抗、克服、擁護、ほう助など
意識（内面化）レベル： 態度が比較的安定していること。 持続的な行動を示す。 個人の価値観などを持つこと。	形成、養成、保持、熱愛、樹立、開設、堅持、保持、確立、追求など

表 6-3　表現目的の表現

目的レベル	行動
再現レベル： 教師に促された活動の反復。 利用可能なリソースを使用して、作品、製品、または運営活動の再現。 教師の指示やプロンプトに従って、様々な簡単なスキルによってタスクなどを完了。	従事、実施、発話、絵画、書写、演技、模倣、表現、展示、復唱など
創造レベル： 促されるままに、より複雑な創作。 自分の考えや利用可能なリソースに応じてタスクを達成する。 様々なスキルを駆使して制作。	設計、制作、絵画、染色、折り畳む、編組、彫刻、印章、収蔵、演奏、演出、編集、作曲、演技、創作など。

2．経験目的の設計

　いわゆる経験目的とは、生徒自身の心情や感情的な体験が達成すべき基準を示したものである。その設計に使用される動作動詞は、しばしば一時的でプロセス指向である。表 6-2 は、このような目的を表明するための基本的な枠組みを示したもので、主に様々な「プロセス」領域で使用されるものである。

3．表現目的の表現方法

　表現目的とは、生徒の幅広い個人的発達の機会と発達のレベルを明示的に手配

するものである。その設計に使用される行動動詞は、通常、生徒が実行するものに関連しているか、または結果が自由形式である。このような表現性を指向する課程の目的は、主に様々な「制作」領域に適用される。表6-3は、このような目的の基本的な枠組みを示したものである。

二、課程内容の設計

（一）課程内容の考え方

　課程内容は、課程の核となる要素であり、一般的にいえば、課程の目的に従って人間の経験の体系から選択され、一定の論理的な科目の順序と生徒の心理的発達の必要性に従って編成された知識と経験の体系である。それは、各教科の基準によって個別に定義され、生徒の年齢層や知識・経験のレベル、意図する学習活動や成果のニーズを考慮して、課程案によって定められた教科書に具現化されている。

　課程内容の基本的な性質は知識であり、生徒が得るべき間接経験とそれに付随する直接経験で構成される。間接経験とは理論的・体系的な書籍知識で、直接経験とは書籍知識を学ぶために必要な知覚的な知識である。そこで、教科書が示す人類の蓄積からの間接的な経験や文字知識を把握できるように、課程内容の選択も、生徒が持つべき知覚的な経験や身につける学習活動をあらかじめ考慮し、生徒の実践活動や実践力の育成を強調するために、教科課程の設定に加え、総合実践活動科目も設定されている。

　このように、課程内容は、教科書、生徒の学習経験、学習活動などの関係から、非常に豊かで、その表現も複雑であり、これらの関係を正しく理解し、対処することによってのみ、課程内容という概念を十分に理解することができる。

1. 課程内容と教科書

　教科書とは、ある課程内容を文字や図形などの記号の形で反映させた教本のことである。教科書は、課程の基本的な内容の一部を抜粋したものであるが、課程内容全体を明示的に提示するものではない。課程の一環として生徒が獲得することが期待されている、直接的で感情的な経験の豊かさは、教科書に暗示されてお

り、完全な形で提示することは困難である。更に、各教科の課程のアウトライン
は、単一の教科書の選択にとどまらず、様々な方法で設計・編成することができ、
多様な教科書を作成することができる。

　「伝統的な教育」派の課程内容設計は、「教科書としての課程内容」に偏ってい
る。課程内容を教科書として、あるいは特定の種類の教科書の本の知識として定
義することによって、それは凍結され、閉鎖的で硬直したものになりがちで、外
の世界との豊かで多様なつながりを無視し、関連する直接の経験や、その教材を
学ぶ必要のある生徒の関心や欲求に注意を払うことがおろそかになってしまう。

2. 課程内容と学習体験

　「学習経験」あるいは「教育経験」という言葉は、カリキュラム論でよく使わ
れる言葉である。テイラーは『カリキュラムと指導の基本原理』の中で、しばし
ば「学習経験」あるいは「教育経験」という言葉を用いている。課程の内容とし
て「学習経験」を用いることは、生徒の課程に対する理解と経験を強調し、課程
内容に対する制約として生徒の既存の認知構造と情緒的特性の役割を果たし、課
程内容は課程の専門家によってのみ決定されるのではなく、生徒の心身の発達と
態度にも支配されるという考えを示し、課程学習における生徒の所有を促進する
ことに寄与している。これは、課程学習における生徒の主体性を促進することに
もつながる。これらの洞察は革新的であり、評価に値する。

　しかし、多くの課程論者は「学習経験」を課程内容の代名詞のように使ってお
り、生徒の学習経験や直接体験を誇張することによって、教科の体系的知識の重
要な役割を否定・軽視し、生徒の探究の直接体験を過度に強調することによって、
教科内容の予測にも大きな困難が生じている。

3. 課程内容と学習活動

　活動分析的アプローチによって課程内容を特定し、設計する傾向は、早くもス
ペンサーの時代から始まっている。20世紀以降、ボビット、W. W. チャーター
ズ、H. タバなどのカリキュラム専門家は、成人の活動の研究を通して様々な社
会的ニーズを明らかにし、それを課程の目的に変換し、課程内容を構成する生
徒の学習活動に変換するという考え方を提唱してきた。これがいわゆる「活動分

析」による課程内容設計のアプローチである。活動分析は、かつてイギリスの教育者 A. N. ホワイトヘッドが「教育には1種類の材料しかなく、それは生活のあらゆる側面である」と述べたように、課程内容の設計の準備技法として有効であると考えられている。

課程内容が人生のあらゆる側面を反映し、生徒たちの生活や成長、将来の社会参加や雇用に役立つものでなければならないことは間違いないだろう。しかし、学校の課程は生活をそのまま反映するものではなく、また反映できないものであり、むしろ教育の目的や要求に応じて選択的に反映され、合理的に要約され、充実されたものとして、課程、シラバス、教科書に明示されるべきものである。

課程内容の設計の観点から、活動分析アプローチを重視する人々は、生徒に体系的な理論的知識を与えることを第一義とせず、生徒が様々な活動を積極的に行うよう導き、生徒の外部学習活動に注目し、生徒が直接経験を積む活動も課程内容として捉えているのである。これは、課程の内容を学習・教育活動と同一視しており、課程の内容に含まれるべきでないものの範囲を広げている。

つまり、課程の内容とは、カリキュラムの専門家が課程の目的に基づき、生徒の心身の発達の法則に従い、生徒の認知活動の特性を考慮し、更には課程と教育改革過程の歴史的経験に基づいて、生徒が学習すべき課程内容を編制した分科または総合的な概要とその教科書のことである。生徒が学習すべき課程の内容を計画し、事前に設計することである。課程の内容を設計する際に、その実施活動（教育・学習活動）を検討し、助言することは必要だが、あくまで内容を計画し、事前に設計するだけで、その実施や指導に介入することはない。教授が行われる場合、課程の専門家が設計した課程の内容は、学校やクラスの生徒の具体的な学習状況やレベル、意図した目的を達成するために行われる教授活動を考慮して、学校の教師が二次設計（授業の計画や準備）する必要がある。このように、課程と教学は本質的にリンクし、明確に区別されるものであり、両者を混同してはならない。課程の内容を設計するのではなく、課程の実施（教案や授業案）を考えることは、課程の内容を一般化し、課程と教授を混同させることになり、課程の内容の設計そのものが実現されず、未実施のままになり、課程論の研究と実施を大きく弱めることになる。

（二）課程内容の選択と構成

1．課程内容の選択

　課程の内容は、各教科・分野の体系的な知識理論や方法から、教育課程の目的に沿って選択されている。しかし、科学や学問の理論的知識は非常に豊富なので、選択の際には、以下の三つの主な内容を盛り込んでおくことが重要だ。

（1）基本的な事実

　どんな複雑な科学理論にも、それを研究する客観的な事実や現象がある。これらは、科学研究の対象であると同時に、研究成果としての科学理論の知識を形成する基礎資料でもある。したがって、小・中学校生徒に理論的な知識を理解・把握するための基本的な知覚経験や基礎を与えるために、まず科学に関わる複雑な現象や事実の中から基本的な事実を選択することが重要である。実際、これは教科の課程が生徒の生活の現実を反映し、関連づける重要な方法であり、知覚的・調査的学習のための対象、機会、資源を提供する。

（2）基本的な考え方と原理

　基本概念は、理論的知識の重要な構成要素であり、科学的事実の分析、抽象化、一般化を通じて得られるものである。科学理論とは、現象や事実のレベルでの単なる記述ではなく、概念に基づく推論によって得られる合理的な理解である。基本原理とは、基本的な概念に基づいて明らかにされた、普遍的な意義を持つ考え、命題、または学問的真理を指す。各分野は、実践の重要な指針となる一連の基本概念と原則で構成されている。課程内容は、基本的な概念や基礎理論から選択され、その基礎概念に基づいた理論的知識を習得し、理論的知識の学習と応用の過程で基礎能力を養い、正しい人生観、価値観、科学的精神を身につけることができるようにすることである。

（3）基本的な方法

　基本的な方法とは、科学における理論的知識の実質的な構成要素であり、対象の基本的な概念や原理を用いて問題を分析し解決するための戦略やスキルのことである。小・中学校の課程内容は、理論を実践に応用する過程で、問題を分析し

解決するための戦略やスキルを学び習得できるように、その基本的な方法を生徒に提供する必要がある。

もちろん、それぞれの科学の性質が異なるため、理論的な基礎知識の選択には、理論と応用、芸術と道具の関係、基礎知識と知識の更新の関係などを扱う必要がある。

2. 課程内容の構成

課程内容がどのような形で整理され、書かれているかは、学習活動の進め方や生徒の学習の効果を左右する内容構成の性質や形態に直接的な影響を与える。1940 年代には既に、テイラーは課程内容を構成するための三つのルール、すなわち連続性（continuity）、順序性（sequence）、統合性（integration）を明確に述べている。連続性とは、主要な課程コンテンツを直線的に提示することであり、順序性とは、各コンテンツが前のコンテンツの上に構築され、同時にそれを深化・拡大することである。そして統合性とは、生徒が統一した概念を習得するために、各課程コンテンツ間の横のつながりを維持することを強調する。課程内容を整理するためのテイラーの三つのルールは、課程設計に大きな影響を与えた。

課程内容の構成は、上記の三つのルールに加え、主に以下のような形態で対処する。

（1）直線型と螺旋型

課程内容の整理には、直線型と螺旋型の 2 種類がある。直線型とは、教科の内容が論理的に前後を結ぶ「直線」に整理されていること、つまり教科の内容が一直線に整理され、前に整理されたものが後に提示されないということである。螺旋型とは、課程内容が異なる単位や段階、あるいは同じ課程でも螺旋状に繰り返され、徐々に知識を広げ、難易度を深めていくこと、つまり同じ課程内容が前後して繰り返され、前の内容が後の内容の基礎となり、後の内容が前の内容の連続的な拡大・深化であり、層が進んでいることである。

直線型とは、科学的知識そのものが一直線に進むという固有の論理に基づき、科学的知識の発展の論理に従って課程内容を整理し、構造化することを提唱するものである。直線型は内容が前後して繰り返されることがないため、より効率的

な課程編成の形態と考えられている。螺旋型は、人間の心理的発達過程の法則、すなわち、人間の理解は易しいものから難しいものへ、浅いものから深いものへと螺旋状に変化していくことに基づいており、したがって、課程内容の構成や記述も、徐々に深め、適切に繰り返し、螺旋状に、着実に進めることで、生徒の学習の心理的必要性に適応させることが必要である。

　直線型と螺旋型は、教科書の基本的な編成方法で、それぞれに長所と短所があり、異なる性質の科目や異なる学年の生徒に適している。理論的で生徒が理解・把握しにくい内容には、特に低学年の生徒には螺旋型が適しており、理論的で難解、運用性が比較的低い教科知識には、直線型の構成が適している。実際、状況は複雑なことが多く、同じ課程の内容体系を書くにしても、直線型と螺旋型の両方が不可欠な場合もある。文章を構成する上で取るべき正確な形は、各教科の内容の特徴や生徒の心理的発達の必要性によって異なるはずである。

　(2) 縦型組織と横型組織

　縦型組織とは、教材の内容が、既知から未知へ、単純から複雑へ、具体から抽象へ、といった具合に、教科の知識を論理的に順序立てて整理することである。これは、学習理論の観点から提案された組織形態である。ガニェ（R. M. Gagne）は、生徒の学習の八つのレベルの間の論理的関係に従って、課題内容の順序を設計する傾向がある。この8段階の学習とは、信号学習、刺激 - 反応学習、行動連鎖学習、言語連想学習、識別学習、概念学習、ルール学習、問題学習である。ガニェは、学習は単純なものから複雑なものへと順次進んでいくと考えている。

　横型組織とは、学問の境界や伝統的な知識体系を取り払い、生徒の心理的発達の段階で探究すべき問題や社会的に最も関心の高い問題に基づき、生徒の発達段階に応じて教材内容を整理し、比較的独立したテーマを構成することである。横型組織は、人間の成長過程の観点から発達心理学をベースにしている。心理的発達の観点から、生徒の身体的、社会的、知的、情緒的な発達は、一定の順序で内部に規制されている。したがって、教材の内容は、生徒の発達段階の要求を考慮し、知識間の横のつながりで、統合的に課程内容を構成する必要がある。

　比較的に、縦型組織は科目の理論体系や学術性を重視し、横型組織は授業内容の社会生活への実践的応用や知識の総合性を重視する。直線型と螺旋型の関係と

第六章　教育課程　　203

同様に、この二つのタイプの組織は切っても切れない関係にある。

　つまり、知識の難易度に応じて課程内容を段階的に整理し、その後、生徒の発達段階の特徴の必要性に応じて、様々な年齢の生徒を対象とした包括的で普及的かつ実用的な教材を開発することに、歴史上早くから注意が払われていたのである。課程内容の整理が科学的になったのは、科学や教科の分化・発展、基礎教育の階層化・普遍化、課程開発や教材選択の経験値が上がった近代になってからである。「伝統的な教育」学派は、課程内容を科目固有の論理的順序に従って整理し、生徒が体系的な科目知識を区分けして習得できるようにすることを主張し、「直線型」「縦型組織」な課程内容の編成方法を生んでいったのである。「現代的な教育」学派は、生徒の心身の発達の法則に従って課程内容を編成することの重要性を強調し、生徒のニーズに適し、学習の着実かつ効果的な進行を促すため、課程内容の「螺旋型」「横型組織」を生んでいる。実践的な比較、競争、反省、総括の結果、課程内容の編成にはどちらも必要であり、それぞれに長所と短所があること、課程内容編成の「論理的順序」と「心理的順序」を組み合わせ、実際の状況に応じて科学的に適用することが最善であることが認められるようになったこと、コース内容の「論理的順序」と「心理的順序」を組み合わせること、状況のニーズに合わせて科学的に適用することが、最良の結果を得るための方法である。

第三節　課程改革

一、世界各国の課程改革展開の動向

　1980 年代以降、教育実践の充実に伴い課程論の様々な流派が生まれ、世界各国の学校教育課程改革は非常に活発に行われ、課程改革の発展には次のような新しい流れが現れている。

（一）卓越した整合性を追求する課程の目的
　現在の各国の課程改革は、一般的に、市民としての責任感や革新性、社交性や

チームワーク、様々な情報を柔軟に処理する能力、急速に変化する社会環境への適応力、創造的な仕事力を養い、国際的な視野や文化の違いを尊重することを求める国際理解教育に重点を置く傾向がある。

例えば、ドイツの中等教育機関の教育目的は、生徒が成熟した人格を形成し、社会の民主的建設への参加意識と社会的責任感を養うこと、基本的な知識と技能を授けること、生徒の才能を発見し伸ばすこと、生徒の生まれ持った性質と発達傾向を認識し、将来の発達について健全な選択をする能力を養うこと、自立した判断と行動の能力を伸ばすこと、また、生徒の世界に対する理解とそれを批判する能力 (Draft Curriculum Framework for Bavaria and other Länder, 2000) の促進を強調するものである。韓国のカリキュラム改革の目的は、心身ともに健康で、調和のとれた人格を形成し、自己を認識し、学習と生活に必要な論理的、批判的、創造的思考能力と態度を備え、幅広い分野の知識と技術に熟達し、自分の適性と資質に合った未来を創造する能力を持ち、世界の中で自国の伝統と文化を発展させて、地球市民としての自覚を持つようにすることである。

(二) 時代的、基礎的、総合的、選択的な課程編成を重視

グローバル化、情報化時代、知識集約型経済という新しい世界情勢に直面し、各国の基礎教育における課程改革は、カリキュラム内容の時事性を把握し、一方では科学発展の新しい動向を、他方では人々の生き方や必要な資質に対する時代の新しい要求を反映し、基礎知識と科目開発の関係に焦点を当て、生徒への適応性を高め、選択科目、総合科目、実践科目を数多く設け、課程は、生徒の自己啓発のニーズを満たすために開発されている。このため、国際連合教育科学文化機関は 1990 年代半ば、世界各国に対し、生徒の生涯発達に必要な基本的知識と技能を選択し、生涯学習への意欲と能力を育成し、人類共通の核となる価値観を共有し、共通に持つように導くための基礎教育課程の改革を呼びかけている。

(三) 学習スタイルの多様化

情報化社会、知識社会、学習社会の到来により、教育や指導方法にも変化が生じている。課程改革、「学習」中心の課程づくり、「学習」中心の授業づくりを通して、本当の意味での授業は、物との対話、他者との対話、自分との対話とな

り、単一の知識受容型の授業を超越し、能動的、協調的、内省的な学びを実現するために、世界中のカリキュラム改革で共通の選択肢となっている。例えば、21世紀以降のアメリカの政府教育告示では、生徒の批判的思考力の育成が重要視されている。日本では、学習指導要領が継続的に改訂されている。1999年3月に告示された学習指導要領では、生徒が多様な学習過程を経て、社会参加や国際感覚を身につけること、国際理解教育や多文化教育をすべてのカリキュラムに導入すること、生徒の自主的思考力や学習能力を高めること、「プロジェクト型探究学習」を重視することなどが挙げられている。"主体的に考え、学ぶ力"を高めるために、全教科に国際理解・多文化共生教育を取り入れ、更に、生徒の主体的な思考力と「学ぶ力」を伸ばすために、総合的な学習の時間や社会参加型の体験学習も課程に取り入れている（監訳者注：2002年「総合的な学習の時間」本格実施）。1999年にイギリスが発表した「教育改革プログラム」では、人類の新たな生存環境に直面して、初等・中等教育において、多様な学習活動の中で、相互作用、数的処理、情報化、共同作業、学習改善、問題解決の六つの基本能力を学ぶことが不可欠と指摘されている。ユネスコは1995年の報告書『学習：秘められた宝』（訳者注：1996年　ドロール報告書）で、基礎教育は「学ぶことを学び、行うことを学び、他者と共に生き、働くことを学び、生き残ることを学ぶ」を柱としなければならないとし、2013年「変化への学習」という価値を追加している。

二、中国の基礎教育における課程改革

（一）基礎教育における課程改革の指導理念と基本目標

　2001年6月、時代の課題に対応するため、質の高い教育を総合的に推進し、中国の基礎教育の人材育成モデルを最適化するため、中国教育部「基礎教育課程改革綱要（試行）」と新教育課程計画が公布された。2014年には「教育部の教育課程改革の総合的深化と道徳教育の確立という基本的課題の実施に関する意見書」が公布され、基礎教育課程改革を段階的に総合的に深化させていっている。

　「基礎教育課程改革綱要（試行）」では、「基礎教育課程改革は、『教育は近代化、世界、未来を指向すべきである』という重要な思想と『三現主義』に基づき、党

の教育政策と質の高い教育を総合的に推進して、総合的に実施されるべきである」とされている。中国の基礎教育課程改革は、基礎教育が21世紀の人間存在の新しい文脈に適応し、人材育成の様式を最適化するために必然的に選択されるものである。教育は、現代化、世界、未来に目を向けなければならず、人間の成長に目を向け人間本位の科学の発展観を確立しなければならないのだ。2014年、中国は基礎教育課程の改革を深めることを提案し「道徳教育の確立」を教育の基本課題とし、生徒のコアリテラシーとキーコンピテンシーの育成を重視しなければならないとしている。

　新規の基礎教育課程改革の具体的な目標は六つある。

　第一に、「知識の伝達に偏りがちなカリキュラムを改め、能動的な学習態度の形成を重視し、基礎知識や基礎技能を習得する過程が、同時に正しい価値観を形成する学習過程となるようにすること」である。

　第二に、「教科志向、教科数の多さ、総合性の欠如を重視した課程構造の現状を改め、全体として一貫した9年間の課程と授業時間比率を設定し、バランスのとれた総合的・選択的な課程構造を反映させること」である。

　第三に、「課程の内容が『難しく、複雑で、偏った、古い』ものであり、本の知識に過度に重点を置いている現状を変え、課程内容と生徒の生活や現代社会と科学技術の発展との関連性を強化し、生徒の学習への関心と経験に注意を払い、生涯学習に必要な基本的な知識と技能を選択すること」である。

　第四に、「課程の実施が、受容的学習、暗記、機械的訓練に重点を置きすぎている現状を改め、生徒の積極的参加、調査意欲、勤勉さを提唱し、情報の収集・処理、新しい知識の習得、問題の分析・解決、コミュニケーション・協力の能力を育成すること」である。

　第五に、「課程の評価が審査や選抜の機能を過度に重視するのを改め、生徒の成長、教師の改善、教育実践の改善を促進する評価の機能を発揮させる」ことである。

　第六に、「課程の過度な中央集権的管理を改め、国、地方、学校の三段階の課程管理を実施し、地域、学校、生徒への課程の適応性を高める」こと。

　課程の機能の転換、構造の最適化、内容の更新、学習スタイルの変更、試験と評価の改革、課程管理システムの改革の深化など、上記の六つの側面は、基本的

に基礎教育における人材育成の様式を体系的に変更するものである。基礎教育における課程改革の基本目標であり、核となる内容である。

（二）新課程の基本的な考え方

課程改革とは、教材や教授法などの単体の改革ではなく、課程の概念、更には教育全体の概念の更新を含む体系的な変革である。

1. 知識創造へのパーソナライズされたアプローチの推進

伝統的な課程体系では、知識は普遍的で習得された真理であると考えられていた。対象と目的の分離に基づき、課程は事実、理論、方法の総体である知識の手段となるのが当然である。それは個人の生活、生徒の豊かな現実の外部にあり、それが表す知識の絶対性、神聖性さえ伴って、個人の生活の崇拝の対象となるのである。

個人的な知識は、言葉で完全に表現することはできないが（イギリスの哲学者ポランニーはこのような知識を「暗黙知」と呼んだ）、人間の理解に大きな影響を与えるものである。なぜなら、「人は語る以上に知ることができる。語ることのできない事実の認識に頼らなければ、語ることはできない」からである。人間の知識を氷山にたとえるなら、外部に露出している明示的な知識は氷山の一角に過ぎず、その下には複雑で言い表せない膨大な暗黙知が眠っている。暗黙知は氷山の一角のように、明文化された知識を強力にサポートし、それを健在に保っているのである。

新課程は、人々が従来の知識観の束縛から逃れ、知識の理解と構築に向かうように、新しい知識観を確立するものである。課程改革の具体的な目的の一つは、「新しい知識の獲得」「問題の分析・解決」等の能力を育成するために、生徒の「積極的な参加、調査への意欲、勤勉な思考」を積極的に推進することである。このことからわかるように、課程の知識は、一般的な知識を持つ人に限定されるものではなくなった。このように、もはや普遍的な性質を持つ単純なルールや確立された結論に限定されるものではなく、生徒の生活や個人的な知識、直接的な経験は、カリキュラム内容の設計や選択に不可欠な要素として有機的に構成されるのである。

新課程は、「知識を教え、受け取る」ことを特徴とする教授・学習状況を逆転させ、生徒の学習スタイルの変革を重要な焦点とし、生徒の学習スタイルの独自性と個性を尊重することを基本理念とし、これにより、教授、学習、教師と生徒の関係の概念に新しい意味を持たせることを目指している。新課程では、すべての教科で「自主的、探究的、協力的な学習」の浸透を求め、「教えることは、もはや教師が知識の独白に直面するプロセスではなく、教師と生徒が知識の創造に参加するプロセスである」と主張している。教師はもはや「教材を教える」だけでなく、生徒と一緒に「何を体験しているか」を探究する。学習は、新しい知識を構築する活動として、疑問を持ち、探究し、個人の意見を述べるプロセスとなる。一方、学習は個人主義的な行動を超えて、協力的な集団活動となり、チームワークと集団意識を発展させる機会となる。教師と生徒も、それぞれの限られた視野を超え、「知識の権威」と「無知な者」の間のギャップを埋めながら、真の対話を確立していく。

2. 授業内容の生活化、総合性の向上

まず、課程と生徒の生活や現実社会との結びつきを強めることは、課程を学問の道から外すのではなく、生徒の生活や現実社会とより効果的に融合させ、既存の学問に時代の源流や生活の活力を加えることを可能にする。課程の生活化とは、課程を直接社会に向け、生活と一体化させることで、課程と生徒の生活や社会の現実を密接に結びつけ、実践と生活を生徒の人間形成のための生きる力とすることである。デューイは「学校は今ある生活を、つまり生徒にとってリアルで生き生きとした生活を提示しなければならない。家族、近所、スポーツの場で経験する人生のように」と言っている。つまり、課程の生活化は、現代の課程の発展における重要な概念として、課程改革の実践に浸透している。

中国の新規の基礎教育課程改革では、「『複雑、難しい、偏った、古い』課程内容や書籍知識への過度の注目という現状を変え、課程内容と生徒の生活や現代社会における科学技術発展の関連性を強化する」ことが重要な改革目標の一つとなっている。この目標を達成するために、すべての教科の教育課程基準では、生徒の既存の経験を出発点として、教育課程の内容と日常生活との関係を重視している。

以上からわかるように、新課程は、もはや単一の理論的で体系化された書物の知識ではなく、人間集団の生きた経験を生徒に提示し、彼らの生活世界の文脈でそれらを組織化したものである。したがって、課程内容は、実生活に貢献しない抽象的な知識の暗記にとどまらず、生徒が日常生活で持つべき基本的なスキルや正しい生活態度を育成する、まさに「生活密着型課程」である。

　新しい基礎教育課程改革では、課程構造を再構築し、総合性の重視、選択性の強化、バランスの確保を図った。「基礎教育課程改革要綱（試行）」では、「9年間の一貫した基礎教育課程を編成する」とし、小学校の段階では総合課程、中学校の段階では小科目と総合科目を組み合わせた課程、高等学校の段階では小科目主体の課程を編成することを定めている。課程の体系は、全体的に総合化の方向を目指しており、具体的にはまず、小学校3年生から高等学校に学科ではない「総合実践活動」を設置している。この課程の基本コンセプトの一つは、生徒たちの生活の一体感を反映させることであり、現在の基礎教育課程が生徒たち自身の生活や社会の生活から切り離される傾向にあることを克服し、生活の中で興味のあるテーマを選択し、自分にとって価値ある生活を送ることができるようにすることだ。

　次に新課程には「総合科目」も多く含まれており、課程の総合化をすすめ、旧来の課程構造を変革することを意図している。総合科目は、1～2年生の「人格と生活」、3～6年生の「人格と社会」「科学」「歴史と社会」、そして「美術」である。これらの授業は、教科体系の論理に従って展開されるのではなく、教科の知識や方法に基づいて教科を横断的に統合し、教科の境界を和らげ、教科の知識体系を再構築しようとするものである。例えば、「歴史と社会」の課程では、歴史、地理、その他の文科の統合と連携を重視し、特に生徒の実体験に基づく教育活動や、生徒が興味を持ち、複数の分野の統合を反映したテーマを選択することを推進している。

　そして、すべての分科課程で統合的な改革が試みられており、科学的知識と生活世界との接点、合理的理解と知覚的経験の統合が強調されている。その指導案では、各教科の課程標準として、生徒の生活環境や既存の経験との密接な接触、生徒の主体的な探究や協力・コミュニケーションを促進する文脈の構築、それにより生徒が現実的な状況において知識の生成・形成・発展の過程を経験・理解し、

基本的な知識や技能を習得するとともに、肯定的感情体験や全人的発達を達成できるようにすること、が挙げられている。

三、中国の小学校・中学校・高校の課程

中国の新規の基礎教育課程改革では、9年間の基礎教育課程が全体として設定された。

小学校教育では、総合的な課程が中心になる。小学校低学年では、品格と生活、言語、数学、体育、芸術（または音楽と美術）、小学校中・高学年では、品格と社会、言語、数学、理科、外国語、総合的実践活動、体育、芸術（または音楽と美術）の科目が開講されている。

中学校教育では、思想・道徳、国語、数学、外国語、科学（または物理・化学・生物）、歴史・社会（または歴史・地理）、体育・保健、芸術（または音楽・美術）、総合的な実践活動などを中心に副教科と総合科目を組み合わせて設定し、学校が選択科目を提供できるような条件整備を進めている。

一般高校教育は、9年間の基礎教育を基礎として、更に国民の資質を向上させるための基礎教育である。一般的な高等教育の期間は3年である。課程は、必修科目と選択科目の二つで構成されている。課程は時代性、基礎的性格、選択性を重視して設置される。具体的な課程設置は分科課程が主で、言語、数学、外国語、物理、化学、歴史、地理、一般技術、総合的な実践活動、芸術（または音楽、美術）、体育、保健がある。すべてのコースには、いくつかの必修科目と選択科目がある。

基礎教育の各段階における課程の詳細は、表6-4、6-5、6-6に示す。

第六章　教育課程　211

表6-4　基礎教育課程の設置（教育部公布，2001年）

	学年								
	一	二	三	四	五	六	七	八	九
課程教科	道徳と生活		道徳と生活				思想道徳	思想道徳	思想道徳
							歴史と社会（選択：歴史、地理）		
			科学				科学（選択：生物、物理、化学）		
	国語	国語	国語	国語	国語	国語	国語	国語	国語
	数学	数学	数学	数学	数学	数学	数学	数学	数学
			外国語	外国語	外国語	外国語	外国語	外国語	外国語
	体育	体育	体育	体育	体育	体育	保健体育	保健体育	保健体育
	芸術（選択：音楽、美術）								
			総合実践活動						
	地方と学校課程								

表 6-5　基礎教育課程の設置と配分（教育部公布，2001 年）

課程教科	一	二	三	四	五	六	七	八	九	九年課程時数合計（配分）
	道徳と生活	道徳と生活	道徳と生活	道徳と生活	道徳と生活	道徳と生活	思想道徳	思想道徳	思想道徳	7~9%
							歴史と社会（選択：歴史、地理）			3~%
			科学				科学（選択：生物、物理、化学）			7~%
	国語	国語	国語	国語	国語	国語	国語	国語	国語	20~22%
	数学	数学	数学	数学	数学	数学	数学	数学	数学	13~15%
			外国語	外国語	外国語	外国語	外国語	外国語	外国語	6~8%
	体育	体育	体育	体育	体育	体育	保健体育	保健体育	保健体育	10~11%
	芸術（選択：音楽、美術）									9~11%
	総合実践活動									16~20%
	地方と学校課程									
週間総時数（授業）	26	26	30	30	30	30	34	34	34	274
学年総時数（授業）	910	910	1 050	1 050	1 050	1 050	1 190	1 190	1 122	9 522

注：①表は各教科の週あたりの授業時間数で、9 年間の総授業時間数は 1 学年 35 週の授業時間で計算、②総合実践活動は主に情報技術教育、調査研究、社会奉仕・社会実習、労働・技術教育が含まれる。

第六章　教育課程　213

表 6-6　一般高校課程案（教育部公布，2003 年）

学習領域	課目	必修単位 （合計 116 単位）	必修単位 I	必修単位 II
言語と文学	国語	10	多様な人材を求める社会のニーズに応え、生徒のさまざまな可能性と発達に対応するため、共通の必修科目を基本に、生徒が選択できる多くのオプションを設定し、各科目の課程標準で分類・等級付けを行っている。	地域の社会・経済・技術・文化の発展のニーズと生徒の興味に基づき、多くの選択科目を用意している。
言語と文学	外国語	10		
数学	数学	10		
	思想政治	8		
	歴史	6		
	地理	6		
	物理	6		
	化学	6		
	生物	6		
技術	技術（情報技術、一般技術を含む）	8		
芸術	芸術、或いは音楽、美術	6		
体育と健康	保健体育	11		
総合実践活動	研究学習活動	15		
総合実践活動	ボランティア	2		
総合実践活動	社会実践	6		

説明
(1) 毎学年 52 週、授業 40 週、社会実習 1 週、休日（夏季・冬季休暇、休日、農閑期を含む）11 週間。
(2) 各学期 10 週間の 2 つの課程に分かれており、うち 9 週間の講義と 1 週間の試験のための復習を行う。各基礎単位の長さは通常 36 時限で、通常は週 4 時限で、1 つの学期で終了する。
(3) 1 基礎単位を学習し、試験に合格した生徒には、2 単位（うち体育と健康、芸術、音楽、美術の各単位は 18 時限で 1 単位に相当）を授与し、単位は学校が定める。技術系の必修単位 8 単位のうち、情報技術系と一般技術系がそれぞれ 4 単位ずつとなっている。
(4) 研究学習活動は全生徒の必修科目であり、3 年間で合計 15 単位を履修する。調査研究では、自主的な調査や実習を通して、社会・経済・技術・生活の問題に注意を向けるように指導している。プロセス、事前の知識や経験を総合的に問題解決に応用し、学び、人間性や科学的なリテラシーを養う。
また、各学年で 1 週間のボランティアに参加することが義務付けられ、2 単位となる。3 年間の中で、ボランティアに最低 10 日間参加しなければならず、2 単位となる。
(5) 卒業のための生徒の単位要件は、各分野の各学年で一定の単位数を修得し、3 年間で 116 の必修単位を修得しなければならず（研究学習活動 15 単位、ボランティア 2 単位、社会実習 2 単位を含む）、卒業には選択 II の中で最低 6 単位以上、合計 114 単位が必要だ。
　教育部は 2011 年に義務教育各学科の新課程標準を公布した。普通科高校の全教科の課程標準も改訂中だ。
　要するに、中国の新基礎教育課程改革の新ラウンドは飛躍的な進歩を遂げたが、物議を醸している見解や課程があることも事実であり、その実践的な効果はまだ検証されていない。これは当然のことであり、有意義なことでもあり、その前途の発展と改善を促進するために、今後も注目し、議論していく必要があると考える。

復習思考問題

1. 教育課程とは？自分の理解で説明せよ。

2. 教育課程案、教育課程標準、教科書の三者と課程の関係は？教育課程における それぞれの役割とは？現在の課程改革との関係は？

3. 課程や課程理論の展開、また、よく議論される課程の主要な問題点について学んだ後、どのような新たな気づきや意図があるか？

4. あなたの小・中学校での学びは、中国の基礎教育における新たな課程改革の過程を目の当たりにしたと思われるが、その結果をここに書かれているものと比較することはできるか。この課程改革の感想を述べよ。

5. 教員の視点から見た課程設計の意味は？

6. 中国の新規の基礎教育課程改革によって、教師に課せられた新たな要求は何か？

第七章

教学（上）

教学は学校のカリキュラム実施における基本ルートであり、カリキュラムを生徒の個人的素質へと転化させる有効的な活動方式である。本書は「教学」を上・中・下の三つの章に分け、主に教学の一般的な理論及び学科知識の対策について論じ、「徳育」「美育」「体育」等の章は、徳育、美育、体育の教育と教学を一歩掘り下げて論じるものである。

第一節　概論

一、教学の概念

教学は一定の教育目的の規範の下、教師の計画的な指導の下、生徒が能動的に学び、系統立ったカリキュラムによりもともと設けられた科学文化の基礎知識を掌握し、自身の知識と体力を伸ばし、良好なる品行と美感を養い、総合的に発展した個人的素質を一歩一歩形成させる活動である。簡潔にいうと、教学とは、教師の指導の下で生徒が能動的に知識を学ぶ事によって素質を伸ばす活動の事である。

教学の教と学の両者が互いに影響し合う中において、教師は教学の組織者であり導き手であり、生徒の学習と発展のために奉仕する者である。生徒は、教師が教える対象であり、また学習及び発展の主体である。如何にして順を追って巧みに生徒の学ぶ事への興味と求知欲をかき立たせ、生徒が自らの既に持っている経験を頼りに観察し、思考し、学び、あるいは新たな課題を探究し、生き生きと活発で自発的に知識を獲得できるようにするかというのが教学の根本である。教学の質は、とどのつまりは生徒の学習と発展の効果によって検証される。だからこそ、教学は教と学のみに止まらず、教の能動性と学の能動性が必要であり、しかも教の能動性と学の能動性という二つの面が相互に疎通し合い緊密に絡み合ってこそ、初めて教学をして、完全な能動性を持たせると共に、素晴らしい教学効果を獲得せしめることが可能となるのである。

教学概念を理解するには、更に教学とその他の関連的概念との繋がりと区別に注意する必要がある。

教学と教育は、部分と全体の関係である。教学は学校が教育を進める上での一つの基本的ルートであるに過ぎず、学校は更に課外活動、生産労働、社会活動等を通して生徒に教育を行うものである。

教学と知育は、交叉の関係である。教学は徳育、知育、体育、美育を進める基本的ルートであるのに対して、知育は教学の主な内容であるに過ぎず、しかも知育は課外や学外活動等のルートを経ることによって初めてトータルな実現が可能となる。もしも教学と知育とを同一視してしまうと、教学を唯智主義へと向かわせ、トータルな発展という方向から外れさせ、しかも知育を教室での教学のみに限定し、いとも容易に社会生活の実際を軽視しそれから離脱させてしまう事になりかねない。

教学と自習は、複雑な関係があり、生徒の自習には二つの種類があるが故に、区別が必要である。一種は、教師の指導の下での自習で、教学に合わせて行う予習、復習、自習や宿題を含むそれは、教学の構成部分である。そしてもう一種は、教学カリキュラム以外に生徒が自主的に行う自習である。

二、教学の意義

教学は、文化を伝承し青少年である生徒の個性をトータルに伸ばす事を促す上で、それをリードする重要な役割を果たすものであり、系統的知識を伝播し、生徒の伸びを促す最も有効的な形式である。教学において科学文化の伝承ならびに教師と生徒及び生徒同士が互いに影響を与え合うことは、生徒の成長に対する導きと育成と基礎固めの役割を果たすものである（この問題に就いて、私たちは以下の「教学過程」において掘り下げた探究を行うものである）。だからこそ、教学は、育成目標を実現する基本的ルートであるとみなされる学校の主要な役目である。

我国の教育の実践経験は、学校が教学を主とする原則を堅持する場合は教育の質が向上し、逆の場合は教育の質が低下するという事をプラスとマイナスの両面から証明している。しかしながら、教学主体を堅持するという事は、あくまでも教学が唯一であり、その他の教育活動は軽視して良いという事を意味するものでは決してない。故に、学校教育は教学主体とトータルな配分との関係を上手く処

理する必要がある。我が国の小・中学校教育の現状に就いていうならば、「総合的実践活動」というものに相応の地位を与えることをとりわけ重視すべきである。

三、教学の役割

教学の役割というものに対しては、これまでずっと各人によってそれぞれに異なる見方が為されて来た。教育目的及び生徒の個人的素質の伸びという需要に応じると共に、人々による研究成果を考慮に入れた上で、我が国の基礎教育の教学の役割は以下のいくつかの相互に関連する面を含むものであると私たちは考える。

（一）科学文化の基礎知識及び基本的技能と技巧を掌握する

教学の基礎的な役割とは、科学文化の基礎知識と基本技能を能動的に学び、運用しマスターするよう生徒を指導することである。

基礎知識とは、各学科を構成する基本事実及びその相応する基本概念、原理、公式等及びその系統を指す。それは一つの学科の知識を構成する基本構造であり、学科の研究対象の規則性をはっきりと示し、学科の文化的発展の現代的水準を反映するものである。単刀直入にいえば、基礎知識は最も主要で最も基本的な知識であり、それを拡大解釈するような事が有ったりしては断じてならず、もしも主要なものと副次的なものを分かたずに、有用な知識のすべてを基礎知識であるとみなし、一切合切をマスターするよう生徒に要求するならば、生徒の負担を重くする事になりかねず、反対に有害であり、これが教学において現れるズレである。当然ながら、基礎知識は一つの相対的概念であり、異なる学科、異なる学年ないし異なる生徒に対しては、その内包と外延は均しく変化するものであり、永久不変の画一的な線引きをしてはならず、各学科の教師が具体的情況に基づいてこそ、初めて合理的に具体的な実際に適合した改定を行うことが可能となる。

技能とは、生徒が掌握した所の知識を応用してある種の動作的操作や知的操作を完成させる能力の事をいう。基本技能とは、すなわち各学科における最も主要的で最も常用的な技能の事をいう。例えば、国語の読み書き、数学の計算、音楽の歌唱、美術の絵描、コンピュータの操作技能等がそれであり、それらは能力の範疇に属する実践能力を伸ばす基礎である。

技巧とは、一種の技能の操作あるいは動作の自動化の事をいう。ある技能は一定の練習を通じる事によって技巧へと発展する。例えば、読み書きや計算の技巧がそれである。但し、あらゆる技能のすべてが技巧へと発展する訳ではなく、複雑な知力操作を含む技能、例えばレジュメ書き、作文、実際問題を解決する計算等は、如何に訓練しようとも技巧へと転化させることは困難である。

　知識、技能、技巧の三者は相互に制約し促進し合うものである。但し、異なる学科内容の教学は、三者の関係の扱い方に対して異なる特徴を持つものである。科学文化の教学は、一般的には知識の伝授から着手し、基本概念及び原理を理解する基礎において、技能と技巧を徐々に形成するよう生徒を導くものである。しかしながら、技芸性の強い音楽、体育、美術等のカリキュラムの教学はそれとは異なるもので、多くは技能の教学から取り掛かり、技能の教学を組み入れる形で関連する知識、要領及び原理を説明するというものになる。

（二）体力、知力、能力及び創造的才能を伸ばす

　生徒の体力、知力、能力及び創造的才能を伸ばすというのは、新しいタイプの人間が求めているものをトータルに培い育て自由に伸ばす事である。

　体力とは、人体が活動する時に費やすパワーの事をいい、持久力、適応力及び抵抗力を含むそれらは何れも身体の健康レベルと関係がある。生徒の体力を伸ばすのは、単に体育や課外のスポーツ活動によるだけでなく、各科目の教学の役割でもある。例えば坐ったり、立ったり、本を読んだり、字を書いたり、またその他の学習活動において正しい姿勢を保つことを生徒に指導することは、視力を保護し、学業の負担が過重になるのを防ぎ、彼等に健康な身体と粘り強い学習能力を具えさせるものである。

　知力とは、個人が認識の過程で示す認知操作能力系統の事をいう。それは観察力、記憶力、想像力及び思考力を含むもので、その核心部分は事物に対して分析、推理及び再認識を行う抽象的な思考の能力である。

　能力とは、個人の活動能力あるいは実践能力、即ち個人がなにがしかの目的を有する仕事を完成させる上で、「問題―解決」というプロセスの中で示す個人的な素質の特性の事をいう。活動あるいは実践の「目的―手段」という構造においては、知識、技能、知力、体力は主に道具や資源の地位に立つ活動あるいは実践

アプローチであり、可能範囲である。教学の役割は主に生徒の学習及び自己構築の能力、人間関係の関わり能力、表現能力、科学実験研究能力、文芸創作能力、理論探究能力、社会奉仕能力、生産労働能力等を培う事にある。

創造的才能とは、生徒にとっては、主に自らが既に有している知識、知能、インスピレーション、態度と意志などを活用してそれが未だに知り得るに至っていない知識あるいは能力を探索し、発見し、構築する能力、つまり創新の事をいう。この種の創新は、社会からすれば初となる創造とは言い得ないまでも、生徒の知識と視野の開拓、思考方法の改善からすると確かに創新ではある。創造的才能は、知能発展の高級的形態であり、新時代の挑戦に立ち向かうために、ユニセフによれば教学は「人間一人一人の何れもが自らの持つ潜在的な創造力を発見し、発揮し、高めていくもの」という。

今日、技術革新と社会改革を進めるために、教学によって更に実践力と創造的才能を培い育てることに配慮すべきである。

（三）正しい価値観、情感及び態度を培う

価値観とは、個人が決定を下し行動を採るのを審査すると共に導き推し進める準則と信念であり、追い求める人生の意義と社会の理想のことをいう。

情感とは、人間の社会的需要と関連する一種の比較的安定した精神体験の事をいう。例えば、道徳観、正義感、責任感、義務感、友誼感、美感、理知感等がそれである。

態度とは、価値観と情感に関連する個人がある対象に対して堅持する所の評価基準及び行為的傾向の事をいう。

生徒個人の価値観、情感及び態度は、彼個人の魂と個性の核心を構成するもので、上述の実践能力と創造的才能に対していうならば、方向を定め、原動力となり、組織し、調節し、指導する役割を果たすものである。

要するに、生徒個人の素質の伸びは、徳、知、美、体、総合的実践能力等の異なる次元を具えたものでもあれば、総体性を具えたものでもあり、教学の役割の完成プロセスは、分解できるものでもあり、相互に関連するものでもある。故に、それぞれの学科の教学は、何れもあらゆる教学の役割を併せて配慮せねばならないのであるが、その学科が担って然るべき固有の役割をも受け持つ必要がある。

具体的に実行される一つの課題もしくは一つの授業の教学の役割においては、生徒の発展の需要と学科の特徴に基づいて教学の役割と重点を選択し、確定すべきであるが、長期間におよぶ教学の重点の固定化は、教学活動におけるあちら立てばこちらが立たずという情況がもたらされることで、生徒を偏った形で伸ばしてしまう事になりかねない。ちなみに、我が国の小・中学校の教学は「双基教学」（基礎知識と基本技能教学）の優れた伝統を有するものの、生徒が受動的に受け入れる余り、自発的に探索したり、自分の頭で考えたり、新たなものを創造したりする事に欠けたり、知識を金科玉条として信奉するあまり、それを問題解決の資源や道具として活用する事に欠けていたり、知識の蓄積を重んじる余り、価値の追究を進めたり、精神的境涯を高めたりする事に欠けるといった限界性を有するものでもある。したがって、私たちは教学を絶えず探究し、改革する必要があるのである。

第二節　教育カリキュラムの発展

一、古代の教育カリキュラムの萌芽

　孔子及び儒家は倫理政治教育を重要視し、身を修するを以って国を上手く治め、天下を平和にすることを唱導したが、その教育思想は教育カリキュラムの萌芽を含むものであった。孔子は「学而不思則罔、思而不学則殆」（書物を読んで勉強するだけで、自分で考えることを怠ってしまうと、物事の道理が身につかず何の役にも立たない。また、考えるだけで書物を読んで勉強しなければ、独断的になって危険である）と提起すると共に、「躬行」（自ら行うこと）を重要視し、「学」「思」「行」の学習プロセス思想を形成した。この思想は後世の儒家の思孟学派（子思と孟子の学派）によって発展を見る。『中庸』は「博学之、審問之、慎思之、明辨之、篤行之」という学習プロセス理論を明確に打ち出している。上述の思想は何れも生徒個人の能動的学習、思考及び実践を強調するものであり、我が国古代の徳育を主とする教学理論に奥深い影響を与え、今日に至ってもなお価値を有するものである。『学記』は我国と世界の教育史上最も早い比較的系統

立った完全な教学論の専門書であり、それは当時の教育と教学の地位と役割、目的と役割、制度と内容を論じ、「教学相長」の弁証的関係を詳述し、「藏息相輔」（課内学習と課外練習の結合）、「豫」「時」「孫」「摩」「長善救失」（善を伸ばして過失を救う）等の教学の原則と方法を総括することで、当時の教学の弊害を明らかに示すと共に、「今之教者、呻其佔畢、多其訊言、及於数進、而不顧其安、使人不由其誠、教人不盡其材、其施之也悖、其求之也佛。夫然、故隠其学而疾其師、苦其難而不知其益也、雖終其業、其去之必速、教之不刑、其此之由乎！」（今日教える者は、自分の職業にひれ伏し、口数が多く、平和を顧みず数を進め、人を誠実にせず、才能を最大限に発揮させず教える。このため、学問を隠し、師を憎み、その困難に苦しみ、その利益を知らない者は、その経歴を終えるものの、すぐに去ってしまい、その教えは罰せられることはないのだ！）と指摘している。『学記』は更に教師の順を追った巧みな指導の経験を明確に論じ、「故君子之教、喩也。道而弗抑、開而弗達。道而弗牽則和、強而弗抑則易、開而弗達則思、和、易、以思、可謂善喩矣」（したがって、君子の教えと指導は同じである。導かなければ安らぎがあり、導かなければ安楽がある。遠慮しなければ安らぎがあり、遠慮しなければ安楽があり、届かなければ思いがあり、安らぎと安楽と思いがあれば、良い心が生まれるのだ）と提起している。『学記』は教と学という双方向の相互の影響の与え合いを重要視し、如何に学ぶかを論じることを重視するのみならず、如何に教えるかという原理と方法を際立たせて解き明かしており、これらの理論は十分に練れていて、今に至ってもなお輝きを放ち続けている。

　ソクラテス（Socrates、前469～前399）は知識と美徳の教学を重視した。品徳教学において、彼は「真の知」を直接弟子に教えず、対話と詰問を通じて弟子を矛盾の苦境に陥れ、然る後に自らの思考と解説を通じて真の知を獲得するよう弟子を指導した。この種の学生が真知を得るのを手助けする方法は、後世により「産婆術」と呼ばれた。

　例）ソクラテスとある兵士との「勇敢とは何か」についての討論
　「勇敢とは何か？」とソクラテスが気軽に一人の兵士に問いかけた。
　「勇敢とは、情況が厳しくなった時に陣地を堅守できることです」と兵士は答えた。
　「但し、仮に若し戦略が撤退を求めたとしたら？」とソクラテスは問う。

「もしそうだとすれば、事を馬鹿げたものにしてはなりません」

「ならば、勇敢は陣地を堅守することでもなければ、撤退することでもないということに君は同意するのだね？」

「わたしはそう推測しますが、でも、知りません」と兵士は答える。

「わたしも知らない。それはちょうど君の頭を働かせることができるかもね。これに対して、君がもっと言いたいことはあるのかな？」

「その通りで、わたしの頭を働かせてくれます。これがつまりわたしの言いたいことです」

「ならば、私たちは、勇敢は厳しく苦しい時に落ち着いていられる事だというのは正しい判断だと試しに言えるのかもしれないね」とソクラテスは言う。

「その通りです」と兵士は最後にこう答えた。

「産婆術」を用いた教学は、二つの段階に分かれる。第一段階は、問い詰めで、施教者から絶えず質問がなされることで、受教者が認識上において自己矛盾に陥り、最終的に自らの過ちと無知を承認する。第二段階は、助産で、相手が道理を弁えたその基礎の上で、改めて探究する所の概念の正確な意味を論理的にまとめる手助けをする。「産婆術」は帰納法、探究法、発見法の淵源なのである。

クインティリアヌス（M. F. Guintlianus、約35～96）は古代ローマの教育者で、彼は『雄弁術原理』において、自らが修辞学校の校長を務めていた時期に演説家を育成した経験を総括し、「模倣、理論、練習」という三つの順を追って一歩一歩進める学習プロセス理論を提起した。このプロセスは、直感を重視し、知識の掌握、理論水準の向上及び弁論技能の訓練を重視すると共に、教学方法の研究と改善を重要視するもので、大変貴重である。

要するに、古代の中国と西洋の教学には共通する特徴がある。それは、教学は学生の「学を」主な活動であるとし、学生の学習の能動性を強調すると共に、政治、徳行及び文化の伝習を重要視し、実践を教学の基礎としているそのねらいは、賢能な統治者と役人を育成することに在った。思想家と教育者が啓発による導きを提唱しはしたものの、実践における体罰、独断専行、丸暗記が流行した。

二、近代教育カリキュラムの形成

　資本主義経済の発展並びに啓蒙思想の興起に伴い、社会の科学技術、経済、政治及び文化の面の人材に対する需要が迅速に増えた事により、方法を改善し、効率性と質を重んじる事が教学に求められ、そこで系統的な教育カリキュラムが形成され始めた。

（一）コメニウスの教育カリキュラム思想

　コメニウス（J. A. Comenius、1592〜1670）は欧州の封建制度が資本主義制度へと向かう過渡期の時代に生きた。彼は、時代変革の需要を反映し、鋭意に教育改革を行い、残酷な方法で学校を子どもが恐怖を感じる場所、彼等の才知の屠殺場に変えてしまう事に異を唱え、教学の雑然とした無秩序と低効率に不満を示した。彼は、誰もが教育を必要としていて、男女子どものすべてが富貴貧賤を分かたず皆学校に入学して学び、科学、芸術、国語、徳行及び敬けんな心などを包括した周全汎智（周到ですべての知識をすべての人に教授する）の教育を受けられるようにするよう主張した。彼は、教学は「すべての事物をすべての人類に教える全芸術」になって然るべきであるとした。彼は学年制度、分科教学及び班級授業を推進し、「毎年、毎月、毎週、毎日、ひいては毎時間の何れも一定の仕事があるようにすべきである。なぜならば、そうする事で、計画されたすべての仕事が完成され易くなるからである」と述べた。こうして、中世以前の個別教学が制度化された班級授業制へと転化した。彼は、比較的に系統立った教学理論を創建し、彼が1632年に完成させた『大教授学』という一書は、彼の教育に対する傑出した貢献である。

　コメニウスは、「秩序は一切の事物を一切の人々に教える教学芸術の主導的原則」であるが故に、教学芸術の根本的指導原則とは即ち自然の秩序を模倣しそれに従うことであるとした。これに基づき、彼は教学の上で多くの原則を打ち出し、樹木や小鳥の成長順序といったような自然の秩序を均しく学習、模倣及び類比の対象とした。とはいえ、彼が提起した模倣や類比の内容は繁多ではあるものの、その応用は何れも模倣、偏差、是正という三つの段階に従ったものである。例えば、「自然は容易なものから難しいものへと進む」という原則は、その運用に当

たっては、先ず初めに、直立し、それから徐々に翅を動かし、更に力を用いて地上から飛び上がるといった鳥が飛ぶ事を学ぶのを「模倣」し、その次に、教学におけるこの秩序に違背する種々の「偏差」を見出し、最後に、子どもに先ず感覚器官を運用させ、それから記憶を運用させ、更に理解を運用させるというように、易しい事から難しい事へと至る、掌握に便利な各種の「是正」措置を打ち出した。コメニウスの教学原則の運用に対する三段階の論述の多くは機械的な模倣と簡単な類比に属するもので、科学的論述が乏しいとはいえ、多くの教学改善の貴重な経験と深い認識を総括している。

　「自然における一切は内面であり、発展は何れも内発的なものであり」「一羽の小鳥が飛ぶことを学び、一匹の小魚が泳ぐことを学び、一頭の野獣が走ることを学ぶのは、何れも如何なる強迫をも必要とはしない。彼らは一旦自らの肢体が強健になったと感じるや否や、すぐさま自ら進んでそうした事を行う」のであり、「知識、徳行及び敬けんな心の種子はすべての人類の身に存在し――彼らが必要としているのは一種の穏やかな後押しと用心深い指導のみであるに過ぎない」とするコメニウスは、「求学の欲望は徹して学生の身において激発されて然るべきである」と指摘した。この事から、コメニウスは自然の万物の発展には何れもその内因と秩序が存在するとの認識から、子どもの成長にもその内因と秩序があり、それが即ちその後の子どもの自然成長に適応するとの理論提起の為の基礎を築いたことがうかがえる。彼は、「一切の知識は何れも感覚器官の感知から始まるものである」と考えたが故に、実物教学と直観教学を提唱したのである。事物の真実の性質と起源を重視し、「知識は、確乎として原因を把握する事に在り」、そして「原因は悟性の案内人である」とした彼は、「物理を教える人間で目撃の実演と実験を利用した事のある者はごく稀であり、彼等はひたすらアリストテレス等といった人の著作を引用するだけである」と旧学校を鋭く批判した。彼が一歩一歩順を追って進め、力相応に教え、対象に応じて異なった方法で教育を施し練習をさせ、実践から学ぶという原則と方法を重視した事は、その後の教学に多大な影響を与えた。

(二) ルソーの教育カリキュラム
　ルソー（J. J. Rousseau、1712~1778）の思想は、不平等な封建社会制度に異を

唱え、自由と平等を追究するという啓蒙運動時代のブルジョア階級の理想を反映したものであり、教育において、彼は子どもを抑えつけるキリスト教の「原罪論」に断固反対し、人間の本性はもとより善であり、「本性の最初の衝動は終始正しいもので」「造物主の手より出でた物は何れも善きものであるのが、人の手に渡ってしまうや、それはすべて悪しきものとなる」とするが故に、彼は自然教育を主張した。

　ルソーは、子どもは生来何も持たず、大人になって必要とされる物は皆教育によって与えられねばならないと考えた。子どもの才能と器官の内在的な成長は自然の教育で、他者がこの種の成長を利用するかを子どもに教えるのが人の教育であり、子どもが、子どもに影響する事物から良好な経験を得るのが事物の教育である。この三種類の異なる教育にあって、自然教育は全く私たちが決定し得ないものであり、事物の教育はいくつかの面においてのみ初めて私たちが決定できるのであって、私たちがコントロールできるのは人の教育のみである。三種の教育が上手くかみ合わさる事によって初めて子どもが良好な成長を遂げられるのであるからには、「私たちはほかの二種類の教育を私たちがコントロールする術のないその種の教育に合わせる必要があるのである」。

　子どもの成長の順序及びその年齢的特徴に従うべきであると大いに強調するルソーは、「大自然は子どもが成人する以前においては子どもらしくあることを望んでおり、もしも私たちがこの順序をかき乱してしまうと——若造の博士や年寄りじみた子どもを造り上げてしまうことになる。子どもはそれ特有の見方や考え方や感情を有するものであり、もしも私たちの見方や考え方や感情でもって彼らの見方や考え方や感情に取って代わらせようとするならば、それはまるっきり愚かしい事である」と述べている。ルソーは、子どもの特徴を顧みずに、子どもを小さな大人に見立て、両者の区別を抹消し、成人の基準で子どもに厳し過ぎる要求をし、その天性を抑えつける伝統教育に異を唱えた。ルソーの子どもに関する認識は、教育界に対して啓蒙的意義を持つものであり、人々から初めて「子どもを発見」した人であると称えられている。

　ルソーは、子どもの天性は「動くのが好き」で「好奇」であるので、しっかりと導いてあげさえすれば、その求知の興味や原動力をかきたてることができるとした。そして更に、子どもは「考えるのが好き」であるので、彼等の好奇心が十

分に発動し始めた時に、いくつかの簡明な質問を投げかけることで、彼等が心の中で奇妙だと感じた点に自分で解答し、何日かを費やしてそれをはっきりと知るようにしてあげる必要があるとした。また、「彼が知る所のものは、あなたが告げたことによるのではなく、彼自らの理解によるものでなくてはならず、彼にあしろ、こうしろと教える学問ではなく、彼自らによって発見させる学問であるべきである」を為し得てしかるべきであるとする彼は、子どもに対して機械的に詰め込む事に異を唱え、「汝が一旦彼の心中において権威を以って理知にとって代わらせた暁には、彼は二度と理知を運用しなくなり、他者の見解に左右されてしまうことになるであろう」と教育者に注意を促した。それでは、子どもの独立思考能力と創造性を摘み取ってしまい、他人の言った事を受け売りする定見無き人間にしてしまうことになりかねない。

　ルソーは百科全書式の教学には不賛成であった。なぜならば、人間の知恵は有限的なものであり、一人の人間がありとあらゆる事物を知ることは不可能であるからで、彼は、子どもが「学ぶ所の知識は役に立つものであらねばならない」と強調した。「エミールの知識は多くはないが、彼が持つ所の知識は本当の意味で彼自身に属するものであり、しかもそれには生半可なものは一つとしてない」「彼は学識の該博なる人間ではないが、少なくとも学ぶことの上手な人間ではある」ルソーは、「我が目的は彼に各種各様の知識を教えるのではなくして、如何にして必要な時に知識を取得すれば良いのかを教え、知識の価値を正確に見積もる事を教え、真理を何物にも勝って愛する事を教える事である」と言う。そして、かなり誇張気味に、「ここにおいて既に汝の子どもの学識と我が子どもの無知との間の違いが弁別できるようになる！汝の子どもは地図を見ることができるのに対して、彼は地図を画く事ができるのである」と言っている。

　ルソーの自然教育思想は現代の教育改革に深い影響を与えた。デューイはこう指摘している。「彼（ルソーを指す）の意味は、教育は外から子どもや若者に何かを無理に押し付けるのではなくして、人類の天賦の能力の成長であるという事である。ルソーの時代以来、教育改革者たちが最も強調する所の様々な主張は、何れもこの概念を源としている」。

(三) ヘルバルトの教育カリキュラム

　ヘルバルト（J. F. Herbart, 1776~1841）の思想はドイツの資本主義を発展させたいとの強烈な願望を反映したもので、教学においては、ブルジョア階級の「徳行」を教育の「最終目的」とすると共に、「多方面の興味」を教学の「より近い目的」とする。だからこそ、彼は「教学は多面的に人間を培い育てて然るべきで——この種の人間は骨折りせずトータルに各種の繋がりを有する系統的知識を操ることができる」。彼は多方面の興味に基づき、その時代の科学文化を反映した広範で全面的な中等学校の教学科目を制定した。強調すべきは、近代前期の教育者の何れもが徳行と知能を培う事を重要視する余り、系統立った知識の教学を比較的ないがしろにした事である。著書で「率先的にこの欠陥に気づいたのは、啓蒙主義の反動として生まれた 19 世紀初頭の新人文主義（ニュー・ヒューマニズム）である」と言っている通り、ヘルバルトはこの思潮の代表であり、トータルに系統的な知識教学を重視するというのが彼の教学理論の重要な特徴である。

　ヘルバルトは、教学には教育とは異なる特徴があり、「教学という概念には顕著な標識があり、それは私たちが研究の方向を極めて容易に把握できるようにさせている。教学においては常に一つの教師と学生を同時に専心的に注意せしめる第三者というものが存在する」とする。「第三者」とは、「系統立った知識体系」のことである。彼は更に「すべての教学が何れも教育的なものであるというには程遠い」と指摘しているが、彼のいう教学は如何なる一種の教学でもなく、「ただの教育的教学でしかない」。これが即ち有名な「教学の教育的原則」の淵源である。

　知識伝授に長け、知識を伝授する科学を掌握するよう教師に求めた彼は、系統立った知識体系は分解して伝授を行う事が可能なものであるとする。正により小さなものが最も小さなものによって構成されている如く、より大きな構成部分はより小さな構成部分によって成り立っているが故に、教学は部分ごとに行う事が可能なのである。「一つ一つの最小の構成部分においては、何れもいくつかの段階に区分することが可能であり」、それが即ち明瞭、つながり、系統、方法である。彼は更に、教育カリキュラムは生徒の心理活動の基礎の上に成り立つものであり、心の一貫性を保持する為、教学の最も小さな部分の一つ一つの何れにおいても生徒の注意力を集中させた活動とつまびらかに思考する活動に注意をはらう

必要がある。だからこそ、彼は教育カリキュラムの段階に相対応する生徒の心理活動の四つの段階として、注意、期待、要求、行動を提起した。教学にあっては、教学活動と心理活動という二つの活動は緊密に繋がっているものであり、その主要な活動のプロセスは以下の通りである。

（1）明瞭（clearness）。新教材の伝授は、明瞭ではっきりしていなければならない。教師は主として教学を提示し、実演と直観でそれを補佐することで、生徒の認識上の混乱を取り除く。この段階で生徒は「静的で注意力を集中させた活動状態」に置かれ、その心理状態は主に「注意」という形で表現され、細心の観察に精力を集中させ、一心に聴講する事で、新教材をきちんと理解するようにする。

（2）つながり（association）。連想とも訳す。獲得した新しい観念と既有の観念との間につながりを生じさせ、各種のつながりの中でつながった新たな知識を吟味する。教師は分析と談話法を応用して結び付けを促す。その時、生徒は「動的で注意力を集中させた活動状態」に置かれ、その心理状態は主として「期待」という形で表現され、つながった新知識を獲得できることを期待する。

（3）系統（system）。結び付けを経て、新旧の観念と知識に連繋が生じるが、それはまだ系統的で厳密ではなく、掘り下げた思考を進める事で、法則をはっきりと示し、正確な結論を見出す必要がある。教師は総合と帰納の教学を採用し、概念と定理を形成し得る。この段階で生徒は「静的でつまびらかに考える活動状態」に置かれ、その心理的特徴は「探究」であり、「系統立った知識の優れた点を感じ取る」。

（4）方法（method）。応用とも訳す。知識を実際に運用させるよう生徒を導き、「生徒は宿題や自らの創作と修正を通して方法の思考練習を得ることができる」教師は練習法を用いてもよい。生徒は「動的に詳しく見る活動状態」を呈し、その心理的特徴は「行動」である。

　上述の観点が即ちヘルバルトの教学形式の段階理論である。後に彼の門弟のツィラー（Tuiskon Ziller）は明瞭を二つの段階に分け、分析、総合、連想、系統、方法という教育カリキュラムを構成した。ツィラーの生徒であるライン（Wilhelm Rein）は、更に教学の実際に合った改善を施し、予備、提示（新カリキュラムを提示し、新教材を解説する）、連合、総括、応用という教育カリキュラムへと進展させ、俗に五段階教学と呼ばれた。五段階教学は、かつて欧米を半

世紀余りの長きにわたり風靡し、清末に我が国に伝えられた。

　連想心理学を出発点としたヘルバルトが、心理は観念の連合であるとして、系統立った方法で系統的知識を伝授するよう求め、教育カリキュラムの段階的区分を重要視し、教育カリキュラムのいくつかの法則を反映させる事で、教室での教学を順序立ったものにすると共に、教師が教案を編成し、教学における指導的役割の発揮を便利にさせた事は、教学を大いに改善せしめた。しかしながら、彼は生徒の自発性をないがしろにし、生活の実際から由々しく離脱してしまい、その追随者は、今度は教学を千篇一律の五段階の硬直した構造にしてしまった。社会が前向きに発展して行くに随い、伝統的な教学の理論とやり方も日増しに由々しき弊害を呈するようになる。

三、現代の教育カリキュラムの変革

　19世紀末以降、科学技術や経済が加速度的に発展し、民主主義への意識が高まり、国際競争が激化した結果、教育にも変化が生じた。「近代教育」と「伝統教育」の論争が起こった。この論争には紆余曲折があり、2つの学派は互いに対立し、批判し合い、それぞれが時代の変化の新たなニーズを反映して他方に取って代わり、教育改革と革新を絶え間なく発展させている。

（一）　デューイの教授過程思想

　デューイは時代の潮流に順応し、科学の進歩と産業革命の趨勢に迎合する形で、鋭意に教育革命を行った。彼はルソーの自然教育思想の成果を発揚し、旧教育の理念と手法を猛烈に批判すると共に、教育界において初めてそれを「伝統教育」と呼んだが、これが即ち「伝統教育」という概念の由来である。彼は更に新しい教育思想を系統的に詳述し、後に人々は伝統教育と相対立するデューイを代表とする教育の理論と実践を「現代教育」と呼ぶようになった。

　デューイは、「消極的に子どもに対応し、機械的に子どもを一箇所に集めるそのカリキュラムと教育法は画一的である。概括するに、重心は子ども以外に、即ち教師と教科書にあるのであり——独り子ども自らの直接的な本能と活動のみには在らざるのである」と旧教育の主要な特徴を鋭く批判した。そして、教育にお

いて正に起きている一種の変革は重心の移転であり、「コペルニクスが天体の中心を地球から太陽へと転じさせたような革命——子どもが中心であり——教育の様々な措置は彼らを巡って組織され始めている」とした。

デューイは広範なカリキュラムの設置には反対で、17世紀に人類が積み上げて来た知識は余り多くはなく、人々は百科全書式の知識をマスターするという理想を提起しているが、「現在、知識材料の蓄積が斯くも多いとなると、如何なる人間もそのすべてをマスターすることは不可能であるという一点は極めて明らかである」と考えた。そして、この多くを求めトータルを求めるという理念は旧態依然として小学から大学に至るまでのカリキュラム編成の原則であり続けており、これでは学ぶ知識の数を一方的に追究し、掌握した知識の質をないがしろにするという事態がもたらされるのは不可避であるとした。

デューイは、「教育カリキュラムの基本要素は未成熟でまだ伸びていない人間であり、成人の成熟の経験において体現されたなんらかの社会的な目的、意義及び価値である。教育カリキュラムとは即ちこれらの要素のあるべき相互作用なのである」とした。簡単にいうと、教育カリキュラムとは即ち子どもとカリキュラムの相互作用なのである。しかしながら、人々は往々にしてこの二つの要素を対立させ、一つの要素を堅持し、もう一つのそれを犠牲にする事で、子どもとカリキュラム、個人の天性と社会文化との間に対立を造成し、偏りを出現させてしまう。

例えば、ある学派は「カリキュラムは子ども自らの経験の内容よりもずっと重要である」とした。子どもの生活はこまごまとして煩わしく、狭隘で、混乱した、自己中心的で衝動的なものであるのに比べて、学科からは客観的で正確で普遍的な真理と法則と秩序を見出すことができるとしたのである。そこで彼らは子どもの特徴や経験をないがしろにし、重点を教材のロジカルな順序に置き、漸進的な方式で各部分の教材を提供し、教材に応じて目的や方法を定めたため、子どもの役割は受動的にそれらを受け入れる事であった。これは必然的に教学を強制的な詰込みと訓練の方向へと向かわせ、活気のない、古いしきたりに固執するという事態をもたらした。

別の学派は、子どもこそが教育の始まりであり、中心であり、終わりであると強調する。「子どもの成長にとって、すべての教科は従属的な立場にすぎない」。

学習とは能動的なものであり、精神の能動的な発達を伴うものである。学習の質を決めるのは子どもであり、教材ではない。そのため、子どもたちの興味、自発性、自由を重視する一方で、体系的な知識の習得や技能の訓練は軽視され、必然的に教室内は「カオス」と「アナーキー」になる。

デューイは、子どもとカリキュラムの間に大きな溝が存在する訳では決してなく、「単一のプロセスの両極が構成されるのみである」とした。そして、子どもの側に立つ場合は、子どもの経験そのものに既に系統化した科目の中に組織された一つの類の事実と真理を見据えねばならず、科目の側に立つ場合は、子どもの生活経験でもって教材を解釈する事が上手でなければならないという点に問題があるとした。故に、子どもの経験とカリキュラムの系統立った知識とを教育カリキュラムにおいて適切に結合させねばならず、「正に二つの点が一筋の直線を構成するが如く――子どもの現在の経験から組織的体系を有する真理へと進展させる、即ち私たちが各科目を代表すると称するものは、改造し続けるプロセスなのである」とした。

子どもはどのように学習すればよいのか？ デューイは、人々の最初の認識は、「為すことで学ぶ」、即ち経験の中から学ぶというものであるとした。経験は主体的要素と受動的要素を含んでいるものであり、二つの要素は特有の形式で結合している。主体的な面においては、経験は即ち試みであり、受動的な面においては、経験は即ち結果の受け入れである。一人の人間が活動するに当たっては、主体的な試みを通じて結果を受け入れるに至った時、彼は経験の中からいくつかのものを学び取る。ちなみに、一人の子どもが手指を火焔の中に伸ばし入れただけだと、それは経験ではなく、その行動と彼が受けた苦痛とを繋ぎ合わせた時に初めて経験となるのである。

あらゆる経験には、何れも「試験」的な一面、即ち心理学のいうところの試行錯誤法が存在する。人々の経験が複雑化するに随い、経験の中の試験的一面が増強されていくのである。デューイはこう指摘している。「私たちの活動と発生した所の結果との間の詳細な関連に気付いた時、試験的な経験が包含する所の思考が露わになる――私たちはこの種の経験を反省の経験と呼ぶことができる」デューイは「反省経験」は「試行錯誤」段階の経験とは異なり、それは思考を浮き彫りにするが、思考とは即ち私たちがやる所の事ともたらされた所の結果との

間の特定的な結びつきを発見しようと意識的に努力することであると考えていた。

　思考は事物が未だ確定されていないか、もしくは疑わしいか、あるいは問題がある時に生じ、思考の目的とは即ち一つの結論に達し、一つの可能な結末を案出するのを助けることである。故に、デューイは、「思考とは即ち一つの探究の過程であり、事物を観察する過程と一つの調査研究の過程―――一切の研究は、たとえ局外者から見て、既に彼が何かを見出そうとしていることを知っていたとしても、研究に従事する人間にとっては何れも独創的なものなのである」

　教学活動は、生徒の学習活動を含め、反省の思考活動もしくは反省経験に属するものでもある。デューイは、探究の反省思考活動のプロセスを五つの段階に分けた。

　(1) 人を不安にさせ困惑させる情況にあって、自らの目的と困難を点検する

　(2) 問題を提起し、情況中の困難と行動の障害をより明確にさせる

　(3) 観察と事実の蒐集を通じて、問題解決の仮説を提起する

　(4) 何れの仮説が問題を解決し得るのかを推断する

　(5) 実験を通じて仮説を検証あるいは修正し、結論を形成する

　上述の段階は簡明に困難、問題、仮説、検証、結論という五つのステップに概括でき、人々はそれを五段階教学と呼んでいる。

　この点から、自らのプラグマティズムの対策論を出発点とするデューイが重要視したのは行う中で学び、行う中で学んだことからやることであるが、生徒が如何にして読書を通して学ぶかについては極めて稀にしか触れていないことが容易に見て取れる。

　デューイの現代教学理論は20世紀初頭に多くの国で一世を風靡し、画期的な影響を与えた。現代教育は、生徒が教育の主体であり、重心であることを強調し、実際の生活と緊密に連繋し、探究活動を通して学習とかかわりを進め、自身の自発性と独創性を発揮し、改組と改造の経験を通じて個人の行動力を鍛え高める事で、現代社会が必要とする人間へと成長するよう生徒を導く事を重要視する。こうした積極的な面は、工業社会の発展と民主化のプロセスの需要と一致するものであった。しかし、自発的探究を行うよう生徒を導く事を重要視するに当たって、反対に教材と教師の重要な役割をないがしろにした事により、生徒をして、系統立った知識を学ぶことができないようにしてしまう事で、教学の質の低下がもた

らされた。30年代に至って、デューイの教学理論は衰微の一途を辿る事になる
が、その積極的な面は今日に至ってもなお深い影響を与え続けている。

(二) カイロフの教育カリキュラム思想

　ロシアの十月革命後、教育上においても一連の改革が行われ、大きな進展を見
せた。しかしながら、経験が乏しい上にデューイのプラグマティズム教育思想の
マイナス面の影響を受けることにより、科目の系統立った知識を具えた教科書の
編集・使用が軽視され、系統立った知識を伝授する教室における教学がないがし
ろにされ、教師の教学における指導的役割が軽視されるという事態が現れた。こ
れにより、ソ連は1930年代において教育、とりわけ教学に対して改革を進めた
が、その重点は義務教育における知識教育の質を高め、経済発展のために確実に
奉仕し得る人材を培い育てる事に置かれた。カイロフ教育学は正にソ連のこの教
育改革の歴史経験を総括したものである。彼の教育思想は彼自らが主編者となっ
た『教育学』において集中的に反映されており、1939年版、1948年版、1956年
版ののべ三つの版本がある。後者の両版本はそれぞれ1951年と1957年に翻訳さ
れて我が国に伝わり、ひっくるめて「カイロフ教育学」と総称されている。

　時代に必要とされた系統的な科学文化知識の教学を重要視したカイロフは、教
学は教養と教育を進める基本ルートであり、教養の基礎の上で教育を進める事
で、教学に教育性を具えさせて然るべきであるとした。教学は教師の指導の下で
学生が系統立った知識及び技能と技巧をマスターするプロセスであり、レーニン
が打ち出した生々しい直観から抽象的思考へと至り、そして抽象的思考から実践
へと至る真理認識の弁証的ルートに従うべきであるが、学生が学ぶものは科学の
上で信憑性を有する知識であって、真理を発見する役割は担うべきではなく、彼
等の知識掌握のプロセスは、教師の指導の下で歩む近道であるべきである。彼は、
具体的事物を知覚し、事物の特徴、関係あるいは連繋を理解する事で、概念を形
成し、知識を強固ならしめ、技能と技巧を形成し、六つの環節からなる教育カリ
キュラムを実践運用することを提起した。そして更に、教学が従うべき原則及び
運用すべき方法の体系を解明し、学年・クラス授業制が教学の基本的組織形式で
あることを明確にすると共に、教科の類型及びその構造を分析し、考査、試験及
び採点制度を確立させた。要するに、彼は比較的に系統立った、完備し簡明でし

かも可操作性を具えた教育カリキュラムを提起する事で、広範な教師が教学において従い向上できるようにしようと努めた。

　カイロフが主編者となった『教育学』は、マルクス主義の認識論を用いて科学的に教育カリキュラムを解釈し、教育カリキュラムの基本的環節を概括し、教学が採用すべき原則、方法及び組織形態を解明しようと試みると共に、教師の教学における指導的役割を強調し、プラグマティズム教育の系統的知識を軽視しがちな偏向性を是正し、新たな理論的基礎の上で伝統教学論の優れた点を発揚する事により、ソ連の学校の教育レベルを顕著に向上させ、それを時代が望む新たな高みへと到達せしめた。

　カイロフの『教育学』は1950年代に我が国に伝わり、新中国の教学パターンの確立とレベルの向上に良好な役割を果たした。カイロフの『教育学』は学生の積極性を発揮させ、彼等の知力を伸ばし、彼等の技能と技巧を形成させる役割を果たしはしたものの、教養の基礎の上で教育を進め、書物の知識を学ぶ事と教師の主導的役割と教室での授業を強調し過ぎる事により、実際において学生の教学における主体的な地位と役割に対する認識を欠き、学生の学習の自主性、創造性を重視するに至らず、学生の知力や着手能力に対する培いが不十分であった上に、更に認識即思想であるとし、徳を知に帰結させる事により、学生をないがしろにし主知主義に偏るといった伝統教育の病癖を暴露してしまい、この事は我国の教学の質の更なる向上に深刻な影響を与えざるを得なかった。

(三) ザンコフの教育カリキュラム思想

　ザンコフ（Л. В. Занков, 1901~1977）は内因概念を教育に取り入れ発展させる論を主張した。彼は、1957年を皮切りに、13年の長きにわたり小学校における「教学と発展」の実験を行い、実験班は最多時に1281班に達した。「新たなルートの探究に力を注ぎ」「出来得る限りの大きな教学効果をもって児童の一般的な伸びを促そうとした」彼は、実験の末、教学の難度を高め、教学の進度を速めた後において、実験班の児童が普通班の児童よりも優れた一般的な発展水準を獲得し、本来は四年のカリキュラムを三年で学び終える事ができる事を証明した。彼がいう所の児童の「一般的な伸び」は知力の伸びとは異なるもので、それは身体的成長と心理的成長を含み、心理的成長は知力と実際の操作能力の伸びを含

むのみならず、情感、意志、品徳及び個性の伸びをも含んだ人間のトータルな成長である。彼は「教学と成長の問題の切迫性の解決は、科学技術の急速な進展によってのみ決まるものではない。崇高な人道主義の理想、即ち個性のトータルな発展を実現する上で、旧ソ連の学校は卓越した役割を果たしている」と指摘した。

　教育カリキュラムの面において、彼はそれまでの知識と技能の掌握のみを重視する伝統教学の手法に異を唱え、教学は児童の成長を促すものであって然るべきであると主張した。彼は、「現在、教学論は既に知識と技巧の研究という領域のみに限らず、その領域を問わず極めて重要である。教育カリキュラムという一種の構造の科学教育学の原理を探究する事で、この種の構造が学生の成長において最も優れた結果を得るようにする必要がある。そうするには、その役割に相応しい新たな原則と規則と要求を見出すべきである」とした。ザンコフが探究しようとした「教育カリキュラムという一種の構造」とは、実質上は即ち教学と成長との関係構造であり、如何にして理想的な構造を確立すれば良いのかという問題において、彼はソ連の早期心理学者ヴィゴツキーの思想を継承し発揚した。

　早くも 1930 年代において、ヴィゴツキーは心理及び教育の学界に存在する三種類の観点をこう概括している。第一種は、教学と成長を二つの互いに依存し合わないプロセスであるとみなすもので、教学は純粋に外部から成長プロセスにおいて現れる所の可能性を利用するものであると理解された。第二種は教学と成長とを同列に論じるもので、教育カリキュラムと成長プロセスを同一視した。第三種は、教学は成長の後に付いていくことや成長と足並みを揃えて進むことが可能であるのみならず、成長の先を行く事で、成長の前進を後押しし、しかもその中において新たな構成物をもたらすことも可能なものである。

　彼は第三種の観点の中の最後の情況に賛成すると共に、「発達の最近接領域」という説を提起した。彼は児童の教育カリキュラムにおける成長を二種類のレベルに分けた。一種は現有の発展レベル、即ち児童が独立して問題を解決できるレベルであり、別の一種は発達の最近接領域、即ち教師もしくは成人の指導と支援の下で初めて到達できる問題解決のレベルである。彼は、教学が児童の成長を促すには、児童の「発達の最近接領域」を彼らの現有の発展レベルへと転化させねばならないとした。ザンコフはヴィゴツキーの教学と成長の関係に関する観点と分析を高く評価し、「教学は成長の先を行って初めて素晴らしい教学である」と

しつつ、「この種の教学構造は児童の一般的な成長の一定のプロセスの発生する原因であり」「教学構造が『因』で、児童の成長が『果』であり、この種の因果関係はとても重要である。なぜならば、それが児童の発展プロセスを決定し得るものであるからである」

ザンコフは、児童の既存の心理的成長は未だ極限に達するには程遠く、遥かに高い成長を遂げる可能性があり、新たな教学論体系を確立して初めてこの目標を達成する事が可能となるとした。そして、そのために長期におよぶ教学実験を行い、総括を通じて、高難度で教学を進め、高速度で教学を進め、理論と知識に主導的役割を果たさせる事により、児童に学習プロセスを理解させ、すべての班の児童の何れもが成長を得られるようにする等といった五つからなる教学原則を提起し、「これらの原則は教学大綱の内容と構造を決定づけ、教学（教科書、教学指導書）の典型的な属性を決定づけるものである」とした。その実、これらの原則とは、即ち実験教学の思想的基礎であり、彼は、高難度をもって教学を進めるという原則が実験教学論体系において決定的な役割を果たすとした。もしも教材と教え方が児童に対して彼らが克服すべき困難を提起できなければ、児童は刺激と挑戦の欠如を感じ、彼等の精神は振るわなくなってしまうであろう。「このように児童の緊張した頭脳活動のために絶えず充足した『食糧』を提供できる教学であって、初めて児童に迅速で積極的な発展を得させることが可能となる」

ザンコフは力の限り教学の難度を高める等の要求を通じて児童の学習の積極性を掻き立て、児童の一般的成長を後押しした。彼の実験は成功し、彼の提起した指導思想及び教学原則は人間に対して啓示に富むものであった。しかしながら、高難度、高速度は均しく相対的概念であり、明確な基準が無く、その「度合」は適切に把握するのが容易ではなく、往々にして要求が高過ぎ、普及を難しくさせた。

（四）ブルーナーの教育カリキュラム思想

ブルーナーが生きた時代は、国際競争が日増しに激化する時代であった。1957年にソ連が初めて人工衛星を打ち上げたことが米国の朝野に大きな衝撃を与え、アメリカの 1960 年代の教学改革を後押しする事となった。彼の著した『教育の過程』という一書は、正にアメリカのこの改革の指導的思想と基本的手法を体現

したものである。ブルーナーは、「すべての世代の人間は、その世代の人間の教育を如何に案出するかという事に対して、何れも一種の新たな願望を持つものである。今正に私たちのこの時代の標識として形成されつつあるのは、恐らく広範に新たに出現する教学の質と知育の目標に対する強い関心──」によって国家が急需とする優秀な人材を育成することであるとした。そして、そのために、彼は「小・中学校のカリキュラム設計」の再構築と教学方法及びプロセスの改革に力を注いだ。

　カリキュラム設計の面において「主要な目的は有効的な教材、即ち内容の範囲を重視し、構造体系を重視する教材を編纂する事にある」といった。「内容」の重視とは、教材が現代化されるべきであることを言い、大学の学者、科学者を招いてカリキュラムの発展に参画させる事で、教材が自然科学や学術上の新たな成就を反映できるようにすることである。「構造」の重視とは即ち教材が学科の基本概念、原理及びその連繋を包含すべきであることをいう。なぜなら、学生が基本原理を弁えれば、学科がより理解し易くなると共に、私たちが必要な時に一つ一つの事柄を新たに構想し直すことができるようになる事で、知識の遷移により一層役立つからである。

　ブルーナーは、大規模なカリキュラム改革を進めるには、解決すべき一つの重要な事があるとした。著書では「ある学術分野の基本的観念の掌握は、一般原理の掌握を含むのみならず、学習と調査研究、推測と予感、独自に難題を解決する可能性に対処する態度を培うことをも含むものである」と言っている。何をよりどころにこのような教学の役割を完成させるのか？　ブルーナーは「一つの重要な要素は発見に対する興奮感」であると強調し、「一つの学科の基本構造を提起するに当っては、人を興奮させる部分を留保する事により、自分でそれを発見するように学生を導くようにすべきである」と主張した。彼は、発見法を指導するのは、必ずしも数学や物理などの学科に使用するに限らず、その他の学科にも使用しても良いとした。例えば、アメリカの東南諸州の社会・経済地理という伝統的単元を既に学んだ事のある六年級の一つの実験班が、北方の中央地区を学び始める際、学生に自然の特徴と天然資源が描かれていて地名のない地図の上でその地域の主要都市の位置を探させるとする。その結果、教室での討論において、学生はあっという間に多くの都市建設に求められる合理的と思える理論を提起する。

水運理論は、シカゴを三つの湖の合流地点に置き、鉱物資源の理論はシカゴをメサビ山脈の附近に置き、食品供給理論は一つの大都市をアイオワの肥沃な土地の上に置く等々というように、学生は問題を研究する際に楽しさと興奮を感じ、しかも過去に高所から下を見下ろすように都市建設現象を取り扱った事のない学生からすれば、この種の発見は価値あるものである。

　教育カリキュラムは子どもの知力の成長を促すべきものであるとするブルーナーは、ピアジェの学説に依拠しつつ、子どもの知力の成長を三つの段階に分けた。第一段階は、前演算段階で、約5〜6歳の子どもは、動作に頼って世界に対処する。第二段階は、具体的な演算の段階で、子どもは既に入学していて、彼等は手を用いて事物を操作するか、もしくは頭の中で事物と関係を代表するそれらの符号を操作して認識を進めるが、それらの彼の面前にないか、もしくは経験した事のない事物を容易に処理できない。10〜14歳で、第三段階、即ち形式演算の段階に入り、子どもの知力活動は仮説的命題でもって演算を進める能力を基礎とし、面前の事物に限定されない。彼はこう強調する。「基本概念の教育で最も重要なのは、子どもたちが具体的な思考からより概念的な思考へと継続的に移行できるようにすることだ。しかし、子どもたちの思考スタイルとかけ離れた、子どもたちにとって退屈な論理に基づいた形式的な説明をすることは、きっと無駄であり、役に立たない。多くの数学の授業がそうである。数列を理解する代わりに、退屈な方法やコツを、その意味や一貫性を理解しないまま移し替えることを学び、子どもは自分の考え方に変換することができないのだ」と言っている。ブルーナーは更に、「科学概念を教授するには、たとえ小学生のレベルであっても、奴隷根性的に子どもの認知の発展の自然的なプロセスに必ず従わなくとも良い。子どもに挑戦的ではあっても適切なチャンスを提供する事によって一歩一歩前に向かわせても、知力の発達を導くことが可能である」と言っている。例えば、確率推理は現代科学の重要な部分で、大学以前は教えなかったが、子どもの認知に適合した方式で彼らを参加させ、理解させることが可能である。彼は「如何なる学科もある種の方式に基づいて実際に如何なる年齢の如何なる子どもに教えるのは不可能であり、この種の見方は全く道理に適ったものではない」と指摘している。

　子どもが能動的に知識を得るプロセスにおいて、ブルーナーは、学習は三つの

ほぼ同時に発生するプロセスを包括するとする。第一は、新知識の獲得である。新知識は往々にして同一の人間の以前の模糊あるいははっきりとした知識と相違背するか、もしくはそれの一種の代替であるが故に、新知識の獲得は以前の知識の抽出のし直しであるという事になる。第二は、転換、即ち獲得する所の知識をもう一つの別の形式へと整理する事で新たな役割に適合させる事である。知識の処理を包含する各種の方式を転換するその目的は更に多くの知識を学び取る事にある。第三は評価、即ち知識の正確性を点検し見積もる事である。如何なる学科を学ぶにしても、常に一連の経緯というものがあり、その一つ一つの何れもが獲得、転換、評価という三つの段階に関わるものである。ちなみに、ある社会学科の教師が四年級において、先ず文明は往々にして肥沃な河の谷間に源を発するという事実を語り、然る後に教室の討論において、それが事実なのはなぜか？ なぜ文化の発生の大半は山の多い国におけるものではないのか？ と子どもに思索を励ましたとする。このようなやり方は、実質的には発見の技巧であり、その効果は子どもが自らに頼って知識を引き出し、それに続いてその来源、出処に対して点検と見積りを行い、しかもそのプロセスの中で更に多くの新知識を獲得できる事にある。

　ブルーナーの教学理論はデューイのそれと比較すると、大きな改善があり、彼は科学知識と原理の教学を重視し、教師の主導的役割の発揮を重視すると共に、発見法の「時間を消耗する可能性が高過ぎる」という限界を見据えた。但し、彼の教科理論は線引きと掌握が極めて難しく、カリキュラムと教学内容の現代化の要求も高くまた難し過ぎた。だからこそ、彼の理論は教育従事者によって順調に実践に付され難かった。ただ、この事は彼の理論に採用に値するものがあることを否定するものでは決してない。

第三節　教育カリキュラムの改革

一、教育カリキュラムの性質

　教育カリキュラムの性質を明確にするには、教育カリキュラムのそれぞれの面

第七章　教学（上）　241

の特性及びその相互関係を分析し明確にする必要がある。

（一）教育カリキュラムは一種特殊な認識のプロセス

　人類社会が絶えず発展し続けるには、年輩の世代によって不断に社会を認識し改造してきた経験を若い世代に伝達し、若き世代の心身の成長を促す事で、社会の生存と発展を保障する必要がある。それは正にデューイが「社会が伝達のプロセスを通じて生存するのは、正に生物の生存と同様である。この種の理想、希望、期待、標準及び意見の伝達無くしては、社会生活は幸いにして生き残る事は難しい」と言った通りである。この伝達のプロセスが即ち教育のプロセス及びそこから分化した教学のプロセスである。

　この伝達プロセスは経験の伝達、社会のかかわり、若き世代を社会の進歩の能動的パワーにする等といった面の活動に関係する。その中の基礎的活動が即ち経験を伝授し、世界を認識してそれに働きかける活動である。だからこそ、順を追って一歩一歩知識を学び運用する認識活動へと生徒を導く事が教育カリキュラムにおいて終始一貫する基本的で特有な活動であり、教学中のかかわり活動は認識活動を巡って行われるものであり、教学中の生徒の心身の成長を促すと共にそれを社会の進歩の目標に合致させる価値的活動は関連する認識とかかわり活動の基礎の上で進められるものである。ヘルバルトは早くも既に教学には教育とは異なる独自の特徴がある事に注目し、「教学の概念には一つの顕著な標識があり、それが私たちをして、いとも容易に研究の方向性を把握せしめる。教学においては、常に教師と生徒が同時に一心に注意をはらう第三者なるものが存在する。それとは正反対に、教育のその他の一切の職能においては、生徒は直接教師の念頭にある」と指摘した。この「第三者」とは即ち人類が積み上げて来た科学文化の知識及びその応用方法である。教学においては、教師より生徒に向かって知識の授受が行われるのか、もしくは探究する事によって新知を発見するよう生徒を導くのかを問わず、それは何れも認識及び実践の活動である。この事から、教育カリキュラムは一種の認識のプロセスである事が見て取れるのであり、より正確に言えば、それは一種特殊な認識のプロセスである。

　教育カリキュラムは認識プロセスの一般的法則による制約を受けねばならない。先ず初めに、生徒は能動的生命体であり、学ぶ主体であり、教学は生徒の自発性

と創造性をかきたてるものでなければならず、次に、「生々しい直観から抽象的思考に至り、抽象的思考から実践へと至る」という真理を認識し、客観的実在を認識する弁証的ルートに従わねばならず、最後に、認識は個体の経験の改造と構築のプロセスであり、コロニーが相互に作用しあうプロセスでもあることを重視せねばならない。

　教育カリキュラムは生徒の認識プロセスの特性をも重要視せねばならない。先ずは間接性で、主に人類が蓄積してきた科学文化の知識を仲介として、間接的に現実の世界を認識せねばならず、次は引導性で、教師の指導の下で認識する必要があり、独自にやり遂げてはならず、最後は簡便性で、歩むのは認識の近道であり、一種の科学文化知識の再生産である。正にマルクスが「科学の再生産が必要とする労働時間は、最初の科学の生産が必要とした労働時間とは比べようのないもので、たとえば、生徒は一時間という時間内で二項定理をマスターし得る」というのがそれである。

　教育カリキュラムは認識の一般法則に従い、生徒の認識の特性に注目することによって、初めて優れた効果を発揮し得るのである。

（二）教育カリキュラムはかかわりを背景及び手段とする活動のプロセス

　教学活動は孤立した個体の認識活動ではなく、それは教師と生徒、生徒同士のかかわりや影響の与え合い及び人間の共同生活と切っても切り離せないものである。個体の最初の学習と認識は共同生活及びかかわりの中で起こり発展したものである。デューイは子どもが帽子という言葉の意義を掌握するのを例に挙げ、「帽子という言葉の読み方は、もしも大勢の人が参与する行動と結び付けずに発音するならば、それは発音のはっきりとしないヒューという音と同じく無意味なものとなってしまう」と指摘した通りである。彼はまた、「言語は相互理解のできる音によって構成されるものであるという事実それ自体のみで、言語の意味のよりどころと共通する経験との連繋を表明するに足る」とも述べている。人々の言語に対する掌握、言語の文字を通じて授受する事に対する経験と知識の掌握は、均しく人々のかかわりと意思疎通という共同生活の経験に頼るものである。故に、教学もかかわりを背景及び手段とする事によって、生徒の学習効果を増進させ、活性化させ、点検するものでなければならず、学んだ所の知識の実際的意義と社

会的価値を理解し、進化させ、確証するものでなければならない。

　教育カリキュラムにおいて、教師は常に生徒を導き、系統立った科学文化知識の学習及び運用を巡って、意識的に教師と生徒、生徒同士の間で問答、討論、互助を行う事で、生徒が思想をぶつけ合い、啓発を得、再認識を行うと共に、衆知を集めて有益な意見を広く吸収し、理解を深め、応用を研究・検討・分析できるようにする事で、教学における認知活動がより一層生き生きと、活発で、有効的に進められるようにする。教師はかかわりを活用して認知を進めるよう生徒を導くのみならず、かかわりを通じて生徒に対する情感の疎通と同情と共鳴を成し遂げるのである。ヘルバルトは、人は経験を通して認識を得、かかわりを通して同情を得るものであるとし、「かかわりは折につけそれ自身の力を表現する事を求めるが——それは他人の感情に対して生じる同情を豊かにするのみならず、自らの感情を他人の心中において増殖せしめる事で、この種の感情を強力かつ純潔に私たち自身にフィードバックさせる」と述べている。これが即ち教学における教師と生徒の思想と情趣の疎通、分かち合い及び培いであり、また教学が追い求める思想・情感の増殖の体現である。彼は、「彼が教学を開始しさえすれば、青年、ひいては子どもまでもがあっという間に彼の想像に随って想像するであろう」と指摘し、教学は描述を通じてかかわり範囲を広げることができ、かかわりはすべての民族を一つに結び付けるとした。よって、私たちの教学は教師と生徒の間の思想と感情の率直で誠意ある意思疎通に注意する事で、教師と生徒が認識や情感の上での共鳴と分かち合いを引き起こし、それによって生徒の個性の発展における教育者の期待する所の品質を形成して然るべきである。

　かかわりの教学における意義は重大であるが、教学におけるかかわりは、知識を学び、用い、成長するよう生徒を導くことを巡ってしか行うことができず、かかわりの目的と効果が見失われることになるであろう。

（三）教育カリキュラムは生徒の心身の成長を促し、価値の目標を追究し実現するプロセスでもある

　教学活動において、教師は知識を学び、かかわりを展開し、世界を認識しそれに働きかけるよう生徒を導き、多岐におよぶ訓練と実践を行うが、実はその何れもが生徒の心身の成長を促す事であり、彼等が成人し、人材になるという価値増

殖の目標を追究し実現することにつながる。この点からすると、教学のプロセス
は生徒の心身の成長を促し、教育目標を達成するプロセスでもある。生徒の心身
の成長及びその価値目標の実現は、系統的に行われる教学認識と教師と生徒間の
かかわり活動にかかってくるのであるが、生徒が成人し、人材になるのを促すと
いう価値目標は、教学とかかわりの性質、方向及び質の要求を規定し制約すると
いう点において極めて重要である。教学は一種の目的を持って計画的に人間を培
い育てる活動であり、もしも生徒の心身の成長をないがしろにし、社会が確定し
た教育の価値目標を軽視するならば、教学活動は盲目的なものになり、正しい方
向性と準則を失い、教学及びその人材育成の質に深刻な影響を与える事になる。

　教育カリキュラムが力強く生徒の心身の成長を促し、自覚的に価値目標を追究
し実現するようにするためには、生徒の心身の成長の特徴、法則及び需要と彼等
を育成する価値目標を準則及び内包とする事で、教育カリキュラムを規範化し、
改革し、充実させ、指導する必要がある。簡単に言えば、つまり教学を教育的教
学及び発展的教学にする必要があるという問題であり、これが現代教学の特徴と
追究である。

二、生徒の知識掌握の基本段階

　教育カリキュラムは、実質的には教師の指導の下で生徒が知識を手に入れ、世
界を認識するプロセスであり、従って生徒が知識を掌握する基本段階は、教育カ
リキュラムの法則の一つの重要な面の体現であるということになる。近現代教育
史上、生徒の知識掌握段階に関する異なる学説が提起されたが、それには主に二
つのパターンがある。一つは、教師と生徒の知識の授受を特徴とする「伝授・接
受教学」で、もう一つは、生徒が自発的に知識を探り得ようとするのを特徴とす
る「問題・探究教学」である。

（一）伝授・接受教学における生徒の知識掌握の基本段階

　伝授・接受教学とは、教師が主として言語を通じて伝授し、実演し、範を示す
事により生徒が基礎知識、基本的技能をマスターするようにすると共に、彼等に
対して思想・情趣の薫陶を進める教学であり、接受教学とも呼ばれ、歴史発展の

プロセスにおいて数多の変革を経験してきた。当今、私たちが用いている伝授・接受教学は西洋の伝統教育理論を吸収するのみならず、我が国の啓発的教学の優れた伝統をも継承すると共に、我が国の教学改革の貴い経験をも吸収し取り込んだ。その中の、生徒の知識掌握の基本段階は以下の通りである。

1. 学習の動機

生徒の知識掌握はどこから始まるのであろうか？ ある者は、それは感知から始まるとする。その通りで、事物に対する認識は感知に始まる。但し、どうすれば生徒をして、積極的に感知活動に投入せしめることができるのであろうか？ 教学は求知欲を誘致し掻き立て、それの焦点を目前に学ぶ知識に合わせることから始め、しっかり学ぼうという心の準備をするよう生徒を指導することから始めるべきであることは疑うべくもない。

教学史上、多くの教育者が求知欲を引き出すことを教学の開始段階とし、それを準備、導入と呼んだり、学習の誘因の引き出しと呼んだりした。子どもの天性は、敏感で、好奇で、問うたり考えたりするのを好み、強烈な求知の衝動を持つものであることを弁える必要がある。もしも状況に応じて上手く導くことに気を配るならば、生徒の求知の衝動を学習の力強い原動力へと転化することができる。デューイは「子ども自らの衝動を起点とし、最高レベルに到達することを的とし、すなわち教学の内的原動力の問題を上手く解決する必要がある」と主張している。

例えば、ある教師が『蝉』という一コマの授業をする際、彼は生徒が蝉の事をよく知っているが、その理解が決してはっきりとしたものではない事を考慮したとする。そこで、生徒が積極的にその課を学ぶように導くため、彼は生徒に向かって以下のような一連の面白い質問をする。蝉は夏の声楽家であるが、その喉は何処にあるのだろうか？ それが歌うのは仲間に呼びかけるためだろうか？ それとも暑がりなのか、あるいは暑いのが好きだからだろうか？ 人は、蝉は風を食し露を褥とするというが、それが食べているのは果たしてどんなものなのだろう？ 人は、蝉は地下から這い出したものだと見るのだが、それはまたどのようにして地の中に潜るのだろうか？ 蝉は人類に対して有益なのか、それとも有害なのか？ 保護すべきなのか、それとも退治すべきなのだろうか？ 生徒たちはこうした問題に対して理解しているのでは決してなく、次々に教師に回答を求めた。

また例えば、ある一人の教師が「比例に基づく分配」という内容を教学する際、新しい課を講義するに先立ち、クラスの生徒全員にこのような質問をしたとする。

　「12本の樹を二つのサークルに分け与えて育てさせるとすると、それぞれのサークルに何本分ければ良いか？」

　すると、クラスの生徒の何れもが即座に異口同音にこう答えた。「6本！」

　「違った意見はあるかな？」この教師はこう意見を求めた。と同時にその目はすぐに生徒の顔をかすめ、孫という姓の生徒が眉を少ししかめて窓の外を凝視しているのに気づいた。恐らく彼には皆とは異なる考え方があるのであろう。そこで、この教師は皆に注意を促すようにこう言った。

　「君たち、まじめに考えて見給え！　ある同級生が恐らく諸君の答案を覆すかもしれない」

　その時、生徒は急に敏感になり、教師が出した質問を改めて考え直した。すると、すぐさま何人かの生徒が挙手して発言を求め、孫という姓の生徒も手を挙げた。教師が直ちに発言するよう彼を促すと、彼は立ち上がってこう言った。

　「先生、各組に6本ずつ分けるのは必ずしも正しくありません」

　「なぜだい？」教師は早速一つのクエッションマークを差し挟み、皆に注意を促す。「質問にはどのように分けるかが問われていないからです。もしも均等に分けるのなら、それぞれの組に6本ずつという事になりますが、もしも均等に分けるのでなければ、幾つもの分け方があります」

　教師は即座に褒める口調で、「いいぞ！　彼が言ったことは正しい。過去に私たちが学んだのは皆均等に分けること、つまり等分であったが、今日学ぶのは不均等な分け方だ」と言った後、即座に黒板に「比例に基づく分配」と書いた。

　生徒はぼんやりとした中で呼び覚まされたように、意識し出し、こうして、教師は生徒の習慣的な認識の中から、うまく単一的な思考活動を多項的な思考へと引き入れたのである。

　こうした情況の下、生徒は認識の上で知と不知の矛盾が生じる事で、求知の内的原動力を現わし、自発的に勉強し、実物を感知し、教師の講義を聴くなどして、正しい答案を見出そうとした。

　生徒の学ぶ動機を引き出す方法はとても多く、人に考えさせる問題を提起した

り、面白い物語を語ったり、人目を惹き、人に新たな知識を与える直観材料を
実演したり、これから学ぼうとする新知識の重要性を指摘する等々が可能である。
果たしてどんな方法を用いるかは、教学の需要や生徒の情況に基づいて選択して
然るべきである。そして更に、生徒の求知の動機は年齢が増すに随って変化する
ものである事に注意せねばならない。小学校の低学年は、主に教学活動の面白さ
に魅了され、小学校の高学年や中学生は、知識の掌握、才能の伸び、好成績の獲
得に対する渇望や名誉感も主な学習の原動力であり、高校生はといえば、有価値
な科学知識の掌握に関心を注ぐと共に、学習と個人の趣味、前途、理想を繋ぎ合
わせ、その中から力を吸収する。

　学習の動機をかきたてるのは教学開始時点における重要な一環であり、教育カ
リキュラムにおいて終始一貫して重視すべき一つの重要な役割でもある。

2. 教材の感知

　生徒の教学における認知は、往々にして教材を感知する事から始まるものであ
る。なぜなら、教材は一種の符号を用いて表された書物による知識であり、生徒
は自らの生活経験、もしくは関連する感性的知識に頼ることで初めて書物による
知識を理解することができるからである。生徒が書物による知識を理解するプロ
セスは、感性的認識と理性的認識が結合し合ったプロセスであり、もしも生徒に
必要とされる感性的知識があり、はっきりとした表象が形成されているとするな
らば、彼等が書物による知識を理解するのは比較的容易であるという事を知らね
ばならない。生徒は学ぶ所の概念に対して、抽象感や疑惑や困難さを感じざるを
えない。経験を有する教師は、生徒の感性に関する認識を整える事を通して彼ら
が概念を掌握するのを助ける事に長けている。

　ちなみに、2コマの幾何の授業があり、課題は何れも円の定義なのであるが、
二人の教師がそれぞれ異なる教学方法を採用したとする。

　一人目の教師は、授業を始めるや否や、二人の生徒に大きなコンパスを用いて
黒板に円を描かせる。一人目の生徒はあっという間に描き終えたが、二人目の
生徒は力の使い方が不均等で、歪んだ円を画き、縁を閉じることができずにいた。
教師はこの二つの図に焦点を合わせ、どちらの図が円であると判断する？それは
なぜ？　という二つの質問をした。一つ目の問題に対しては、何れも正しい判断

（感覚に頼った）をすることができたが、「なぜ」に対して回答できた生徒は一人もいなかった。その時、教師は二つの図をよりどころに、観察、比較、分析を行うよう生徒を導き、最後に定点と定長という二つの要素を概括した。円の定義に至っては、テキストを読んで認識するよう生徒に求める。すると、生徒はテキストを読んだ後、平面上というもう一つの要素を持ち出す。その時、教師はポケットの中から事前に準備してあった紐を取り出し、一方の端を固定し、もう一方を空中で廻せるようにして、その動点がどのような図形を形成するかを想像するようクラスの生徒全員を導くと、生徒は、それは一つの球面で、円ではないという。その時、教師は生徒にもう一度テキストを読んで円の三要素をはっきりさせようとした。その時、生徒は何が円であるのかを知り、しかもその後にほかの数学の定義を学ぶ際においても方法を持つことができるようになった。

　二人目の教師は自習試験に携わるもので、授業開始後、簡単な話をし、「今日は、円の定義を学びます。×ページの×段目を読んで下さい」とすぐ本題に入り（その時、生徒の学ぶ動機が潜伏状態から活動状態に入ることはあり得ない）、自習を通じて、生徒は円の三要素をマスターした。

　両者の授業の効果が大きく異なることは明らかで、長い目で見れば、この両クラスの生徒の能力の伸びは間違いなく異なるはずである。

　生徒の感性的認識の来源は多岐におよぶものであり、彼等が生活の中で積み上げたものが有れば、それまでの学習において獲得したものもあり、教学進行中に実演や実験、あるいは参観や実習を通して習得したものが有れば、教師の生き生きとした描写や生徒の再想像を通して生まれたものもあり、更にその他のルートを通じて獲得したものもあるであろう。

　生徒に事物に対する明晰な表象を獲得させるため、教師は生徒に観察を指導する事で、彼等の観察力育成に気を配る必要がある。（1）生徒に問題と要求を提起し、目的をもって観察させる、（2）生徒に先ず対象と背景との違いと繋がりを観察させ、それから対象の全体及び各部分を観察させる事で、明晰なようすをわからせる、（3）生徒に対象の本質と非本質の属性を区分するようにさせる事で、概念を形成させる。

　書物による知識を理解するには、感性的認識を基礎とすべきであり、すべての授業が事物を感知することから始められねばならないという訳では決してない。

もしも生徒が既に多くの感性に関する経験を持っているとするならば、改めて直観する必要はなくなる。そうしなければ、それは時間の浪費であるのみならず、生徒の抽象的思考の発達にも影響を与えることになってしまう。

3. 教材の理解

　教育カリキュラムにおいては、生徒の認識を感性に止まらせてはならず、彼等が感知する所の材料と書物による知識とを連結させ、思考の加工を進め、事物の本質と法則を把握し、理性的認識へと上昇させるよう導くべきである。毛沢東は、「感じ取ったものは、私たちは直ちにそれを理解する事はできず、理解したものであってこそ、初めてそれをより深く感じることができる。感覚は現象問題しか解決できず、理論こそが本質の問題を解決するのである」と述べている。故に、教材を理解することが教育カリキュラムの中心環節なのである。

　ちなみに、力に対しては、生徒はかなり熟知していて、物を運ぶには力を用いる事が必要であり、力には大小の区別がある等といった事を知っている。但し、生徒の認識は感性上に止まっていて、力の本質を抽象するによって正しい概念を形成するまでには至っていない。生徒の力に対する認識を感性上から理性へと高めさせるために、教師は授業をする際に、先ず生徒に「力とは何か？」を問うも、生徒は誰も答えられない。教師が続けて「誰か力の表現を述べることができる人？」と問うと、生徒は活気づき、「人は水を手に提げる」という者がいれば、「起重機は鋼管を吊るし上げる」という者もいて、更に「磁石は鉄釘を吸い付ける」という者もいて——教師は一緒に討論し、分析し、比較し、総合し、帰納し、そして図で示すよう生徒を導く。このように、生徒は自らの思考の加工を経る事で、感性的認識から能動的に理性的認識へと発展し、力の本質を掌握し、「力は物体の物体に対する作用である」という力の初歩的概念を引き出すのである。

　教材を理解する事が教学の中心的一環である理由は、それが生徒が学習の上で努力向上し、認識の上で飛躍し、感性から理性的認識へと上昇するよう生徒を導くことを必要とするからである。教学の大半は生徒の情趣や疑問や好奇心や衝動をかきたてることから始まり、彼等の思想や情感を活気づけるものであるからである。しかし、「好奇心から来るのは注意力の分散と単純な遊び戯れ」であり、教室の混乱をもたらしかねない。そのために、教師は生徒を分散した個人の

情趣に無我夢中にさせてはならず、方法を講じて彼らの注意力を集中させ、事物の特徴、本質あるいは因果の連繋を探究し、奥深く細緻でしかも謹厳な思考活動を通して概念と原理を深く掌握するよう導かねばならない。ヘルバルトは、教学は「人間を常に快適な山谷に遊蕩させることはできず、逆に、人間に山登りを練習させ、人間が広い視野を獲得する中で報酬を得られるようにする」とした。私たちは、生徒が概念と原理を理解する上で苦しい探究の鍛錬を受けさせ、真知を勝ち取る事に成功した喜びを享受する事で、学習の能力と原動力を増強させてあげねばならない。

　教育カリキュラムにおいて、教師は思考の方法と推理の形式を運用し、彼等の思考能力を培うよう生徒を導く事に長けていなければならない。教学は常に比較の方法を用いて生徒が事物及び概念の特徴を掌握する手助けをする必要がある。比較の際には、常に分析と総合法を用いる。教師は分析に長け、事物を深く認識してその各部分や各種の属性をはっきりとさせ、本質と非本質の属性を区別し、事物の内在的関係に気付くよう生徒を導かねばならず、分析をした後に、今度は総合し、生徒に事物のトータルな情況を把握し、本質的属性を抽象して概括を行う事で、明確な概念を掴み取らせねばならない。そうする事で、生徒は初めて思考方法を徐々に掌握することができるようになるのである。

　教学においては、更に推理を進めるよう生徒を導くことに気を配る必要がある。そして、帰納的推理を用い、いくつかの事例に対する分析の中から一般的概念や原理を推論するよう生徒を導き、生徒の認識を具体的なものから抽象的なものへと高めさせ、感性から理性へと発展させ、事物の本質と法則を認識するようにさせると共に、演繹的推理を用いて、一般的な原理あるいは公式から特殊な条件の下での新知を導き出す事で、彼等の認識を抽象的なものから具体的なものへと発展させ、一般から特殊を推断演繹し、事物の多様性や特殊性をはっきりとさせる事で、既知の概念や原理を豊富で活性化させる事に長けていなければならない。生徒が推論のプロセスにおいて思考の訓練を経て推理能力を伸ばすようにするのである。

　概念の形成には、以下の事に注意する必要がある。(1) 概念に正確で簡明な定義を与える。(2) 生徒が既有の概念の新しい概念に対する干渉や混淆を克服することに気を配るようにさせる。(3) 生徒が新旧の概念や思想の間の繋がりをはっ

きりさせる事によって、知識体系を形成できるようにする。

4. 知識の定着

知識の定着は、即ち学んだ所の知識をしっかりと記憶の中に保つよう生徒を導くことである。理解の基礎の上で、学ぶ所の基礎知識をしっかりと覚えてこそ、初めて順調に新知識を学び、理解し運用することができる。故に教学は強固ならしめる事を重要視せねばならない。

知識の定着は、教材を理解した後の一つの必要な段階であり、また教育カリキュラムは終始気を配って然るべき一つの要素でもある。教育カリキュラムの中で、生徒が教材を感知し、教材を理解し、知識を運用するというそれぞれの段階の質の何れもが生徒の知識の強固さに深い影響を与える事を目に入れておく必要がある。但し、生徒が忘れるのを防ぐために、教育カリキュラムにおいては更にいくつかの専門的な強固ならしめる作業をせねばならず、それが即ち、新知を学んだ後の強固段階、もしくは中間の締めくくりであり、単元あるいは段階の学習終了後の総括であり、期中もしくは期末試験前の復習である。

知識の定着には、指導と生徒の記憶を発展させることを重要視する必要がある。(1) 記憶の役割を提起し、基本知識を覚えることの意義をはっきりと説明し、記憶の興味を培う事で、生徒の記憶の自覚性と積極性を増強させ、(2) 生徒が理解の基礎の上で記憶し、理解の記憶と機械的な記憶を結合させることを得意とし、閲読しながら思考し、記憶するという習慣を養うようにし、(3) 生徒が重点を覚え、綱要を覚えると共に、連想や推論を通して学んだ事のある知識を追憶することをマスターするようにさせる。

5. 知識の活用

知識を理解し、知識を強固ならしめるのは知識運用の基礎である。但し、生徒が知識を理解したということは、相応の技能、技巧を形成したということと同等なものではなく、一定の技能や技巧をした事は実際の問題を解決できるという事と等しいものではない。生徒をして、知識を理解する事から技能や技巧をものにして実際の問題を解決するまでに成長せしめるには、単に頭を働かせることに頼るだけはなく、口を動かし、手を動かし、練習を繰り返し、実際に操作するよう

生徒を指導することによって、初めて達成し得る。知識を学ぶ目的はすべて運用する事にあるが故に、教学は知識の運用を重視すべきなのである。

　生徒が知識を運用するのは、主に教学的実践を通し、反復練習するという方法を採りながら進められる。例えば、書面もしくは口頭の宿題や実験等をやり遂げるには、一定の数をこなさねばならないだけでなく、質を高める事で、技能や技巧をものにせねばならず、模倣したり、簡単な宿題を解いたりできるというだけでなく、絶えず何らかの進歩や創造を為し、徐々に比較的複雑な実際の問題を解決できるようになるよう生徒を導かねばならない。

　私たちは更に伝統の練習問題課における練習問題のみ重んずるパターンを変え、手を動かして操作し、具体的な問題を解決するよう生徒に求めるという方法を採る事で、物理の知識と操作的応用を緊密に結び付けた。例えば、「密度応用」という授業の伝統的教学パターンは、通常は教師が密度応用の筋道を講義し、続いて密度応用の例題の範を示し、最後に生徒にその方面の練習問題をやらせるというものであったが、今や、私たちは生徒に教材を閲読させて、自ら密度の公式の変形式に基づき密度応用の二つの基本ルートを見出させ、続いて密度表を調べるという前提の下、操作と計算を結合させた方法で「体積を測って質量を求め、質量を測って体積を求める」という活動を展開させる。そしてクラスの生徒全員を四つの組に分け、別々に以下の四つの問題をさせた。

(1) 天秤を用いて太さが均等な一巻の細い針金の長さを「測る」
(2) メスシリンダーを用いて若干の同じ大きさの小鉄球の中の一つの鉄球の質量を「量る」
(3) 天秤を用いて厚さ３ミリの不揃いなガラス片の面積を「計る」
(4) メスシリンダーを用いて一瓶の空気の質量を「量り」、瓶を水で満たしてもよいとする

　生徒は、具体的な問題、教材の内容、実験の器材等の情報による総合的な啓発の下、積極的に問題解決の実施案を考え案出すると同時に、真剣で細心に操作せねばならない。教室の雰囲気は殊の外活気に満ち、20分も経たぬ内に、各組とも案の実施を終えると共に、教師がなるだけ早く標準的な答案を示す事で、自分たちの問題解決の正しさを検証することを待ち望んだ。そして、答案が公布されると、クラスの生徒全員が歓声を上げた。なぜならば、彼等の操作と計算の結果

のあるものは標準的な答案と同じであり、あるものは非常に近いものであったからである。これは恐らく彼らの自らの労働の成果に対する一種の「味見効果」であり、自らが植えた瓜は決まって格外に甘いと感じるそれであると私は思う。

実際の応用能力を培うには、更に生徒を組織し、いくつかの課外の科学技術活動や各種の社会実践活動に参加させても良い。

6. 知識、技能及び技巧の評価

生徒の知識や技能や技巧の質はどのようなものであるかを掌握するには、検査を通して初めて確定できる。故に、教育カリキュラムにおいて、教師は随時生徒の知識に対する理解と技能の掌握情況を知り、適時に教学の内容、方法及び進度を調節することで、教学が質を保ったまま完了するのを確保し、更に一定の教学（１コマの授業、一つの課題もしくは一つの単元）を完了させた後、専門的な検査を行い、生徒の知識掌握と技能の伸びの情況と問題点を知る事で、教学を改善する必要がある。よって、知識と技能を検査する事は、不可欠な教学段階でもある。

生徒の知識、技能及び技巧の掌握情況を検査するのは、主に教師がその責任を負い、通常は教室における質問、課内外の各種の宿題やテストといった形で行われる。但し、生徒の自己検査、相互検査、サークル検査等を組織するといった、生徒の自己検査の能力や習慣を培うのも非常に重要である。自らが学んだ所の知識や行った宿題をまじめに点検し、検証できる生徒であってこそ、初めて学ぶ中で適時に過ちをただし、向上に向上を重ね、優異な成績を収め、少しも手抜きをしない学風を身につけることができる。

運用・接受教学を運用しての生徒の知識掌握の基本段階は、以下のいくつかの点に注意する必要がある。

第一に具体的情況に基づき、創意的に教育カリキュラムの段階を案出すべきである。生徒が知識を掌握するプロセスは生き生きと活発で、多種多様なものである。よって、千篇一律に「基本式」を採用し、機械的な一本調子で六つの段階に基づき教学を進めてはならず、「変式」、即ち実情の需要に応じて基本式に改変を施し、いくつかの段階を合併させたり、省略したりする方法をより多く取り入れ、創意的に実際に適合した教育カリキュラムの段階を案出する必要がある。例えば、

生徒が学ぶ所の新知識に対して豊かな経験を有する場合は、教材を感知する段階を改めて設ける必要はない。但し、基本式が反映する所の教育カリキュラム法則の教育カリキュラムに対する一般的な指導的意義を否定すべきではない。

　第二にもともと推測した教学段階の役割を全うするのも、機械的な一本調子であるべきではなく、情況の変化に応じて臨機応変に進めるべきである。実際の教育カリキュラムにおいては、生徒の知識や技能に対する感知、理解、運用、点検の情況は極めて複雑で、可変要素に富み、一つの段階からもう一つの段階に至る転化は、教学の内容、活動方式及び要する時間において、もともと立てた計画通りに一つ一つの段階を機械的な一本調子で、分秒も違えず進めては断じてならず、教学中の具体的情況に基づき、臨機応変で、着実に実行可能な措置を採り、異なる程度の調整、改善及び補充を行う事で、生徒の積極性を引き出すと共に、教学活動の質を確保し、一つの段階から丁度良い程度に次なる段階へと発展させ、出来得る限りにおいて教学の役割を最適に全うするように努めるべきである。

（二）問題・探究教学の生徒の知識習得の基本段階

　問題・探究教学とは、教師の指導の下、生徒が主に問題に対する分析や探索に積極的に参与し、自発的に新知を発見もしくは構築し、学習と探究の方法、能力及び科学の人文精神を習得する教学の事をいう。この類の教学の淵源はソクラテスとルソーにまで遡ることができる。ただ、現代のカリキュラム改革の潮流においてのみ、初めて真に教育界の高度な重視と普及を得た。現在、唱導されている発見学習、問題学習、範例学習等は、何れもこの類の範疇に組み入れることができる。今日、私たちが口にする問題・探究教学は、国内外の教育に関連する歴史的経験と現実的経験を吸収した、改善された一種の探究教学である。それは一種の創造性と弾力性とを大いに具えた教学であり、その中の生徒が知識を習得するプロセスは一般的にやはり下記の基本段階を経験するものである。

1．問題の明確化

　伝統の教学が書物による知識の授受から始まるのとは異なり、探究学習は探究しようとする問題を明確にするよう生徒を指導することから取り掛かる。探究学習の問題は、教室における一般の質疑、質問ではなく、一定の難度とチャレンジ

性を具えたものを指すものであり、探究、分析、検証等の認識活動を経る事によって初めて解決し得る学術の問題あるいは実際の問題である必要がある。故に、啓発性、魅惑力、チャレンジ性を具えた問題を提起し明確にすることが、探究教学が解決すべき最も重要な問題である。

探究教学問題及び内容は既に教科書の中に含まれているとはいえ、教師からすれば既知で熟知したものではあるものの、生徒からすれば不案内で未知なるものである。だからこそ、生徒に独立自主的に探究学習の問題を選定するよう期待するのは困難であり、授業を行うに先立ち、探究学習の問題に対する選定と教室における探究学習に対する質問や明確化とを適切に区分する必要がある。一般的にいうと、問題の選定はわりに難しく、教師により為されて然るべきで、教師は必要（問題の価値）と可能（生徒の能力や教学の条件）という二つの次元から、そして教科書中の基本概念もしくは原理の中から選定すると共に、準備を為す必要がある。問題を如何にして教室において提起するかに至っては、可能な限り多く教師の啓発の下、生徒に提起させるか、もしくは教師と生徒が互いに影響を与え合いながら共同で提起して然るべきである。

ちなみに、ニュートンの運動の第１法則（慣性の法則）の探究学習である。

教師：生徒諸君、それぞれのグループの机の上にいくつかの写真が置いてあるが、それを注意深く眺めて、生活の経験と組み合わせてみて、君たちが何を想い付いたか話してください。

生徒１：人が力を使って箱を押すと、箱は動きますが、押さなければ箱は動きません。

教師：もう一度押したとしたら？

生徒１：箱はまた動き出すでしょう。

生徒２：ハンマーで木の板に釘を打ち付け、ハンマーを手にして力いっぱい釘を敲くと、釘は下に向かって動き、敲かなければ、釘は動きを止めてしまいます。

生徒３：汽車が駅に入る時、プラットホームから遠く離れた地点でエンジンを止めるのは、汽車が動力無しでも一定の距離を滑走できることを物語っています。

生徒４：アイススケーターが力を使って氷を踏むと、氷の上を遠くまで滑走できます。

教師：滑走する過程で、スケーターは力を使うだろうか？

生徒4：使いません。

教師：この例で力と運動は関係ないと説明できるのではあるまいか？

生徒4：そうではないようです。なぜなら、もしも氷を踏まなければ、最後は止まってしまうからです。

教師：誰か、生活の中で力と運動の関係を説明できる経験のある人？

生徒5：自転車に乗るとき、力を使って踏むと、自転車は走りますが、踏まないと、走りません。

生徒6：私たちが体育の授業で、サッカーをしたり、バスケットをしたり、砲丸投げをしたりしますが、どの球も力を受けなければ動きません。

教師：物体が力を受けることと運動とはどんな関係にあるのか概括できる人？

生徒7：物体は力を受けると運動し、力を受けないと運動しません。

教師：つまり力は物体の運動を維持する原因であるということかな？

生徒：（多数の回答）そうです。

教師：これから私が統計してみよう。力は物体の運動を維持させる原因であると思う人は手を挙げてみて！

（約三分の二の生徒が挙手）

教師：多数の生徒がこの観点に同意しました。諸君が生活経験を出発点に、この結論を得ただけでなく、有名な古代ギリシャの哲学者のアリストテレスが二千年以上も前にこの観点を提起しました。物体が等速運動を維持するには、物体に永久不変の力を加えなければならない。つまり、力は物体が一定の速度で運動するのを維持させる原因であるという事です。彼の言った事は正しいかな？

生徒4：正しくないように思います。自転車に乗るのを例に取ると、力を使って踏めば、自転車は走行するということ以外に、もしも私たちが自転車を止めさせようと思ったら、ブレーキを挟まなければならないのですが、その時車輪は力を受けるのに、車は逆に止まってしまいます。よって、力は物体の運動を維持させる原因ではないということになってしまいます。

教師：彼の意見に同意する人？（生徒の何人かが挙手）

教師：意見を述べる生徒がいないが、君たちの意見はどうだい？

生徒8：彼等のいう事は理に適っているようにも思えるので、私たちは根拠を示す必要があります。

第七章　教学（上）　257

　教師：宜しい！　私たちは先ず思考の筋道を整理してみよう。（板書）私たちは
物体の受力と運動の関係を研究する必要がある。

２．掘り下げた探究

　問題が明確になると、教学は探究の段階に入る。探究は絶えず掘り下げて問題
を分析し、問題を解決するプロセスであり、事物の特性、法則、因果関係及びそ
の価値をはっきりとさせる事を旨とし、すべての疑問と難問が解消され、真知が
解明され、検証されて初めておしまいとなる。それは探究学習の主要な活動と中
心的一環である。立派な探究活動を組織し、生徒の学習の自発性と創造性を存分
に発揮させ、生き生きと活発に教師と生徒及び生徒同士の間の思弁、論争及び影
響の与え合いを展開させる事で、彼等が探究する中で極めて緊張的で激烈で苦し
い思索及び推理と検証の練磨を経験し、平時では感受し得ない探究と発見の興奮
や震撼を感じるようにさせることができてこそ、初めて生徒の才智、品行、情趣
及び意志等といった面が練磨され、豊かになり、高められるようになるのである。
　事物の本質、成因あるいは関係を探究し明らかに識別するには、通常は先ずい
くつかの推測と仮想を提起し、然る後に論証と検証を行い、真偽の選別を経た末
に、初めて正しい結論を導き出すことが可能となる。科学の探究はその最も代表
的なものである。ここでいう仮説とは、既存の事実材料と科学知識をよりどころ
にして未知の事実あるいは法則に対してある種の推測と説明を提起する事であ
る。仮説は推測性を有するものであり、必ずしも正確であるとは限らないが、予
見の功能を具えたそれは、人々の認識の発展にとって有益であると共に、人々が
客観的真理を認識しそれにアプローチする方法及び筋道でもある。その一、推理、
主に仮言的推理を用いて行い、仮説の基本理論を出発点に、必然的に現れる事実
や結論を導き出し、もしもこれらの事実や結論が真であれば、仮説は成立し、も
しも偽であれば、仮説は否定される。その二、各種の実践（観察と実験）により、
仮説に基づき導き出された結論が成立し証明されるか否かを検証する。そして、
二つの面の緻密な検証を経て初めて正確な結論を出すことができる。当然ながら、
科学の原理と結論は、もしも生徒に自らの生活実践から来る経験を用いて検証さ
せ実証させることができれば、更に説得力と興味性を持たせることになり、更な
る教育的意義を有することになる。

西洋の学者は、一般的に探究教育カリキュラムを問題、仮説、検証、結論の四段階に分ける。但し、一つの問題の解決は、往々にして多次におよぶ仮説と検証を行う必要があり、まして仮説と検証の連繋は緊密で、それを二つの単独の段階に分けることはとても難しい。故に、探究段階は一つの多次におよぶ仮説と検証を含む、絶えず掘り下げて問題解決に至るまでのプロセスなのである。

　例えば、ニュートンの運動の第1法則の探究学習（前回の続き）。

　教師：私たちには現在二種類の仮説がある。力は物体の運動を維持する原因であるというのと、力は物体の運動を維持する原因ではないというものだ。仮説が正しいか正しくないかにかかわらず、十分な根拠を見出して、相手を説得しなければならない。どこから根拠を見出すのが一番だろうか？

　生徒（一斉に答える）：実験です！

　教師：宜しい！　机の上に諸君のためにいくつかの実験器材を準備したので、君たちはこれらの器材を用いて実験を案出し、自らの仮説を証明することができる。もしもまだ何か欠けていたら、君たちが探すのを先生が手伝ってあげよう。意見が一致した生徒同士で自ら進んでサークルを組むと良い。そうして初めてより説得力のある実験が案出できるからね（生徒が実験をする。教師は各組の生徒が実験をする様子を観察しながら、生徒が出す質問に答える）（以上で用いられた時間は25分間である）。

　教師：宜しい。それでは、自分たちが如何に実験を案出して自らの仮説を検証したかを交換し合ってみよう。では、力は物体の運動を維持する原因であるとの第一の仮説を実験で検証したのはどのグループかな？

　生徒8：自分たちは細いロープを用いてタオルを敷いた机の面で小さな車を曳きました。力を用いて曳くと、小さな車は動き、大きな力を用いると、早く動き、力を用いるのを止めると、車は止まりました。そして、今度は、小さな車を直接机の面に置き、細いロープを用いて曳くという今さっきの実験を繰り返した所、結果は同じでした。更に、今度はその小さな車をツルツルした木の板におき、今さっきの実験を繰り返した所、結果は違っていました。したがって、自分たちは、力は物体の運動を維持する原因であると考えます。

　生徒9：自分たちも第一種の仮説は正しいと考えます。自分たちの案出した実験は彼等（生徒8）グループのそれとほぼ同じようなものです。ただ、車を曳い

てツルツルした木の板の上で動かした時、僕は停止に力を用いた場合、車がまだ一定の距離を動いたことに気が付きました。つまり、力は物体の運動を維持する原因ではないということです。

教師：君はどのようにして気づいたのかな？

生徒9：僕がツルツルした木の板の上で車を動かし、停止させるのに力を用いた時、細いロープはそれ以上ピンと張ることはなくなったのですが、車は更に数センチほど動いてから、やっと止まりました。

教師：素晴らしい！　彼（生徒9）の体験は、何が実験成功の基礎なのかを私たちに語ってくれた。彼等は実験を通して自らの推測を検証しようと望んだが、細心の観察の末、彼等が生活経験と実験結果が同じでないと気付いた時、彼等は自らの推測を詳しく検討し、研究を続けることができるのであり、これが即ち一種の科学的態度なのである。実に素晴らしい！　ほかのグループで彼らと違った案出をしたのはいるかな？

生徒10：僕は、二つ目の仮説が正しいものだと考えます。僕たちはこのように実験を案出しました。小さな車をツルツルした平板の上で押し動かし、動き出した後に、それぞれタオルを敷いた机の面、表面がきめの粗い木板と表面がツルツルした木板に滑らせたところ、僕たちは、手で車をずっと押し続けなくても、車は手を離れた後も動くことが出来、異なった表面まで動くと、それが滑走する距離が異なるということを発見しました。タオルの表面を走ったのが最も短く、ツルツルした木板の上の滑走が最も遠くまで行きました。したがって、僕たちは、力は物体の運動を維持する原因ではないと思うのです。

教師：君たちの実験は二つの結果を出した。一つは小さな車は運動のプロセスにおいてはそれを運動させる押す力を必要としないというもの、そしてもう一つは、同じ情況でも、ツルツルした平面の方がきめの粗い平面の上よりも遠くに滑走できたというものだ。そうだね？

生徒10：そうです。

教師：第一の結果は君たちの仮説を証明する事に対してとても役に立ったようだね。というのは、車が運動のプロセスにおいて、それが運動する力を維持する必要がないことを直に説明できるからだ。但し、それは一つの現象を説明しているに過ぎず、私たちはより一層人を説得し得る理由を見出す必要がある。そして、

第二の結果が、君たちが仮説を更に一歩証明する事にとって更に助けとなると私は思う。しかし、そこには一つの問題がある。それは、君たちが三種類の情況下で車を押すのに用いた力は果たして同じなのかどうかという事だ。とりわけ、車をタオルの表面まで滑走させるのに用いたが小さかったので、それが滑った距離も短かったのではなかろうか? 諸君はわたしの言い分に同意するかね?

生徒 (一斉に答える):同意します。

教師:どうやってこの問題を解決しようか? 私たちは力を用いて車が動くようにそれを押すので、毎回の力が同じであるようにコントロールできない。そして、更に車を動かすほかの方法はないのだろうか?

生徒13:僕達は車を曳いてそれを動かすことができます。

生徒10:車を曳いたとしても、毎回用いる力が同じであるのを保証する術はありません。

生徒14:僕たちは木板の片方の下に何かを当てて、車が斜面の上から滑るようにすることができます。そうすれば、車を動かすことが可能です。

教師:いいぞ! でも、それらが滑り始める時に受ける力が同じであることをどうすれば保証できるのだろうか?

生徒15:車を同じ木板の同じ位置から滑り出すようにすれば、三回とも実験条件は同じということになります。

教師:そうすれば、車がきめの粗さの程度が異なる平面を滑る距離に注意を集中させることができるという訳だ。その他の案出はないのかな? 外に何か意見はあるかな? 今、諸君は皆力は物体の運動を維持する原因であることを認めるのかな?

生徒 (一斉に):そうです。

教師:私たちは更にもっと説得力のある証拠を探して、私たちの仮説を証明し、より一般的な法則を発見する必要がある。続いて私たちが探究せねばならない問題は、その他の条件が全く同じであるという情況の下で、車のきめの粗さが異なる平面を滑走する距離は異なるのか否かということだ。なぜ滑走距離が異なるのだろう?諸君は私たちが共同で案出した案で実験を続けてみることにしよう。

(生徒は実験を続け、教師はグループの間で生徒と交流し、5分の時間が費やされた。)

第七章　教学（上）　　261

教師：皆と実験結果を交流しても良いというグループは？

生徒8：これが僕たちのグループの実験結果です。

タオルを敷いた平面	きめの粗い木板	すべすべした木板
車の動いた距離	3センチ	14.5センチ

教師：結論はどうだい？

生徒8：その他の条件が全く同じ情況の下では、車はきめの粗さの異なる平面を滑走した距離が同じではありませんでした。平面のきめが粗ければ粗いほど滑走距離は短くなりました。

教師：お見事！　我が班の三分の二の同級生がこのグループ（生徒8）の同級生と同じで、科学の実験結果を前にして、事実を尊重し、実験結果に正しく対処し、自らが既に持っている仮説を再認識する事で、新たな仮説を提起すると共に、実験を案出し直す事を通して、新仮説を更に一歩検証した。この種の科学的態度は称賛に値するものだが、違った結論はないのかな？

生徒：ありません。

教師：続いて、私たちはこの結論を利用して探究を続け、更に説得力のある結論が出せるかどうか見て見ることにしよう。なぜ車の滑走した距離が異なるのだろうか？

生徒（一斉に）：摩擦力が違います。

教師：具体的に言ってみて。

生徒：タオルは表面が粗く、摩擦力が大きいので、車はすぐに止まってしまいました。すべすべした木板は摩擦力が小さいので、車の運動する障害が小さく、車は遠くまで滑ったのです。

教師：もしも抵抗力が減り続けたとしたら？

生徒：車は更に遠くへと滑ります。

教師：もしも抵抗力がゼロだったとしたら？

生徒：車はいつまでも運動し続けるでしょう。

教師：私たちは実験の中で抵抗力をゼロにまで減らせるかな？

生徒：無理です。

教師：仮に若し抵抗力がなく、車がその運動方向において力を受けない事を想定すれば、車は一定の速度でいつまでも運動し続けるという事になる。そうだよ

ね？

　生徒（一斉に答える）：そうです！

　教師：私たちは、今し方実験の基礎の上で推理し、抵抗力の存在しない実験では、「運動している物体が力を受けない時は、等速の直線運動状態を保持し続ける」ということが証明できると想定した。これは理想化の方法という物理学における一種の重要な方法である。理想化の方法は、現在既に多くの自然科学分野や技術の分野や人文学の分野で応用され、多くの問題を解決してきた。私たちは今後の学習において、理想化の方法を学び用いることに気を配るべきである。

　探究プロセスにおいては、不断に真知を探り当てるよう生徒を導くことが必要であるのみならず、生徒の興味と責任感を掻き立て、研究の対象やあるいは実験のプロセスで緻密な観察を行う事で、平素においては往々にして軽視されがちな部分を発見し、そこから新たな発見と突破を見出すよう生徒を導くことに気を配らねばならない。それ以外にも、更に自らの認知や操作の上でのミスを見出し、真剣に是正する事に注意すべきであり、そうする事によって、初めて生徒に、厳粛でまじめで、少しもいい加減な所がなく、実事求是で、真知を追究し、創新に勇なる科学的趣旨と気高き品徳を育むことができる。デューイは理知活動における動機、興味及びその習慣の生徒の思想・品徳を培う事に対する重要な役割をとりわけ重視した。彼は、医師の看病を例に挙げ、その一点を生々しく説明している。一人の医師が面倒や困難を恐れずにあらゆる関連資料を蒐集し、真剣にチフス識別の診断を行う責任を負おうとするのは、その医師が「プロフェッショナルでソーシャルな科学的興味」を持っているからである。生徒の探究学習も同じで、謹厳な真知追究の動機と興味と習慣を必要とし、そうであって初めて探究学習を生徒の道徳を培い育てる活動とし、「理知的活動に明確なる道徳的性質を与える」ことが可能となるのである。

3. 結論を出す

　探究している問題が、推測、仮説及び論証、検証を経て、解決を得た時、結論を出す事が極めて重要である。結論を出すには、確定性と簡明性が必要であり、また余地を残しておくことも必要である。なぜなら、事実判断の性質の知識というものは、条件付きで、発展可能なものであると共に、あまねく適合する絶対不

変のものでは決してないからである。とりわけ、価値判断的性質の知識は、更に多元性と易変性を具え、簡単化することができない。中間総括をする際、更に探究の構想の仕方に対して分析と評価を行う事で、生徒が正確な観点の方法を運用して問題を認識し、実事求是で少しも好い加減な所が無く、真知を追究する崇高な学風を確立できるようにさせる必要がある。

　例えば、ニュートンの運動の第1法則に対する探究学習の結論である。（前回に続く）今日、私たちは「力は物体の運動を維持する原因であるか否か」を探究し、実験と推理を通し、一切の物体は外的力の作用を受ける事のない時は、決まって等速直線運動の状態もしくは静止状態を保つという自然界の重要な法則を得た。これが即ちかの有名なニュートンの運動の第1法則だ。同級生諸君、先に提起した古代ギリシャの哲学者アリストテレスであるが、彼は事物の現象に対する観察が不十分で、現象の本質を見る事ができなかったため、力は物体の運動を維持する原因であるという間違った結論を出した。彼は当時における権威であったが故に、皆は彼の見解を深く信じて疑わなかったため、この間違った観点は人々によって二千年余りにわたりそのまま用いられ続け、科学の発展を束縛した。二千年後になって、若き科学者のガリレオがアリストテレスの見解に対して疑問を持った。権威を信じなかった彼は、大胆に自らのこの問題に対する仮説を提起すると共に、実験を案出して仮説を実証して見せた。今日の私たちのように、実験の基礎の上で、ガリレオは推理と仮説を進め、アリストテレスの観点を批判したのだ。ガリレオのこうした実事求是で、客観的法則を尊重し、権威を迷信せず、敢えて真理を堅持しようとする科学的精神と科学的態度は、私たちが学ぶに値するものだ。ガリレオは四百年余り前を生き、当時の技術レベルは現在とは比べ物にならなかったという事を私たちは知っている。そして、ガリレオはほかの人とは違って、思弁の水準に止まることなく、実験を用いて仮説を検証するという科学的方法を切り拓き、それから科学は飛躍的な発展を遂げるようになる。ニュートンの運動の第1法則は、彼がガリレオ及び後の数十年の数多の科学者たちの探索と努力の基礎の上で、概括と総括を行った。

　後に提起したものだ。授業の後、皆で探究報告を完成させよう。

　結論の方式は融通性のある多様なものであって良い。皆で知恵を出して力を合わせ、クラス全体が共同で中間のまとめを行うのも良いし、グループに分かれて

中間のまとめをした後にクラス全体で交流するのも良く、複雑で難度の高い問題に対しては、教師によって比較的に系統立った緻密な結論と講評が為されるのも必要である。

　問題・探究教学を運用して生徒が知識を習得する基本段階においては、以下の二つの問題に注意せねばならない。

　一に、具体的情況に基づき、創造的に運用すること。問題を明確にし、掘り下げた探究をし、結論を出すという三段階を提起するそのねらいは探究教学の一般的法則を明らかに示す事で、よりどころとなるものを持ち、教学の自覚性を高める事にある。但し、科学の違いにより、その探究学習の情況は大いに異なる。自然科学の探究は仮説と検証を重要視するし、社会科学の推測と分析は実験を用いて証明するのは至って難しいし、人間の心理や行為の研究・検討と分析に関わる人文科学は、思弁、推測、推理及び解釈に頼るべきであり、更に簡単には実証できない。たとえ科学が探究する問題であっても、科学の上で既に解決済みで、実験証明できるものも有れば、未だ完全に解決されていないものもある。例えば、下記の生物の授業の「鳥はなぜ飛べるのか」という課題の探究は、一般の物理学教材の中の法則の探究とは異なり、生徒が提起した一連の推測は、果たしてはっきりとさせることができたのであるか否か？　というと、そうとはいえず、極めて実証しにくい解釈も存在する。国語の教学における情況に至っては、更に複雑で、「華夏文化の魅力を明示する」といったような授業の探究は、単に仮説と証明という方法を用いて解決し得るものではなく、更に情理に適った推測と解釈をするより外ない。故に、探究教学は、機械的な一本調子やプログラム化はタブーであり、融通性と機動性を効かせ、教師と生徒の探究性と創新性を十分に発揚するものであるべきである。

　例えば、「鳥はなぜ飛べるのか」という課題の探究学習である。

　さて、授業を始めるが、私は本を手にしておらず、既に折ってある紙飛行機と一枚の紙しか手に持っていない。同級生諸君は皆疑いの目で私を見ていて、平素から大胆な盛淑蓉が、「先生、この授業はやらないんですか？」と尋ねる。私はその機に乗じてこう焚き付ける。「やらないで、紙飛行機で遊ぶというのはどうだろう？」…遊んでいると、突如、生徒たちはふと何かを思い出したかのように、地面の上の紙と飛行機を拾い上げて私の方を見ている。私はチャンスを逃すまい

と、「楽しいかね?」と問うた。

生徒たちは楽しそうに答えた。「楽しいです!」

私は興味を感じているようなふりをしてこう言った。「じゃあ、諸君の紙飛行機について語ってもらうことにしようかな!」

「私の飛行機は高く、そして速く飛ぶことができます」

「僕の飛行機は飛ぶ時間が長い」生徒たちの意見はまちまちである。

更にもう一人の生徒は厳粛にこう言った。「私が飛行機と紙を同時に投げると、紙はあっという間にひらひらと地面に落下したのに、飛行機の方はまるで小鳥のように、一定の距離を飛んでから、やっと地面に落下しました。これは小鳥が飛行する道理と大差ないのではないかと私は思います」

私は潮時を捉えてこう問うた。「小鳥は飛べて、人間はなぜそれができないのか知っているかな?」

私の質問が口を突いたばかりの時に、一人の男子生徒がこう言った。「先生、僕は知ってる。それは小鳥にはバタバタさせることのできる翼があるのに、人間にはそれがないから」

もう一人の生徒はこう続ける。「人間の身体は重いのに、鳥の身体は軽く、鳥の身体には更に羽毛があって、それが飛ぶことのできる理由だと思います」

一人の女子生徒が心服しない口調でこう言う。「彼らの言い分は理に適ってはいますが、私の理由の方がもっと十分で、私は、小鳥が飛べるのは、小鳥の体型が比較的特殊で、その身体は紡錘形を呈していて、しかも飛行する時にその尖がった嘴が常に前に向かって伸びていて、そうすればそれに対する空気の抵抗力が減ることになるからだと考えます。でなければ、先生はなぜ藪から棒に私たちに紙飛行機で遊ばせたりしたのでしょう?」

私の生徒たちに紙飛行機で遊ばせるという「詭計」は見破られたので、私はそれ以上包み隠したりせず、既に目的を達することができたのであった。

それに続けて、私は今度は困り果てたふりをしながらこう問うた。「諸君は、鳥にはバタバタさせる事のできる翼があるというのだが、その翼はなぜバタつかせることができるのだろうか? それに、鳥が飛べるのはその身体が小さいからだと言った生徒もいたが、その道理を説明できるかな?」

その時、未だかつて学習に興味を感じた事のなかった曹元福が立ち上がり、こ

う言った。「僕は、我が家の鳩を長い時間観察し、それらが朝から晩まで食べ物を探しているというのに、決まって満腹にならず、しかも排便の回数もかなり多いことに気付いたんだ。それは、恐らく多くのものを食べているのに、消化もとても速く、それにその直腸がとても短くて、糞便を蓄えることができないので、そうする事でその体重を減らすことができるからだと思う」

目立ちがり屋の安永芳が、それ以上じっと座っていられなくなりこう発言した。「鳥の身体が軽いのはその骨が小さいからで、それに私は鳩の肉を食べたことがあって、そのいくつかの骨は中間が空洞になっていたんだ」

この二人の生徒の分析を肯定した後、今度はこう質問した。「その翼はなぜバタバタと動かせるのだろうか?」

この問題はかなり皆を困らせ、ひとしきり互いに顔を見合わせた後、生徒たちはこの問題に焦点を合わせて討論を繰り広げた。

討論が終わると、グループ代表の一人が彼らの討論の結果を話し出した。「それは恐らく翼の基部に何らかの専門に翼をバタつかせる器官があるからだろうという事に考えが一致しました」

「ハッハッハ…」教室にどっと笑いが起きる。

すると、今度はもう一人のグループ代表がこう発言した。「僕たちは、それは翼の上に緊密に大型の羽毛が配列させているからだと考えました」

そこで、徐錦棟がまじめにこう発言する。「僕らのグループは、鳥の胸部には発達した筋肉があり、その収縮と弛緩が翼をバタつかせるのを牽引しているのではないかと考えた」

私は即座に後者の二つの言い分に肯定を加え、続けてこう問うた。「鳥の飛行の問題に関して、まだほかに考えはあるかな?」

話し声が止んだばかりの時、一人の女生徒がびくびくしながらこう言った。「本に資料があって、その中の絵に専門的に鳥の気嚢が画かれているのですが、その気嚢が恐らくその飛行と関係があるように思えるのですが」

私は喜んでこう励ました。「よいことを言ってくれた!気嚢と鳥の飛行とは確かに密接な関係があるのだが、諸君はその訳を知っているかい?」

その時、生徒たちは難色を示し、誰もが首を横に振って知らないという意思表示をした。そこで、私は彼等に教科書の資料を読み、画を観察させる事にした。

一人の男子生徒が立ち上がってこう尋ねる。「先生、これら気嚢が呼吸のプロセスにおいて果たしてどんな役割をしているのか、僕には弁別できません」

彼の質問に焦点を合わせて私は回答し、気体が肺と気嚢に出入するプロセスを説明すると、私がまだ話し終えない内にある生徒が矢も楯も堪らなくなって挙手する。

私は弾みにこう尋ねる。「どうしたんだい？」

彼は座席から跳ねるように立ち上がってこう言った。「だとしたら、小鳥が呼吸する度毎に、気体は肺内で二度交換されるのですね？」

私は頷いて「実に賢いね！」と褒め、こう説明した。「この種の呼吸法を二重呼吸と呼び、小鳥が飛行する時にだけ行われる。なぜかというと、小鳥は飛行する時に、とても多くのエネルギーを消耗する必要があるからで、その時、その呼吸の仕方はほかの動物とは同じでないんだ」

授業終了のベルが鳴り、まとめをするのに間に合わず、残りの尻尾は生徒に委ねる事にし、彼等にこの授業で学んだ知識を宿題ノートに書かせる事にした。

また、例えば、「華夏文化の魅力を示す」という探究学習である。

私は、国語教材7年級下冊の『華夏文化の魅力を示す』を教えた際、授業に先立って開放型の宿題を割り当て、生徒にグループに分かれて貝聿銘（イオ・ミン・ペイ）大師の建築設計代表作に関する文字や写真等の資料を蒐集し捜させた。その日の国語の授業は、討論、交流、展示等の方式を通じて生徒に貝聿銘大師の建築の主な成就、特徴及びその芸術性を理解させようとするつもりであった。

授業が始まるや、グループ代表の一人が香港中銀ビルを紹介し…拍手が沸き起こり、この発言人は満足げに自分の席に戻って満面に笑みを浮かべ、私も満足の微笑みを露わにした。

もう一つのグループは香山飯店を紹介し始める。「…香山飯店は大々的に白を用いる事で、その建築のイメージに鮮烈な特徴をもたらし…」、その時、とある生徒が矢も楯も堪らぬ様子で立ち上がり、こう質問する。「香山飯店が白を主色に用いて鮮烈な特徴をもたらすことができたのはなぜなのでしょうか？」

「僕…僕はこの問題に関する見解をまだ見出してはいません」発言者は一挙に顔を赤らめる。

クラス全体が騒然となる。

「ああ天よ、面倒な事になったのでは？ 40分、こんなに滅茶苦茶にさせる時間など何処にあるというのか？」私の心は一瞬「ドキッ」とした。

助けを求める生徒の両目を見ながら、私は素早く話題を繋いでこう言った。「同級生諸君、この彼が提起したこの問題は非常に価値がある。少し考えて見給え、香山は燦たる紅葉で有名なだけではなく、先達が国事のために苦労したのを目撃者としてみていただろう双清ヴィラ、静清優雅な碧雲時や臥佛寺がある。依山建築である香山飯店は、西洋現代建築と中国伝統庭園を巧みに結合させた手本であると称するに足るものだ。大師はなぜ白を選んだのか、君たち自身の見方を語ってもらおうと思うのだが、宜しいかな？」

生徒たちは更に激しい自由討論に身を投じる。

生徒1：「先生、香山は紅葉で有名で、白が紅葉に映えると、目立ちます」

教師：「確かにそうだ。秋の香山は、生い茂った林が尽く染まり、紅葉が驚異的な生命力を煥発し、あらゆる草花を見劣りさせてしまい、白い香山飯店がそれに趣を添える。このような分析は理に適っているね。何かほかの補足はあるかな？」

生徒2：「こうした考えからすると、香山飯店は春と夏においても人目を惹きます。なぜかというと、白が辺り一面の緑の林海に映えるからです」

生徒3：「北京の冬には、周囲の群山は物寂しく、白は更に目を惹きます。もしも雪が降り、白雪に覆われると、飯店と群山が渾然一体となります」

教師：「私たちは貝聿銘氏が白を選択したのは、香山飯店と周囲の山水の色や天高く聳える古樹とを融合させて一体化する事で、たとえ四季の景観が異なろうとも、それが独自の魅力を具えるようにさせてそれは、『清水出芙蓉、天然去雕飾』というべきものだ。建築は凝固した音楽であり、建築を自然の空間に融合させるという理念が貝聿銘の一生涯の作品全体を導いているのだ。彼は多次にわたり香山を訪れて地形を実地調査し、周囲の環境を俯瞰し、労苦を辞することなく揚州、蘇州、承徳等の地を訪ねて当地の大建築や園林を考察したんだ。貝聿銘は心血と情感と知恵を注いで香山飯店を構築したと言えるだろう。季節という角度から考慮する外に、どういった角度から思考できるだろうか？」

先の数人の生徒に啓発されたのか、生徒たちはより一層積極的になる。

生徒4：「僕がテレビや本で目にした中國伝統の園林建築は何れも赤を主とし

たもので、大師の好みが一般のものとは異なっていて、これも彼が選んだ突破点であり、故に打って変わって白を選んだのだと僕は思う」

生徒5：「私は、白は純潔の象徴だと思います。なぜなら、それは心と情感を用いて設計させたものであるからです。故に大師は香山飯店を我が娘であるとみなし、彼女が伝統的な純潔と自然の美を具えるよう望んだのです」

生徒6：「白は純潔の象徴であるのだが、僕は、彼は香山飯店を彼の妻の化身であるとみなし、優しく善良で賢い自然の美を具えさせたのだと思う。妻が彼を黙々と支えたことが、彼の設計に影響を与えた事は間違いないね。『一人の成功した男の背後には皆、彼を支えた一人の女性がいた』という言葉を僕は耳にした事がある」

生徒たちの善意の笑い声は熱烈な拍手を伴うものであり、私の心はそれに震えた。質問したあの生徒が面倒を起こしているなどと誰がいうのか？　段取りを踏んだ教室での授業こそが成功の教室教学だなどと誰がいうのか？　その刹那、これこそ私が必要とする所の真実の教室の雰囲気なのだとやっと感じるに至った。

教師：「同級生諸君、仮に若し、香港中銀ビルやバリのルーブル宮殿のガラスのピラミッドが男性的で逞しい美を表現しているとするならば、貝聿銘の情感と知恵及び独特の審美的視覚のすべてを融和させて設計したこの香山飯店は、優しさと善良で賢い女性美を体現したものである。故に、その外観は普通に見え、繊細さと聡明さを内に秘めた若い女性のようで、容貌は驚くほどのものではないのに、見れば見る程その薄化粧の自然美を感じるのだ。貝聿銘氏が非難されながら何度も奇跡を成し遂げる事ができ得た訳は、そのデザインのユニークさにあったのだ」

二に、生徒の好奇心を真知をものにする探究目的へと導く事に長けていなければならない。探究は一種の自発的に新知を手に入れる活動であり、その原動力は生徒の疑惑や好奇心や喜んで見聞きする本性に由来する。私たちは教室において大胆に思い切ってあらゆる方法を講じて生徒の好奇心や求知欲をかきたてる事で、彼等が授業の中であれこれと議論したり、口と手を動かしならが活動するようにさせてこそ、生徒は初めて自発的で積極的に探究に身を投じることができるというのは疑うべくもない。但し、生徒の雑多な好奇心、衝動及び情趣の傾向には、注意を分散させ、授業の探究の突っ込んだ発展を邪魔立てするという消極的

な一面もある事にも目を向けねばならない。だからこそ、生徒の好奇心や探究の情熱が掻き立てられた後に、それを「有目的で結果を産み、知識を増長させる探究」活動へと導く事で、教学の役割の完遂と目的の実現を推し進める事に長けていなければならない。デューイは、生徒の教学における「衝動や欲望がもしも理知の導きを受けなければ、偶然の情況によりコントロールされてしまう。他者のコントロール（教師の理知的引導―編者注）から脱け出し、臨時的に現れた考えや気まぐれな考え方（生徒の衝動と欲望―編者注）が自らの行動を支配するに任せてしまう、つまり完全に衝動に左右されて理知的判断を失くしてしまうというのであっては、百害あって一利無しである」と的を射るが如く指摘している。探究教学においては、特別に生徒の高まる情趣に折れ合い、熱烈な雰囲気と活動プロセスを尊重する余り、理知の導きや探究の掘り下げ及び教学の役割の完遂を重要視しないといった一種の偏りが存在している事は確かである。

（三）結び

　書物による知識の授受を重要視する伝授・接受教学は、教師の主導的役割を存分に発揮させ、学科の論理系統に基づき、順を追って一歩一歩教学を行うことができると共に、生徒個人の学習の積極性を引き出すことにより、彼らをして、系統立った科学知識と技能をマスターし、自らの知恵、品徳、審美を伸ばすことを可能ならしめる。但し、書物による知識の学習を主とする事により、社会生活の現実から離脱し易く、生徒をして、抽象的で一本調子で理解しにくいと感ぜしめたり、常に教師が多くを語り過ぎ、生徒の活動が少なくなる事で、注入式の教学になり易くなったり、集団のニーズに合わせようとする余り、個別指導をないがしろにし、生徒一人ひとりが皆理解でき、良好な成長を遂げることを難しくさせたり、とりわけ教学の民主、生徒の自発性や創造性及び独立思考能力を培い伸ばすことを軽視したりするといった深刻な欠点が存在するのも確かである。

　問題に対する探究へと生徒を導く事を重要視し、生徒の学習における主体的地位を強調すると共に、生徒の求知欲を掻き立て、その自発性と創造性を引き出す事を重要視する問題・探究教学は、生徒に探究の困難さを経験させ、新知を得る事の楽しさと厳格な要求を体験させると共に、困難を克服して成功に達した興奮と喜悦を味わわせる事を重要視し、彼等が獲得した知識と能力を更に切実で、深

く、実用的で、確実なものにさせ、しかも彼等をして、思考と研究の方法を順を追って習得せしめ、大胆に疑問を抱き、用心深く検証する実事求是の科学精神を培わしめる。但し、探究教学の作業量が大で、費やす時間が多過ぎる割には、生徒が獲得する知識量が相対的に少なかったり、探究教学が過多になってしまう事で、教学の役割の完遂に影響したり、レベルの高くない教師に導かれる事で、生徒の自発性が発揮し難くなり、自発と盲目により探究の方向が見失われ、教学の質に影響するといった情況が現れ易いという限界も確かに存在する。

　要するに、上述の二種類の教学にはそれぞれの独特な功能と限界が存在し、その何れがより価値的で、重要であるかは言い難い。教学において、私たちは両者の長所を発揚し、短所を回避して然るべきである。もしも生徒が手っ取り早く系統立った基礎知識と技能をマスターするよう期待するのであるならば、接受学習を主として然るべきであり、もしも生徒がより自発的に学び、より創造性を持ち、独立思考と情操意志の上でより大きな鍛錬と向上を得ることを期待するのであるならば、探究学習を用いて初めて功を奏する事になるであろう。その中の何れかを偏って強調し、別の一方をわざと低く評価するのであっては、深刻な結果を招いてしまう事になりかねない。私たちは、異なる教学の目的、役割、内容の需要の応じて選択し用いる事で、二種類の学習パターンが教学において互いに補完し合い、その相対的功能を存分に発揮させるようにする事により、教学の質をトータルに高めるようにして然るべきである。

三、教育の課程において上手く対処すべき関係

　生徒が知識を把握する基本段階を比較していうならば、教育カリキュラムにおける数種の主要な関係を正しく処理する事は、教育カリキュラムの法則のもう一つの重要な面であり、両者は相互に依存し合い、促進し合うものである。生徒の知識掌握プロセスの法則性を離れ、教学における数種の関係の処理の仕方を汎論してしまっては、根っこ無き樹と化してしまう。但し、教学における数種の主要関係の伝授・接受教学あるいは問題・探究教学のプロセスに対する指導的役割を上手く処理する事をないがしろにしてしまっても、自覚的で科学的に教学の役割を完遂する事は不可能である。下記の教学における数種の主要な関係を上手く処

理せねばならない。

（一）教師の主導的役割と生徒の自発性との関係

　教師と生徒の教学における地位及び関係を如何に扱うべきかという問題は、教学史上における一つの主要にして複雑な問題であり続けている。

1.　教師の主導的役割を発揮することは、生徒がストレートに効果的に知識を学び、心身を成長させる必要条件である

　教師の主導的役割を存分に発揮させる。これは効果的に教学を行うことにとっての重要な保証である。なぜならば、教師は教育者で、社会の委託を受けた彼は、社会の教学に対する要求を深く知ると共に、専門的な訓練を受ける事で、教える所の専門知識に精通し、生徒の心身の成長を理解し、如何にして教学を組織し進めれば良いかを弁えているからである。知識と能力とを欠いた生徒からすれば、教師の指導と支援を助けを借りる事によって、初めてストレートで効果的な方法で、人類の創造した基本的な文化科学知識をマスターし、社会が必要とする人材へと成長できるのであるし、生徒が学びの自発性、積極性を正しく発揮し続けるのさえも、教師の励起と導きに頼りとするもので、さもなくば、往々にして盲目と低効率を招いてしまいかねない。教学の効率と質は、先ずは教師の教え方の良し悪しによって決まるものであり、高素質の教師にして初めて成績優秀な生徒を培い育てることが可能となる。教育カリキュラムにおいては、教師の教えは、一般的に矛盾の主導な面である。

　教師の主導的役割とは、積極的に学び向上するよう生徒を導けるか否かに照準を合わせて論じたものである。それは先ず、正しい人間になるという点で、正直、知恵、敬業、謹厳、根気、優しさにおいて自らが身を以て範を示し、生徒から尊敬され愛され、高い威信と親和力を具え、生徒がその話を聞きたがるといった点に体現される。次には、教学において、啓発、誘導、説明、激励、示範、訓練、補導、手解き及び辛抱強い奉仕に長ける事で、生徒が積極的で効率良く知識をマスターし、自身の才能と修養を高められるようにせねばならない。故に、生徒の自発性、再認識性、創造性の発揮ぶりがどうであるか、学習の効果はどうかといった事もまた、教師の主導的役割の発揮の仕方の良し悪しを秤にかける根本

的標識である。教学におけるあらゆる非民主的な強制的詰込みや独断専行的なやり方といったものは、何れも教師の主導的役割にもとるものであると指摘しておかねばならない。

2. 生徒を尊重し、生徒の学習における主体性を引き出すことが教師が効果的に教学を行う一つの主な要素である

　生徒は能動性を有する人間であり、彼等は教学の対象であるだけでなく、しかも学習の主体であり、成長の主体でもある。教師の教えはもとより重要であるが、生徒からすればとどのつまりは外因であり、外因は内因を通して初めて役割を果たすことができる。つまり、教師が伝授する知識と技能、施す思想的影響は何れも生徒個人の観察、思考、悟り、再認識、合意、自覚的実践及び修養を経る事により、初めて彼らの才智や品徳へと転化する。生徒の学びの主体性、積極性の発揮の仕方如何が、直接影響すると共に、最終的に生徒個人の学習の質、効果及び心身成長の方向とレベルを決定づけるのである。

　しかしながら、生徒の主体性を引き出すには、教師と生徒の間の認知関係を解決するだけでは十分でなく、更に教師と生徒間の人間関係を解決する必要がある。即ち生徒を尊重し、民主で平等に生徒に対処し、生徒の成績の優劣や家庭の貧富でもって差別的に対処したりせず、生徒一人ひとりの好奇、質問好き、探究好きな天性に対し、その何れをも大切にし、愛護し、一歩一歩上手に導き、助けを与える事が教師には求められる。そうすることで、生徒が初めて教師に親近し、学習の主体性を発揮し、敢えて教師に向かって質問したり、何かを訊ねたり、気兼ねせずに教室において個人の見解を発表したりしたがるようになり、教師が初めて緊密に歩調を合わせたり、互いに影響を与え合ったりすることができるようになる事により、教学の質は初めて顕著にアップする事になる。指摘せねばならないのは、子どもを尊重することは、子どもを放任する事では決してなく、その盲目的で自発的な成長の成り行きに任せるというのは、教師の職責及び主導的役割の放棄では決してなく、正反対に、それは正に教師の教え導きに対する要求を高め、教師の教学の責任感と仕事量を重くするのである。

3. 生徒の積極性の軽視と教師の主導的役割の軽視という偏りを防ぐものであ

る

　教学における教師と生徒関係を如何に扱うかは、教学史上においては二つの偏りが現れた。

　ヘルバルトを代表とする伝統教育派は、教師は教学においては指導的地位に在り、生徒に知識を伝授し、教育を進めるのは主に教師に頼るものであるとした。彼等は、教師の教え導きに従順でありさえすれば、生徒は知識を学び、優れた品徳を養うことができるのであり、生徒の独立性、自主性に至っては、有害なものであるとされた。この種の伝統教学の病癖は、生徒の自主精神や創造の才能を発揚し培うことに不利なものであり、社会の発展と共に、日増しにその後進性が顕現した。

　デューイを代表とする現代教育派は、伝統教育が学科を教学の中心とし、教師を教学の主宰とすることで、子どもの成長に由々しき危害をもたらした事を指弾し、重心転移の革命を進め、子どもを教学の中心に変える事で、生徒の自発性を存分に発揮させ、教育のあらゆる措置が生徒を巡って動くようにすべきであると主張した。但し、彼等は反対にもう一つの極端へと走り、生徒の学習の主体性とマネしながら学ぶ問題解決学習を一方的に強調する余り、教師の主導的役割と系統的知識の伝授をないがしろにすることで、往々にして生徒を盲目的な試行錯誤と模索に陥らせ、系統立った科学知識を手っ取り早く学ぶことができないようにしてしまったことは、現代の創造的人材の育成にとって不利なものであり、同ように時代遅れになってしまった。後に、デューイはこの問題に対する再認識をし、「機転の利く母親は、子どもの需要を考慮に入れるが、だからこそ自らの責任を放棄したりは決してせず」「教育者の役割は一種の経験が手引きする所の方向に目を向ける事にある。もしも教育者がその比較的に豊富な見識を用いて未成年者が経験の各種の条件を組み立てる手助けをせず、逆にその見識を投棄てるとするならば、彼の比較的成熟した経験は何の役にも立たなくなってしまう」と述べている。

　その実、今日もこの問題は教学において未だ解決されてはいない。常見される一種の偏向は、効率を重要視し進学率を強調するという駆り立ての下、教師の役割を浮き彫りにし過ぎる余り、生徒を尊敬し思い遣る事をないがしろにすることで、教師が高く居坐り、話をし過ぎ、融通の利かない扱いをし過ぎ、生徒の自発

性と創造性を抑えつけてしまうというものである。これは一種の伝統的弊害であり、早急な改善が待たれる。もう一つは、鋭意な改革の探索において、生徒の教学における主体的地位と役割を強調し過ぎ、教室での活動と熱烈な雰囲気を重要視し、プロセスの活気に心を奪われ、反対に教師の教学における理知的な指導をないがしろにする事で、生徒が活発な余り、知識に対する系統立った掌握が不足し、教学の質に影響を与えるというのも矯正する必要がある。

　要するに、教学における教師と生徒関係は、数多の要素の影響を受け、極めて複雑で多変的であり、一度苦労すれば末永く楽ができるといった解決方法などあり得ない。したがって、最も頼り甲斐のある措置は、普遍的に教師の修養とレベルを高め、生徒に対する理解と意思疎通を強化し、教師の責任感と創造性を高める以外に無く、そうする事によって初めて教師と生徒間の民主と平等、尊師愛生、教学相長の影響の与え合いと協働を実現し、両面の主体性が何れも発揚され、教学が互いに影響を与え合うプロセスにおいて、動態のバランスと両々相俟ったますます良い効果を達成し得るのである。

（二）間接的経験と直接的経験との関係

　毛沢東はこう指摘する。「一人の人間の知識は、直接的経験と間接的経験という二つの部分以外にない。しかも、我にあっては間接的経験であるものは、人にあっては依然として直接的経験であり続ける」。間接的経験と直接的経験の関係を処理する事は、正しく効果的に教学を進める上での重要問題である。

1．生徒の認識における主要の役割は間接的経験を学ぶこと

　子どもの認識は直接的経験に始まり、直接的経験を通して絶えず世界に対する認識を広げる。但し、個人の活動範囲は狭く小さなものであり、個人が如何に努力しようとも、直接的経験のみに頼って世界を認識するのはますます不可能になる。毛沢東は、「一切の真知は、何れも直接的経験より起こるものである。しかしながら、人間は何から何まで直接に経験することは不可能であり、事実上の多数の知識は何れも間接的に経験したものであり、これが即ちあらゆる古代あるいは外国の知識である」と指摘したが、とりわけ、生徒は、高度に発展した文明社会に適応するには、間接的経験を学ぶことを主とし、手っ取り早く人類が蓄積し

てきた基本的な科学文化知識を掌握する必要がある。

　目的を持って間接的経験の学習を行う活動を組織するのが即ち教学であり、そ
れは人類が世々代々にわたり積み重ねて来た科学文化の知識に選択を加え、それ
らを簡約化し、清浄化し、系統化させ、心理化させる事で、カリキュラムと教材
を構成し、順を追って一歩一歩学ぶよう生徒を導く。さすれば、彼等をして、人
類が認識の発展において経験してきた所の過ちや曲折を繰り返すことを回避し、
最短の時間と最高の効率でもって人類が創造した基本知識を掌握し、現代社会の
要求に合致した人間へと成長する事により、新たな起点において、引き続き人類
が世界を認識し改造する長征に参与し、新たなる発見、発明及び創造することを
可能ならしめることができるのである。

2. 間接的経験を学ぶには、生徒個人の直接的経験を基礎とすることが必要

　書物による知識は、一般には概念、原理及び公式等が構成する所の系統として
表わされる一種の理性に偏った知識である。この種の知識は、生徒からすれば、
他者の認識の成果であり、間接的経験であり、抽象的で、不安内で、理解しにく
いものである。生徒がこの種の書物による知識を自らが理解し得る知識へと転化
させるには、個人の既有のあるいは現時点で獲得した感性的経験を基礎とせねば
ならない。そして、個人は既有の経験、既知の物に頼る事によって初めて未知の
新知を認識し掌握できるということを知っておかねばならない。デューイは、こ
う指摘する。「間接の知識、他者の知識は往々にして字面に属するのみの知識で
ある。…もしも疎通させる所の知識が、生徒が既に持っている経験の中に配置さ
れることができなければ、その種の知識は純粋言辞、即ち純粋な感覚的刺激と化
してしまい、何の意味も持たない」したがって、教学においては、生活の実際と
繋げ、生徒の既有の知識を利用すると共に、生徒が新知識を学ぶ上で持っている
べき感性的知識を補充する事で、生徒が順調に書物による知識を理解し学んだ所
の学識を実際に運用し、より完全な知識を獲得できるようにする事を重要視する
必要がある。

　生徒が間接的経験を学ぶには、その直接的経験を基礎にしなければならない。
故に私たちは生徒の学習にトータルに関心を寄せて然るべきであり、生徒が真剣
に書物による知識を学ぶことに関心を注ぐ以外に、更に生徒が遊びの中で学び、

為す中で学び、探究する中で学び、労働生産において学び、生活やかかわりの中で学び、各種の実践活動の中で学ぶよう生徒を指導することに気を配らねばならない。積極的に各種の実際の活動の鍛錬や学習に積極的に参与し、豊富な直接的経験を積み重ねると共に、直接的経験を間接的経験や理論や実際と多面的に結び付けるよう生徒を導く事を重要視してこそ、初めて生徒をして、より完全な知識を得せしめることが可能となる。毛沢東はいみじくもこう述べている。「生徒たちの書物による知識は何の知識であろう？彼らの知識が何れも真理であると仮定すれば、それは彼等の先人が生産闘争と階級闘争の経験を総括して書き上げた理論であり、彼等自らが身を以て得た知識ではないということになる。…最も重要なのは、これらの知識を生活や実際に応用するのに長じることである」

3. 書物による知識の伝授あるいは直接的経験の積み重ねのみを重んじる偏りを防ぐ

　間接的経験と直接的経験との関係を扱うには、教学史においてかつて出現した事のある二種類の偏りを防ぐ必要がある。一つは、伝統的教育観の影響下で生じた偏りで、書物による知識の伝授のみ重んじて生活の実際と結びつけることを重要視せず、教師が講義し、生徒が聴講することに慣れ、生徒が理解し消化しているか否かを考慮せず、詰込み式の教学を招き、生徒が知識を掌握する上での生嚙り、硬直化、偏りをもたらしてしまうというものである。もう一つは、経験主義的教育の影響下で生じた偏りであり、生徒個々人の感知、探究、「為すことで学ぶ」こと等を重視するその一方で、系統立った知識の授受をないがしろにすることで、生徒が系統的で緻密な学科知識を学ぶことを困難ならしめるというものである。両者は何れも教学の法則に違反し、間接的経験と直接的経験との内的連繫を分断し、教学の質的向上に影響を与えるものである。

（三）知識の掌握と知力を伸ばすこととの関係

　知識を掌握する事と知力を伸ばす事との関係は、ますます重視されるようになり、教学改革の重要問題となるに至っている。

1. 知力の伸びと知識の掌握の両者は相互に依存し、相互に促進し合うもの

教育カリキュラムにおいては、生徒の知力の伸びは彼等の知識の掌握に頼るものである。人々が常々口にする「無知は必ず無能」との言葉は、一定の道理を有するものである。生徒にとっては、知識の掌握と運用及びその再認識と改善のプロセスは、彼等が知力を運用し伸ばすプロセスでもある。レーニンは指摘する。「私たちは基本的事実の知識を用いて学ぶ者一人ひとりの思考力を発展させ増長させる必要がある」と。知識を生き生きと学び活用しその貴重な経験を再認識し総括するのは知力を伸ばし、向上せしめる基礎である。イギリスの教育者ホワイトヘッドは、「真に価値ある教学は、生徒をしていくつかの普遍的な原理を透徹的に理解せしめ、それらの原理は各種の異なる具体的事例に適用される。その後の実践において、彼等成人は汝が彼らに教えた特殊な細かな点は忘れるであろうが、彼等の潜在意識の中の判断力は、彼等をして、如何にそれらの原理を当時の具体的情況に応用すべきかを想起せしめる。…完全に汝の心身に滲透した原理は、正式な規範の陳述であるというよりは、むしろ一種の知力活動の習慣なのである」とした。確かにその通りで、人々は往々にして学校で学んだ事のある具体的知識は忘れてしまうものの、透徹して悟った原理や方法は内化してその知能や習慣となり、必要とされる時に、それは「一種の人を満足させる方式で運行する」。

　と同時に、生徒の知識に対する掌握は、彼等の知力の伸びをよりどころにする。なぜならば、知力は同様に知識掌握の必要条件であるからである。知力がよく発達した生徒であって初めて、彼等の接受能力は強く、学習効率が高いのに比べて、知力が余り発達していない生徒は、学習においてより多くの困難に出くわす。この事から、生徒の知力を伸ばすことが、教学を順調に進め、教学の質を高める重要条件であることがうかがえる。とりわけ、発展の目覚ましい現代にあっては、教学内容が迅速に増え、何度も絶えず大きくなっており、教学において生徒の学習方法に関心を注ぎ、生徒の知力と創造的才能を高めることで、彼等をして、より効果的に現代の科学知識を掌握せしめることがとりわけ必要である。

　20世紀以来、多くの教育者が何れも知力と創造性を育て上げることを非常に重視した。ラッセルは、「知力を欠くなら、私たちの複雑な現代世界は二度とは存在しなくなり、進歩など更に語るべくもない」と述べ、ホワイトヘッドは、「知力教育の主要目的は知識の伝授であるが、知力教育には更にもう一つの要素があり、それは模糊としたものではあるものの、より一層偉大なものであるが

故に、更に重要な意義を有するものでもあり、古人はそれを『知恵』と呼んだ」と指摘した。そして、「古代のアカデメイアにおいて、哲学者たちは知識を伝授することを渇望したのに、今日の大学においては、私たちの卑しき目的と来たら、それは各種の科目を教授することである。古人の神聖なる知恵を追究することに憧れた事から、現代人の各科目の書物による知識を獲得する事に成り下がってしまった。これは長い時間における教育の失敗を示すものである」と嘆き、更に「知力を培うことを重視しない民族は淘汰される定めにある」とした。デューイは、知識と知力の核心としての思考との関係を分析した上で独自の見解を有し、「よしんばあらゆる思考の結果が何れも知識に帰結した所で、知識の価値は、最終的にやはりその思考の中における応用に服従する。なぜならば、私たちは固定的で不変な完結した世界で生活しているのではなく、前向きに発展している世界において生活しているのであり、この世界においては、私たちの主要の役割は未来を展望する事であるからである。こうして過去を回顧する——あらゆる知識は思考とは異なり、それは過去を振り返るものである——その価値は私たちをして、確かで安全に、しかも効果的に未来に対処せしめる事にある」とした。ピアジェは、更に知力の発明の功能を強調し、知力の基本的功能は理解と発明に在り、この二つの功能は切り離すことができないもので、旧来の知力理論は理解を強調するのに比べ、最近の理論は理解を発明に従属させているとした。上述の透徹した論述は、私たちが今日教学を改革し、生徒の知力の発達を促す事に対して、極めて重要な意義を有するものである。

2. 知識を生き生きと活発に理解し創造的に運用してこそ初めて効果的に知力を伸ばすことができる

知識の伝授を通じて生徒の知力を伸ばすのは教学の重要の役割である。しかしながら、知識は知力に等しいものではない。一人の生徒の知識の多寡は必ずしも彼の知力の発達の高低を示すものではない。もしも「詰込み式」の教学であるならば、たとえ生徒が知識で満杯になったとしても、思考力が増進する事はあり得ず、反対に彼らを鈍感にしてしまう。この事から分かるように、すべての知識教学が皆効果的に生徒の知力の発達を促す訳ではない。なぜならば、生徒の知力は彼らが掌握する所の知識の性質、難度、分量と関係があるのみならず、より重要

なのは、彼等の知識を獲得し、運用する方法と態度と緊密に関わるものであると いう点である。ホワイトヘッドは、「知恵は知識を掌握する方式である。それは 知識の扱い方や関連する問題を確定する時の知識の選択に関係すると共に、知識 を駆使して私たちの直覚的経験を更に価値あるものにする。この種の知識に対す る掌握が即ち知恵であり、獲得し得る最も本質的な自由である」と指摘した。ピ アジェは「知力は行動を源とし」「知力は、ひいてはそのより高い表現において、 即ちそれが思考を駆使する道具として初めて進展を得た時も、行動を取り行動を 協調している時も、一種の内在的で反省的な形式で進められるものであるという だけのことだ」。エンゲルスも「…今日に至ってもなお、人間の活動のその思考 に対する影響が完全にないがしろにされている…但し、人間の思考の最も本質的 で最も身近な基礎は、正に人間が引き起こす所の自然界の変化であって、自然界 そのものに留まりはしない。人間がどの程度自然界を変えられるかによって、人 間の知力はそれと同じ程度に発達するのである」と指摘している。

　生徒の知力は知識のように簡単に心に刻み込むことはできず、知識を掌握し運 用し、世界を認識し改造するプロセスにおける知恵の活動と行動のインプットで あり、主体と客体の相互作用のプロセスにおいて発達する一種の能力でしかない。 したがって、教学においては、生徒に知識を教えるのみならず、生き生きとして 活発な教学活動を通して、知識の原理を透徹して理解し、知識を習得するプロセ スと方法を理解し、独立した思考と推理と論証で、創造的に実際の問題を解決す る事をマスターするよう生徒を導く必要があり、そうであってこそ、初めて生徒 の知力が高水準の発達を得られるようになるのである。

3. 単純に知識教学を捉えたり、あるいは能力の伸びのみを重んじたりする偏 りを防ぐ

　知識の掌握と知力を伸ばすこととの関係性を如何に処理するかという問題に対 し、形式教育論と実質教育論はかつて長期におよぶ論争があった。前者は、教学 の主要の役割は生徒の思考形式を訓練する事に在り、知識の伝授などはどうでも よいとし、後者は、教学の主要の役割は生徒に役に立つ知識を伝授する事にあり、 生徒の知力に至っては、特別な訓練を行う必要はないとした。両派の主張の何れ にも偏りがあることは明らかである。形式教育論は、生徒に対する知力の訓練を

重視するものの、彼等は知識の掌握を離脱して思考形式の訓練を行うので、その効果は良いものではない。実質教育論は、知識を伝授することの必要性を強調するものの、彼等は知識を掌握すれば自ずと知力は伸ばせるとし、実質的に思考の訓練と知力の伸びをないがしろにした。

今日の教学においても類似する情況が存在し、「双基」（基礎知識と基本技能）教学をしっかりと捉えれば、生徒の知力は自ずと伸びるとし、探究、再認識を通して意識的に知力を鍛えるよう生徒を導く事を軽視する者がいるかと思えば、生徒の自主的な探究、再認識のみ重要視する余り、系統立った知識や原理の学習と運用を通して知力を伸ばすことをないがしろにする者もいる。この両者は何れも教学の質を高めるのに不利である。

（四）知識の掌握と教育を進める事との関係

知識を掌握する事と教育を進める事との関係は極めて重要な問題である。なぜならば、教学は授業を行って人間を育てる事を重要視する必要があるからである。

1．教育的教学を行う事が現代教学の重要な特性

我国は古より「君子は学びて以て其の道を致す」（君子は学問において人間の道を極める）という考えがあるが、古代思想の道徳教育は主に文化ではなく、社会生活の実践を通して学ぶというものであった。孔子の説いた「入りては即ち孝、出でては即ち悌、謹みて信あり、広く衆を愛して仁に親しみ、行いて余力有らば即ち以って文を学ぶ」（子どもは家では親孝行をし、外に出ては先生や先輩を敬慕する。言行を慎み、誠実な行動をとる。広く大衆を愛し、人徳ある人と親密にかかわる。そうした実践を行った後、尚時間に余力があるようであれば、古典を繙き、勉強するようにしなさい）との信条がこの点を実証している。西洋古代教育の情況もほぼ同じで、ヘルバルトはこう指摘している。「過去に教学はその妥当な地位を見出すことがなく、知識の多寡が人格の訓練との比較において副次的な事であるとみなされると共に、先ず教育を行ったその後に教学に順番が廻って、それはまるで教学がなくても教育は進められるとするかのようであった。こうして、ここ数十年において、人々は既に学校の仕事を強化するよう要求し始め…人々は、知識の面を出発点とする方が、観念の面を出発点とするよりも容易に

人間を教育し得ると弁えるようになった」と指摘した。そして、すべての教学が皆教育的なものであるというには程遠く、例えば、収益や生計あるいは趣味のために学習し、この種の学習が一人の人間を良く変えるのか、それとも悪く変えてしまうのかに関心を寄せぬといった類の教学には教育性がないと指弾すると共に、彼が「談じようとしているのは、この類の教学ではなく、ただ教育的教学のみである」と強調した。教学の教育的な大いなる役割を確信する彼は、「教学は必ずやより深く思考という工場の中に滲透し得るものである。あらゆる宗教の教義の威力、そして一種の哲学スピーチの支配力を試しに考えて見るに、それは斯くも容易く、甚だしきに至っては、知らず知らずの内に一心不乱な聴衆を掌握するものである。…これらすべては、良き教学か悪しき教学かを問わず、何れも教学に属するものである」と指摘している。ヘルバルトの「教育的教授」に関する論述は、知識教学と思想品徳教育との間の連繫を強調し、現代教学の性質と発展の方向を解明した事で、教育界から教学の規律もしくは原則であるとみなされた。

　文化科学知識は人類が世界を認識し、美しく理想的な生活のために戦った経験の結晶であり、とりわけ慎重な選択と浄化を経た、学校が伝承する人文と科学知識は更に永久不変の価値を有するものである。それを学び応用するのは一人の人間が完成された現代人となるのに不可欠の精神的資源である。中でも、生徒の正しい価値観、人生観、世界観を培うには、更に一定の科学文化知識の基礎が必要となる。レーニンは「人類が創造したあらゆる財富を知る事によって自らの頭脳を豊かにしてこそ、初めて共産主義者になれる」と述べている。

　教育的教学は主に知識及びそれが蘊蓄する所の豊富で奥深い社会的意義を掌握するよう生徒を導くことを通して実現される。そしてそれには、教学の内容を透徹して理解すると共に、その社会的意義を悟り認め、教材に出て来る偉人、哲学者、科学者の確固たる信仰、気高き情操、偉大なる功績、苦難に満ちた歩み等といったものの薫陶を受け、真知をものにする艱難辛苦のプロセスにおける練磨、再認識、悟り及び向上等を通して生徒の優れた思想、品徳、修養及び学風を培う等が含まれる。但し、それは教学が更に各種の規範と伝統や教師の模範及び厳格なる要求を通して生徒に対して行う教育を排斥するものでは決してなく、更に厳格に組織され、秩序立てて行われる学年やクラスの教学活動を通し、生徒に対して行われる現代生活方式の訓練及び文明的な行為や習慣の養成が必要であり、こ

れも教育的教学の重要な内包である。

2. 学んだ知識をして、生徒の情感や態度の積極的変化を誘発せしめてこそ、真の意味において彼等の思想を向上させ得る

ある生徒が、なんらかの思想的観点を悟るか、もしくは道徳規範を掌握したものの認識上に留まり、それを用いて自らの思想や行為を調節することができず、彼等の思想や品徳の形成や向上の助けにならないといった情況が常に存在する。なぜならば、知識の掌握から思想の向上へと至る転化には、認知の問題が存在するのみならず、更に重要なものとして、情感や態度の転変と身を以て体験し努力して実行するという問題が存在するからである。もしも生徒が学んだ所の知識に対する態度が消極的で、構わずにそれを放置してしまうならば、彼等が掌握した知識は彼らの観点へとは転化しにくい。したがって、教学で与えられる知識が生徒に深い影響を与えるためには、単に知識を深く理解させるだけでなく、その知識の大きな意義や遠大な影響を感じさせ、心や感情に深い共鳴、驚き、感嘆、衝撃、認識、あるいは罪や後悔を引き起こし、強い愛憎、名誉、恥の意識を形成し、生徒の態度や価値の追求に前向きな変化を起こさせ、その結果として、生徒をよい方向へ促すことが必要なのである。自己責任から始まり、徐々に意識的で粘り強い自己主張、自己教育、自己改善へと変化していくものだ。この点では、空疎な説教や強制は効果がない。

3. 単なる知識の伝授あるいは知識教学を離脱した思想教育の偏りを防ぐ

教学においては、二つの偏りを防ぐ必要がある。一つは、ただ単に知識を伝授し、思想教育をないがしろにする偏りである。この種の観点を持する人は、教材は思想性に富むものであるから、生徒が学べば思想は自ずと高められるので、教師が多くを語る必要はないとする。彼等は、教材の教育性というものは教師の意識的な発掘を経る必要があると共に、それと社会の実際、とりわけ生徒の思想の実際とを結びつけることによって、初めて生徒を悟らせ、合意させ、生徒に教育を深く受けさせることができるという事を弁えておらず、中でも、教師は教育者であって、知識を伝授する「授業職人」には非ずして、身を以て範を示し、自らの真理や正義に対する粘り強い追究を以て生徒を感化し導いて然るべきである

ということを弁えていない。ヤスパースはいみじくもこう述べている。「教育は
人間の魂の教育であり、理知的な知識と認識の堆積には非ず。…誰か自らを単に
学習と認知の上に限定しようものなら、たとえその学習能力が非常に強かろうが、
その魂は乏しく不健全なものである」と。もう一つは、知識教育から離脱し、一
式の思想教育を行おうとする偏りである。この種のやり方が蛇足を加えた牽強付
会なものになるのは必然的で、生徒の思想の向上にとって不利なだけでなく、し
かも系統立った文化科学知識教学にとって有害でもある。

（五）知力活動と非知力活動との関係

　知力活動と非知力活動との関係を如何に扱うかという事も、教育カリキュラム
における軽視し得ない重要問題である。

1. 知力活動と非知力活動の教学における関係

　教学活動は、知力活動を行うよう生徒を導くことを重要視すべきであれば、生
徒の非知力活動を調節することを重視すべきでもある。生徒の知力活動とは、主
に事物を認知し、知識を掌握するために行う感知、観察、思考、記憶及び想像等
の心理要素的活動のことを指し、それは、学習を行い、世界を認識する道具であ
る。一人の知力を欠いた人間は、やや複雑な事物を理解することがとても難しく、
知力が余り発達していない生徒も文化科学の学習の任には堪え難い。したがっ
て、教育界はこれまで一貫して生徒の知力を培い伸ばすことを重視して来た。生
徒の非知力活動とは、主に事物を認知し、知識を掌握するプロセスにおいて好奇
心、欲求、情趣等の心理的要素を誘発する活動のことを指し、それは生徒が学習、
研究及び実践を行う内的原動力である。生徒は非知力活動の役割と価値を未だ理
解するに至ってはいないが故に、教学においては、往々にして知力活動を重視す
る余り、非知力活動はないがしろにされている。例えば、伝統的教室教学が活気
なく沈滞し、重苦しい雰囲気になり、人に畏怖の念を感じさせてしまうのは、生
徒の欲望、ニーズ及び興味を顧みず、強制的な詰込みや機械的な訓練を大々的に
行うことが原因で、その結果、大勢の生徒が学習力を欠き、消極的で受け身的に
なり、機械的に丸暗記し、落伍し、失敗者と成ってしまう。その実、歴史上多く
の教育者が何れも非知力活動の生徒の学習に対する推進的役割をとても重視した。

ヘルバルトは、「興味とは即ち自発性であり」「この種の興味を抜きにしては、教学は空洞で味気ないものになってしまうに相違ない」と強調した。興味と努力の教育における役割をとても重要視したデューイは、「いささかも興味がないのに、あらゆる活動を起こさせようとするのは、心理学からすると不可能な事である。努力の理論とは、ある種の興味でもう一種の興味に代替させる事に過ぎない」とした。ラッセルは、いくつかの品性は、学びの上で必需のもので、主に以下の数項、即ち好奇心、虚心、可知の信念、根気、勤勉、専心及び正確性であるとし、これらの要素を知力の美徳であり、教育の原動力であるとみなした。以上の事から、教育カリキュラムにおいては、生徒の知力活動と非知力活動は同居し、それぞれに特徴と功能を有し、両者が相互に依存し合い、作用し合っていることがうかがえる。まさにそれぞれの相対的功能を発揮させて、初めて生徒の学習効果と教学の質を高めることが可能となるのである。

2. 教学のニーズに応じて生徒の非知力活動を調節してこそ、初めて効果的に知力活動を進められる

　生徒の好奇心や注意力は容易に転移し、情趣も容易に変化するが故に、教学においては、生徒の知力活動と非知力活動との関係は複雑で多変的なものとなり、それには主に二つの情況が存在する。一つは教学の知識と過程が豊富多彩で、生き生きとして活発で、具体的に切実で、生徒の要求、興味、情感、意志等といった非知力活動を引き起こし、それらの活動が逆に彼らを認知や学習に駆り立てるというものである。この種の情況下にあっては、生徒の知力活動は非知力活動と一致し、相互に促進し合い、良性の循環を呈し、両々相俟ってますます良い効果を収め、教学は卓越した成果を得、それは教学が希求する所のものである。もう一つは、知識教学の過程が貧弱、単調で一本調子であり、生徒のニーズや情趣を誘発することができ得ず、彼等に味気無さや嫌悪感を覚えさせ、往々にして注意力の転移を生じさせる。例えば、生徒が窓外の樹の梢で歌っている小鳥に夢中で、気もそぞろになり、教師の質問や同級生たちの討論に対しては、聞けども聞こえず、見れども見えずであるとする。こうした情況下にあっては、生徒の知力活動は非知力活動と不一致で、非知力活動が彼らの学習の邪魔をしているが故に、教師は適時に機知を働かせて調整と是正を加えることで、彼等を再び教学の軌道に

戻させる必要がある。

　教学において、非知力活動を調節するには二つの面を重要視せねばならない。一つの面は、教学そのものを改善し、教学の内容と過程の何れをも知識性、趣味性、啓発性、民主性、吸引力に富むものにする事で、生徒の学習欲や学ぶ興味を引き出し、維持させ、彼等をして、元気に自発的に学ばせるようにすること。そしてもう一つの面は、生徒の自己教育の能力を向上させ、彼等が徐々に教学の求めに応じて自覚的に学習の注意力、根気、責任感等を強化することができるようにさせることで、学習の効率を向上させることである。

復習思考課題

1. 教学とは何か？ 教学は学校の仕事にあって如何なる重要な意義を有するのか？

2. 我が国の教育学が基礎知識と基本技能の掌握を教学の役割のトップに据えているのに比べ、西洋諸国は生徒の態度と能力を培う事を教学の最重要の役割としているが、この問題は如何に認識して然るべきであるか？

3. 伝授・接受教学と問題・探究教学にはそれぞれどのような優れた点と限界があるか？

4. あらゆる知識教学は何れも生徒の思想意識を向上させることができるか？どのように教育すれば、知識を生徒の思想や感情に転化するのに役立つのか？

5. どうすれば、教学における教師と生徒両面の自発性と創造性を引き出すことができるのか？

第八章

教学（中）

第四節　教学の原則

　教学の原則とは、教育を有効的に進める上で従うべき基本要件であり、それは教師の「教え方」を指導するものでもあれば、生徒の「学び方」を指導するものでもあり、教授する各々の場面や時間軸で一貫しているべきものである。

　教学の原則は、実践の中で総括されたものであり、長期にわたる教育の発展の中で絶えず深められ、改善され、高められてきた。

　今、一般的に教学目標、教学プロセス及びその発展の法則に基づき、教学の原則を分かり易くはっきりと述べる。

　教学の実践の発展に伴い、我々は原則の詳説を時代に即して発展させ、更に目的、内容、現代の特徴と要件をトータルに反映させると共に、人間の認識の法則、子どもの天性、心身発達の一般的特徴及びその個別的差異ならびに学校の教学と社会生活との関連等といった各面の要求をも反映させることで、それらが教学において真に指導的役割を発揮できるよう努めなければならない。

　各々の教育学者が著作の中で提起しているところの教学の原則は、全部が全部同じではないにせよ、公に認められている基本原則は確かに存在しており、教育学はそれらの原則を説明して然るべきである。

一、啓発性の原則

　啓発性の原則とは、教学の中で教師が生徒の学ぶ主体性を発揮させ、積極的な思考と探究を通して自覚的に科学知識を掌握し、問題を分析し、解決することを理解し、真理を求める意識と人文的心情を確立するよう生徒を導くことをいう。

　教学における生徒の学習と探究のプロセスは、教師の指導の下で行われる能動的認識のプロセスである。教師の導きや啓発はもとより必要であるが、学習の主体である生徒が知識を効果的に理解し、活用し、自らの知能と情操を伸ばすには、つまり生徒自らの自発的な探索、再認識、活きた学びと活用に頼るしかなく、個人の経験を絶えず改組し、改造し、高めることに頼るしかない。故に、教師の啓発は、主に独立して自発的に真知を探究し、問題を解決するよう生徒を導き、発

揮させることに体現されるのであって、越権行為に出たり、一手代行したりする
ようなことがあっては断じてならない。さもなくば、軽いケースでは、生徒の依
頼性がもたらされ、重いケースだと、彼らが独立思考と独立作業の能力を喪失し
てしまいかねない。啓発性の原則は、一見教師の生徒に対する啓発を強調してい
るかのようであるが、実は自主的に探究し、再認識し、悟り、覚醒し、問題を解
決するよう生徒を誘発することをより一層重んじているのである。故に、この原
則は探究性の原則、もしくは啓発と探究が相結合した原則とも呼べる。

　中外の教育者はどれも啓発教学をとても重視する。孔子が提起した「不憤不啓、
不悱不発」(自分で考えて問題を解決しようとする意欲が湧かなければ、その者
を教え導くことはしない。自分の考えを言い悩んで、どう表現してよいか悶々と
していなければ、その者を教え導くことはしない)という有名な教育思想は、啓
発という言葉の来源である。後に、『学記』が「道而弗牽、強而弗抑、開而弗達」
(教え子は導くものであって、引っ張っていってはならなず、励ますべきで、抑
えつけてはならず、学ぶこつを教えるべきであって、教え子に替わって結論を出
したりしてはならない)と提起し、孔子の啓発教学思想を発展させ、教師の役割
は誘導、激励、啓発にあるのであって、生徒を無理に引っ張るのでなければ、生
徒に学習を強制したり、生徒に替わって学んだりするのではないとすることで、
生徒の教学における主体的地位及び役割を浮かび上がらせた。こうした思想は極
めて透徹したものである。

　西洋においては、ソクラテスが啓発を重視し、彼は問答方式を用いて弟子自ら
が正確な答案を見出すよう発揮させ、導くのが得意で、それは「産婆術」と呼ば
れた。教師は真の知を探究するよう弟子を導くプロセスの中で助産の役割を果た
すという意味である。啓発教育を推奨したドイツの教育者ディースターヴェー
クの名言は、「悪しき教師は真理を献上し、よい教師は真理を発見することを人
に教える」であった。当代において唱導されている「発見法」あるいは「探究学
習」なるものは、均しく啓発教学の思想を伝承、発揚し、発展させたものである。

　啓発性の原則を貫く基本条件は以下の通りである。

(一)　生徒の学びの自発性を引き出す

　もしも生徒の学習が外的な力の強迫命令のみを頼りとし、内在的な追究と原動

力がないとするならば、長く持続させることはとても難しい。したがって、生徒の内在的な学習の主体性を引き出すことが啓発の最も重要な問題である。生徒の学習の自発性を発揮させる上で、教師は自己の創造性を発揮して、人の心を打って深く考えさせる講義をして、教学内容の魅力を存分に示すと共に、その趣き、奥深さ、境地、価値をはっきり表現することで、生徒の求知欲と積極性を発揮させ、一心不乱に学習に身を投じるようにさせることに長けていなければならない。

　例えば、ある教師は『阿Q正伝』の講義をした。授業を始めるや、作者に崇敬の念を抱きつつ、「1920代初頭、中国の文壇に社会を揺り動かす小説が出現した。その小説がまだ新聞・雑誌に連載されていた頃に、自らを人格者と思っていた者、有力者や役人たちは、小説が描いているのは彼ら自身のことであると思い、驚きの余り酷く取り乱し、次々に作者を追跡調査するよう要求した。そして、小説はあっという間に多言語に翻訳され、世界的な名著となった」と語った。この講義を聞いた生徒たちは学習の自発性をたちまちのうちに引き出された。

（二）質問をして疑問を起こさせ、教学を一歩一歩深みへと導く

　生徒が学習において質問をせず、学習が深まらないといった情況が常に見られる。如何にすればこの種の苦境を打破することができるのか？　それは教師の啓発誘導如何にかかっている。朱熹はいみじくもこう述べている。「書を読んで疑問を持たない者には、疑問を持つように教えるべきであり、疑問を抱いている者は、その疑問を晴らすようにすべきであり、そうなって初めて上達したといえるのである」と。優秀な教師は、教学において均しく質問して疑問を抱かせることで、生徒の目から鱗を落とさせ、思想を活発化させることが得意である。「問えば疑い、疑えば考えをめぐらす」と諺にあるように、一石は万波を起こすことができるのであり、質問が急所を突いたもので、深く考えさせるものでありさえすれば、生徒の考えは刺激されて活性化し、授業はあっという間に活気づき、人を興奮させ、緊張させ、面白く生き生きとした局面が現れる。然る後に、教師はその勢いに応じて生徒の認識を一歩一歩掘り下げることにより、生き生きと活発に新しい知識を手に入れると共に、思考能力が本当の意味で鍛えられ、高められるよう生徒を導くことができるのである。

　例えば、ある教師が『祝福』を講義する際、「祥林嫂はどのようにして死んだ

のだろう？」と生徒に向かって大いに考えさせる質問をした。この問題は、生徒
にしてみれば、疑問のないもののように思えるもので、ある生徒は、「凍え死に
ました」と答え、またある生徒は、「餓死しました」と答え、更に「祥林嫂は貧
乏死にしました」と答える者もいた。教師がすかさず「祥林嫂が凍死か、餓死か
したとすると、なぜ彼女は死に際に人は死んだ後に魂はあるのかないのか？ 地
獄はあるのかないのか？ 死んでしまった家族には会えるのかどうか？ と『私』
にその回答を迫ったのだろう？」と問うた。生徒が自らの考えを語った後、教師
はそれに続いてこの様な更に突っ込んだ質問をした。「『私』は祥林嫂の問いに
答えた後、なぜ心理的に不安を覚え、そして自らの出した答えが彼女に対して少
し危険であったと思ったのだろう？ そして、これら心理活動を描写した言葉は、
祥林嫂の死と何の関係があるのだろうか？」教師の啓発を経ることで、生徒は新
たな問題に気づき、その思考は積極的で活気づいた状態に置かれた。教師は成り
行きに応じて仔細に教科書を研鑽するよう生徒を導いた。熱い討論の末、ある一
人の生徒が祥林嫂は「自殺」して死んだのだという新たな見方を示すと共に、教
科書の中の原文を自らの立論の根拠とした。教師は生徒が見解を発表した後、作
者が祥林嫂の「死」を描いたことに含まれている深い意義を更に一歩掘り下げて
分かり易くはっきりと述べた。

　啓発プロセスに在っては、教師は辛抱強く生徒に考える時間を与える必要があ
り、重点を持ち、問題は多くてはならず、浅く通り一遍にさっと触れるだけでも
ダメで、生徒と共に探究することで、一歩一歩新しい知識を手に入れ、人生の価
値を悟るよう生徒を導くことが上手でなければならない。

（三）実際問題を解決することを通じて知識を手に入れるよう生徒を啓発することを重要視する

　我々の啓発教学は、往々にして教師の問題提起から始めることに慣れているが、
その実、啓発教学は教師が問題提起するというパターンのみでは決してなく、観
察し、操作し、手を動かすことを通して実際の問題を解決するよう生徒を組織し、
導くというのも啓発教学の重要なルートである。実際問題に触れることは、生
徒にとって誘惑力とチャレンジ性を具えたものであり、彼らをして、より積極的、
自発的に学習を行わせ、任務を全うできる。

（例）密度の概念という授業を教学に導入するにおいて、私は常に生徒に「為す中で学び」「学ぶ中で為す」ようにさせることを大切にしている。授業において私は多くを語らず、主な任務は生徒にやることを分配し、クラスの生徒全員を二つの大きなグループに分け、それぞれに水と鉄塊を研究させ、分業もし、提携もするよう彼らに求め、もしも一人の生徒が天秤を用いて物体の質量を測るなら、もう一人の学生がメスシリンダーでその物体の体積を測るようにし、然る後に今度は共同で測った質量の数値と体積の数値の比率を算出させるようにしている。たとえ大きなグループの中の各小グループが測った物体の質量が同じでなく、体積も同じではないにもかかわらず、一つの奇妙な結果がクラスの生徒全員を驚嘆させてやまない。つまり、皆の答える測定の比率が、「1」に接近したものでなければ、「7.8」に接近したものであるということである。なぜ同一種類の物体は、その質量の多少、もしくはその体積の大小を問わず、各々の質量と体積の比が常に同じであるのか？「実に奇怪だ！」これは同級生諸君が常に教室で思いがけず発するいぶかりの声である。その時点で、密度の概念を導入する情況は基本的に緒につき、教師が少し説明をするだけで、生徒はそこに秘められた道理を知り、「密度」とは物質の一種の特性に含まれている意味であることを理解するのである。

生徒の操作プロセスにおいては、教師は生徒の情況に応じ、的を射た手解きや啓発を加え、交流もしくは討論を案配するだけで、生徒は学んだ概念や原理を深く悟り、問題解決の方法や段取りを掌握することができるのみならず、学習の興味、能力を増進させると共に、まじめで、責任感があり、互いに協力し合うといった態度を養うことができる。

（四）繰り返し学習へと生徒を導く

教学は、学習を繰り返させ、その手順や方法を理解し、その中の順調さと障害、長所と欠点を分析し、障害と欠点を形成する原因を見出し、その中の回り道やミスを克服することで、学習の手順や方法をストレートで効果的なものにすると同時に、生徒が自らに適したよりよい学習方法を蓄積し、学びの中で理解が深まるよう生徒を導かねばならない。

（五）教学における民主を発揚する

　ゆとりがあり、調和的で、民主的で、平等で、率直で、活発な教室教学の雰囲気を創出することが必要で、これが啓発教学の重要条件である。そうであってこそ、生徒は心にゆとりを感じ、彼らの聡明な才知を存分に発揮させることが可能となる。教師は唯我独尊的で、ワンマンであっては断じてならず、教師は異なる見解をも含め、自らの見解を述べるよう生徒を励ますべきである。生徒の発言に対しては、そのあら捜しをしたり、完全無欠であることを厳しく要求したりすることで、生徒の積極性を抑えつけてはならない。相互尊重と相互学習を提唱すべきであり、互いにさげすみ合ったりさせてはならない。もしも生徒が抑圧された雰囲気を感じ、安心感が無く、言いたいことを思う存分言うことができなければ、啓発教学は大きな制限を受けることになろう。

二、理論と実践とを結びつける原則

　理論と実践を結びつける原則とは、教学は基礎知識の学習を導き手とし、理論を実際問題の解釈や解決に活用することで、学んだ事を実際に役立て、頭と手を使う能力を伸ばすと共に、知識の意味を理解し、その価値を理解するものである。

　理論と実践とを結びつけるというのは、教学及び学習が従って然るべき重要原則である。中国共産党員は理論を実際に関連付けることを党の優れた流儀の一つとして来た。毛沢東は、多次にわたって学んだ事を実際に役立てることを強調し、こう述べている。「マルクス主義の理論に対して、それに精通し、それを活用できるようにならねばならないが、精通するその目的はすべて応用することにある」。生徒が学ぶ知識の大半は書物による知識であり、間接的経験であるが故に、教学は更に理論と実践とを結びつけることに気を配るべきである。そうであってこそ、初めて教学における学びと活用の関係を上手く解決すると共に、実践において理論を検証し、再構築し、実践能力と創造の能力を培うことが可能となる。

　理論と実践を結びつける原則を貫徹する基本的な条件は以下の通りである。

（一）実際に関連付けて理論を理解することを重要視する

　教科書上の学科の知識や原理を理解するよう生徒を導くため、教師はまず初め

に実際に関連付けて理論をしっかりと学ぶことを重要視すべきである。つまり、教師は実演や具体事例を挙げることや生活体験を回想する等といったことを通し、関係する生徒の生活の実際と関連付けるよう色々と思案することで、生徒が既に持っている経験や興味及び思考力を呼び覚まさせ、活性化させ、観察と思考、分析をさせ、理解させることに長けていなければならず、そうすることで、初めて生き生きと活発に、自発的に、抽象的で分かりにくい学科の概念や原理を理解し、掌握させることが可能となる。

（例）除数が小数である割算を生徒が学ぶ前に、彼らが接触した割算の演算の商はどれも除数よりも小さかったので、彼らのほとんどはそれが不変の法則であると思っていた。ところが、除数が純小数である割算を学ぶに当って、多くの生徒は商が割られた数よりも大きいことが分かりにくいようだった。今回、例題を講義した後、生徒が再びこの質問をした時、教師は前回のように急いだ回答はせず、まず生徒に以下の問題に答えさせた。仮に12個の饅頭があったとして、皆でそれぞれ三つずつ食べるとすると、何人に分けることができるだろうか？　それぞれ二つずつ食べるとすれば？　一つずつだとしたら？　半分ずつだとしたら？　教師は生徒の回答を板書した。

12 ÷ 3 = 4（人）

12 ÷ 2 = 6（人）

12 ÷ 1 = 12（人）

12 ÷ 0.5 = 24（人）

教師が最後の除式を書いたその時、生徒ははっと悟り、もっともだとうなずいた。生徒は納得しながらこう言った。「なるほど、もしも一人が一個にありつけないとしたら、食べる人の数は饅頭の総数よりも多くなるのは当たり前だ」そこで、教師は例題を良く観察し、実生活における事例と関連付けて分析し、対比するよう更に一歩突っ込んだ形で生徒を導き、最後に、除数が1よりも大きい場合、商は割られる数よりも小さく、除数が1に等しい場合、商と割られる除数は同じ大きさで、除数が1よりも小さい場合、商は割られる数よりも大きいということを法則としてまとめた。

（二）知識を活用するよう生徒を導くことを重視

西洋と比較して、中国の小・中学生の学びに向かう力が弱い原因は、恐らく中国が知識の伝授を重んじ、知識の活用を軽んじるという教学の伝統と密接な関係があると思われる。従って、我々は伝統観念を変え、学んで実際に役立てることを重要視する必要がある。

まず初めに、例えば、実際問題を解決する討論、課題、実験等の教学的実践といったような、教学における知識の活用を重視すべきである。これは、教学において知識を活用する主な方式であり、生徒によく手を動かして具体的な問題を解決するようにさせ、必ず多く頭を使うよう求めることは、彼らの学びに向かう力を高めることに有効であるだけでなく、生徒が学んだ事を実際に役立てる興味を養うことに対して、カギとなる役割を果たすことになる。

次に、教科書で教える過程では、いくつかの実際の学習活動を繰り広げるよう生徒を組織する必要がある。例えば、参観、訪問、社会調査を行い、課外の学科やあるいは科学技術サークルのイベントなどに参加するか、もしくは実地観察、実験、小さな発明及び生産労働に従事する等である。

例えば、我々は生徒に、授業の余暇を利用し、日常生活や生産労働におけるいくつかの常用器具に用いられている物理の知識を語らせてみるようにして、誰が多くを語り、正しく語るかを見てみるようにしていて、この活動は生徒の絶大な興味を発揮させている。とある時、私が生徒に、電気炊飯器や万力等の器具に用いられている物理の知識を語らせてみたところ、意外な事に、彼らは何と一気に多くのことを語り、電気炊飯器だけで十数個もの知識点を語った。例えば、気圧が増せば沸点が上がるとか、プラスチックの杓子は熱を伝え難く、また電気を通し難いとか、電流の熱効果とか、安全弁は重力の作用に頼っている等々である。我々が生徒の思考の開閉扉を開き、知識を応用のルートに通じるようにさせてあげさえすれば、彼らは潮の如く応用物理の知識の大海原に向かって突進していくのである。

（例）「いくつかの一つの設計」授業では、生徒に以下の問題を詳しく議論させた。

(1) 一本の直定規、一台の発条ばかり、一本のメスシリンダー、一個のストップウォッチを用いて、どのような物理的な量が測定できるか？

(2) 一本のメスシリンダー、一台の天秤、1カップの水、一つの密度が水よりも大きな物体を用いて、密度が水よりも小さな物質の密度をどのように測ればよいか？

(3) 一個の電流メーターと一台の抵抗器を用いて、どのような物理的量が測れるか？

実践は、多くの生徒が均しく「いくつかの一つ」を「十数個の中の一つ」に変える学習効果を示し…このようにすれば、知識を確かにするのに有益であるのみならず、彼らの創造的思考の発達と設計能力の形成を促すことができるという事実を証明してみせた。

（三）生徒の知識を総合的に活用する能力を一歩一歩培い、形成する

教学において理論と実践とを結びつける原則を堅持し、生徒の学んだものを実際に役立てる能力を培い育てることは、一人の生徒が知識を総合的に活用するプロセスであり、それは学科の知識の概念系統に従って学習を進めるという方式を「問題─解決」に基づき知識の系統を構築して学習を進めるという方式に転換させることを要求し、しかもそれを行動に移し、実験をし、芸術に従事し、交際をし、生産に携わらねばならない。実践能力は実践活動の中で培われるものであり、創造の才能は創造活動の中で伸びるものである。これはいくつかの実例を語り、映像を放映し、何回かの参観を行うことで取って代ることのできるものではない。認めねばならないのは、学校の中において実践能力や創造的才能を培い育てることには大きな限界があるものの、教学は主に生徒に学習の知識を教えるものであるというのを口実に、平気で実践を教学の門外に斥けたり、あるいはそれを、学校を離れた後の事とみなしたりしては絶対にならないということである。伝統教育観念の束縛により、生徒の素質の評価の傾向の偏り、及び我々の知識を実践において総合的に活用するよう生徒を導く経験の手薄さや欠如といったものが我々の教学の短所であり、その責任は主に教師にあるのではなく、ひいては学校にあるのでもない。但し、教師、学校の指導者、教育学者、理論研究者は均しくこの面における探究を進め、ただ理論の限界を克服すると共に、経験論の落とし穴をも超越することで、新たな教学の局面を開拓する必要がある。

（四）生活の現実に向き合い、生徒の問題解決する思考を培い育てる

　問題は生活から生まれるものである。書物に学ぶよう生徒を教え導く際には、生徒の目を現実に向けさせる必要がある。それには生徒の生活の現実、学校生活の現実、社会生活の現実、国際生活の現実等が含まれ、書物と対照する事によって問題を発見し、提起し、問題の解決を画策し、討論すると共に、問題にマッチした可能な行動を取る事で、生徒の問題解決する思考と問題を解決する実践能力を培い育てるのである。

三、科学性と思想性の統一の原則

　科学性と思想性の統一という原則は、教学はマルクス主義を導き手とし、生徒に科学知識を授けると共に、知識教学と結び付け、生徒に対して社会主義的品徳と中心軸となる価値観の教育を行うことをいう。

　科学性と思想性の統一原則は、徳・知・体・美がトータルに発達した人材を育成する条件であり、社会主義の物質文明と精神文明を建設する条件であり、教学の教育的法則の反映でもあり、中国の教学の根本的方向性と質的標準を体現している。中国は古より「文以載道」（文学は儒家の『道』を普及させる手段であり、道具であるという意味）を提唱すると共に、「教書育人」（知識を教えながら人格を育てる）という良き伝統が存在している。今日、中国の社会主義の小・中学校の教学は、とりわけ科学性と思想性の統一を重視する。一般的にいえば、科学性は思想性の基礎であり、科学性を重んぜず、誤った知識を生徒に伝授するというのは、つまり子弟を害することであり、思想性など問題外である。思想性はまた、科学性の原動力でもあり、思想性を重んじなければ、生徒の真知を追究する努力を発揮させたり、文化科学知識を学ぶ正しい方向性を明確にしたりすることなど出来得ず、教学の科学性に深く影響することは必然的である。

　科学性と思想性の統一原則を貫く基本的な条件は以下の通りである。

（一）教学の科学性を保証する

　教学において、教師はマルクス主義の観点と方法を以って教材を分析し、選択し、補充する教学内容をどれも時代のニーズに適った、学科の進歩を反映する

ものにすると共に、生徒に伝授する知識及びその方法とプロセスはどれもでき得る限り科学的で、正確で誤りがなく、役に立つものであるようにすべきである。小・中学生からすれば、通常はまだ論争中であったり、不確かであったりする知識を科学の基礎知識として彼らに伝授すべきではない。知識の視野を広げるため、中学の高学年の生徒に対しては、いくつかの論争中の観点や学説を適切に紹介しても構わない。但し、基本知識をはっきりと説明するという基礎の上で行うことで、思想的な混乱をもたらしたり、基本概念の掌握を妨げたりしないようにして然るべきである。もちろん、時には教学も故意的に似て非だったり、ひいては誤った知識や事例を割り振りして、生徒の弁別分析や評価に供することで、彼らの白黒を明らかにする自立した思考力や批判能力を鍛え、高めることも必要である。それに、人文もしくは科学の知識の説明を問わず、どれも奥深い内容を分かり易く表現し、生き生きとしていて面白いものにして然るべきであるが、努めて正確であるよう求め、分かり易さや面白さを追究する余り、科学性や思想性に影響するようであってはならない。一旦自らの説明や演算あるいは実験に誤りがあることに気付いたら、適時に是正する勇気を持たねばならない。

(二) 教材の思想性を発掘し、教学において生徒に対して思想品徳教育を行うことに注意する

　人文社会学科は鮮明な思想性を持ち、例えば国語、歴史、政治等はどれも生徒の思想と修養を高め、人生観の教育を進める重要な教材である。自然学科も豊富な人文精神を積み重ねており、とりわけそれが活用するところの研究方法、経験した艱難辛苦のプロセス及びそれが示すところの客観的法則は、均しく生徒の実事求是の科学的態度を養うのに有効である。

　教学において、もしも教師が教学の具体的内容から離脱し、取りとめもなく生徒に道徳の説教をしたり、あるいは別の問題を持ち出し、無理なこじつけを行って思想教育を進めたりすれば、知識教学の系統性が削がれることになり、生徒の知識に対する理解に影響を与え、ひいては生徒の反感を招いてしまうであろう。更に、異なる学科の特徴に注意を払うべきで、もしも区別せず、一律に政治家の要求に基づいて教えるとすれば、それも荒唐無稽なものである。

（三）価値ある資料、事例あるいは映像を補充することを重視する

　一般的にいえば、教材の思想性は科学知識の中に込められていて、そのほとんどが内に秘められたものであり、とりわけ自然科学がそうである。もしも教師が教材を深く理解し、十分に咀嚼できていれば、教学のニーズに基づき、生き生きとした物語や実例、古典的格言、感動的な映像を含めた価値ある資料を補充するだろう。そうすれば情況は異なるものになり、生徒の知りたい力を開き、生徒の心を揺さぶることで、多大な利益をもたらすであろう。

　（例）ある日、北京市阜成路高校の二年級5班の生徒全員が青春期教育の授業で、リアルな帝王切開出産の全プロセスの映像を観賞した。すると、20分も経たぬ内に、生徒は母の愛の力に震撼させられた。

　スクリーンに映し出されたのは、一人の産婦が手術室に入れられ、執刀医のメスが母親の腹部を切り裂いたシーンだった。その瞬間、生徒のほとんどが皆、まるで申し合わせたかのように驚きの小さな叫び声を上げた。ナレーションが正確な医学専門用語で穏やかに画面上の医師が母体内で子宮を切り裂き、嬰児の位置を確認するプロセスを解説している。女生徒の七八名が手で口をおおい、まぶたを徐々に赤らめ始めた。とその時、嬰児の片方の足が医師によって母体内から引っ張り出されると、生徒全員が再び知らず知らずの内に小さな驚きの声を上げる。嬰児が医師の手で母体から取り出されるのを目にしながら、女生徒数名の涙がどっと溢れ出て、次第に、教室全体に断続的な泣き声が響いた。

　「幼い頃、母のお腹の上に傷跡があるのを目にした私が、『誰に傷つけられたの？』とたずねると、母は毎回笑みを浮かべながら、『これは天の神様が与えてくれた贈物で、ちっとも痛くはないわ！』と言っていました。痛くなかったなんてどうしてあり得るでしょう？　私は必ず私がどれほど愛しているかを母に知ってもらおうと思います」女生徒はまるで「泣き女」にでもなったかのように、啜り泣きしながら語った…

（四）教師は自らの専門の水準と思想的修養を絶えず高めるべき

　レーニンはこう指摘した。「如何なる学校にあっても、最重要なのはカリキュラムの思想と政治の方向性である。この方向性は何によって決まるのか？　全く教学する人によって決まるしかない」と。したがって、教学の科学性と思想性は

主に教師によって保障されるのである。

四、直観性の原則

　直観性の原則とは、教学において、学んだ事物もしくは映像を観察したり、教師が言葉を用いて学んだ対象のイメージを描写するのを聞いたりすることで、関連する事物の具体的ではっきりとした表象を形成するよう生徒を導くことを通し、学んだ知識を理解するようにさせることをいう。

　直観性の原則は、生徒の認識の法則を反映したものであり、それは生徒に感性やイメージで具体的な知識を与え、生徒の学習の興味や積極性を高め、抽象的概念を学ぶことの困難さを減少させるのに役立つと共に、事物の内部構造、相互関係、変化の状況及び動的発展のプロセスを明示することが可能であり、生徒が事物の本質、法則及び機能を理解するのに役立つ。教学手段の現代化や多メディアの採用に伴い、直観原則の運用はより一層広範で重要になるであろう。

　直観性の原則を貫く基本的な条件は以下の通りである。

(一) 視聴覚教材と現代化された教学手段を正しく選ぶ

　視聴覚教材は一般的には以下の三つに類別される。(1) 実物直観で、各種の実物、標本、実験、参観等を含む。(2) 模象直観で、各種の写真、図表、模型、スライドフィルム、ビデオ、映像フィルム等を含む。(3) マルチメディア教学。それはコンピュータやネット技術及びコースウェア、ソフトウェアを活用して視聴覚教学を行うものであり、音声、光、電気、像、動画等多種のメディアを通して教学する所の事物の現状、構造、プロセス、効能等を動態的、立体的に生徒の目の前に呈することで、一種のよりよい学習環境を造り出す。但し、どの種の直観方式を用いるのかを問わず、どれもその典型性、代表性、科学性及び思想性に気を配ることで、生徒の発達の特徴に適合させると共に、教学の要求に適ったものにすることにより、生徒が学んだ事物のはっきりとした表象を形作り、抽象的な文字の概念を掌握できるようにしたり、あるいは彼らが事物の内部の構造、各パートの繋がり及び変化のプロセスを目にし、その特性、構造、法則及び機能を深く理解できるようにすることで、教学の質を高めることができるようにする必

要がある。それ故に、直観教具、あるいはマルチメディア・コースウェアの製作
と活用は、それと教学のニーズとがぴったり合うようにし、学ぶ部分を拡大する
と共に、カラーで観察する部分を顕示したり、学ぶ事物の運動、変化及び発展を
動態的に示し、現すことに気を配らねばならない。

（二）直観（視聴覚）は講義と結びつくようにすべき

　教学における直観（視聴覚）は、生徒に自発的に見させるのではなくして、教
師の指導の下で目的を持って観察したり、もしくは説明に合わせて聞いたり見た
りさせるものである。教師は問題提起を通して、生徒が事物の特性を把握し、事
物間の繋がりを発見するよう導くと共に、質問をすることを奨励したり、生徒の
観察における疑問に解答したりすることで、生徒が理性的知識をより深く掌握す
るようにすべきである。

（三）直観の不適切さと乱用を防ぐ

　一回の授業で直観（視聴覚）を用いるか否か、どのような方式を用い、どのよ
うにして視聴覚授業を進めるのかは、どれも教学のニーズに応じて決定すべきで
ある。つまり、直観（視聴覚）を目的としたり、視聴覚のための視聴覚であった
りしてはならず、また視聴覚が多ければ多いほどよいというものでもない。教学
が必要であるのか否かなどお構いなしで、ひたすら視聴覚やマルチメディアの
生々しいイメージ的刺激や時代の流行を求めるならば、視聴覚過多、もしくは視
聴覚の不適切さを招いてしまうことは必至であり、その結果は、教学の助けには
ならないばかりか、生徒の抽象的思考、創造的想像能力の発達に影響しかねない。
　ちなみに、読解を教えるには、生徒の文言に対する読解を通じて、連想や想像
を進め、しかも生徒一人ひとりがどれも自らの読解体験を有する。正にこの種の
多様化された理解であって、初めて読解教学をして、趣味性に富んだものにする
と共に、広範な教師・生徒を魅了し、没頭して疲れを感じさせないことが可能と
なる。マルチメディア技術は、図像や動画の形式で、生徒の想像空間を固定化さ
せる。例えば、『林黛玉賈府に入る』の中で、作者は「しかめているようでしか
めてはいないようにも思えるけむりの立ち込めたような両方の眉、嬉しそうにも、
嬉しくなさそうにも見える情を含んだ両目。その姿からは二つの靨の憂いが生じ、

華奢さは病弱の身であることの生き写しである。涙が点々と光り、弱々しく微かな喘ぎ声がする。淑やかさは初々しい花が水にその姿を映しているかのようで、振る舞いはか細い柳が風に堪えているかのようである。心は比干よりも一つ多くの穴が開いていて、病弱であること西施よりも三分勝っているかのようである」。生徒はこの件を読解した後、一人ひとりが皆自らの心中の林黛玉を持ち、自らの想像を通して絶えず個々の文学のイメージを豊かにした。ところが、ある教師は、授業をそこまで進めた途端、テレビドラマの『紅楼夢』を放映し、女優のイメージを示してしまったため、逆に生徒の想像を固定化してしまうことになり、生徒の印象中の人物を破壊してしまった。

　視聴覚の活用、特に現代化されたマルチメディアは、言い尽くせぬほどの長所を有しているとはいえ、その局限性や不足があることも否めない。それは定型化され、固定化されたものであり、たとえ優秀な教師の授業の実録であったとしても、教師が生徒と向かい合って的を射た啓発、説明、示範、訓練及び影響の与え合いをすることには代替し得ない。要するに、視聴覚のための視聴覚、イメージや形式の盲目的追究であってはならないのである。ピアジェは、「要するに、イメージ、フィルム及び…すべての視聴覚教材は、我々がそれらを一種の付属物あるいは精神的支柱とするのでさえあれば、それらはどれも貴ぶべき補助方法であり、しかも純粋な口授の教学と比較すれば明らかな一大進歩である。但し、文字にはある種のその字面にばかり拘るという情況が存在するように、イメージという面においても、一種のイメージに拘泥するという情況が存在する」と指摘した。

（四）言語視聴覚の活用を重視

　教師が言語を用いて生き生きとした講義やイメージの描写や通俗的なたとえを行うことは、どれも視聴覚教材の役割を果たすものである。

　（例）ある教師が、混合気体の平均分子量は成分である気体の最大分子量より大きくなるのは不可能であり、成分気体の最小分子量よりも小さくなるのも不可能であると語るに至った時、一つのたとえを用い、それぞれ14歳と15歳と16歳の三人のクラスメートがいたとして、彼らの平均年齢は16歳よりも大きいことと、14歳よりも小さいことはあり得るだろうか？　と問うと、生徒はすぐに理解し、それは数学の演算を用いるよりも更に受け入れ易いものであった。

第八章　教学（中）　　303

五、順を追って一歩一歩進める原則

順を追って一歩一歩進める原則とは、教学は学科の論理系統や生徒の認識の順序に応じて一歩一歩進めることで、生徒が系統的に基礎知識や基本技能を掌握し、緻密な論理的思考能力を形成できるようにすべきであることをいい、系統的原則とも呼ぶ。

順を追って一歩一歩進めることの必要性は、まずは学科知識の厳密な系統性によって決定され、更に生徒の認識によって徐々に深化するプロセスである。順を追って一歩一歩進めてこそ、初めて生徒をして、雑駁で無用な知識ではなく、効果的に体系を成している有用な知識を掌握させることができると共に、生徒の軽薄で雑駁な認識ではなく、緻密な論理的思考能力を伸ばすことが可能となる。

順を追って一歩一歩進める原則を貫徹する基本的な条件は以下の通りである。

（一）教材の系統性に応じて教学を進める

カリキュラムの標準と教科書の論理体系に基づき教学を進めるには、教師が教材の系統性を深く理解し、生徒の認識の特徴やクラスの生徒の情況と結び付け、レクチャーをレジュメにまとめるか、もしくは教学の両者の活動のプロセスや計画を案出することで、教学の進め方を組織し、指導することが求められる。レジュメや計画をまとめるのは一種の創造的作業であり、異なる学科、異なる章節の内容は異なるレジュメと計画を制定してもよいことはさて置き、同じ一回の授業の内容は、どれも各種の異なる特色があるよいレジュメもしくは新しい工夫を凝らした活動計画を編み出すことができ、その鍵は教師が教材や生徒の特徴に応じ、自らの知恵と創造性を発揮することにある。講義のレジュメの運用も弾力性をもって掌握することが可能で、演繹法を用い、レジュメを板書しながら説明したり、帰納法を用い、教学の談話や議論をしながらまとめをしたり、また両者を結合させるのもよいだろう。説明における板書計画を重要視することは、教学の一種重要な芸術である。

（例）ある教師は戦国時代の『百家争鳴』の授業をした際、講義をしながら黒板に以下のような授業のレジュメを書いた。

墨家　墨子（翟）「兼愛非攻」《墨子》

儒家　孟子（軻）「民貴君軽」「仁政」《孟子》

儒家　荀子（況）「人定勝天」《荀子》

道家　荘子（周）「鄙視富貴利禄」《荘子》

法家　韓非子（非）「中央集権」「法治」《韓非子》

全授業を講義し終えると、黒板の授業レジュメを利用し、縦横の線を引いて表にし、「学派」「代表人物」「主張」「著作」等の項目を付け加えた。こうして、黒板上の授業レジュメは略表と化した。略表の形式はこのようなものであった。

学派	代表人物	主張	著作

略表は全授業の要点を統括したもので、簡潔で目立ち、繁雑でしかも難解な諸子百家及びその思想も容易に掌握できるようになったのである。

（二）主要な矛盾を掴み、重点と難点を上手く解決する

教学を順を追って一歩一歩進めるというのは、教学があらゆる面において周到でそつがなく、力が平均的に使われるということを意味するのではなく、主要なものと副次的なものを区別し、難易をはっきりと分かち、詳あり略ありで教学することを要求するものであり、そうであって初めて質を高め得るのである。

重点をしっかりと掴むとは、つまり基本概念や基本技能を教学の重点とし、比較的多くの時間を重点に費やし、生徒に対して啓発を行い、対話と討論を繰り広げ、宿題と評価を進めることで、生徒が基本概念と基本技能を掌握することを保証せねばならない。

（例）（ある教師が授業の準備をする際）要綱の要求に従い、重点知識と必需知識と一般知識とに分けて列記した。重点知識とは、本単元の教材における主体的部分の鍵となる内容のことを指す。生物のカリキュラムからすると、構造と生理が重点知識で、構造は生理機能を理解する上での基礎となるものであるが故に、教学においては、生理機能を巡って、生理の知識を重点中の重点とした。必需知識は、重点知識のように直接的な役割を果たすものではないが、生徒の生活あるいは後の学習にとっては、依然として一定の関連的役割を果たすものである。それらには、重点知識に対して、それを広げ、深めるものもあれば、実際と関連付

けることに関する知識もある。一般知識とは、一般的な理解のみを必要とする内容のことを指す。一般知識の中のいくつかの内容は、科学知識そのものからすればとても重要ではあるが、要綱がまだ要求するには至っていないため、一般知識とされている。例を挙げると、表の通りである。

内容	重点知識	必需知識	一般知識
種子	種子の構造、種子の成分、種子の発芽、休眠の寿命	種子の発芽情況	早苗の出土状況と種蒔きの深度確定との関係
葉	葉の構造、光合成作用、呼吸作用、温度上昇作用	葉の形状（葉片、葉脈、単葉と複葉、葉序、変態葉）	リーフモザイク、秋季に葉が黄色あるいは赤色に変色する原因、陽生葉と陰生葉
原生動物	ゾウリムシの形態構造、ゾウリムシの生理	原生動物門の主な特徴、動物と植物との主な区別	ゾウリムシの採集と培養、その他の原生動物

内容	重点知識	必需知識	一般知識
蜜蜂	女王蜂、雄蜂、働き蜂の形態の特徴と生活習性、蜜蜂の複雑な動き、蜜蜂の生殖と発育の特徴	蜜蜂の集団生活、分蜂、膜翅目の主な特徴	養蜂の経済的意義、赤眼蜂の昆虫卵の中に寄生する重要な役割
人体泌尿系	排泄の概念、泌尿系統の構造と機能、尿の形成	泌尿系統の衛生	尿の排泄
遺伝物質	遺伝子とDNA、DNAの二重螺旋構造、DNAの複製	遺伝子の突然変異と人類の分子病	DNAとタンパク質の合成

以上から分かるように、学科知識にはその構造があり、教師は教材を分析する際には、主要なものと副次的なもの、重点と一般を区分すると共に、生徒の状況に応じてその学習の重点と難点を確定して然るべきである。

難点が必ずしも重点であるとは限らず、難点は生徒が困難に感じているものに焦点を合わせているものである。故に、難点を突破するには、生徒の異なる困難な情況に焦点を合わせて措置を講じるべきであり、もしも生徒が感性的知識を欠いているようであれば、視聴覚を強化すべきであり、生徒の基礎が脆弱であるならば、別途個人補習や補講を行い、原理あるいは技能そのものが理解し難く、掌握し難いものであるならば、課題を分けることで、徐々に掌握させ、一つ一つクリアーさせていくべきである。

（三）浅から深へ、易から難へ、簡単なものから繁雑なものへ

これは順を追って一歩一歩進めるのに従うべき一般条件であり、有効であるこ

とが経験すみな貴重な経験である。ひたすら突貫工事をし、インテンシブのみ求めたりするのでは、せいては事を仕損じることとなってしまう。順を追って一歩一歩進めていく教学であれば、生徒の基礎はしっかりしたものになり、能力はアップし、学習の効率やスピードも自ずとアップするであろう。

（四）系統的連貫性（繋がり）と弾力的多様性の結合

　教学は一種複雑な芸術である。生徒をして、系統立った正確な学科知識を掌握せしめるべく、教師は真剣に授業の準備をし、教材の重点と難点を十分に理解し、教学の具体的な目的と任務を確定し、教学の設計をしっかりとすることで、系統的で効果的に教学を進める必要がある。但し、教室の情況は複雑で、可変要素が充満しており、もしも教師が実情の変化を顧みず、既定の教案（授業計画）にかたくなにしがみつき、機械的な一本調子で行うならば、教室での教学を受動的で、重苦しく、低効率な局面に陥らせてしまうことが必至である。故に、教学においては、教師は機知を働かせて教学の系統性、連続性と弾力性、多変性とを結合させることで、教学任務を完遂して然るべきである。デューイの生徒のために「終生にわたる知力的影響を残した」優秀な教師に対する描述は、我々がこの問題を理解する上で深い啓発を与えてくれるであろう。

　もしも一人の人間が、自らのために終生にわたる知的影響を残してくれた教師との触れ合いを想い起こすならば、その人間は、よしんばそれらの教師が教学において決まり切った規則に違反し、ひいては教学中に本題から酷く脱線したことを取り留めもなくしゃべり、あたかも雑談を楽しんでいるかのようであったとしても、彼らは思想の連続性を保持すると共に、何らかの成就をためし得、彼らが新奇性と多変性を駆使して生徒に機敏で厳格な注意力を保持させることができていたことに気付くであろう。と同時に、彼らもこれらの要素を利用し、主要な問題と豊富で主要な論点を確定するために貢献を試すのである。

六、定着性の原則

　定着性の原則とは、教学は、理解の基礎の上で知識と技能をしっかりと掌握し、長く記憶の中に留め、ニーズに応じてスピーディーに再現し、効果的に活用でき

るよう生徒を導くものでなければならないことをいう。

　掌握した知識を確かなものにすることは、生徒が効果的に新知識を受け入れる基礎であり、生徒が上手く知識を活用し、改善と創新を進める条件であり、教学の質の表われである。生徒の学習能力と創造性を高めるには、しっかりと上手く知識を掌握するよう生徒に要求する必要がある。知識を確かにすることと丸暗記を同じように論じる者がいるが、それはとんだ間違いである。彼らは、知識の定着と蓄積を抜きにしては、生徒の能力を高めることは不可能であり、創造的に学び、課題に取り組むことなどでき得ないということをわきまえていないのである。

　定着性の原則を貫徹する基本的な条件は以下の通りである。

（一）確実な知識の理解

　知識を理解することは知識を確かにする基礎である。生徒にしっかりと知識を掌握させるには、教師は教学においてまず生徒に知識を深く理解させ、細かく分析して、理解、再構築を通じて概念や原理を記憶させる必要がある。但し、いくつかの知識、例えば重要な年代、人名、地名、定義、公式、プログラム、データ、名詞及び専門用語等をしっかりと身に着け、機械的に記憶するよう生徒に要求することは否定するものではない。

（二）定着の度合いを把握

　一に、どのような知識はしっかりと覚える必要があり、どのような知識は知るかもしくは捜し出すことができればそれでよいということをはっきりと整理すること。二に、知識の正確度を区分すること。教材中の主な定義は正確に覚えるべきであり、いくつかの知識に関しては、自らの言葉を用いて表現することを許可し、ひいては奨励してもよい。三に、宿題の量は適度であるべきで、技能や技巧形成の条件とマッチしたものであるべきである。我々の弊害は、覚える知識が多ければ多いほど良く、一字も間違わずに暗記するのがベストで、宿題は多くやれば多くやるほど立派であると認識していることだ。これを生徒に要求することで、生徒が疲れ切って、低効率と苦痛を伴う学びになっている事態がもたらされている。

(三) 各種の復習を案配することを重視

　復習とは即ち既に学んだことのある知識を温め直すことであり、それは知識を
して、記憶の中において強化せしめ、熟練にすると共に、生徒の知識に対する理
解を深化させ、生徒の再構築と創造の能力をアップさせることを可能にする。教
学プロセスにおいては、ニーズに応じて各種の復習を工夫するべきである（表
8-1 を参照のこと）。

　復習を工夫するため、教師は生徒に対して具体的で明確な復習と記憶の目的
を提起し、復習の時間を適時に進め、「苦しい時の神頼み」にならないようにし、
試験のために復習をさせるべきである。復習方法の多様化に気を配り、問題提起
（質問）、講義、宿題、スライド観賞、テレビ、フィルム、実験等といった各種の
方法を融通を利かせて活用しながら復習を進めるべきであり、記憶の仕方を掌握

表8-1　復習の種類、役割及び方法

復習の種類	復習の役割と方法
学期開始の復習	生徒の忘れた可能性のある知識を回復させることで、新しい授業を順調に進められるようにするため。学期の開始時に、情況とニーズに応じて重点的に復習を行うも、通常はトータルな復習は行わないものとする。
経常的復習	経常的復習は多種多様で、新知識を説明するに先立ち、既に学んだ関連知識を復習し、新しい授業のための準備をするか、もしくは旧課に新課を導入するかしてもよい。新知識を説明するプロセスにおいては、既に学んだことのある関連知識を復習し、結びつけ、既有の知識を利用しての新概念の掌握に気を配る。新知識を講義した後には、中間のまとめ、質問、生徒の宿題、教科書内容を自分の言葉に置き換えて話させる等を通じて適時に新知識を復習させ、放課後、生徒にその日に学んだ授業を適時に復習するように求める。
段階性の復習	一つの段階（もしくは単元）で生徒が学んだ知識を系統化し、深化させるべく、彼らが知識を掌握するなかでの欠点を補い、単元終了後直ちに段階的復習を進め、主に基礎知識と基本技能を復習させる。
期末復習	生徒にトータル、系統的にしっかりと一つの学期で学んだ知識、技能を把握させると共に、重点とキーポイント、前後の章節の間の内在関係をはっきりとさせ、混乱しがちな概念を弁別・分析し、知識を活用する際に犯しがちな過ちを是正させるためには、期末復習を重要視すべきであり、系統だった復習と重点的復習とを結合させてもよい。

し、知識を整理することを覚えると共に、レジュメ、暗記用の語句をまとめることで、記憶に役立て、黙って覚える習慣を養うよう生徒を導く必要がある。

（例）私は三国鼎立を講義した際、を描き、三国両晋南北朝を講義した際には、それぞれの王朝を講義する毎に、「〇」を国境とした示意図を添え、最後に以下のような一組の図として示した。

そして、南北朝は、以下のような略表を補充した。

　　　　　　　　　東魏 ― 北斉
　　　　　　北魏
　　　　　　　　　西魏 ― 北周
　　　　　宋 ― 斉 ― 梁 ― 陳

図表を用いて直観を強化した甲斐あって、生徒はこの時期の入り組んだ王朝の入れ替わりに対し、ほとんどに悩まずに、しっかりと記憶することができた。

　また、ある小学校の国語教師が復習定着を見事に行った経験は以下の通りである。

　復習と定着は、二つに分けられる。一つは経常的なものであり、もう一類は段階的なものである。経常的な復習は、主に新旧知識の繋がりを捉え授業で定着させるためのものだ。私は新しい語彙を教えるに先立ち、字の音や形や意味といったいくつかの面から既有の知識と結びつけることを考慮し、旧知識を復習するようにしている。例えば、新出の字となる「曉、近、常、敵、柴、剪」という字を教えるに先立ち、既に習得済みである「焼、進、裳、乱、些、前」といった字を復習し、「逼近」という語彙を教える際には、既に学んだことのある「靠近」「湊近」「臨近」、等々と結びつける。これは新出の字や語彙を分析し理解する上で有効なものであり、結び付けたり比較したりする中で、既有の知識を復習することにもなる。一つの教科書を教え終わると、正確に読む、空に書く、接続詞、字義の講義、穴埋め、文章作り等を案配する。そして更に、形の似た字、音の近い字、同音の字、類義語、反義語の比較分析はどれも強化の役割を果たす。段階性の復習においては、私はこのようないくつかの類を採用する。書くことを主とす

るもの、読みを主とするもの、読むのと書くのを兼ねたもの。文字や語彙を確か
なものにするベストな方法は、学ぶことと用いることの結合である。私は常々こ
う言っている。字を覚えたらすぐに用いてみるべきであり、それを用いて話をし、
読み、書いてみる。多く用い、使い慣れてしまえば、「巧みさが生じる」。これが
つまりは知力なのである。

(四) 知識を拡充し、再構築、活用しながら定着

　復習は強固にする主な方法であるが、唯一の方法ではない。教学においては、
多くの教師が、努力して新知識を学ぶことを通してもとからある知識を拡大し、
深め、改組し、学んだ知識を実際において積極的に活用して知識を強固なものに
するよう生徒を指導することを非常に重視している。この種の強化は復習と比べ
ると、一種の積極的なダイナミックな強化であり、それは単調な復習を繰り返す
ことを生徒に求めるのではなく、新知識を学ぶダイナミックなプロセスにおいて、
絶えず既有の知識を結び付け、活用するよう生徒を導くことによって達せられる、
より一層深くかつ上手な強化なのである。

七、発展性の原則

　発展性の原則とは、教学の内容、方法及び進度が、生徒の既有の発達レベルに
適合していて、しかも一定の難度を有するものであり、彼らが努力を通じて初め
て掌握でき、効果的に生徒の心身の発達を促すものでなくてはならないことをい
う。
　伝統教学はその内容と方法の受け止めを強調するものであったため、歴史の上
では需要の原則、もしくは力相応の原則という呼び方が用いられた。しかし、現
代教学は生徒の発達を促すことをより重要視するが故に、発展性の原則と改称し
た方がよりその実質を反映し得ることになる。それは、教学は生徒の現有の発達
の一面に適応すべきであることを強調し、しかも教学が一定の難度を有し、生徒
の発達の先を行くことで、その発展の一面を促すべきであることを更に強調する。
ルソー、ブルーナー、ヴィゴツキーはどれもこの種の観点を持し、ザンコフは自
らが進めた小学校の教育改革実験と自らが試した理論的詳述をもってして、教学

が生徒の発達を促すことの実行可能性を十分に実証した。

発展性の原則を貫く基本的な条件は以下の通りである。

（一）生徒の発達レベルを理解し、実際を出発点として教学を進める

ディースターヴェークは、「生徒の発展レベルが教学の出発点である」と指摘した。教師は教学プロセスにおいて、随時生徒の発達レベル、既有の知識と能力の状況を理解する必要があり、それは教学の基点及び起点であり、生徒の知識の生長点でもある。

学年・クラス教学においては、生徒の発達レベルとはクラスの大多数の生徒の発達レベルを指すものであって然るべきである。生徒の発達レベルを確定する際は、通常二つの面を考慮すべきである。一つは、生徒の発達に対して低過ぎる見積りをすることにより、教学の難度が低過ぎ、分量が少な過ぎ、進度が遅過ぎるという事態がもたらされ、それ故に生徒に「物足りなさ」を感じさせ、その求知欲を満足させ得ず、却って彼らを失望させ、彼らの学習の積極性を抑制し、教学の質に影響を与えてしまいかねないという一面である。もう一つは、高く見積もり過ぎることで、教学の内容が難し過ぎ、分量が多過ぎ、進度が速過ぎてしまうという事態を招き、生徒が「食べ切れなくなり」、受け止められる限度を超え、教学の質と進度にも影響しかねないという一面である。教学における難と易、深と浅、速さと遅さ、多さと少なさ、複雑さと簡単さとの間の度量の問題は、何を基準にして確定するのが相応しいのであろうか？　この基準は、教学は生徒に対して一定の難度を有してしかるべきではあるが、その難度は彼らが教師の指導の下で個人の努力を通じて解決できるもの、すなわち生徒の最近接発達領域（ZPD）に合致した、彼らの学ぶ積極性を引き出す助けとなるものでなくてはならない。

（二）生徒の認識発達の時代的特徴を考慮する

人民の生活が改善し、科学技術が発達し、新聞雑誌や図書が激増し、ラジオ・テレビが普及し、生徒の知識のソースが増えたことにより、幼くして獲得する情報量が大きく拡充されるようになった。彼らと改革開放以前の同年齢者と比較すると、知識面はより広く、思考はより敏捷で、受け止められる力は顕著にアップ

している。故に、生徒や生徒の発達レベルに対する見積りは、時代に即して発展すべきであり、いつまでもとうの昔に時代遅れとなった見積りに止まっていてはならず、生徒の認識発達の時代的特徴を考慮する必要がある。

ちなみに、日本の教育調査はこの問題を十分に説明している。生徒の心身発達に対する見積りも、時代に即して発展し、伝統教学の旧観念を変え、教学の起点を高める必要があるのである。

国語教育の最も重要な任務は言語教学であり、そのためには、新入生の掌握している語彙量をはっきりとさせる必要がある。しかし、当時の日本においては、未だこうした類の実情の調査が行われたことがなかった。沢柳政太郎はこうした思想の指導の下、1918年4月に小学校新入生の語彙量を調査した。結果は予想を超え、児童は既に平均で4,000の語彙を掌握していた。こうした情況は、当時の日本の16万人の小学校教諭を大いに驚愕させた。なぜならば、当時の小学校は児童の掌握する語彙はとても少ないもので…（中略）児童の語彙量に関する調査が、こうした前提を覆すのみならず、国語教育を改革する必要があるばかりか、根本的に児童教育全体を改革すべきであることを人々に気付かせたからである。1922年には、今度は千葉県鳴浜小学校の新入生を対象に同じ調査が行われ、その結果、農村児童の掌握する語彙量が都市部の児童に比べて少ない訳では決してないことが明らかとなった（男子児童の平均の掌握語彙数は5,002個で、女子児童の平均の掌握語彙数は5,036個であった）。教育現場で行われた実証研究は、学校教育のために科学的で実証的な基礎を提供したのである。

また、学習環境の改善を利用すれば、教育は適切に児童の発達（成熟）を先取りできるという実験証明が存在する。

「成熟」とは一定の年齢に到達せねばならないもので、それより前に教育を行うというのは役に立たないものであるか、もしくは有害なものであるというのが以前の見方であり、「学習環境」の改善は、正にこうした伝統的な見方に対して挑戦状を突き付けたのである。このシステムを利用して学習を行う幼児は既に数百名の多きに達し、その中で明らかに失敗したもの、即ち学んでも何ら効果のなかった幼児はたったの一名で、残りの数百名の幼児は小学校に進学してからは、みな成績優秀で、ある児童に至っては、二年級において学ぶ際に、五年級の学力をみせる程であった。

直々にこの研究を手掛けたのはアメリカペンシルベニア州ピッツバーグのドレクセル工業大学のステッグ（D. Stegg）博士である。彼はこの幼児実験班を二つのグループに分けた。その中の一グループ（20人）は毎月300米ドルを納めて託児所入りしている幼児で、富裕階層に属する幼児である。

もう一つのグループ（20人）は年収が3,000米ドル以下の「支援を必要とする家庭」で、彼らの大半は黒人やプエルトリコ人である。要するに、彼らの保護者はどれも英語が話せず、これら児童の教育はこれまでずっとアメリカにとっての課題であった。

前者グループが好成績を収めたのは予想し得たことであるが、後者グループもこのシステム（学習環境）を用いることによって非常によい成績を収めたのである。プエルトリコ人の家庭の中から、なんと全クラスにおける秀才が育ったのである。要するに、これら幼児はこのシステムを利用し、外国語であるといえる英語を完全に掌握することで、読み書きのどれもが上手になったのである。

以上から分かるように、学習環境が彼らの成長を助長させたのである。この意味からすると、学習の成熟性に関する問題は解決したとみなすことができる。

よって、今日我々は教学の環境と条件を改善し、教学が生徒に与える情報量を増やすと共に、その難度をアップさせることを重要視すべきであり、とりわけ、徐々に教科書、参考書、辞典、コンピュータ、ネット等の学習用具を利用することを覚えるよう生徒を培い育て、生徒が自発的に学びかつ課題に取り組む興味と能力をアップさせることで、生徒の発達をより良く促すことを重視すべきである。

八、対象に応じて異なった方法で教育を施す原則

対象に応じて異なった方法で教育を施すとは、教師が生徒の実情及び個性的特徴を出発点とし、確かな狙いをもって違いのある教学を進めることで、生徒一人ひとりがどれも長所を伸ばして短所を抑え、ミスに気付いてそれを是正することに長け、ベストな発達ができるようにすることをいう。

孔子は昔から、教え子には異なる特徴があることを認識するとともに、それぞれが得意とするものを伸ばすことを重要視し、「高柴は愚直であり、曽参は頭の働きが鈍く、顓孫師（子張）は過激で、仲由は無鉄砲である」と指摘した。そし

て更に、「徳行は顔淵、閔子騫、冉伯牛、仲弓。言語は宰我、子貢。政事は冉有、季路。文学は子遊、子夏」と述べた。彼は、教え子の異なる特徴に基づき、それに焦点を合わすように教育を行ったのである。例えば、仲由が「善いことを聞いたら、そのまますぐに実行するべきでしょうか？」と尋ねると、孔子は「保護者もおいでになるのだ。どうして聞いたまますぐに実行するべきだろうか？」と言い、冉有が「善いことを聞いたら、そのまますぐに実行するべきでしょうか？」と尋ねると、孔子は「聞いたまますぐに実行しなさい！」と言い、公西華は「仲由が『善いことを聞いたら、そのまますぐに実行するべきでしょうか？』と尋ねたら、先生は『保護者もおいでになるのだ』とお答えになられた」と言い、冉有が『善いことを聞いたら、そのまますぐに実行するべきでしょうか？』と尋ねると、先生は『聞いたまますぐに実行しなさい』とお答えになられたので、私は混乱しています。なので、敢えて尋ねます」と言うと、孔子は「冉有は消極的で遠慮がちだ。それで前に出したのだ。仲由は積極的で人を押しのけるところがある。それで後ろに下げたのだ」と言った。孔子は、異なる個性の教え子の出した同じ性質の問題に対し、明確に全く異なる回答を行っている。それに困惑を覚えた彼の教え子の公西華が孔子に尋ねると、孔子は、冉有は平素より事に当って尻込みしがちなので、わざと肝っ玉を太くしてすぐにやるよう彼を懇ろに促し、仲由は大胆で、尻込みなどしないので、じっくり考え、保護者と相談した上でやるようにさせたのだと言った。この故事は後人によって、対象に応じて異なった方法で教育を施す範例とされた。朱熹は孔子のこの経験を「孔子施教、各因其材」（孔子が教えを施す際は、それぞれその対象である人間の素質に従った）と概括した。つまり、これが「対象に応じて異なった方法で教育を施す」の由来である。

　生徒の心身の発達にはそれぞれに特徴があり、知能の面はとりわけ多様性を有する。米国の心理学者のハワード・ガードナー（Howard Gardner）の『多重知能理論』は、知能を八種類に区分していて、生徒の天賦及び対象に応じて異なった方法で教育を施すことを認識する上で大いに役立つ。

　1983 年出版の著書『知力の構造。多重知能理論』の中で、ガードナーが提起している『多重知能理論』は、人類の八種類の知能について、以下の通り簡単に紹介している。

　言語的知能とは、言語を用いて思考し、言語を用いて言語の深層の内包を表現

しかつ楽しむ能力のことをいう。作家、詩人、記者、演説家、ニュースアナウンサーはどれも高度な言語知能を顕示する。

論理数学知能とは、人間の計算し、量化し、命題と仮説を思考すると共に、複雑な数学の演算を行うことのできる能力のことを言う。科学者、数学者、会計士、エンジニア、コンピュータ・プログラマーはどれもとても強い論理—数学知能を顕示する。

空間的知能とは、人々が三次元空間を利用する方式で思考を行う能力のことをいう。例えば、航海士、操縦士、彫刻家、画家、建築士などが現わす能力である。

身体運動知能とは、人間の巧妙に物体を操り、身体を調整する技能のことをいう。アスリート、ダンサー、外科医、職人などはどれもこうした面の例証である。

音楽的知能とは、人間の音調、旋律、リズム及び音色等を鋭敏に感知する能力のことをいう。この種の知能を具えた人間には、作曲家、指揮者、楽師（演奏家）、音楽評論家、楽器製造者、音楽の意味を悟ることに長けた聴衆などが含まれる。

人間関係的知能とは、有効的に他者を理解したり、人と交際したりすることのできる能力のことをいう。成功した教師、会社員、俳優、あるいは政治家が恰好の例である。

自己認識知能とは、自己知覚を正確に構築することに関する能力があり、この種の知能を用いて自らの人生をプランニングし、ガイドできることが得意であることをいう。神学者、心理学者及び哲学者がすなわち高度な自己認識知能を擁する典型的例証である。

自然観察者知能とは、自然界の中の各種の形態を観察し、物体に対して識別と分類を行い、自然あるいは人工の系統を知り抜くことのできる能力のことをいう。農夫、植物学者、狩人、生態学者や庭園設計士などを含む専門の特技を身につけた自然観察者などがそれである。

カードナーは、以前の一元的知能理論と比較して、この八種の知能理論はより正確に人類の能力の様相を描くことができ、人類の本質を理解するためにより広々とした一つの景観を提供するものであると確信した。あらゆる知能が創造的発明に応用できることは明らかであるとカードナーは指摘する。しかしながら、大部分の人は、なにがしかの特定の分野においてしか創意をはっきり表現するこ

とができない。

　その実、多くの哲学者、科学の天才、スターアスリート、スター歌手、映画スター、スターダンサー、画家、作家及び発明家等の特殊な天賦や才能を持つ人間は、早くも幼少期において才能を現わし始めるのであり、これが対象に応じて異なった方法で教育を施す拠所であり、基礎である。教師の一人ひとりが皆人材を発見し、対象に応じて異なった方法で教育を施し、国家のために専門の人材をより多く、より立派に培い育てる責任を担っているのである。

　対象に応じて異なった方法で教育を施す原則を貫く上での基本的な条件は以下の通りである。

（一）生徒の特徴に照準を当てて違った教学を進める

　生徒の特徴を理解することは、対象に応じて異なった方法で教育を施すことを立派に行う基礎である。教師は、認知、趣き、特技、価値傾向及び不足点を含めた生徒一人ひとりの徳、知、体、美及び総合的実践能力等のそれぞれの面の発達的特徴を知ることで、有目的的に対象に応じて異なった方法で教育を施すべきである。ちなみに、反応が遅鈍な生徒に対しては、アクティブに思考し、勇気をもって質問に答え、敢えて論争をするよう彼らを激励し、能力は高いが態度がいい加減な生徒に対しては、少々難度の高い宿題を与え、厳しい要求を出し、向上に向上を重ねるよう彼らを督促し、言語表現が条理を欠く生徒に対しては、彼らに教室で教科書の内容を自分の言葉に変えて話させたり、多く発言させたりすることで、その不足点を克服させ、学習に専念できない生徒に対しては、多くの暗示をしたり、注意を促したり、質問をしたりして、彼らの自己統制能力を培わせ、視聴覚の良くない生徒に対しては、比較的適した場所に座らせる配慮をし、学習がとても気楽であるか、あるいはとても困難な生徒に対しては、違った対処の仕方をし、特殊な措置を講じる必要がある。

（二）弾力的で多様な措置を採り、生徒の才能が十分な発達を得られるようにする。

　現行の学年クラスごとに授業を行う制度は、全体に目を向け、全員が足並みを揃えて進むことを重視する余り、生徒の特徴に配慮することを困難にさせており、

多くの生徒の特殊な才能を伸ばすことが制限を受けるようになってしまっている。現代科学技術の発達、国際競争の強化は、どれも幼少のころから特殊な才能の持ち主を培い育てることに気を配り、いくつかの特殊措置を探究しかつ採用することで、人材を早くかつ速く出すことを保証するよう学校に求めている。ちなみに、条件の具わる学校においては、能力に応じて班あるいは組に分けて教学を試行したり、選修課を開設して生徒の興味や趣味に配慮したり、成績優秀な生徒に跳び級を許可したりして、一人ひとりの才能が十分に伸ばせられるようにしたり、生徒の興味に応じて関連する課外や校外のサークル活動や各種のコンクールに参加させたり、特殊な才能を持つ生徒に対しては、関連学科の教師もしくは校外の専門家を招いて特殊な指導や育成を行ったり、等々といったような事をしている。

第五節　教学の方法

一、教学の方法のあらまし

　教学方法は、教学において重要な意義を持つ。教学の方法と方式はダイナミックかつ極めて弾力的で多様なものであり、異なる方法、方式を用いる教学活動プロセスにおいては、師生（教師と生徒）の置かれる地位、構成の影響し合う関係及び双方の積極性、創造性の発揮の実情のどれもが大いに異なり、その教学効果、生徒の学習と発達の状況及び質も非常にかけ離れ、生徒の聡明な才知や品行習性の発達に深く影響するとともに、教学方法の優劣、とりわけ低中学年の児童の学習と発達に対して最も鍵となる役割を演じていることを知っておく必要がある。故に、古より、どうすれば学習を比較的楽で容易なものにし、生徒が順調かつ効果的に知識や技能を理解できるようにして、青少年をより聡明で、向上心があり、創造性豊かにすることが可能になるのか？　これが教師、教育者及び保護者、生徒がこれまでずっと苦しい思索に思索を重ねて追究してきた、解決が期待されている教学の方法の問題である。

（一）教学方法の概念

　教学方法とは、教学任務を完成させるために採用される方法であり、教師の教える方法と生徒の学ぶ方法を含めた、教師が知識・技能を探究しかつ掌握し、心身の発達をものにして共同活動をするよう生徒を導く方法であり、その主たる特性は以下の通りである。

1．目的性

　教学方法は、教学目的を実現するニーズから生まれる、目的と任務のために奉仕しかつその制約を受けるものである。歴史上、異なる教学目的や任務を解決するために、異なる教学方法が誕生した。原始社会においては、文化や習俗を伝承するため、教学の方法は主に模倣と言い伝えであった。文字が誕生して以降の古代社会においては、知識を掌握するために、読誦や問答が出現し、科学がより発達した社会においては、系統立った学科知識を掌握するには、実演、実験、練習、創作及び設計等の方法を用いる必要があった。社会が急速に発展する今日においては、教学は必然的に啓発、探究、発見を唱導し、ネットやマルチメディア等の現代技術を活用し、生徒の自発性、創造性を発揮させる助けとなる方法を採用せねばならない。以上から分かるように、社会の発展により誘発される教学の目的、任務及び内容の絶えざる更新は、教学方法の改革、創新、時代に即した発展変化を後押しする巨大な原動力である。故に、師生の教学の目的と任務に対する認識を高めることは、教学方法を正しく選択し、構築し、創新することに対し、根本的意義を有するのである。

2．相互性

　教学方法は始終教師と生徒を組織し、知識や技能を伝承し、生徒の知、徳、美、体及び総合的実践活動能力のトータルな発達を促すために共同で行う教と学の両面で互いに影響を与え合う活動であり、これがすなわち教学方法に特有な重要な特徴である。例えば、教師が授業を行う場合には、生徒によく聞き、考えるよう求めるし、教師が実演をする場合は、生徒に観察と分析を求めるし、教師が範を示す場合は、生徒に模倣と練習を求めるし、生徒が探究や実験を行う場合は、教師の導きや手解きが必要だし、生徒が討論や練習や宿題をする場合は、教師の助

言指導や点検や添削が必要である。一定の教学方法を運用することは、一見、一つの面の目に見える形の活動のみを主としているかのように思えるが、実は、もう一つの面の活動と力を合わせることが必要不可欠である。特に、生徒が教師と力を合わせて行う活動それ自体が、形に現れる操作可能な手足の活動を包括するのみならず、形に現れない感知、思考、連想、記憶、情感及び意志等といった心理的活動をも包括するものなのである。後者は社会文化知識が生徒の個体へと内化するのに必要な、より一層重要でかつ高次元の主体の内部の認知、情感、意志活動である。過去において、教学方法は教師が生徒に向かって一方的に知識や技能を伝授する方法でしかないとみなされてきたのは、一種の偏りである。かなり長い時期にわたって、我々の教学は、教を重んじるも学を重んぜず、教法（教え方）の研究は重んじるも学法（学び方）の探究は軽視し、教師の主動的役割は重んじるも生徒の主体的役割を軽んじたことは、均しくこの種の誤った認識と緊密に結び付いたものである。したがって、教学方法は教師の方法であると強調することから、教師の指導の下で師生（教師と生徒）が互いに影響を与え合う教学方法へと発展させることは、教学方法の上における大いなる発展である。

　それ以外に、教学方法は雑多で、しかも際限なく変化するが、その基本方法というものがある。我々がこれら基本の教学方法を講義するのは、こうした方法はその他の教学方法の組み合わせあるいは教学パターンを構築する要素であり、教学方法を創新する基礎であるからである。

（二）教学方法の選択

　効果的に教師と生徒双方の教学における自発性や積極性を引き出し、良質の教学任務を完遂させるには、教学方法を正しく選択しかつ運用する必要がある。ある教師の教学効果が好ましくないのは、彼がレベルを具えていないからではなく、その教学方法が適切でないことによるといった情況が常に存在する。特に一部の教師の思想の中には、教学内容を重んじる余り、教学方法をないがしろにする傾向がまだ存在しており、彼らは方法を重んじることの教学の質を高める上での重要性をわきまえていない。それゆえに、我々は教学方法の選択と運用を重要視すべきなのである。

　教学方法は知識の教育的価値を生徒の精神的財宝に転化させる手段である。教

学方法の選択と案出は直面する教学任務や学科知識の特徴と生徒の経験的基礎によって決まる。教学の芸術が、適切な教学方法を選択しかつ案出して生徒の学習を指導し、生徒の潜在能力を発揮させ、効果的に生徒の個体の素質の発達を促すことにある。

　現代教学は系統立った観点を導き手として教学方法を選び、教学を優れたものにすることを提唱する。その主な根拠は以下の通りである。

(1) 学科の目的、内容及び教学法の特徴、課題（もしくは単元）と1回の授業時間の教学目的及び任務
(2) 教学プロセス、教学の原則及びクラス授業の特徴
(3) 生徒の趣き、レベル、知能の発達と個別的差異、自立した思考力、学習態度、学風及び習慣
(4) 教師の思想と業務水準、実際の経験と能力、教学の習慣と特徴
(5) 生徒が教学プロセスにおける質問への回答、討論、宿題、評価分析に参与する積極性とレベル
(6) 教師と生徒双方の活動の力を合わせ、影響を与え合う状況とその質
(7) 学級や班の活動と個人活動との結合状況、教室教学、課外の宿題あるいは課外活動との結合の状況と質
(8) 学校と地方が提供可能な物質、計器設備、社会条件、自然環境等
(9) 学科、単元、課題ないし毎回の授業に規定された授業時間、そのほかの利用可能な時間、例えば朝晩は自習等
(10) 得ることの可能な成果に対する緻密な見通しと意外な状況が現れた際の適時的措置

　ことわざには「教学に法はあるが、定まった法はない」とあり、また「運用の妙は、一心に存する」ともあるように、教学方法の選択と運用は、科学規範を重んじ、実際とマッチした、しかも機知や創新を重んじるものでなければならない。

二、小・中学校で常用される教学方法

　中国の小・中学校が常用する教学方法としては、講義法、談話法、読書指導法、練習法、演示法、実験法、実習作業法、討論法、研究法がある。

（一）講義法

　講義法は、教師が言語を通じて系統的に生徒に向かって科学文化知識を伝授し、彼らの知能と品行の発達を促す方法である。講義は教学の一種主要な方法であり、その他の方法を運用するには、どれも適切な講義と歩調を合わせる必要がある。

　伝統教学においては、一般的に、教師の講義の質が生徒の学習の質を決定づけるとされ、往々にして教師の講義と分析の面が重んじられ、生徒の思考と理解の面がないがしろにされた。そして、教師が多くを語れば語るほど良く、分析が細かければ細かいほどよいとされ、教師が「一人芝居」をし、「詰込み教育」をすることに熱が入れられ、生徒の感受性が考慮され、研究されることは極めて稀であった。そこで、教師の主導的役割が生徒の学習の積極性を抑えつけ、授業が重苦しく単調になり、生徒は学ぶのが苦しく、とても疲れ、とても煩わしくなり、少し油断でもしようものなら、聞いても理解できない可能性があり、月日の経つ内に、学習への興味を失い、教学の質に深刻な影響を与えてしまうことになる。これは我々が断固として克服せねばならないものである。

　その実、教師の講義の効果は、主に生徒の理解、悟り及び親しみの感じ方によって決まる。それゆえに、教師は講義の質を高める必要がある。まず初めに、生徒を理解することに気を配ることで、教学の任務と内容や採用する方法と活動を生徒の年齢や個性的な特徴にマッチさせ、彼らが既に持っている知識と能力のレベルにマッチさせなければならない。そして次に、啓発と導くことに気を配り、生徒の興味と思考力を発揮させることで、教師の質問や分析が生徒の観察、思考、悟りをしっかりと導くことができるようにし、教師と生徒の思想的趣きが疎通し、交流し、影響し合い、共鳴し、分かち合えるようにする必要があり、そうであってこそ、初めて教学の質をより高い域へと到達させることができる。

　当然ながら、生徒の学習の趣きを発揮させることを一方的に強調し、生徒の積極的な活動を推奨し、授業の熱い雰囲気に憧れることにより、教師の教学における主導的役割をおとしめたり排斥したりして、多くの教師が引っ込み思案になり、話すべき所で敢えて話さないか、もしくはなるだけ話さないようにするといった偏りがもたらされてしまうことは防がねばならない。

　講義法は講読、講述、説明、講演の四種に分けることができる。講読は読（読むこと）と講（話すこと）を結合させたもので、読みながら話をすることであり、

「串講」（一つの文章を一区切りずつ学んだ後、全体の内容をまとめて説明するもの）とも呼ぶ。講述は生徒に向かって学ぶ対象を描写し、学習の材料を紹介し、事物が変化を産むプロセスを叙述するものである。説明は、生徒に向かって概念、原理、法則、公式等について解釈し、論証するものである。講演はすなわち中学校高学年が採用する一種の教学方法で、教師は事実を系統立ててトータルに描写しなければならないだけでなく、更に分析や推理を通して科学の概念やあるいは原理を概括しかつ分かり易くはっきりと説明する必要がある。

講義法の基本条件は以下の通りである。

（1）要点を尽くして内容を講義する。科学性、思想性、啓発性、趣味性を重要視することで、生徒をして、正しい概念や原理を掌握せしめる。

（2）講義の策略と方式を重要視する。果たしてどのように講義するかは、任務や内容に照準を合わせて深くかつ具体的な研究と意思決定を行うべきである。

（例）ある教師の講義は、教学内容の主要なものと副次的なもの、難易度、順序及び系統に応じて精講、細講、先講、後講、重講、串講、略講あるいは不講というやりかたを取る。ちなみに、重点の内容は精講、難点の内容は細講、解題の内容は先講、結論の内容は後講、系統的内容は通常は串講、副次的内容は略講、分かり易い内容は不講という形を取る。講義の際は余地を残すことで、よく考えさせるようにし、生徒の積極的な思惟を啓発する。「導きはするが、引っ張りはせず」「啓きはするが、達せしめはせず」、生徒の考えは教師の講義に随って緊張した活動をし、興味津々として、注意を集中させ、情緒が活気づき、学習が自発的かつ積極的になり、成果や効果が著しい。

（3）言葉の芸術を重んじる。言葉はできるだけはっきりとしていて、正確で、練れていて、生き生きとし、筋道がよく通っていて、分かり易くするよう努め、講義の音量や速度は適度であるべきで、抑揚や間合いに注意し、ジェスチャーを手助けにして言葉の感化力を高める。

（二）談話法

談話法は師生（教師と生徒）の問答や対話の形式を通して思考しかつ探究することで知識を手に入れかつ強固にするよう生徒を導くとともに、生徒の知能の発達を促す方法であり、問答法とも呼ばれる。談話法はとりわけ生徒の思考を発揮

させ、生徒の積極性を引き出し、彼らの独立思考、人との交際及び言語表現の能力を培うのに役立つ。小・中学校、とりわけ小学校の教学では、談話法を常用する。

談話法教学においては、二種類の偏差が現れ易い。一つは、教師が見晴らしの利く優位な地位を占め、知らず知らずの内に生徒を「好敵手」に見立ててしまい、その回答に対して苛酷な要求をし、その優れた点を肯定することに気を配らず、往々にして生徒の積極性を抑えつけたり、傷つけたりする。これはある意味で伝統教学に対するこだわりすぎであり、必ず改革せねばならない。教学改革において、小学校や中学校の教師が談話法を用いて教室を活気づけることを重要視し、「詰込み教育」の弊害を改変させたことは、一つの大きな進歩である。しかし、多くの教師の談話教学は、そのほとんどが授業の前に予め定めた案に基づき、一問一答でぎこちなく進められ、教師が質問するだけで、生徒の質疑はなく、本来ならば双方向もしくは多方向であるはずの師生（教師と生徒）の打ち合いや対話が、一方通行の問答と化してしまっている。とりわけ、ある教師に至っては、優等生を指定して回答させることに熱を入れることで、教学を教師と少数の秀才との対話と「ショー」にしてしまい、大多数の生徒をほったらかしにして、彼らが聞いて分かるかあるいは参与するか否かなどお構いなしであったりする。これも一種の改善が必要な傾向である。

談話法は復習談話と啓発談話に分けられる。復習談話は生徒が既に学んだ教材に基づき、生徒に一連の問題提起をし、師生問答を通じて生徒が既に学んだ知識を復習し、深化させ、系統化する手助けをするものである。啓発談話は、生徒に向かって未解決の問題を提起し、一歩一歩新知識を思考し探り当てるよう生徒を指導するものである。

談話法の基本要件は以下の通りである。

（1）談話計画をしっかりと準備すること。生徒を一つの問題からもう一つの問題に移行させることで、教学の目的を実現することが堪能であること。

（2）問うことが得意であること。生徒に向かって提起する問題は、明確で、面白く、チャレンジ性があり、生徒の思考を活性化させかつ深化させるものでなければならない。

（例）『将相和』という教科書を学習する際、このようなくだりがある。秦王の

面前で、藺相如は胸を張ってこう言った。「わたしは、あなたには十五の城を差し出すつもりなどないと見ています。それ故に、和氏璧を手にして戻って来たのです。あなたが無理強いなさろうとするのなら、私の頭と宝玉をともにこの柱にぶつけて砕いてみせましょう」とこう言いつつ、宝玉を持ち上げ、柱にぶつけようとした。この件を学習する時、対比的にこのような二つの問題を案出することができる。①「藺相如はなぜこのようにしたのだろうか？」生徒は教科書を通して、藺相如は秦王を脅すために、和氏璧を請け合ったのであると理解できる。もしも、それを、②「藺相如は柱めがけてぶつかることができるだろうか？」という問いに置き換えると、情況は異なったものになると私は考える。ある生徒は、「藺相如は柱めがけてぶつかったりはしないでしょう。なぜなら、彼は秦王がこの玉が大好きであることをよく知っているからで、彼はまさにこうした心理を掴んでいたからこそ、そう言ったのであり、これは一種の戦いの策略なのです」と言った。

　ある生徒は、「藺相如はぶつけたでしょう。なぜなら、彼は趙国を離れる時、既に犠牲になる心積もりをしていたからです。もしも秦王が信用を守らないなら、彼は趙国の利益のために柱にぶつかって死んだに相違ありません」と言った。また、ある生徒は、「その時、藺相如は既に両方の準備をし、秦王の態度しだいで、彼はぶつけるのか、それともぶつけないのかを決めようとしていたのです。しかし、彼はぶつけないことを願い、そうするよう目指しました。このことは、彼が勇気と思慮を併せ持っていたことを物語っています」と言った。二つ目の質問は、生徒の興味を掻き立たせ、想像を逞しくさせ、策略の思考を啓発させ、教科書に対する理解を深めさせるとともに、生徒の言語表現能力を高めさせた。

　(3) 啓発・誘導に長けていること。生徒に問題もしくは矛盾の在処を探究させ、一歩一歩上手に導くことで、新しい知識を手に入れさせる。

　(例) ある一人の教師は、談話法を運用しつつ『植物の果実』の教学を進めた。授業に先立ち、宿題を割り当て、生徒に自らが果実であると認めるものを教室に携えるよう要求した。生徒が携えたものには、ナシ、リンゴ、バナナ、ピーナッツ、クルミ、ヒマワリの種、ニンジン等があった。授業が始まると、生徒は、ニンジンは果実であるか否かについて、激しい論争を繰り広げ、双方はどれも相手側を説き伏せることができず、雰囲気は異常なまでに活気づいた。教師は成り行

きに応じて導こうとし、「一つの事物に対して正確な見通しがつかない時は、それと類似するものを手にしてそれと比較し、それらのどこが同じで、どこが違うかを見て見れば、答案は容易に見出せる」と指摘し、一つのリンゴと一つのナシを手にしながら、「これらのどこが同じなのかな？なぜこれらを皆、果実と呼ぶのだろう？」と問うた。

「どちらも食べられます」一人の生徒が答えた。

「食べられる、その通り。でも、果実の全部が全部食べられるとは限らないね」と教師が言う。

「どちらも樹の上で育ったものです」ともう一人の生徒が言う。

「リンゴとナシは樹の上で育ったものだけど、果実の全部が全部、皆樹の上で育つわけじゃなくて、草花にも果実はあるよね」と教師は言う。

「どちらも花が咲き終わってから結ばれた実です」ともう一人の生徒が言うと、教師は即座に肯定を加えた。

「どちらもさねがあります」——一人の生徒が突如想い出したかのように、こう口をついた。

「そうかな？じゃ、それらの構造を観察してみることとしよう」と、教師はこう言う「よーし、切開して研究してみよう」

切開した後、教師が「そのさねが何であるかを知っているかね？」「種子です」と生徒たちは答えた。

教師「その内部構造にはどれも種子があり、種子は次世代を繁殖させるものだ。ならば、種子以外の大きな部分は何と呼ぶのかな？」

「果肉といいます」と一人の生徒が答えた。

その時、教師は「その通り。常日頃、私たちはそれを果肉と呼び、最も外の層を皮と呼んでいる。しかし、科学の呼び方では、種子以外のものはどれも果皮と呼ぶ。私たちは皆、花が咲いて実を結ぶことを知っているが、果実は皆二つの部分からできていて、それがつまり果皮と種子だ。果実であるか否かは、主に中に種子があるかないかを見るとよい」と総括し、こう質問した。「ニンジンの中には種子があるかな？」「種子がないので、果実ではありません」と生徒は回答した。

（4）中間のまとめをしっかりとやること。いくつかの不正確な認識を是正し、

生徒が正確な知識を掌握する手助けをすることを重要視し、できうるかぎり簡明かつ科学的であるよう努める。

(三) 読書指導法

　読書指導法とは、教科書や参考書の読解を通して知識を手に入れかつ強固にする方法を教師が生徒に指導するというものである。生徒が書物による知識を掌握するのは教師の講義如何にかかっているのであるが、結局のところは、やはり彼ら自らが読解し、悟ることに頼って初めて知識を消化し、強固にし、深めかつ広げることが可能となる。知識経済の時代、学びを理解することは、最早人生における何にもまして重要な事柄となり、読書は学びを理解する重要なルートである。それ故に、読書指導法は重要な時代的意義を有するものである。

　読書指導法には、予習、復習、参考書の読解、教材の自習等を生徒に指導することも含まれる。予習を指導するには、生徒に要求を出して啓発を行い、なにがしかの読解の障害を取り除くことで、生徒が教科書を初歩的に理解し、新しい課を学ぶための準備ができるようにする必要がある。復習を指導するには、任務を明確にし、一定の宿題を割り当てることで、知識に対する理解を深めさせ、それを強固にする必要がある。参考書の読解を指導するには、相応しい読物や内容を精選し、生徒の特徴に応じ、それぞれに異なるやり方で指導を与える必要がある。生徒に教材の自習を指導するというのは、教師の指導の下で、生徒が自習形式で新しい課を学ぶことである。

　（例）生徒が教科書を自習するよう指導することで、生徒をして、消極的な聴講者から自習を主とする探索者、思考者へと転化せしめるのは、教学の質をアップさせる一つの重要な面である。学習方法の変化に伴い、彼らの思考発達のプロセスにも相応の変化が生じ、それによって教師に対する要求もより高いものに

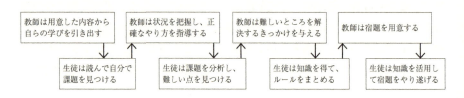

なった。自習を主とする教学プロセスにおいては、師生（教師と生徒）双方が互いに連動し、教師は絶えず生徒から自習情況の情報を得るとともに、次なる一歩としての啓発指導の重点を決定している。

このようにして、生徒の自習の思考の法則に準じ、適時に彼らの自習の各段階における特徴と問題点を把握し、具体的状況に応じて、生徒がより良く知識を把握し、知力や能力を伸ばすことができるようにするのである。

(1) 明確な目的、要求及び思考問題を提起し、生徒に自主的に学習の方向、要求を掌握させ、自発的にそれを実現させる。

(2) 生徒に読書の仕方を教え、彼らに朗読、黙読を理解させ、ざっと目を通すことと精読を理解させ、読物の序文、目録、注釈、図表の調べ方を理解させ、記号のつけ方、問題提起の仕方、余白への評語や注釈の書き方、要点のまとめ方、読書心得の書き方などを理解させる。

(3) 読書中に問題を発見しかつそれを解決することに長けること。朱熹はいみじくもこう述べている。「読書して疑いを持たない者に対しては、疑いを持つように教えるべきである。そして、疑いを持つものは、疑いを持たないようになるべきであり、そうなってこそ、初めて上達したといえるのである」と。

(4) 適切に生徒を組織し、読書心得を交流させる。個人の読解という基礎の上で、適切に生徒を組織して討論を繰り広げさせたり、学習の場所を設け、心得を交流させたりすることで、読書の収穫を増進させ、読書への興味を養わせる。

(四) 練習法

練習法は、生徒が教師の指導の下で、知識を活用して一定の操作、宿題及び練習問題を繰り返し完成させることで、理解を深め、技能や技巧を形成する方法である。練習の目的は学んだことを実際に役立てるために、理解を深め、技能や技巧を形成し、実際の問題を解決する初歩的能力を培うことである。練習は教学の一種の基本方法である。

練習は一定の数量の活動を通して初めて効果が生じるものであるが、機械的な訓練で、数量のみ重んじ、質を重んじないのであっては絶対にならない。たとえ動作性技能の掌握であっても、自らの動作に対して観察や分析評価を行うことに厳格であるよう生徒を指導せねばならず、彼らに自らの欠陥をはっきりと見るよ

うにさせてこそ、初めて改善することが可能になるのであり、原理や公式の応用技能の掌握に至っては、より一層複雑で、難度の異なる問題を解決する鍛錬を経験することによって、初めてより自覚的な掌握に達することができる。練習は徐々に難度を増していく必要があり、生徒に多次的で変化した新情況の下で問題を解決させてこそ、初めて思いのままに上手く技能を掌握する水準に達することが可能となる。

　練習の種類はとても多く、生徒の異なる能力を培うのに応じて分ける場合は、口頭練習、書面練習、実際の操作練習等があり、生徒の技能の過程に応じて分ける場合は、模倣性練習、独立性練習、創造性練習等がある。

　練習法の基本要件は以下の通りである。

　(1) 練習の自覚性を高めること。目的を明確にし、原理、要領、段取り及び方法を掌握することによって、初めて練習の自覚性を高め、練習の質を保証することができる。

　(2) 順を追って一歩一歩進め、徐々にアップさせること。易から難へと生徒を導き、その原理と技能を掌握する理解と熟練度を徐々にアップさせる。

　(例) 生徒が小数四則の演算を学び終えた後、教師が生徒のために練習の授業を設け、主に小数四則の混合演算の順序を復習した。教師は順を追いながら一歩一歩深めていく練習を案配した。第一の練習は、小数四則の演算を暗算しながら口で唱え、同時に小数四則の混合演算を板書しながら解くというものである。第二の練習は、分析と総合の図を用い、生徒の図意に従って式を書き入れさせ、思考方法を話させ、演算の順序を固めさせるというものである。第三の練習は、文

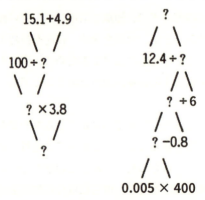

章題の要求に応じて式を列ね、演算の順序を文章題の中で徐々に深めさせるとともに、生徒が正確にかっこを使用する訓練をするというものである。第四の練習は、既有の式に基づき、生徒に言葉で表現させることを求めるというものである。

第五の練習は、いくつかの形式が類似するも、列式の異なる文章題を判別するというものである。例えば、(1) 4.23 に 0.02 を足した和に 1.2 を掛けると、結果はいくらになる？ (2) 4.23 に 0.02 を足して 1.2 を掛けた積の結果はいくつになる？ (3) 4.23 に 0.02 を足して 1.2 を掛けると、結果はいくつになる？最後の練習は、文章題を自ら編み、思考問題を練習するというもので、「0.5、0.5、0.5、0.5 = 0」に適当な暗算符号を加えて等式を成立させることで、生徒が同じ数で演算を進めた結果 0 になるのは何種類のケースが存在するのかを思考するよう啓発するというものである。上述の六つの練習はどれも演算の順序という中心を巡るもので、それぞれに異なる要求がなされ、一層毎に深くなっていく。教学においては、重点は生徒の考える筋道を指導し、演算の法則を掌握させることにある。

(3) 厳格な要求をすること。口頭や書面の練習、もしくは動作練習を問わず、どれも生徒に常に手抜きせず、向上に向上を重ねるよう求めねばならない。

(五) 演示法

演示法とは、教師が実物や視聴覚教材を見せたり、実験をしたりすることを通すか、あるいは教学内容に関するソフトや特製のコースウェアを放映したりすることで、生徒に事物を認識させたり、知識を手に入れさせたり、あるいは知識を固めたりする方法である。演示の特徴は、教学の可観察性を強化させることにある。教学手段の現代化に伴い、演示の役割は日増しに重要になっている。教師は教学のニーズに基づき、自ら視聴覚教材やコースウェアを製作し、事物の動と静、大と小、外と内、速と遅、虚と実、繁と簡、顕と隠の間の相互転化を幅広く示して見せることで、時間、空間、マクロ、ミクロ、動態等の種々の制約を突破し、教学内容の中で触れられてはいるものの、生活の中で目にする事が困難な事物、現象、プロセス、構造、機能、関係、メカニズム等のどれもを均しくはっきりと教室において再現する。

演示法の基本要件は以下の通りである。

(1) 演示に先立っての準備をしっかりとすること。教学のニーズに基づき、典

型的な実物、教材を選択し、真剣に観察する必要のある部分を拡大するか、もしくはカラーで示すかし、更に演示の方法とプロセスをしっかり考慮する必要がある。もしも実験を実演する場合は、教師はまずそれを試しに一度行っておかねばならない。

　(2) 生徒に演示の目的と要求を明確にさせること。生徒に何を見、どのように見るかを知らせ、自発的に観察と思考に身を投じさせるようにしなければならない。

　(3) 演示の方法に凝ること。教学に緊密に合わせるべきで、視聴覚教材を早く持ち出しすぎたり、演示し終えた後に速やかに教材を片付けなかったりすると、生徒の注意を分散させてしまいかねない。そして、演示のプロセスにおいては、適切に質問をしたり、手解きをしたりして、見ながら考えるよう生徒を導くことで、ベストな効果を収めるようにする必要がある。

　(例) ある教師が導管の機能を演示した。彼は事前に葉の付いた枝を赤い溶液の中に差し込み、暖かくて日の当たる場所に置いて数時間太陽に曝した。そして、授業する際、枝を一つ一つ切り落とし、生徒の手に分けた。彼が講義をしながら、質問をすると、生徒はそれを剥いだり、観察して考えたり、回答したりした。彼らは、枝の皮が赤に変色しておらず、中間の髄も赤く変色していないのに、木質の部分が赤く変色しているのを観察した。生徒は本を見て、その理由、つまり木質部分には導管があり、赤い溶液を送り込むことができるということをあっという間に知るに至り、葉っぱまでもが赤く変色しているのを目にした生徒もいた。こうして、生徒は、導管には水や無機塩を送り込む機能があることをはっきりと知ったのである。

(六) 実験法

　実験法は、教師の指導の下、生徒が一定の器械設備を活用して単独で作業を行い、事物の特性を観察し、その発展と変化の法則を探究することで、知識や技能を手に入れ、科学精神を培う方法である。実験法の優れた点は、それが教学のニーズに応じて一定の条件を創造しかつ制御し、事物の発生や変化を引き起こさせることで、生徒をして、事物の因果関係を目の当たりにさせることが可能なことにあり、生徒が理論を実際と結び合わせ、実験操作の技能を掌握する助けにな

第八章　教学（中）　　331

るのみならず、生徒の科学実験の興味や求実の精神を培い育てることもできる。

　実験法は探究性実験と検証性実験に分けることが可能で、前者は新しい課を学ぶ際に行うことで、生徒が新たな経験や知識や方法を手に入れるために役立つことになり、後者は新しい課を学んだ後に行うことで、学んだ原理の正確性を検証しかつその理解を深めることにつながる。

　実験法の基本要件は以下の通りである。

　（1）実験の準備をしっかりと行うこと。実験計画をしっかりと立て、実験用品をしっかりと準備し、実験グループをしっかりと分けることで、生徒にしっかりと予習をさせる。

　（2）実験の目的、要求及びやり方を明確にすること。生徒に実験の原理、プロセス、方法及び注意事項をわきまえさせ、安全に気を配り、機器を大切にするよう注意を促し、生徒の実験の自覚性を高めさせる。

　（3）実験のプロセスの指導に気を配ること。クラス全体の実験情況を巡視し、問題に気づいたら、速やかにクラスの生徒全員に指導を行うか、もしくは経験交流を組織し、困難の比較的大きなグループあるいは個人に対して幇助を与えることで、生徒一人ひとりがどれも積極的に実験に身を投じるようにさせなければならない。

　（4）中間のまとめをしっかりと行うこと。実験の優れた点と欠点を指摘し、問題の生じた原因を分析し、改善意見を提起し、生徒に実験報告をしっかりとまとめるよう割り当てる。

（七）実習作業法

　実習作業法とは、生徒が教師の指導の下で一定の学科実践活動を行うことで、生徒の専門の操作能力を培う方法であり、例えば、数学の実地測量、地理の地形の測量・製図、生物の植物栽培や動物飼育等はどれも価値ある実習作業である。その実践性、独立性、創造性はどれも強く、生徒の単独の作業及び実践の能力と品質を培う事ができる。

　実習作業の基本要件は以下の通りである。

　（1）実習作業の準備をしっかりすること。教師は計画を立て、地点を確定し、機器を準備し、実習作業グループを編制しなければならない。

(2) 実習作業の動員をしっかり行うこと。生徒に実習作業の目的、任務、注意事項を明確にさせ、自覚性を高めさせる。

　(3) 実習作業の過程における指導をしっかりと行うこと。真剣に巡視してトータルな情況を掌握し、問題や経験に気付いたら、速やかに助言指導と交流を進めることで、質を保証すべきである。

　(4) 実習作業の総括をしっかりと行うこと。個人もしくはグループでトータルもしくは特定テーマのまとめを書くことで、学んだことを定着させる。

(八) 討論法

　討論法とは、生徒が教師の指導の下で何らかの問題を解決するために探究、分析評価を進めることで、是非を明らかにし、真知を手に入れ、思考と独立した思考能力を鍛える方法である。近年来、多くの教師の実践経験が、小学校高学年、とりわけ中学校においては、いくつかの重要な問題、例えば基本概念や原理の問題、人物の性格や主題思想問題、人が関心を寄せる各種の生活問題、思想認識問題、社会問題等に対して、教学を結合させる形で討論を繰り広げることは極めて必要である。真理は論じれば論じるほど明らかになるものであり、生徒が討論や論争を通すことで、確かに生徒の思弁能力や教育の質は高められる。

　討論法の種類はとても多く、一回全体の教室討論であっても良ければ、また数分間の短い討論であっても構わず、クラス全体での討論、もしくはグループ討論であっても良く、更にサークル討論とクラス全体での討論を結合させて行うのもよい。

　(例) 我が校が都市と農村の接する場所に位置し、生徒の新入生供給源に都市と農村という二つの部分があり、生活環境の面で差異が存在するという特徴に焦点を合わせ、私は教学プロセスの中に「都市に住んだ方がよいか、それとも農村に住んだ方がよいか？」という小弁論を案出した。

　まず初めに、都市の方がよいというのに賛成の生徒と農村の方がよいというのに賛成の生徒をそれぞれ一つの側に分かち、二つの大きなグループにして討論を展開させるようにした。討論の際、教室全体の雰囲気が活気づいた。討論が終了した後、双方がそれぞれ代表を立てて弁論を行い、それぞれの観点を明らかにし、実際の例を挙げて、相手側の論拠に反駁を加えた。弁論の中で、多くの生徒がど

れも都市にはどのような優れた点と欠点があり、農村にはどのような優れた点と欠点があるかを語り、私は彼らが語ったことを黒板に書き、彼らが話をするその一方で、私がそれを整理し、まとめた。討論法の基本要件は以下の通りである。

（1）討論する問題は魅力を具えたものであること。彼らの興味を発揮させることができてこそ、討論や弁別分析する価値があるからである。

（例）「私は我が家を愛する」という教科書を学ぶ一回の授業で、父母の辛労や家庭に対する責任に談が及んだ際、生徒の態度がわりに冷ややかであったので、ひょっとすると、優越な環境が彼らの心の中における家庭の地位を薄れさせてしまっているのではと、私は大いにいぶかった。そこで、私は、同級生は学校で一月に幾ら両親のお金を使う必要があるのか？と寄宿生活をしている生徒に対する調査を行った。調査結果は、生徒の一か月の消費は一般的に 300 ～ 400 元で、一部の生徒はこの消費水準よりも更に 100 ～ 200 元高かった。この事は、一人の食と住がどれも学校の中である生徒は、如何にして消費しているのだろうか？という考えを私に起こさせた。そこで、私は生徒たちを組織し、「どのような消費観を確立すべきであるか？」について語らせてみることにした。

クラス全体をいくつかの大きなグループに分け、熱烈な討論を行った後、生徒は次々に挙手し、自らの見解を述べた。

黄非君は言う。「僕は、両親が私たちに生活費を与えるのは理の当然である」といった。「学校が始まった時、母はわたしのクレジットカードに、一度に二千元を振り込み、お金を使うべき時に切り詰めたりせずに済むようにしてくれました」。もう一人の生徒の呉克俊君がこう話を継いだ。

二人のクラスメイトの発言が終わるや、教室内は賑やかになった。一部の保護者が子どもの経済面の要求に対して二つ返事で承諾することにより、これらの子どもたちは正しい消費観を持てなくなってしまっている。故に、このままだと議論はどこに誘導させてしまうことになるのだろうと私は些か心配になった。

家で工場を経営しながら、洋装店を開いている生徒の戈益宜君は言う。「私の両親はとても忙しく、普段は私の面倒を見ることができず、前回私が帰宅した時、父が私に 400 元の生活費を与えてくれたので、私は 100 元を使って父の誕生プレゼントを買いました」と。ほう！ 物わかりのよい子どももいたんだな！ と私は驚喜した。

クラス代表の章静儀君が立ち上がって言う。「僕は日本に遊びに行くことにとても憧れていて、父は僕が大きくなったら僕を連れて行ってくれることに同意してくれたが、それには沢山のお金が必要なので、今学校の中で使わなければならないお金を除いたその残りを僕は貯金箱に入れることで、将来旅費に充てられるようにしているんだ」と。

上述の言論に対して、私は如何なる見解をも述べず、生徒たちに彼らの認識を語らせた。林海黙君が先を争うように、「僕は、両親は子どもに余り多くのお金を与えてはならず、使うのに十分であればそれで良く、多くのお金を与えてしまうと、それを使わないでいると、手がうずうずしてくる」と言うと、それに続いて顧楽楽さんが、「お金の使い方が理に適っているとすれば、それは浪費とはいえないのではないでしょうか。例えば、学習面の書籍を買うとすると、ある本はとても高価ですらあるんですから」と言う。すると、クラス委員の金暁洋君がゆったりとした様子でこう口を開いた。「僕は、両親は非常に苦労していて、彼らがお金を手に入れるのは生易しいことではないと考える。僕らは学校で一年間勉強するのに多くのお金を使わねばならないので、荒い金の遣い方をしたりしてはならないし、両親のために少しでも負担を減らそうとすることができるというのが、つまり家族のために一分の責任を尽くすということだと思う」

「しかし、お金は使えてこそ、稼ぐことができるものなんだぜ」意地っ張りの黄非はクラス委員の権威を決して認めようとはしない。このことは私にとって予想外であった。

「ただし、君はまだお金を稼いでないじゃないか」黄非の観点はすぐさま反駁に遭った。

「お金を稼がなければ、使っちゃだめなのか？家庭の経済力が耐えられさえすればいいんだ。それに、もしも皆がお金を使わなかったとしたら、あの工場で生産された製品は誰に売るんだ？国はそれに消費を奨励し、内需を拡大してるんだし、こうして初めて経済が発展するんだ」黄非は決して納得せず、盛んにもっともらしいことをしゃべった。

幾人かの生徒が心なしか賛意を示し、黄非の観点はある程度肯定されているようである。以上の事から、今時の子どもは個性が強く、新しい思想や観点を受け入れる能力は少しも成人に比べて劣っていないことがうかがえた。

第八章　教学（中）　335

「君の今の身分は生徒であり、君は如何なる財産をも創造していないし、君の使っているお金は皆両親の労働が得たところのものだ。もしも君が使うお金が自分のお金だったら、話は違ってくる。それに、節約は社会的美徳なのだし」クラス委員は自分の考えを譲ろうとはしない。

「生徒は節約をするべきだということを僕は否認はしない。でも、僕たちは社会の変化に適応し、自らの各方面の能力を高め、将来、家族のため、社会のためにより多くの財産を創造すべきであり、同時に僕らも存分に生活を享受すべきである」と黄非は言った。すると、今度ばかりは大多数の生徒が賛同を示した。

（2）生徒に対する啓発や指導に長けていること。彼らが単独に思考し、勇んで個人の見解を述べるよう奨励し、皆の注意力を論争の焦点に集中させ、深い方へと発展させることで、問題が徐々に深化され、解決されるようにすべきで、問題の結論を暗示したりするのは是非とも避けねばならない。

（3）討論の中間まとめをしっかりと行うこと。討論を終えるに先立ち、教師は討論の情況をかいつまんで概括し、生徒が正しい観点や系統立った知識を手に入れるようにするとともに、生徒の独立思考を肯定し、個人の質疑を保留することを認めるべきである。

（九）研究法

　研究法とは、生徒が教師の指導の下で、単独の探索を通じて創造的に問題を解決し、知識を手に入れ、科学研究能力を伸ばす方法である。一般的に言えば、生徒が解決しようとする問題はどれも社会や科学の上で既に解決済みの問題であり、問題の大半が包含するところの原理はどれも基礎知識として教材に組み込まれている。ただ、生徒からすれば、やはり未知のものであることに変わりはない。教師が説明せずに一定の素材や状態を提供するのみという条件の下、これらの問題を解決するには、やはり生徒が創造的な研究活動を行う必要がある。すなわち、分析研究が提供するところを資料や状態を通して、問題を提起し、仮説を立て、実験や検証といった活動を行うことによって、科学知識を手に入れねばならないのである。

　研究法の突出した優れた点は、生徒をして、研究や問題を解決するプロセスにおいて多大な鍛錬と向上を得せしめるとともに、研究の方法を初歩的に掌握せし

め、問題を分析しかつ解決する能力と真知を追究する科学精神を発達させることができることである。

ちなみに、ある物理の教師は、研究法を採用してアルキメデスの原理の教学を行ったが、その教学の手順は以下のようなものであった。

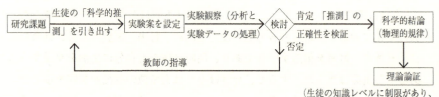

（生徒の知識レベルに制限があり、授業では時に理論上の論証を省略することがある）

生徒が「アルキメデスの原理」を探索するのを指導するに当たり、教師は「浮力」と「アルキメデスの原理」という二つの課題で一つの教学単元を構成するとともに、教科書中の検証性演示実験を探索性実験に改め、生徒に自分で浮力の法則——アルキメデスの原理を探索しかつ発見させるようにした。その教学プロセスは以下の四段階に分かれる。

（1）「二力平衡」を出発点とし、類比法を用いて浮力の概念へと引き入れる。「木塊が水面に浮く」のと「船が水面に浮かぶ」等の事例を比較することで、共通性を見出し、「水面に浮いている物体は水（液体）の上に向かって支える力を受け、この種の力を浮力と呼ぶ」と論理的にまとめるよう生徒を導いた。

（2）浮力に関係する生活経験を浮力の法則の探索と結び付け、科学的推測を提起した。すなわち、生徒が「井戸から水を汲み上げる」のと「水泳」（川での水泳と海での水泳の対比）を結び付け、①浮力は物体の水に浸かっている体積と関係がある可能性があり、②浮力は更に液体の密度と関係がある可能性があるという推測を提起するよう生徒を指導した。そうしてから、実験を通じて物体が液体の中で受けるところの浮力と排出された液体の体積と液体の密度という三つの物理量の間の関係を探らせることで、定性法則を引き出させた。

（3）浮力の定量関係式を探り、アルキメデスの原理を総括する。同一金属の塊を水中に浸した時に受ける浮力はそれを軽油の中に浸した時に受ける浮力よりも大きいからには、浮力は排出された液体の重量と関係があるのか否か？を研究するよう生徒を導いた。生徒は実験を進め、実験データを分析し、F 浮 = G 排で

あることを引き出した。浮力ははたして物体の形状や物体の液体中に浸っている深さと関係があるのか否か？について、生徒は実験を通してF浮＝G排＝P液gV排というアルキメデスの原理をまとめ、浮力と液体を押し分けた体積と液体の密度という三つの量の間の定量関係をはっきりとさせた。

（4）理論的論証を行う。浮力が生じる原因は、水中の上向きと下向きの単位面積あたりの圧力差が物体に対してもたらす圧力差であり、それがあらゆる液体において一致するものであって、浮力の大小は物体の受けるところの液体の上下の圧力差に等しいことをはっきりと示し、そして「排出された液体の重量」へと抽象するよう生徒を指導した。こうして、理論的論証と実験結果の統一が成立したのであった。

研究法の基本要件は以下の通りである。

（1）正確に研究課題を選定する事。課題は一定の難度と研究価値を持つものでなくてはならない。

（2）必要な条件を提供すること。機器、薬品、図書資料、用具及びその他の必要な条件を含む。

（3）生徒に単独で思考させ、探らせること。生徒を主体とし、教師は適切に指導を与え、生徒一人ひとりが皆、鍛錬を受けられるようにするべきである。

（4）順を追って一歩一歩進め、学ぶ者の具体的な事情に応じて適切な教え方をすること。一般的には、半独立の研究から徐々に独立した研究へと移行させ、単一問題の研究から複雑な問題の研究へと移行させ、局部的な研究に参与することからよりトータルな研究へと移行させる必要がある。

上述の小・中学校で常用されている教学方法は、主に以下のような分類が可能である。

第一類、活動の主体に基づく区分。一つは、教師の教授活動を主とする方法で、講義、談話、演示がある。もう一つは生徒の学習活動を主とする方法で、読書、討論、実験、実習作業、研究等がある。この種の分類を掌握すれば、ニーズに合わせて教と学、講（講義）と練（練習）、知識の伝授と能力の育成を科学的に結合させることが可能となる。

第二類、生徒の情報獲得の来源に基づく区分。一つ目は、言語を通じるもので、講義、談話、読書指導、討論等があり、二つ目は、直観（視聴覚）を通じるもの

で、演示、観察があり、三つ目は、実際の操作を通じるもので、練習、実験、実習作業、研究等がある。この種の分類を掌握すれば、教学にニーズに応じて機知を利かせて臨機応変に各種の情報の組み合わせを最適化し、生徒が知識を生き生きと学び、生き生きと活用し易くすることが可能になる。

これらの分類は、教師の教学方法の特徴や効能に対する認識を高めることを可能にし、方法の選択にとって有益である。

復習思考問題

1. 中国が古より啓発性教学の原則を重視してきたのはなぜか？教師の啓発と生徒の探究との間には、どのような内的なつながりがあるのであろうか？この原則は、教師と生徒の双方の能動性を引き出すことに対してどのような重要な効能と価値を有しているか？

2. 教学の原則は時代に即して発展変化すべきであるが、本書が解明しているところの教学の原則の内容は、はたして当今の教学と発展に対する研究に関する新たな進展を反映したものであると君は考えるか否か？どのような面から補充もしくは発展が可能であるか？

3. 教学方法にはどのような重大な教育価値があるのだろうか？なぜ教育者は皆、教学方法の運用と改善をとても重視するのだろうか？

4. 講義法は、教学においてはどのような重要価値と限界があるのだろうか？講義法に詰込み式を回避させるにはどうすればよいのか？

5. 練習を強調するのは「題海戦術」（大量の練習をやらせる戦術）を意味するのであるか否か？どのようにすれば、正しくかつ高効率的に練習を行うことができるのか？

6. 「教学に法はあるが、定まった法というものはない」という諺がある。実際と関連付けて、この言葉の意味をどう理解するかを説明してみよう。

第九章

教学（下）

第六節　教学の構成

一、教学の基本構成と補助構成

（一）教学の基本構成

　教学の構成とは、特定の教学の目的を完遂するために、教師と生徒が一定のねらいに応じて構成し、活動を行う仕組みのことをいう。教学の構成は固定していて変わらないものではなく、それは社会の政治経済や科学文化の発展に随い、育成する人材に対するねらいの高まりも絶えず改善される。今日、中国の学校の教学は、学年・学級授業制を基本構成としている。

　古代においては、中国、エジプト及びギリシャの学校の大半は個別教学の形式を採用していた。学年・学級授業は 16 世紀西欧の幾つかの国家において芽生え、コメニウスの改善と理論的昇華を経て、学年・学級授業制が形成された。

1.　学年・学級授業制は教学の基本構成

　学年・学級授業制は一種の集団教学形式であり、それは一定数の生徒を年齢や知識の程度に応じて固定的な学年・学級に編成し、週間時間割表と毎日のタイムスケジュールに基づき、計画的に学級全体の生徒に対して授業を行うよう教師を案配し、それぞれに設置する各カリキュラムを学習させるというものである。学年・学級授業制においては、同一学級の生徒一人ひとりの学習内容や進度は必ず一致していなければならず、開設する各カリキュラムは、異なる専門の教師によって分担されなければならず、特に中学校においてそうである。

　その主なメリットは以下の通りである。

　一に、厳格な教学制度を形成している。例えば、年齢や知識に応じた学級編成、分級制度などがそれで、学級毎の人数は 40 ～ 50 名をもって編制とし、学年、学期、週間制度を実施し、生徒の募集、試験、昇留級、卒業制度を制定し、毎日のタイムスケジュールと教室の通常規制等を確立するそれは、教学を科学化し、標準化し、現代化することで、教学活動の正常な運営と、一定の質への到達を保証

する。

二に、授業のコマを単位として科学的に教学を組織している。45分間前後を一コマの授業とし、週間時間割表方式で年級と学級に分け、各科の教学活動を案配する。一回一回の授業は必ず一定の質の知識技能教学を完遂せねばならず、授業を一コマ終える毎に、約10分間休憩し、再び次の一コマを行うという具合に、授業と休憩をうまく結びつけている。このように、一つの学級や全校の各科の教学は何れも週間時間割表と毎日のタイムスケジュールに基づき、整然と秩序立って進められることは、生徒の心身発達の法則に適っており、生徒の旺盛な学習を保証するものである。

三に、教師の主導的役割を十分に発揮させている。各国の教学実践は、学年学級授業制は最も教師の教学における主導的役割を発揮させ得るものであることを繰り返し証明しており、それは効果的に生徒をして、系統立った科学知識と技能を掌握せしめることができるのみならず、対象に応じて異なる方法で教育を施すことや個別指導や生徒の単独作業を通じることにより、その生徒の個別的差異への配慮が難しいという欠陥を埋め合わせることができる。

四に、生徒の社会化と個性化を促すことができること。学年学級授業は一つの学級の生徒をして、長期にわたって一緒に学ばせ、交流し、生活せしめることで、互愛、互尊、互助、民主平等、調和にして親密な人間関係を形成し、豊富多彩にして制度化された班・組で活動し、生徒の社会化を強く進めることは公に求められるところである。しかしながら、学年学級授業が彼らの個性をより一層表現させるという点は、却って人々から無視され、甚だしきに至っては、それが個性の発達にとって不利であるとする者さえいる。その実、生徒は学年・学級における学習と交際においてこそ、初めて各々の個性や特徴を最も存分に鍛え同時に伸ばすことが可能になるのである。生徒一人ひとりの学習活動を尊重することは、学習の個別化の助けを借りることによって初めて実現できるとは必ずしも限らない。学年・学級全員で同一課題を学ぶ場合においては、逆に生徒の各自が自身の個性的な学習活動を形成する可能性が更に大きい。

学年・学級授業が教学の基本構成であると是認することは、それが既に完全無欠のものであることを意味するわけでは決してない。集団化、社会化、同歩化、標準化を重要視する学年・学級授業制は、生徒に集団的教学を行うことは得意と

するが、生徒の個性的特徴や差異に焦点を合わせて教育を行うことは不得手であり、生徒の潜在能力や特長を存分に伸ばすことにとっては不利である。

　科学技術の発展と専門的な人材に対する要求が日増しに切実になるにしたがって、中国をはじめとする多くの国の小・中学校は何れも学年・学級授業制の改革に力を注ぐようになった。人から非難される改革もありはするが、今度は新たな改革がそれに連れて起こる。人々の改革の目的が違えば、改革の方式や評価の基準も異なる。目下進められている改革や実験には以下に挙げる面が存在する(1) 生徒の年齢や学科の性質等が異なるという情況に応じ、各一コマの時間の長さに対して、弾力性のある異なる規定を行い、(2) 学年・学級教学におけるサークルや個別指導の活動を強化し、(3) 生徒の教学活動における主体的な地位と役割をアップさせ、(4) 特定の実験室、作業室において授業するか、あるいは現場で教学することを重要視し、(5) 学年・学級授業と組に分かれての学習と個別的助言指導とを結合させ、(6) 学級の人数超過を防止し、徐々に小学級教学を実現し、(7) 成績優秀か、あるいは特長を有する生徒の跳び級、学級選び、もしくは授業選択を許可する等々である。

　これらの改革は何れも一定の効果を上げてはいるものの、それに含まれる同歩と差異、公平と効率といった争いは、一度に解決するのは極めて困難であることは無論いうまでもない。論争は続けられていくであろうし、改革も引き続き進められていくであろう。

2. 授業の類型と仕組み

　学年・学級授業制の発展プロセスにおいて、一連の異なる類型、仕組み及び機能の授業及びそれに関連する理論が生み出されたが、それらは教学に対して重要な意義を持つものである。何故なら、異なる類型や仕組みの授業は、教学の上で異なる機能を有するからである。もしも教師が教学の目的、教学の内容と方法及び生徒の年齢的特徴等といった面の要求に基づき、授業の類型や仕組みを正しく選択しかつ運用することが上手であるならば、効果的に教学の目的を完遂し、教学の質を高めることができる。

（1）授業の類型

すなわち授業の分類である。

一つのタイプは、教学の目的に基づく分類で、二種に分けられる。その一つは単一授業である。すなわち、一コマの授業内で主に一つの項目の教授の目的を完遂させるもので、新知識伝授授業（以下、新授授業）、知識強化授業、技能技巧養成授業、知識調査授業がある。その二は、総合授業である。すなわち、一コマの授業の中で多項目にわたる教学の目的を完遂させることを要するものである。

もう一つのタイプは、用いる主な教学方法に基づく分類で、講義授業、演示授業、練習授業、実験授業、復習授業に分けられる。方法によって授業を命名する類型にはその特殊な意義があり、教学の目的や方法を更に明確にできる。

この二つのタイプの授業は一定の関連を有するものでもあり、新授授業の多くは講義授業に、強化授業の多くは復習授業に、技能授業の多くは練習授業にそれぞれ属する。

（2）授業の仕組み

これは、一コマの授業にどのような構成部分が含まれるか、及び各構成部分の順序、期限や相互関係のことをいう。授業の仕組みは授業のタイプによって決まり、異なるタイプの授業は異なる仕組みを有している。

新授授業の仕組み　教学を組織し、調査もしくは復習をし、新しい単元の目的、内容の要点及び学習面でのねらいを提示し、新しい単元（主要部分）を講義し、中間のまとめをし、宿題を割り当てる。

技能授業の仕組み　教学を組織し、技能・技巧を培う目的とねらいを提示し、教師が原理、例を講釈するか、もしくは範を示す操作を行い、教師の指導の下、生徒が単独で練習（主要部分）を行い、中間のまとめをし、宿題を割り当てる。

復習授業の仕組み　教学を組織し、復習の目的とねらいを提示し、生徒の復習（主要部分）を指導し、中間のまとめをし、宿題を割り当てる。

上述の新授授業、技能授業、復習授業は均しく単一授業で、その授業時間の配分は、主要部分が約30〜40分を占める。

総合授業の仕組み　教学を組織し、調査と復習を行い、教学の目的を提示して新しい単元を講義し、それを強固なものにし、宿題を割り当てる。総合授業は一

コマの授業の中で多項目にわたる教学の目的を完遂せねばならないので、総合授業の新しい単元を講義する時間は新授授業にくらべてずっと少なく、通常は15〜20分ほどしか講義しない。また、その調査と以前の単元を復習し、新しい単元を固める時間は単一授業よりも多めで、約5〜10分である。総合授業は変化が多く、新しい単元の分量が軽めであるため、小学校や中等学校で多く用いられる。

　授業の仕組みを掌握することは、あらゆる種類の授業の性能や操作過程を掌握することで、その役割を発揮させるのに役立つ。ちなみに、新授授業は、中等学校で新しい単元を講義する時間は高等学校のそれよりも短くなり、練習授業は、数学や国語に運用され、その内容、やり方及びねらいはいずれも異なる。要するに、実情に基づき、臨機応変に掌握し、創造的に運用すべきであり、機械的に当てはめたり、公式化したり、単純化させたりするのは禁物である。

（二）教学の補助構成

　授業をする以外に、更に多種の補助的な学習を採用することで、学びを深めたり、授業の不足を補う必要がある。

1. 宿題

　宿題とは、生徒が課外で、もしくは家で、教師が割り当てた、知識や技能を理解し掌握するために行う学習もしくは練習の目的を単独でやりとげることをいい、課外作業あるいは家庭作業とも呼ばれる。

　課外の単独作業は重要な意義を有するものである。第一に、生徒が授業において学んだ基礎知識や基本技能というものは、課外において生徒の単独の思考と操作を経ることによって初めて彼らによって消化され、掌握され、教化され、しかも宿題の調査と添削を通さずしては、生徒の学習における問題を発見する術など無く、生徒に適時のフィードバックや指導を行うこともできなければ、教師が教学を理解しかつ改善する助けにもならない。次に、宿題を通じることで、生徒の自習能力、着手能力及び創造能力を培いかつ高めることができる。複雑な問題であればあるほど、個人の創造性を発揮させる必要がある。したがって、喜んで単独に宿題をしたり、難題を攻略したりする生徒であって、初めて強力な学習能力

や創造性を形成することができるのであり、同級生や両親に頼って宿題をする生徒は、やがて学習の能力と自信を喪失してしまうのは必至であり、もしもきっぱりと是正しなければ、彼らをして、学習の上で変わらしめたり、向上せしめたりすることは不可能になるであろう。最後に、対象に応じて異なる方法で教育を施すのに都合の良い課外作業は、生徒の志向や趣味を培いかつ伸ばすのに有益である。

課外作業を指導する上では以下の要件に注意しなければならない。

（1）宿題を割り当てるには、それが目的と重点を有し、生徒が基礎知識を掌握し、基本技能を身につけるのに役立つものでなければならない。

（2）宿題の量が適度で、徐々に難度を上げていく必要がある。

（3）生徒が単独でやり遂げるよう求めなくてはならない。確かに困難な場合は、教師や両親に啓発を請うたり、あるいは同級生と意見を交換したりしても構わないが、他者に依存したり、あるいはひき写しをしたりするのは、厳しく防ぐ必要がある。

2. 見学

見学とは、一定の教学の目的に応じて生徒を一定の現場に至るよう組織し、実際の事物もしくは活動を通して観察をさせたり、質問をさせたりすることで、知識を手に入れさせる教学活動形式のことをいう。見学は、教学において重要な意義を有するものである。第一に、生徒に大量の実際の知識を与えることで、教学と実際の社会生活や生産活動とを緊密に結び付けることができる。次に、生徒の視野を広げ、生徒の興味や求知欲を掻き立て、教室では学べない多くの知識を学ばせることができる。そして最後に、生徒をして、社会主義の現代化建設や英雄的模範人物と接触する過程において多岐にわたる深い教育を受けさせることができる。

見学は、一般的に三種に分けられる。一に、準備のための見学で、生徒が新しい単元を学ぶための準備をするもの。二に、並行して行う見学で、新しい単元を学ぶ中で行われ、現場で講義を行う場合は、現場教学となる。三に、総括的な見学で、教室で学んだ知識を深化させ、強固なものにするものである。

見学を組織する上では以下の要件に注意しなければならない。

（1）見学に先立つ準備をしっかりとやること。教学の要求に基づき見学の目的や内容を確定し、見学に先立ち、事前に現場の情況を理解し、簡潔な見学計画を立てなければならない。それは、目的やねらい、時間や場所、見学過程及び指導、見学する組織及び注意事項等を含むものである。出発前に、見学計画を発表し、生徒に見学の目的とねらいを明確にさせねばならない。

（2）見学中の指導に気を配ること。教師自らが指導するのも良いし、見学する単位の専門家に指導を頼むか、もしくは双方が協力して指導に当たるのも良い。初めに、生徒に概況を紹介する必要があり、その後に、見学の順序に従って主なものを観察し研究するよう生徒を導き、問題を提起して、理論を実際と結び付けて思考するよう彼らを啓発するとともに、生徒が見学中に提起した難問に解答し、生徒が資料をしっかりと収集するよう注意を促す必要がある。

（3）適時に見学の総括をしっかりと行うこと。それには、生徒個人が収集した資料を整理し、一定の書面での作業を完成させる手筈を整えたり、グループに分けて座談し、見学の収穫を交流することで、認識を深めさせたり、壁新聞を催すことで、収穫を強固なものにする事などが含まれる。

3. 講座

講座は、教師自らが行うか、もしくは関係する専門家を不定期的に招聘するかして、生徒に学科に関連する科学の面白話や、あるいは新たな発展などを講義することで、彼らの科学的視野を広げる一種の教育指導活動である。その内容はカリキュラム基準に限定されず、学科内容の豊富さ、あるいは学科知識の生活や構築における運用、あるいは学科の新たな発展等に対して科学普及の性質を有するものであってもよい。講座は、生徒の知識面を広げたり、生徒の科学への興味を掻き立てたり、なにがしかの学科に対する特殊な趣味を持つ生徒の特長を伸ばす要求を満足させたり、国家のために特殊な人材を育てたり、学校の学術的気風を活発にし、良好な学風や校風を養ったりすることができる等々といった多岐にわたる意義を有するものである。

講座を組織する上では以下の要件に注意しなければならない。

（1）計画と組織の準備をしっかりと行わねばならない。学校の各科の講座は、一般的には各教研グループが責任を負い、始業の当初に本学期の学科講座計画をしっかりと立て、全校もしくは学年における講座の回数、内容、時間及び組織者をしっかりと割り当てるべきである。

（2）生徒の年齢的特徴や要求に合わせた、知識性、趣味性、時代性、通俗性及び魅力に富んだものにする必要がある。

4. 補習

補習は、生徒の要求に基づき、教師が助言を与える一種の教育指導形式である。生徒に対して必要な啓発、誘導、示範を行うこと、彼らの抱える難問に解答することで、彼らが抱えている問題、原因及び改善を指摘すること、彼らが知識や技能を正しく掌握しかつ運用し、それを系統化したり深化させたりできるようにさせたり、焦点を合わす形で対象に応じた異なる方法で教育を施しかつ個別指導するのに便利なようにする等々といったものがこれに含まれる。

補習は以下の要件に注意しなければならない。

（1）生徒が判断をつけかねている問題を重点的に解決するも、越権行動に出て、生徒に替わって宿題を完成させたりしてはならない。

（2）教学における欠陥を適時に発見しかつその埋め合わせをし、宿題の添削と結合させる形で生徒の宿題における問題を講評する。

（3）彼らの学習状況、学びの気風、学習方法及び思考の方法に対して指導を行うとともに、それを改善させる。

二、教学の基本プロセス

授業は教学の主な作業である。良い授業をするには、それに先立ち、教師はしっかりと準備をし、生徒も相応の準備と予習をしなければならず、教室教学の成果を強固なものにしかつ発展させるには、放課後、教師は更にその他の教学形式でそれを補う必要があり、教学の効果的な運用と改善を保証するためには、適時にそれに対する評価をせねばならない。このように、教学は授業を要として組

織し、順を追って一歩一歩進め、一周してまた始まる教師と生徒が互いに影響し合うプロセスである。それは、授業の準備、授業の実施、放課後の指導及び教学の評価等といった教学の基本プロセスを包括するものである。教学の評価については、本章において別途一節をもうけて論述する。

(一) 授業の準備

学期の開始早々、教師はまず学期の教学進度計画を立て、その後、教学の進行に随い、授業を行うに先立ち、授業ごとの課題計画と授業時間計画をまとめる必要がある。上述の三種の計画の編集要件は以下の通りである。

(1) 学期教学進度計画。学期の授業開始に先立ち立てるべきで、それは教師が当該学期に用いる学科カリキュラム規準、教科書及び学校の学期教学の全体的なねらいに基づき、授業を担当する学級の生徒の具体的情況と結び合わせて立てるものである。第一に、学期の学科教学が実現しようとする目的とねらいを確定し、その次に、週毎に、教学時間数、教材大綱、行う見学あるいは実験の確定等の重要な実際の活動を含めた、教材の章節あるいは課題の指導過程を案配し、最後に、教学の研究及び改革の構想や措置等を提出しなくてはならない。簡潔にいうならば、それは教師の担当する学科カリキュラムの学期教学の総体的企画と準備であり、課題及び授業時間の授業準備の前提及び拠所である。

(2) 単元計画。一つ一つの課題を授業するに先立ち、教師は必ず学期の教学進度計画に基づき、当該単元の教学に対してトータルな考慮と準備を行い、単元計画を立てるべきである。その内容には、単元の名称、単元の教学の目的、一コマごとの目的と内容、単元のタイプや体系及びその主要な方法等々が含まれ、それは授業時間計画をまとめる拠所である。

(3) 授業時間計画。すなわち指導案である。それは、課題の授業準備の基礎の上で、一コマごとの教学に対して行うきめ細かで突っ込んだ準備である。指導案の内容には、以下の内容が含まれる。学年・学級、学科の名称、授業時間、教学内容、教学の目的、授業のタイプ、主な教学方法、教具、指導過程等。その中の指導過程は、指導案の基本部分である。

課題と授業時間計画をまとめることを、俗に授業の準備と呼び、それは教師の日常的かつ主な仕事である。

よい授業をするには、先ずしっかりと準備をする必要がある。授業を準備するには、以下の主な作業をしっかりとせねばならない。

（1）教材の研究。教師はまず真剣にカリキュラムの規準を研究し、学科の性質と教学の特徴及び教える部分の内容の要点とねらいを明確にし、それから教科書を重点的に研究し、基礎知識、基本概念及び基本技能、重点と難点を整理し、然る後に啓発と探究の路線や教師と生徒が互いに影響を与え合う方式を考え、更に参考書や関連資料を調べる必要があり、最後に、上述の作業の基礎の上で、初めて本単元の目的内容を如何に処理し、如何に教えるかに対するよりトータルで突っ込んだ、追随を許さぬ思考ができるようになる。

（2）生徒を理解する。生徒の現有の知識や技能の質、どのような優れた点や欠点があるか、彼らの興味、欲求、要求及び思想状況を、彼らの学習の特徴や習慣等、彼らが新たな知識を学び用いるのに現れる困難や問題を理解する事を含め、理解しかつ準備しておく必要がある。

（3）教学を設計する。すなわち、教材の内容やねらい、生徒の状況に基づき、教師個人の知恵、才能及び客観条件を結合させ、生徒が新しい単元を学ぶ活動を如何に指導するかに対し、トータルな系統立った設計を行うことである。それは、課題計画と授業時間計画（すなわち指導案）の編集に関わるものであるが、その編集の一般的要件は既に前述した通りである。それ以外に指導案の基本部分、すなわち教学活動プロセスの設計に対して、幾つかの更に具体的な建議を提出する。

教学活動プロセスを設計するには、以下に述べる作業をしっかりと行うことを重視せねばならない。その一、教師の啓発、講義のレジュメを作成し、教師と生徒が談話し、探究する問題及びその順序と方向を立案する。その二、教学の両者間の活動プロセス（例えば、教師と生徒の間で如何に計画的に問題提起や啓発をし合い、如何に可能な回答に焦点を合わせて議論や評価分析を行い、一歩一歩探究を深めていくか、如何にグループに分けて探究あるいは作業をし、学級全体の交流や中間のまとめを行うか、如何に生徒個人に黒板で問題を解かせ、学級全体を組織してその作業に対して観察や評議を行うか等）の展開を想定する。その三、教師の講釈や探究に合わせて板書や視覚聴教具及びマルチメディアの演示をしっかりと設計する。その四、必要に備えた内容や措置をしっかりと行うことで、教室で予期し難い不時が発生した時の必要に備えておかねばならない。例えば、教

学の進展が余りに順調過ぎ、授業時間に余裕ができたならば、新しい内容やあるいは活動等を補充する必要がある。その五、生徒の家での宿題や次の授業のためにやっておかなければならない準備に対する段取りをしっかりと考慮すること。指導過程の設計は、一種の創造的労働であり、決まり切った格式やねらいなど有り得ず、教師一人ひとりが自らの聡明な才智を発揮し、創造的な設計を行う必要がある。

　授業を行うに先立ち、教師は必ず課題計画と指導案をしっかりとまとめておかねばならない。ただし、指導案は詳略があって良い。一般的にいうならば、新しい教師は詳しめに書くべきで、経験のある教師は多少は大雑把であっても構わない。

　授業に出るに先立ち、生徒も授業のために一定の準備をしておかねばならない。それには、関連知識の復習、関連素材の収集、指定参考書の閲読、新しい単元の予習が含まれる。生徒が授業の準備や予習をしっかりとすることは、教学の改善や質の向上に対して重要な意義を持つ。それは、生徒が難解な問題に気づき、問題意識を持って学ぶことを可能にするとともに、生徒が教室において準備を整えた上で自らの見解を発表することを可能にし、ひいては過去には決まって「教師が話し、生徒は聞く」という一方通行の受け身的であった活動を双方向の自発的な影響の与え合いへと転換させるのみならず、教師をして、より一層学級全体の生徒の知識レベルや要求を理解せしめることを可能にするなど、学習する者の能力・性格・志向などといった具体的な事情に応じて適切な教育を行うのに都合が良いものとなる。

　学期教学進度計画（表式）、授業時間計画（表式）の詳細案と簡略案のフォーマット（表9-1、表9-2の通り）と実例を以下に附した。

例1　『種子の構造』指導案

一、教学の目的
　　1. 生徒に、ソラマメとトウモロコシの種に対する解剖と観察を通して、種子の内胚葉の仕組みを理解させ、胚がなぜ種子の重要な構造なのかを解らせ、双子葉植物と単子葉植物の種子の構造の違いを掌握させる。

第九章　教学（下）　351

表9-1　学期の教学進度計画

科目		学年学級		担当教師	
テキスト名		編集者		出版社	
本期で達成すべき目的					
週次	開始・終了年月日	教学時間数	教材大綱	宿題及びその他	備考
	××—××				
	××—××				
	××—××				

表9-2　授業時間計画（指導案）

学年学級		科目		教師		期日	
教材分析	重点						
	難点						
	鍵						
教学の目的							
教え方							
教具							
指導過程							
教学後記							

2.　生徒の解剖、観察及び思考と比較の能力を培う。

二、教学の重点　種子の内胚葉の構造。

三、教学時間数　授業一コマ

四、教学用具　ピンセット、針、ヨード液、安全カミソリの刃、シャーレ、ルーペ、各種タイプの種子、水に浸しておいたソラマメとトウモロコシの種子。発芽したトウモロコシ、小麦、ソラマメ、大豆の早苗。

五、教学方法　啓発式比較法を採用して教学を行う。教師の指導の下、生徒に自らの手で種子の解剖を行わせ、観察、思考、比較を通し、そこからソラマメとトウモロコシの種子の本質的な異同を見出させる。

六、指導過程　（第一章の緑色開花植物体の基本構造を論理的にまとめる）

【板書　細胞—$\dfrac{分裂}{分化}$→組織→器官→植物体】

細胞は緑色開花植物体の基本単位である。細胞は分裂と分化を経て、植物体の五種の基本組織を形成し、それから異なる組織により一定の順序に基づき一つに結合することで、なにがしかの機能を具え、植物体の六種の器官を構成する。植

物体の各種組織の構造の特徴は、その機能に相応するものであり、植物体の六種の器官を構成し、分業もするが、互いに密接に関わり合うことで、植物体を一つの統一的な総体にする。

[導入の言葉] 緑色開花植物の新たな個体は、一般的には種子の発育によってできるものである。したがって、我々は種子から始めて植物体の諸器官の構造と機能を理解するものである。

[板書 課題]

[観察] 生徒にシャーレの中の各種植物の種子（小豆、緑豆、大豆、菜種、胡麻、籾、ヒマワリの種、南瓜の種、トウモロコシ等）を観察させる。

[思考] 生徒に、観察後に以下の二つの問題に回答するよう求める。

　1. 各種植物の種子の名称を挙げなさい。

　2. これら植物の種子には、どのような違いがあるか？

[結論] これら種子の形状、色、大小はそれぞれ異なっている。

[思考] これら植物の種子は、それらの内部構造において、基本的に同じであるか否か？（生徒にこの重要な問題を携えながら以下に記す観察と思考を行わせ、生徒にある事物の特性を掌握しようと欲するならば、単に表面的な現象から問題を観察するのではなく、本質の上からその属性を認識すべきであるということを説明させる。）

[観察] 生徒にシャーレの中で発芽したソラマメやトウモロコシ等の各種早苗を観察させる。

[結論] 以上の植物の種子は、その形状、大小、色はそれぞれに異なれども、それらの内部には何れも根、茎、葉という器官へと生長する小さな構造が具わり、根、茎、葉の生長のための栄養物資を提供している。

[思考] 種子の内部構造はどのようになっているのか？根、茎、葉は種子の中のどの部分に頼って発育してできたものなのか？ 栄養物質はどこに蓄えられているのだろうか？

[解剖] 生徒一人ひとりにそれぞれ双子葉植物であるソラマメの種子と単子葉植物であるトウモロコシの種子を一粒ずつ解剖させ、生徒に解剖の仕方をはっきりと説明する。実験においては、細心であることを要し、なぜヨード液をトウモロコシの種子の切断面に垂らすのか、トウモロコシの種皮は剥が

れにくいのかを弁えさせることが必要である。

［比較観察］教科書のソラマメの種子とトウモロコシの種子及び自らがデザインしたソラマメとトウモロコシの種子の内部構造及びその発芽図（この図中の名称は生徒が記入したもの）に基づき、ルーペで二粒の種子の内部構造を観察して比較を行い、その異同点を見出すよう生徒に求める。観察をし終えるに先立ち、細い針でそれぞれ二粒の種子の胚芽、胚軸、胚根を取り出して観察するよう生徒に求める。

［図の書き込み］

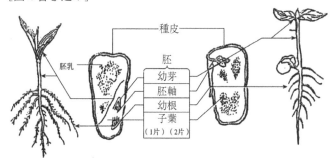

トウモロコシの種子の構造　　　　ソラマメの種子の構造

七、結論
1. なぜ胚と呼ぶのか？なぜ胚は種子の主な構造なのであろうか？
2. 表に書き込みをし、単子葉植物と双子葉植物の種子の構造の同じ点と異なる点を対比する。

単子葉植物と双子葉植物の種子の構造の比較

同一点	(1) 種皮 (2) 胚（幼芽、胚軸、幼根、子葉） (3) 栄養物質
相違点	(1) 子葉の数 (2) 栄養物質貯蔵部位の相違

例2 『一つの小さな出来事』指導案

一、教学の目的

1. 勤労人民の優れた品性と進歩的知識人の勤労人民に学び、自分に厳しい評価をする自律精神を学ぶ。
2. 本文の対比的書き方を把握する

二、教学の重点と難点

　重点　1.　第五〜第十一節、車夫と「私」の異なる態度の対比；2.　第十二節、「私」の思想転変の内心の動き。

　難点　1.　文章の冒頭の第一節と第二節；第十六節。

三、教え方

　第五節〜第十一節は理解が容易であるので、生徒自らに読んで解決させる。第十二節は重点であり、また難点でもあるので、精読し、仔細に推敲を加えるよう生徒を導く必要がある。難点を解決するには、冒頭の第一節と第二節に重点を置き、第十六節は一般的な理解のみ求め、大意を掴むだけで良いものとする。

四、教学の時間数

　2授業時間。

一限目

重点

　1.　第一節と第二節の難点を解決する。2.　練習　車夫と「私」の老婦人に対する態度を対比し、言葉を抜き書きする。

指導過程

　1.　解説　『一つの小さな出来事』は魯迅先生が書いたもので、教育的意義に富んだ小説である。この小説は何時頃に書かれ、どのような歴史的背景の下で書かれたのであろうか？

　本文は1919年7月に書かれたものである。この年、中国には五四運動が起り、作品はこの五四運動の影響下で誕生した。五四運動は反帝国・反封建主義の偉大なる運動であり、中国の労働者階級は此度の運動の中で初めて政治の舞台に登場する。五四運動に身を投じた魯迅先生は、中国の労働者階級のパワーと彼らの優れた品性を認識し始めるとともに、彼らに希望を託すようになる。『一つの小さな出来事』は、すなわちこのような情況の下で書かれたものである。

第九章　教学（下）　355

2. 生徒は小さな声でテキストを読み、注釈を見、教師は回り歩いて疑問に答える。標準音と正しい字体　伊　躊躇　詫異　刹時　凝滞　榨　憎悪

3. 第一節と第二節を講読。

(1) 生徒の一人に第一節を朗読させる。思考を啓発してみる。「私」は六年間いわゆる国家の大事というものを見たり聞いたりし、数えてみると少なくはないと言った。ここでいう国家の大事とは、どのようなことを指すのであろうか？ 国家の大事の前にいわゆるを加えたのはなぜか？ テキストの注釈を参照して回答するよう生徒を導く。

(2) **啓発的質問**　「私」の心における、いわゆる国家の大事の印象とはどのようなものなのか？「私」に対する影響はどのようなものか？ キーワードを掴んで回答するよう生徒に求める。

板書　いわゆる国家の大事。

印象　何れも何の痕跡も留めず。

影響　気短な性格を増長させた。

(3) 教師が「気短な性格」の後のダッシュも用法を述べる。「すなわち私をして日に日に人を見くびるようにさせた」という事から、「私」がそれら黒煙や瘴気の立ち込める袁世凱の称帝や張勲の復辟等といった猿芝居を極度に忌み嫌っていたことが窺える。

(4) **啓発**　「ただし、一つの小さな出来事は、却って私にとって有意義なものであった」とあるが、「私」に対してどのような影響を与えて、どのような印象を与えたのであろうか？生徒は第二節を読む。テキストの「拖」と「今に至っても忘れられぬ」の箇所に傍点を振るよう生徒に求める。教師は板書し、「いわゆる国家の大事」の右側に、一つの小さな出来事と書く。今に至っても忘れられない。

引きずる

教師が質問し、生徒が回答する　この「引きずる」という言葉は、何を説明しているのだろうか？（この小さな出来事の影響の深さ、力の大きさ、「私にとって有意義」）。「今に至っても」とは何のどんな品詞か？ 何を表

しているか？（「時間副詞」で、事が起こった時間が短くはなく、とても
印象深かったことを表している）。

（5）**中間まとめ**　文章の冒頭の「大事」と小事を通しての強烈な対比は何
を物語っているか？（いわゆる国家の大事は、決して大きなものではなく、
一つの小事は決して小さくはないので、「大事」と小事とを対比すること
で、一つの小さな出来事の持つ深い意義を強力に際立たせている）。

板書　一つの小さな出来事の意義を突出させている。生徒が声を揃えて読
む。

橋渡し（繋ぎ）　この小さな出来事とは一体何のことなのか？その意義は
何処にあるのか？

4.　第三節と第四節を略説する（小さな出来事の冒頭部分）。

（1）生徒の一人に朗読させる。作者がこの小さな出来事を記した冒頭部分
において何を言わんとしたのかを思考するよう生徒に求める。

（2）教師が略説する。重点は二つある。①第三節は、この事件が起きた時
間、地点、人物、原因について必要な説明をし、第四節は、今度は事の起
こった情況を補足説明し、老婦人を転倒させた責任が車夫にないことを暗
示している。②「生計」の一辞を解釈し、それによって「私」の身分は一
般的な知識人であり、生活は労働者や農民よりも優位な立場にあるとはい
えども、それでも生計のために奔走しなければならないことを説明してい
る。

5.　生徒が自分で読み、練習をする。第五節〜第十一節までを分析する。

（1）教師が練習のねらいを打ち出す。①標題を並べ、書式に注意する。②
テキストを読み、それぞれ二つの表題の下に、対比の方式で車夫と「私」

車夫　友愛無私	「私」　冷淡で身勝手
棒立ちになる	「…車を走らせ給え！」
手離し、助け起こし、手を貸す	
「どうしたんだい？」	
少しも躊躇せず	「実に癪に障る」「何を勿体ぶってるんだ」
手で支えながら歩いていく	

（勤労人民の優れた品性）

の老婦人に対する異なる態度を表現している語句を書き出す。

啓発　彼女が地面にうつ伏せになった時の両者の態度にはどんな違いがあるか？彼女が「倒れて怪我をした」というのを聞いた後の、二人の態度は、今度はどのように違っていたか？

(2) 生徒が読書して思考し、練習を完成させる。然る後、教師は上述の問題に就いて意見を発表するよう生徒を指導し、肯定するか、もしくは訂正するかしながら、板書をする。

(3) この小さな出来事に対処する際の両者の態度はかくも相反し、考え方はかくも異なる。この鮮明な対比は、私たちに、この二人の人物の品性にどのような違いがあるのを目の当たりにさせたか？生徒が分析するよう指導し、教師は中間まとめを要約する。

要点　車夫は友愛無私で、敢然と責任を負おうとするのに対し、「私」は

例3　表記入式指導案

学年学級		科目	矛盾の普遍性と特殊性との関係	整理番号	
教材分析	重点	矛盾の普遍性と特殊性は相互に連結し合っているものである。			
	難点	普遍性は特殊性の中に宿っている。			
	キーポイント	普遍性と特殊性の関係は、事物の共通の本質と特殊な本質の関係であり、全体と部分、多数と少数の関係ではない			
教学の目的	教学を通し、如何なる事物もすべて普遍性と特殊性の統一であることを生徒に理解させるとともに、弁証的唯物主義の思想方法と方法を樹立するための基礎固めをさせる。				
教学内容	板書設計（分解式） 　　　　　　　　　　　　普遍性は特殊性の中に宿る 　　　　　　　　相互連結 ⌈ 　　弁証的関係 ┤　　　　├ 特殊性も普遍性とは切り離せない 　　　　　　　└ 相互転化 (異なる場合において) 　　　　　　　　 1. 我々が正しく事物を認識するのに役立つ 　　重要意義 ┌ 2. 我々が理論と実際との結合という原則を正しく 　　　　　　│　　 理解するのに役立つ。 　　　　　　└ 3. 更に我々が科学的な作業の仕方をマスターする 　　　　　　　　 助けとなる。				

指導構想	授業時間の配分	2回目授業	教え方	自読質疑法	教具
	指導過程	一、質問と復習をし、新しい課に導き入れる。 二、新授業の進行 1. 自読し、基本内容を理解するよう指導 2. 啓発質疑、大胆かつ小心に異を求める 3. 討論を組織し、疑を解き、難を排する 4. 練習を個人指導し、多岐に結論を検証 三、強化復習 矛盾の普遍性と特殊性の弁証的関係の原理を要約説明 この原理の意義を掌握させる。			
	補助活動				
教学後記		生徒に対して思想教育を行うも、「テーマ報告」は決して強要せず思想教育を教学中に盛り込むも、長談義はしないこと。「多数の生徒が規律を遵守するのが普遍性であり、少数の生徒が規律を遵守しないのが特殊性である」といった間違った言い方で矛盾の普遍性と特殊性の関係は多数と少数の関係ではないことを反証し、哲学の道理をはっきりと説くと共に、自然な形で生徒に対して規律を遵守する教育を行うのは、真の意味での「一石二鳥」であると言い得る。			

例4　カード式指導案

科目　弁証的唯物主義　　　　　　　　　　　　　　整理番号　W0001
課題　『矛盾の普遍性』教学大綱（問答形式）

一、矛盾の普遍性とは何か？
1. 矛盾はあらゆる事物の中に存在する――矛盾の存在しないものはない。
　例　各種の運動の基本形式は何れも矛盾の運動である。
2. 矛盾は事物の発展プロセスの始終を貫いている――矛盾が存在しない時はない。
　例　生物体は、誕生から死までの全プロセスの何れにも同化と異化という矛盾が存在している。

二、矛盾の普遍性の原理を学ぶことに何の意義があるのか
1. 矛盾分析の方法を用いて一切を分析することを堅持する。
2. 矛盾を認め、暴きかつ分析し、矛盾をでっち上げたり、回避したり、否認したりすることに反対する。

　　　冷淡で身勝手である。このことは、勤労人民の優れた品性を顕示している。
　　　以上の指導過程の中で、上記のような板書が出来上がって行った。

　　6.　**宿題**　第五節～第十一節までを朗読する。

二限目（略）

（二）授業をする

　よい授業をするのは、教学の質を高める鍵である。毎回の授業を上手く行うにはどうすれば良いのか？　現代教学理念を導き手とし、教学の法則と原則に従い、創造的に教学方法を運用し、以下の何点かをやりとげることを重要視しなければならない。

　（1）教学の目的を明確にする。これは授業を立派に行う前提である。教学の目的は、知識を探究し、能力を伸ばすという目的を含むと同時に、思想や情操や審美を培うという目的も含む。それは指導案の中において明確にするのみならず、教室の教学のプロセスにおいて実行することで、教師・生徒の双方間の活動を、教学を巡って進めさせ、教師・生徒がそのために奮闘する目標とならねばならない。故に、教室教学が正しい目的を持つものであるか否か、予定した目的を自覚的に貫徹しかつ実現したか否かというのが、そのコマの授業が成功したか、それとも失敗であったかを秤にかける主な拠所となるのである。

　（2）教学の科学性と思想性を保証する。これは一コマの授業を立派に行う基本的な質の面での要件である。科学性において、教師は誤りなく正確に生徒に知識を伝授し、操作を進めるよう彼らを導き、適時に生徒の学習における諸々の過ちを是正することで、学科の基礎知識と基本技能を掌握させる必要がある。思想性においては、教材の内在する思想性を掘り下げ、教師と生徒が共同で切磋琢磨し、真摯な真知を探究するという教学活動が具える多岐にわたる教育性を発揚することで、生徒が深い啓発を受け、揺り動かされ、あるいは親しみを感じ、共鳴し、確かに向上する必要がある。

　（3）生徒の学習の積極性を引き出す。これは一回の授業を立派に行う内的原動力である。授業をする時、教師はあの手この手で生徒の積極性を引き出しかつ愛護し、生徒を尊重しかつ愛護し、民主平等に生徒に対応すべきであり、生徒の教室における質問への答えや、あるいは宿題の表現が如何に人を満足させないものであったとしても、辛抱強く、寛容であるべきで、適切な是認と誠実な励ましを与えることで、その積極性を引き出しかつ保護しなければならない。そして、指導過程においては、随時教学の内容や探究の方式と深度、運用の方法等が果たして生徒の求知欲や自発性を刺激し、教学を本当の意味で教師・生徒が双方向に影響し合う活動になっているか否かに関心を寄せ、一旦問題に気づいたら、直ちに

改善することで、教学活動を生気はつらつと前向きに発展させる必要がある。そして更に、八方手を尽くして学級の生徒全員を競争もし、協力もする教学の探究に参与させることで、自分こそが学習の積極的な参画者であり、主人であると生徒が切実に実感するとともに、自らの積極参加及びその多岐にわたる収穫に興奮と幸福と成就感を感じられるようにする必要がある。そうなれば、教学と発展の質はトータルにアップするが故に、生徒の積極性を引き出すことは、教学の質を確保する核心的一環なのである。

(4) 迷いを解き、誤りを是正することを重要視する。これは授業を立派に行う鍵である。生徒の知識や技能の掌握は、難問を解決し、誤りを是正するプロセスの中で一歩一歩前進するものであるということを弁えなければならない。もしも指導過程において、生徒が、学ぶ上で存在している疑惑や偏りや誤りを曝け出すとともに、切実に解決を加えることができずして、生徒はどうして正しい新知識や新技能を手に入れることなどでき得よう？ 韓愈は「解惑」(迷いを解くこと)を教学の重要目的として提起したが、その真諦はここにあったのである。経験豊富な教師は、その誰もが生徒に向かって質問するか、あるいは彼らに黒板で問題を解かせる等といった方式で、生徒が知識を理解し運用するにおいて存在している問題を明るみに出すとともに、意識的に異なる見方や論争を誘発し、その後に解決を加え、それによって学級の生徒全員の知識や技能や考え方を普遍的にアップせしめるのみならず、教室の雰囲気を引き締まった熱いものにし、生徒の探究の興味をひき、放課後においてもなお、指導過程に対して絶えず回想し、後ろ髪を曳かれるようになるのである。以上のことから、生徒の中の難問を明るみにしかつ解決することで、生徒の伸びを促すことを重要視しない授業は、よい授業であるとは言えないことが見て取れる。

(5) 教学活動をしっかりと組織する。これは授業をよりよく行う保障になる。授業開始のベルが鳴り、教師は直ちに教壇に上がり、静かさを保ち、生徒に学習の心理的準備をさせるとともに、最初から最後まで教学を組織することをしっかり行うことに注意することで、教室の雰囲気を終始引き締まった、熱くそして愉快で活発なものにさせることになる。教学の効率を重んじ、一分たりとも浪費しない。と同時に、注意を分散させ、教室の規律を破壊する悪しき現象の発生を防ぐ。突発事件に対しては、冷静に機智を働かせて処理すべきであり、それが教学

の正常な進行に影響を与えるようにすべきではない。

（6）課外の宿題をしっかりと割り当てる。授業を終えるに先立ち、宿題のねらい、完成の期限を明らかにし、比較的難しい宿題に対しては、必要な提示を行う必要がある。放課後にあたふたと宿題を割り当てたりすることは是が非でも避けることで、生徒が宿題の要件を明確にできなかったことが原因で、宿題の質や完成に影響するようなことを免れねばならない。

（三）放課後の指導

　放課後も、教学活動は未だ停止してはおらず、活動の方式が変わっただけで、生徒は単独の宿題と自習を主とする学習活動に転入し、教師は生徒の宿題や自習に合わせて教育と助言指導を行う。その目的は、生徒に個人で教室で学んだ知識や技能を消化し、運用しかつ固めさせることで、彼らの知能を伸ばし、次の新しい授業のための準備をしっかりとさせることである。もしも教室教学のみを重んじ、生徒の宿題、自習及び教師の督促、個人指導を重んじないようであっては、生徒個人は往々にして教室で学んだ知識を消化しかつ運用することができず、おまけに生徒が初歩的に掌握した知識が「生煮えの状態に戻ったり」忘れられたりする可能性だってある。したがって、放課後の指導は極めて重要である。

　放課後の指導は主に以下の二つの面がある。

　（1）生徒の思想教育をしっかりと行う。生徒の放課後における単独の宿題及び自習の特徴は、生徒が単独で行うことである。それは生徒に単独で知識を悟り、消化し、固めるよう求めるのみならず、学習を単独で計画しかつ自己監督できるよう彼らに要求する。しかし、生徒は年が若く、天性的に運動好きで、遊び好きで、自らをコントロールする能力を欠き、常に学習において混乱し、時間通りに宿題を完成できない。したがって、生徒に宿題をしっかりとやらせるには、まず思想教育をしっかりやることを重視せねばならない。それには、以下の幾つかの面が含まれる。①計画的に学び、当日の授業を適時に復習し、時間通りに宿題をやり遂げる習慣を培う。②経常的に生徒を教育しかつ督促し、学習をゆるがせにさせず、怠惰と弛みを防ぐ。③生徒の宿題の情況を理解する。例えば、両親や同級生に頼って宿題をやってはいないか？時間的な保証はあるのか？学習環境はどうか？等で、問題に気づいたら、速やかに解決する必要がある。④保護者と共同

で生徒を督促し教育する方法を協議する。

（2）生徒に対する助言指導をしっかりと行う。それには、教師が生徒に対して集団もしくは個別の助言指導と補習を行う、保護者や優秀な生徒の助けを借り、同級生同士の一対一のペアでの支援をふくめ、学習が困難な生徒に対して必要な支援を与え、学級の代表の役割を発揮し、速やかに同級生に宿題の要件を気付かせ、彼らの要求を理解するとともに、授業担当教師と連繋しかつ研究をし、支援を与える対策を講じ、同級生同士の経験交流と優れた宿題の回覧を組織する。

第七節　教学の評価

一、教学の評価のあらまし

（一）教学の評価の概念

教学の評価は、教学の質に対して行う測定、分析及び評定である。それは、教学活動に参与する教師、生徒、教学目標、内容、方法、教学設備、場所及び時間等の要素の最適化の組み合わせのプロセスと効果を評価の対象とする、教学活動の総体的機能に対する評価である。教学の評価を生き生きと具体的に理解するため、人々は常に「学問をする」ことを学問の海に舟を走らせることに、「教学の評価」を舟を誘導することになぞらえる。水先案内人は、船を正確に航行させるためには、船の方位と航行の目標を知って初めて水先案内が可能となる。教学もそのとおりで、絶えず教学という舟の方向、位置を査定することで、航路を修正し、目的地に向かって走らせなければならない。以上からわかるように、教学の評価は教学の目的を達成する一重要手段であり、それは教学の質を知り、診断し、評定し、調整しかつ高めるために役立つものである。それには、生徒の学業成績の評価、教師の教学の質の評価、カリキュラムの評価が含まれる。本節は主に教学の評価の原理と生徒の学業成績の評価を述べるとともに、教師の教学の質の評価を掻い摘んで論じるものである。

教学の評価と測定は連繋を有するとともに、区別も有する。測定は、評価の主な手段である。テストを含めた各種の測定は、測定を通じて生徒が某学科の知識

や技能を学んだ点数を手に入れるというような、量化と正確化といった採点方式
で、対象のある時間帯や方面における情況や情報を入手することを通じて、初め
て評価のための信用の基礎を固めることができる。以上からわかるように、教学
測定なくしては、教学の評価を行う術などないのであるが、測定は評価ではない。
測定で収集したものは、評価対象のある時間帯や方面の資料、情報及びデータを
反映したものであるに過ぎず、もしもそれに対して分析を行わずして評価をする
ならば、如何なる問題も説明することができない。

　測定は一種の情況を描写し、評価はその価値を判断する。例えば、ある生徒
のテストの点数が70点であったとする。それ自体はその他のより多くの情況を
我々に告げることは決してできない。更に多くの資料を取得するまでは、誰一人
として70点が良いのか、悪いのかを云々することはできない。もしも70点が全
校生徒の最高点であったなら、それは恐らく一つの情況をはっきりと示し、もし
もそれが最低点を示すものであるとしたなら、恐らくもう一つの情況をはっきり
と示すことになる。評価は教師が手許に握っている一生徒に関する資料に対して
出した判断あるいは解釈なのである。

　以上からわかるように、評価は測定を道具と基礎とし、教学測定は教学の評価
がそれに対して正確な質の分析と評価をすることを必要とするのである。

（二）教学の評価の歴史的発展のあらまし

　社会の発展と教学の改善に伴い、教学の評価も絶えず発展し同時に改善されて
いる。中国は西周において既に初歩的に教育審査・評議制度が確立された。『学
記』には、このように記載されている。「一年経をち志を辨ずるを視、三年業を
敬しみ群を楽しむを視、五年博習師に親しむを視、七年学を論じ友を取るを視る、
之を小成という。九年類を知りて通達し、強立しておらず、之を大成という」。
当時の学校は、教育と教学に対して系統的に審査・評価を行う内容や基準を規定
し、これは世界で最も早期の教学の評価であった。隋煬帝の大業二年（606年）、
中国は科挙制を実施し始め、分科試験を通じて人材を選ぶようになったが、これ
は歴史上の重大な進歩であり、世界に対して多大な影響を与えた。ただし、その
試験問題は数が少ない上に、カバーする範囲が狭く、採点が採点者の主観的要素
の影響を受けやすかったが故に、古代の教育評価は非科学的なものであり、改善

が必要であった。

19世紀末より、効果的に人材を育成するために、欧米の教育界は教育の科学化運動に後押しされる中、心理学、統計学及び実験等の科学的方法の助けを借りる形で、学校の伝統的な試験に対する改革を行った。彼らは可能な限り試験問題編成の偏りや評定の主観性を排除しようとし、大々的に客観的テストを提唱し、客観的テストの標準化を信用できる教育測定にすることを推し進めた。この教育測定運動において、アメリカ心理学者のソーンダイクが重要な役割を演じた。彼は1904年に著書『精神的・社会的測定理論入門』を発表し、心理統計方法と測定編成の基本原理を紹介し、「すべての存在物は何れも数量的存在であり、数量的存在は測定し得るものである」と公言し、測定の範囲を広げ、教育測定の発展を後押しした。1909年、ソーンダイクは、今度は「書法量表」「作文量表」「図画量表」等の標準化した測定用具をまとめ、教育測定を科学化しようと企図した。教育測定運動の展開に伴い、各種の標準テストが編成された。当初小学校で多く用いられ、1918年以降、徐々に中等以上の学校で用いられるようになり、後に大学も教育測定学を開設し、教育測定は普及の方向へと向かった。

教育測定は確かに伝統的な試験における主観、偏り、狭隘等の弊害を克服し、客観化、標準化、量化、知識の網羅範囲を重要視することで、生徒の知識を効果的に測定し、一定程度において生徒の能力を量化できるようにしたことは、一大進歩であった。しかし、教育測定には依然として多くの問題が存在し、生徒の一般的な能力、とりわけ分析、総合及び推理論証の能力は正確に測定できず、生徒の態度、志向等といった品性を測定するのは更に難しい。以上からわかるように、測定のみを通して評価することには大きな限界があり、更に観察、アンケート、話し合い等の方法で補う必要があった。こうして、教育評価の出現が後押しされたのである。

1930年代、アメリカの進歩主義教育協会がアトキンのリーダーシップの下、旧教育を改革するべく、人間の才能をトータルに伸ばすことを目標に、一式の新たなカリキュラムを案出し、七か所の大学と三十数か所の中学校を選び、1933年より八年間にわたる実験を開始し、それは「八年研究」と呼ばれた。実験をしながら評価をするため、更にそれ専門の評価委員会を成立させ、タイラーが責任者となった。この委員会は1940年に『スミス―タイラー報告集』を打ち出し、

第九章　教学（下）　　365

教育効果を評価するには、生徒の何らかの能力や特徴を測定するだけではなく、教育目標に基づき生徒の発達のプロセスとレベルを評価すべきであり、評価は実験の成功に対して重大な役割を演じるものであるとした。これが現代の教育評価の始まりである。

　現代の教学の評価には、その顕著な特徴がある。それは、評価する者と評価される者等の各方面の積極性を引き出し、生徒のトータルな発展を目標とする評価を促す。そして、それは生徒の知識掌握の質に対する測定を重視するのみならず、生徒の知力、能力、創造性及び品徳、審美等といった面の査定をも重視し、総括的評価をして生徒の現有の知能水準を評定するのみならず、形成性の評価をも重視し、生徒の未来における向上的発展を促し、評価する者による評価を重視するのみならず、評価される者を積極的に評価に参与するよう導くことを重要視するとともに、自己評価を重視し、生徒の学習と伸びを評価するのみならず、カリキュラムの設置、教師の教学及びその改革をも評価する等々である。これは評価範囲の拡大であるとともに、評価の地位と役割を高めることでもある。

（三）教学の評価の意義

　教学の評価は多岐にわたる意義を持つ。学校からすれば、生徒の学習情況の資料を記載しかつ蓄積し、定期的に保護者に生徒の成績を報告するとともに、生徒の進級や留年及び卒業できるか否かの依拠とすることが可能であり、教師からすれば、適時に生徒の学習情況を理解し、教学効果のフィードバック情報を獲得し、自らの教学の優れた点と欠点を明白にすることで、教学を改善することができ、生徒からすれば、適時に学習効果のフィードバック情報を獲得し、自らの学習における長所や不十分な点を明確にすることで、長所を伸ばして短所を補うことができ、指導者からすれば、教師一人ひとりや学級の教学情況を理解し、問題の発見と経験の総括をし易くすることで、教学を改善させることができ、保護者からすれば、子どもの学習情況及びその変化を理解することで、学校が教育を進めるのに歩調を合わせることができる。

　教学の評価の最も重要な役割は、それを運用して教学活動そのものの機能を明らかにし、改善しかつ高めることにある。もしも教育活動が一つの情報伝達のシステムであるというならば、教学の評価はすなわちこのシステムのフィードバッ

クのメカニズムである。教学の評価という情報フィードバックメカニズムをしっかりと掌握してこそ、初めて教学システムの運行情況を理解し、効果的にそのシステムの総体的機能を調整しかつ改善することで、ベストな方式で生徒の発達を促し、予期する教学の目的、役割を実現し、教育の質を高めることができるのである。

当然ながら、教学の評価にもその限界と問題が存在し、我々がそれを認識し防ぐに値することは無論いうまでもない。例えば、生徒の学習効果及びその伸びに対する査定は、複雑で困難な作業であり、測定されるのは近似値でしかなく、生徒の能力、創造性及び思想や品行の測定は殊の外不正確である。又例えば、評価は常に評価する主体がなす評価であり、ある者は聡明な人間を偏愛し、ある者は勤勉な人間を肯定し、ある者は基本概念の掌握を重要視し、ある者は能力や創造性の伸びを偏重するといったように、評価する者一人ひとりの価値傾向には何れも差異と好みが存在し、何れも成績不良者には嫌気がさしてしまう可能性がある。採点したり、等級を決めたりするに当たっては、偏りと不公平は免れ難い。したがって、評価は慎重であるべきで、評価の対象のトータルな実情、一貫した態度や成績を評価することを重要視し、なるたけ正確さを求めるよう努める必要がある。

それに、教学の評価はもとより教学の一手段であり、本来教学の改善と生徒の伸びに役立つものであって然るべきである。ところが、当今の進学率を一方的に追究という誤った思潮の影響の下、本末転倒し、教学と生徒の伸びに由々しきマイナスの結果をもたらしてしまっている。生徒、保護者及び教師が往々にして試験と採点、とりわけ学期末試験と卒業試験の点数を目的にするあまり、日常の教学と学習は生徒の素質を伸ばすためではなく、試験の準備をし、点数をあさる手段と化してしまい、一切合切が試験と点数を巡って回転し、競争が益々激しく演じられるようになっている。この種の評価すべきでないものを評価し、評価すべきものは評価されないままといった評価の方法は、生徒に過重な負担を強い、しかも負うべきでないものを負わせ、負うべきものを負わないままにし、その危害は極めて深遠である。如何にしてこの由々しき弊害を根絶するかが、中国の教育界の長期にして極めて困難な目的である。

第九章　教学（下）　367

（四）教学の評価の種類

常用の分類には以下の三種がある。

1. 教学における評価の役割の違いに基づき、診断的評価、形成的評価、総括的評価に分かれる

（1）診断的評価。学期教学あるいは単元教学が始まるに当たっての、生徒の現有の知識レベルや能力の伸びに対する評価で、各種の探りを入れる試験がそれである。その目的は、生徒の現有の知識や能力の伸びの情況、優れた点と不十分な点をはっきりさせることで、よりよく教学を改善し、対象に応じて異なった方法で教育を施し、物事の成り行きに応じて有利に導くためである。

（2）形成的評価。指導過程の中において、生徒の知識の掌握や能力の伸びに対して行う比較的経常的で適時な査定であり、生徒に対する質問、書面のテスト、宿題の添削等がこれに含まれる。その目的は成績の評定を重要視するのではなく、教師と生徒の何れも適時にフィードバック情報を得させ、教と学をよりよく改善させることで、教師と生徒の伸びとアップを促すことである。

（3）総括的評価。一定の学習段階で、生徒が学んだ成果に対して制度化を行う正規の考査、試験及びその成績の評定であり、終結的評価とも呼ぶ。その目的は生徒のために一定段階の学習成績を評定することである。

2. 評価が運用する方法と基準の違いに基づき、相対的評価と絶対的評価とに分けられる

（1）相対評価　生徒の成績を評価するための基準参照テストであり、生徒個人の成績の順位、または基準テストの順位におけるクラスでの生徒の成績により、生徒が教育目標の要件を満足しているかは関係なく、生徒の成績の優劣を評価し決定する。したがって、相対評価は基準参照評価とも呼ばれる。小規模（クラス）の基準は簡単な計算で求めることができる。しかし科学的な基準は、大規模なサンプルテストや実験的研究によってのみ得ることができる。才能の選抜には適しているが、学力的に特定の水準に達しているかどうかを示すことはできない。

（2）絶対評価　生徒の成績を評価するための目標参照テストであり、教育目標と教材に基づいて、生徒の学力を測定するためのテスト問題を作成し、生徒が教

育目標の要件を満足しているかを判断するもので、生徒間の比較を評価する目的
はない。したがって、絶対評価は目標参照評価とも呼ばれる。進級試験、卒業試
験、資格試験には適しているが、才能の選抜には適していない。

3. 評価の主体の違いに基づき、教師評価と生徒の自己評価に分けられる

（1）教師評価　それは主に授業担当教師と学級担任の生徒の学習の状況と成果
に対して行う各種評価である。この種の評価は教学中の正式な質問、宿題、テス
ト、考査、試験及びその成績評定を含むのみならず、教師が生徒との広範な接触、
とりわけ学習と宿題における個別的助言指導、疑問に対する答え及び談話におい
て、生徒に対して形式に拘泥せずに行う評価をも含む。後者の評価にはその特徴
がある。一に、広範性で、生徒の知識と能力の情況を評価するだけでなく、彼ら
の学習態度、学習方法及び習慣や品行にも触れる評価である。二に、照準性で、
生徒の情況に対して、肯定や激励もすれば、否定や誡めや建議も行う。三に、連
動性で、教師の生徒に対する評価に限らず、相互の交流や意見交換もできる。こ
の種の評価は臨機応変で、実際にぴったりと合い、効果もよりてきめんである。
ただし、用い方を誤ると、偏りが生じ、教師と生徒の対立も形成されかねない。

（2）生徒の自己評価　それは教師の指導の下で、生徒が自らの宿題、答案用紙、
その他の学習成果に対して行う自己評価である。生徒が自己評価をマスターする
ことは、重要な意義を持つものである。これは、彼らが意識的に、細心かつ厳格
に自らの学習成果を検証し、その正誤や優劣を分析し、心を集中させて改善する
ことを弁え始めたことを意味する。とりわけ、生徒が自己評価の意識や習慣を持
ち始めると、より一層教師や同級生の自分に対する評価を重視するようになり、
より一層自らの学習と再認識の原動力と質を高めるのに役立つ。

二、教学の評価の原則と方法

（一）教学の評価の原則

1. 客観性原則

　教学の評価は客観で公正にして、科学的であり、合理的で、教師の教学の質と
生徒の学業のレベルを適切に反映するものであるべきで、個人の感情を混ぜ込ん

だり、主観的な臆断をしたりしてはならず、そうすることで初めて人を信服させることができる。客観性は教学の評価がその機能を発揮できるか否かの基礎であり、客観性原則に反せば、評価の意義を失ってしまうことになる。

　教学の評価の客観性は、評価の目標と方法が科学的であるか否かに関係するのみならず、評価する者の心理的要素と密接に関わるものである。ちなみに、評価する者の興味や趣味、価値基準、認知傾向、情緒の良し悪し、評定の前後の順序等の何れもが評価の客観性や公平妥当性に影響する。評価の客観性を高めるため、評価においては、繰り返し基準を明確にすること、適切な分業、間断なき採点及び再評価等を重要視しなければならない。

2.　発展性原則

　教学の評価は、生徒の学習成績の進歩と能力の伸びに着目すべきで、その目的は、生徒の伸びを抑えつけたり曲げたりするのではなく、生徒の積極性と創造性を励ますことにある。例えば、ある生徒の今度の成績が全学級からすると決して高くはないが、その過去の成績と比べると進歩していたとするならば、評価時に是認と表彰を与えて然るべきである。成績が不合格である生徒に対しても、非難ばかりして、彼らを意気消沈させ、努力を諦めさせてはよくない。ブルームは、指導過程においては、テストにおいて未だ標準的要件に達していない生徒のために、再度時間と支援を提供し、彼らが是正し掌握するのを待って、二度のテストの成績を総合して評定を加えることで、生徒にミスを挽回するチャンスを与え、彼らが追い付くのを助けるべきであると主張した。評価は、人を懲らしめる道具ではなくして、教師と生徒を激励し、教学を促す手段であって然るべきなのである。

3.　指導性原則

　教学の評価は教師と生徒の長所と不十分な点を指摘する際に建設的意見を出すことで、彼らが長所を伸ばして短所を抑え、絶えず前進するようにすべきである。したがって、教学の評価は経常的に教師と生徒に教学効果のフィードバック情報を与え、その前進を手引きし同時に激励することを重視せねばならない。そうでなければ、教師と生徒を盲目性に陥らせ、自らの優れた点を誇張して傲慢にさせ

たり、問題ばかりに目を向けて自信を失わせたりしてしまう可能性がある。

4. 計画性原則
　教学の評価はトータルに企画し、すべての学科が制度や指導過程の要件に基づき、計画と規範を持って教学企画を進めることで、その効果と質を確保させる必要がある。そうすることで、試験と評価は規範にそむき、コントロールを失い、審査評議が多くなり過ぎたり、集中し過ぎたりして、生徒と教師の過重な負担、教学秩序の乱れ及び教学の質の低下をもたらすまでに至らずに済むのである。

（二）教学の評価の方法
1. 観察法
　観察法は、評価される者の行動を直接認知する最適の方法である。教学において数値化しにくい行動（興味、趣味、態度、習慣、性格など）や、教育における技術的成果（歌唱、絵画、スポーツ、手芸など）の評価に適している。しかし、観察される側が観察されていることを知れば、平常とは異なる行動をとるし、結果は完全に信頼できるものではなくなる。更に、観察の精度の問題も解決し難い。

表9-3　エピソード記録（フォーマット）

学年学級	生徒の姓名
日時	
事件の描写	
説明	
	観察者

第九章　教学（下）　371

表 9-4　等級量表（フォーマット）

	優	良	中	劣

　観察の信頼性と正確性を高めるためには、観察をより頻繁に行い、生徒の行動や
エピソードを記録して、より包括的な情報に基づいて評価を行うことが重要であ
る。一方、評価の尺度を用いて観察をより正確にすることも可能である。
　行動やエピソードの記録は、一般的にはそれを用いて生徒の関心を注ぐに値す
る行動やあるいは異常な行動表現を記録し、如実に行動の発生経過を描写すると
ともに、かいつまんだ解釈や説明をすることができる。行動日誌は、教師が学級
の生徒全員のために一冊のノートを用意し、生徒の一人ひとりが若干のページを
占めることで、その突出した行動表現を記録するようにしても良い。行動日誌は
教師によって保管され、エピソード記録は指導部門に渡し、生徒を研究するため
に使用する必要がある。（表 9-3 を参照のこと）
　等級量表は、生徒の技能や美術、手業等成績を評価するのに常用される。例え
ば、作文や論文を評価する時、等級量表を運用すれば、評価の正確性を大いに高
めることができる。等級量表の作成は、決して難しくはなく、まず、どういった
面（項目）から生徒の行動あるいは作業に対する評価を進めるかを確定し、そ
の次に、例えば優、良、中、劣というように幾つかの等級に分け、更に、項目ご
との各級評定基準を確定すべきで、そうすることによって最後に生徒のなにがし
かの技能あるいは作業成績の等級量表（表 9-4 を参照のこと）にまとめることが
可能になる。等級量表は実用に便利なように、簡明で要点を捉えたものにする必
要がある。

2.　テスト法

　テストは主に筆記試験の形で行う、生徒の成績を審査、測定する基本方法であ
る。それは、生徒の文化科学知識の成績に対する評定に適用される。その優れた

点は、同一時間において、同一答案用紙を用いてあまたの対象をテストできることであり、簡便で行い易く、結果も比較的信頼できる。故にこれまで重用されて来た。但し、それは生徒の知力、能力及び行動技能のレベルを測定することが難しい。

(1) テストの質の指標
主なものに、信用度、効果度、難度及び区分度がある。
信用度とは、テスト結果の信頼度のことをいう。もしも一つのテストが繰り返し使用されるか（例えば、同じ対象に対して何度も行う）、あるいは異なる方式で使用される（例えば、等値の試験問題に換えて行う）かしても、何れもほぼ同じような信頼できる結果が得られるならば、そのテスト信用度は比較的高いし、そうでなければ、信用度は比較的低い。信用度はテストの必要条件である。信用度に影響する要素には、試験問題の多寡や難易度、テストの時間の長短、受験者の情緒の緊張といった心身の状態、テストの指示がはっきりしない、採点基準が同じでない等がある。
効果度とは、テストがテスト目的の程度に達していること、つまりそれが測定しようとする目標を測定できたか否かということである。ただ、某目標に対して効果的なテスト方法が、ほかの目標に対しては必ずしも効果的であるとは限らないということを知っておく必要がある。例えば、論文式のテストは、生徒の知能レベルの測定に対する効果度は高いが、生徒の知識面の測定に対する効果度は低く、客観性テストは生徒の知識掌握情況を判断するには相応しいが、彼らの能力の発達の程度は測定し難い。
難度とは、テストが含む試験問題の難易度のことをいう。一式の答案用紙には、比較的難しい問題もあれば、比較的易しい問題もあるといったように、難易は適度であるべきである。
区分度とは、テストが受験生の得点の開きを広げ得ることのできる程度のことをいう。区分度は難度と関係があり、答案用紙に難度の異なる試験問題を含んでこそ、初めて区分度を高め、レベルの高い者の得点が高く、レベルの低い者の得点が低いようにすることができる。

(2) テストの種類

常用されるテストには、論文式テスト、客観性テスト、事例解決テスト及び標準化テストがある。

論文式テストは、少量の記述問題を出すことを通し、生徒に系統立った回答を求めることで、彼らの知識や能力のレベルを測定する試験である。その優れた点は、効果的に生徒の問題を分析しかつ論じる能力を測定できることであるが、欠点もあり、主に答案を見る目的が重く、採点が客観的基準を欠き、採点者の主観的要素の影響を受け易いが故に、主観性テストとも呼ばれる。

客観性テストという名称は、採点が客観的であることに由来する。それは、一連の客観性試験問題（〇×問題、選択問題、穴埋め問題、訂正問題及び簡単回答問題）を出すことを通し、生徒に回答を求めることで、彼らの知識や能力のレベルを測定するテストである。その優れた点は、サンプリングが広範で、命題の知識をカバーする面が大きく、答案が明確で、採点者の主観的態度の影響を受け難く、効果的に生徒の知識掌握情況を測れることであるが、欠点もあり、テスト答案用紙作成の目的が重く、受験者の能力を測定し難い。

事例解決テストは、一種の問題状態を案出するか、もしくは一定の条件を提供するかして、生徒に一定の目的を具えた宿題を完成させることを求めることで、生徒の知識と能力のレベルを測定するテストである。その優れた点は、生徒の創造的に知識を運用して実際問題を解決する能力を測定できることにあるが、その知識でカバーできる範囲はとても狭い。

標準化テストは、一種の統一基準を具え、ミスに対して厳格なコントロールを行うテストであり、それは教師自らが試験問題を編むテストに対していうものである。教学においては、大量のテストは教師が教学の要求に基づき自ら編成するテストである。この種のテストは教師自らが教える学年学級の生徒に用いるものであり、その結果は信用のおけるものであるが、もしもそれを他校の内外の同年級の生徒に広げて用いるならば、教学の内容や方法の違い等といった各種の原因により、大きな誤差を生じさせかねない。普遍的に適用し得る信頼のおける測定用具を提供するべく、専門家が丹精込めて編成した標準化テストが誕生した。その特徴は、試験答案用紙が客観的な試験問題を大量に用い、出題の型も多様で、知識カバー面が広く、試験問題が明確かつ科学的で、テストの実施は「テストガ

イダンス」に従って行われ、試験問題には正確な答案があり、採点基準に基づき採点される。このように、その結果は国内の同類のテストを比較することができる。

3. 調査法

調査は生徒の成績評定に関する資料を収集することで、彼らの実情及び原因を探査し明らかにする方法である。生徒の成績に対して疑問を持つならば、それを調査し解決せねばならない。とりわけ、生徒の学習の態度、方法及び習慣を理解するには、更に調査が必要である。

調査は通常はアンケート、話し合い（インタビューとの呼ぶ）を通して行われる。

アンケートは予め選択項目を具えたアンケート用紙をしっかりと案出し、生徒に選択することを求めることで、評価資料を手に入れる方法である。アンケートは簡明で、魅力を持ち、人に回答したがらせるものでなければならず、回答者に問題に答える自由を与え、なるだけ回答が真実であるよう求める努力をしなければならず、そうしなければ何ら価値のないものとなってしまう。アンケートで得た資料は、統計と分析を経ることによって、初めて問題を説明できるようになる。

話し合いは、生徒の学習の興味や要求等といった多岐にわたる情況を理解する一つの重要な方法で、インタビューや座談であっても良いし、形式に拘らない個別の話し合いであっても良い。但し、ある程度準備をし、何を問うのか、どのような目的を達成するのかなど、問題や事情をよく知って、自信を持つようにしておく必要がある。

4. 自己評価法

自己評価は大いに必要で、生徒が教学目標を明確にし、自覚的に学習を改善するのをサポートすることができる。主に以下の方法がある。

(1) 標準的答案の活用

生徒が教室で、もしくは放課後に宿題を完成させた時、教師は生徒に宿題の答案を与え、生徒自らに宿題の正誤を調べると同時に評定させても良い。これは、

生徒が宿題をする際に自己点検と自己評価を行うという良き習慣を身につけるのに役立つ。

（2）照合表の活用

　論文式宿題や絵画、細工等の技能的宿題は、標準的な答案を制定し難く、通常は照合表に基づく評定がなされる。宿題の質的基準を規定する照合表は、教師が異なる宿題の特徴に応じて制定しても良い。例えば、中学校の作文照合表は、作文の文章がタイトルにぴったり合っている、構想がユニークで、内容に根拠がある、論旨が分明で、筋道がよく通っている、文句がすらすらと読み易い、点数が正確で、誤字や当て字が無い等といった基準を含むものであって良い。活用時には、まず生徒に照合表を掌握させ、次にそれを用いて宿題を分析評価させる。

（3）レコーダー、ビデオの活用

　生徒が言語、朗読、歌唱、舞踊、体育等の練習をする際は、レコーダーやビデオを用いて自らの言葉あるいは動作を撮り、生徒自らが分析評価し、改善しかつ高めるようにすると良い。

三、生徒の学業成績の評価

（一）教学の目標に準拠した生徒の学業成績評価

　教学の目標は、教学を通して生徒に一定の知識、技能を掌握させ、一定の能力、品性を伸ばさせるべき要件を規定したものであり、従って教学目標は生徒の学業成績の優劣を評価する唯一の質的基準である。いわゆる生徒の学業成績評価とは、すなわち生徒の学業が教学目標の要件に達しているか否か、あるいはどの程度において達成できているかを判断するものである。目標に基づいて評価を行ってこそ、初めて教学目標に応じて学習を改善し、自らを高め、一定の基準を満たした、優秀な人材になるよう生徒を導くことができるということを実践も証明している。したがって、この数十年来、各国は何れも教学目標の実現を中心とした教学の評価を非常に重視し強化している。

　効果的な評価は、必ず科学的で明確な教学の目標に準拠したものでなくてはな

らない。それはいかなる仕組みと内容を具えているべきなのか？

科学的教学目標は（評価目標）は、仕組みの上では、知識、知能及び関心意欲という三つの面を包括するものでなくてはならない。知識面は基礎知識、基本概念と原理及び基本技能を包括し、知能面は理解、転換、説明、分析、総合、概括、評価及び判断等の能力を包括し、情感態度面は興味、志向、価値観、態度及び性格等の品性を包括する。過去、伝統的な生徒の学業成績評定は、生徒の知識のみ重んじる評定であり、非常に偏ったものであった。

現在、教師は普遍的に、評定は生徒の知識掌握を重要視するのみならず、彼らの知能の発達を重視するとともに、生徒の情感、態度、性格等といった品性に対する培いや評定にまで十分に関心を寄せるまで発展すべきであるとの認識である。ブルームは彼が著した『教育目標分類学・認知分冊』の中で、教育目標を認識領域と情感領域、動作技能領域に分け、のべ29項の評価指標を包括した。これは比較的に完全なる教育目標である。しかし、アメリカの学校が今日いう教学の評価は主に依然として認識面にとどまるものであり、このことからして、トータルな評価という問題がいまも未解決であることが窺える（訳者注：原文ママ）。ただ、教学目標の科学的仕組み及びその研究動態を理解することは、教学の評価が正しい方向に向かって発展するのに役立つものである。

教学目標の内容は、一歩一歩具体化していくべきである。まずは、学科ごとの教学の目標を明確にし、次に、単元、課題の教学の目標を確定し、最後にすべての授業の教学の目標を実施に移すようにすべきである。そうすれば、評価目的の要求に応じて教学の質を調査・評価し、生徒の学習成績がどの程度当該の教学の目標に到達しているのかを調査・評価することができる。

（二）小・中学校の試験制度

中国の小・中学校の生徒の学業成績に対する調査と評価は、試験の方式を用いて進められる。試験の主な方法はテストである。但し、試験とテストとは別物であり、試験が学業成績を調査する形式であるのに対し、テストは試験の一種の方法である。試験には更に口述試験、目測（操作と動作）、審査評議（創作、手工芸製品）等の方法がある。

中国の小・中学校の試験制度は、主に考査と試験という二つの部分で構成され

ている。

1. 考査
考査とは、生徒の学習情況や成績に対して行われる一種の経常的で非正規の確認であり、教師自らの手で計画、時間、命題及び答案を決め、評定をすることができる。その目的は、教師と生徒が何れも適時にフィードバック情報を手に入れることで、教学を改善できるようにすることである。

(1) 口頭での質問
これは教室教学において常用される一種の生徒の学習情況を調査する方法である。教師は口頭での質問を通し、生徒の知識掌握の情況を理解し、適時に口頭での評価を行うことで、その優れた点や欠点を指摘し、彼らが学習に努力するよう激励する。

(2) 書面での宿題
これは、教師が生徒の学習情況を調査するのに最も常用される方法である。宿題の調査評定を通して、教師は生徒の学習の質と問題を理解し、補足を加えることができ、生徒は自らの学習を理解し、方法を講じて改善する努力をすることができる。

(3) ペーパーテスト
これは、一種の教室教学において常用される学期中試験で、多くは課題教学の終了後において、あるいは特定の目的のために行われる。学校は各学科のテストは、調整を重要視すべきで、回数が多過ぎないよう、また集中させ過ぎないようにすることで、教師と生徒の過重な負担を回避するべきである。教師は採点後に、速やかに生徒に点数を言い渡し、生徒の知識掌握における優れた点と欠点を分析することで、彼らが学習を改善するようにさせなければならない。

2. 試験
試験は生徒の学業成績に対して行う段階的あるいは総括的な調査と評定であり、

それには通常、中間試験、学期試験、学年試験、卒業試験等がある。試験は授業を休講して行い、予め試験科目の順序、時間を公布し、復習を適切に組織することで、生徒に自らのレベルを発揮させるようにすべきである。試験は学校もしくは上一級の教育行政部門により組織される。

(三) 試験問題編成の要件

　より正確に生徒の学業成績を査定するには、試験問題、すなわち命題をしっかりと編成する必要がある。命題の一般的要件であるが、命題は教学目標あるいは期待する生徒の個人的素質の伸びに適応するものであるべきで、各科のカリキュラム標準に基づき試験問題を選ぶ必要があり、試験問題の分布範囲は広く、その知識のカバーする面はより大きくあるべきで、少数の章節に集中させず、またカリキュラムの標準が規定する範囲を越えないようにすることで、生徒の得点もしくは失点のチャンス性を減らすようにすべきである。そして、試験問題のタイプを多様化させ、名詞の解釈、穴埋め、訂正、多重選択、情況分析、論述、計算及び総合的運用等の題型を包括し、学科の性質や内容の要求に応じて定めることにより、生徒の知識や技能の掌握情況を調査することが出来、生徒の知能の発達レベルを測定することもできるようにする必要がある。試験問題の間では、如何なる重複や関連もあってはならず、相互に答案を提供し合ったり、啓示し合ったりするのを回避する必要がある。試験問題は異なる難度を具えることで、答案用紙に区分度を持たせ、生徒の成績の隔たりを広げねばならず、試験問題の文字説明は正確、簡明にして解り易く、句読点や括弧などの文章記号は正しくすることで、多義が生じるのを回避させる必要がある。

(四) 採点の基準と得点記載法

　採点は、一つの重要な作業である。生徒の成績を正しく採点するためには、採点基準と得点記載法を掌握する必要がある。

　採点基準は、一般的に以下の点を含む。生徒の知識掌握の広さと深さ、言語や文字能力を含めた知識運用能力、口頭と書面の回答及び実際の操作においてミスを犯した数や性質等。

　学科の特徴の違いにより、試験問題の性質は異なり、教師は毎回採点する際、

一般の採点基準に基づく以外に、その試験の具体的な採点基準を確定することによって、初めて正確な採点が可能となる。一般的にいうと、標準化された試験問題を用いて試験を行う場合は、標準化された試験問題の答案と採点基準に基づいて採点をし、教師自らが出題する場合は、客観性試験問題に対しては、出題時に標準的答案と得点記載法を確定し、論文性試験問題の場合に対しては、等級量表もしくは分項得点記載基準を作成する必要がある。

常用される得点記載法には、百点制と等級制の二大類がある。

(1) 百点制得点記載

答案用紙を作成する際は、各試験問題の難易度に応じて点数を配分し、問題毎の採点、得点記載あるいは点引きの方法を規定し、採点時に問題ごとに採点し、最後に総点数を出す。

(2) 等級制得点記載

上・中・下の三級、優・良・中・劣の四級、5・4・3・2・1の五級に分けても良いし、合格・不合格の二級に分けても良い。得点記載の方法には二つの種類がある。一つは、等級量表に基づき等級を評定するもので、もう一つは、各級の答案のサンプル答案用紙を選び、各級のサンプル答案用紙を参照しながら残りの答案の等級を評定するというものである。

四、教師の教学の評価

(一) 評価の意義

評価は教師の教学の質に対する分析と評価である。これは教学にとって重要な意義を持ち、教師をして、更にはっきりと教学における長所と不十分な点を理解せしめることで、教師と生徒の間の相互理解、相互促進を増進させることができるとともに、学校の指導者をして、第一線に深く入らしめ、教学の経験と問題を探究せしめることで、教師のレベルを高め、教学を改善させることを可能にする。したがって、学力（生徒の学習の質）を評価するのみならず、教学を評すことを更に重んじ、両者を相結合させてこそ、初めて効果的に教学の質を高めること

が可能となるのである。

(二) 評価の要件

評価は、客観性、発展性、指導性及び計画性等の原則以外に、更に以下の要件を重視する必要がある。

1. 教師の専門のレベルを評価するのではなく、教師の教学の質を重視すべき

両者は繋がっているものの、厳格な区別がある。教学の質は教師の専門レベルと関係があり、更にその教学の態度、経験、方法及び改革精神とも関わり合っている。教師の専門レベルに対する評価をもってその教学レベルの評価に取って代わらせるべきではない。

2. 生徒の成績に基づき教師の教学の質を評価

教学の質の高低は、とどのつまりは生徒の学習効果と学習成績によって決まる。もしも一人の教師が教える生徒の平均成績が同年級あるいは学際の統一試験において遅れをとっていたならば、その教師の教学効果が素晴らしく、レベルが高いものであると是認することはとても難しい。逆に、もしも一人の教師が教えるところの生徒が進学試験を含めたこれまでの毎回の統一試験において、獲得した平均成績が常に明らかに上位にあったとすれば、その教学効果は素晴らしく、レベルが高いと十分に是認すべきであり、その教学経験を総括して然るべきである。

3. 教学の系統性と完全性を重要視

教学は系統的に連続して行われるものである。一つの学期や、あるいは一つの単元や課題の教学とを問わず、教師は何れも相対的な構想をもつべきである。これらの構想及び効果は一コマや二コマの授業において体現し得るものではないので、評価は一、二コマの授業の印象のみに頼って評価結論を出すことはできない。評価者は系統的に授業を参観すべきであり、少なくとも一つの課題の授業を参観することによって、初めてトータルな資料を手に入れ、比較的に正確な評価を下すことが可能となる。

（三）教学のレベル

　現代教学理論の研究に基づけば、教学は一般的に記憶レベル、理解レベル及び探索レベルという三種のレベルに分けることができる。この種の理論的概括は、評価にとって重要な意義を持ち、教学を診断しかつ評価する一つの参照基準とすることが可能である。

1. 記憶レベル

　これは一種の低レベルの教学で、その主な特徴は、教師が教科書をそのまま読み上げ、ひたすら詰込みを行い、導いたり啓発したりはせず、生徒は生徒で機械的な掌握や生半可に止まり、教学の質を保証することができない。主因は教師のレベルが低過ぎ、教材に対してしっかりと把握がでずにいて、教学もまた要領が悪いことにある。この種の状況を改変するには、教師の専門レベルと教学方法を高める必要がある。

2. 理解レベル

　これは教学が到達すべき基本要件であり、その主な特徴は、教師が系統的かつ明確に実際と結び付けて教学内容及びその運用や操作を講釈することができ、生徒は観察や思考や練習を通じてより良く学んだ知識や技能を掌握することができる。但し、この種のレベルの教学は、教を重んじるも学を重んぜず、教師の主動的役割を重んじるも生徒の自発性を発揮させることを重んじない故に、生徒が単独で思考したり探索したりする能力を十分に培うことができない。それ故に、教学観念を改めることを重要視し、教学の研究と革新を強化してこそ、初めて新たな突破を果たすことができる。

3. 探索レベル

　これは、教学のより高いレベルで、その主な特徴は、教師が啓発、誘導、激励を重要視し、人の心をゆさぶり深く考えさせたり、生徒の知恵を挑発し得る問題を提起するのが得意で、生徒は自発的に質疑し、弁別分析し、単独で考え、個人の見解を述べ、探究や論争を行うことができる。そして、教師と生徒が協力し合い、大勢の知識を集めて有益な意見を広く吸収し、真知を探り手に入れる教学を

絶えず深め、教師生徒双方の自発性が何れも発揮するようにして、教学に対して
お互いに収穫があり、面白く、懐かしさを感じるというものである。

　評価に当たっては、実事求是が必要で、その目的は、教学を更に一級上のより
理想的なレベルへと発展させ、転化させるよう後押しすることである。

（四）評価の方法
1. 分析法

　分析法は、一定の教学の目的もしくは基準に基づき教師の教学の質を評価する
方法である。授業評価には、通常は分析法を用いる。一コマの授業を分析するに
は各種の基準を用いることが可能だが、一定の基準に基づき、授業に対して定性
分析をするなら分析法を用いる。分析法を用いる授業評価の基準は、教学論のね
らいに基づくこともできるが、実務上の要求に合わせて修正を加えてもよく、独
自に決定することも可能である。一般的には、教材、授業の優先順位や目的が正
しく定義されているか、授業の概要が科学的かつ体系的で、重要な点や難しい点
が強調されているか、指導過程が教師と生徒の相互作用を実現したかどうか、知
識の理解、調査、応用の過程で生徒の葛藤や問題を効果的に解決したかどうか、
教育が教育原理と方法を正しく創造的に適用したかどうか、その目的と課題を達
成したかどうか、その主な強みと弱みは何であるかなどの点に注意を払う必要が
ある。分析法は、教師が教育の長所や問題点、その根本原因を明らかにし、教育
の改善や改良に役立てることができる。しかし、定量的な評価に欠けるため、教
育の質や水準について教員間の比較や差別化を図ることが困難である。

2. 得点記載法

　得点記載法は、量化の分項得点記載を通じて教師の教学の質を評価する方法で
あり、近年来、普及が進んでいる。それは、まず教学の全体を若干の項目に分け、
項目ごとの点数と採点基準を規定し、評価する者に項目に分けて点数を記載し、
それから評価される教師の教学成績の総得点を出すよう求める。然る後に、点数
の高低に応じて教師一人ひとりの教学の順位や等級をはっきりと示す。

　得点記載法は、どのように項目分けすべきであるのか？ また如何に総得点と
各項目の得点と採点を確立すれば良いのか？ これらの問題は統一するのがとて

第九章　教学（下）　　383

も難しい。ちなみに、項目に分ける上で、あるものは教学の目的、教学の役割、教学の仕組み、教学芸術の四項目に分け、あるものは教材処理、教学方法、教学経験、教学態度、板書、教室の雰囲気の六項目に分け、あるものは授業前の準備、教室教学、放課後の宿題指導、添削、課外活動指導、教学の科学的研究の六項目に分けている。得点を記載する上では、総得点を 100 点とするものもあれば、総得点を 300 点とするものもある。これらの問題は、要求に応じて自ら決定して良い。得点記載法の教学の評価は比較的にトータルで、特に教学の定量分析、すなわち得点記載を重視するものであり、比較と統計に便利で、教師一人ひとりの教学得点の高低を区分することが可能である。但し、査定と得点記載は甚だ多くの時間を費やす割には正確であり難く、とりわけ定性分析を重視せず、教学において存在する問題及びその根源を分析し、改善の建議を提出することを重視しない。

　上述の二つの方法にはそれぞれに優れた点と欠点があり、要求に応じて選び用い、互いに補完させ合う事によって、初めてより素晴らしい効果を得ることができるようになる。

復習思考問題

1. 学年学級授業制が教学の基本的構成として是認され続けてきたのはなぜか？ それにはどのような限界があり、如何に改善すべきであるか？
2. 中学の教科書から一つの単元もしくは一コマの授業の教材を選択し、課題の授業の準備をするとともに、課題教学計画と一授業時の指導案をまとめるか、もしくは教学見習を結合し、見習授業の教学分析と評価をまとめるかしなさい。
3. 当今の教学が形成的評価をとても重んじ、教師と生徒の自己批判を強調するのは何故か？
4. 論文式テスト、客観性テスト、標準化テストはそれぞれどういった特徴と役割があるか？
5. 分析法と点数記載法を運用して教学を評価することには、それぞれに如何なる優れた点と欠点があるのか？如何にして改善すべきか？
6. 教学理論を学んだ後、教学理念に対してどのような新たな悟りが得られたか？ 教学改革に対して、何か建議したいことはあるか？ 本書が詳述する

教学理論に対して、何か意見はあるか？

第十章

徳　育

第一節　徳育のあらまし

一、徳育の概念

　「徳育」は近代になってはじめて現れた名詞である。西洋についていえば、18世紀の70〜80年代において、ドイツの哲学者カントが道徳の法則に則り自由人を培い育てる教育を「moralsche erziehung」（道徳教育、略称徳育）あるいは「pratische erziehung」（実践教育）と呼んだ。ペスタロッチも「道徳教育」という言葉を用いたことがあり、西洋社会が18世紀後葉に既に「徳育」という概念を形成していたことを物語っている。19世紀中葉、スペンサーが『教育論』を発表し、教育を「知育」「徳育」（moral education）、「体育」に明確に区分した。以後、「徳育」は次第に教育の世界における一つの基本概念及び常用専門用語となっていった。

　中国の古代学校教育は主に徳育であったが、「徳育」という名はなかった。「徳育」という語彙は、20世紀初頭に中国に伝来した。1902年の『欽定京師大学堂章程』が最も早く「徳育」という言葉を用いたとする学者もいる。1904年、王国維は「徳育」「知育」「美育」の三つの語彙を用いてショーペンハウエル（A. Schopenhauer, 1788~1860）の教育思想を紹介し、1906年に『世界教育』第56期に『教育の宗旨を論ず』を発表し、「知育、徳育、美育及び体育」のトータルに発達した「完全な人物」を培い育てる必要があると提起した。1905年に陳宝泉等が編纂した『国民必読』第四課のタイトルが「徳育を語る」であり、「体育、知育、徳育を並び重んずべし」と提起した。1912年、蔡元培が新教育思想を詳述した文章を著し、「軍国民教育」「実利主義教育」「公民道徳教育」「世界観教育」「美感教育」を並行して推進することを提起した。その影響の下、その年の民国政府が「道徳教育を重要視し、実利主義教育と軍国民教育を以って之を補い、更に美感教育を以ってその道徳を完成せよ」との教育宗旨を頒布したことは、「徳育」という語彙が既に中国の教育界で普く用いる専門用語となっていたことを示している。

　今日、「徳育」という言葉は聞き慣れているので詳しく説明することができるが、異なる教育観は徳育に対して異なった解釈を示す。伝統的教育観は、教師の

教育プロセスにおける地位と役割を強調し、教育を単なる教え込みであるとみなす。この種の教育観からするならば、徳育とは、すなわち教師が目的を持って、計画的に生徒に対して外的影響を施し、社会の道徳観念と行為規範を生徒の品徳へと転化させる活動ということになる。この種の徳育概念は生徒の品徳の発達の生活的基礎及び生徒の能動性をないがしろにしてしまっている。

　現代の教育観は、生徒の生活における発達を重視するとともに、生徒の発達における主体的地位を強調し、教育を教師の導きの下での生徒の絶えざる自己構築のプロセスであるとみなす。この種の教育観からすれば、徳育とはすなわち生徒が教師の影響及び学校教育の条件の下、環境との相互作用の中で、積極的かつ自発的に認識し、体験し、身を以て努力実行することで、品徳を形成するプロセスであるということになる。そのために、我々は徳育に対してこのような記述的な線引きをすることができる。学校における徳育とは、教師の指導の下、学習活動、社会的実践、日常生活、対人交流などを基礎に、生徒が自らの観察、感情、判断、経験、実践、改善を通じて、選択された人間文化、特に特定の道徳概念、政治意識、行動規範と交流し、行動習慣、道徳的資質、生活価値、社会的理想を育成することである。道徳教育はつまり、生徒の思想的人格を涵養する教育である。

　徳育の授業、政治の授業あるいは科学文化の授業の中に道徳の説教を加えてこそ徳育であり、「好事を為し」、義務を尽くし、政治活動をすることこそが道徳的行為であると考える人がいるが、これは徳育と道徳的実践の外延を狭めてしまっている。デューイが徳育において経験の中の教育、いわゆる間接的教育を主張し、倫理観念の植え付け、いわゆる直接的教育に異を唱えたことを我々は知っている。我々から見た場合、デューイは直接的教育に反対し、間接的教育のみを主張したのは偏ったものであると考えるが、一部の人々が直接的教育のみを是認し、間接的教育を認めないというのも偏ったものである。彼等はこの種の偏った認識の下、学習活動、校内外の生活、人との交流及び社会的実践の徳育的価値は、目に入らないのであるが、その実、このことは、都合よく徳育の外延を縮小させ、徳育の地盤と地位を放棄してしまっている。

　もしも意識的に導くならば、人間のあらゆる生活は、何れも徳育であるか、もしくは徳育的価値を具えたものであり、あらゆる行為は何れも道徳行為であるか、もしくは道徳的性質を具えた行為であると言い得るものであると我々は考え

る。この意味からすると、徳育の存在しない所はないと言い得る。我々は倫理観念、行為規範、政治理論の学習と吸収取り込みを重視すべきであるが、説教や政治学習のみ重んじ、それこそが徳育重視のやり方であるとするのは、徳育の外延を大きく縮小させるとともに、徳育の内包を著しく歪曲するものであり、その結果は、徳育が社会生活の実践を欠きかつそれを離脱することによって台なしになり、無用になってしまうだけである。

二、徳育の特徴と地位

　全人的な発達を育てる構成の一つとしての徳育は、自らの特徴を持つ。生徒の体質を増強することに重きをおく体育は、人体の活動を基本形式とし、主に生命体の鍛錬と擁護の領域に属する。生徒に系統立った知識を伝授し、その知能を培うことに重きを置く知育は、主に認知の領域に属する。生徒の美の鑑賞力、創造性を培うことに重きを置く美育は、主に芸術と情感の領域に属する。そして徳育は生徒の道徳的信念と人生観を培い、その道徳行為の習慣を形成することを旨とし、主に倫理領域に属する。

　人間が直面する矛盾は、人と人、人と自然、人と自身との矛盾である。人間の社会実践というものは、こうした矛盾を不断に解決せねばならず、教育の役割は生徒のこうした矛盾を解決する知慧と能力を培い、社会の発展に適応することができ、人類の生活により適した現実世界を創造できるようになるようにすることにある。教育の構成部分としての徳育が解決しようとする矛盾は、心理を求めたり、知っているかどうかということで世界は何かという問題に答えることではなく、善を求め、善を知り、善を行うことで、人はどのような生き方をすれば有意義であるといえるかという課題に答えることである。徳育の趣旨は、社会実践の物の尺度を把握し、「知識とは力なり」を体現するよう生徒に要求するのではなく、社会実践の人の尺度を把握し、「人道こそが力なり」を体現するよう生徒に要求するものである。したがって、徳育は善と悪、公と私、義と利、理と欲、苦と楽、生と死、栄と辱を弁別し、明知の選択をなして、集団に対し、社会に対し、自然に対し、現実に対し、歴史人物、事件に対して然るべき態度を確立し、種々の思想や観念、生活方式及び行為方式を正確に評価し、倫理規範、人生の意義及

第十章　徳　育　389

び社会的理想を重んじるよう生徒を導くことに重きを置くのである。徳育は生徒
の道徳認識を豊かにすることを考慮しないわけにはいかないが、道徳認識にのみ
止まってはならず、更に一歩進んで生徒の道徳の要求を満たし、生徒の道徳感情
を掻き立て、生徒の道徳的覚悟を啓発し、道徳の責任を履行し、人類の合理的存
在を追求することで、個人の良好な品徳を形成し、道徳の主体となるよう生徒を
導く必要がある。

　品徳は個体の素質構造の重要な要素であり、個体の素質構造の中で価値の方向
を指示する作用を起こしている。徳育はトータル発展教育の重要な構成部分であ
り、教育の社会的性質の根本標識である。徳育と知育、美育、体育は、それぞれ
に特徴と価値があり、互いに取って代わることができず、片方を過度に重視する
余りもう片方を疎かにしてはならず、教育実践や生徒の伸びるプロセスにおい
て相互に連繋させ、浸透させ、転化させ、共同で生徒を体、知、徳、美、行の諸
方面の自由に、トータルかつ調和的に発展した、才徳兼備で、更に創造力を具え、
社会の発展のために貢献できる、個人の人生の価値と人生の理想を実現し得る人
間に培い育てるべきである。

三、徳育の歴史的発展

（一）中国における徳育の歴史的発展

　中国古代においては、人と人との関係、人と自然との関係及び人生の意義の研
究に関心を注ぎ、教育を社会政治の一手段としたので、学校教育は主に道徳教育
であり、その目的は道徳の教化にあった。『学記』は「建国君民、教学為先」（国
を建て民に君たるには教学を先となす）と説いている。当時の教学は主に徳育で
あり、いわゆる「如欲化民成俗、其必由学乎」（もし民を化し俗を成さんとすれ
ば、それ必ず学に由らんか）である。中国で最も早い大学教育綱領は「大学之道、
在明明徳、在親民、在止於至善」（大学の道は明徳を明らかにするにあり、民を
親しましむるにあり、至善に止まるにあり）であるが、その実、これは道徳教育
の綱領でもある。君子の人格が学校教育の育成目標であり、教材は主に倫理教化
価値を有する経典であった。

　長期にわたる歴史の過程において、中国の学校徳育の基本的枠組みは、生徒を

教育するには忠孝をもって本となし、宗法制度を維持しようとするものであり、個人には独立した人格がなかった。但し、忠君と愛民あるいは君本と民本、義と利あるいは理と欲の論争は、依然として起きたり止んだりし、外界の天命と人間の自主的な弁別・分析は依然として途切れ途切れに続いた。孔子は仁者は人を愛し、君子は「己を修めて以って人を安んじ」「己を修めて以って人民を安んず」と唱導し、為政の道は「君主は君主らしく、臣下は臣下らしく、父は父らしく、子は子らしく（振舞う事が重要である）」とした。董仲舒はそれをいわゆる天より受けた「王道三綱」、すなわち「君為臣綱、父為子綱、夫為婦綱」（臣は君に絶対に服従しなければならない、子は父に絶対に服従しなければならない、妻は夫に絶対に服従しなければならない）へと発展させた。ただ、孟子は仁政を唱導し、暴政を論難し、「民為貴、社稷次之、君為軽」（貴いのは民であり、国家はその次で、君主は重要ではない）と説いた。ところが、明朝皇帝の朱元璋はこれに対して大いに不満で、『孟子』の 85 の箇所を削除するよう命じ、残ったものを編んで『孟子節文』とし、学校に頒布して標準教材とした。更に、孔子は「成仁」（仁を成す＝正義のためには一身を犠牲にする）と言い、孟子は「取義」（義を取る＝正しい道を選ぶ）と言ったが、宋儒に至って、「存天理、滅人欲」（天の理に従い、人の欲をなくす）に変わった。

　しかしながら、「窮天人之際、通古今之変」（天人の際を窮め、古今の変に通じる）との探究精神、「富貴不能淫、貧賤不能移、威武不能屈」（地位や財貨に惑わされることなく、貧賤や窮乏に動ずることなく、威武や権力に屈することもない）との丈夫の気概、「君子不飲盗泉之水、志士不食嗟來之食」（君子は盗泉の水は飲まず、志士は屈辱的な援助は受けない）との身を清く保って世俗に染まらぬ品行、「窮則独善其身、達則兼済天下」（困窮の中にあってはただ自分を善く修養し、栄達したなら天下の人々をも助け救う）との処世の哲学、「先天下之憂而憂、後天下之楽而樂」（民衆が憂えるよりも先に憂い、民衆が楽しんだ後に楽しむ）との国を救い民を憂える心情、「為天地立心、為生民立命、為往聖継絶学、為万世開太平」（天地のために心を立て、生民のために命を立て、既に亡くなった聖人の期待に応えるためにその途絶えてしまった学問を継承し、この後何世代も続く世の中の平和のために貢献していきたい）との人生に対する抱負、「見賢思斉」（賢者を実際に見て、自分もそうなりたいと憧れ）、「自彊不息」（自らを向上させ

ることを忘らない）との自我超越的追求といったものは、歴代の学者にあっては
やはり主流的地位を占めた意識である。社会の文化的心理も、民意に沿い、民衆
の苦しみを思い遣ることを、明君であるか愚君であるか、清廉公正な官吏である
か汚職官吏であるかを秤にかける根本尺度であるとみなす。これは、中華民族特
有の優れた人文の伝統であると言い得る。

　1840年のアヘン戦争より、中国は絶えず西洋列強の威嚇と侵略に遭い、当
時の中国人は西洋の科学技術を学ぶ必要があると徐々に認識するようになった。
「中学為体」（中国の学問を根本とする）を堅守すると同時に、「西学為用」（西洋
の学問を応用とする）とせざるを得なくなった。1905年の清朝政府の「科挙を
廃し、学堂を興す」を標識に、道徳教育の「一育独尊」の伝統が日に日に衰微し、
知育、美育、体育が学校教育において重要な地位を占めるようになった。辛亥革
命は封建帝政を廃除し、その後における思想解放運動や社会道徳の進歩のために
制度的基礎を打ち建てた。「科学」と「民主」を唱導した五四運動は、文化の次
元において批判の矛先を直接「体」としての「中学」（中国の学問）に向け、「礼
教喫人」（封建的礼儀と道徳は人を食うものだ）と激しく責め、新旧道徳の評価
と選択の論争が繰り広げられ、学校の徳育に多大な影響を与えた。

　新中国が成立すると、党と政府は一貫して学校における徳育を重視した。1957
年以前は、学校の徳育は主に「五愛」（祖国を愛し、人民を愛し、労働を愛し、
科学を愛し、公共財産を愛護する）教育、国民公徳教育と情勢教育で、道徳教育
と政治教育が並び重んじられた。ところが、1957年以降、政治情勢が「左」へ
と転じたことにより、学校徳育はますます政治化するようになり、運動論で成人
になるための政治教育が道徳教育に取って代わるようになり、「文化大革命」に
至って頂点に達した。「階級闘争を要とする」との思想的締めつけの下、「三忠於、
四無限」（毛主席、毛沢東思想、毛主席の革命路線の三つに忠誠を尽くす、無限
に崇拝し、熱愛し、信仰し、忠誠を誓う）が最高の真人間になる準則及び徳育の
目標となり、知識は毒草とみなされ、「知識が多ければ多いほど反動的である」
とされ、道徳は「枝葉末節の問題」とみなされ、「小節無害論」が宣揚され、人
間性は階級制の敵対物とみなされ、人間の尊厳、権利、自由は踏み躙られ、人の
人に対する思いやりや人間関係の調和が非難に遭った。この種の政治化された徳
育は、学校徳育の機能と信望を著しく損害したのである。

改革開放以来、学校徳育は科学化、民主化、人間性化、生活化の道を絶えず模索しつつ前進した。学校徳育の指導的思想は、二度にわたる転換を経験する。一回目は、1980年代の徳育の政治化の批判で、徳育は経済建設に奉仕すべきであるとの打ち出しがなされ、市場経済を巡って徳育の観念が転変した。二回目は、世紀の境目で、徳育の知識化を再認識することを通して、生活道徳論が打ち出され、徳育は生徒の現実生活のために配慮し、生活をじっくりと観察し、生活を選択しかつ更新し、人と社会、人と自分、人と自然の関係を協調させるよう生徒を指導し、生活の中で人生の意義を感受し、体験し、悟り、生活の調和と完全さを追究するよう生徒を啓発したことは、均しく学校徳育の溌剌とした前向きな発展を後押しした。制度建設の立ち遅れ、伝統的観念の根強さや市場経済及びそのグローバル化といったマイナスの影響により、「官本位」「物本位」の思想的誘惑に生徒が染まり、程度こそ異なれ、多くの生徒に「勉強するのは役人に成る為」「勉強は金儲けの為」といった心理状態が存在するようになった。勤勉かつ創造的に労働し、社会の公平と正義を志し、絶えず「人への従属」「物への従属」を氷解させ、「人間を根本とする」方向へと向かうよう如何にして生徒を導くかというのが、中国の徳育の長く苦難に満ちた課題となろう。

(二) 西洋における徳育の歴史的発展

　西洋においても、道徳教育は同様に古代学校教育の主体であった。古代ギリシャにおいては、アテネの教育とスパルタの教育には明らかな違いがあり、前者は調和と発展を重要視し、後者は紀律と服従を強調したが、両者は何れも善良な公民を培い育てることを自らの教育目的とし、国家の利益を個人の上に置き、都市国家の利益のためには個人の生命を犠牲にするよう求めた。ローマ共和国の時代になると、教育の中心はすなわち道徳教育であり、孝道を重んじ、国家に忠誠を尽くすというのが、道徳教育の主な内容であった。もしも古代ギリシャやローマ時代の道徳教育が世俗的なものであるというならば、欧州中世の道徳教育は宗教的なものであり、神に帰依し、神の浮世における代理人――教会の修道僧や世俗の領主の命令に従うよう人々を誡めた。ここにおいて、愚昧主義、禁欲主義、強制的植え付け、盲目的信仰が道徳教育の主な特徴となり、個人の独立した人格はなくなった。

第十章　徳　育　393

　14〜16世紀のルネサンス、とりわけヒューマニズム思想の啓蒙の末、「人間」というものが見出された。学校教育は生徒を尊重し、生徒の興味、経験及び自主を尊重し、生徒の心理発達の法則を尊重することを益々重要視するようになり、学校の道徳教育は益々人間性化の色彩を帯びるようになった。その後の三つの世紀においては、人類の知識の分化により、道徳は宗教や法律と同様、徐々に一種の独立した社会イデオロギーとなり、道徳教育と政治教育、法制教育及び宗教教育と同時に学校教育の中で併存するようになった。しかも、知育、美育、体育が学校教育の益々重要な内容になるにつれ、人間のトータルな調和的発達が教育の根本目的となった。ただ、近代全体において、道徳は依然として学校教育の「最高目的」であるとみなされた。正にヘルバルトが「道徳は普遍的に人類の最高目的であるとされ、それ故に教育の最高目的でもあった」と述べている通りである。

　17世紀以来、自然科学が長足の進歩を遂げ、次第に人類の生産と生活の中に深く入り込むようになった。自然科学の成功は、人々をして、益々それに対する厚い望みを寄せしめるようになり、ひいては科学を崇拝し、迷信する「唯科学主義」が誕生した。20世紀に入ると、科学技術が人類社会において益々重要な役割を発揮するようになったため、科学教育が学校教育の主導的地位を占めるようになり、そこで人文教育や道徳教育は日を追って衰微していった。1945年に「熱戦」が終結し、「冷戦」が始まると、アメリカと旧ソ連を頭とする二大集団が世界に対する支配権を争奪するべく、熾烈な軍事、経済及び政治の競争を繰り広げた。多くの人が、道徳教育のような「ソフト」の分野に費やす時間を少な目にし、学術的かつ技術的なテーマに多くの時間を費やすべきだとした。何故ならば、国家の安全が多く頼るのは発達した軍事や経済の実力であり、個人の道徳的自律ではないからである。こうした情況の下、学校徳育は徐々に科学教育と技術訓練にその位を譲るようになり、道徳教育は「荒涼とした時代」（an inhospitable time）に突入した。

　しかしながら、科学技術は人類が直面するすべての問題を解決できる訳では決してなかった。1970年代になると、グローバルな問題（例えば、環境問題、資源危機、核兵器の脅威、道徳の危機等）の存在と悪化は、自滅するか、それとも素晴らしき生存へと向かうかという十字路に人類を立たせた。どのようにして科学と人文の協調、ハイテクと豊かな情感のバランスを実現するかというこ

とが、現代社会と現代教育の直面する喫緊の問題である。人類は産業革命以来の社会発展の経験と教訓を総括する必要がある。依然として大いに科学技術を発展させ、経済成長を促すべきであり、それがグローバル問題を解決する基礎であるが、一方で、人類は新たな精神的追求と新たな価値観を必要としており、「エコノミックアニマル」「サイエンスモンスター」「一次元的人間」と化してしまってはならない。1980年代以降、平和と発展が世界の主流になった。情報技術の進歩が地球をますます小さくし（「地球村」）、国家間、民族間、地域間の相互連繋と相互依存が益々緊密化し、人々は敵意に満ちた世界で暮らすことはできず、互いに尊重し、互いに寛容であらねばならないと強く実感するようになった。80年代には道徳教育と科学技術教育はともに各国の普遍的な重視を得るところとなり、「トータルな復興の時代」に突入し、徳育を重視することが世界の教育改革の共通の趨勢となった。

　要するに、中国と西洋の倫理思想と学校徳育の歴史的発展からすると、総体的趨勢、すなわち道徳と徳育の実質は人間生活の幸福に関心を持つことにあり、人間を本とする価値傾向が日増しに浮かび上がるという趨勢が存在するかのようである。

四、徳育の功能

　徳育の功能は、簡単にいえば徳を育てる、すなわち生徒の道徳の成長ニーズを満足させ、生徒に道徳の知識、規範を伝授し、生徒の道徳の実践を励まし、生徒の道徳意識を啓発し、生徒の道徳的成長を導き、生徒の健全な人格を培い、生徒の人生の幸福を高めることである。

　青少年・生徒の発達における学校道徳の指導的役割は極めて重要である。何故ならば、青少年は品徳の発達する鍵となる時期にあり、彼等は若く純粋で、社会経験と識別能力に乏しく、可塑性が大きく、外界の消極的影響を受け易いからである。彼等は成長する中で容易に「蒼に染まれば蒼くなり、黄色に染まれば黄色くなる」という複雑な情況を現わし易い。このように、彼等の品徳の発達する方向には三つの可能性がある。社会の発展の要求と一致する可能性、完全には一致しない可能性、そして社会の発展の要求に背馳し、誤った道に入り込むことであ

る。どうすれば青少年である生徒の成長方向を社会発展の要求と一致した方向に向かわせることができるのであろうか？ これには学校徳育の機能を充分に発揮させる必要がある。学校徳育は社会発展の要求に応じて有目的的に生徒に系統的な積極的影響を与えることができるのみならず、効果的な措置を通じて生徒が自覚的に悪しき思想や風習を食い止めかつ批判するよう導くことができる。

　注意すべきは、徳育の生徒の品徳の発達に対する指導的影響を充分に発揮させるには、二つの思想的傾向を克服せねばならない。一つは、徳育の役割をないがしろにし、自覚的に、もしくは自覚なしで生徒に自発的で自然的に成長させようとする思想で、例えば、「家庭環境が良ければ子どもも自ずと良くなる」や「木は大きくなると自然に真っすぐになる」等というのがそれである。彼等は青少年である生徒の道徳教育をゆるがせにし、生徒の欠点や誤りに対して放っておいたり、見逃したりする態度を採るのである。もう一つの傾向は、学校徳育は万能で「一切合切一手に引き受ける」ものであるとし、生徒の品徳の発達のすべてを請け負おうとする。この二つの傾向は何れも有害なものである。我々は学校の道徳的責任を放棄してはならず、学校徳育は多くの貢献をすべきである。その一方で、学校徳育のできることは有限的なものであり、学校徳育には生徒の品徳の発達に対してそれを導く役割が具わってはいるものの、生徒の品徳の発達は更に家庭や社会等といった様々な面の影響を受けるものであるため、単に学校の努力に頼るのでは、生徒が道徳の上で進歩するのを保証するには不十分である。家庭教育の役割の高まりとマスメディアの興起に伴い、学校教育の権威的地位は未曽有の試練に出くわしている。我々の学校は視野を広げ、生徒の生活の時空のすべてに関心を注ぎ、徳育の機能を正しく評価する必要がある。

　学校徳育は生徒に対して徳を育む機能を有するのみならず、人を育てることを通して重要な社会的機能を発揮している。徳育の徳を育む機能とは、すなわち生徒の他人や他者、他事に対する態度を培い育て、身を立て世に処する行為規則や行為方式を弁えるよう生徒を導くというものである。学校徳育の社会的機能は正に培い育てたところの生徒が積極的に日常生活、人間交際及び社会実践に参与し、社会の発展や改革に対して多大な役割を発揮することであり、この種の役割は徳育の社会に対する文化的機能、経済的機能、政治的機能でもある。

　徳育の社会的機能と徳育の徳を育む機能は、生徒の学習活動、社会実践、日常

生活及び人間交際を媒介として相互に促進しかつ転化し合うものであり、徳育の育徳機能は生徒の社会活動を通じて徳育の社会的機能へと外化するのみならず、徳育の社会的機能もまた生徒の社会活動を通じて社会の影響をして、徳育の育徳機能へと内化せしめるのである。この両者の関係は、実質的には人間の成長と社会の発展との間の影響の与え合いであり、人生の意義と社会の理想との疎通でもあり、その現実的基礎は社会実践にあり、その価値の傾向は人間を根本とすることにある。

　徳育の功能を論じる際には、徳育にはプラスの功能があるのみならず、マイナスの功能が現れる可能性があることを指摘しておく必要がある。ところが、人々は徳育のマイナス功能に対しては往々にしてないがしろにしがちで、暴き出し方には更に足りないものがある。いわゆる徳育のマイナス功能とは、徳育の方向もしくは方法が正しくなく、ひいてはその何れもが間違っていて、社会の発展と生徒の成長を促すことができないばかりか、反って阻害しさえすることをいう。このような徳育効果がすなわちマイナス効果であり、このような徳育功能がすなわちマイナス功能なのである。例えば、当今の社会は往々にして次のようなものに生徒を誘導しがちである。すなわち個人崇拝、「役人本位」、あるいは金銭崇拝、「享楽主義」「物本位」、あるいは権利を口にせず、ただ義務を尽くすのみであったり、あるいは責任を放棄し、取り立てすることのみを知っていたり、あるいは書物や上司の言いなりで、古いしきたりに固執したり、ひいては俗っぽさを大変珍しいものであるとみなしたり、時代の流行を独創性と勘違いしたり、盗作を創作とみなしたり等々である。このように、その方向は懐疑するに値するのである。また例えば、生徒に対して無理やり説教したり、高圧的に監督したり、冷酷な仕打ちをしたり、あるいは溺愛して大目に見たり、放任し成り行きに任せたり、過保護になったり、おだててばかりいたりだと、その方法は懐疑するに値するものである。この種の徳育は生徒の品徳の成長の方向や法則に反するものであり、徳育の名を借りて、実際は不道徳な教育を行うもので、必ずや生徒の心を捻じ曲げ、生徒のトータルな成長を阻害することになろう。生徒の二面性や反逆心理といったものは、往々にしてこれに関係するものである。徳育のプラスのエネルギーを増進させ、そのマイナス効果を回避し、徳育が生徒の成長と社会の発展において積極的な役割を演じるよう保証するために、我々は徳育そのものに対して、その

長所を発揚し、短所を補い、有益なことを奨励し、有害なことを取り除くことに
努力する必要がある。

五、徳育の任務と内容

　徳育の任務とは、学校徳育が実現すべき目標のことをいい、徳育の内容とは、
どのような道徳規範と価値観を用いて生徒を培い育てるかということをいう。徳
育の任務と徳育の内容は緊密に繋がったものであり、それらは国家と時代のニー
ズに応じて確定されるべきで、生徒の年齢的特徴や品徳の発達レベルの制約を受
けるものである。

（一）現段階における中国の小・中学校の徳育の任務

　市場経済、民主政治及び多元的文化という歴史背景の下において、中国の小・
中学校の徳育の任務には三つの段階がある。第一の段階は、規格に合った公民を
培うことであり、第二に段階は、正しき世界観と人生観を具え、より高い思想的
自覚を有する社会主義者を培い、第三の段階は、少数の優秀な分子を共産主義者
へと育てることである。三つの段階の徳育任務は、最も早くは1988年の『中共
中央の小・中学校の徳育活動の改革と強化に関する通知』に由来する。

　1990年以来、国家の教育行政部門は、『小学徳育綱要』（1993年）、『中学徳育
大綱』（1995年）、『小・中学校の徳育活動規程』（1998年）、『小・中学生心得』、
『小学生日常行為規範』、『中学生日常行為規範』（2004年、2014年改訂稿）、『社
会主義の核心的価値観を培い実践して小・中学校の徳育活動をより一歩強化する
ことに関する意見』（2014年）等々といった小・中学校の徳育活動を指導する一
連の文書を頒布した。これらの文書は依然として社会主義の規格に合った公民を
培うという基本精神を堅持している。

　1998年の『小・中学校の徳育活動規程』はより代表的なもので、それは「小・
中学校の徳育活動の基本任務は、社会主義祖国を熱愛し、社会的モラルと文明行
為の習慣を具え、紀律と法律を遵守する公民へと生徒を培い育てることである。
この基礎の上で、徐々に正しい世界観、人生観、価値観を確立し、絶えず社会主
義の思想的自覚を高めるよう彼等を導くとともに、彼等の中の優れたものを将来

確乎たる共産主義者になれるようにするための基礎固めをするものとする」と規定している。

小学校と中学校という二つの異なる学習段階に対し、『小学徳育綱要』と『中学徳育大綱』も異なる規定を設けている。

小学校の段階の徳育の任務は、主に生徒に向かって「祖国を愛し、人民を愛し、労働を愛し、科学を愛し、社会主義を愛する」を基本内容とした社会モラル教育とそれに関連する社会常識の教育（必要な生活常識、分かり易い政治常識及び小学生と関係のある法律の常識を含む）を行い、生徒の良好な道徳的品性と文明的行為の習慣を培いかつ訓練し、心に他者を有し、集団を有し、人民を有し、祖国を有するよう生徒を教育する。

初級中学（中等学校）段階の徳育の任務は、祖国を熱愛し、民族的自尊心、自信、誇りを具え、祖国の社会主義現代化のために努力して学び、志を立て、初歩的に公民の国家観念、道徳観念、法制観念を確立し、道徳的品性、労働習慣及び文明的行為の習慣を具え、規律と法規を遵守し、法律を用いて自らを保護することを弁え、科学を重んじ、迷信的でなく、自尊と自愛、誠実かつまじめで、積極進取で、困難を恐れない等の心理的品性及び一定の是非を見分け、悪しき影響を拒む能力を具えるよう生徒を培い育てることである。

高級中学（高等学校）段階の徳育の任務は、祖国を熱愛し、祖国のために尽力する精神を具え、党の社会主義初級段階の基本路線を擁護し、中国的特色を具えた社会主義現代化事業を建設するために奮闘する理想的志向と正しき人生観を初歩的に確立し、公民の社会的責任感を具え、社会のモラルと憲法、法律を自覚的に遵守し、良好な労働習慣、健康で文明的な生活方式及び科学的なものの考え方を養い、自尊と自愛、自立自彊、開拓進取、剛毅で勇敢等の心理的品性と一定の道徳評価能力、自己教育能力を具えるよう生徒を培い育てることである。

（二）現段階における中国の小・中学校の徳育の内容

上述の徳育任務に基づくと、現段階の中国の学校徳育は多岐にわたる内容を持ち、基本の文明的習慣及び行為規範の教育、基礎的道徳的品性の教育、愛国主義教育、集団主義教育、民主法治教育及び理想信念教育等を包括するものとなっている。徳育の内容において、主導的役割を演じるのが社会主義の核心的価値観

である。2012 年の党の第十八回党大会は、「富強、民主、文明、調和、を唱導し、自由、平等、公正、法治を唱導し、愛国、敬業、誠実、友好的を唱導し、社会主義の核心的価値観を積極的に培いかつ実践する」と打ち出した。社会主義の核心的価値観を積極的に唱道し、培い、実践することは、学校徳育に対して画期的な指導的意義を有するものである。それは正に習近平が「人類社会発展の歴史は、一つの民族、一つの国家からするならば、最も持久的で最も深層的な力は全社会が共通に認める核心的価値観である。核心的価値観は、一つの民族、一つの国家の精神的追究の荷重を担いつつ、社会が是非曲直を判定する価値基準を体現するものである」と指摘した通りである。党の第十八回党大会が打ち出した社会主義の核心的価値観は、根本的に我々がどのように国家を建設し、どのように社会を構築し、そしてどのように公民を培い育てるべきか等といった面の重大問題に回答したものであった。我々は、社会主義の核心的価値観を国民教育と精神文明建設の全プロセスに融け込ませることで、社会主義の核心的価値観を学校徳育の内容の「主旋律」として然るべきなのである。

　中国の小・中学校の徳育の内容は、社会主義の核心的価値観を堅持する以外に、以下の問題を重要視すべきである。

1. 生徒の生活と徳育の内容の問題

　我々は生活と道徳の本質的な繋がりを強調するのみならず、生徒の実生活を指摘することも徳育の重要な内容である。マルクスはとうの昔に早くも「意識はどのような時においても意識される存在でしかなく、人々の存在がすなわち彼らの現実生活のプロセスなのである」と述べている。毛沢東も、知識分子は生活の実際に深く入り込み、労働者や農民と相結合し合って、初めて思想感情を転換させ、書物の上で学んだマルクス主義を真の意味において自らの立場、観点、方法へと転化させることができるのであると繰り返し強調した。今日、紆余曲折を経て、人々は終に生活の教育的意義を意識するに至り、生徒が実生活に参与するのは徳育にとって不可欠の方法であり、しかも徳育の掛け替えのない内容であることを目の当たりにした。現在の問題は、我々はこうした面の徳育の内容、すなわち生徒の生活に対して果たしてどれほど理解しているのかということである。したがって、我々は生徒の生活を理解しかつ研究し、年齢段階ごとの生徒の生活や

成長の特徴やニーズを掌握しなければならない。徳育は生徒の生活の実際を出発点とし、生徒の生活の中の道徳問題と心理的困惑の問題を解決することを強調する必要があると同時に、学校徳育を低俗化させることで、徳育の生徒の生活に対する指導的役割を放棄するようなことがあってはならない。したがって、どのようにして学校生活を優れたものにし、社会生活に参与するよう生徒を組織し、どのようにして生徒の道徳知識の学習と実際の生活とを連動させるよう指導するかということが、徳育の生活化の重要課題となっているのである。

2. 小・中学校の徳育内容の次元の問題

　小・中学校の徳育の内容の次元には二つの面がある。

　一つは、徳育の内容の先進性と広範性という次元である。中共中央が2001年10月24日に印刷配布した『公民道徳実施綱要』は、「先進的要求と広範的要求を結合させることを堅持する」と打ち出している。前者は共産主義的道徳信念と社会的理想のようなもので、後者は「一切の国家の統一、民族の団結、経済発展、社会の進歩に有利な思想道徳」のことを言い、その中には「国を愛し法を守る、礼に明るく誠実、団結友愛、勤勉質素にして自彊的、敬業奉献」といった公民の基本の道徳規範や「祖国を愛し、人民を愛し、労働を愛し、科学を愛し、公共財産を愛する」といった公民道徳の基本要件、及び自立意識、開放意識、創新意識、創業意識、競争意識、合作意識、効率意識、公平意識、民主意識、権益意識、責任意識、奉献意識等々が含まれる。

　小・中学校の徳育の実践においては、人々は徳育の内容の先進性と広範性という関心を払う点に対し、意識と選択の上でずれがある。基本的な道徳規範と要件の教育に力を入れ、基本道徳の教育をしっかりと行うという基礎の上でより高次元の道徳目標を追究するよう提唱すべきである、すなわちいわゆる「最低ライン」を確保した上で「頂上ライン」へと向かうべきであるとする人がいるその一方で、理想的な道徳教育に力を入れるべきで、理想的道徳を捉えた教育をゆるがせにしないでこそ、初めて基本的道徳の教育を統括しかつ高めることが可能となる、すなわちいわゆる「頂上ライン」を持ち上げることで、「最低ライン」を推進させるべきであるという人がいるのである。後者の観点に対しては、中国の学校徳育の実践について見るならば、かつて社会の現況を顧みず、崇高なる理想

のみ重んじ、ひいては徳育とはつまり「高く、大きく、完璧である」ことを求めるべきであるとしたものの、適切で実行に移し得る措置を欠き、その結果として、甚だしきに至っては「最低ライン」さえ確保できずして、事の成り行きが希望と裏腹になり、絶望的な結果をもたらしてしまったという教訓が我々にはある。

　二つめは、徳目の内容ごとの一連の次元である。中国の小・中学校の徳育の内容には、例えば愛国、敬業、誠実、友好的、公正、調和、文明的行為等といった大量の徳目が含まれる。それらは人類の道徳的知識と道徳的知慧の結晶であり、徳目ごとの内包は極めて豊富で、それに内在する一連の次元が存在する。例えば、愛国には、祖国の人民を愛する、祖国の素晴らしき山河を愛する、祖国の歴史文化を愛する、祖国の社会主義制度を愛するとともに社会主義祖国に尽くすという次元的区別が存在するかと思えば、また誠実にも、嘘をつかない、本当のことをいう、誠実さを重んじるといった次元的区別が存在し、更に公正にも、平等、公平、正義といった次元的な区別が存在する。

　以上のことからして、人類の道徳体系は多次元的なものであり、小・中学生の認知の発達と行為能力も低級から高級へと不断に発達するものであると言い得る。もしもこの問題に対する認識や処理が不当であるならば、小学生に対して共産主義を説き、逆に大学生に上品で丁寧なエチケットを語るといったような「徳育の位置的ずれ」が生じてしまいかねない。

3. 小・中学校の徳育内容の「古今東西」問題

　いわゆる小・中学校の徳育内容の「古今東西」問題とは、中国伝統の道徳を如何にして扱い、本土の道徳文化と外来の道徳文化の関係という問題をどう扱うのかをいう。

　中華民族は五千年の文明の歴史を有する偉大な民族であり、かつては「文明の古い国」と称えられ、濃厚な「道徳理想主義」に溢れていた。これに対し、歴史上の道徳の輝かしき思想や人物は既に瞬く間に消え去り、もしも風呂敷包みでなければ、現代のニーズに相応しいものもないという人がいれば、「『国学』を用いて幼児のために啓蒙し」「半歳で『論語』を聴き、一歳で『三字経』を念じ、三歳で『唐詩三百首』を暗唱し、」「小学生で『論語』、『老子』を諳んじるならば、たとえ分からなくとも、受ける利益は一生ものである」という人もいる。ならば、

徳育は果たして如何にして我等が民族の文化的伝統を継承するのか？　全面的に捨てて顧みないことと全面的に復古させるという両者は、いずれも偏った現実離れしたものであると我々は考える。中国が現代化へと向かうプロセス、また我々が市場経済、民主政治、多元的文化、法に基づく治国を建設するプロセスにおいて、直面する新たな情況、新たな問題及び新たな矛盾は、そのすべてを、もしくは主要なものを伝統の道徳を発揚することを頼りにして解決することは不可能である。何故ならば、中国の伝統的道徳が誕生し、自然経済、専制政治の古代社会において発展したことと、我々の今日の現代社会発展の現実的ニーズとを一律に論じることはできないからである。それ故に、それを用いて我々の今日の社会主義の現代化建設を指導することは不可能であり、伝統的道徳を今日の社会主義の主体的道徳とすることは更に不可能である。しかしながら、道徳現象は複雑なものであり、伝統道徳の中で積み重ねられてきた道徳の知恵が鮮明な民族性、人民性、大衆性の内容を具えていることに対しては、我々が真剣に学ぶに値するものであり、批判的に継承して然るべきである。習近平は、「中華文化は『民惟邦本』（民こそが国の根本）、『天人合一』（人間と自然の調和）、『和而不同』（和して動ぜず）を強調し、『天行健、君子以自彊不息』（天は極めて規則正しく健全に運行されていて、この天の規則正しい運行のように、君子も自らを向上させることを怠ってはならない）、『大道之行也、天下為公』（大道の行われる世においては、天下は公であるとされる）を強調し、『天下興亡、匹夫有責』（天下の興亡は、一介の市民にも責任がある）を強調して、徳を以って国を治め、文を以って人を化することを主張し、『君子は正義の実践を追求し』、『君子は落ち着いてのびのびとしている』、『君子は正義をもって本質とする』を強調し、『必ず言葉を守り、行うことは必ず成し遂げる』、『信義のない人が、それでよいとは考えられない』を強調し、『徳は孤立するものではなく、必ず同類の者が集まって来る』、『仁徳を具えた者は人を愛する』、『与人為善』（他人に善行を与えること）、『己の欲せざる所、人に施す勿れ』、『出入相友、守望相助』（いつでも互いに友人のように接し、ともに見守り助け合おう）、『老吾老以及人之老、幼吾幼以及人之幼』（我が家の年輩者を尊敬し、それを他の家族の年輩者を敬うことへ推し広げ、我が家の子女を労わり、それを他の家族の子女をも労わるよう推し広げる）、『扶貧済困』（貧しい者を支え、困窮状態から救済する）、『不患寡而患不均』（人民の少な

いのを憂えず、人心の安定しないのを憂える）等々である。このような思想や理念は、過去と現在とを問わず、何れもその鮮明なる民族的特色を具え、その永遠に色褪せること無き時代的価値を有するものである」と指摘している。

外国の道徳文化、とりわけ近現代の西洋の道徳文化をどのように扱うか、情況は恐らくより一層複雑であろう。中国の総合的国力の着実な上昇に伴い、我々は民族的自信、理論的自信、路線的自信を持つとともに、外国文化を理性的に扱うことを弁えるようになり、外国を崇拝し、媚びたり、自らを矮小化したりすることに異を唱えるのみならず、外国の文化に随意にイデオロギーのレッテルを貼り、一概に拒み斥けることにも賛成しなくなった。新参者である我々は、虚心に学ぶべきであり、外国の先進的科学技術や管理経験を学ぶのみならず、更にその民主、平等、自由、法治、公平、正義及び人道主義的思想文化や道徳理念を学ぶべきであり、創造的に超越することで、これらの国家が歩んで来た回り道を少しでも歩まぬよう、より聡明にならねばならない。

とりわけ指摘しておく必要があるのは、それら異なる国家や異なる民族の千百年来の生活の検証を経験した、比較的安定した基本的道徳観念、そしてそれら時代を跨にかけ、文化を跨にかけた一定の普遍的意義を有する道徳観念、例えば普遍性を具えた「グローバル倫理」といったようなものに対しては、我々はそれらを吸収して取り込みかつ提唱してしかるべきであるということである。

第二節　品徳発展の法則

被教育者の品徳発達の基本法則を理解することは、徳育活動が効果を得る前提の一つである。我々は二つの側面から詳しく研究することとする。一に、品徳の諸要素の発達の法則を論じることであり、二に、品徳発達の一般的法則を詳しく研究することである。

一、品徳の諸要素の発達の法則

品徳の要素に対しては、既に研究がなされており、それは主に道徳認識、道徳

感情、道徳行為に集中している。

（一）道徳認識の発達

　心理学が社会道徳認知領域内において比較的集中的に研究する問題は、最初は生徒の道徳判断に関する方面の問題であった。心理学の文献においては、一般的にスイスの心理学者ピアジェがまず初めに系統的に道徳判断の問題を研究したとしている。ピアジェの後、生徒の道徳認知の発達に対する研究で最も業績を上げた人物としては、アメリカの著名な発達心理学者で道徳教育理論家のローレンス・コールバーグを推すべきであろう。彼の提起した道徳教育の認知発達理論は、アメリカの教育界においてのみならず、世界各国の道徳教育に対しても多大な影響を与えた。

　ピアジェはその発生認識論を基礎に、生徒がおはじき遊びをする際の規則に対する遵守の観察を通し、生徒の道徳判断の発達とその知恵の発達には相互に平行する現象が存在することを発見した。彼は生徒を彼等自身の道徳観点の構築者であるとみなし、各々が何れも環境との積極的な作用を通じて彼自らの発達を構築していると指摘した。ピアジェは生徒の道徳の発達は、前道徳段階（0～2歳）、他律道徳段階（2～8歳）、自律道徳段階（8～12歳）、公正段階（12歳以降）という四つの段階を経るものであると結論付けた。

　ピアジェの提起した生徒の道徳判断の発達に関する基本的なアウトラインに基づき、コールバーグは生徒の道徳判断に対して20年の長きにわたる実験研究を行うことで、生徒の道徳発達は普遍的に三つのレベルと六つの段階を経ることを発見した。それは表10-1が示すところである。

　コールバーグは、生徒の道徳発達のプロセスには以下の特徴があるとする。

　第一、発展の段階は一定の順序を有するものであり、人それぞれにある段階に達する時間が早かったり遅かったりするが、この順序は不変である。

　第二、道徳の発達は個体の社会実践活動を来源とし、主体と社会の道徳情況との相互作用を来源とする。

　第三、道徳発達のプロセスは矛盾に満ちたプロセスであり、絶えず道徳の衝突を解決するプロセスである。もしも一人の人間が直面する道徳的な問題が彼の現段階の道徳的な嗜好性ではすぐには答えられないところのものであり、しかも現

第十章　徳　育　　405

表 10-1　道徳認知発達の段階

発達レベル	発達段階	「好き」行為の基準
前習俗レベル	段階1：賞罰と服従を指向する	賞罰を避け、無条件に権威に服従
	段階2：用具性相対主義を指向する	自分のニーズを満足させ、他人のニーズを満足させ得る時もある。
習俗レベル	段階3：「好い子」を指向する	他人の称賛を得られる行為
	段階4：権威と秩序の維持を指向する	権威を尊重し、社会秩序を維持
後習俗レベル	段階5：社会契約と個人の権利を指向する	法律を尊重し、法律は変えられるものでもあるとする
	段階6：普遍的倫理原則を指向する	良心に基いた行為をする

段階よりも更に高度な反応をすることを彼に要求するならば、その道徳的思惟は現段階から更に一段高い段階へと移行する可能性がある。

　第四、論理的思考の段階と道徳的推理の段階は平行するものである。すべての道徳段階の獲得は何れもある特定の頭脳の発達段階を必要とする。

　第五、異なる文化や社会環境の下、個体の道徳の発達の速度には異なるものがある。これら異なる発達の速度は社会環境の影響と関係がある。社会環境と教育は発達の順序を変えることはできないものの、この種の発達を加速させたり遅らせたりすることは可能であることを研究は証明した。

　ピアジェとコールバーグは何れも西洋人であり、彼らの研究結論は果たして中国に相応しいものであるのか否か？　中国の生徒の道徳認識の発達には自らの特徴があるのか否か？　1980年代以来、李伯黍等を代表とする中国の心理学者たちはこれに対して大サンプル的実証研究を行い、以下のような結論を出した。

　第一、全体からすると、ピアジェの生徒の道徳観念に関する段階に分かれて徐々に進化するという理論は、具体的年齢の区分の上で多少の違いはあるものの、発達の秩序性と分段階性は是認し得る事実である。

　第二、生徒の行為責任に対する道徳的判断、公正的観念及び賞罰観念の発達という面においては、中国の生徒の不成熟な判断から成熟した判断へと移る年齢は、全般的にピアジェ等の研究資料における転換年齢よりもほぼ1〜3年早い。

　第三、中国の各民族の生徒は何れも共通の発達過程を経ており、公正観念の発達という面においては、明らかに服従から公正的判断へと移行する発達のプロセスが存在している。賞罰観念の発達という面においては、各民族の生徒は二者択

一の判断においては、何れも強制的（処罰性）賞罰から返礼性賞罰へと発達する。公私の観念の発達という面においては、各民族の生徒がはっきりと述べている理由が、まずは自身の快楽と苦痛のレベルにおいて、次に公と私を漠然と大まかに区別するというレベルにおいて、そして最後に初歩的に抽象的な集団主義の原則から評価できるというレベルに達することを物語っている。行為責任の道徳的判断の面においては、客体性判断から主体性判断へと移行するというのが各民族に共通の発達の傾向であり、この種の移行の転換年齢が多少異なるだけである。人身傷害や器物損壊の道徳的判断においては、行為の意向性（意識的あるいは無意識的）が変わらぬ情況下においては、ウイグル族の生徒を除いた各民族の生徒は、均しく人身傷害の方が器物損壊よりも深刻であると認めている。

　よしんばこれらの研究が西洋の道徳認知発達の研究者が示すところの「生徒の道徳観念は段階に分かれ、順序に従い発達するとする」という理論を裏付けているとしても、中国の心理学者は、機械的に一つの固定的な年齢の発達パターンでもって異なる国・地域及び民族の生徒の道徳観念の発達プロセスを秤にかけることはできないし、ある一つの道徳内容をテスト材料として得られたところの道徳認知の発達パターンのみに基づき、異なる地域や民族の生徒の道徳観念の発達を解釈することはできないとしている。

（二）道徳感情の発達

　道徳感情とは、人が一定の道徳行為の規範に基づき自分や他者の振る舞い、行動、思想、意図を評価する際に生じる一種の感情のことである。人々が善悪、是非の評価を行う時には、決まって道徳認識に基づき生じる種々の内心体験に伴い、それと道徳的信念とを入り交じらせ、道徳的判断と緊密に関連付けるのであるが、それは道徳規範の個体に対する意義の大小によって決まる。それ故に、ある種の道徳評価と感情体験とが密接に合わさる時、道徳行為規範の遵守は初めて外的圧力に服従し、人々の自覚的願望となるのであるが、これがすなわち道徳感情の本質的特徴である。

　ジークムント・フロイト（Sigmund Freud, 1859~1939）を代表とする精神分析学派の道徳発達理論は、道徳感情に対して特別な関心を注いだ。当該理論の主な特徴は、外に顕れた行為ではなく、個体内部の自然的衝動と社会の現実との矛

盾及びそれが引き起こすところの感情や思想に関心を注ぐものであり、それは個体の動機、感情及び思想のプロセスに関心を注がない限り、人の行為を理解する術などないとする。

　フロイトの人格構造理論に基づけば、道徳は生徒の超自我的人格の発達であり、生徒の早期の経験中の成人の道徳基準のインプットであり、より高尚な社会道徳の反映である。彼の人格構造において、本能は最も原始的な生まれつきの無意識の情欲の衝動の部分で、それは「快楽の原則」に依拠し、直接の満足を得ることを求めるものであり、道徳的判断など問題外である。自我は「現実的原則」を奉じ、本能が必要とする満足を現実の軌道に取り入れようとするが、自我は本能をコントロールするにはまだ不十分で、そのためには超自我が必要となる。超自我は、人格の象徴であり、社会道徳の代表であり、人格の最後の形式にして最も文明的な部分であり、それは完璧な原則に従って活動し、本能を制限し、自我を指導し、理想化された自我を実現する。

　フロイトは、超自我は二つのルートを通じてその機能を発揮するものであり、一に良心、二に自我の理想であるとする。生徒がある種の衝動に駆り立てられて不適切な行為を仕出かした時、父母は制止、懲罰、訓戒を加えるが、その一部は懲罰によりインプットされた経験や情感であるが、最後は「良心」という形で表現される。生徒の良心は一旦形成されると、それは生徒のその後の行為に対して自発的かつ自覚的に評価、監督及び賞罰の作用を起こすことが可能である。父母の懲罰が生徒に受け入れられ、インプットされて良心と化することとなるその理由は、主に生徒の父母に対する感情の上での従属によるものであるとともに、父母の愛情を失うのを恐れるあまり、生徒が懲罰を受ける際の攻撃的傾向を父母にではなく自らに向けることによって後ろめたさを感じるようになるとともに、その後における類似した行為を抑制するようになることにある。生徒が自分の過ちを責め咎め、疚しさを感じるその程度は、成人感情の従属程度と正比例する。

　生徒が成人の要件に適った行為を行った時は、父母の励ましや称賛を得るであろうし、その後に類似する情況に直面した場合、生徒はやはりこの種の行為を重ねるであろう。この種の奨励によりインプットされた経験は、最後は「自我の理想」という形でもって表現され、行動の基準となるとともに、その後の行動に対して規範と激励の役割を演じることになる。このように、生徒は早期における父

母の賞罰の体験に対するインプットを通じて、次第に不良行為を取り除き、良き行為の基準を確立し、生徒がこれ以上父母の賞罰を必要としなくても自覚的に父母の基準に従って事を行うようになった時、道徳は日に日に熟すようになるのである。

　精神分析学派の道徳発達理論は、道徳教育に従事する者のために具体的な教育の提案を打ち出してはいないものの、それは非理性的要素、特に道徳感情の道徳行為の形成と発達における役割を重視し、生徒の早期における経験の道徳の発達における重要性を強調したことは、学校徳育に対して均しく一定の啓示を有するものである。

　おおよそ1970年代末から80年代初めより、中国の心理学界は道徳感情に対する研究を重視し始め、初歩的に中国の生徒・青少年の道徳感情の発達に関する一般的趨勢を探るようになった。

　第一、中国の青少年・生徒の道徳感情の発達は、小学二年生から中学二年生に至るまで次第に上昇する傾向があるが、それは等速的ではなく、不均衡なものである。中でも、小学四年生から小学六年生までが発達のスピードが最も速く、初級中学（中等学校）二年生から高級中学（高等学校）一年級生までは下降現象にある。

　第二、道徳感情の異なる範疇の発達は歩調の揃ったものではない。義務感が第一位で、その次が良心で、幸福観と栄誉観は第三と第四位、最後が愛国主義である。このことは、道徳の対偶的判断能力において良心と義務が第一と第二位であるのと一致するものである。

　第三、都市と農村の小・中学生の道徳感情発達の総合的な傾向は一致するものであり、都市の生徒の発達レベルは、各カテゴリーにおいて均しく農村の生徒よりも高く、その差異は顕著である。

　第四、異なる性別の小・中学生の道徳感情の発達傾向は基本的に一致しており、各カテゴリーの発達レベルの比較においては、愛国主義感情のカテゴリーを除いて、その他の各カテゴリーは均しく女子生徒の方が男子生徒よりも高いことがはっきりと示されている。

　第五、道徳感情の発達は一つの次元において展開するものでは決してなく、多レベル、多次元の間において、相互に矛盾し合い、制約し合いながら発達するも

のである。各カテゴリー間の矛盾の対立的統一として表現されるその一方で、一人の人間の身の上において、肯定的で高レベルの道徳感情が存在するかと思えば、同時に否定的で低レベルの道徳感情も存在するという事実が、小・中学生の道徳感情の多次元的な発達という特徴をはっきりと示しているのである。

(三) 道徳行為の発達

　道徳行為とは、人々が一定の道徳認識の導きの下、一定の道徳感情の激励の下において、表現する他者あるいは社会に対して履行するところの道徳的意義を具えた一連の行動のことをいう。品徳の構造において、道徳行為は取って代わることのできない意義と地位を有するものである。何故ならば、我々が一人の人間を評価するに当たっては、彼がどんなことを口にし、どのような道徳認識を具えているかを見る必要があるのみならず、更に彼がどのようなやり方をするのか、すなわちどのような道徳行為的表現をするのかを見る必要があるからである。認識と論述の便宜を図る意味で、我々は道徳行為を品徳の構造の一要素としているが、その実、それ自体は一つの複雑なプロセスである。アメリカの心理学者のレスト（J. Rest）は道徳行為のプロセスを四種の成分（情況を解釈すること、判断を行うこと、道徳行動計画を決定すること及び道徳行動計画を執行すること）を詳細に分析し、道徳行為の複雑性を明らかにした。従って相対的に道徳認識と道徳感情から言えば、道徳行為は一つの心理学者が稀にしか足を踏み入れない領域である。西洋において、それに対して割合に系統立った研究と詳述を行ったのがアルバート・バンデューラ（Albert Bandura）を代表とする社会学習理論である。バンデューラは、生徒の道徳学習に影響する要素はとても多くはあるが、その中で決定的役割を演じるのは行為主体の観察あるいは手本に対する模倣であるとした。

　伝統的な学習理論は通常、有機体は必ず活動もしくは操作を通してはじめて行為を学ぶことができる、つまり学ぶ者はまず反応を示し、反応の結果ある種の性質が強化され、そうすることによって次第にある種の行為を形作るかあるいは改変することができるとする。バンデューラは、この種の「反応結果を通じて行う学習」は、既に獲得した行為に対して調整を行うことにのみ適応するものであり、新たな行為に対する学習にははっきりとした効果は決してないとした。彼は、社

会環境においては、人々は通常は直接「観察」や「模倣」を通してすぐに新たな知識、技術及び行為を獲得するものであるが、観察学習は人と人との間で行う社会に関する学習であり、従ってこの種の学習は主に一種の「社会的学習」であると指摘した。

パンデューラは、観察学習は人格の形成や道徳行為の改変に対して極めて重大な役割を持つとする。まず、学習者は他者の行為を観察したり模倣したりすることを通して、新たな反応方式を獲得することができる。次に、観察と模倣を通して、既に習得した反応を抑制することができれば、その行為に対する抑制から脱け出すことができる。つまり学習者がある一つの反応が懲罰を受けるのを観察するに至った時、彼のその反応に対する模倣は低下するというのである。最終的に、観察と模倣はもともとの行動傾向や行為モデルを励まし、強めることができるということだ。

パンデューラの観察学習理論の最大の貢献は、手本で範を示すことの生徒の道徳行為の形成、改変及び発達における役割を強調し、模範教育の重要性を突出させたことにある。同時に、彼は自我の強化の行為に対する調節の役割をも強調したことは、学校道徳教育に対して実際の指導的意義を有するものである。

中国の心理学者の生徒・青少年の意志行為に対する研究は、主に小・中学生の意志要素、行為と動機との関係、及び小・中学生の道徳行為の性別の差異等といった面に集中しており、そこから、中国の小・中学生の道徳意志行為の発達の一般的傾向を論理的にまとめることができる。

第一に、小・中学生の道徳意志行為の発達レベルは年齢が上がるに随って徐々に高まるものである。小学生時代は発達が比較的に速く、中学生時代の発達速度は相対的に緩慢である。

第二に、堅持性と自制力は道徳意志発達の二つの主な特徴である。その発達も年齢が上がるに随って徐々に高まるものである。小学生の道徳意志発達の原動力は、最初は外的影響からくるものであるが、小学校高学年以降は徐々に内面的な自覚性へと転じる。当然のこととして、小・中学生が依然として外的な鞭撻を必要とすることはいうまでもない。それ故に、教師や家長は彼らの道徳意志行動を培いかつ指導することを重視する必要がある。

第三に、小・中学生の道徳意志行為の発達にははっきりとした性別的差異が存

在しており、特に単調な作業を完成させる時においては、女子生徒の方が均しく男子生徒よりも優れている。学校と社会は男女生徒それぞれの特徴に焦点を合わせて教育を行うことで、それぞれの特徴を発揮させることを重要視する必要がある。

二、品徳発達の一般的法則

異なる道徳発達理論には、研究の出発点と結論の面において差異が存在するものの、生徒の道徳発達の内在するメカニズム、一般的傾向、影響要素等の問題においては、多くのコンセンサスが得られており、これらのコンセンサスを我々はひとまず個体の品徳発達の一般的法則と呼んでいるのであるが、これらの法則に対し、我々は以下のように概括するものである。

(一) 品徳の発達は主体と客体との相互作用の産物であり、主体の活動と交際の基礎の上で自らが構築した結果である

生徒の道徳発達の根拠とは何か？　人々はこれまで異なる見方をしてきた。成熟論者あるいは内発論者は、品徳の発達は、実質的には生徒の内心に固有の良知良能（人間が生まれながらにして持っている是非善悪を知る本能）の展開（例えば孟子）あるいは「道徳の種子」の成熟であるとし（例えばゲゼル）、環境論者あるいは外発論者（例えば荀子や行為主義者で、フロイトの観点もロジックの上ではこの種の傾向から脱け出してはいない）は、生徒の一切の道徳品性は何れもその社会文化価値の反映であり、何れもその後天的環境の影響によって決まるとし、もう一種の観点（デューイやコールバーグの理論を代表とする）は、品徳は固有の「道徳の種子」の成熟でもなければ、単なる外的環境が作り上げた産物でもなく、主体と客体の相互作用の結果であり、行為の主体が活動や交際の基礎の上で自ら構築した結果であるとした。

生徒は現実社会の人間であり、彼はその活動や交際でもって外界との数多くの糸筋からなる分かちがたい連繋を築くことで、自らの生活環境を構成する。彼の活動と交際の範囲の日増しの拡大や方式の日増しの多様化に伴い、彼と外界との連繋や関係は日増しに豊かになり、その生活環境も日増しに多面的かつ多層的で、

多様化の特徴を呈するようになる。すべてのこうした連繋、関係及び活動や交際の方式は何れも生徒の現実の社会関係であるとともに、彼の現実生活、現実的存在でもあり、生徒の社会的本性は彼の現実の社会関係の総和である。但し、生徒は環境の消極的産物では決してなく、自らの活動と交際でもって外界に積極的に働きかけるとともに、能動的に外界の影響を感受する。しかも、外界の生徒に対する影響が、生徒の活動や交際を経て、生徒の個性的素質の形成あるいは向上へと至るには、一つの能動的なインプットのプロセスを経なければならない。道徳主体を各種の相互作用の活動に参与させ、自らその人間の生存の価値を審らかに見、実際に各種の関係を処理するよう導くことによってこそ、初めてそれらが蓄積している生活的意義、社会的理想、高尚なる情操に対する深い理解と認識を手に入れ、絶えず自らの道徳感情を深化させ、自らの道徳意志を鍛えることで、確乎たる道徳信念及びこの種の信念の導きの下における高尚なる徳行と癖を形成するとともに、人間の合理的存在に対する新たな憧れを生じさせ、人生の意義を悟ることができるようになるのである。

　以上のことから分かるように、生徒の生活と交際のプロセスにおける主客体の相互作用こそが、真の意味における社会道徳の個体化と個体の道徳の社会化を実現する基礎なのである。活動や交際は思想や品徳の形成と発展の源泉であるのみならず、道徳の発達レベルを検証する基準でもある。一人の人間の思想や品徳がどのようなもので、一人の人間の道徳がどの程度まで発達しているかは、一定の社会的関係、そして他者、他物、他事との交際と連動のプロセスにおいてこそ、初めて表現されかつ実証されるのである。

（二）個体の品徳の発達はその内部の矛盾の運動プロセスにおいて実現されるものであり、内部矛盾が品徳発達の原動力となる

　品徳の発達は主客体の相互作用に由来し、生活主体の活動と交際のニーズに由来する。生活や交際において、生徒は幼い頃から「自己中心」と他者との共同生活という矛盾に直面し、社会の承認を得ることを望むとともに、社会の同意に対する願望を芽生えさせ、他の人、物、事に対する価値評価に気付きかつそれに介入したり、他者と自分、利害、良し悪し、苦楽、愛憎、栄辱といったものの関係に対する思案を引き起こしたり、共同生活と個人生活との合理的秩序や行為の

準則に対するニーズを生じさせたり、生存、気配り、尊厳、快楽、自由、公平にとって有益な態度を形成したりする。これらは何れも生徒の道徳的ニーズのベースである。但し、生活の活動や交際のすべてが皆品徳の発達に有益である訳ではない。たとえ客観的な道徳的要求と生徒が既に持っている道徳的状態とが常に矛盾する状態に置かれているとしても、この種の矛盾は生徒の品徳の発達を促し得るものでは決してない。客観的な道徳要求が生徒から必要とされ、受け入れられ、しかも生徒が既に有している道徳状態と相矛盾する時に、初めて生徒の品徳発達の内部矛盾を構成し得るとともに、生徒の品徳発達の原動力となり得るのである。

そこでカギとなるのは、客観的道徳要求はどうすれば生徒自らが選択し、受け入れ、憧れ、為したがるところの要求へと転化し、その現実の自我と期待する自我あるいは現実の自我とあるべき自我との矛盾を形成し、自覚的かつ積極的に現実の自我を理想の自我へと転変させることを後押しし、矛盾の転化を実現し、個人の道徳境涯を高めるよう生徒を導くことができるのかということである。これは客観的な道徳的要求が生徒の主観的品徳に向かって追求するインプットのプロセスであり、生徒の品徳の内部矛盾の能動的転化のプロセス、そして生徒の品徳の自己修養あるいは自己構築のプロセスでもある。社会は、このプロセスに対しては、引導と規範を加えることしかできず、出しゃばったりしては断じてならない。もしも生徒の魂は形作ることが可能であるというならば、それを形作る者は牧師でもなければ、神でもなく、生徒自身でしかないのである。

(三) 品徳の発達は段階を有する連続的発展のプロセスであり、無自覚から自覚へと至るプロセスである

生徒の品徳の発達には法則性があるのであろうか？これには主に三種の異なる見解が存在する。第一種の意見（ハーツホーン、メイ）は、生徒の道徳の発達には、従うべきどのように法則性もなく、不変の発達パターンは存在せず、固定的な発達段階もないとする。第二種の意見は、いわゆる発達とはつまり成熟のことであり、もしもこの種の発達を段階に分けることが可能であるというならば、それは成熟により自然にもたらされる量的増加でしかなく、段階間の質的差異など決してないとする。第三種の意見（ピアジェ、カールバーグ）は、生徒の道徳は発達するものであるだけでなく、段階を有するものであるとする。この種の見解

は、益々多くの人々の同意を得るようになっている。

現代道徳心理学の大量の研究は以下の二つの点を証明している。

一に、生徒の道徳の発達が経るところの一連の段階は、成熟に関係するものの、成熟によって決定されるのではない発達段階を形成する。個体についていうならば、道徳の発達にはたとえ早遅、緩慢の差異が存在する可能性がありはするものの、必然的にこの発達の順序に従うものであろうし、道徳発達の各段階にはそれぞれに異なる特徴があるとはいえども、発達の各段階は一つの連続し、相互に噛み合うプロセスを形成し、前の段階では既に後の段階の萌芽を育み、それが後の段階の発達の基礎となり、後の段階は前の段階の必然的な発達であって、前の段階の幾つかの特徴を留めている。

二に、生徒の道徳発達のプロセスは一つの無自覚から自覚へと至り、単純に外的環境の支配を受けることから行為主体自らのコントロールを受けることへと至るプロセスでもある。

第三節　徳育過程

徳育過程とは、生徒が教師の指導の下、自発的かつ積極的に道徳の認識と道徳の実践を進め、徐々に自己修養の能力を高め、個人の品徳を形成して行くプロセスのことである。生徒は自らの思想感情と主観的能動性を有し、教師は固定的な工芸の工程に従い、一つの鋳型を用いて同一の規格とサイズの製品を鋳造するのは不可能である。徳育プロセスの特殊性は、それが教師の指導の下における生徒の思想道徳の自主的構築のプロセスであり、知情意行全体の調和的発達のプロセスであり、生徒の自己教育能力が絶えず高まるプロセスであることにある。

一、徳育過程は生徒の教師の指導の下における個体の品徳の自主的構築のプロセス

生徒の思想道徳の認識と行為習慣は持って生まれたものではなく、遺伝的素質が自ずと思想道徳を成長させることは不可能である。生徒は社会環境の相互作用

第十章　徳　育　415

のプロセスにおいて、とりわけ教師の有目的的かつ意識的な教育指導の下で、自らの思想認識を形成し、自らの道徳的素質を伸ばすものである。

（一）生徒の環境の影響に対する自発的吸収

　人は社会的動物であり、常に一定の社会環境の中において生存し、生活し、発展する。生徒は年齢が上がるにつれ、絶えず自らの活動と交際の範囲を広げる。最初に、生徒は主に父母や親族と接触し、その後、次第に隣人や仲間と、進学後には、今度は教師や同級生と交際し、徐々に各種の社会活動に参与するようになり、それから地域、祖国及び世界を理解するようになる。生徒の生活や交際の範囲が不断に拡大していくにつれて、その思想道徳の素質も絶えず発達して行く。

　生徒は主に二つの面の活動を通じて社会の影響を受け入れ、自らの品徳を構築する。一方では、彼等はきまって自覚的あるいは無自覚的に現実生活や社会的交際の中から思想道徳の影響を受け、自らの善悪、是非等の観念を形成し、好悪、愛憎等の感情を生み、一定の行為習慣を養う。家庭と社会環境の影響は、生徒の早期における思想道徳の発達に対して無言の中に感化するという多大な役割を演じ、中でも家庭の影響はより一層顕著である。もう一方では、彼等は、今度は学校教育、とりわけ教師の指導の下、一定の思想道徳観念に基づき学習、交際及び生活を行い、日増しに自覚的に自らの思想道徳的素質を伸ばし、自己教育の能力を不断に高め続ける。学校教育は一種の目的と組織とを有する自覚能動的パワーであるため、もしも組織が当を得ていて、しかも方法が合理的であるならば、その生徒の思想道徳に対する指導はとりわけ重要である。たとえ学校が家庭や社会の影響をコントロールできないとしても、それは家庭や社会の影響に対して選択と識別を加えるよう生徒を導くことが可能であるし、複雑な社会の思想道徳の現象や問題を討論し、認識するよう生徒を組織することで、生徒の思想道徳の素質の発達を促すこともできる。

　強調すべきは、生徒は社会や教育の影響を吸収する活動においては、完全に受動的な教育の客体ではなく、能動的に環境と教育の影響を選択しかつ吸収する主体でもあるということである。彼等が家庭、社会及び教育の影響を受ける際には、必ず自らの認識と感情の活動を有するとともに、自らの考慮と選択を有しているはずである。外界の影響は生徒自らの理解、選択、吸収及び実践を通してこそ、

はじめてインプットされて彼等自身の観点、立場となり、彼等の品徳習性となり得るのである。20世紀以来、世界の徳育の主流が強制的な教え込みや粗暴な訓戒に異を唱えるようになったその根本的理由は、このような徳育パターンと生徒が品徳構築の主体であるという理念とが相反するものであることにある。その実、このパターンは、生徒の思想や徳行に対しては、せいぜい短期的効果を有するのみで、真の意味において彼らの品徳を形成しかつ高めることはできない。

（二）教師の生徒に対する積極的指導

社会環境の影響と生徒の自主的選択が生徒の思想道徳の発達に対して極めて重要な役割を演じるとはいえ、社会環境の影響は玉石混交であり、生徒の自主的選択も一定の盲目性を帯びている可能性がある。それ故に、教師の指導は生徒の品徳の健全なる発達にとっての必要不可欠な指針と原動力になる。教師は正しい政治、教育、心理等の学科理念の指導の下、カリキュラム、活動、教師と生徒の影響の与え合い等といったルートを通じて生徒に対する教育指導を積極的に展開すべきである。但し、生徒の思想的自覚、人生の信仰、道徳修養等の価値認識や社会実践は、何れも教学のように知識技能の授受を通じて解決を与えることは不可能であり、効果的な方式といえば生徒の道徳の発達の現状とニーズに焦点を合わせ、積極的に学習討論、課外活動、文芸実演、生活交際、ボランティア、社会活動等といった各方面の活動に参与するよう生徒を導き、活動の過程において絶えず現れる矛盾や問題を解決することを通して、初めて生徒に同級生や他人と思想感情の上でのぶつかり合い、疎通及び自己反省をさせることができるとともに、認識を高め、是非をはっきりさせることで、実践活動において鍛練を受け、向上し、徐々に良き道徳品性を養うことを可能ならしめることができる。それ故に、教師は目的を持って豊富多彩な各種の団体活動に積極的に参与するよう生徒を導くことが徳育の最も効果的な方法なのである。

（三）外部の活動と内部の活動の相互促進

生徒の思想道徳の形成と発達は徳育の活動プロセスの中で行われるものであり、それは実際には二種類の相互に連なり合う活動を含むものである。その一つは、生徒の学習、研究討論、宿題、労働、社会奉仕等の外に顕れた実践活動であ

り、もう一つは、生徒が思想認識、感情、意志の上で繰り広げる内に隠された心理的活動である。生徒の外に顕れた活動は、直接に観察することができ、分析や調整に便利なものではあるが、生徒の内に隠された心理的活動は察知と制御が難しい。したがって、教育者は往々にして目前の功利を求めるに急で、生徒の行為に対する訓戒やコントロールのみ重んじ、きめ細かで突っ込んだ思想や感情面の活動を行う必要があることを弁えなかったり、あるいは面倒を厭わぬ説教のみ重んじ、相応な実践活動に積極的に参与するよう生徒を導く案配をおこなうべきであることを弁えなかったりする。その実、この二つの面の活動は相互に連なり、相互に促し合うものである。人間の心理活動は外なる世界の反映であるため、徳育過程に在っては、我々は生徒の各種の外顕的な実際の活動をしっかりと組織することで、内的な心理活動を積極的に展開するよう彼等を啓発し、かきたて、指導するとともに、彼等の思想認識の向上、価値観念の明確化、感情上の合意及び品徳の発達を促す必要があるその一方で、生徒の内なる思想、感情及び意志の活動が一度発動したならば、今度は多大な能動的パワーを現すであろうから、彼等の能動性を道徳の実践活動へと導くことで、生徒の思想や品徳の発達と向上をより一歩後押しする必要がある。

二、徳育過程は生徒の知情意行全体の調和を培う発達のプロセス

生徒の品徳は知、情、意、行の四つの要素を含むものである。したがって、徳育過程も生徒の思想品徳の知、情、意、行全体の調和の発展プロセスでもある。

（一）思想道徳発達の全体性

個体の思想品徳の発達は品徳の諸要素の調和のとれた統一された発達である。この品徳形成の法則に基づき、徳育活動を展開する際は、トータル性を重要視し、知、情、意、行の各要素を併せて配慮すべきであり、一方を重視し他方を軽視するといった不公平な取り扱いをしてはならない。学校徳育の重点は生徒の思想道徳の判断力、敏感性及び行動力を培うことにあり、どのような徳育パターンも、知、情、意、行という四つの基本面をないがしろにすることはできない。人々が徳育活動を展開する際、容易に現れる偏りは、徳育を知識教学とみなし、ひたす

ら強制的に教え込んだり、徳育活動を単なる感情の発散と同一視することで、効果的に道徳認知や道徳行為との有機的繋がりを確立できなかったり、徳育を機械的な動作訓練と同一視することで、生徒の行為に対する訓練や要求のみに関心を注ぎ、生徒が理解しているか否か、自分から進んでやっているのか否か、感情的に同意しているか否かなどお構いなしであったりするといったものである。

　個体の品徳構造における知、情、意、行等の要素は、相互に制約し合い、促し合うものであり、共同で個体の思想品徳の発達を後押ししている。我々は、生徒が道理の上で弁えさえすれば、必ずや相応の品徳を形成するであろうと考えてはならないし、生徒が相応の行為を示しさえすれば、それは彼が既に相応の思想品徳を具備していることを示していると考えてもならず、理を以ってそれを悟り、情を以ってそれを動かし、行を以ってそれを導き、根気よくそれを続け、トータルに生徒の品徳における知、情、意、行の育成に関心を注ぐことで、それらをトータルかつ調和的に発達させねばならない。

（二）徳育過程には多種の発端がある

　知、情、意、行全体の調和を強調するというのは、徳育活動は厳格に知、情、意、行の固定的な手順に基づき行うべきであるというのではない。正しくその逆で、徳育を展開するには多種の発端があり、知あるいは情を培うことから着手するのも良ければ、行の鍛錬から始めても構わない。何故ならば、思想品徳の発達プロセスにおいては、知、情、意、行の諸要素の発達は往々にしてアンバランスなものであり、あるものは先で、あるものは後、あるものは速くて、あるものは遅く、あるものはわりに比較的安定的で、あるものは常に一定でなかったりする。その上、生徒一人一人の品徳の発達にも顕著な差異がある。このことは、徳育を行うに当たっては、必ず異なる情況に焦点を合わせて臨機応変に処理し、ちゃんとした狙いをつけて行動し、学習する者の能力・性格・志向等といった具体的な事情に応じて適切な指導を行うことを我々に要求している。

　生徒の品行の中で常に見られる「言行不一致」の問題を例に挙げると、果たしてどこから徳育活動に着手すべきなのであろう？それには、具体的な問題に対して具体的な分析を行う必要がある。ある生徒は、恐らく行為規範を理解していないため、認識が一定のレベルに達していないとすれば、「知」から始め、その

第十章　徳　育　419

道徳意識を高める必要があるし、ある生徒は、口が達者ではあるが、行動に欠けているとするならば、「行」から始め、行動習慣を養う必要があり、ある生徒は、恐らく感情に親しみを覚えることに乏しいからか、内的な推進力がないとなれば、「情」を培うことから始め、生活を体験し、その道徳感情を掻き立てるよう生徒を導く必要がある。

（三）徳育実践の照準性

　道徳品性の知、情、意、行を培い育てるには、一概に論じたり、簡単に対処したり、一つの方法を用いて進めたりすることができず、知、情、意、行の一つ一つの要素の特徴に応じて、照準を合わせた教育活動を展開すべきである。

　まず、生徒の道徳認識であるが、間接経験に学ぶ方式、例えば講義を聞いたり、読書したり、暗唱したりする等の方式を通して習得することもできるし、直接経験の方式、例えば自らが道徳の実践や社会活動を行うという方式を通してものにすることもできる。学校徳育についていえば、最も手っ取り早く、常に用いられる方法とはすなわち教師の講義や講釈を通じるというものである。それ以外にも、道徳認識に関する学習、討論、弁論等に参加するよう生徒を組織する方式を通じて思想道徳認識のレベルを高めることもできる。ただ、この種の方法は、生徒の認識能力や生活経験に対して一定の要求がなされるものであり、一定の思想道徳の知識と経験の積み重ねを有する高学年の生徒に適している。国内外の学校徳育の経験からすれば、認知性道徳の発達パターン、価値をはっきりさせるパターンは均しく生徒の道徳認識の問題を解決するのに有利である。

　次に、生徒の道徳感情の育成を重要視せねばならない。研究によると、少なくとも以下の三点に注意する必要がある。第一に、思想道徳感情の形成はそれ自体の発達の段階性を有するという点である。例えば、小学校段階の重点は自らのアイデンティティーと他者に対する尊重や思いやりを培うことに在り、初級中学（中等学校）段階の重点は友愛感を養うことに在り、高級中学（高等学校）段階の重点は責任感を培うことにある。第二に、人情と義理の考えが通じ合うメカニズムの把握という点である。生徒をして、情感的な雰囲気の中で、道徳感情の体験を深化せしめ、感情の上で深い震撼を受けるようにさせることで、インプットと昇華を得させる必要がある。第三に、教育者の情意の感化力や人格的魅力の

独特な作用を重視すべきであるという点である。国内外の徳育の実践においては、思いやりパターン、キャラクターを演じるパターン、情況教育パターン、思いやり教育パターン等は均しく生徒の道徳感情を豊かにすることにとって有利であり、その共通の特徴は情況、体験、道徳的直感、人間関係及び人格的魅力等である。

最後に、徳育の最終目標は、道徳認知、道徳感情の行為に向けての転化を実現するよう生徒を促すことである。この転化のプロセスの実現は各種の道徳活動や社会実践の展開に頼らねばならない。現実生活においては、多くの学校が生徒の道徳行為能力の培いに対して関心を注ぐことが不十分で、多くの生徒に、異なる程度に行為能力が薄弱であるという問題が存在している。それ故に、学校は照準を合わせた形で各種の活動を展開することによって生徒の行動力をアップさせねばならない。中国の学校が比較的常用する方法は、生徒に道徳模範を確立して与えることで、生徒が各種の鍛錬活動を繰り広げるよう督促し、奨励や懲罰といった手段を通じて生徒の道徳行為を規範化しかつ強化する等である。国外の社会学習パターン、社会行動パターン等も生徒の道徳行為の養成に重点を置いたものである。

要するに、知、情、意、行の異なる特徴と法則に照準を合わせ、異なる徳育の手段と方法を採るべきである。

三、徳育過程は生徒の自己教育能力を高めるプロセス

徳育過程においては、社会学習、生活交際及び道徳実践に積極的に参与するよう生徒を導くべきであり、彼等の思想品徳の素質を培い、高めることは、均しく生徒個人の能動性と自己教育能力を発揮させることに頼るものである。

（一）自己教育能力を培うことの意義

生徒の年齢、才知及び自我意識が増していくに随い、彼ら個人の主観的能動性がその思想品徳の発達において益々重要な役割を演じるようになるが、この種の役割は主に一種の自己教育の能力として体現される。自己教育能力は徳育の一つの重要条件であり、生徒のこの種の能力を培いかつ高めることに気を配ってこそ、徳育は初めてより順調かつ効果的に進めることができるその一方で、生徒の自己

教育能力の形成は生徒の思想道徳の発展プロセスの一つの重要な標識でもある。徳育の任務は、生徒を経験と能力を欠いた依頼性の強い生徒から、自己教育能力を具えた、独立自主的に社会実践を行うことのできる思想道徳の主体へと徐々に培い育てることにある。

現代教育理論は生徒の自主性、能動性及び創造性を発揮させることを十分に重視する。スホムリンスキーはかつて、「自己教育を行うよう生徒を掻き立てる教育こそが真の教育であると私は深く信ずる」と述べ、更に「一人の少年は、彼が周囲の世界を仔細に研究するのみならず、自分自身を仔細に研究することをマスターした時こそ、彼が周囲の事物や現象を認識する努力をするのみならず、自らの内心を認識する努力をするようになった時こそ、そして彼の精神力が自らをより素晴らしいもの、より完全なものに変えることに用いるようになった時こそ、彼は初めて一人の真人間になることができるのである」と指摘した。このことは、自己教育能力を培いかつ高めることが、生徒の成長において重大な意義を有するものであることを物語っている。

(二) 自己教育能力の構成要素

自己教育能力は、主に自己期待能力、自己評価能力、自己調整能力により構成される。

自己期待能力とは、個体の自己発展のビジョンを設定する能力であり、それは自己教育の内在的な目的であり、原動力である。生徒は幼少の頃より「よい子」「よい生徒」になりたいという熱い願望を持ち、それが生徒の自己期待能力発達の心理的基礎である。学校教育はこの種の期待を細心に保護し、情熱的に励ますとともに、この種の期待をより具体的で、より実際的で、より充実した、より安定し、より理性的で、より感情に富み、より自主性を具え、より個性的特徴を顕わすものに変えるとともに、生徒の近い将来の願望を啓発することと遠大な理想を構築することとを繋げるよう生徒を導くべきである。

自己評価能力とは、個体の自我の発達の現状と傾向に対する評価判定能力であり、それは自己教育を行う認識の基礎である。自己評価能力を抜きにしては、自己教育はあり得ない。一人の人間が自らの思想と行動を正確に認識しかつ評価できるようになった時、彼ははじめて是非をはっきりさせ、自らの優れた点と欠点、

進歩と不足を正確に認識することで、効果的に自己教育を行うことができるようになる。教師は、徐々に客観的かつトータルに自我を認識することを覚えるよう彼等を導くことに気を配るとともに、彼等の自己反省と自己評価の能力の絶えざる向上を促して然るべきである。

　自己調整能力とは、自己評価をベースにして確立される、自らの思想と行動を自覚的に調節し、制御する能力であり、それは自己教育の重要なメカニズムである。自己調整能力を培うことを極めて重視したスホムリンスキーは、「何処から、そして何時から教育は始まったのか？『自らに打ち勝つことは、最も容易ならざる勝利なり』という古い格言がある。一人の人間は、ここから自らを認識することを開始し、自己教育を開始すべきである。幼年期と少年時代初期、すなわち7歳から10〜11歳に至るまでに、自分一人で自らのことを処置し、必要な時に自らを矯正し得るよう教えるべきである」と述べている。教師は、自らの思想、行為、志向及び性格を調節しかつコントロールすることが得意になるよう生徒を教育することで、彼等の自己調整能力を徐々に高めていく必要がある。

（三）生徒の自己教育能力の発達

　生徒の自己教育能力の発達は法則を有するものであり、それは生徒の認識能力や自己意識の発達、生徒の社会的交際、思想品徳の実践活動の拡大、経験の蓄積と行動能力の向上の何れとも切り離すことができないものである。児童の自己教育能力発達のプロセスの情況はおおよそ以下の通りである。

　生まれたばかりの赤ん坊は、自我と客体をはっきりと区別できない。徐々に、彼等は運動が絶えず客観世界と接触するのを感知することを通し、そのプロセスにおいてゆっくりと自らの動作と動作が触れるところの対象とを区別するようになる。1歳以降、赤ちゃんは初めて自我と独立した客体の存在を知る。その時、幼児は自我意識を芽生えさせ始めるのであるが、厳格な意義においての自己教育能力はまだ持たない。

　2歳より、幼児は認識能力の発達において「前演算段階」に突入する。彼等の認知活動が直観的で範囲が狭いという特徴を具え、それに加えて「自己を中心とする」ことから、彼等は極稀にしか自らの願望を制限できないため、自らの他者に対する義務を認識し難い。したがって、この段階の前期においては、幼児はま

だ思想品徳の要求と規範を遵守すべきものであるとはみなさない。彼等は遊びの中で生活し、知らず知らずの内に僅かな思想品徳の薫陶を吸収するのみである。この段階の後期に至ると、彼等の言語が急速に発達し、活動と交際の範囲が徐々に拡大することにより、仲間と一緒に遊ぶだけでなく、言葉を通して成人と交流することで、大量の知識を吸収し、彼等の社会化のプロセスを加速させ、徐々に自己中心状態から脱却して行く。彼等は成人から知識を吸収し、そこで成人は彼等が知識を獲得する源泉や真理を検証する基準となる。彼等は理知と感情の上で何れも成人に従順的で、成人を尊敬するのみならず、実質的に成人の支配を受けるため、その時点での児童の思想道徳活動は「他律的」性質を有する。つまり、成人の出す要求や規則を自明で、犯すことができず、必ず守らねばならないものであるとみなす。児童は社会的交際において、成人の他人の思想道徳に対する評価を直接観察することを通して、正しいか間違っているか、好いか悪いか等の最初期の評価基準を掌握し始め、是非や善し悪しをはっきりさせようと努力すると同時に、彼等は思想品徳の評価を学ぶプロセスにおいて、最初期の自己評価能力を形成し始める。

　7歳前後、児童は認識能力の上で「具体的演算」段階へと発達する。学校に上がるようになって以降、彼等は学校教育の影響の下、思惟能力が迅速に高まり、一般的な推理や分類が行えるようになる。それ故に、思想道徳の認識の上においても、自らの価値等級の序列が現れ、ゆっくりとではあるが、二度と完全に成人の是非を以って是非とすることはしなくなる。児童の知識の増長、能力のアップ、社会的交際の拡大は、成人と「平等」であることを要求し、成人の尊重を受けることを求めるとともに、行為の結果を重視することから行為の主観的動機を追究することに気を配る方へと転向する。これらは何れも外的な社会規範や成人要求に対する神聖感を徐々に除去し、児童の品徳の発達を徐々に「他律」から「自律」へと移行させるであろう。つまり彼らは思想品徳の面において逐次自らの見解を形成し、自らが自らのために行為規範を確定できるようになるのである。他者を評価し、相互評価するプロセスにおいて、彼等の自己評価能力も逐次発達するようになり、思想品徳経験の蓄積と社会実践能力の増強に伴い、その自己調整能力も逐次高まり、彼等は教師の指導と監督の下で効果的に自己教育が行えるようになるのである。

思春期に入って以降、青少年である生徒の認識能力は形式演算のレベルへと発達し、わりに抽象的な思考が行えるようになる。思想品徳の上においては、更に多くの社会経験を有し、善悪、他者と我、公私、栄辱の区別を弁えることのできる彼らは、人生の意義を思考しかつ問い詰めることができるとともに、人生観、社会観、世界観等の普遍的概念を掌握し始め、初歩的に自らの観点や見解を形成する。したがって、この段階においては、生徒の自己評価能力は大きな発達を遂げ、比較的客観的に自らの思想や行動を分析し、社会規範と自身の品徳とを比較し、理想の自我と現実の自我とを対照させることで、自らに対して要求や奮闘目標を打ち出すことができるようになる。この時期の生徒は、一般的に何れも単独で自己教育や道徳的修養を行い、自己教育の主体となることができる。

この事から分かるように、生徒の自我意識と自己教育能力の発達は法則を有するものであり、おおよそ「自分中心」から「他律」へと発達し、更に「他律」から「自律」へと発達する。教師はこの法則に従い、実際を出発点とし、物事の成り行きに応じて有利に導き、目的を持って生徒の自我意識を培い、生徒の自己期待、自己評価及び自己調整能力を高め、彼等の自己教育能力を形成しかつ発展させ、彼等の自身の品徳の構築における主体的役割を存分に発揮させて然るべきである。

第四節　徳育の原則

徳育の原則とは、教師が生徒に対して徳育を行う際に遵守すべき基本要件のことであり、それは個体の品徳の発達の法則と社会発展の要件を拠所に、徳育実践の貴重な経験を概括し、徳育過程の法則性を反映するものである。

徳育の原則は、徳育を組織しかつ展開し、徳育の実効性を高めることに対して指導的意義を有する。徳育の内容を正しく選択し、徳育のルートと方法を効果的に運用し、教育者と被教育者、生徒個人と集団、知識と生活、外界の影響と自我の構築の間の関係及び各種の徳育の問題を適切に処理するには、何れも徳育の原則の中から何らかの啓示を得ることができる。

徳育の原則は、徳育の実践に由来するものであり、それは社会生活の発展、学

第十章　徳　育　425

校の徳育実践の豊富化及び人々の徳育過程と法則に対する認識の深化に随って発展し、充実するものである。国内外の歴史上、数多の著名な教育者が多くの徳育の要求或は原則を提起しているが、これら貴重な歴史的経験は依然として我々が継承するに値するものである。ただ、今日の学校徳育は、多くの新たな情況が出現することで、多くの新たな問題に直面しており、我々が時代に即して発展させ、創新させることを必要としている。

　現段階における中国の学校の徳育の原則には、主に理論と生活とを相結合させる原則、スムーズ化の原則、長所を発揚し短所を救う原則、厳格な要求と生徒の尊重を相結合させる原則、対象に応じて異なる方法で教育を施す原則、集団の中において教育を進める原則、教育の影響の一致性と連貫性の原則等がある。

一、理論と生活を相結合させる原則

　理論と生活を相結合させる原則とは、徳育を行うには思想政治観念と社会道徳規範の学習と生活実践に参与することとを結び合わせることで、道徳認識を良好な道徳行為に結び付け、裏表がなく、言行一致を為すよう生徒を指導することを重要視すべきであることをいう。

　中国の古代の教育者は、一貫して学と行の結合を唱導し、「言行一致」であることを重視した。『論語』の冒頭の第一句は「学びて時に之を習う、亦説（よろこ）ばしからずや」である。人間の道徳行為を培うことを強調した孔子は、「君子は其の言の其の行に過ぐるを恥ず」（何をするにも言動が一致しなければならない）、「言に訥にして行いに敏ならん（と欲す）」と説いた。彼は、一人の人間の道徳レベルを評価するには、「その言葉を聴いてその行いを信じる」のであってはならず、「その言葉を聴いてその行いを観察する」べきであるとした。『中庸』は、「博くこれを学び、審らかにこれを問い、慎しみてこれを思い、明らかにこれを弁じ、篤くこれを行う」よう唱導し、墨子は「読書人（知識人）は学問が無くてはならないというが、学問を実践に用いることこそが最重要なことであり、それが根本なのである」、つまり道徳行為が正しい人間になる根本なのだと指摘した。朱熹は、知と行は片方を疎かにしてはならいとした上で、「先後を論ずるならば、知のほうが先であり、軽重を論ずるならば、行のほうが重く」「致

知、力行、用功不可偏、偏過一辺、則一辺受病」と説いた。これらの貴重な見解は、我々が珍重しかつ吸収するに値するものである。但し、古代の教育者は往々にして社会秩序と道徳規範を「天道」「天理」であるとみなし、「克己」「自訟」たれと、気性に反してまでも、自我を滅し、「天道」や「天理」を信奉するよう生徒に求めたのは、生活から離脱し、個性を殺してしまう傾向を含むものであり、この種の消極的要素も我々が注意するに値するものである。

　徳育の目的は、とどのつまりは生活をじっくりと見詰め、評価し、生活の意義と生活の追求を感じ悟り、生活を選択し、更新する意向と能力を形成するよう生徒を導くことであるため、生徒の現実生活に向き合わない訳にはいかない。青少年からすれば、理論と生活実践を結びつけることを重要視することが極めて重要である。道徳の知識と原理は一定の意義において言葉で教えることや学習を通して学得することができるが、道徳感情、道徳行為及び習慣の形成はずっと複雑であり、長期にわたる生活体験や実践訓練を経、様々な内外の障害を乗り越えることによって初めて到達できる。したがって、生徒の品徳の発達においては、考えることと言うこととが一致せず、言行がちぐはぐになるという現象が極めて現れ易い。

　理論と生活を結合させる原則を貫徹する基本要件は以下の通りである。

（一）理論学習は生徒の生活の実際と結び付け、適切に生徒の思想を向上させるべき

　思想認識は行動の案内人である。徳育においては、一定の道徳観念と思想政治理論でもって生徒を教育することは必要である。道徳は生活を源とし、品徳は生活において養われるが、これは理論の学習を拒み斥けていいと意味するものでは決してなく、理論の教育と学習は生徒の実生活を基点とし、生徒の実生活と結び付けるべきであることを示すものである。徳育の理論教育と学習は、生徒の実生活と対話し、連動させることで、生徒に興味を感じさせ、生徒に必要とされ、理解され、体験され、インプットされることで、生徒が学んだところの思想品徳理論は初めて真の意味において生徒の実生活に介入し、浸透し、生徒の生活を評価し、選択し、更新する能力を高めることができるということを知らねばならない。

　ある種の理論、観念、思想を「教材に盛り込み」「教室に取り入れ」「試験答案

に盛り込む」べきであると強調する者がいるが、このことは深く考えるに値する。我々は教材の編纂を組織し、開設する必要のあるカリキュラムを規定し、試験すべき内容を確定することは可能であるが、強調するところの観念、思想、情操が生徒の頭に入り、既に生徒に認められ、その行動において見られるか否かということはやはり問題である。なぜそうなのかというと、その重要な理由は、こうしたやり方は生徒の生活の実際から離脱したものであり、頑なにある種の理論を生徒に無理やりに押し付け、認めるよう迫るものであり、理論と生徒の生活を対話させ、連動させることにより、生徒に理論は生活のために必需であることを体験させるとともに、理論学習に対して道徳のアイデンティティーを生じさせるものではないからである。

　生徒の生活は個人のものでもあれば、社会のものでもあり、特殊性を有するものでもあれば、普遍性を秘めたものでもあることを見据えて然るべきである。共通性無き純粋な個人の「生徒の生活」は存在せず、個人から離脱した純社会的な「生徒の生活」も存在しない。生徒の生活は足跡が及び、手を伸ばせば届く自らその場に臨む生活でもあれば、興味が及び、注意が及び、心がその場を経験する生活でもあり、両者は繋がり合ってもいれば、同等でもなく、共同で生徒の「生活世界」を構成している。言語符号とメディア情報の助けを借り、生徒の心が経験する時空を身体が経験する時空に寓させ、それからその身体が経験する時空を遥かに超えさせる。正に生徒の生活の社会性及びその心が経験する時空がその身体が経験する時空を超越できるという特性故に、人類文化の道徳観念や思想政治理論は初めて生徒の生活と対話しかつ連動し、いわゆる「視域交融（視野の融合、fusion of horizons)」、思想の疎通、感情の交流を展開することができ、そうすることによって自己中心から脱却して社会や人類を胸に懐き、人間根本の価値観、人生観、社会観を形成するよう生徒を導くことができるのである。正に生徒の生活が個人のものであるため、徳育が生徒の生活に向かい合うというのは、生徒の「身体が経験する世界」の特殊性に向かい合うのみならず、彼等の「心の経験する世界」の興奮点をも重視し、彼等が何を考え、何を望み、どのような困難や悩みを抱えているかを理解すべきである。したがって、徳育の理論の教育あるいは学習は、教え込みではない対話、ぎこちない説教や強迫的命令ではない思想感情の上での交流や意思疎通以外にないのである。

（二）実践を重要視し、道徳行為習慣を培う

徳育は、生活をベースとし、常日頃の活動と交際に含まれていなければならない。徳育の理論学習は行動において現れるべきものであり、生徒の実践活動と交際を指導し、適切に団体生活、公益労働、社会奉仕、政治活動に参加するよう彼等を組織することで、彼等が実践の中で鍛錬されて成長し、思想認識や感情体験を深化させ、良き行為習慣を養うことを重要視するべきであり、これは学校徳育の不可欠な面である。実際の活動を通じて生徒の行為習慣を培うことを重視し、行為習慣は品徳の形成と発達において重要な役割をもつとしたスホムリンスキーは、「道徳概念の道徳信念へと通じる通路は行動と習慣を起点とするものであり、これらの行動と習慣は心のこもった感情に満ち溢れ、子どもが彼の行うことや彼の周囲で起こる出来事に対処する個人的態度を含むものである」と指摘した。確かに、青少年である生徒は、常日頃の社会活動や道徳実践の中で、師長に会ったら安否を尋ね、まじめに聴講し、挙手してから発言し、積極的に教室の掃除をし、紙屑が落ちているのを見かけたらすぐに拾い上げる等といった行為習慣を養うプロセスにおいてこそ、初めて彼らの道徳規範を遵守する積極的態度や深厚な感情を掻き立てることができるとともに、彼等の獲得した道徳知識を道徳信念へと転化させ、高尚な道徳を形成させることができるのである。

道徳信念が抽象性と普遍性を具えたものであるのに対して、生活は具体的で特殊なものであり、たとえ生徒が一定の道徳信念を具えていたとしても、複雑な生活の問題に出くわした時には、往々にしてなす術を知らず、おろおろするばかりで良策が浮かばなかったりするものであることに注目すべきである。これは生徒が常に口にすることは多いのに、やることは少なかったり、何かをするその動機は立派でも、効果は良くなかったりする原因の一つでもある。この意味においても、生徒に実践の中で行動の仕方を学ばせ、臨機応変に対処する能力を鍛えさせる必要があるのである。

二、スムーズに導く原則

スムーズに導く原則とは、徳育を行うには整然と順序立てて善導し、理を以って人を説得し、生徒の認識を高めることから着手し、生徒の自発性を引き出すこ

第十章　徳　育　　429

とで、彼等を積極的に向上させるべきであることをいう。スムーズに導く原則は一歩一歩上手に教え導く原則とも呼ばれる。

　孔子はスムーズに導くのが得意で、彼の教え子の顔回は孔子が整然と順序立てて善導することを極めて高く評価し、「夫子循循然善誘人、博我以文、約我以礼、欲罷不能」（先生は手順よく人を導かれる。文献で目を開かせ、規律で人を引き締めるので、止めようにも止められない）と述べている。孔子の誘導は教え子の学を為し、道を謀り、仁を求め、善に向かわんとする積極性を存分に引き出すことができたのである。それ以降、整然と順序立てて善導することは、中国の教育の重要原則及び優秀な教師の具えるべき品性となった。

　青少年である生徒は正に道徳認識の猛スピードで発達する時期に置かれている。未来を憧れる彼らは、向上することを求め、自らの人生の価値をアクティブに追求する。しかし、彼等の社会経験にはさすがに限りがあり、是非や善悪を識別する能力も不足しているため、問題を見るに当たって容易に単純かつ一方的に偏ってしまいがちになる。こうした情況の下においては、彼等に対して正面教育（肯定面を主に教える教育）を行い、説得誘導することで、思想認識を高めさせる必要がある。況や、青少年である生徒は単純で、情熱的で、まっすぐであり、大胆に物事を考え、大胆に物を言い、彼等の思想は常に表現されようとし、あたかも川の水が勢いよく流れるかの様に、塞ごうにも塞ぎ切れないものである。思想認識の問題に対して、もしも「塞ぐ」方法や「抑えつける」方法を用いて解決しようとすれば、矛盾を激化させ、対抗をもたらしてしまうことになりかねず、大禹が洪水を治めた様に、スムーズに導き、彼等をして、物事の道理をよく弁え、認識を高め、自覚的に自らをコントロールするようにさせなければならない。真の意味において生徒の思想認識と道徳的自覚を高めさせるには、対話し、スムーズに導くことで、理を以って説得するより外なく、強制的に服従させてはならない。

　スムーズに導く原則を貫徹する基本要件は以下の通りである。

（一）道理をはっきりと説明し、考えを疎通させる

　青少年に対して徳育を行うには、事実を並べ、道理を説き、きめ細かで突っ込んだ思想教育を行うことで、彼等が自覚的に問題を認識し、自覚的に道徳規範を履行するよう啓発することを重要視する必要がある。たとえ生徒に欠点や良くな

い癖があり、行為の上で過ちやミスが現れたとしても、考えを疎通させ、認識を高め、自覚を啓発することを重要視すべきである。生徒の思想認識の問題に対しては、スムーズに導くより外無く、抑えつけるべきではない。抑えつけは往々にして反抗を招いてしまい、生徒の進歩にとって不利であり、スムーズに導いてこそ、初めて生徒を心から承服させ、自覚的に改善させることが可能となるのである。思慮深さは、生徒の考え方や心理状態についての知識と理解に依存している。生徒がすっかり慣れてしまい、何が間違っているのか感じられないままであったりする時などは、彼等が自らの思想行為にまだ不足や過ちが存在していることを意識できるよう彼等を啓発する必要がある。孔子が「不憤不啓、不悱不発」（自分で考えて問題を解決しようする意欲が湧かなければ、その者を教え導くことはしないし、自分の考えを言い悩んでどう表現してよいか悶々としていなければ、その者を教え導くことはしない）と説いている様に、生徒が自分で考えて解決しようとする意欲が湧かず、自分の考えを言い悩んで悶々としていない状態であるならば、教師は啓発したりスムーズに導いたりする手がかりすらないのである。時に、生徒の態度にも彼自らの由縁や理由があるのであるとすれば、教師はその立場に身を置いてはっきりとさせる必要があり、主観的な印象だけに頼って批判や非難を加えたりしては、生徒をやり切れない思いをさせたり、苦痛を感じさせたりし、甚だしきに至っては、心理的障害さえ来してしまいかねない。教師と生徒の間に一旦共通の言葉が無くなってしまうと、スムーズに導くことも役に立たなくなってしまう。

（二）具体的状況に応じて上手に導き、順を追って巧みに誘う

　青少年である生徒は、活発で良く動き、精力旺盛である。彼等は授業の余暇の生活において、歌ったり踊ったり、駆け回ったり大声で喚いたりと、自らが好む活動にアクティブに参加する。これは生徒の身体と心理が健康であることの表われであり、いとも自然な事であって、小さな大人の様に静かに落ち着き、規範に従って行動することを一途に求めたりしてはならない。重要な問題は、生徒の積極性や志向を正しい方向へと導くのに長けていることである。

　王暁はインターネットにアクセスすることに無我夢中な子どもである。父親は仕事の必要から数年前にパソコンを一台買って家でインターネットに繋げた。当

初、彼は父親と一緒に遊び、両親も反対はしなかったのであるが、後になって、彼は毎朝起きると、早速インターネットにアクセスし、お昼や夕方の休憩時間もそれを手放そうとせず、名実共の「ネットの虫」になってしまい、ネット上の緊張した激しいゲームに夢中になり、精巧で美しい絵や誰憚るものもないネット上での雑談から自力で脱け出すことができなくなってしまった。

　教師はこの情況を知った後も王曉のネットアクセス行為を決して全般的に否定することはせず、彼とインターネットやビル・ゲイツの話を始めたりして、彼がネットアクセスを通じてコンピュータ技術を学ぼうとする積極性を充分に肯定するとともに、交流を通して王曉のネットアクセスの内心世界をより一歩深く理解した。そこで、彼の情況に焦点を合わせ、教師は一連の措置を講じたのである。第一に、彼が集団の活動や作業に多く参加するよう奨励した。例えば、彼にグループ長を担当させるとか、同じクラスの同級生と交流することで、互いに助け合う関係を築き、自信をつけるとかである。第二に、彼のコンピュータ好きの特徴に焦点を合わせ、コンピュータを趣味とするサークルを立ち上げ、そのサークルの長を担当させて、定期的に活動させ、計画的に他の同級生たちにネットの知識を講釈させるようにした。第三に、機会を利用して彼を表彰し、彼と交流することで、教師と生徒間の距離を縮めた。自分に対して自信を持つようになった王曉の各方面における態度には何れも顕著な進歩が見られるようになり、学習の上で真剣に聴講し、アクティブに思考し、大胆に発言し、自らの見解を述べるようになった。授業担当の教師は何れも王曉はまるで人が変わったかの様で、精神状態も面目を一新し、クラスの活動においても教師のために提案をしたり、仕事があれば我先にとそれをやるようになった。

(三) 表彰や激励を主とし、肯定面を主に教える教育を堅持する

　青少年である生徒はアクティブに向上し、自尊心と名誉心を持つが、往々にして子どもっぽさを有し、社会や人生の問題を正しく認識することができない。教師は啓示や指示により、彼等が社会に目を向け、分別を持ち、道理を弁え、幼稚さから目覚め、他者や祖国や世界に関心を注ぎ、自らの理想を確立するようにさせる必要がある。彼等の成長過程においては、肯定面を主に教える教育を堅持し、彼等が表現する積極性や極わずかな進歩に対しても、それを肯定しかつ称賛や表

彰や激励を多く加え、彼等を一歩一歩前に向かわせることによって、彼等の優れた品徳を培い育てることを重要視すべきである。批判や処分といったものは補助としての方法でしかあり得ない。

この学期、我がクラスに聴力に障害のある一人の生徒が新たにやって来た。初めて彼女を目にした時、ぼさぼさに乱れた頭髪の下に汚れた小さな顔が隠れていて、ぱっちりとした大きな両目は遊離して定まらない状態であったのを覚えている。彼女は私の執務室に入って来るや、無闇に物をひっくり返し、私が彼女の家長と話をする半時間余りの間に、彼女はひっきりなしに飛んだり跳ねたりしていた。その翌日、彼女は教室に足を踏み入れたその瞬間から、分に安んじる事などなく、その大きな両目で集中しながら私の方をじっと見たことが無く、何を話したところで、そんなことにはお構いなしで、ひたすら自分の遊びに耽ってばかりいた。

それから間もないある日、私が支援により得て来た幾つかの補聴器を教室に持ち込み、その中の一つを彼女の耳に当て、声が聞こえるかと小さな声で彼女に問いかけると、彼女は突如極めて熱い視線を私に注いだ。その日、彼女は脇目もふらずに授業に集中し、授業が終わっても無闇に走り回ったりすることはなかった。放課後、彼女の宿題を添削する番がやって来た時、私は彼女の字がそれまでに比べてまじめに書かれていることに気付き、クラスの生徒全員の前で、彼女に対して、「今日、君は進歩が最も大きい。本当に素晴らしい！」と言った。するとその日から、この一見ありふれたように思える一言の誉め言葉は、何とあたかも霊験あらたかな妙薬の如く彼女を変えたのであった。彼女は人が変わったように、授業に集中し、放課後も上品になり、他者のことを気に懸けるようになったのである。とある日、私が洗面器を手にしながら、机を拭こうと水汲みに行こうとしているのを目にした彼女が、こともあろうにそれを受け取り、水を汲んで来て、仔細に机を拭き始めるではないか…ここに至って、人の師たる者は皆私と同じように心に感動を覚えるであろう。一人の人間の生活の軌道が変わるのが何と称賛の一言の縁によるものであるというのは、幾分の偶然性を帯びたものであるとはいえ、心理学の角度から分析すると、教師からの誉め言葉や励ましは最も生徒の自尊心と自信を喚起し、彼等を学習に奮い立たせる原動力となり、ひいては彼等の人生の道の転換の契機となるのである。

第十章　徳　育　433

　我々すべての教師からすれば、称賛と励ましの言葉をかけることは、決して難しい事ではないが、生徒、特に身体の不自由な、普段批判の声を聞き慣れた子どもからすれば、この誉め言葉は殊の外貴重なものに思えるのである。教師よ、我々が全力を尽くして生徒に対して「教えを賜る」のにやぶさかではない時において、我々は果たして彼等を褒め称えることに吝かでなく、子どもたちが知識や技能を手に入れるのと同時に、更に一人前の自信を添えさせることができるであろうか？　称賛の一言は、一本の透き通った小さな渓流の如く、生徒の身の上の劣等感、だらしなさ、気懸りなこと等をきれいに洗い流すことができるし、また一陣の長閑な春風の如く、生徒の心中の枯れしぼんだ小さな苗を緑にすることができ、更に一つの金色の鍵の如く、生徒の美しい心を開くことができるのである。　教師たちよ、我々みんなして褒め称えることを覚えようではないか！

三、長所を伸ばし短所を改善する原則

　長所を伸ばし短所を改善する原則とは、徳育を行うには生徒の自己教育の積極性を引き出し、彼等自身のポジティブな要素に依拠しかつそれを発揚して彼等の品徳上のマイナス要因を克服させることで、生徒の道徳の成長を促すべきであることをいう。

　『学記』は、「教師たるものは、教え子のミスに気付き、それを糾すことの上手な人間である」と明確に説いている。但し、当時は主に教師の教えるという職責を強調するあまり、生徒の主体的な積極性を引き出すことには未だ気を配ることがなされなかった。今日、人々は、徳育は生徒の品徳発達の外因でしかなく、外因は内因を通じて初めて功を奏するものであると認識するに至っている。つまり、徳育は生徒の自己教育の積極性を掻き立て、自らのポジティブな要素を発揚し、自らのマイナス要素を克服するよう彼等を導いてしかるべきであるというのである。生徒の品徳の発達は、主に彼等の思想感情内部の矛盾する動きにあるとともに、その中のポジティブな一面が絶えず発揚され、ネガティヴな一面に打ち勝つことにあるのであり、そこで初めて進歩が現れるのである。一人の生徒は、徐々に少しずつ誠実な行為を養うことによって初めて嘘をつくという悪しき癖を克服し、規律を遵守する習慣を養うことによって初めて自由散漫な行為を是正するこ

とができる。ポジティブな一面が強固かつ強大にならなければ、ネガティヴで遅れをとる一面は克服し得ない。この意味において、いわゆる長所を伸ばし短所を埋め合わせるというのは、つまりは自らが自分に打ち勝ち、自分を乗り越えるよう生徒を導くということなのである。

長所を伸ばし短所を埋め合わせる原則を貫徹する基本要件は以下の通りである。

（一）「どのようなものにも二つの面があるもの」として生徒を扱う

生徒を正しく理解し評価することは、生徒を正しく教育する前提である。ある教師が効果的に生徒を教育できないのは、往々にして「どのようなものにも二つの面があり」、発展するという観点で生徒を扱うことができないからである。例えば、一人の生徒の優れた点ばかりを目にして彼に対する要求をゆるがせにしたり、あるいは一人の生徒の欠点ばかりを目にすることで、簡単かつ粗暴に彼を扱ったり、あるいは過去ばかりに注目して彼の成長や現時点における態度を重視せず、彼に対して常に偏見を抱いたりする。したがって、生徒に対しては、そのポジティブな一面も見、ネガティブな一面も見るべきであり、またその過去の態度も見れば、その後における変化や現時点における態度も見、優秀な生徒の足りない点に目を遣り、「良く鳴る太鼓にも太いバチが必要である」ことを弁え、更に遅れをとっている生徒のぱっとする点に気付くことが得意になることで、長所を発揚し短所を埋め合わせ、彼等の転換を促す必要がある。

（二）アクティブな要素を発揚し、ネガティブな要素を克服する

トータルかつ突っ込んで生徒を理解するのは、生徒がしっかりとした基礎を築くよう教育するためであるが、彼等の品徳の発達を促すのに根本的な一点は、その積極性を引き出すことにあり、彼等が自覚的に自身の優れた点をしっかりと固めかつ発揚することで自身の欠点を抑えかつ克服するよう導いてこそ、初めて良好な品徳を養い、長足な進歩をものにすることができる。

赫鉄軍は260点という成績で学校に入学したが、彼は当然ながら、学校の採用点数には達していなかった。慣例を破る形で彼を採用した理由は、一に、彼の書道の先生が力の限り推薦したことと、二に、彼の両親が何れも傍におらず、彼一人高密で勉強していたからである。ところが、思いがけないことに、第二週目に

校内で赫鉄軍の姿が見当たらなくなってしまった。もとはというと、彼は書道訓練クラスに身を潜めて字の練習をしていたのであった。開学後の十数日というもの、彼を教室に閉じ込めたまま、宿題を除けば試験という具合であったので、一日字を書かないでいると、手がうずうずし出す彼のことであるから、こうした束縛にどうして我慢などしていられよう。すると、彼など要らないというものがいた。何故ならば、十数日の学習にさえ辛抱できないのであるからには、三年という長い高校生活を堪え忍ぶことなど、彼にとってみれば間違いなく神話のようなものだというのである。一人の字を書くのが大好きな子どもが、何故よりによって学校嫌いなのか？ 子どもに問題があるのか、それとも学校に問題があるのか？ 私は深い考えに陥ってしまった。当時は、学校のマルチメディア会議室が改築の真っ最中で、誰かに大きな看板に字を書いてもらう必要があった。そこで私は、人選は決まった。この赫鉄軍を差し置いて外にいないと思った。私は彼の字を見たことがあり、正にぴったりだと思ったのである。報告庁の大プレートが掛けられると、その草書は少しばかり王羲之の風格を帯びていて、目にする人のすべてが作者は誰なのかと問い、何れもこの赫鉄軍は書道家であると思ったのである。実際、我々の行為は書道家を創造したではあるまいか？この手は本当に効き目があったらしく、赫君は授業をサボらなくなった。その後、我々は彼を先頭に立たせ、書道協会を組織し、全校の書道マニアを集めたのであるが、会長はこの赫鉄軍であった。同級生たちは一緒になり、関心を寄せる事情も多くなった。だんだんと、赫君は目標を中央美術学院に絞るようになったが、中央美術学院の文化課の成績要求が決して低くはない事も彼は同時に理解した。彼は教師たちを尋ねるようになり、文化課の学習においても意気込んで努力するようになった。内的な原動力が人の成長の速度を決定づける。赫君はこうして彼の自彊奮闘の旅程を歩み始め、しかもその変化でもって周囲の教師や同級生を感動させたのである。三年後、彼は案の定中央美術学院に合格したが、その時、人々は逆にもう驚いたりはしなくなっていた。

（三）自覚的に自らを強化し、勇んで自己教育するよう生徒を導く

　長所を発揚し短所を埋め合わせるよう生徒を導くことは、固より教師が主動的役割を演じる必要があるのであるが、それは主に生徒が自己教育し、自覚的に長

所を発揚して欠点を克服するのに頼るものである。しかしながら、青少年である
生徒は、往々にして自らを正しく評価するのが容易ではなく、高過ぎる評価をす
ることで、傲慢になり、進歩を阻碍してしまったり、あるいは低過ぎる評価をす
ることで、劣等感を持ち続け、自らを奮い立たせることができなくなってしまっ
たりする。したがって、虚心に両親や教師や同級生等といった各方面の意見を聞
き入れるのが上手になり、勇んで自らを解析して正しく評価することで、自らの
思想や行為に対して自覚的に反省と再認識を行えるようになり、自らの優れた点
に誇りを感じ、自らの欠点を自責し、咎め、自覚的に道徳修養を行うよう生徒を
サポートする必要がある。

四、厳格な要求と生徒を尊重することを相結合させる原則

　厳格な要求と生徒を尊重することを相結合させる原則とは、徳育を行うには生
徒の思想品行に対する厳格な要求と彼等個人に対する尊重と信頼とを結びつける
ことで、教育者の厳格な要求を生徒の自発的な道徳的自律へと転化させ易くする
ことをいう。

　人を教育するには、まず人を人とみなすことが必要である。人は何れも自尊心
と名誉心を持ち、尊重され信頼されることによって初めてその能動性と向上心を
充分に掻き立たせることができる。青少年である生徒はとりわけそうであり、彼
等は単純で、情熱的で、向上に積極的であるため、もしも師長の尊重、信頼及び
激励が得られるならば、彼等は存分に自発性を発揮し、個人の品徳を高めようと
努力をするが、もしも彼等を尊重せず、信頼せず、嫌悪したり、蔑視したり、侮
辱したり、抑えつけたり、ひいては体罰を加えたりしようものなら、必ずや彼等
の個性の発達に対する傷害をもたらすことになるであろう。明代の教育者の王陽
明は、この方面の経験と教訓を深刻に総括し、「子どもの気持ちは、草や木が芽
を出し始めたときのようなもので、リラックスしていればうまくまとまるが、破
壊されれば非力になってしまう。子どもたちに教えるなら、中心で励まされ、楽
しいと思わせなければならない。そうすれば、子どもたちは前進することを止め
られなくなる」と指摘し、それに続けてこうも指摘している。「更に近時、蒙古
の子弟を教育する者は、文章や教訓という形で監督するだけで、マナーをもって

指導することを知らず、知恵を求めるが、善意をもって育てることを知らないのか？」と。こうした歴史の貴重な経験は我々が真剣に吸収するに値するものである。

旧ソ連の教育者マカレンコは、この原則を提起しかつ明確に詳述し、「でき得る限り多くを一人の人間に求めるには、一人の人間を可能な限り尊重する必要があり」「我々個人に対して出すところの要求は、個人の力量や能力の面に対する尊重を示すものであるが、我々の尊重においては、同時に我々の個人に対する要求も示されている」と述べている。我々が平等、友愛、団結、互助の新しい型の人間関係を築き、発展させ、人を尊重し、人を思い遣る社会主義の人道主義精神を発揚するには、厳格に生徒に求めることと生徒を尊重することとを結びつけ、それを徳育の一つの重要な原則とするべきである。こうすることで、徳育の実践において生徒の自発性と意欲を真に引き出し、自らに厳しく接することができる。

厳格な要求と生徒を尊重することを相結合させる原則を貫徹する基本要件は以下の通りである。

（一）生徒を尊重し信頼する

青少年である生徒は祖国の花であり、人類の未来である。青少年である生徒の一人ひとりは皆自尊自愛（自らを尊び愛する）、向善求善（善に向かい善を求める）の、社会の理解と是認を得たいと願う心を持っている。生徒を尊重し、愛護し、信頼する優秀な一教師が必ず具備していなければならない基本の品徳である。スホムリンスキーは、「一人のよき教師とは何を意味しているのか？ まずもって、彼は子どもが大好きで、子どもと交際することに一種の喜びを感じ、子ども一人ひとりが皆良き人間に成ることができると信じ、彼等と友達になるのが得意で、子どもの喜びと悲しみに関心を注ぎ、子どもの心を理解し、自分もかつては子どもであったことを片時も忘れないといったような人であることを意味している」。子どもを愛護し、尊重し、信頼するというのは又、子どもを立派に教え、素晴らしい徳育効果を得させる一つの重要な条件でもある。ピグマリオン効果がこの道理を証明している。

ピグマリオン効果はローゼンタール効果とも呼ばれる。言い伝えによると、古代のキプロス島にピュグマリオンという名の一人の容姿の美しい若き国王がい

て、彼は丹精込めて一体の象牙の少女の像を彫刻し、毎日愛情たっぷりに「彼女」のことを恋焦がれた。その真心が通じたのか、少女は本当に生身の人間となった。これは美しい神話の物語であるが、現実生活においても、このような事はあり得るのであり、それがすなわちピグマリオン効果である。1968年、心理学者のローゼンタールとヤコブセンがアメリカのある小学校にやって来て、1年級～6年級からそれぞれ三つのクラスを選び、18のクラスの生徒に対して「まことしやか」に発達予測をし、それから褒め称える口ぶりで、「ずば抜けた発達を遂げる可能性のある」生徒のリストを関係する教師に渡した。リストの中の生徒は、教師の想定した通りの生徒もいれば、そうでない生徒もいた。これに対し、ローゼンタールはこのようなもっともらしい解釈を行った。「注意して頂きたいのは、私が話すのは彼等の発達であって、現在の基礎ではないということだ」そして、彼はリストを口外しないよう懇ろに言聞かせた。その8か月後、彼等二人は又してもこの18のクラスに対して二回目の試験をした。結果は、彼等が提供したリストの中の生徒の成績の伸びが他の同級生に比べて速く、しかも感情的にも活発で朗らかで、求知欲が旺盛で、教師との感情も特に深厚であるように見えた。もとはといえば、これは心理学の一つの実験だったのであり、提供したリストは純粋にランダムなものであった。彼等は自らの「権威的約束」を通して教師に暗示を行い、教師のリスト上の生徒に対する確信を固め、教師に特有の深い情を引き出し、目つき、笑顔、声を通して、これら生徒の心田を潤すことで、これら生徒をして、自尊、自信、自愛、自彊させたのであった。これがすなわち教育心理学上のいわゆるローゼンタール効果である。もしも我々が教師の真実の愛が生徒の知力や感情や個性の順調な成長をもたらすのを「ローゼンタールのプラス効果」と呼ぶとするならば、教師の嫌悪が生徒の知力の衰退や精神的苦痛や感情の歪みをもたらすのは「ローゼンタールのマイナス効果」と名付けるべきであろう。このことは、期待と愛の子どもの健全な成長における重要な意義を物語るものである。

(二) 生徒に厳格に要求する

　教師が生徒に向かって打ち出す教育要求は正確で、簡明で、計画的で、ポジティブで、厳格なものであって然るべきである。「正確」とは、打ち出す要求が

生徒の実際にぴったりと合い、生徒の年齢的特徴に符合し、人を信服させ、努力の末に為し得るものであることをいい、「簡明」とは、要求が生徒にとって理解し易く、掌握し易く、覚えたり、どのようにして履行すればよいのかを知るのに便利であることをいい、「計画的」とは、生徒に対する要求は一度に多く打ち出し過ぎてはならず、容易なものから難しいものへと段取りを踏んで順を追いながら一歩一歩進めるように打ち出すべきであることをいい、「ポジティブ」とは、要求が生徒に方向を明確に指し示し、生徒が善へと向かい、善を為す自尊心と自信を沸き立たせ、生徒の自らの行為に対する責任感を喚起させるものでなければならないことをいい、「厳格」とは、生徒に対する要求が一旦打ち出されば、生徒がそれを行うよう、掛け値なしに、根気よく指導し、督促すべきであることをいう。時には、紀律や義務に関する要求は、命令の形式で表すことも必要である。

　要求なくしては、教育はあり得ない。一定の意義からするならば、徳育とはすなわち生徒の品徳の発達に対する導きと規範であり、主に生徒に対する厳格な要求として表現される。生徒の欠点や過ち、とりわけ「優等生」の欠点や過ちに対しては、見て見ぬふりをしたり、大目に見たり、あるいは年が若い上に事が小さいからといって勘弁して追究しなかったりしてはならず、小さいうちに未然に防ぐことを重要視すべきである。溺愛し、美しさを以って醜さを蔽ったり、「才能を買う」ことを重んじる余り「要求」することを軽んじたり、「放任」を「寛容」と勘違いしたりするのは、何れも生徒の良き品徳を培うのに不利であるということをわきまえておく必要がある。当然ながら、厳格な要求というものは、生徒を尊重し、信頼することとしっかりと結び付けて然るべきであることは無論いうまでもない。要求が気配りと労わり、そして真心から出たものであり、生徒が自尊心や自信を確立するのに有利なものであってこそ、初めて生徒によって喜んで受け入れられ、積極的に履行されるとともに、逐次に「他求」（他者が求めるもの）から「自求」（自らが求めるもの）へと転じ、他律から自律へと転じることが可能になるのであり、これは、教師が徳育において成功を収めるための重要な芸術なのである。

五、学習する者の条件に応じた教育を施す原則

学習する者の条件に応じた教育を施す原則とは、徳育を進めるには生徒の品徳の発達の実際を出発点とし、彼等の年齢的特徴と個性的差異に基づき異なる教育を行うことで、生徒一人一人の品徳が何れも最良の発達を遂げられるようにすることをいう。

　孔子は、学習する者の条件に応じた教育を施す豊富な経験を積み重ねた。教え子を理解することに長けた孔子は、「その人の行動をよく注視し、その行動の動機をよく観察し、その行動の目的とするところを考察する」という教え子を理解する効果的な方法を提起したが、彼は教え子の特徴に従って違った教育を行うのが得意であった（詳しくは、本書第八章『教学原則』の関連する論述を参照）。

　教育の対象は生きた生身の生徒であり、彼等の品徳の発達には一般的な法則や年齢的な特徴もあれば、それぞれの個性、優れた点や不足な点及び特定の情況における心理状態もある。彼等に対して徳育を行うには、この二つの面の実情に基づかねばならず、特に生徒の個性や心理状態を考慮に入れる必要があり、そうすることによってこそ、初めて真の意味で学習する者の条件に応じた教育を施すことができ、効果的に彼等の品徳と個性の発達を促すことができる。そうでなければ、彼等が道徳修養を行う積極性を引き出すことができないばかりか、生徒の個性を抑えつけ、その進歩を阻障してしまうことにもなりかねない。

　学習する者の条件に応じた教育を施す原則を貫徹する基本要件は以下の通りである。

（一）生徒の個性的特徴と内なる世界を深く理解する

　これは徳育を行う前提と基礎であり、学習する者の条件に応じた教育を施す前提と基礎でもある。この作業は極めて複雑であり、それがどのように内容を包括すべきであるか？　どのようなルートで、どのような方法で行うべきか？　こうした問題は本書の学級担任の章において詳しく論じたので、参照されたい。

（二）生徒の個人的特徴に基づき、きっちりとした狙いをつけて教育を行う

　生徒各人には何れも自らの生活環境、成長の経歴、個性的な特徴及び精神世界があり、従って彼らに対する教育は違った扱い方をし、きっちりとした狙いをつけ、異なる内容と方法を用いることで、学習する者の条件に応じた教育を施す

必要がある。俗っぽい言い方をすれば、「一つの錠には一つの鍵がある」ということになろう。生徒一人一人の心の錠前を開けるには、特定の鍵を見つけ、運用せねばならない。つまり、「一般化」や「古臭い常套手段」の教育方法を打破し、生徒の特徴に適合した、生徒の心を開かせる徳育の内容と方法を見出すことで、創造的に教育を進める必要がある。

　ある一人の教師のクラスに二人の生徒がいて、彼等は何れも高慢で、規律を無視し、躾に従おうとはしないのであるが、二人の違いを目にした教師は、異なった方法でそれぞれの条件に応じた教育を施すことで、素晴らしい効果を収めた。

　章生は幼少の頃から意地っ張りで、自尊心が強く、窮屈な思いをすることに我慢できず、間違ったことをしても、面と向かって認めようとはしたがらず、常に教師と角突き合わせ、引っ掻き回して授業をできなくした。しかし、彼は受け入れる能力に優れ、記憶力も良かった。新学期が始まると、彼は突如退学を要求した。目的を達成する為、故意に授業の邪魔さえした。調べると彼は長男で、随分と甘やかされて育ち、横暴な性格で、父親は給料が低く、家族七人全員の生活を維持するには、学費を納めるのもままならず、それに免除申請もしたがらずにいたことがわかった。15歳の章生は父親の苦衷を知り、退学してお金を稼ぐという考えが浮かんだのである。教師は彼の生活困難を解決することから着手し、彼のことを思いやり、彼に奨学金を与え学費を免除するよう学校に要求した。彼の家では豚を飼っていて、豚に与える草を刈ったり、豚に餌を与えたりするのを彼に頼っていたので、教師は朝学校に少々遅刻して来ることや、午後に少々早めに下校することを許可した。このようにして、子どもは心の底から教師に感謝するようになり、教師の話す言葉も耳に入るようになり、それ以降は二度と教師に反抗的な態度を取らなくなり、進歩がとても速くなった。

　劉生は軍人の家庭で暮らし、父親は大隊級の幹部で、生活は裕福であり、人を見くびってバカにし、規律の束縛を受けるのを嫌がった。集団活動においては、少しでも不如意な事があったりすると、途中で放り出してしまい、教師や同級生を随分と受け身的にさせた。彼は音楽の天賦があり、一年も稽古しない内に、マスターするのが難しい京胡をすっかりものにし、その伴奏は北京のローカル色を色濃く具えたものであった。両親や教師は気に入り、同級生も羨ましがったので、若くして志を遂げたことで、傲慢さが生じた。そんな訳で、褒めることしかでき

ず、批判はできなくなり、批判でもしようものなら、たちどころに機嫌を損ねるようになった。そこで、教師が彼に対して厳しい態度で臨んだことにより、褒め言葉に聞き慣れていた彼も批判に聞き慣れるようになり、そのことが彼を慎み深い人間へと変えさせた。とある日、リハーサルに欠席したことが原因で、教師から批判された彼は、機嫌を損ねて出演しに来なくなった。その時、教師は毅然として人を換える決定をし、最終的に公演は成功した。この事件を通し、自分なしでも大局にさして影響がないことに気付いた彼は、一切を左右する芸当を無くしてしまった。しかも教師は彼が再三認識するのを手助けし、良く認識しないようなら、彼を集団の文芸のリハーサルに参加させないようにした。このことは文芸好きの子どもにとっては苦痛な出来事である。教師は、今度は家長と力を合わせ、彼が過ちを認識し、それを是正するよう促すことを目指した。後に、骨身を惜しまず勉強するようになった彼は、著しい進歩を遂げたのであった。

（三）生徒の年齢的特徴に応じて計画的に教育を行う

　生徒の思想認識と品徳の発達は顕著な年齢的特徴を有するため、徳育を進めるには学年ごとの生徒の思想的特徴を研究しかつはっきりとさせる必要がある。一般的にいえば、初級中学校（中等学校）の一年生は、中学校に入学したばかりで、新鮮さと好奇心から、努めて向上を求めるものの、彼等は自覚性や自制力が弱いので、中学校のカリキュラムが多いことや人間関係が不案内なことに適応できず、容易に思想がぼうっとして何をして良いか分からず、落ちこぼれる者が出て来る。中二の生徒は思春期に入るため、男女の問題に対して敏感で、異性の前で自らの欠点を暴露したがらず、人生の理想を考え始め、少年先鋒隊を終えたかと思うと、今度は共青団に入ることを憧れ、学習の上でも難度が大きくなり、知、徳、美、体の各方面で何れも困惑と分化が現れる。中三の生徒は進学や学校及び専門の選択に対して多くを考え始めるようになるため、学科知識の学習に重点を置きがちで、品徳に対してはゆるがせ気味になり、情緒が不安定で、衝動的になり易く、独立自主を渇望し、個人のプライバシーを守ろうとして、しょっちゅう父母や教師との間に誤解や矛盾を生じ、交友を好み、小さな縄張りを作りたがり、幅広い同級生との関係を処理するのが不得手になる。高一の生徒は、高校に上がったばかりで、新たな努力をしようとし、希望に満ち溢れ、生理の発達も成熟へと向か

い、自主と自理を渇望し、自分を理解し尊重するよう他者に求め、生活が豊富で多彩であることを望み、道徳や規律を小事であるとみなしがちになる。高二の生徒は、成人に近づき、実力を重んじ、競争を重視し、授業で学んだ知識に満足せず、自分で学び課外活動することを重視し、自身の能力を競って鍛錬し高めようとする。考えが活発で、議論をしたがり、容易に社会の現実を離れて自分のみ強調し、異性と一緒にいたがり、自らの思想や行為に対する要求は不厳格で、社会的責任感もまださほど強くはない。高三の生徒は、卒業を目前に控え、常に自らの人生、専門、前途及び理想を考え、学習の負担が重く、時間的に切迫し、思想的に緊張し、心配事だらけであるが、比較的に沈着冷静で、クラスの集団や同窓の良友に未練を持つものの、社会生活に入るかあるいは造詣を深める準備をしっかりと整え、自らの人生の道を切り拓くために努力する。我々は学年ごとの生徒の年齢的特徴や思想的特色を掌握してこそ、初めて中学の徳育に対して全体的な企画や系統立った案配をすることで、徳育が生徒の実際にぴったりと合い、より多くの成果を収めることを保証できるのである。

六、集団における教育の原則

　集団における教育の原則において、徳育を行うことは生徒の社会的交際や共同活動にかかっており、生徒の集団に頼り、集団活動を通して教育を行うことで、生徒集団の教育における多大な役割を十分に発揮させることに気を配ることをいう。

　生徒集団は教育の対象であるのみならず、教育の主体でもあり、絶大な教育力を具えている。マカレンコは、「統一された学校集団を築き上げてこそ、初めて生徒の意識の中に世論の強大な力を喚起させることができるのであり、こうした世論の力が生徒の行為を支配し、それを規律化させる一種の教育的要素なのである」と指摘した。特に、生徒の社会主義、集団主義の思想的品性を培い育てるには、集団の生活や活動を離れることはできず、生徒集団に頼り、それを通じて実現せねばならない。

　集団における教育の原則を貫徹する基本要件は以下の通りである。

（一）集団に関心を注ぎ、熱愛し、優れた集団を築くために努力するよう生徒を指導する

生徒集団の教育の役割を発揮させるには、まず生徒の集まりを良好な生徒集団へと育成する必要がある。とりわけ、生徒集団を育成するプロセスは、生徒を教育し、向上させ、彼等の品徳の発達を促すプロセスであることに着目する必要がある。それ故、多くの優秀な教師やクラス担任は、生徒の品徳を育成する際、往々にしてクラスの生徒集団を組織し、発展させることから始める。生徒集団を育成する問題に関しては、本書第十四章の「クラス担任」の中で詳しく論じているので、参照されたし。

（二）集団を通じて生徒個人を教育し、生徒個人の転換を通じて集団に影響を与える

集団の教育的役割を発揮させるには、まず、教師が集団を教育の主体とみなし、予め集団に対して要求を出し、その後、集団がその成員に要求を出し、教育し、サポートするよう仕向けるべきである。教育は集団を通じて生徒個人を教育するものであるため、集団が個人を教育するというのは、つまり教育者が個人を教育しているということであり、この両者は併行して実施しても互いに矛盾するものではない。マカレンコはこの方式を「平行教育影響」と呼んだ。次に、集団において教育を行うには、生徒個人を通して集団に影響を与えることに注意しなければならない。このように、ある一人の生徒を教育したならば、それは全クラスの他の生徒も教育したことになる。最後に、更に重要なのは、クラス集団の学習、作業、課外活動及び社会奉仕等の共同活動に積極的に関わるよう生徒を指導し、組織することにより、その中から共通の目的を実現するために分業協働し、規律を遵守し、団結奮闘する品徳を養うとともに、一人一人が集団を愛し、集団に対して責任を負い、集団のために栄誉を勝ち取る気風を形成することにある。要するに、生徒の集団と個人の何れをも教育主体の地位に据えるべきであり、個人的情熱を持ち、正しい世論を有する個人と集団の間の民主的調和の連動関係を確立することは、クラス集団の建設にとって有利であれば、生徒個人の品徳の養成にとっても有益なのである。

第十章　徳　育　　445

（三）教師の主導的役割と集団の教育の力を結合させる

　集団の教育の力を十分に発揮させるということは、教師の集団活動に対する引率的役割を否定するものでは決してない。マカレンコはこう指摘している。「これは、我々教育者や一般的な成人の集団のリーダーは、傍らに立って傍観するだけであると言っているのでは絶対にない。それとは正反対で、我々は時々刻々と我々の思想と経験を運用し、我々の機知と意志とで集団における各種各様の現象、希望、傾向を分析するとともに、忠告、影響、意見を用い、時にひいては我々の意志を用いて集団を助けることさえすべきである。これは一連の非常に複雑で緊張した作業である」。

七、教育の影響の一致性と連貫性の原則

　教育の影響の一致性と連貫性の原則とは、徳育は目的を持ち、計画的に各方面から来る生徒に対する影響を組織立たせ、それを教育の合成力へと優化させ、前後連貫させて行うことで、最大の効果を収めさせることをいう。

　生徒の品徳は学校、家庭、社会の多方面の長期にわたる影響の下で発達するものである。これらの影響は入り組んで複雑で、相互間に往々にして矛盾が存在するのみならず、絶えず変化し、前後がちぐはぐで連貫性がない。もしも組織立たせなければ、学校教育の生徒に対する影響を弱めてしまうのは必至である。とりわけ、現代社会においては、科学技術の進歩が生徒の活動と交際の範囲を広げ、書物や雑誌、映画やテレビ及びネットを通して受け入れる情報量が大幅に増加している。こうした情況の下、学校は各方面の影響を調節することで、教育の合成力を優良化し、徳育の目的の実現を確保する責任を有する。

　教育の影響の一致性と連貫性の原則を貫徹する基本要件は以下の通りである。

（一）教師集団を組織し、校内の生徒に対する教育の影響を一致させる

　教師は生徒の徳育の組織者、教育者、指導者である。しかし、一つのクラスには何人もの教師がいるし、少々大きめの学校になると、百を数える教師がいて、彼等の知識、能力、経歴及び思想、習性はそれぞれ異なり、生徒に対する要求や影響も大きく異なり、常に多くの具体的な問題の上で、異なる、ひいては対立す

る影響や要求が現れ、このことは活動の推進にとって不利であるばかりか、更に
徳育の効果をも損ねさせてしまっている。徳育活動の効率と効果を高めることで、
教師全体の生徒に対する影響や要求を一致させるためには、それ相応の教師集団
を組織する必要がある。

　教師集団を組織して生徒に対する影響を一致させるためには、まず初めに、全
校の教職員で生徒に対して徳育を進める目的、任務及び生徒が遵守すべき行為の
準則や要求を明確にすることで、生徒に対する徳育活動を、歩調を一致させて繰
り広げるようにせねばならない。次に、分担して提携し、互いに情況を知らせ合
い、定期的に研究し、一致協力して生徒の思想品徳の発達において存在する主要
な問題を解決することで、適切かつ効果的で、自覚的かつ自発的に徳育活動を推
進しなければならない。これは生徒に対する要求を統一させることにとって有利
であるばかりでなく、徳育活動の適時な総括、改善及び教師の素養の向上にとっ
ても有益である。

（二）繋げる活動をしっかりと行うことで、生徒に対する教育を前後連貫させ、一致させる

　生徒に対する教育の影響が前後の連貫性を欠き、不一致で、時に張り詰め、時
に緩く、時に寛大で、時に厳格であったりすると、生徒の良好な品徳の形成に直
接影響するばかりか、容易に生徒の思想を弛緩させ、起伏や後退を生じさせてし
まう。したがって、徳育は、小学校と中学校、中学校と高校及び学期間の思想教
育を繋げる活動を含めた繋ぎの活動をしっかりと行うとともに、クラス担任と教
師の仕事の交替により生じる繋ぎの活動をしっかりと行う必要があり、これは後
から来る教育者に、前の段階の生徒の教育情況を理解することによって生徒の思
想教育を緊密に繋げ、前後一貫させるとともにそれを更に増強させるよう要求す
るものであるのみならず、教師一人ひとりが何れも徳育において、生徒の品徳の
成長に悪しき結果をもたらしかねない、前には引き締まっていたものが後に弛ん
でしまったり、三日坊主であったりする現象が現れるのを防止する必要がある。

（三）学校教育のリーダーシップを発揮させ、学校、家庭及び社会の生徒に対する教育に整合性と優良化を得させる。

生徒は学校で学ぶ以外に、家庭や地域で生活し、毎日多方面から来る影響を受ける。これらの影響は、一致する時もあれば、一致しない時もあり、常に激しい矛盾や対立が起き、社会の急激な発展と変革の時期は特にそうである。ある者は生き生きとした表現で、学校は集団主義を重視し、家庭は個人主義を重視し、社会は実用主義を重視するという。この種の複雑な局面に直面する我々は、冷静ではっきりとした認識を持つべきである。

我々はかつて比較的大規模な実証調査を行ったことがあり、その結果ははっきりとこう示していた。90.4％の教師が、普遍的に社会環境や社会のモラルの生徒に対する影響の方が学校徳育の生徒に対する影響よりも大きいとし、82.3％の教師が、普遍的に家長の生徒に対する影響の方が教師の生徒に対する影響よりも大きいとした。生徒から見れば、中学校の段階においては、生徒は自らの思想道徳に対して影響が最も大きいのは「社会のモラル」（32.5％）であるとし、残るは学校教育（24.5％）、仲間との交際（22.0％）、家庭の雰囲気（14.0％）の順で、高校の段階においては、影響が最も大きいのは同じく社会のモラル（36.2％）で、残るは仲間との交際（24.9％）、学校教育（18.1％）、その他（4.6％）であった。

上述の情況は、単に学校徳育に頼るだけで「一切合切が上手く行き」、一方的に生徒の品徳の発達を決定し得ると考えるべきではなく、学校教育は家庭や社会の面の影響を「コントロール」し得ると考えることは更にできないということを我々に気付かせてくれている。

しかしながら、学校徳育は何もしなくてよいのでは断じてなく、生徒の道徳の発達を導く責任を放棄するようなことがあっては断じてならず、時機を判断し情勢を推し量ることで、何かを為さねばはらない。まず初めに、学校は家庭や社会の関係機関と連繋を築き、それを保持し、一定の教育協力制度を形成する必要がある。次に、適時あるいは定期的に情況を交流し合い、互いに歩調を合わせる措置を講じるべきである。そして更に、分担して責任を負い、環境中の生徒に対する悪しき自発的影響をコントロールし、消去すべきである。最後に、最も重要なのは、多種多様で、ひいては互いに衝突し合う影響の中で、独立思考し、是非をはっきりさせるよう生徒を導くことで、生徒の自己修養の能力を鍛え、高めるべきである。

第五節　徳育のルートと方法

　徳育のルートと方法は、徳育過程において極めて重要な役割を有している。教師が生徒に対して講義する徳育の内容が正しいものであるにもかかわらず、良き効果が得られないといったような情況が常に存在するが、その原因は徳育の方法が適切でないことと関係がある。効果的に徳育の目的を全うするには、徳育の主なルートと方法を研究し学び、掌握する必要がある。

一、徳育のルート

　学校のすべての生活、生徒の参加する各種の活動や交際は、何れも徳育の価値を有するものであり、何れも徳育のルートである。但し、目下における中国の学校徳育の構成について見るならば、主に以下のような徳育のルートが存在する。

（一）思想政治の授業とその他の学科の教学

　思想政治の授業とその他の学科の教学を学校徳育の重要なルートとするのは、高い要求と条件を有するものであり、そうでなければ、教学においてあれやこれやといった偏差が容易に現れ、確実に実行することが難しい。ちなみに、学科教学は往々にして学科知識の教と学に集中するばかりであり、これは徳育が教育において所定の位置に着いていないか、もしくは完全に着くまでに至っていないことを意味している。知識というものは、思想政治授業の知識を含めて、確かに生徒の品徳の形成のために認識の基礎を固めることはできても、それがすなわち品徳という訳ではないことを知っておく必要がある。したがって、知識は教材に盛り込んだり、教室に持ち込んだり、試験用紙に組み込んだりすることはできても、生徒の思想品徳を形成し、それを行動に現すことができるとは必ずしも限らない。それ故に、人々は思想政治授業の成績でもって生徒の品徳を判定するというやり方に対して懐疑的態度を示すのである。わきまえておかねばならないのは、知識が品徳へと転化するには、知識と生徒の生活と関連付け、生徒の思想と「対話」することで、生徒の道徳ニーズを掻き立てるとともに、これらの道徳認識を用いて真人間になる道理を探究し、人や事物に対して持するべき態度を調節し、それ

を行動に移す必要があるということである。この種の条件の下においてこそ、人文や社会学科の教学が生徒の品徳の発達を促すことができるのみならず、自然科学の教学さえもが、生徒が事実を尊重し、迷信を打ち破り、真理を堅持し、実事求是にして精進に精進を重ね、鋭意創新する科学精神を形成する助けになるのである。

それ以外に、教師の生徒に対する態度や関係及び生徒同士の態度や関係が日に日を重ねて長期にわたり繰り返し現れることも、生徒の品徳に対して知らず知らずの内に感化させる影響を産む。これらの影響はプラスのものである可能性もあれば、マイナスのものである可能性もあり、教師が正しく識別し指導することで、生徒に対するプラスの効果を強め、マイナスの影響を減らす必要がある。

(二) 労働とその他の社会実践

これは学校徳育、とりわけ労働教育の重要ルートである。その特徴は、作業の中で学ばせ、交流の中で学ばせることにある。労働やその他の社会実践を通して、容易に労働や科学技術や社会の現実に対して興味を湧かせ、絶大な情熱と潜在力を掻き立て、思想行為の上での峻厳な練磨を経験し、自らの成績を目にして、成功の喜びを体験させる。有意義な労働や社会実践は、生徒の責任意識や奉仕意識を高め、生徒の勤勉質素、堅実、刻苦、頑強等といった多くの良き品徳を形成することが可能であり、徳育において不可欠で掛け替えのない意義を有する。

(三) 課外活動と校外活動

課外活動は教学計画の制限を受けず、生徒は興味や趣味に基づき自ら進んで活動を選択することができるので、自主的に一定の計画や規則を定め、組織をもって人間関係を調整し、豊富多彩な活動を展開することは、生き生きと活発に生徒に対して徳育を行う一つの重要なルートである。課外活動を通じて徳育を進めれば、生徒の積極性を引き出し、彼等の自律能力を培い、互助友愛、団結協働、規則尊重等の品徳を形成することができる。

(四) 学校共産党青年団と少年先鋒隊の活動

共産党青年団と少年先鋒隊は青年児童自らの組織である。青年児童は自らの組

織を熱愛し、団体活動に積極的に参加し、団体組織に加入することを渇望する。それ故に、団体活動を展開するというのは、生徒の強烈な向上心や名誉心を沸き立たせ、彼等をして自らを律することに厳しくさせ、自覚的に思想品徳を高めさせることのできる徳育の重要なルートである。

（五）心理カウンセリング

　心理カウンセリングは、生徒の健康な心理的品性を培う効果的なルートである。小・中学生は身体が迅速に変化する時期に置かれており、中学生は更に進学あるいは職業選択のプレッシャーに直面しており、一連の生理的、心理的問題を生じ易い。個別的な心中の打ち明け、カウンセリング、講座等といった様々な方式を通じて生徒に対して心理健康教育を行えば、生徒が学習、交際、職業選択等の問題に対処するのをサポートすることで、彼等をポジティブに向上する心理的に健康な人間へと成長させることができる。

（六）クラス担任の役割

　クラス担任を通せば、学校は効果的に生徒の末端の組織と個人を管理教育することができるのみならず、生徒を教育するその他のルートの活動に対しても調整する役割を果たすことができるという、これは学校徳育の特に重要なルートである。

（七）学園生活

　学園生活とは、上述の活動を含めたすべての学校生活のことをいう。しかし近年、幾つかの学校においては、教室での授業やクラス担任以外に、労働や社会実践活動が瀬戸際に追い遣られ、課外活動や校外活動は滅多に見られなくなり、意味が変わり、団体活動も影が薄らいでしまい、心理カウンセリングや職業指導は有ってもなくてもよいものとなり、生徒の活動や交際もその大半が教室内に限定され、学年クラスを跨いだ社会活動は稀にしか行われなくなった。学校の学園生活に対する管理は、規律や秩序の遵守のみ重んじ、学校の文化生活の独立、自主及び創新をないがしろにしている。この種の豊かな文化を欠いた、単調で無味乾燥で味変わりした学園生活は、生徒の生き生きと活発に自発的にトータルな発達

を遂げようとすることにとって不利なものである。我々は、学校に対して妄りに非難を加える気など毛頭なく、学校のやり方もその殆どが仕方のないことであろう。但し、学園生活の問題は詳細に研究し、改善するに値する問題であると指摘しておかねばならない。

　学校は本より一つの社会であるというのに、デューイは何故に学校を社会のひな型としたのであろうか？　我々からすると、デューイは学校を自在の社会から自為の教育社会へと転換させようとしたのであり、このことは我々にとって啓示的なものである。学園生活は生徒の重要な生存方式であり、交際と学習の方式であるとともに、生徒の品徳発達の基礎である。教室での授業は生徒の品徳の発展にとって無論重要ではあるものの、それは道徳認識に偏っていて、そこには局限性が存在する。生徒の道徳行為習慣の養成、感情の転変、世に処し身を立てることの習得は、社会生活や交際の実践鍛錬を通して初めて形成される。もしも我々が徳育の授業で「思想」を目にし、「好事を為す」際に行動を目にすることにのみ関心を注ぎ、広々とした学園生活において徳育を忘却してしまったなら、徳育の効果を手にするのは難しいであろう。我々が「素質教育」を推進するには、有益で豊富多彩な学園活動を展開して然るべきであり、授業を終えた後、すぐに生徒全員を学校から残らず追い出してしまうべきではない。このようにした結果は、生徒は成り行き任せになり、道徳教育は失われ、家長はどうしてよいか分からなくなって周章狼狽し、「素質教育」は空中の楼閣となってしまうであろう。

　良好な学園生活を確立するには、一に、どのようにして徳育をそれぞれのルートにおいて正しく位置づけ、互いに補充させ合い、全体的な効果を作り上げるかを研究すべきであり、二に、学校の実情に基づき、どのようにして学年クラスを跨いだ活動や交際を増やし、徐々に学校の特色を形成するかを研究すべきであり、三に、どのようにして学園生活に時代精神を体現し、奥深い文化を蘊蓄するものにすることで、生徒に生活の中で現代文明の風習と人文的心情を養わせるかを研究すべきである。

二、徳育の方法

　徳育の方法とは、教師と生徒が徳育の任務を全うするために採る活動方式の総

和であり、それには二重の意味がある。

第一に、それは教師と生徒が共同で活動する方法である。徳育の方法は教師が徳育を方法でしかないと考えるのは一種の誤解である。例えば、道理を説いたり、賞罰を行ったりするのは主に教師がそれを用いて生徒に影響を与える方法であり、教師の活動を主とするが、その効果はやはり生徒の認識や悟りによって決まり、鍛錬や修養は、教師の指導の下で行われるものの、生徒の道徳実践と自覚的修養を主とし、陶冶は、教師が一定の環境を創造せねばならないが、主に生徒と環境の連動と実践経験に頼り、感化されて知らず知らずの内に良好な品行が養われるものである。

第二に、それは徳育の目標や要求を実現するために役立つものである。目標や要求が異なれば、徳育の方法も同じではなくなる。徳育の目標や要求を離脱し、孤立して存在する方法などない。教育の育成訓練を方法の育成訓練であるとみなし、他者の先進的な方法をそっくり真似てそのまま引用しようとするだけで、方法の背後に存在する教育理念を研究したがらず、「集団の立場を踏まえた道理」には耳を貸そうとしない教師がいるが、その効果は理想的というには程遠い。同じ種類の方法であっても、それを用いることによって思い通りの結果が得られ、優れた効果を発揮する人がいるかと思えば、融通が利かなくてぎこちなく、少しも効果がないという人もいる。原因は後者が手本の通りに瓢箪を描くことしかできず、方法を選択し、運用する科学原理を掘り下げて研究し、真の意味において理解していないことにある。

中国の小・中学校の徳育の一般的な方法には、明理教育法、榜様示範法（手本で模範を示す方法）、情境陶冶法（環境、愛情で薫育する方法）、実践鍛錬法、自己修養法、制度徳育法、賞罰法等がある。

(一) 明理教育法

明理教育法とは、事実を並べ、道理を重んじるよう生徒を導き、思想感情の上での疎通と連動を経ることを通し、彼等に道徳の真理を悟らせ、自覚的に実践させる方法である。明理法は徳育の基本的方法である。何故ならば、その他の徳育方法を運用するには、明理（道理を弁えること）をベースとするか、もしくは明理と結合させて行うことによって初めて効果を顕わすことができ、生徒が思想品

徳の発達において自主、自律たり得ることが可能であるからである。

　学校徳育が青少年である生徒に対して明理法を運用する場合は、一般的に道理を説くか、もしくは説得する方法を採る。道理をはっきりと説くことで、なぜそうしなければならないのかを生徒に分からせるよう教師に求めるのである。そうしてこそ、生徒は初めて自覚的に進んで遵守し、履行しようとするのである。当面における学校徳育の突出した問題とはすなわち、強迫的に命令するのでなければ、道理をはっきりと説かないということであり、要するに道理をはっきりと説くことを未だ重視していないのである。試しに聞くが、教師が頭がぼうっとしているのに、生徒の頭をはっきりとさせることなどどうしてでき得よう！

　しかしながら、明理法は道理を説くことを重視するのみでは不十分である。これまでの学校の徳育活動からするならば、説き伏せるやり方は往々にして「重説軽服」（説くことを重んじ、服せしめることを軽んじる）、「重理軽悟」（理屈を重んじ、悟ることを軽んじる）、「重言軽行」（言うことを重んじ、行うことを軽んじる）という悪癖があり、それ故に、我々は道理をはっきりと説くべきであるのみならず、教師と生徒の思想感情面における疎通、交流及び連動が特に必要であり、生徒が学校生活や社会交際の実際と連繋し、思想の上で道徳風紀の真理を悟り、感情の上で誠実に合意し、共鳴することで、心から承服して信奉し、実践できるようにせねばならない。

　明理教育法には、講理（事の是非を論じること）、疎通、報告、討論、参観等がふくまれる。

　（1）講理（事の是非を論じること）。これは一種の比較的系統的に道徳規範や価値観を詳述し、生徒の認識レベルを高める方式である。例えば、生徒に向かってマルクス主義の基本観点、社会主義の道徳規範、規則と制度及び行為の準則等をはっきりと説くことがそれである。講理は必ず学校生活や社会生活の実際と結び付け、学、思、行を結合させることで、良き効果が得られるようにすべきである。

　（2）疎通。一般的には、教師と生徒が思想感情上の繋がり、交流及び連動を通じて生徒を理解し、思いやり、教師と生徒の間に存在する偏見、ずれ及び矛盾を解消させることで、生徒が認識を高め、態度を変え、積極的に社会のグループ活動に参与することで思想品徳を高めることができるようにする方式のことをいう。

疎通は形式に拘泥せずに徳育を進める常用の方式である。その方式は、弾力的かつ多様であるが、念入りに準備すべきで、生徒の個性的特徴、それまでの状態及び最近の思想の動向を理解するとともに、生徒を尊重しかつ思いやり、辛抱強く耳を傾け、意思疎通することで、大雑把で粗暴になるのを回避すべきである。

（3）報告。生徒の思想認識の上で解決する必要のある幾つかの共通する問題がある場合、情勢報告、英雄模範的事跡の報告、法制教育等といったような報告あるいは講座を採用するのが比較的有効である。報告は生徒が系統的に突っ込んだ形で問題を認識するのをサポートすることができるが、報告の回数は多くない方が良く、毎回の報告の時間も長過ぎぬ方が好ましい。

（4）討論。これはある一つの思想道徳の問題に就いて各々自分の意見を述べ、真理を明らかにすることで、思想認識を高める方法である。とりわけ、生徒がなにがしかの社会もしくは道徳の問題に対してずれを生じたり、困惑を感じたりした場合、討論や論争を通じることで、問題に対してより深い理解ができるようになるのみならず、生徒の他者を尊重し、事実を尊重し、真理を堅持し、過ちを修正する良き品性を培うことができる。

（5）参観。参観は、実際に触れることを通して生徒の思想認識を高めることであり、例えば、歴史博物館や烈士陵園等を参観し、生徒に対して伝統教育を行ったり、現代化の工場、新農村や大型の建設工事現場等を参観し、愛国主義教育を行ったりするのがそれである。「事実は雄弁に勝る」との言葉通り、真実で典型的な事実は最も教育意義を具えている。

明理教育法を運用するには、以下の何点かの要件に注意しなければならない。

（1）的を射たものであること。解決すべき問題に焦点を合わせ、きちんとした狙いを持つことで、生徒の心を打ち、啓発する必要がある。通り一遍であったり、中身がなく冗長であったり、口やかましかったり、生徒に単調さや嫌気を感じさせ、抵抗感を与えたりするのはタブーである。

（2）知識性と趣味性を具えること。青少年は知識に飢え、社会や人生をより多く知ることを期待している。それ故に、生徒に新しい知識を与えることで、彼等に喜んで見聞きさせ、深い啓示を受けさせるとともに、実践するのを楽しくさせることに気を配らねばならない。

（3）チャンスを捉えることが上手であること。道理を説くのが効を奏するのは、

往々にしてどれ程の時間を費やし、どれだけの道理を語るかによって決まるのではなく、教育のチャンスを捉え、生徒の心の琴線に触れ、彼等の感情的共鳴を引き起こすのが上手であるか否かによって決まる。

（4）互いに尊敬し合い、影響し合うこと。生徒に対して道理を説くには、教師の態度が誠心誠意で、情が深く、言葉が懇ろで思いやりが深く、善意で人助けをすべきであると同時に、生徒を尊重し、辛抱強く生徒の意見に耳を傾けるべきであり、ひとりでペラペラしゃべりまくるようなことはしてはならない。

（二）榜様示範法

榜様示範法とは、他者の高尚な道徳、模範的行為及び卓越した業績をもって生徒の品徳に影響を与える方法である。青少年である生徒は、模範性が強く、可塑性が大で、父母や師長を模倣する癖があり、先進的な同級生に見習い、とりわけ偉人や英雄や学者を崇拝する。道徳観念や行為規範を具体化し、イメージ化し、動態化させた榜様（お手本、模範）には、絶大な感化力が具わっている。良好な環境において、榜様（お手本、模範）は生徒に正しい方向性や多大な原動力を与えることができる。但し、正しき世論を欠いた場所においては、榜様（お手本、模範）の役割は妨害や影響を受けかねない。

榜様（お手本、模範）は多種多様で、良き手本もあれば、悪しき手本もある。教師は生徒に良き手本を提供すべきであり、それには主に四種類ある。歴史の偉人、現実の英雄模範、優秀な教師や家長の風格、優秀な生徒である。

榜様示範法を運用するには、以下の何点かの要件に注意せねばならない。

（1）手本は真実で信用できるものであること。良き手本を選ぶのは学習の前提である。古から今に至るまで、人々は皆手本をわざと高く評価する習慣があり、甚だしきに至っては、美徳物語をでっち上げて手本を美化したりもするが、これは取るに足らぬものである。とりわけ、生徒が自らの判断力を持つようになって以降は、こうしたやり方は反感を呼ぶだけで、却って逆効果である。

（2）生徒の手本に対するポジティブな感情を掻き立てること。生徒は手本の言動や挙止を模倣することを通してその中の道徳価値や行為方式を習得するものであり、この種の模倣の傾向は生徒の手本に対するポジティブな感情に頼るものであり、この種のポジティブな感情を抜きにしては、模倣の行為は生じないもので

ある。それ故に、手本の身の上、奮闘の経歴、卓越した業績を含め、手本を深く突っ込んで理解するよう生徒を導かねばならない。とりわけ人を深く感動させる部分は、彼等の心の深部において手本に対する驚嘆や愛慕や敬服の情を生じさせる。

(3) 異なる年齢の生徒には違った手本を与えること。小・中学時代は 12 年の長きにわたり、スパンが長いため、生徒の道徳の発達も異なる段階を経るので、生徒のために違った手本を与えて然るべきである。ちなみに、小学低学年の児童は道徳発達の他律的段階に置かれており、模倣性がわりに強いため、師長といった類の手本を多く与えるべきである。少年期に至ると、彼等は英雄的人物、芸能やスポーツのスターを崇拝するようになるので、プラスでポジティブな偶像的手本を多く与えるべきであり、高校生は志が遠大であるため、歴史の偉人や現代の名人といった手本を多く与えるべきである。

(4) 教師自身の範を示す作用を重要視すること。徳育の教育効果は、大きく教師本人が自ら範を示すことによって決まる。とりわけ、低学年の児童は、教師を唯一無二の権威であるとみなしているので、教師は自身の修養を強化し、生徒に成し遂げるよう要求するものは、自らが必ずまずやり遂げなければならない。

この学期、わたしは学校の有名な問題のクラスを引き受けた。初日、教室に足を踏み入れるや、そこは見るに忍びない光景であった。机や椅子は仰向けになったり覆されたりで、紙屑が舞い飛び、地面は汚物にまみれていた。こうした情景を目にした私は、何も言わずに箒を手にして地面を掃き清め、それから机や椅子を新たにきちんと並び替え、すべてをきちんと整えた上で、やっと生徒たちを教室に入らせて授業を始めた。教師が自らの手で掃除した教室に坐った全クラスの生徒は、その一人ひとりが珍しく行儀よくしていた。二日目、私は依然としてそのようにした。すると生徒の幾人かが、「張先生、私たちに掃かせてよ」というので、私は微笑んで、「いや、今週は張先生が日直だからね」と言った。一週間後、私が日直表を割り当てると、毎日の日直の生徒は皆非常にまじめに責任を負い、部屋の隅々までもきれいすっきりと掃除した。

教室の衛生は従来生徒が代わる代わる掃除をし、教師も教室の日直をするのはとても稀であった。私はそうするだけでなく、生徒の前でするときは、決して手を抜いたりはしなかった。生徒は当初訳が分からない素振りをしていたのが、後

に心を鬼にすることができなくなり、最後は粛然として襟を正すまでになった。こうして、教師と生徒の間に感情の上での理解と交流が生まれ、生徒が教師のクラスに対する熱愛と生徒に対する尊重を真に感じるようになるとともに、生徒がそこから、私たちも先生のようにしなければいけないという一種のプレッシャーを感じるようになった。

「喉が破れるほど大声で叫ぶのも、手本を示すには如かず」と諺にもある通り、私の身を以って範を示す率先の下、我々のこの学校の有名な「問題のクラス」も、毎週衛生移動紅旗を手にし、更に常に学校の表彰を受けるまでになったのである。このことは、私の「身教は言教よりも重し」（身を以ってする教えは、言葉でする教えよりも重みがあるとの意味）に対する理解をより一歩深めさせてくれた。

（三）情境陶冶法

情境陶冶法とは、良好な教育環境を創設することを通し、知らず知らずのうちに感化することによって生徒の品徳を培う方法のことをいう。それは、原理を暗示することを利用し、生徒に無意識の心理活動を通じてある種の影響を受け入れさせるものであり、生徒に向かって系統立った道徳の知識を伝授したりせず、生徒に対して明確な要求を出したりもせず、教育を情境のなかに含ませ、教育が要求する事前に設けた情境に応じて生徒を感化し、薫陶するものであり、そこには強制的な措置もなければ、効果がたちどころに顕れることもないが、生徒にとっては感化を受けて知らず知らずの内に考えや性格が変わるといった効果があり、生徒の品徳の発達に奥深い影響を与える。

中国の古代の教育は陶冶の方法をとても重視した。孔子は詩歌や音楽を用いて教え子の品性を陶冶することを提唱し、孟子や荀子も環境の人に対する陶冶の役割を重視した。陶冶という概念を明確に打ち出した董仲舒は、人の品性というものは「或仁或鄙、陶冶而成之、不能粋美、有治乱之所生、故不斉也」（ある者は仁で、ある者は下劣であるというのは、陶冶されてそうなったのであり、混じりけが無く美しいなどというのは有り得ない。治乱により生じる所のものであるため、不揃いなのである）とした。つまり、人間の異なる品性というものは、異なる環境によって陶冶されてそうなったものであるというのである。西洋においては、ルネサンス以来、多くのヒューマニズム教育者の何れもが生徒の個性と人格

を陶冶することを重視した。今日、陶冶は既に徳育と美育の一つの重要な方法となっている。情境陶冶法には、人格感化、環境陶冶及び芸術陶冶等が含まれる。

（1）人格による感化。これは教育者が自身の品徳と情感を「情境」とし、生徒に対して行う陶冶のことである。この種の情況の下、教師は道理を説くことと要求することとを通じて生徒を教育するのではなく、自らの高尚な品徳、人格的魅力及び生徒に対する切なる期待と真心をこめた愛情で生徒の心を打ち、感化し、生徒の思想の転換と積極的な進取を促す。教師の威信が高ければ高いほど、また生徒に対する思いやりや愛情が真摯であればあるほど、彼の生徒の人格に対する感化力も益々大きくなる。教師が建前の道理を説くのに反感を覚え、聞く耳を持たない生徒がいる場合は、思い遣ることから着手し、感化に力を注ぎ、水滴が石を穿つが如き思いやりで、生徒の考えを転変させる必要がある。

（2）環境による陶冶。これは生徒の品徳の成長にとって重要な陶冶作用を有するものである。一般的な情況下においては、良好な環境は常に人間の良好な品徳を養うが、悪しき境遇は往々にして人間の悪しき習性をもたらしてしまうものである。中国は古代において早くも環境の人間に対する陶冶の作用を重視したが、「孟母三遷」の故事は今もなおエピソードとして伝えられている。今日、我々は更に自覚的に生徒のために、清潔で美しいキャンパス、質朴で荘重な校舎、明るくきれいに整えられた教室、秩序とリズム感のある授業や休憩時間の割り振り、良好な学級の雰囲気と校風、社会規範に適った、文明的で人間的な人間関係等々といったような良好な環境を創出することで、生徒の品徳が健全な成長を遂げられるようにすべきである。

（3）芸術による陶冶。音楽、美術、舞踏、彫塑、詩歌、文学、映画・テレビを含む芸術は、人類の知恵の結晶である。それは生活に由来し、生活よりも高く、イメージが生き生きとし、寓意が深く、人を深く感動させ、生徒に美の感銘を与えるのみならず、彼等の品性を薫陶する。中国古代の教育は、音楽と詩歌をもって教え子を陶冶することに気を配り、孟子はかつて、「仁言不如仁声之入人深也」（仁徳の言葉は仁徳の声望のように人の心に深く入り込むことはない）と言ったことがあった。我々は文学や詩歌を閲読したり、音楽を聴いたり、画展を観賞したり、映画やテレビを見たりするよう生徒を組織し、あるいは自らが創作し、表現し、演出するよう生徒を導くことで、彼等がそこから啓示を得たり、陶冶を受

けたりできるようにすることを重視すべきである。

　情境陶冶法を運用するには、以下の何点かの要件に注意せねばならない。

　(1) 良好な情境を創出すること。良好な情境は陶冶の条件であり、道具である。効果的に生徒を陶冶し、不言の教（口に出すことなく相手に習得させることのできる教え）を行うには、まず良好な環境を創出する必要がある。学校指導者はどのようにして良好な学校環境を創出するかを考え、クラス担任は八方手を尽くして良好なクラス環境を創出して然るべきである。この種の環境には、美観で、質朴で、きれいさっぱりとした学習と生活の環境、団結、緊張、厳粛、活発、師を尊び教え子を愛し、文明的であふれるような感情を有し、民主的で規律があり、自由で秩序のあるクラスの雰囲気と校風が含まれる。と同時に、生徒に対して悪しき影響を生じさせる可能性のある各種の情境を改変し、除去する必要がある。

　(2) 啓発的指導と結び付けること。より効果的に情境の陶冶作用を発揮させるためには、創出した情境をして、自発的に生徒に影響を与えさせるだけではダメで、教師が意識を持って導き、啓発することで、生徒に情境の素晴らしさと貴さを感受させ、この種の良好な情境を認め、それを大切にするようにさせるとともに、自らの身に相応の良き品徳や流儀を培わせるようにする必要がある。

　(3) 情境の創出に参画するよう生徒を導くこと。良好な情境は固有のものではなく、人為的に創出する必要があるとともに、教師のみに頼ってそれを行うというのもダメで、生徒自らの手で創出し、優れたものにするよう激励せねばならない。例えば、生徒を組織して学校の労働、環境の清掃、教室の装飾、正常な仕事と休憩の制度や教学秩序に対する維持に参加させる等々である。生徒は積極的に素晴らしい情境を創出する活動の中で、鍛えられ、自主性や創造性を発揮し、満足や誇りや自尊を体験し、より一層自らに厳しく求めるようになり、彼等の品徳も更に素晴らしい陶冶を得ることになるであろう。

(四) 実践鍛錬法

　実践鍛錬法とは、目的を持ち、組織立って生徒を案配して一定の生活交際や社会実践活動を行わせることで、品徳を培う方法である。中国古代の教育は困難な生活の練磨を通して人材を育成することを非常に重視した。孟子は、「天将降大任於是人也、必先苦其心志、労其筋骨、餓其体膚、空乏其身、行拂乱其所為、所

以動心忍性、曽益其所不能」（天が重大な任務をある人に与えようとするときには、必ずまずその人の精神を苦しめ、その筋骨を疲労させ、その肉体を餓え苦しませ、その行動を失敗ばかりさせて、そのしようとする意図と食い違うようにさせるものである。これは天がその人の心を発憤させ、性格を辛抱強くさせることで、今までできなかったこともできるようにするためである）と説いた。我々はこうした伝統を発揚して然るべきである。但し、今日の我々の学校の徳育には一種の良からぬ傾向が存在し、言を重んじるも行を重んぜず、説き伏せることを重んずるも品行の鍛錬や培いを重んじない。

実践鍛錬には、練習、任務委託、組織活動等が含まれる。

（1）練習。清潔さを好み、礼儀を弁える等といったような青少年の良好な行為習慣を培い養うことは、繰り返し練習することを通して養うことができる。ちなみに、生徒が「こんにちは、どうぞ、ごめんなさい、ありがとう、さようなら」等のマナー用語を用いる良き習慣を培うには、道理を説くだけではダメで、彼等に交流する中で練習させ、実践させることによって、初めて習慣を形作ることができる。

（2）任務委託。教師あるいは集団が生徒個人に一定の作業任務を委託するというのも、一種の重要な実際の鍛錬である。例えば、課代表の担当、壁新聞、教室の装飾、夜会の企画準備、なにがしかの社会活動の責任者の担当等を委託するのは、生徒の能力を高めることができるのみならず、彼等の多方面における良好な品性を培うこともできる。

去年、私とほかの四人の生徒は、同級生の委託を受け入れ、光栄にも学校の談校長の小助手を務めることになった。談校長は、小助手とは同級生が選び出した小さな主人であり、学校や教師の良くない点が目についたら、改善する提案を出して欲しいと言った。

初の建議は何を出すべきだろうか？　小助手になった後、私の頭は「建議」の二字でいっぱいになり、道を歩くにも、ご飯を食べるにも、この事ばかり考えていた。私はお昼は学校で食事をする。その日、食堂のコックがまずご飯とおかずを盛ったどんぶりを手渡し、それからスープを盛ったお碗を手渡そうとした時、私はこの二つのお碗を見つめながら、ふとこんな考えが閃いた。「もし一つのお碗しか用いず、ご飯を食べ終わった後でスープを盛るようにしたら、水資源の節

約になるし、労働量の節約にもなりはしないか？」食堂のコックのおじさんたちの話だと、お碗一つを洗う毎に、学校は清掃会社に10銭の食器洗浄代を払わねばならないという。

こんな「取るに足らない小さな事」など、校長は聞き入れてくれるだろうか？立派に建議を行うべく、私は、毎日学校で食事をする生徒は約200人余りで、もしも一つのお碗しか使わなかったとすれば、毎月学校は600元余りを節約することができるという勘定をした。

談校長は私の建議に大賛成で、頭をよく使うと褒めてくれさえした。数日後、この建議は全校で実施され、教師が食事をするにもお碗一つしか用いなくなったのである！私が大いに喜んだのはいうまでもなかろう！

その後、私の情熱は止まることを知らず、一学期で120もの意見を提案した。

例えば、朝学校に到着すると、街灯がまだ明々と灯っているのに気が付いた。私の提案の下、学校は街灯を管理するグループを発足させた。

また、6月1日の子どもの日（訳者注：六一という）が訪れる度に、教師には行ったり遊んだりした後に作文を書かせなければならないという決まりがあり、子どもの日は逆に負担となっていた。今年の「六一」に先立ち、私は同級生の要望を校長に反映させると、校長はこの不文の掟を取消すよう命じた。今になっても「みんなに愉快な子どもの日を過ごさせて下さいました」と私に感謝するが生徒がいる。本当に、教師助手になった後、私は自分がまるで「偵察員」になったかのように思えた。何か事に直面すると、無意識のうちにその事が理に適っているか否か、改善の必要はあるのか否かと分析せずにはいられないようになり、私の観察や分析の能力も大いにアップしたかのようである。

私には更に特別な任務がある。それは我が校を参観に訪れた専門家や教師の解説員をやることである。この事は一見簡単そうに見えるが、やってみるとかなり神経を使う。私は学校の歴史を知らねばならぬばかりか、自ら資料を集め、説明文まで書いたりしなければならないのだ。普段は教師が学校に関する知識を語り、私がそれを書き留めさえすればそれで良く、「元の汁のもともとの味」のナレーションが更に感化力を持つというのは無論いうまでもない。…今に至るまでに、私は既に四、五十回の大型の接待を成功裡に終えている。小助手をやることで、自らの度胸を鍛えることができたばかりか、弁舌の才や臨機応変に対処する

能力も鍛えられ、私は更に自信が持てるようになったのである。

（3）組織活動。生徒を組織し、各種の実際の活動に参加させるのはとても重要な道徳の鍛錬である。こうした活動には、学習、課外活動、労働及び各種の社会実践活動等が含まれる。活動において、生徒は一定の規範に従い、多くの困難を克服し、多方面の鍛錬を経験せねばならず、これらは何れも生徒の品徳の成長に役立つ。特に社会調査や社会奉仕は、生徒を社会に触れさせることで、国情を理解させ、党の政策を正しく理解させることができ、正しい価値観や人生観を形成することを可能にする。

実践鍛錬法を運用するには、以下の幾つかの要件に注意せねばならない。

（1）生徒の自発性を引き出すこと。鍛錬の主体は生徒であり、生徒の自発性、積極性を掻き立て、彼等に心の底から鍛錬は有益で、価値あるものだと感じさせてこそ、彼等は初めて自らを向上させることを怠らず、自覚的に自らに厳しく要求するようになり、最大の鍛錬効果を勝ち取ることができるのである。

（2）教師が適切な指導を与えること。時に、生徒は良き道徳的動機を持っていても、適切な道徳行為を選択するのが不得手なことがあり、とりわけ彼等が複雑な状況に直面すると、行動の上で困惑を感じかねず、ひいては「善意から悪事を働いてしまう」といった情況が現れる可能性がある。それ故に、生徒の道徳活動に対しては、生徒の能力を見た上で適切な提示や指導を与えることで、生徒の鍛錬効果を高めてしかるべきである。

（3）生徒に厳格な要求をすることを堅持すること。どのような種類の鍛錬も、厳格な要求をせず、ぞんざいであったりすると、形式主義に陥り、生徒に真の意味での鍛錬や向上を得させることができなくなってしまう。経験豊富な教師は皆、生徒の品徳に対する鍛錬の貴さは「厳」という字にあることをわきまえていて、少しもゆるがせにはしない。「一つが弛むと、何もかもが弛んでしまう」との言葉通り、一人の生徒に対してぞんざいであると、生徒一人一人に対して皆ぞんざいになり、教師の要求も形式に流されてしまうことになる。

（4）適時に点検し、長期にわたって堅持すること。良好な習慣や品徳の形成は、長期にわたって繰り返す鍛錬のプロセスを経る必要があり、根気よく続けることに貴さがある。先に引き締めておいて後で弛めたり、三日坊主であったり、気分にむらがあっては、品徳を培うのに無益であるばかりか、一旦生徒がだらけて散

第十章　徳　育　463

漫になる癖を身につけてしまうと、徳育の進行に深刻な影響を与えてしまうことになりかねない。故に、生徒に対する鍛錬は、自覚性を強調するとともに、彼等に対して督促と点検を行うことで、彼等に長きにわたって堅持させるよう注意すべきである。

(五) 自己修養法

　自己修養法とは、教師の指導の下で生徒が自覚して学び、反省し、自らを改善することで、自身の品徳を絶えず完全なものならしめようとする一種の方法である。生徒の品徳の向上は、生徒が社会環境との相互作用をベースにした能動的な発達のプロセスであり、現実の自分が期待する自分、理想とする自分へと向かう転化のプロセスである。生徒の年齢が高ければ高いほど、自発性は強くなるので、自己修養自身の品徳の発達における役割は益々重要となる。故に徳育は生徒の自己修養を重視せざるを得ないのである。中国古代の教育の方法論上における一つの重要な特徴とはすなわち自己修養の重視である。孔子は、君子は「内自省」（内に自らを省みること＝自己反省すること）、「内自訟」（内に自らをむること＝自己批判すること）を重要視すべきであると提唱し、曽子は「吾日三省吾身」（われ日に我が身を三省す＝私は一日に我が身を３回振り返る）と強調し、孟子は「自反」「自彊」を主張し、荀子は「君子博学而日参省乎己、則知明而行無過矣」（君子博く学びて、日に己を参省すれば、即ち知明らかにして行いに過ちなし）と説いた。彼等は何れも反省と修養を堅持することを通して個人の品徳を高めることを重要視したのである。現代は、更に道徳主体の自己修養を重んじ、劉少奇はこう指摘した。「革命者は自らを改造し、高め、必ず革命の実践に参加すべきであり、革命の実践を離れるようなことがあっては絶対にならない。と同時に、自らの実践における主観的努力から離れることもできず、実践における自己修養と学習を離れることもできない。もしもこの後の面を抜きにしては、革命者は自らの進歩を求めようにも、依然としてそれは不可能なことである」。

　自己修養には、一般的に立志、学習、反省、箴言、独りを慎む等が含まれる。

　(1) 立志。立志とは、道徳的理想あるいは期待する自我を確立することをいい、それは修養の一つの内容であり、修養の一つの重要な方法でもある。中国古代の教育は、教え子が志を立てることをとても重視した。道徳修養の中の主観

的努力をとても重視した孔子は、「仁遠乎哉？我欲仁、斯仁至矣」（仁というもの
は、そう遠くにあるものではない。仁を求めれば、仁に至ることができる）と説
き、『学記』も「士先志」（士は志を第一とする）と強調し、生徒に対する考察
の一年目はすなわち「離経辨志」（経書に句読点をつけ、聖賢の志向を明察する）、
すなわち生徒の志向をはっきり見分ける事としている。今日、我々は依然として
この伝統を発揚し、生徒の立志を励ますべきである。幼くして理想を持ち、志を
有し、社会のニーズに応じて自らの志をそれに結び合わせ、自らの奮闘目標を確
立し、個人の光明なるビジョンを切り拓くよう生徒を導かねばならない。

　(2) 学習。これは思想認識を高めるために行う学習のことをいう。個人の道徳
修養の向上は、人類の蓄積してきた文化知識や道徳経験を学ぶことと切り離せな
い。孔子は、「三人行、必有我師焉。択其善者而従之、其不善者而改之」と説い
ている。交際の中で他者の長所を学び、他者の教訓を手本とすることが、学習の
重要な面である。教師は、学習、とりわけ他者の長所を学ぶことを通して自らの
品行を高めることが得意になるよう生徒を導くことに気を配るべきである。

　(3) 反省。これは自己認識、自己反省、自己評価を含めた、生徒が自己修養を
行う際に常用する一種の方法であり、思想的自覚を高め、悪しき風習を防ぎ、自
らが過失を糾すことに対して重要な意義を有する。自己反省したり、自ら奮い
立って前進することを覚えるよう青少年を導くことは、彼等の思想道徳の発達に
とって有利なことである。完璧な人間などおらず、自らの欠点や不足に目を遣り
かつそれを認めるべきであることを生徒に弁えさせねばならない。但し、自らの
優れた点や長所に目を向けさせることも必要である。何故ならば、修養のプロセ
スは生徒が自らの優れた点や長所を頼りに自らの欠点や不足を克服するプロセス
でもあるからである。優れた点や長所を否定するのは、自己修養の原動力や自信
を否定することを意味している。

　(4) 箴言。奮闘目標を確立し、的を射た格言や箴言を選び出して座右の銘にす
ることで、自らを励まし、自らを戒め、常に自らをそれに照らし合わせ、長きに
わたって堅持することで、修養のレベルと高めるよう生徒を指導する。これは修
養の一種の良き方法であり、その効果は己を律するのに厳しくなれるか否かに
よって決まる。

　(5) 独りを慎む（自分独りでいる時でも雑念が起こらぬよう慎むこと）。これ

は自己修養における最高の境涯である。独りを慎むというのは、一人の人間が誰も監督する者のいない独りでいる情況の下においても、自覚的に道徳規範に従って己を律することができるよう求めるものである。我々は青少年の品徳修養に対して要求が高過ぎたり、急ぎ過ぎたりしてはならないが、我々は彼等の道徳修養の自覚性を培い、彼等が独りを慎む方向に向かって努力するよう激励する必要がある。

　自己修養法を運用するよう生徒を導くには、以下の何点かの要件に注意すべきである。

　(1) 生徒の自己修養の興味と自覚性を培い養うこと。自己修養するよう生徒を指導するには、まず彼等の情趣を培うことで、彼等が実践したいと願うようにする必要がある。一つの効果的な方法は、生徒のために学習の手本を設けることである。例えば、歴史上や現実の傑出した人物がどのようにして「格言」や「座右の銘」を通して粘り強く自己修養を行ったのかを紹介することによって、生徒に景仰や憧れの念を懐かせ、修養の衝動と実行を生じさせるといったようなことである。

　ある一人の中学校のクラス担任は、幾つかの古詩を暗唱し、それを格言として自らを勉励するよう生徒を導くことに気を配った。入学して暗唱した最初の詩は『有志』というタイトルで、「天下無難事、在乎人為之、不為易亦難、為之難亦易。吾非千里馬、然有千里志、旦旦而為之、終亦成騏驥」（天下に難事はなく、それは人が為すことに在る。為さなければ、易しい事も難しいものになり、為せば難しいことも易しいものになる。吾輩は千里馬ではないが、千里の志を有し、日々それを為すことで、遂に優れた馬となったのだ）というものであった。何日も続けて暗唱することで、生徒たちは向上心を持って成長し、一点一点を大切にし、3年後に成果を発揮するようになる。二番目の詩は、『早起』というタイトルの「朝日初上窓、起身勿彷徨…勤惰従此分、習慣遂為常」（朝日が初めて窓に昇るとき、起床して彷徨すること勿れ…これが勤勉と怠惰の分かれ目で、習慣は終に常となる）というもので、生徒が早起きの習慣を養い、勤勉な人間になるよう願った。…このようにして、素晴らしい効果が得られ、生徒に良き品徳と習慣を培うことができた。

　(2) 修養の標準を掌握するよう生徒を指導すること。何をもって修養の標準と

するかによって修養の方向性が決まる。それ故に正確な修養の標準を掌握するよう生徒を指導することは極めて重要である。生徒は正しい思想や模範の導きの下、正しい道徳の模範や規範、準則を選択して自らに求めることができるようになるが、誤った思想の影響の下においては、ネガティブな思想や言論を選択して自らの考えや行為を調節することも可能である。我々は彼等の是非をはっきりとさせる能力と自己修養を高めるレベルを持つことで、彼等が正しい標準を堅持し、間違った思想を克服するのをサポートして然るべきである。

（3）積極的に社会実践に参加するよう生徒を導くこと。修養は生活と社会から離脱してしまっては絶対にならないと生徒を指導し、それとは反対に、幅広く社会生活に触れ、社会活動に積極的に参加し、そこから自己修養の必要性及びその重大な価値を体験するとともに、激しい社会変革に身を投じて思想的養分を吸収し、先進的な模範の人物と接触する中で役に立つ教えを手に入れるよう彼等を導く必要がある。

（六）制度育徳法

制度育徳法とは、合理的な学校制度を構築することを通して生徒の品徳を導き、培う方法のことをいう。

以前、人々は、学校制度は神聖にして侵すべからざるもので、社会と学校の権威を代表するものであり、生徒は服従の義務のみを有するものとしてきた。今日、市場経済の発展と民主政治の推進により、制度は民意を代表し、民意を表現し、民意を護るのみならず、「民が主人公となる」、すなわち公民が制度の討論、制定及び執行に参与すべきである。この種の制度倫理は学校教育に、その生徒を管理し調整する役割のみを重要視するのではなく、学校制度の徳育価値を発揚することを重視するよう要求するものである。

制度は人間の社会行為規範や準則を構築して人と人、人と社会の間の利害関係を調節するものであり、道徳は個人の意識、良心及び社会の世論を拠所にして人と人、人と社会の間の倫理規範を調整するものである。制度と道徳には一定の違いが存在するものの、内在的な繋がりもある。「制度と道徳はもともと血縁関係を有し、起源の上では同根同源で、内容の上では相互に浸透し、機能の上では互いに支え合いといったように、特徴が同じで、しかも義理も相通じている」。こ

のことから分かるように、学校制度は学校徳育に対して、また生徒の徳性の形成に対して、重要な意義を有するものである。

まず初めに、学校制度は生徒のために明確な行為規範の要求を出す。学校制度は、社会あるいは学校を代表し、生徒に向かって明確な行為規範要求を出すとともに、制度の規範に従ってこの種の要求を実践するよう繰り返し生徒を訓練し、その上で更にこの種の制度の要求を認め、インプットすることで、この種の他律の制度要求を逐次生徒の自律の道徳品行へと転換させる。

次に、学校制度は生徒のために特定の価値の方向付けを規定する。どのような制度もすべて一定の価値認識、価値判断及び価値の取捨を前提とし、一定の倫理精神を詳しい内容とせねばならない。合理的な学校制度は合理的な価値観を出発点とし、生徒の学校生活に対して合理的な案配をする。生徒はこの種の制度規範に基づいて事を行う時、必然的にこの種の制度に内在する価値に対して心理的合意を生じ、学校制度に対する総体的な見解を形成する。この種の価値合意は、どのような道徳説教よりも人に対する影響は深遠で、更に長期にわたるものとなる。

最後に、学校制度は学校のために合理的で順序だった学校の秩序と雰囲気を構築する。学校制度が提供するのは学校生活の具体的な準則と規範であり、その狙いは学校生活と教育教学の順序立った展開を保証することで、学校教育の目標と価値を実現することにある。良き学校制度の役割は、正常な学校の秩序と雰囲気を確立し、学校の成員の最大利益を保証し、良好な道徳的気風を形成することにある。

制度運用の方法については、以下の二つの要件に注意すべきである。

（1）学校制度が合法的であるべきこと。学校制度は国家の法律法規に抵触してはならず、特に『中華人民共和国未成年者保護法』のような法律と矛盾するものであってはならない。学校は非合法的な規定や制度を徹底的に整理して然るべきである。

新華社の 2005 年 1 月 15 日付報道によると、「授業中にぼんやりしていると罰として一時間立たせ、期限通りに宿題をやらなかった場合は罰としてテキストを 5 回書き写させる」といったやり方は「校則」として学校により長年にわたって踏襲されてきたが、法律、法規に照らして考えれば、何れも生徒に対する権利侵害行為である。最近、河北省香河県の 100 数か所の小・中学校が相継いで法制処

を立ち上げ、法律や法規に照らし合わせ、既存の「違法」校則に対して整理と修正を行った。

河北省香河県第二小学校四年級の李君は、授業の際に聴講するのに集中せず、期限通りに宿題をやり終えなかったために、教師から罰として立たされたり、掃除をさせられたり、運動場のグラウンドを走らされたり、宿題を十回書き写すことを強要されたりすることが常であった。彼は教師のやり方を学校の指導部に告げるとともに、「学校が生徒に体罰を加えるのは『中華人民共和国未成年者保護法』に違反するものであるとテレビで言っていた」と言った。この事件の学校指導部に対するインパクトはとても大きく、彼等は校則を整理する際に十数項目からなる体罰に類似する条項を取り消した。

消息筋によれば、香河県の 100 数か所の小・中学校は法律法規に照らし合わせ、既存の「違法」校則に対して何れも程度の異なる修正を行い、それらは少ないもので十数条、多いもので三、四十条と、総数の累計は数千条に達したそうである。

（2）学校の制度は合徳的であること。学校制度は必ず道徳的で、時代の倫理精神に適ったものでなくてはならない。学校制度の教育性を高めるには、少なくとも以下の二つの面に気を配らねばならない。

第一に、生徒に参画させること。すなわち、生徒に学校あるいは学年クラスの制度に関する制定や執行に参画させるとともに、執行プロセスの情況に対して反省と改善を行わせることであり、その狙いは、生徒が自らの認知と実践を通じて制度との連動を生じるようにさせ、生徒に制度を遵守するよう強迫するという受動的プロセスを生徒が制度を理解し、貫徹し、改善するという自発的プロセスに変えることにある。つまり生徒を主体とした徳育プロセスである。徳育制度が真の意味において生徒に対する教育と方向付けの役割を演じるようになるには、生徒の理解と合意を得、生徒が制度制定のプロセス（すなわち生徒の意見を募り、制度に関するコンセンサスを見出すプロセスであり、生徒の道徳実践と品徳形成のプロセスでもある）に参画することが必要である。そうでなければ、例えば「生徒心得」を宣伝し説明するといったように、学校がいくら生徒に向かって学校制度を明確に宣伝し説明しようとも、このような制度は一部終始生徒に対する外的な「束縛」でしかなく、生徒の合意を得ることは極めて難しい。

第十章　徳　育　469

　2004 年 11 月 1 日、広州市番禺区祈福新村学校の「生徒法廷」が「中学生はどのようなカバンを背負うべきか」弁論会を催し、肯定派と否定派が中学生は「学園規範のカバン」かそれとも「流行のカバン」を背負うべきかについて激しい議論を行った。

　祈福新村学校の「生徒法廷」は 2003 年 3 月に設立され、裁判官一名と生徒若干名からなる仲裁法廷のメンバーで構成された。メンバーの選択において、学校は高い基準を設定し、厳しく要求した。裁判官は必ず成績優秀で、生活態度がきちんとしていて、強い責任感と正義感を持ち、法律や校則校紀及び『中学生日常行為規範』に精通し、同級生の間で尊敬を有するとともに、議事を論じる能力に優れ、事を処理するのに公正廉明でなければならず、生徒仲裁法廷のメンバーは適時に公平公正に同級生における矛盾や衝突を協調処理することができ、正義を広め、同級生間の団結と友愛を擁護し、法律と校則校紀に関して真剣に学び、本職の仕事を熱愛し、自発的に生徒を愛護し、事を処理するのに中立を守らねばならない。

　祈福新村学校は生徒に関わる問題に対しては、何れも「生徒法廷」に回して討論させた。ちなみに、生徒が携帯電話を持つ問題については、多くの学校が単に禁令を頒布するだけであったのに対し、この学校は「生徒法廷」にゆだね、「中学生が携帯電話を学校に持って行くことの利益と弊害」について議論し、法廷で審議の末、生徒が学校に携帯を持って行くことには、利益があれば弊害もあるとし、従って単に禁止するのではなく、条件と制限付きで学校で携帯電話を使用することを許可し、学校は生徒の意見を受け入れたのであった。

　祈福新村学校の「生徒法廷」は設立以来、生徒の民主参与意識を培うのみならず、学校徳育活動の実効性をも増強させることにより、教師と生徒の幅広い合意を得ている。

　第二に、生徒の思想品徳の発展を促すことを重要視すること。徳育の制度と規範を確立する目的は何処にあるのか？ 生徒をコントロールし、取り締まることを目的とするのか、それとも生徒を励まし、伸ばすのを目的とするのか？生徒を従順であるよう躾けるのか、それとも選択ができるよう躾けるのか？徳育制度と規範に対する尊重とは、服従あるのみで、変革などできないことを意味するのか？ これらの問題を適切に解決するには、発達至上の原則を確立して然るべき

である。つまり、学校が徳育制度を制定する目的は何れも生徒の向上心を鼓舞し、生徒による活発な発達を促す為である。

（七）賞罰法

賞罰は生徒の思想や行為に対して評価を行うことであり、それには表彰・奨励と批判・処分という二つの面がある。表彰・奨励は生徒の良き思想や行為に対して肯定的評価を行うことで、その品徳の発達を導き、促す方法である。批判・処分は生徒の悪しき思想や行為に対して否定的な評価を行うことで、彼等が欠点や過ちを改めることをサポートする方法である。公正で厳正な賞罰は、生徒が是非、善悪、美醜をはっきりと見分け、自らの優れた点、長所及び欠点、過ちを認識し、努力すべき方向を明確にするのをサポートすることができるとともに、生徒の名誉心、羞恥心、道義心を培い、真剣に自己修養を行い、長所を伸ばして短所を埋め合わせ、個人の道徳レベルを高め、社会の道徳規範を自覚的に擁護するよう彼等を激励することができる。

（1）表彰と批判。これは徳育の常用する方法であり、一般的には表彰を主とし、批判を補とするが、両者は互いに補完し合うものであり、何れも欠かすことができない。表彰は濫用してはならないが、批判もなくてはならず、運用の妙は適切であることにある。

表彰は、教師の生徒の良き思想、行為及び進歩的態度に対する称賛、賞美及び是認であり、口頭で示すこともあれば、頷きや拍手等の動作で意を示すこともある。生徒が立派な態度を示したことに気付いた時には、即座に肯定的評価を行い、時を移さずに激励することで、その強固化と発達を促すべきである。表彰は実事求是であるべきで、生徒の現実の立派な態度に基づき、一人の人間の成長、進歩に着目するとともに、生徒たちの意見を考慮に入れる必要があり、そうすることによって初めて良き効果を得ることが可能となる。

批判は生徒の悪しき思想、行為に対する指弾である。生徒が何らかの悪しき態度を示した時には、時を移さず適切な批判を与え、生徒がそれに注意し、直ちに改めるよう気付かせねばならない。批判は批判される者に対してのみ行っても良いし、皆の前で行っても良いが、実情のニーズに従って決定すべきである。批判は事の顛末をはっきりとさせ、慎重に対処し、人が良いことをするのを助け

るよう心掛けるべきであり、主観的な臆断や感情に走ったり、気まぐれでやったり、程合いを弁えなかったりするのは禁物である。悪しき現象に対しては、教師は堂々と胸を張って指摘し、成り行きに任せて寛大に取り扱ったりしないことで、悪しき行為はようやく制止できる。但し、批判は顔を強張らせて叱りつけるという一つの方法しかないのでは決してなく、異なる方法を採り、テクニック性を重んじることで、より素晴らしい効果を得られるようにすることもできる。

(2) 奨励と処分。奨励は、生徒の突出した優秀な品行に対して高い評価を行うことであり、一般的には賞状の授与、賞品の発給、称号の授与といった等級を含むものである。処分は、生徒の犯した過ちに対する処置であり、一般的には警告、過失を記録に留める、学校に留めて観察する、除籍処分といった等級を含むものである。

奨励と処分を運用するには、以下の何点かの要件に注意せねばならない。

まずは、公平公正で、正確かつ適度で、人情や道理に適ったものであること。褒めるべきは褒め、罰するべきは罰し、実事求是であること。

次に、民主を発揚し、群衆の支持を得ること。賞罰は少人数で決定すると、主観と独断に陥り、ミスが生じ、皆の支持が得られなくなることが免れ難い。民主を発揚し、皆の意見を吸収してこそ、公平で合理的になれるのである。

最後に、宣伝と教育を重要視すること。奨励と処分は、生徒を教育することが狙いであるため、一定の形式と勢いが必要で、一定の範囲内で発表し、壁新聞、放送、ガラス張り掲示板等の宣伝を通すことで、より良い効果が得られるようにすべきである。

要するに、上述の徳育方法にはそれぞれに特徴と役割があり、それぞれの方法は何れも徳育に欠かせないものではあるが、かといって万能なものではなく、それぞれが補充し合い、組み合わさることで、徳育方法の完全な系統が形作られるのである。したがって、教師はすべての徳育方法を熟知し、機知的、創造的に選択し、整合させて運用することに長けていなくてはならない。徳育の方法を如何に選択するかに至っては、一般的には徳育の具体的な目標、役割、生徒の年齢的特徴及び具体的な教育環境等といった要素を考慮すべきである。

復習思考問題

1. 市場経済は個人の品徳の発展にとって有利であるか、それとも有害であるか？ 市場経済の条件の下、人々が経済活動に従事する最も直接的な出発点は個人の利益の最大化を追求することであるが、これは果たして集団利益にとって有利であるか、それとも有害であるか？ あるいは、市場経済の条件の下、果たして集団主義を核心的な道徳原則とすべきであるか否か？

2. ある一人の教師が、授業において、勉学に努力し、重点大学に合格するよう中学生を戒めた。何故ならば、そうすることによって初めて「大金を稼ぎ、立派な役人になり、美女を娶る」ことができるからであると。しかし、孔子は顔回を手本に見立て、「一箪食、一瓢飲、在陋巷、人不堪其憂、回也不改其樂、賢哉回也！」（一箪の飯、ひさご一杯の水で、裏長屋住まい。ほかの人なら苦にするが、回君は楽しそうにしている。えらいなあ、顔回は。）と称賛した。あなたの考えを述べてみよう。

3. 下記の報道を読み、この問題に対する君の考えを述べてみよう。

　　報道によると、蘭州の女子生徒である楊麗娟は1994年に16歳にして香港スターの劉徳華に魅せられ、13年の長きにわたる「追っかけ」が始まった。

　　学業をなおざりにし、同級生や友達との関係もおろそかになった。

　　終日お茶やご飯もそっちのけで、自らを部屋に閉じ込め、スターのコンサートのビデオを観賞していた。

　　毎日愛情たっぷりに部屋の壁いっぱいに貼られた彼のポスターをながめるか、あるいは絶えず手紙を書いて気持ちを打ち明けたり、彼の資料を集めたりしていた。

　　13年来、絶えずアイドルの物品を購入し、彼の音楽作品集やポスターや映画等を蒐集した。

　　何度も両親と一緒に北京や香港に出かけては、劉徳華のコンサートを聴き、個別にアイドルと会ってサインをもらいたいと願ったが、終始その願いを果たせずにいた。

　　娘のスター追っかけの夢を叶えてやりたいと、楊の両親は惜しむことなく2005年に家屋敷を売り払って金に換え、三万元を得た後、今度は香

港に出かけてアイドルに一目会おうとしたが、結果は不成功におわり、その金も一年で泡と帰してしまう。

　父は腎臓を売ってまでして、娘のために香港に行く金を準備しようと企てた。

　2006 年、楊麗娟は海を越えて劉徳華の歌謡曲ファンの集まりの「華仔天地」に参加するも、やはりアイドルに会うことは叶わず、彼女は諦められずにいた。

　2007 年、父は定年退職保障カードを抵当に入れ、高利貸しに借金し、一家三人で香港に出かけてスターを追いかけた。

　父はスターが長年娘に対して「冷酷無情」であるとして、香港で海に身投げして自殺し、その死をもって告訴し、12 頁もの長きにわたる遺書を認めてスターを口汚く罵りまでした。

　父が亡くなった後、妻と娘は遺体もしくは遺骨を受け取らないことに決め、劉徳華が父親を追悼しようとしない限り受け取らないといっている。母子二人の計画は、引き続き香港に行って劉徳華に会うことである。

（シンガポール『聯合朝刊』2007 年 4 月 2 日付より抜粋）

　これに対して、どのように考えるか。

4. 今時の若者世代はダメになってしまった世代であるという人がいれば、若者世代は生気溌剌とし、大いに希望が持てる、信頼に値する世代だという人もいる。これに対してどのように考えるか。

5. 学校徳育の成功している点、いまだ存在している課題について述べよ。どのようにして改善すれば良いと考えるか。

6. 徳育に対してどのようにこれまで考えていたか。本章の学習を経て、学んだ点を述べよ。

第十一章

美 育

美育を強化し、人間のトータルな成長と社会文明全体のレベルの向上を促進することは、我が国の教育が目下直面している重要任務である。本章は美育の概念、意義、任務、内容及び実施の原則と方法を詳しく論じるものである。

第一節　美育のあらまし

一、美育の概念

「審美教育」はドイツ語の「ästhetische erziehung」に由来する一切の人々の美感を培う教育の総称である。学科から見るならば、美育は少なくとも美学と教育という二つの学科にまたがるとともに、倫理学、心理学及び哲学と密接な関係を有するものである。したがって、美育の概念は何かということに対して、人々の認識には分岐が存在しているため、それを明確化する必要がある。

美育は教師の指導の下、生徒が目的を持ってアクティブ、自発的に自然、生活及び芸術作品等といった対象の各種の美の形態を感知し、悟り、分析評価し、操作し、教師と生徒の間の連動、交流を通じて、美に関する基本的知識や技能を掌握し、運用することにより、情趣の融合、コンセンサス及び分かち合いを実現し、美を感受し、美を鑑賞し、美を表現し、美を創造する能力を培い、個体の自由でトータルな成長を促す教育である。簡単に言うと、美育とは、すなわち美を感受し、美を鑑賞し、美を表現し、美を創造する理念と能力を培うよう生徒を導く教育であり、美感教育あるいは審美教育とも呼ばれる。

美を愛するのは人間の天性であり、美しい生活を送るのは人々の営々として倦むことのない追究であり、トータルに成長し、しかもより完ぺきな人間を培い育てるのは教育と自己教育の憧れる理想である。文字の記載が存在するようになって以来、一種の比較的広範な美育というものが行われるようになり、それは詩教、楽教、歌舞、絵画等を含む総合芸術を教育の重要な構成部分とし、人類の生活、教育及び人間の成長と緊密に関係し、体育、知育、徳育と関係を有するのみならず、更に人格教育、芸術教育、情操教育とも切り離し難い連繋を有するが故に、人々に意識的あるいは無意識的にその区別を混乱させることとなり、美育の

人格教育、芸術教育、情操教育の重要な役割を強調する際に、往々にしてそれを
もって美育にとって代わらせ、美育を廃棄してしまうという由々しき結果をもた
らしてしまうことになりかねない。

　(1) 美育と人格教育。古代ギリシャの叙事詩教育と音楽教育及び中国古代の詩
教と楽教は、何れも一種の芸術を手段とした人格教育とみなすことができる。例
えば、中国が「詩言志」や「文以載道」を提唱したのは、均しく詩歌と音楽の人
格教育における重要な役割を物語っている。この種の伝統的観念はその歴史的根
源を有するのみならず、今に至っても、学校美育の実施に深い影響を与え続けて
いる。人格教育は主に徳育の範疇に属するものであり、まずもって是非、善悪を
はっきりと見分け、道徳規範を実践し、修養を高めることによって健全な人格を
形成し発達させるよう生徒を導くべきであるということを明確にして然るべきで
ある。美育も審美活動を通じて生徒の正しい審美観念を培い、生徒の気性を陶冶
することで、その人格が完全になるよう促すものであることは無論言うまでもな
いが、美育には更に、生徒の美を感受し、美を鑑賞し、美を表現し、美を創造す
る情趣と能力を培うという独特の任務がある。

　(2) 美育と芸術教育。芸術教育は学校美育の重要なルートである。学校の教師
は、生徒の美を感受し、美を鑑賞し、美を分析評価し、美を表現する能力を培い、
彼らの審美観念と情趣を高めるのみ、往々にして音楽、美術、舞踏や各種の課外
文芸活動の展開を通じて実現するよう生徒を導こうとするが故に、人々は往々に
して芸術教育を美育と同一視し、芸術教育をもって美育に代えさせている。これ
は、事実上芸術教育の役割を誇張し、美育の機能を狭めるものである。美育と芸
術教育には明らかに違いがあることに目を向ける必要がある。美育は、芸術教育
を通して行うのみならず、その他の各科の教学を通し、大自然の素晴らしさを鑑
賞することを通して実現すべきものであり、とりわけ日常生活を通じて審美を展
開することで、生徒が世に処し身を立てることや、挙止振る舞いや物言いの流儀
の上で、何が美しく優雅であるか、何が醜悪で卑劣であるかを弁え、正しい審美
観念や高尚な審美情趣を形成するようにすべきである。美育は音楽や美術の教学
や課外活動のように、系統立った専門知識の学習や技能の訓練を重要視し、技芸
の完ぺきさを重んじるのではなくして、芸術の技能や技巧の訓練の範疇を超越す
ることで、生徒の審美の素質をトータルに高めることを趣旨とすべきである。

（3）美育と情操教育。情感は審美のプロセスと審美心理のプロセスとを問わ
ず、何れも重要な地位と役割を持ち、古今東西の美学者、芸術家は芸術と審美の
本質的特徴を論ずる際に、情感の特殊な意義を強調しないものはいない。但し、
人々の快楽の情感を簡単に審美の快楽と同一視することはできない。「美的快楽
は、視覚や聴覚といった高次の感覚から得られるだけでなく、感情、想像力、理
解力といった精神構造の様々なレベルに至るまで、一貫性がある。この一貫性が、
意識全体を活気づけ、複数の精神的要素の自由な相互作用を可能にし、リラック
スして自由でありながら、深く深みのある快楽体験を生み出すだろう」審美の愉
快さは感情の激しい動きと同じでは決してなく、審美的情感が日常生活における
一般的な感情と異なる理由は、それが審美の意識や評価等といった理性的要素に
沁み込んでいて、しかも想像力や理解力の中に融合し、審美のプロセスによって
陶冶されることにあり、正にこの種の心理プロセス全体で初めて一種の審美的愉
快として表現されるのである。単純に情感を美育として追究するのは偏りに失す
るものであることは明らかである。

二、美育理論のあらまし

（一）孔子の美育思想

　孔子には多くの美育に関する論述があり、豊富で奥深い審美思想が含まれてい
る。彼は最も早くに「志於道、拠於徳、依於仁、遊於芸」（つねに志を人倫の道
に向け、体得した徳を堅実に守り、行うところを仁に合致させ、楽しみを六芸に
求める）や「興於詩、立於礼、成於楽」（詩によって情意を刺激し、礼によって
行動に基準を与え、楽によって生活を完成させる）という教育主張を提起した。
その中の、楽しみを六芸に求めるとは、楽器や音律や多種の才芸（才能や技芸）
を学ぶことをいい、楽によって生活を完成させるとは、音楽を用いて人間の気性
の陶冶を十全にさせることをいい、詩によって情意を刺激するとは、詩を学ぶこ
とを通して人の精神を奮い立たせることをいう。とりわけ詩を学ぶことを重視
した孔子は、「小子何莫学夫詩？詩可以興、可以観、可以群、可以怨、邇之事父、
遠之事君、多識於鳥獣草木之名」（君たちはなぜ詩経を学ぼうとしないのか？詩
は人間の精神にいい刺激を与えてくれる。人間に人生を見る眼を与えてくれる。

人とともに生きる心を培ってくれる。また、怨み心を美しく表現する技術をさえ教えてくれる。詩が真に味わえてこそ、近くは父母に仕え、遠くは君に仕えることもできるのだ。しかも、われわれは、詩を詠むことによって、鳥獣草木のような自然界のあらゆるものに親しむことまでできるのではないか）と説いた。そして更に、「詩三百、一言以蔽之、曰。『思無邪』」（詩経にはおよそ三百篇の詩があるが、その全体を貫く精神は『思い邪なし』の一句につきる）とも説いた。つまり、詩は若者が鑑賞力を高め、グループの友誼を増進させ、個人の情感を述べ表し、世に処し身を立てることをマスターし、大自然の種の名前を多く知ることの手助けとなり得、しかもその思想は純粋で正しいというのである。孔子が提唱した芸教、楽教、詩教は何れも美育の範疇に属するものである。

　孔子の教え子の子路が、「成人」すなわち人々が常々口にするところのトータルな人間とはどのような人のことをいうのですか？　と問うと、孔子は「若臧武仲之智、公綽之不欲、卞荘子之勇、冉求之芸、文之以礼楽、亦可以為成人矣」（臧武仲の知恵、公綽の無欲さ、卞荘子の勇気、冉求の多芸を兼ね具え、更に礼楽をもって磨きをかけたら、成人といってもいいであろう）と答えた。つまり、孔子は、一人の人間がもしも先賢のように「知」「礼」「勇」「芸」を具え、更に「礼楽」を用いてその文学的才能を形作るならば、完全な人と言えるであろうというのである。これはすなわちトータルに発達した人間であるともいえる。以上のことから、美育はトータルに発達した人間にとって不可欠な教育であることが分かる。

　孔子が培うことを求めた君子や成人は、外見の美と実質とが良く調和した上品で礼儀正しい人間である。外見の美と実質とが良く調和しているというのが、つまり孔子の君子や成人たることに対する審美的要求なのである。孔子は「質勝文則野、文勝質則史。文質彬彬、然後君子」（質がよくても文が無ければ一介の野人に過ぎないし、文は十分でも、質が悪ければ、気の利いた事務家以上にはなれない。文と質がしっかり一つの人格のなかに融け合った人を君子というのだ）と説いた。質とは内在する性情や気質のことを言い、文とは人間の外に顕れた風格や文学的才能のことをいう。孔子は、一人の人間の性情や気質がその風格や文学的才能に勝り、それを抑えつけているなら、粗野たるを免れ得ず、もしもその風格や文学的才能がその性情や気質を抑えつけてしまっているようならば、虚偽で

あることを免れ得ないといっている。したがって、内在する性情や気質の美と外に顕れた風格や文学的才能の美とを調和的に結合させてこそ、初めて外見の美と実質とが良く調和した美しくて高尚な君子に成れるのである。孔子の唱導する外見の美と実質とが良く調和した審美観というものは、我が国の後の教育や身を持することに対して極めて深遠な影響を与えたのである。

（二）シラーの美育思想

　18世紀ドイツの著名な美学者シラーは、「健康を促す教育があり、認識を促す教育があり、道徳を促す教育があり、そして鑑賞力と美を促す教育がある。この最後の教育の目的は、我々の感性と精神力のすべてが可能な限りの調和に到達するよう培うものである」とした。シラーの審美教育の特殊な役割と意義に対する明示は、審美活動に対する把握に基づいたものであり、彼が提起するところの「感性と精神力のすべてが可能な限りの調和に到達する」とは、つまり審美活動を通じて人間それ自体に存在している「感性の衝動」と「形式の衝動」というこの二つの対立する力が統一を得ることができるよう、そして「美を通じて感性的人間を形式と思惟へと導き、美を通じて精神的な人間を素材と感性の世界へと回帰させる」ことを望んだのである。つまり、審美を通して、人間の動物的な感性の物質的欲望の中に理性的な精神を注ぎ込むその一方で、人間の抽象的な理性形式に具体的な血肉を得させれば、人間をして、自身の分裂状態を克服して内的な完全さと豊かさへと向かわせることができるというのである。シラーは、この種の人間性の完全さと豊かさがすなわち自由であり、「更に人間性という名前を具えてこそ初めて最も自由で崇高な存在である。同時に自然の法則の物質的強制を取り除き、また道徳法則の精神的強制を取り除き、同時にこの二つの世界の必然的なより高い概念及び二種類の必然性の統一の中において、彼らは初めて真の自由に立ち返ることができるのである」とした。

　シラーからすれば、自由は人間が物質の必然性と精神の必然性を把握して人間性の完ぺきさに到達することの一種の表現として、現実において完全に実現することは永遠にあり得ない。なぜならば、現実においては、感性的衝動と形式的衝動との間の対立は、永遠に完全なバランスを実現することが難しいからである。「この種のバランスは永遠に一種の理想でしかなく、それは現実において完全に

到達することは絶対にあり得ない。現実においては、常にある一つの要素が優位を占め、経験界が到達し得るところの最高の成就はこの二つの原則の間を揺れ動き、時に実在が優位を占め、時に形式が優位を占める」と言っている。こうした現実において実現し得ない理想は、審美の中においては十分に表現され得るので、シラーは、美育は人間性を改造してそれを完ぺきにする重要手段であるのみならず、社会を改造してそれに政治的自由を実現せしめる根本ルートでもあると考えた。つまり、美育は審美的人間、すなわち完ぺきな人間性を具えた人間を育成することをその根本的な目的とし、それは社会改革が成し遂げ得ない、人間を真の意味において自由ならしめ得る偉大な革命なのであると述べている。

　シラーは更に、社会の分業が人間性にもたらす分裂と審美活動の人間性の完美に対する調和と促進に対して深い論述を行っている。彼は社会分業の人類の能力の発展及び向上に対する重要な意義及び必然性を十分に肯定し、「人間の多種の素質を発達させるには、それらを相互に対立させることを除いて、ほかに方法はない」、なぜなら「全体について言うならば、どのような人間も自然が彼に賦与した眼力でもって天文の望遠鏡を用いることによって初めて発見できる木星やその衛星を観測することは不可能である。もしも理性が個別的にそれを受け入れる主体の上に分散されなければ、人間の思考力は無限に対する分析あるいは純粋理性に対する批判を提起することが絶対にないのは、それを各種の素材の中から取り出し、高度な抽象を用いて無限を観察する分析能力を強化するようなものである」からであるとした。

　但し、その一方で、シラーは社会分業のもたらすところの人間性の分裂という現状に対して鋭い批判を提起している。彼は、「現在、国家と教会、法律と習俗は何れも分裂させられて、享受は労働と関連を失い、努力は報酬と関連を失ってしまっている。永遠に全体の中の一つのぽつんとした断片に束縛され、人間も自らを一つの断片に変えてしまった。耳に聞こえるのは永遠に彼が推し動かす機械のハンドルのあの単調で味気なくやかましい音であり、人間もその生存の調和を発展させる術がなく、彼は人間性を彼の自然（本性）の中に刻印するのではなくして、自らを職業や科学知識の一種の標識に変えるのみである。…人間の自由な知力をしっかりと縛り付ける。単なる文字が生き生きとした知性に取って代わり、熟練した記憶は天賦や感覚よりも更に頼り甲斐の有る指導的役割を果たすように

なった」と指摘した。

　確かに、人間性のこの種のバラバラにされた状態は、社会発展の一定段階においてはその必然性や合理性を有するものであり、それは社会の進歩のある種の必要な手段ではある。しかしながら、シラーははっきりと冷静にこう指摘する。「たとえ世界が一つの総体として、この種の人間の能力が二つに仕切られた培いの中で如何に大きな恩恵を手に入れようとも、この種の培いを受けた個体は、この種の世界を目的とする災難においては、やはり苦痛を受け続けねばならない。体育の訓練を通せば強壮な身体は培われようが、自由でバランスの取れた遊戯を通してこそ初めて肢体の美は培われる。同様に、個別的精神力の緊張した活動は特殊な人材を培うことは出来得ようが、精神力の調和した発展こそ初めて幸福で完全なる人間を生み出すことができるのである」。

　シラーは審美教育をその他各種の教育の上に置くとともに、社会政治の分野にまで広げ、審美教育の役割を誇張したことで、その理論に一種の空想性を持たせることになった。但し、シラーの審美に関する深い思想は、今に至っても重要な意義を有している。

(三) マルクスの美育思想

　マルクスが史的唯物主義の観点を応用し、科学的に美育の価値を明らかにし、人類存在の審美的尺度を人間の能動的本質を解釈するのに運用したことは、西洋美学思想に対する大いなる超越であるとともに、我々が今日審美教育の価値を理解する基本的出発点でもある。マルクスは、「労働は美を創造するが、労働者を奇形に変えてしまう」と指摘した。ここで、マルクスは私有制の条件の下での異化された労働の、美を創造するその一方で労働者を奇形にしてしまう二面性を明示した。しかしながら、正にマルクスが分析した通り、人間の依頼関係からの脱却、資本主義制度の廃止、労働異化の除去及び機械生産と科学の発展、社会物質の変換と全面的関係の形成に伴い、個人のトータルな発展も始まった。マルクスは、審美はトータルに発達した人間の生活ニーズにおいて不可欠の社会活動であり、それは人間のトータルな発達を実現する上で重要な役割を果たすとした。とりわけ、未来の社会においては、「共産主義社会においては、単なる画家は存在せず、絵画を自らの多種の活動における一つの活動とする人々が存在するだけで

ある」とし、共産主義社会においては、「個性が自由な発達を遂げ、したがって、剰余労働を獲得するために必要労働時間を切り詰めるのでは決してなく、直接に社会が必要とする労働を最低限度にまで切り詰めるのであって、その時、それに相応するように、すべての人に時間の都合をつけ、手段を創造することで、個人は芸術や科学等の面で発展できるようになるのである」と指摘した。

　根本的に言うならば、人類の労働は美の本源であり、美感は実践の産物でもある。マルクスは極めて明確にこう述べている。「それは、客観的に展開される人間の本質の豊かさ、対象の人間的感性の豊かさ、たとえば音楽の耳、形の美しさを知覚できる目、要するに人間の楽しみとなりうる感覚、つまり人間の本質的力として自らを確認できる感覚、一部が発達し一部が出現している…五感の形成は、これまでのすべての世界史の成果であるだけである」と。マルクスは更に、トータルに発達した「人間は一種のトータルな方式…一人の完ぺきな人間として、自らのトータルな本質を占有する。人間と世界のどのような種類の人間との関係——視覚、聴覚、嗅覚、味覚、触覚、思惟、直観、願望、活動、愛——要するに、彼の個体の一切の器官は、正に形式上直接に社会の器官であるそれら器官と同じく、自らの対象性を通して対象を占有する」とした。トータルに発達した人間は受動と能動、自然性と社会性、個性と類的特性が完全に統一された完ぺきな人間である。これら論述をベースに、マルクスは著名な、「動物はそれが所属するその種の尺度とニーズに応じて形作られるだけであるが、人間はどのような種類の尺度に応じて生産を行うかを弁えているとともに、どのようにして処々に内在する尺度を対象の上に運用するかを弁えている。それ故に、人間も美の法則に基づいて形作られるのである」とする「二つの尺度」という思想を提起した。「対象の尺度」とはすなわち客観的法則に従い、法則に基づき物事を処理することであり、「内在する尺度」とはすなわち人間が美の法則に従って創造した尺度であり、法則に対する認識と把握の基礎の上での対象に対する認識と改造のことである。ここにおいて、マルクスが強調しているのは、すなわち人間の審美の能動性と創造精神であり、人間の本質的な力の体現である。審美教育は、根本からすれば、すなわち人間の本質的な力に対する発見と同意であり、その狙いは人間の潜在力を開発し、人間の本質を展開させ、最終的に人間をして、真の意味でトータルに自らの本質を自分のものたらしめることにあるのである。

三、美育の意義

（一）美育は人間の審美的素質を高めるのに役立つ

　天地には大いなる美があり、大自然は不思議な美を育み、絶えず変化、発展、進化を遂げ、「鷹撃長空、魚翔浅底、万類霜天競自由」（鷹は大空をつんざくように飛び、魚は浅い水底を旋回して泳ぎ、万類の生き物が霜天の下で自由を競い合っている）といった生命力に溢れた美しい光景を呈している。発展と進化の最先端を疾駆する人類は、動物が自発的に美を表現し、美を感受し、美に向かうのとは異なり、自覚能動的に美を鑑賞し、美を表現し、美を創造する。彼らは絶えずある種のより文明的で優雅な美の環境、美しい生活と人生を追い求め、創造する。それ故に、審美活動と審美教育は人類の発展と若き世代の教育と発展において重要な意義を持ち、それは絶えず人間の審美的素質を培い、高めている。

1. 美育は人々の美醜を弁別する能力を高める

　美と醜は比較し合いながら存在し、相争いながら発展するものである。自然と社会と芸術とを問わず、美と醜の各種の形態は何れも入り乱れて雑然としたものであり、その中から真の美の対象を見分け出し、正しく健康的な審美活動を繰り広げるには、社会の人間一人ひとりが何れも美醜を弁別する能力を持つよう求める必要がある。この種の能力は遺伝の産物などでは決してなく、それは長きにわたる審美活動の実践を通じて徐々に形成されるものである。もしも一人の人間が乳飲み子を皮切りに、常に家庭、学校、社会の正しい審美教育を受け入れたとすれば、彼は美醜を弁別する能力を形成することができる。逆に、一人の人間が幼少の頃より常に卑俗、低級で、醜を以って美に充てた事物及びその情趣に触れ、その影響を受けたとすれば、美醜を分別することができずに醜いものを美であるとし、美醜を弁別する能力を形成し、高めることは不可能で、甚だしきに至っては、犯罪の道に足を踏み入れることになってしまいかねない。したがって、児童に幼くして何が美で、何が醜であるかを弁えさせることで、美醜を弁別する能力を高めさせ、美を愛し醜を憎む志向を養わせ、正しい審美観を培わせることは極めて重要であり、これは青少年である生徒の審美的素質を高める基礎である。

2. 美育は人々の各種の美に対する感受能力を培い育てる

美育には各種の異なる形態が存在し、自然美、社会美、芸術美があれば、内容美、形式美があり、壮美、幽美があれば、喜劇美、悲劇美がある等々である。人々がこのような種々様々な審美対象に向かい合い、何れも然るべき美感体験を生じることができるようになるには、豊富多彩な美の対象でもって人々の多種多様な感受能力を培い育てる必要がある。常にこのような情況がある。それは、一人のそれほど文化的素養や芸術的修養のない人間と、一人の知識が豊富で情趣と才能と技芸に富んだ人間が同一の審美対象と向き合った際、彼らの審美的感受には天地雲泥の差があるというものである。社会の成員の審美感受力が培いと向上が得られる様になるには、多岐にわたる審美教育が欠かせない。人間の美を感じ取る力を高める最も効果的な方法とは、すなわち条件を創出し、人々を美の境地に引き入れて薫陶を加えることである。正に遊泳を学びたければ河や湖や海に行って活動せねばならないのと同じように、ある種の美の対象、ある種の芸術の鑑賞の玄人になるには、常にこの種の対象あるいはその芸術と接触する中に身を置く必要がある。マルクスは、「芸術対象は芸術が分かり、美を感じ取る力を持つ大衆を創り上げる」と述べている。ここでは、子どもを水の中に放り投げたまま何もしないといったことがあっては絶対にならず、事前に講釈を与えるとともに、水中で範を示し、導きと手助けを与えるべきであることは無論言うまでもない。

3. 美育は人々の美を創造する能力を発達させる

美を創造するのは芸術家の特許ではなく、社会の成員一人ひとりが何れも美を創造する潜在能力を有する。ゴーリキーは、「人間一人ひとりには何れも芸術家の天性があり、より細心に自らに対処する感覚と思想の条件の下において、これらの天性は発達し得るものである」と述べている。美育の一つの重要な役割とは、すなわち社会の成員一人ひとりのこの種の芸術的天性を発展させようとすることである。この種の天性を発達させるために最も有利な条件を創造するには、児童の最初の落書き、初めてつくる手作りの製品、初めて描く絵から始め、意識的に青少年の美を創造する能力を培い育て、伸ばし、高めるべきである。とりわけ、彼らのなにがしかの面における表現が突出しているのに気づいた時は、適切な教

育を施すことで、彼を一人の美的創造力を具えた普通の労働者あるいは一人の本物の芸術家へと育て上げるべきである。美育は何人かの音楽家、画家、作家等といった専門の人材を培い育てるためだけでなく、普遍的に社会の成員一人ひとりの美を創造する能力を高めねばならないことは無論言うまでもない。

（二）美育は教育そのものを十全にするのに役立つ

　審美活動と審美教育は従来ともに人間教育の一種の要素であり、審美活動と審美教育の発展、改善、向上は直接的に教育の発展と十全化を後押しするものである。

　まず初めに、美育の提起と実施は学校教育の構成部分をより完全なものにする。早くも我が国古代の西周時代に、教育の基本内容である「礼、楽、射、御、書、数」の六芸が構成され、その中の楽がすなわち一種の音楽、詩歌、舞踏を包含した総合芸術教育であり、当時は教民の本として崇め尊ばれたが、古代の学校教育においては、美育はずっと提起されぬままであった。西洋のルネサンスに伴い、音楽や美術も興起し、美学思想の研究は日増しに深まり、18世紀のドイツの美学者シラーは『審美教育書簡』の中で明確に審美教育という概念を提起するとともに、その理論及び意義に対して深い論述を行い、美育が学校教育の一構成部分となるのを後押しするとともに、音楽、美術、お遊戯等のカリキュラムを設け、課外において豊富多彩な文芸活動を展開し、そうすることによって美育が学校教育において日増しにその重要な役割を発揮できるようにした。

　次に、美育と知育、徳育、体育との分業と協同関係が日増しに明確になったことが、教育の機能と質の絶えざる向上を促した。知育は世界を認識し、改造するプロセスにおいて、真偽、正誤を区分し、真知と法則を掌握することで、労働と作業の効率を改善すべきであり、徳育は社会的交際のプロセスにおいて、善悪、是非を区分し、世に処し身を立てることと各種の社会関係を処理することを解決することで、社会の調和を発展させるべきであり、美育は生活の交際、労働創作のプロセスにおいて、美醜、高雅低級を区分することを解決することで、美しい情趣と理想を追究し、体育は人間の身体の運動、鍛錬に力を注ぐことで、人体の健康的な成長を確保する。四者にはそれぞれ特徴があり、何れも欠かすことができず、真、善、美、健を追究するよう人を導き、人間のトータルな発達を確保す

る。

　教育活動は単一の知力活動あるいは情感活動ではなく、一種の総合的活動であり、徳、知、美、体が均しくその中に滲透し、共同で人間の発達を促す。例えば、今日唱導されている創造型の人材を育成する活動は、単一的な知力活動ではなく、それは人間の執着的追究と敬業の感情を必要とするのみならず、人間の美に対する想像力の支えと健康な体力の保障をも必要とする。そうでなければ、人間の創造能力に対する発掘や向上を実現させることは不可能である。レーニンはかつて、「『人間の感情』なくしては、人間の真理に対する追究はこれまでなかったであろうし、またあり得なかったであろう」と述べている。美育は人間の知力と創造力を開発するという面において重要な役割を持ち、人間の視野を広げ、人間の想像力を豊かにすることができる。アインシュタインはかつて、「想像力は知識よりも更に重要である。何故ならば、知識は有限的なものであるが、想像力は世界のすべてを概括し、進歩を後押しするばかりか、知識の進化の源泉でもあるからである」と述べている。この世界において、最も人間の想像力を沸かせるものは音楽と芸術であり、審美教育は人々を想像の世界へと引き入れ、自由に飛翔させるのである。

（三）美育は人類の物質文明と精神文明の調和的発展にとって有益である。

　教育は人類の文明を伝播するという責任を有しており、学校美育は徳育、知育、体育等とともに、人類文明の伝播に対して重要な役割を演じている。

　マルクスは、人間と客観世界との関係、すなわち現実との関係は一種の対象的関係であるとする。いわゆる対象的関係とは、人間は実践活動を通じて自然に対する改造を実現し、人間の活動あるいは改造を通じた自然は、もはや純粋な自然ではなく、人間化された自然あるいは人間の本質的力の対象化である。マルクスはこの種の人間と自然との関係を論じる際に、「物が人の方式に基づき人と関係を生じる時に、初めて実践において人の方式に基づいて物と関係を生じる」と述べたことがある。マルクスの言う意味は、自然界は人類が存在するようになって以降、人類の実践活動の認識と改造の対象となり、人間の力を肯定する感性的存在となって、人間の活動を通して以降、自然は「人間化された自然」となり、それと同時に、自然を改造するプロセスにおいても人間の本質的力を証明したとい

うことである。「人間化された自然」とはすなわち人間の本質的力の外への現れ、すなわち対象の変化において人間の活動が見られることである。人間の活動は従来何れも双方向の活動であり、対象を改造することで、対象を人間の尺度、すなわち審美の尺度に照らして変化させもすれば、自身を改造することで、自らを絶えず発展させ、完全なものたらしめようともする。したがって、我々は、人類の社会実践活動は一つの双方向の構築プロセスであり、自然を構築するし、自身をも構築するというのである。人類文明の発展プロセスは、つまりこのような一つの物質文明と精神文明の不断に裕福化しゆくプロセスであり、このプロセスにおいて、物質文明と精神文明が調和協調的に発展することにより、人間のトータルな発展がもたらされるのである。

　人類が歴史の大河の中で苦労して積み上げて来た人類文明の成果は、若き世代の生活、学習、教育及び発展のために極めて豊富で貴重な条件、資源及び思想を提供してくれているが、そこには一定の美の形式と審美価値が浸透している。教育の角度から見れば、知育は物質文明を創造し得る科学知識を生徒に教えることができ、徳育は従うべき社会倫理規範を生徒に伝達することができ、体育は生徒の身体的素質を増強することができるのであるが、しかしながら、教育のこれらの面は何れも人類が物質文明を創造するプロセスにおいて、積み重ねてきたところの豊富な人類の想像力及び美に対する鑑賞力、創造力を生徒に伝授し、それを発展させ続けることはできない。この種の目的を達成するには、美育を通してこそ、初めて実現できる。我々は人類の文明史をひもとくに当たって、およそ社会の激動期あるいは重大な歴史的変遷の時代においては、優秀な思想家が何れも美育を特に重視していたことに気付くであろう。古代ギリシャに在っては、プラトンやアリストテレスが音楽と悲劇の人間の精神世界に対する陶冶、とりわけ人間の心に対する浄化作用を重視し、ルネサンス時代には、大勢のヒューマニスト及びその教育者たちが様々な文芸形式でもって封建的な教会に対して痛烈な攻撃を浴びせ、人間性の解放と自由を唱導し、人間性を宗教の教会や神学の束縛から解放し、欧州のブルジョア革命時代には、ロック、ルソー、カント、シラー等といった大勢の著名な思想家や哲学者が声を大にして呼びかけ、美育の手段を運用して人間性を発展させ、十全ならしめるよう主張した。19世紀以来、多くの思想家や教育者は更に芸術教育を唱導した。

第十一章　美　育　489

　当今、中国の現代化プロセスが加速するに随い、我が国の物質文明と精神文明の建設が日増しにより一層輝かしき成果を収めるようになっている。それ故に、物質文明と精神文明の調和的発展を堅持することは、中国が更に高い次元の発展に向かって邁進する歴史的使命である。美育はこの歴史のプロセスにおいて、過去のどのような時よりも更に困難にして栄えある重任を担いゆくことになろう。

第二節　美育の任務と内容

一、美育の任務

　学校美育の基本任務は主に以下のいくつかの面を包括するものである。

（一）生徒の正しい審美観点を確立し、審美能力を高める

　審美観点は人々が審美活動において持するところの態度と見方である。人々の経済的地位、生活キャリア、文化的背景、審美的素養の違いにより、彼らの審美観点も同じではなく、たとえ同一の美の現象あるいは芸術作品に対しても、違った審美評価を持つものである。魯迅は『紅楼夢』を語った際、「主題一つとっても、読者の眼力によって種々のものがある。経学者は『易』が目に入り、道学者は淫が目に入り、才子はまとわりつきが目に入り、革命家は満族排斥が目に入り、デマゴーグは宮廷の秘め事が目に入る…」と述べているが、彼らは何れも未だ『紅楼夢』の美学的価値を見出してはいない。生徒は審美活動において、自覚的あるいは不自覚的にある種の審美観点を堅持する。問題は、彼らの観点が、正しいものもあれば、正しくないものもあり、高尚なものもあれば、低級なものもあるという点に在り、甚だしきに至っては、洋や奇や奢をもって美とし、いくつかの格調の低い芸術作品や腐敗した生活方式をモダンであるとみなして追い求めたりするという事実からして、情勢が由々しく緊迫したものであることが窺えるのである。したがって、美育の最も重要な任務は、生徒が正しい審美観点を確立し、審美的素養と能力を高めることで、彼らが、何が美で、何が醜で、何が高尚で、何が低俗であるかを弁え、生活と芸術に対して正確な審美評価ができるよう

になるようサポートすることにある。

（二）生徒の健全な審美情趣、美に対する熱愛と追究を培い育てる

　人々が美を楽しむのは往々にして感情的色彩を帯びるものであるが、美のイメージが引き起こすところの情緒的体験は、必ずしも皆が皆健康的で、高尚で、心身にとって有益なものであるとは限らない。ちなみに、古代ローマ時代の『ミロのヴィーナス』の彫像、あるいはルネサンス時代の油絵の『モナリザ』を鑑賞するにおいて、彼女たちの落ち着いた、柔和で、健康美の女性の肉体の美しさを感受し、アクティブで健康的な審美情趣を形成する者がいるかと思えば、彼女たちの優美な身体の造型から無意識の内に感覚器官の刺激や低俗な趣味を追究する者もいる。それ故に、各種の美を鑑賞するよう生徒を導くに当たっては、彼らが美の高尚な事物に対して興味を持ち、それを追究し、低俗で醜悪な事物にして嫌悪しかつ憎悪するよう彼らを導くことで、彼らの健康的な審美情趣と高尚な情操を養うことを重要視する必要がある。正に著名な画家である艾中信が言うところの「正に成長の真っ盛りである小・中学生に対する審美教育を強化し、彼らの知力に適した内容を選択し、若き生徒が早い時期に、幅広く文芸に触れるよう導くことで、彼らの精神生活が正当な拠所と健康的な発展が得られるようにすることが、深遠な影響を有する大事であることは疑いなきものである」との言葉通りである。

（三）生徒の美を表現し、美を創造する能力を伸ばす

　美育は生徒の正しい審美観点と情趣を培うことを重要視すべきであるのみならず、生徒の美を表現し、美を創造する能力を伸ばすことも重要視しなければならない。社会活動や日常生活において処々に美を体現し、環境の美化に気を配り、行為や挙止が文明的で、態度がきちんとしていて、身なりが妥当で、人に接する態度が謙虚で、礼儀正しく、鷹揚であるよう注意することを生徒に求めるその一方で、生徒を組織して豊富で多彩な芸術の鑑賞や実演のイベントに参与させ、彼らの美を表現し、美を創造する能力を培いかつ伸ばし、芸術的才能を有する生徒に対して特に彼らの芸術に対する愛好と特長を培うことに気を配る必要がある。

　美育は人間の成長において極めて重要であり、アインシュタインは「専門知識

を用いて人を教育するのでは不十分である。専門の教育を通じれば、彼は有用な機器になることはできるが、調和的に発達した人間にはなることができない。生徒が価値（社会倫理の準則）に対してある程度理解し、熱烈な感情を生じるようにさせることこそが最も基本である。彼は美と道徳に対する善を獲得し、鮮明な弁別力を持つ必要がある。そうでなければ、彼——彼の専門知識までもが——調和的に発達した人間のようであるというよりは、むしろ訓練を受けた一匹の犬の方に似通ってしまう」と指摘している。

　要するに、正しい審美観点を培うことが核心であり、正しい審美観点を持つことによって初めて高尚な審美情趣が形成され、美を表現し、美を創造する能力に正しい方向と原動力と効果を持たせてこそ、生徒をして更に高い人生の境涯へと到達せしめることができるのである。

二、美育の内容

　学校教育の内容は主に形式教育、理想教育、芸術教育を包括するものである。

（一）形式教育

　審美の形式教育は形式美と美の形式という二つの面を含むものである。形式美とは、事物の自然の属性及びそれが法則を組み合わせた美のことをいう。美の形式とは、審美対象の外的美の表現形態と内的美の構成方式である。形式美は独立した審美の客体として、相対的な独立性を具えることができるが、美の形式は美の内容と緊密に関連し、切り離すことが難しい。

1．形式美及びその教育機能

　形式美は二つの面に由来する。一つは、形、音、色等の自然の属性と人間の感覚との間の同一構造対応関係に由来し、もう一つは音、形、色の組み合わせの法則性に由来する。人々が自然になにがしかの色彩、性質あるいは音から楽しい感覚を得る時、形式美は生じる。それは極めて繁多な美の形式を包含する、すべての審美活動の基礎である。人々は主に生理、心理及び文化という三つの側面から形式美を感受する。

生理の側面から見ると、五色に煌めく美しい色は、異なる波長の電磁波が人間の網膜に作用した結果であるに過ぎない。人間の肉眼で見ることのできる色は、実際は長さ380～790ナノメートルの光波であり、異なる波長の光波が人間の眼に作用すると、異なる色彩を生じるだけでなく、微妙な生理的変化を直接引き起こす。フランスの心理学者弗艾雷（オーギュスタン・シャルパンティエか？）は実験において、彩色灯の照射の下においては、筋肉の弾力性が増加し、緑、黄色、オレンジ色、赤の配列順に従って逐次増大することを発見した。心理学者の実験は更に、それら強い光の照射の下の、高飽和度で波長の長目の色彩は何れも人間に強烈な刺激を与え、人を興奮させることを明らかにした。人々が耳で聴くことのできる音も異なる振幅、周波数、波形の音が人間の鼓膜に作用した結果である。音波の振幅は音の強弱を決定づけ、周波数は音の高低を決定づけ、波形は音の純雑を決定づける。人間の鼓膜が受け入れるのに適した音の音波は20～20,000ヘルツで、この範囲よりも低いかあるいは高い音波は人体にとって有害である。耳に心地良い音は、無害な音である。

　心理的側面から見るならば、色彩には冷暖、明暗の区別があり、異なる色調の色の人に与える心理的感覚もそれぞれ異なる。暖色は人に温もりと親しみの感覚を与え、冷色は一種の静けさとひんやりとしたムードを有し、明るい色彩が人に与える感覚は明快で綺麗、暗澹とした色彩が人に与える感覚は重苦しく沈んだものであることは、審美心理の主観的感受と色彩の人に対する情感的影響は関係あるものであることを物語っている。音も同じで、異なる音色、音調、可聴周波数は、低く沈んで悲壮的、高く響き渡る熱烈さ、うきうきとした奔放、軽く滑らかでゆっくり目等といった異なる情感反応を引き起こし、これら音の特性を描写するのに用いる語彙は、実は人々の心の中に生じた感覚を描写するのにも用いることができる。故に我々は音の哀楽、悲喜を論じる際、それは音そのものの特性のことを指すこともあれば、音の心理的反応や効果を指すこともあるのである。それ以外に、形体の心理的反応や効果も比較的はっきりとしている。形体は点、線、面の組み合わせを包括する。一般人の感覚からすると、曲線は流暢、柔和で、直線はぎこちなくて味気なく、正三角形は安定で堅実、逆三角形は危険で不安、正方形は端正でこせこせせず、円形は和やかで柔順等である。

　文化の側面から見れば、色彩の象徴的意義は最も豊富である。赤は情熱を象徴

し、黄色は富貴と豪華さを象徴し、緑は生命を象徴し、黒は悲哀を象徴し、白は純潔を象徴する等といったものは何れも色彩の文化的解読である。異なる文化的背景の色彩の象徴的意義に対する解読は完全に一致する訳ではけっしてなく、例えば白は、中国においては、我々が反動的統治を白色テロと呼ぶように、往々にして悲哀と恐怖の象徴であるが、西洋においては、純潔を象徴していて、ウェディングドレスの色である。ただ、この二つの異なる象徴的意義はやはり白色が人にもたらす異なる生理的感覚と密接な関係がある。物理的性質から見れば、白は二重性を持ち、スペクトル上のすべての色彩を加えていっしょくたにした後に形成される最も完ぺきな統一体であるその一方で、それは色彩の豊かさを欠くことによって顕示される単調さでもある。したがって、それは生活が既に高度な完ぺきさに到達したシンボルとすることも可能であり、また未だ世渡り経験のない子どもや女性の純潔さのシンボルともなり得るのである。

　事物の形、音、色の組み合わせは一定の法則を有するものであり、これらの法則は一旦人々に認識されると、人々の審美が拠り所とする基本要素となり、それはまた人々が美を創造するのに到達しようとする要求でもある。これらの法則はとても多く、例えば、整然としていて画一的、対称均衡、リズムが鮮明、韻律が調和している等がそれである。きちんと整っているというのはつまり標準化のことであり、それは商品のデザイン、製造及び包装に幅広く体現されている。画一的とは、動作が一致し、色彩と形状が揃っていることを言い、例えば儀杖隊の隊形、服装、歩調のよく揃っているのがそれである。対称は形体上の平衡で、均衡とはすなわち分量上の平衡であり、均しく人に美感を与える。ちなみに、動植物や人間の肉体は何れも二つずつが対称になっている。事物の各部分の間には何れも一定の比例関係が存在し、ある種の比例に適った事物であって初めて均整がとれて調和的に見える。家具の製作は比例に適って初めて美しく、人体の各部は比例に適って初めて均整がとれて見える。色彩、音、線は、人間の動作の規則的な変化を含め、何れも人に一種の愉快で快い美感を生じさせることができる。

　形式美教育の任務とは、すなわち人間の形や音や色等の形式に対する生理、心理反応の法則を利用し、人々の事物の審美的特性に対する感受能力を強化し、形式美を利用して生活を美化する能力を増強することである。

　審美は形式美の教育に始まる。子どもの美育は主に形式美教育である。遊戯、

手仕事、歌舞、図画を通し、子どもの五感を感覚する器官は自然の属性と調和の関係を築き、形式美に対して然るべき反応をする。形式美教育は子どもの社会化の重要手段でもある。子どもは形式美を鑑賞し創造する時、最も一致とコンセンサスを達成し易く、この事は人間の社会アイデンティティーや団体協力精神を培い育てるのに有利である。

　形式美教育は更に、人々の生活を美化する能力を高めることもできる。生活の美化は、自身の美化と環境の美化という二つの大きな面を含むものである。自身の美化は美容、美髪、服装選び等を含む。環境の美化は三つの面に分かれる。一に、自然環境の美化である。人をして、人間と自然との関係を弁えさせるとともに、自然環境を保護し、生態バランスを維持することを弁えさせる必要がある。二に、家庭の美化である。生活レベルが絶えず向上している今日、適度な美化は必要なものではある。しかし、居間を金ぴかに装飾する者がいるが、これはけばけばし過ぎ、上品さを失するものである。三に、仕事環境の美化である。これは仕事の効率を高めることができ、心身の健康にとって有益である。

2. 美の形式及びその教育機能

　美の形式は審美対象の外的美の表現形態及び内的美の構成方式として、イメージ創造の媒介でもあり、また情感の対象化の手段でもある。この点は、芸術の創造と鑑賞において集中的に体現される。芸術の創造と鑑賞とはすなわちイメージの符号化及び符号のイメージ化のプロセスである。例えば、文学創作が従うのはイメージ言語思考で、これは作家が芸術の創造、下準備、構想を進める時に絶えず形成されるイメージの流れを最も適切で、スムーズで、精巧な言語に転化し、最終的に文字符号に訴える思惟方式である。これを以って類推するに、芸術の創造や鑑賞もそうである。符号がイメージ創造の媒介及びその存在形態になろうとする時、符号は美の形式となる。イメージ創造のプロセスにおいて、形、音、色及び言語文字が一定の配列、組み合わせ、構築を経て、特定の内容を表現するのに用いられる時、それらは初めて美の形式となる。

　美の形式はイメージ創造の媒介であるが故に、イメージ創造と結合させて行わねばならない。あるいは、美の形式教育とはすなわち形、音、色及び言語文字等の符号形式をイメージを創造する能力を培うものであるともいえる。芸術創造は

長期にわたる学習と訓練を必要とするものであるが故に、幼少時よりしっかり取り組まねばならず、具体的方法は主に歌舞、絵画及び細工である。小・中学校に現存する音楽や絵画の教学は、厳密に云えば、それはまだ美の形式の教育ではなく、この種の教学は技巧の訓練に偏重する余り、生徒のイメージ創造能力を培い育てることを蔑ろにしており、それは主に一種の形式美教育であり、未だ美の形式教育にまで高められてはいないのである。

美の形式の教育は、形式美教育の機能を具えていることを除けば、主に人々の創造力を培う最善のルートである。創造と鑑賞とを問わず、また各形式要素の配列と組み立てと構築を問わず、更に美の形式をイメージや意境に転換するには、何れも人々の想像力を十分に引き出す必要がある。美の形式教育が専門的な芸術教育と異なる所以は、主にそれが形式や技能を訓練し高めることを主とせず、特技を培うことを目的とせず、想像力の養成を中心任務とし、芸術鑑賞の教育を通じてスピーディーにこの任務を完遂できることにある。以上から分かるように、美の形式教育は芸術鑑賞教育を主とするものである。但し、一部の保護者は子どものために高級なピアノやその他の楽器を購入し、子どもを各ジャンルの養成訓練クラスに参加させているが、こうしたやり方は、彼らの審美的素質を高めることにとっての効果は微々たるものでしかなく、正反対の結果になるケースもあり、その原因は学校美育の要求から逸脱してしまっている事にある。

(二) 理想教育

理想(Ideal)という言葉はギリシャ語の iden に由来するもので、元々は「観覧」や「外観」という意味である。現代の理想という概念とは、未来の奮闘目標に対する予見と想定のことを言う。人間の理想には異なる分類があり、社会の理想と個人の理想とに分けることができ、個人の理想は更に道徳の理想、人生の理想、職業の理想等に分けることができる。

1. 理想の審美的特性

理想は二つの大きな特性を具えている。それは、形象性と情感性である。まず、理想は往々にして一幅の未来に関する美しい情景として現れる。社会の理想を例に挙げれば、プラトンの理想国家、トマス・モアのユートピア、トマソ・カ

ンパネッラの太陽の都、ハクスリーの素晴らしき新世界、更に中国儒家の「大同社会」、老子の「小国寡民」、陶淵明の世外の桃源郷、ないしマルクスの共産主義社会と、どれも世の人々に一幅の生き生きとして具体的な社会生活の情景を示している。人々がある種の社会的理想を追い求めるのは、それが素晴らしいものであり、人々の美しいものに憧れる在的ニーズを満足させることができるからである。次に、理想は常に個人あるいはコロニーのある種の誠実で、熱烈で、急迫で、アクティブで自発的な渇望や粘り強い追究をはっきりと示している。理想が引き出すところの人類の情熱は、時に想像し難いものであることもある。古今東西の、歴史上の理想を実現するために首を投げ棄て、熱血を散らした仁人志士たちは、前の者が進めば後の者もそれに続いて進むとの言葉通り、彼らの手本と壮挙は、後人を励ます高い石碑となったといっても差し支えない。

2. 理想教育及びその機能

　理想教育は主に社会理想教育、人生理想教育、道徳理想教育等を含むものである。異なる類型の理想教育に焦点を合わせ、異なる教学方式と手段を採用して然るべきである。

　我々の今日における社会理想教育は主に共産主義理想教育である。共産主義にはその科学の体系と原理があり、それは理論学習を通じて掌握する必要があることは疑うべくもないが、一種の理想及び信仰として、それを人心に深く入り込ませるには、理論の学習に頼るのみでは不十分であり、生々しく具体的な感性教育でもって陶冶する必要がある。その中の一種の効果的な方式とは、すなわち生徒を組織して革命の歴史を題材とする映像作品あるいは文学作品を鑑賞することである。『紅岩』のような作品は、新中国の数世代もの青年を教育したと言い得る。小説の主人公の許雲峰と江姉の確乎不動たる革命信仰、共産主義の理想のために勇敢に身を捧げようとする革命精神、残酷な拷問を前にして少しも恐れなき革命の勇気は、無数の青年を深く感動させ、励まし、共産主義事業のために生涯戦い抜くことを誓わせた。小説を基にして改編された『江姉』のテーマ曲『紅梅賛』と『繍紅旗』は、均しく人々が長きにわたって歌い続ける権威的歌曲となり、それは極めて教育的意義に富むものであった。

　人生理想教育とは、すなわち遠大な志を立て、その遠大な志を果たすために骨

身を惜しまず勉学に励み、勤勉に働く精神を培おうとするものである。人生の理想を培い育てるベストな方式は、名人の伝記、とりわけマルクスやベートーヴェンのような偉人の伝記を閲読するよう生徒を組織することである。これは正にロマン・ローランが『ベートーヴェン』の前書きで述べている「窓を開けよ！我々は偉人の息吹を呼吸しようではないか！」との言葉通りである。マルクスを例に挙げると、早くも中学校の作文『若者の職業選択時における考え』の中で、マルクスは崇高な精神的境涯と遠大な抱負を表現している。彼は言う。「もしも我々が最も人類のために仕事ができる職業を選択したとしよう。ならば、重荷は我々を打ちのめすことはできない。何故なら、それは皆のために犠牲となるからであり、その時我々が享受するものは、哀れで、有限で、わがままな楽しみなどでは絶対になく、我々の幸福はやがては千百万人に属し、我々の事業は静かに音を立てずに存在し続けるであろう。但し、それは永遠に役割を発揮するであろうし、我々の骨灰を前にして、高尚な人々は熱い涙を流すであろうに相違ない」マルクスは終生困窮の流浪の身となり、辛酸を舐め尽くしたが、それでも志を変えることなく自らの理想を追い求め、自らの一生のすべてを人類の解放と幸福をはかる事業に捧げた。今日、それはマルクスの未完の事業を成し遂げるよう我々を激励し続けているのである。

美育としての道徳理想教育も一種の模範教育であり、自分の経験を例に挙げて教え諭すものである。模範の力は無窮のものであり、よしんば時代の変遷につれて道徳の理想も少しばかり異なるものになったとしても、雷鋒や焦裕禄の精神は代々にわたって相伝され続ける。改革開放後、道徳の典型として宣伝される模範的英雄が輩出したが、優秀知識分子の典型である屠呦呦や李保国、肉体は損なわれても志の堅かった張海迪、人民の公僕の孔繁森、自らを犠牲にして人を救った大学生の張華等は、何れも新時代の人々の学びの手本である。

（三）芸術教育

自然美、社会美、芸術美は何れも美育機能が具わっているが、芸術教育が美育の最も主な内容と手段であることは疑うべくもない。芸術は表現芸術、造型芸術、言語芸術等に分けることができるが、均しく重要な美育作用を有する。

1. 表現芸術教育

表現芸術とは、人間の演奏、歌唱及び動作を通じて作品を表現する芸術のことをいい、主に音楽と舞踏を指す。美の形式は、イメージ創造の終結であり、情感の対象化の終結でもあり、あるいは芸術はイメージを創造し得るとともに、情感を表現することもできるといえる。但し、異なる芸術形式はその中のある一つの面に偏重する可能性があり、あるものはイメージの創造を重んじ、あるものは情感の表現を重んじる。音楽と舞踏は何れも抒情に長じた芸術であり、強烈な情緒感化力と情感陶冶機能を具えている。あらゆる芸術形式の中で、音楽は最も直に人々の心の琴線を動かすことで、いち早く人々の情感反応を呼び起こす。舞踏は最大限度に人々の想像力を引き出し、舞踏家の肉体の動作が表現せんとするところの思いを十分に想像させ得る。以上は鑑賞の角度から表現芸術の教育を語ることに重きを置いたものである。創造の角度から見るならば、音楽と舞踏の情感表現機能はより一層明らかである。中国古代の『楽記』は、音楽は情感表現のニーズから生まれたものであり、情感が声を用いて表現する術がなくなる程に強烈になった時、手で舞い、足を踏む形で現れるのであると説いている。音楽と舞踏は正式に上演したり実演したりすることもでき、ひそかに自分独りで楽しむこともできる。嬉しい時には嬉しそうに歌うことができ、悲しい時には悲しく歌うことも可能で、喜悦と哀愁とを問わず、いずれも音楽や舞踏を通じてぶちまけたり、昇華させたりすることができる。

音楽と舞踏は更にリズム感を有するものであり、音楽においては、リズムとは音楽中の規則正しく代わる代わる現れる軽重緩急、速度、拍子のことをいい、舞踏においては、リズムとは主に肉体の動作の力の程度の強弱、速度の速い遅い、エネルギーの大小のことをいう。リズムは音楽と舞踏においては何れも重要な情感表現手段である。人間の地力、情緒及び身体能力は何れも一定の変化のリズムを持つものであるが故に、音楽と舞踊は人間の心知情趣に対して極めて大きな影響力を具えている。

2. 造型芸術教育

広義の造型芸術とは、すべての二次元及び三次元空間の静態視覚イメージを形作る芸術のことを言い、「空間芸術」あるいは「視覚芸術」とも呼ばれる。狭義

の造型芸術は主に絵画と彫塑を指す。造型芸術は特定の物質的材料を運用して可視的で具体的なイメージを形作る必要がある。それ故に、造型芸術の教育はまずもって人々の各種の物質的材料の審美的特性に対する感受能力を培うことができる。ちなみに、油絵、水墨画、版画、水彩画、不透明水彩画との違いは、まず絵画の材料の違いとして表現される。水墨画の情趣、油絵の色彩、木版画の凹凸などは何れも芸術のイメージを形作る違った重要な形式である。仮にもし、ミロのヴィーナスが大理石の彫像ではなくてブロンズ彫像であったとしたら、美術史のそれに対する評価は異なったものになっていたに相違ない。絵画を形作るのは二次元空間のイメージであり、彫塑の創造するのは三次元の立体のイメージであり、それらは何れも点、線、面、色彩、明暗、形体等の形式の要素でもって視覚イメージを構成するものであるが故に、造型芸術教育はやはり形式美に対する感受性を培うベストな方式である。素描の表現形式は線で、絵画の表現形式は色彩で、彫塑の表現形式は形体であるというように、素描、絵画、彫塑の創造と鑑賞は、人々の線の曲直、色彩の明暗や冷暖、形体の方円や軽重及びその情感色に対する感受性を大いに高めてくれる。絵画の構図の学習を通せば、比例、対称、調和、均衡等の形式美の法則を掌握することができる。臨模と写生は造型芸術の基礎訓練であり、何れも真剣、細緻に対象を観察することを前提とすべきである。眼は訓練を経ることで、色彩や形体の細微な違いに感づくことができる。臨模と写生は対象をリアルに模倣することを最高基準とするが、真の芸術創造はモデルや対象に酷似させることを目的とするものではなく、個性に富んだ新たな芸術的イメージを創造する必要がある。

3. 言語芸術教育

　言語芸術は、またの名を文学とも呼ぶ、言語を媒介としてイメージを形作り、情感を表現する芸術形式である。したがって、言語芸術教育は言語文学教育をベースに確立される必要があり、漢語ができない人は、漢語で書かれた『紅楼夢』を鑑賞することができず、外国語ができない人は外国語の小説や詩歌を鑑賞する術がない。文学は抽象的な言語符号を創造の媒介とするものであり、造型芸術のように芸術のイメージを直接読者に呈することができない。鑑賞者は必ず原著に対する解読と理解を経由するとともに、想像力の力を借りることによって、

初めて文学の審美活動を完遂し得る。優秀な文学作品であればあるほど、閲読者の想像力を引き出す必要があり、豊かな想像力があってこそ、初めて優秀な文学作品の「言外の意味」を把握することが可能になる。文学は言語という媒介を通じて時空の限界を突破することが可能であり、最も広範な社会の情景を広げることもできれば、人間の心の奥深くにまで入り込むこともできる。それ故に、文学は重要な審美教育価値を有するのであり、マルクスとエンゲルスはかつてバルザックの小説のフランスの現実社会を認識する上での重要な役割を大いに褒め称えたのであった。

4. 総合芸術教育

　芸術の分類において、戯劇と映画やテレビは、何れもその絵画、文学、音楽、撮影等の表現形式を総合した多様性故に総合芸術と呼ばれる。総合芸術教育として、戯劇の衝突と映画の迫真性は独特な美育機能を具えている。衝突なくして戯劇はなく、戯劇とはすなわち各種の矛盾や衝突を通して人物の性格を形作り、プロットを展開するものである。生活における分散された矛盾や衝突を抽出してそれを典型化させ、集中的に観衆に見せることで、強烈な芝居の効果を造り出すというのが戯劇芸術の最も突出した特徴である。戯劇の衝突は俳優の舞台表現を通して実現されるものであり、臨場感を具え、観衆の共鳴を最も容易に沸かせる。この種の自分自身が肌身で実感したかの如き審美活動において、人々の同情心は最も十分に体現され、人々は芝居のプロットに感動もし、自らの類似した境遇に心を動かし、その同情心はそれによって強化され、豊かさを得る。たとえ芝居と映画・テレビが何れも虚構性を有するとはいえ、あらゆる芸術形式の中においては、映画・テレビが最も迫真的に人生の様々な味や転変浮沈を反映することができるものであるが故に、映画・テレビは最も効果的に観衆の同情心を喚起し、深化させることもできるのであり、とりわけ芝居と映画・テレビが反映する英雄的人物の先進的事跡と奮闘のプロセスは、困難と危険を乗り越え、更にしっかりと自らの理想を追究するよう人々を励ますことができるのである。

第三節　美育の実施

　美育の実施は主に、美育のプロセス、美育の原則、美育のルートと方法といった以下の問題にかかわるものである。

一、美育のプロセス

　美育のプロセスは、教師が人間の審美心理の法則に依拠しつつ、人類の審美経験を運用し、自然美、社会美及び芸術美といった審美活動を通して美を感受し、美を鑑賞し、美を創造する能力と審美意識を培うよう生徒を指導するプロセスである。

(一) 審美感知活動を通し、美を鑑賞し、創造するための基礎固めをする

　審美感知は人間の心理的喜びを引き起こすことのできる事物のイメージに対する反映である。例えば、事物の形状、色彩、明るさ、空間、質感、強度等の要素で構成された全体性に対する感知がそれである。審美感知において、主体は事物の美醜を弁別し、喜びやあるいは嫌悪といった情緒体験を生み、自らの審美感受と審美判断を形成する。

　人間の審美活動は感知、理解、想像及び情感等の要素の相互作用によって審美経験を生み、徐々に審美観念や情趣を形成し、審美の表現力や創造力を伸ばすプロセスである。審美感知は審美プロセスの起点であり、感性的直観は生徒の審美の重要な特徴である。生徒は目の覚めるような美しい色彩、突飛な形体、調和的な音に対して自然な愛着を持つ。

　生徒の審美感知能力の形成は、主に二つの方式を通してなされる。一つは、審美主体としての生徒と現実の審美の客体（自然現象や社会現象など）が直に接触するというもので、もう一つは、文学芸術作品の鑑賞で、文芸作品の仲介を通して、間接的に現実の審美客体を感知するというものである。何れの方式であるのかを問わず、何れも教師の指導があって初めて審美能力の発達を促すことができる。

　美育プロセスの審美感知は、美の外的形態に対する感知のみに止まらず、美し

い事物に対して興奮や喜びや感情の高ぶりを感じ、醜悪なものに対して憤慨や苦痛や悲哀等を感じるといった様に、審美活動の目的や好悪の感情を沸かせる。審美は現実の美や芸術の美に対する感知を通して情感性の把握へと到達する必要がある。

　審美感知は常に人間の審美経験及びそれより生じた審美情趣や審美態度と相関連し、情感は美を感知し、理解する鍵となる要素である。審美感受は審美意識の低い段階に過ぎないとはいえ、それは深い社会性と傾向性を具えており、たとえ自然美に対する感受にしても、主体の豊かな感情に頼ることで、観念の上で新たなイメージ創造することによって自らの審美志向や理想を表現することになろう。ちなみに、暗黒の旧中国において、陰鬱で気味の悪い牢屋に拘禁された方志敏は、『愛すべき中国』を書き下ろし、深い情愛を込めて祖国の自然風景の美しさを描写し、「美しき花園が、もの寂しく荒れ果てた地に取って代わるであろう」と、新中国の美しい未来を憧れた。今日、革命のために命を捧げた烈士たちの理想は現実へと変わりつつある。審美教育とはすなわち情感の薫陶と感化の中で、美しき事物に対する確認と理想に対する追究を形成するよう生徒を導くものでなくてはならず、これが審美能力を伸ばす基礎なのである。

（二）審美鑑賞活動を通じ、審美判断力を伸ばす

　生徒が審美感知の基礎の上で生んだ審美興趣と情緒体験は、すなわち審美対象のイメージ性と情感性に対する識別と評価であり、つまり審美判断をしたということである。例えば、猫を描くのが好きな生徒がいれば、猿を描き、駱駝を描くのが好きな生徒もいて、それはすなわちこれらの動物の美しさを気に入っているのであって、それらの外的な姿態の美しさを気に入っているだけでなく、それらの内的な品格の美をも把握しているのである。生徒が対象の美と醜を弁別し、美の本質や審美価値を認識するようになるには、美を識別し評価する審美判断力を持つ必要がある。審美判断は審美対象が美しいかどうかに対する簡単な感知ではなく、審美対象に対する評価と分析であり、美が何処にあるのか？何故美しいのか？美の価値は何処にあるのか？　をはっきりと示し、突っ込んで思考し、識別と分析評価を行い、美の本質と特徴を掌握するよう生徒を導かねばならない。

　審美感受力と審美判断力の形成は、感覚器官の知覚を拠所とするものでもあれ

ば、情感的激励と理性的思考を必要とするものでもあり、これは関連する諸要素が相互に作用し、絶えず生徒の審美能力の向上を促す一つのプロセスである。

(三) 審美創造活動を通し、美を創造する能力を伸ばす

創造性は審美の特性であり、一人の人間の審美能力の最高境涯でもある。美育プロセスにおいて、生徒は美の鑑賞と評価の活動を通し、自らの想像力と創造力が十分な発達を得られるようにすることができる。ちなみに、地理知識は生徒に、黄河は青蔵高原のバヤンカラ山の北麓に源を発すると告げるが、唐代の大詩人の描写は同じでない。李白は「黄河の水は天上より来る」と書き、王之渙は「黄河は遠く白雲の間を上る」と言っていて、この二つの名詩の美の意境を鑑賞し理解するには、それなりの文学、美学及び文化面の知識を具備していなければならないだけでなく、更に高い想像力と鑑賞力とを有している必要がある。生徒は正に芸術美の鑑賞活動において自らの想像力と創造力を伸ばしているのである。小・中学校の審美教育の一つの重要な任務とはすなわち生徒の創造性を発見し、生徒の創造の天賦を培い、伸ばすことで、若き世代の審美創造力がより素晴らしい発達を得られる様にすることである。

二、美育原則

美育の原則は、生徒を指導して美育を進め、審美意識と審美能力を伸ばす上で従うべき基本要件と準則である。我国の小・中学校の美育実施の経験と人間の審美意識発達の法則に基づくと、美育を実施するには主に以下の原則に従うべきである。

(一) イメージ性の原則

美育は感性イメージの教育であり、現実のもしくは芸術の美のイメージを運用することで、生徒に美の端正な麗しさ、艶やかさ、調和、バランスのよさ、突飛さ、雄壮さ等の形式を直接感知させるとともに、美の薫陶を受けさせ、高尚な情操を養わせるべきである。この原則は美の特徴と法則によって決まるものである。美は抽象的で空無なものではなく、常に生き生きとした、感じることのできるイ

メージをもって現れる。ちなみに、花の美しさは、花の付いた枝の見目好さ、色彩の艶やかさを直観してこそ、初めて花の美しさを深く感受することができる。生徒が芸術を鑑賞するには、芸術の中の美醜のイメージを直接感知し識別することによって、初めて高尚な審美観念を形成することが可能となる。これが審美教育の基本要件なのである。

イメージ性の原則を貫徹するには、以下の要件を重要視せねばならない。

第一に、美育の任務と特徴に基づき美のイメージを選択すること。美はイメージ的なものではあるが、イメージのすべてが皆美しいという訳ではなく、またその何れもが人間の情操を陶冶する働きを演じ得るものではない。自然界を例に取れば、アメーバという変形生物のように、固定的な外形のないものは審美の価値がない。特に現実生活と芸術作品の中の美は、均しく時代性、民族性、階級制という特徴を有するものであるが故に、美のイメージを選択する際には、美の特徴と芸術評価の基準を掌握することで、芸術性と思想性の統一という要件を感じさせねばならない。

第二に、美の規則と美の顕現する方式を掌握するよう生徒を導くこと。美の規則には対称、平衡、対照、映え、調和、完ぺきさ、部分及び統一があり、それらは美醜を判断する重要な基準である。美の顕現方式には直接的顕現、間接的顕現、象徴的顕現及び模擬的顕現の四種類がある。人間の肉体、風貌、物言いと振る舞い、声や姿を通せば、人間の理想や抱負を直接顕現し、人格や品行を表現することができるし、広々とした田野、一面の樹林、不揃いな建物、現代化された都市等を通せば、間接的に労働の創造する力を顕現することができ、松、柏、梅、蘭を褒め称えた詩文、絵画、彫塑等を通せば、シンボリックに中華民族の高尚な品格や固い節操の気概を顕現することができる。芸術作品の中で形作られた模範的英雄は一種の模擬性の顕現であり、人々の学習の手本となる。これらの表現を掌握すれば、より素晴らしく美を理解し、創造することができよう。

第三に、美の内に秘められた意味を体得することに長じ、審美価値を発見できるようになるよう生徒を教育すること。美にこめられた意味は思想感情や品格を含むものであり、例えば竹の強靱さ、梅の耐寒性、菊のあっさりとした上品な趣、蓮の高潔さを味わう等といったのがそれで、生徒が芸術作品を鑑賞するプロセスにおいて、それらが内在するところの思想に込められた意味をマスターで

きるようにすべきである。ちなみに、著名画家の呉凡の水印木版画『羽』は、一本の新芽を芽吹かせた枝に、一人の地味で上品な白い衣裳を身に纏った少女がひざまずきながら、地面の上の真白い羽毛を一つ一つ拾い上げているという簡潔な構図である。そこに込められた意味は何か？仔細に観察し、画面の左上の角の「一九七六年春」という題辞と画の描かれた時期——丙辰清明とを関連付けさせることで、心に俄かに一縷の悲しい思いを涌現させ、脳裏に1976年春の中国の到る所に撒かれた小さく白い花が浮かぶようにさせ、それが敬愛する周恩来総理を深く偲んだものであったのだ！ ということを体得できるよう生徒を導く必要がある。

(二) 情感性の原則

　生徒に対して美育を行うには、現実と芸術の美の意境に深く入り込む彼らを導き、感情の上での共鳴を引き起こさせ、夢中、陶酔状態に到達させることで、美を心に融け込ませなければならない。美しい事物を感知するよう生徒を導くのは、科学概念を形成させるのではなく、彼らが自らの感情をしみ込ませて審美の感受を形成し、審美判断を行えるようになるよう要求するのである。例えば、斉白石の画いた魚やエビ、花卉を鑑賞して、感知するのは魚や蝦だけではなく、その色鮮やかで生き生きとしている生命のイメージが引き起こす喜びであり、洗星海の作曲した『黄河大合唱』を聴いて、感受するのは中華民族の強暴な相手を畏れぬ英雄的気概である。感受した美に対して深い情感体験を持ってこそ、初めて美に対する熱愛が生まれ、真理に対する追究があってこそ、初めて美の創造は可能になる。したがって、生徒に対して美育を行うには、審美感情を培うことを特に重視しなければならない。情感は芸術の魂であり、芸術の訓練と創造を進めるには、豊富な情感を持つ必要がある。青年時代において既に詩歌創造の神秘は情感の美化にあることを体験した郭沫若は、「芸術の訓練の価値は感情を美化する上においてのみなりたつ」と述べた。自然美そのものは情感を表現したりはしないが、それは審美対象として人間の情感を沸かせる。いわゆる「目の前の情景に接して感慨を催す」とは、つまりこの真理を明確に概括したものである。

　情感性の原則を貫徹するには、以下の要件を重要視すべきである。

　一に、各種の形式美を正しく掌握し、運用して生徒の審美感情を引き出し、培

い育てること。例えば、崇高なイメージは人に深い感銘を与えるとともに、豪気な感情と雄々しい志を抱かせる。優美な自然の景色は人に調和的で、静かで、清新な喜びを与え、悲劇は人に重苦しさや苦痛を与え、正義のために戦う情熱を掻き立て、喜劇のユーモアは、人を愉快にさせる。

二に、審美感情を生活に投入し、生活の中の美を発覚し明らかに示すよう生徒を導くこと。例えば、単独の太陽や孤独な信号機は人に情感を生じさせるのは極めて難しく、生徒が太陽や灯に情感を生むようにさせるには、真っ赤な朝焼けが空を覆う日の出を鑑賞したり、信号機の手引きの下で多くの車輌や人の流れが忙しくも秩序立った運行をする都会の美を感受するよう彼らを導く必要がある。感情を溶け込ますことこそが審美の根本なのである。

(三) 活動性の原則

生徒に対して美育を行うには、審美活動を通して、生徒に活動の中で美を感受し、鑑賞し、創造させ、美の薫陶を受けるようにさせるべきである。これは審美教育をその他の教育と区別する主な標識である。何故ならば、美育は本質の上ですなわち一種の組織を有する教育活動であるからで、例えば、美術、音楽等の審美に関するカリキュラムは知識技能の伝授を重要視する科学文化のカリキュラムとは異なり、教師と生徒の審美における影響の与え合いを特に重要視するとともに、美に対する感受、鑑賞及び創造の活動に自発的に参加し、教師と共同でそれを完成させるよう生徒を導くことを重要視するものであるからである。審美教育は主に多種多様で豊富多彩な活動を通じて完成するものであり、組織的に英雄と模範者の報告会を聴き、映画やテレビの録画を鑑賞し、美術展を参観し、大合唱や各種のスポーツ芸術のコンクールに参加する等といったようなものは、何れも生徒に対して美育を行う絶好の活動方式である。生徒は正にこのような美育活動のプロセスにおいて、初めて美感の薫陶と感化を得るとともに、美に対する追究と憧れを養い、美を感知し、鑑賞し、創造する能力を伸ばすのである。

活動性の原則を貫徹するには、以下の要件を重要視せねばならない。

第一に、情境教学を主な教学方式とすること。美育のプロセスにおいては、よしんば理論の分析、知識の伝授も一定の役割を果たすとはいえ、関連する情境を創設し、特殊な雰囲気を作り出すことで、啓発と誘導の方法でもって生徒が一種

の自由で楽しく、気楽で自然な状態の下で知らず知らずの内に感化を受けて陶冶されるようにすることが、美育の最も効果的な方式である。

第二に、美育教師は一定の審美的素養を具えていること。教学プロセスにおいて、イメージ化や感化力に富んだ言葉を用いたり、スライドや写真資料、映像資料等のイメージ化の教学手段を用いたりして美育の効果を強めることに長けている必要がある。

(四) 差異性の原則

生徒に対して美育を行うには、生徒の年齢的特徴、個性の違い及び審美情趣の違いに基づき、異なる内容と方式を選択してそれを行うことで、初めて彼らの審美情趣、趣味及び創造が自由な発達を遂げることが可能になる。美育の差異性は美感の個人的特性や生徒の年齢段階の審美心理の差異性によって決まる。審美主体としての生徒の個性に差異があるからには、審美対象としての現実の美と芸術の美に対する感じ方にもある程度の違いがあるはずである。たとえ同一の対象であったとしても、個人の生活キャリア、思想感情、興味や趣味の違いにより、その審美判断や審美評価も同じではないはずである。山水の鑑賞をもっていうならば、泰山の雄壮さ、黄山の秀麗さ、西湖の艶やかさ、九寨溝の目の覚めるような美しさ等、異なる人の心において生じるのも異なる美感である可能性がある。これらの異なる感じ方は、恐らく個人の異なる人生経験、異なる知識の蓄えや審美情趣の何れとも関係があるに相違ない。審美心理は更に異なる人の好みを反映しているものであり、春の蘭を愛でる人がいれば、秋の菊が好きな人もいるし、冬の梅を酷愛する人もいる。そして、河や湖や海、高い山々や険しい峰々に憧れる人もいれば、小さな橋の架かった小川の流れや奥深い山中へと通じる曲りくねった小径に魅せられる人もいる。児童の審美心理にも年齢的差異が存在する。三歳で落書きを始め、四、五才でタイトルの付いた画を描く事ができるようになり、学齢児童の審美意識には発達が見られ、芸術作品の鑑賞の多くは内容の評価から始め、技巧を蔑ろにしがちである。音楽の鑑賞においては、そのメロディー、トーン、音色を好み、音楽の思想感情については余り分かっていない。中学生の審美感受力は急速な発達を遂げ、イメージ的思惟や抽象的思惟が均しく大いに発達し、高校生で審美観は基本的に形成され、審美の意識と能力は新たなレベルに

到達する。美育は生徒それぞれの具体的な情況に応じて上手く導き、それぞれの能力・性格・志向などといった具体的な事情に応じて適切に行って然るべきである。

　差異性の原則を貫徹するには以下の要件を重要視せねばならない。

　第一に、生徒の美を愛でる天性を尊重し、大事にすること。内容は豊富多彩で、ルートは多様で、方法は臨機応変であるべきである。生徒に十分な選択の自由を持たせ、彼らが出来得る限り自らが好む審美方式で活動に参加できるようにすべきである。ヘーゲルは、「審美は人間を解放させる性質を帯びて」いて、審美プロセスにおいては、生徒の審美の心理と志向が自由に伸展し、発揮できるようにすべきで、束縛を受けさせてはならないと考えた。例えば、生徒に自由にタイトルを設けて画を画かせたり、自由に芸術、科学技術、歴史文物の展覧会を参観させたり、自由に音楽、朗読等を演出あるいは鑑賞するイベントに参加させたり、自由に個性や才能を発揮させたりするのがそれである。そうすることで、生徒は初めて審美プロセスにおいて審美の自由な境地や追究を体験できるのである。

　第二に、生徒の個性の違いに応じて審美教育を進めること。審美の主体としての生徒は、審美の情感、趣味及び能力の違いにより、同一の審美対象に対する感じ方や評価もある程度異なり、甚だしきにいたっては明確に正反対であったりするはずである。例えば、山村の景色に対して、それがありきたりで変化に乏しいと感じる生徒がいれば、極めて高い審美評価を下す生徒もいるであろう。生徒の理解や表現に対して一律であるよう強要するようなことがあってはならず、これには教師が審美の観点と法則を運用しつつ分析し、導き、評価する必要がある。芸術的潜在能力を有する生徒に対しては、更に条件を創造して彼らの知恵と才能を発揮させるようにして然るべきである。

（五）創造性の原則

　生徒に対して美育を行うのは、生徒に消極的で、受け身的で、静観的に美の形式を受け入れさせるのではなく、アクティブ、自発的に想像力と創造性に富んだ形で美を感知し、理解し創造するよう彼らを指導すべきである。自由な創造は美育の魂であり、学校美育の目的は、生徒の個性が存分に自由な発達を遂げられるようにし、創造精神を具えた時代の新人へと彼らを成長させることにある。

第十一章　美　育　509

創造性の原則を貫徹するには、以下の要件を重要視すべきである。

第一に、美の創造力を培うことに特に気を配り、美を鑑賞し、表現するプロセスにおいて十分に想像力と創造性を発揮するよう生徒に求めること。自然美の開発についていうならば、それは人間の労働如何にかかっているものであり、また詩人、画家、作家の鑑賞力と創造力の賜物でもある。文人や詩人が人々に残した詩歌、辞賦、対聯、美文は後の遊覧客のガイドにはなるものの、あくまでも審美主体自らの玩味と想像が必要であり、そうして初めて真に現実の風景や文芸作品の美を感じ取ることができるのである。

第二に、生徒の審美創造の意向を励ますこと。生徒が生活、学習、労働において、彼が好むところの審美方式をもって自らの審美意向を表現したがるというのは、珍重し、大切にするに値するものである。審美意向の発達を励まし、後押しすべきであるその一方で、彼らが美の創造を行うことを指導し、サポートする必要がある。ダ・ヴィンチは幼少の頃より絵を描くのが好きで、画いたのは生活の中で常に目にするものであり、彼の先生が鶏の卵を描くことから始めるよう彼を教えたので、毎日何十枚も描くことで、根気を鍛え、創造力を培い、遂に著名な画家になったのである。

第三に、生徒の審美創造の技能と技巧を培い育てること。例えば、音楽のトーンやメロディー、絵画の線や色彩、舞踊の基本動作をマスターするよう生徒を指導することで、生徒が絶えず自らの美を表現し、創造する能力を結集し、伸ばし、自らの審美意向や素晴らしい構想から実際の美の成果を創造できるようにすることである。

第四に、生徒のために良好な生活環境を創造すること。優美な学園、明窓浄机の教室、素朴で美観の家庭の飾りつけ等は、何れも美に対する追究や憧れを養うのに有利である。

三、美育のルートと方法

(一) 教室教学と課外の文化芸術活動を通じて美育を行う

教室教学は、学校美育の主たるルートであるが、学校美育は、各科の教学に滲透させてこそ、初めて効果的に実施することが可能となる。

1．科学文化知識の教学を通して美育を実施

自然と社会に内在する審美的要素を発掘し、異なる学科が内に秘めている審美価値を明らかにするべきである。中国古代の荘子は、いみじくも「天地の美を見分け、万物の理を分析する」と説いた。我々は生徒が審美の眼で世界や生活を認識するよう導く必要がある。国語、歴史、地理等の学科教学を通し、生徒に人類の文化や歴史を理解させ、美の起源、本質及びその価値を認識させるならば、生徒の文化芸術の素養と審美意識を高めるための基礎を固めることができる。審美は一定の知識を基礎とすることが必要であり、一人の知識の豊富な人間が、平凡な事物や生活において豊富で多彩な美を発見することができるとするならば、彼らの審美能力の発達のために基礎的な条件を整えることができる。数学、物理、化学、生物及び地理等の学科教学を通せば、生徒に向かって自然の壮観さや美しさをはっきりと示し、彼らがマクロの宇宙やミクロの世界の中の美の奥深くて知り難い謎を観察するよう導くことができる。古代ギリシャのピタゴラス学派は、「すべての天体がすなわち一種の調和であり、一種の数である」と考えた。そして彼らは更に、「一切の立体図形の中で最も美しいのは球形であり、一切の平面図形の中で最も美しいのは円形である」とした。アインシュタインも、「この世界は音楽の音符で形作ることができ、数学の公式で形作ることもできる」と述べている。以上から分かるように、自然学科の教学においては、科学の美に気付かせるよう生徒を誘導することに長けていなくてはならず、例えば数学における数と形の結合、化学における分子の構造及び模擬図形、物理学における電磁場、生物学における細胞分裂や各種の動植物の様々な様態といったように、その独特な美しさを包含しないものはないのである。

2．芸術学科の教学や課外の文芸活動を通して進めるべき

芸術の形式はとても多く、音楽、舞踊、絵画、彫塑、詩歌、散文、小説、芝居、映画、テレビ等がある。芸術は典型的なイメージを形作ることを通して現実生活の美を反映し、芸術家の審美趣味、情感及び理想を表現する。生徒は授業内外の芸術鑑賞活動を通して、人類の審美経験を掌握するとともに、芸術美の薫陶を受けることによって、審美能力を伸ばすことができる。これは学校美育の最も主なルートである。

第十一章 美 育 511

　音楽は一種の自然と社会生活の中から抽出された音声芸術であり、それは音楽のリズムとメロディーを通して社会生活を反映し、思想感情を表現したものである。普通の学校美育からすれば、音楽教育の主な目的は生徒の音楽の感受能力と鑑賞能力を培い、情操を陶冶し、精神生活を豊かにすることにある。幼児の音楽啓蒙教育と小・中学生の音楽基礎知識と基本技能をしっかりと掴むべきである。
　舞踊は、人体の韻律とリズムを有する運動を通して思想を表現し、感情をうたい上げる一種の造型芸術である。舞踊は力強くもあり、軽くしなやかでもあるとともに、音楽を伴い、美しく人の胸を打ち、生徒にとってとても魅力を具えたものである。生徒は舞踊活動に参加することで、活発で心地良く愉快な心情、敏捷でしなやかな動作、垢抜けて文明的な挙止を養うことができる。舞踊の種類はとても多く、生徒の年齢的段階の審美的特徴に応じて活動を展開すべきである。目下、小・中学校にはまだ舞踊カリキュラムが開設されてはおらず、それ故に音楽や体育の授業の教学の中において舞踊の基礎知識や技能が講義され、課外活動においていくつかの専門の舞踊訓練が行われるのは必要なことである。
　美術とは、通常は絵画と彫塑のことをいい、それは立体空間あるいは平面上で線、色彩、明暗及び体積の変化を運用することにより、人間の思想感情を伝達し、社会生活を再現する芸術形式である。美術の社会的価値と教育的価値は何れもとても大きい。魯迅はかつて、美術は「文化を表現し」「道徳を補佐し」「真美を発揚することで、人情を楽しませ」「国人の美感を啓く」ことができると述べた。絵画と彫塑は、採用する材料や芸術表現の手段が異なることにより、審美効果はそれぞれに特徴を有する。今日の現代化建設の加速、人民の生活水準の向上に伴い、工芸美術や建築美術が現代の生産や生活の中に幅広く用いられ、家屋建築、室内装飾、製品の包装が美化されるようになったため、生徒に実用的な美術の知識や技能を掌握させるのは十分に必要なことである。
　文学は一種の言葉の芸術であり、それは言語を用いて自然の景色や社会生活を描写し、人物のイメージや性格を浮き彫りにし、作者の審美観念、審美趣味及び理想を表現するものである。文学を利用して美育を進めれば、生徒の文学に対する興味や趣味を培い育て、鑑賞能力と表現能力を高め、真・善・美の本質に対する理解を深めることができる。文学を運用して美育を進めるには、国語の授業と結合させて進めるのも良いし、課外の文学を趣味とするサークルやクラブを組織

し、閲読や鑑賞もしくは文学創作を通じて行っても構わない。

芝居、映画、テレビ等の総合芸術は、形と音が豊富、立派で、情景も迫真的で、それぞれに特徴を有していて、何れも生徒に対して美育を行う上での恰好の芸術形式である。

(二) 大自然を通して美育を行う

人間は自然の子であり、人間の成長は自然美の養育を受け続ける。荘子は「天地は大いなる美を有するものである」と説いた。人間が自らに「天地の美を備えさせる」には、「天地を観察し」「天地の美を本として」「天地の美を判じる」必要がある。つまり人間は自然に対する感知を通じて、美を観察し、美を見出し、美を鑑賞する必要があるのである。現代の著名な作家郁達夫は、「自然の風物及び山水が、人生に対し、芸術に対して何れも絶大な影響、絶大な威力を有するというのは、却って一つの極めて確実な事情であり、従って山水及び自然の風物を鑑賞する心情とは、すなわち芸術と人生を鑑賞する心情なのである」と言った。大自然は美の源泉であり、美育の教室と教科書でもあるのである。大自然の美は、変化に富み、煌びやかで色とりどりで、何れも人に美の享受を与えてくれる。

1. 大自然の美の鑑賞は、生徒の審美感知能力と理解能力を増強し得る

生徒が大自然の懐に身を投じ、感覚器官の直覚に頼りつつ、天空の雲、広々とした湖水、うねうねと伸びる小径、起伏した山や丘、鬱蒼と茂る樹林及びそれらを引き立てる亭、塔、楼閣、水に臨んだ亭を眺め、山間の小鳥のさえずりやさらさらと音を立てて流れる水の音を耳にすれば、人は心がゆったりとした愉快な気持ちになり、自然の景観と人文の景観とが互いを引き立たせ合う美とその審美的意義をより一層把握できるようになる。生徒が自然美を楽しむことは、鑑賞力の向上にとって役に立つものである。山水画を鑑賞して、筆遣いや情意や境地を理解するのは容易ではないが、名山の美しい景色を心行くまで楽しんだならば、画面の上の霞んだ瀧、野を渡るために横たわる舟、柳に覆われた長い堤の創作の意境と奥深く知り難い謎を真に理解することが可能になるかも知れない。

2. 自然美の鑑賞は、視野を広げ、知識を増やし、情操を陶冶し、品行を鍛え研ぐことを可能にする

生徒は大自然に入ってこそ、真に山の雄大さ、海の壮大さ、山河の美しさ、土地の豊かさを感受することができるはずである。とりわけ、現在目にするところの自然の大半は既に「人化された自然」であり、自然の景観と人文の景観が一つに結び合わさっており、遊覧する時に、人に多くの生き生きとしたイメージの地理、歴史、文化芸術の知識を学ばせてくれる。大自然の美が珍重し、熱愛するに値する理由は、それが人間の気性を陶冶することができることにある。孔子は「知者は水を楽しみ、仁者は山を楽しむ」と説いた。これは人格の特徴は異なるものであり、山水に対する好みも異なるはずであることを物語るものであるとともに、自然の風景を鑑賞するのは人間の気性や審美修養と関係のあるものであることを物語るものでもある。傅雷は彼の息子の傅聡を教え導くに当って、大自然や造型芸術に多く触れることは、人間を心安らかで闊達にし、精神心理の健康を保たせてくれると語っていた。

3. 大自然を利用し美育を進めるには、自然美の特徴と生徒の審美の特徴を掌握する必要がある

自然美は形式美に重きを置くものである。生徒の自然美に対する鑑賞は、往々にして外的形式に対する感性的直観として表現されるものであるが故に、自然の物象の線、形状、音声、色彩等の要素を観察するよう彼を導くことに気を配らなければならない。青空の白い雲、皓皓とした月に満天の星、緑の林の優れた木、珍しい草花、滾々と湧く泉の水を直接感知し、徐々に自然の調和的で秩序立った、対称的でバランスの取れた等といった形式美の法則を理解するようにすることで、彼らに自然の外形美を認識させ、更に進んでその豊かな潜在的な美を認識するようにさせるのである。

4. 人間と自然の審美関係を認識し、自然美の「比徳」「暢神」を鑑賞する審美観念を理解するよう生徒を啓発すること

自然は労働の対象であるのみならず、審美の対象でもあり、人々は自然美を鑑賞するプロセスにおいても、伝統の審美観念を形成し、継承する。例えば、中国

古代美学の「比徳」は、松柏を節操の堅さの喩えとしたり、竹や菊を高潔の喩えとしたり、梅・蘭・竹・菊を「四君子」に喩えたりするといったように、自然物を、徳性を具えたものであるとみなすとともに、「暢神」という審美観を常用して自然物を取り扱い、自然の風物を、精神を愉快にさせる、情感を有するものであるとみなした。そして、自然物の特徴は多岐にわたるものであり、それと人間の生活との関係は往々にして二重性を有するものである。例えば、竹は人に異なる感じ方をさせる。鄭板橋は「新竹高於旧竹枝、全憑老幹為扶持」（新竹が旧竹の枝よりも高いのは、すべて老いた幹がそれを支えてくれているお蔭である）と賛美し、竹の審美価値を肯定したが、杜甫は、「新竹恨不高千尺、悪竹応須斬万竿」（新しい竹は千尺の高さにならないことを恨み、悪竹は万竿を斬ってしかるべきである）と竹の審美価値を否定した。大自然の美を鑑賞するよう生徒を導くには、自然の風物の外観を賛美するだけではダメで、人文の思想感情を融合させ、人に精神上の啓示を与えるようにする必要がある。多くの景勝地には何れも名勝古跡があり、麗しき神話故事が広く伝わり、文人墨客のエピソードや墨蹟が留められている。それ故に、それらを鑑賞するとともに、当地の風土や人情、歴史物語、名人の詩や詞を知ることによって、自然の風物に対する鑑賞と理解を深めるよう生徒を導いてしかるべきである。

（三）日常生活を通して美育を進める

　ロシアの民主主義者チェルヌィシェフスキーには、「美は生活である」との名句がある。ロシアの美学者ベリンスキーは「生々しい現実には多くの美しい事物がある。あるいは、より適切に言うならば、一切の美なる事物は生々しい現実にしか包括され得ない」と言った。人々の日常生活においては、確かに数多くの審美的要素が含まれており、およそ生活環境、飲食起居、衣服や身なり、人に接する態度、娯楽レジャー等といったものは、何れも一定の意義の上において人々の審美観念、審美趣味及び審美能力を反映している。日常生活において美育を進めるのには、主に以下のいくつかの面がある。

1. 家庭環境を利用し美育を行う

　家庭環境には、住宅環境、家庭の装飾、文化生活という三つの面が含まれる。

家庭環境と文化生活は主の生活条件と審美観念を反映する。当代においては、田舎の農民と都市の住民とを問わず、何れも家庭の美化に気を配る。経済条件の違いにより、家庭の装飾には豪華に偏するものと質素を重要視するものという区別はあるものの、最も基本であるのは、居室の清潔さ、快適さ、静けさを保つことである。適切な美化は必要であるが、色調はあっさりしていて上品で、釣り合いがとれているのが好ましく、下品な俗っぽさや奇異さを避けた、生徒の健全な成長にとって有益なものであるべきである。家庭は生徒の美育のゆりかごであり、教師が審美修養を高めるよう保護者を導くことで、家庭生活を生徒に対して美育を行う要件に相応しいものにすることは、生徒の審美習慣と審美能力を養うことにとって有益である。

2. 学校環境を美化する活動に参加するよう生徒を組織する

学校は可能な限り生徒のために生活と学習の素晴らしい環境を創設すべきである。校舎の建物がまちまちで情緒に富み、学校内外に林が鬱蒼とし、花壇の色彩が調和し、キャンパスは静かで、空気が清らかで、生気に溢れていれば、生徒の愉快な情緒とリラックスした心境を形成することができる。教室、実験室及び図書館等の飾りつけに関しては、最も基本的な要件は明窓浄机にして、整然として調和がとれていて、教師と生徒に清潔で、爽やかで、楽しい感覚を抱かせるようにすることである。学校環境の美化は教師と生徒の懸命な労働に頼らねばならず、自らの両手で学校を美化し、更に生徒の文明を重んじ、礼儀を弁え、整然さと清潔さを愛し、美化に長けた生活習慣を養う必要がある。

3. 日常生活の中で美を体現するよう生徒を導く

人は皆、美を愛する天性を持つものであり、現代社会において、人々は美に対する追究を更に重要視するようになったからには、どのようにして日常生活の中で美を重要視し、美を表現し、美を形作るよう生徒を導くかということに関しては、生活美学の上から指導を与える必要がある。

第一に、生徒に美を愛することは生活を熱愛する表現であることをきちんと理解させ、生活の中で美を体現することを重視させること。生活用品、書籍、文具はきちんと揃えて置き、気の向くままに放り投げたりしてはならず、良好な生活

の起居、学習、娯楽の習慣を養い、挙止はすっきりとしていて美しくあるべきである。

　第二に、身なりを弁え、服飾の美に気を配るよう生徒を導くこと。魯迅が語った身なりの美しい物語は、とても面白い。ある日、蕭紅は赤い上着と格子縞の茶色いスカートを身に纏って魯迅先生の家を訪れた。門を潜ると、蕭紅は「私の衣装は綺麗ですか？」と魯迅に尋ねた。魯迅先生は一目見て、「余り綺麗じゃない。君のスカートは色がマッチしていない。赤の上着がきれいでないのでは決してなく、それぞれの色は皆きれいなのだが、赤の上着には赤いスカートを合わせるべきで、そうでなければ黒のスカートで、茶色いのはダメだ。この二つの色は一緒にすると混濁してしまう」と言った。そして更に、「痩せた人は黒い衣裳を着ない方がいいし、肥った人は白い衣裳を着てはならない」という道理を語った。このことからしても、如何に身なりを当を得たものにするかということにも知識が必要であることが窺える。生徒の身なりは自らの年齢や身分に合ったものであるべきであり、活発で、すっきりと美しく、素朴で、自らの体型に合った、身体の発育にとって有益なものであるべきで、成人化させる必要はない。生徒に生活美学の知識を語り、盲目的に時代の流行を追い求め、豪奢な派手さを重んじたりしないよう彼らに注意を与える必要がある。「すべてのモダンなものは、何時かはきっとモダンではなくなるはずである。もしも生涯モダンさを追い求め、老いるまでそれを追い続けるとしたら、君は人から軽蔑されるプレイボーイになってしまうに相違ない」。

　第三に、物言いと振る舞いに気を付け、風格美を重要視するよう生徒を教育すること。かつて「紳士教育」を唱導したイギリスの教育者ロックは、個人の修養を重要視し、挙止振る舞いが上品で礼儀正しくあることに気を使い、イギリス国民の素質を形作るのに重要な役割を演じた。我々は、我が国の優れた伝統を継承し、現代文明を発揚し、高雅な気質と優雅な風格で自らを陶冶することで、高尚で優美な素質を具えた人間へと成長するよう生徒を導いて然るべきである。

復習思考問題

1. 審美教育の内包を如何に理解すべきか？
2. シラーの審美教育思想を簡単に述べよ。

3. マルクスの人間のトータルな発達という思想は審美教育とどのような関係にあるか？
4. 審美教育の価値はどういった面から理解すべきであるか？
5. 審美教育のプロセスを如何に理解するか？
6. 学校の審美教育の実際と結合させ、審美教育の実施について語ってみよう。
7. 美育と芸術教研組とはどのような関係にあるか？

第十二章

体　育

体育は、生理、衛生、保健を含めた、トータルに教育を発展させる構成部分であり、人体の健全な発達と体質を増強させるという重大な目的を担うとともに、徳育、知育、美育等と密接に連携しながら教育目的を実現するものである。

第一節　体育のあらまし

一、体育の概念

体育は、人類社会の一種の実践活動として、誕生は比較的早かったものの、一つの概念として現れたのは比較的遅かった。1760 年、フランスの新聞雑誌が体育という言葉を用いて子どもの身体教育を論じた。古代において、中国は「養生」「導引」「武術」等の言葉を用いて体育のことを示し始めた。1894 年前後、ドイツとスウェーデンの体操が中国に伝来し始めると、1904 年の初頭に、清政府は『奏定学堂章程』において、「体操」を学校の正式な課程に取り入れた。同年、湖北幼稚園の創設規約が「体育」に言及し、天津基督教青年会幹事の銭伯森が北京と天津の各学校で「西洋体育」を宣伝したことで、体育という言葉は初めて使用されるようになった。1905 年、浙江の紹興が建設した大通師範体操専修科は中国初の体育専攻学科であり、その後、体育という言葉が中国で正式に使用されることになった。1906 年に清政府は「尚武」を教育の宗旨に組み入れた。この時代は、「体操」と「体育」の二つの語が併用された時期である。最も代表的なのは、毛沢東が 1917 年に発表した『体育の研究』という一文で、この文章のタイトルは「体育」という言葉を用いているが、文中においては「体操科」や「体操教習」（体育教師という意味）等が用いられている。1923 年になって、北洋政府の公布した『中小学課程綱要草案』において、やっと「体操科」が「体育課」に改められ、それ以降は、体育という言葉が広範に使用されるようになった。

体育には発展進化の過程という意味が含まれており、それが中国に伝来したての頃は、身体教育のことをいい、学校の一課程として、教育の一部分として出現したものであった。当時においては、中国は競技スポーツをはじめとするその他の集団的体育活動が極めて稀でしかないという条件の下、狭義の体育専門用語が

使用されたのは大して大きな問題ではなかった。しかし、今日においては、新中国の体育事業は大きな発展を遂げ、学校体育の外で独り立ちした一種の社会体育系統を形成し、本来の体育の範疇を大きく超えている。それ故に、体育という概念に対しては、広義と狭義の区分をしている。広義の体育は、身体文化、身体教育及び身体鍛錬の三つの面を含むものであり、狭義の体育、すなわち学校体育とは、目的と計画を持って組織的に生徒の心身のトータルな発達を促し、生徒の体質を増強させ、運動の基本的な技能と技巧を習得させ、道徳的品性を培い育てる教育活動のことをいう。

学校体育の概念を理解するには、以下の三つの要点を把握せねばならない。

第一に、学校体育は一種の教育活動であり、それは在校生を教育対象とするものであること。仮にもし社会体育の特徴が健身性、娯楽性、競技性であるとするならば、学校体育の特徴は教育性と基礎性である。

第二に、学校体育は教育活動の一構成部分であること。古代ギリシャにおいて、アリストテレスは教育を徳育、知育、体育に分けた。学校教育は従来からトータルに伸ばす教育の構成部分である。

第三に、学校体育の本来の目的は、生徒の体質を増強させることであり、それは生徒の生涯にわたる健康、強壮、活力、楽観的にして進取の気性を持つことに影響するものであること。「知育が良くないのは二等品、体育が良くないのは廃品、徳育が良くないのは危険物」と言う者がいるが、これは体育の重要性を生き生きと物語ったものである。

二、学校体育の歴史の沿革

学校体育は文明時代の産物である。未開の時代において、人類は自らの生存のニーズのために自発的に運動をした。文明時代になって、人々はやっと自発的な身体運動を徐々に目的と計画を持った、専門的な身体教育活動へと転化させ、特に競技体育の発展により、体育は初めて人々の生存と労働のニーズを満足させるだけに止まらず、次第に人々の精神的ニーズを満足させる対象になるとともに、絶えず人類社会のために文化的価値と精神的財産を創造するようになった。ちなみに、古代ギリシャの体育と芸術は当時の社会の文明の二つの顕著なしるしであ

り、学校教育において、体操、力比べ、競走、高跳び、投擲等のスポーツ種目は既に重要な教育内容となり、ひいては体育の人材を専門的に培い育てる学校まで出現した。プラトン、アリストテレス等の思想家の体育に関する論述及び千古に伝わるオリンピック精神は、何れも人類の精神の宝庫における貴重なものである。

中国古代の早期の学校教育において、体育は重要な地位を占めた。中国の殷代には武士教育制度が存在し、多種の武芸を学びでマスターすることは当時の教育の主な特徴である。西周は「六芸」を以って教育内容とし、その中の射、御及び楽（音楽、舞踊）は均しく豊富な体育的要素を含み、重視された。孔子、孟子、荀子等は、勇武強体教育に対して均しく貴重な論述を残している。社会的分業の発展に伴い、個人教育は文武兼学から次第に文武分習へと転向した。秦漢以降、重文軽武の思想がある程度発展するようになり、漢代の官学には「彬彬とした文学の士が多かった」（漢書より）ように、学校体育は衰微の方向へと向かった。魏晋、南北朝時代は、「玄学」と「清談」が盛んで、中国古代の学校体育は急激に衰微した。唐代の中・後期に武挙選士制度が創設されると、一定の程度において学校体育の発展が後押しされた。明清時代は、文武兼備が強調され、学校と科挙制度が改善されたことで、武学、武挙等の軍事の人材を育成する制度が強化された。例えば、清代の教育者の顔元は、文武兼能を育成目標として「儒生習武」を提唱し、体育の復興を促した。

西洋の古代学校体育は、古代ギリシャにおける繁栄を経た後、古代ローマ時代に衰え始め、クインティリアヌスが身体の活動が人体の優美さに対して重要な意義を持つことを強調したものの、軍事訓練の体育種目を除いて、古代ローマ人は体育に対して興味を感じなかった。中世は西洋体育が急激に衰えた時代で、封建教会の「肉体は魂の監獄なり」との訓戒の下、馬術や馬上での武芸試合のために準備する訓練以外は、殆ど何らの体育活動もなされなかった。ルネサンス時代、大勢のヒューマニズム思想家や教育者の唱導の下、学校体育はやっと改めて発展の道を歩むようになった。彼らは人間の本性と人間の価値に殊の外関心を示したことにより、その特徴の一つがすなわち身体文化の発展を唱導することであった。17世紀のイギリスの教育者ロックは、体育をロジックの起点に、その教育理論体系を確立した。

第一次産業革命の興起に伴い、人間の体力と知力の発展は日増しに社会発展の

客観的ニーズとなり、そこで現代の学校体育が出現し始めた。現代学校体育の創設者であるドイツの教育者バセドウは、1774年に実験学校を創設する「建校計画書」において、生徒は毎日5時間勉強し、3時間体育、ダンス、音楽及びその他の活動をするという規定を設けた。その少し後に、ドイツの体育家ヤング（F. L. Young）が民族復興を目的として、ドイツ式体操を創始し、体育の普及を唱導した。当時のドイツのもう一人の教育者グーツ・ムースは理論と実践において体操を完全な体系にしようと尽力した。スイスの教育者ペスタロッチは、体育は教育の一要素であり、教育のその他の要素と結合させることで、人間の調和的発達を保証するよう提起した。スウェーデンの体育家リング（P. H. Ling）は、解剖学と生理学の知識を応用して体育運動を解明し、スウェーデン式体操を創立した。ナハトガール（F. Nachtegall）の貢献により、デンマークは政府の規定で学校体育を教育内容の必要構成部分とした初の国家となった（1809年）。イギリスは19世紀の初期より、学校も体育の授業を開設し、主な内容は各種スポーツと団体競技であった。アメリカの学校体育の興起は遅めで、1881年に体育の授業がやっと学校の正式課程に組み込まれ、それはスウェーデン体操を取り入れることから始まったが、発展はとても速く、先ずは大学において、それに継いで中学校や小学校においても徐々に体育の授業の地位が確立され、ひいてはバスケットボール、バレーボール等の現代競技体育の幾つかの種目も室内での体育授業をするために工夫して発展するようになったものである。

　20世紀以降、学校体育は更に速い発展を遂げ、多くの工業先進国が統一された体育教授の大綱や教材を確定し、教師のレベルをアップさせることを重要視し、青少年や子どもの体質に対する研究を展開することで、それを科学化の方向へと向かわせた。とりわけ注意に値するのは、現代社会の物質文明の発展に伴い出現した「レジャースポーツ」（Leisure sport）の観念が、正に学校体育の性質、目的及び役割を変えようとしつつあり、一種の全く新たな体育観念と社会体育パターンが人々の生活の各方面に滲透しつつあるとともに、益々人類文明の発展変化の過程において極めて重要な役割を発揮していることである。

　以上から分かるように、学校体育は中国と西洋においては、早期に繁栄し、中期に衰微し、近代に復興し、当代において勃興するといったほぼ同じ歩みをしてきたことが窺える。現代の学校体育も単なる身体活動と身体訓練ではなく、本来

の意味における人間自身の潜在能力や価値に対する新たな認識であり、人間の心身の素質に対するトータルな向上である。

三、現代の学校体育の主な特徴

現代の学校体育は、概念と内容とを問わず、伝統的な学校体育とは大いに異なる。

（一）学校体育の概念は内容も外延も徐々に拡大へ

中国と西洋とを問わず、体育は何れもかなり長期にわたって軍事訓練と密接に関係して来た。但し、現代の学校体育は既に各種体育スポーツの基礎となっており、それは以下の幾つかの方面の内容を含むものである。

1. 学校体育（Physical education）

学校体育の基本内包は、「身体活動を通して教育を行う」というものである。アメリカの学者ブッチャー（E. Bucher）が1961年に『体育基礎理論』という自著の中で、これに対してとても明確な解釈をしている。彼は、「教育」に「身体」を加えて構成された体育とは、身体を維持し発展させるための各種活動に関連する一種の教育課程のことを言うものであるとしている。日本の学者の藤英三は更に一歩掘り下げ、学校体育とは「一種の身体の訓練、体操、運動、競技を含めた新たな合成概念」であると指摘している。彼らは何れも身体訓練に関係する各種の運動形式を学校体育に取り入れた。

2. 競技体育（Competive sport）

いわゆる競技体育とは、又の名を競技スポーツとも言う。スポーツの成績を高め試合において勝つことを目的とする身体訓練のことを言う。体育史上において、競技体育と学校体育は、一度は厳格に区別されたが、今日においては、この種の区分は既に明確ではなくなっており、人々は競技体育のレベルアップは、ハイレベルのスポーツ教授や学校体育の養成から離れられないものであると認識するに至っている。学校体育と競技体育の違いは競技性の有無ではなく、要求の違いに

あり、前者が人間の心身の素質を高め、人間をトータルに成長させることに重きを置くのに対して、後者はその競技の新たな成績を重要視する。今日、国内外の多くの高校が試験的にハイレベルのスポーツチームを運営しているのは、すなわち競技体育の学校体育への浸透である。

3. 身体娯楽（Physical recreation）

身体娯楽とは広く心身の健全な発達にとって有益なすべての運動形式のことをいい、中国の習慣では、それを集団体育と呼んでいる。現代の学校体育は、教育性と競技性を兼ね備える以外に、更に娯楽性と普及性を具備している必要がある。現代の学校体育の質を秤にかける一つの基本的基準とは、すなわち体育スポーツを好む積極的な一群を育成しているか否かということである。彼らは個人の自覚的な鍛錬から身体活動がもたらす精神的な喜びと満足を実感するのみならず、体育スポーツの中核となる力を広めて普及している。「全民健身運動計画」の興起は、学校体育の集団性体育スポーツの推進拡大や普及における基礎的役割を包含するものである。

要するに、今日の学校体育は社会体育の一構成部分であるのみならず、一つの国家、民族の体育事業の発展の基礎でもある。学校体育の普及と向上を抜きにしては、競技体育は高いレベルに向かって発展することは難しく、学校体育を欠いたいわゆる集団体育も、少数の人間の身体訓練活動でしかないのである。

（二）学校体育の効果は一般に普及

体育は、まずは人体において作用し、人体に作用することを通じてから社会に作用する。体育の社会機能の実現過程は、実際的には体育教授の実践活動を通じ、人体の潜在機能を徐々に発達させ、それによって生産力の発展や社会変革の過程の中でその活発な役割を発揮させるというものである。体育のこの機能は、社会に対して二つの面の役割を持つ。すなわち、社会の物質文明と精神文明の発展に対して何れも重要な促進の役割を果たすのである。そして、人間自身の発展に対しても、二つの面の役割を果たす。すなわち、人間の身体の健康的な発達を促すのみならず、人間の精神を絶えず陶冶し、昇華せしめるのである。正に現代の学校体育がこの種の機能を具えているからこそ、初めて人間の心身の健康的な発達

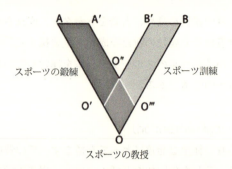

図 12-1　スポーツの教授、鍛練及び訓練の関係

が可能となるのであり、社会の物質文明と精神文明が不断に高水準へと向かい、それによって体育そのものの地位も益々重要になっていくのである。

(三) スポーツ教授は学校体育の基本を構成

　学校体育の活動は、主に教室での体育教授と部活動などの授業以外の体育により構成され、この二つは何れもスポーツ教授から離れることができない。体育活動におけるスポーツ教授、スポーツ鍛練及びスポーツ訓練の三者の関係を上記の図 12-1 のように示す者もいる。

　図 12-1 からは、スポーツ教授（OO'）が体育活動の基礎であることが分かる。学校体育の初期段階においては、スポーツ鍛練（OAA' O）とスポーツ訓練（OBB' O）がスポーツ教授に融け込んでいる。スポーツ教授がレベルアップし、生徒のスポーツ技能と技巧が発達するに従い、スポーツ教授が広さに向かって拡張したのが集団性のスポーツ鍛練であり、スポーツ教授が深さに向かって伸びたのがすなわち専門の競技性スポーツ訓練である。以上から分かるように、学校体育活動の基本方向は、スポーツ教授をしっかり捉えることであり、それが学校体育活動の質を高める基本条件なのである。

　我々は学校体育の教育、社会主義建設、体育スポーツの普及と向上における役割を重視せねばならない。学校体育は有っても無くても良いとする類の思想は、教育目的にもとるものであるのみならず、人類文明の進歩に背馳するものでもある。

四、学校体育の意義、目的及び内容

学校体育には広義と狭義の区別がある。広義の学校体育には、身体鍛錬教育と衛生保健教育が含まれる。狭義の学校体育とは、身体鍛錬と体育スポーツのことをいう。学校は身体鍛錬と衛生保健の両方面の指導を同時に良く行わなければならず、その基本的指導思想は、生徒の体質の増強を主とし、生徒全員のために配慮することを主とするとともに、経常的な鍛錬と予防保健を主とするべきである。

（一）学校体育の意義

マルクスはかつて、「未来の教育はすべての一定年齢を満たした子どもからすれば、生産労働と知育及び体育とが相結合したものであり、それは社会生産を高める一種の方法であるのみならず、トータルに発達を遂げた人間を育成する唯一の方法でもある」と述べた。これは体育のトータルな発達教育における地位を明確にしたものである。一貫して体育を重視し、「健康第一」を主張した毛沢東は、1950年に直筆で「発展体育運動、増強人民体質」（体育スポーツを発展させ、人民の体質を増強させよう）と揮毫している。彼が唱導したところの「三好」（三つの「好」＝立派）の中で、先ず初めに強調したのが「身体好」（身体が立派であること）であった。党と政府はこれまで一貫して学校体育を高度に重視し、中国共産党中央、国務院は多次にわたって文書を発し、体育の重要な地位と役割を強調している。1990年2月、国務院は『学校体育工作条例』を頒布し、2007年5月には、中共中央と国務院が『青少年体育の強化と青少年の体質増強に関する意見』を提出し、2016年5月には、国務院が『学校体育を強化し生徒の心身健康のトータルな発達を促すことに関する意見』を印刷配布しており、これらは何れも学校体育の重要さを物語るものである。

1．学校体育は生徒の身体の健康的な成長発育を促すことができる

経常的な体育鍛錬が身体の成長発育を促すことができるのは、身体鍛錬の全種目の運動が何れも筋肉の動作に表現されるとともに、骨格、靭帯の負荷量を増加させることができ、しかも筋肉の仕事量が増えることで、必然的に酸素と栄養物質の供給量が不断に増加し続け、有機体の新陳代謝作用が加速することで、肺活

量を増大させ、心機能をより高いレベルに到達せしめる。更に大脳皮質の興奮と抑制の活動を促すことができることだけでなく、運動中枢が高度に興奮することによって、周囲に強烈な抑制を生じさせることで、その他の神経細胞を休息させるのみならず、神経系統の各器官に対する調節作用を改善し、人間の敏捷性を高めることができることにある。

2. 体育と知育、徳育、美育と総合実践活動とは密接に関連するものである

　青少年である生徒は体格が強健で、精力に満ちあふれていて、初めて文化科学知識の学習のために必要な物質的基礎を固めることが可能になるとともに、学習目的の完遂に有利になる。一定時間学習した後に、体育活動に参加すれば、大脳の疲労を解消することができるのみならず、神経系統の新陳代謝を促し、その活動能力を高めることで、大脳をより一層健康で敏捷にすることができる。そして、体育を通して更に生徒に対して思想品徳教育を行うことも可能である。毛沢東はかつて『体育の研究』という一文の中で、「体育という道に、徳育と知育を配するのである。而して徳と知は何れも体を頼りにするものであるからには、体が無ければ徳も無しということになるのである」「体というのは、知識を載せる車にして道徳を宿す建物である」と指摘している。体育鍛錬は更に生徒に優美な体形と動作を具えさせることが可能であり、体操やダンスに至っては、更に体育と美育の巧妙な結合を体現する。生徒は体質の増強を通して、総合実践活動を進めるために良好な条件を提供するのである。

3. 青少年の体育を発展させることは、普及のニーズであり、向上のニーズでもある

　中国は十三億余りの人口を擁し、青少年がその四分の一を占めており、体育スポーツを発展させるには、普及と向上とを問わず、何れも学校体育活動を広範で持久的に展開する必要がある。生徒が学校において体育の基礎をしっかりと固めるならば、校門を出ればそれぞれの戦線で体育活動を展開する中堅的力となり、しかもその中から大勢のスポーツの新たな苗が涌現することで、中国の体育スポーツが世界の高峰に登り詰めるために絶えず新生のパワーを送り込むことが可能となる。

（二）学校体育の目的

第一に、学校体育の根本目的は生徒の体力を伸ばし、生徒の体質を増強することである。これは学校体育と学校のその他の活動との最も根本的な違いであり、主に以下の内容を含むものである。(1) 生徒に壮健な体格を持たせ、成長発育を良好にするのみならず、健美な体形と正しい姿勢を形成させること。(2) 生徒の身体能力（スピード、パワー、鋭敏性、スタミナ、柔軟性）と身体の基本的活動能力（歩く、走る、跳ぶ、投擲、登攀、クライムオーバー）をトータルに伸ばすこと。身体能力をトータルに伸ばすことは、有機体の形態と技能の協調的発達を促す重要な要素であり、完全な運動技能並びに生産建設、国防建設及び日常生活に従事する必要条件でもある。(3) 生徒の自然環境に対する適応能力を高めること。自然環境は、春夏秋冬と季節が移り変わるように、絶えず変化するものであり、人々が大自然の変化に適応するには、良好な身体の状態を基礎とし、季節と気候の変化に応じて自らの行為を調整し、企画することによって、自然の主人となる必要がある。

第二に、生徒に逐次体育スポーツの基本知識及び技能技巧を習得させ、自覚的に身体を鍛える習慣を身につけさせること。各級学校の体育課程の標準規定に基づき、生徒に一定の体育の基本的知識、技能及び技巧を習得させ、科学的な身体を鍛える原則、方法及び傷病を予防する各種手段を理解させるべきである。そして、朝の体操、授業と授業の合間の体操及び授業以外の体育活動の基礎の上で、常に体を鍛える習慣を養わせるべきである。

第三に、党を熱愛し、社会主義祖国を熱愛し、組織を熱愛し、規律を遵守し、勇敢で頑強で、元気はつらつとした革命精神を培い育てること。勝って驕らず、敗けて挫けず、勇敢に戦い、審判を尊重し、ルールを遵守する優良な体育道徳態度を確立すべきである。

（三）学校体育の内容

学校体育の内容は、学校体育の目的と生徒の年齢的特徴に基づき確定されるものであり、通常は以下の類別がある。

1. 陸上競技

陸上競技は、走、跳、投等のスポーツ種目を含む学校体育の重要な内容である。長期にわたって陸上競技に参加すれば、身体の新陳代謝を促し、内臓器官の機能も改善でき、スピード、敏捷性、パワーやスタミナを伸ばすことができ、更に生徒の苦しみや辛さを堪え忍ぶ、勇敢で頑強な意志と集団主義精神を培うことができる。それは各種目の体育スポーツの基礎である。

2. 体操

体操は体育スポーツの重要種目の一つであり、その内容は豊富で、異なる年齢、異なる健康状態の対象にぴったりである。中学校の体育教材には隊列隊形の教練、徒手体操、エアロビクス、器械体操、縄跳び、クライミング、重量挙げ、レスリング、高跳び、鉄棒、平行棒、平均台等の種目がある。生徒が常に体操スポーツに従事すれば、筋肉のパワーを増強させ、敏捷性、柔軟性、バランス及び身体制御能力を伸ばすことができるとともに、勇敢さ、機知、融通性及び団結互助等の優れた品性を養うことができる。

3. 球技

球技スポーツは青少年が普遍的に好む一種の体育活動であり、それは各種の基本技能を総合的に運用するスポーツである。生徒が長期にわたって、バスケットボール、バレーボール、サッカー、バドミントン、卓球等といった球技スポーツを堅持すれば、調和のとれた発達を促したり、身体的素質と基本的な活動能力を高めたり、集団主義、規律の自覚、機知にして果断等といった品性を培ったりすることに対して、均しく良好な効果を有する。

4. 遊戯

遊戯も同じく青少年が好む集団スポーツ種目であり、競技的要素を具え、生き生きとして活発で、豊富で多彩な種類がある。小学校と中学校低学年の体育教授においては、常に遊戯を基本教材に合わせる形で使用し、児童・生徒の身体的素質をトータルに伸ばし、基本的な活動技能を高めることで、体育教授を更に活発で面白く、良好な品性の養成を有利なものにできる。

5. 軍事体育活動

この類の種目には、主に無線電信、航空模型、航海模型、射撃、ボート、落下傘、モーターサイクル及び手榴弾投げ、障害物競走、匍匐前進等が含まれる。生徒は軍事体育活動に参加すれば、体質を増強し、戦争準備観念を強化し、強靭な意志を鍛えることができ、彼らをして、戦うことと勝つことに勇敢ならしめるとともに、科学の知識と技能を習得させることに役立つ。

6. 遊泳

遊泳は一種の水上スポーツ種目で、人体の筋肉、骨格、内臓器官等の成長発育並びに各種の身体的素質の発達に対して、何れも重要な役割を持つ。河川・湖・海及びプールを存分に活用して団体的遊泳活動を展開すれば、生徒の危険を恐れない、勇敢で頑強な意志を培うことができ、国防と生産に対して何れも重要な意義を持つ。

7. 武術

武術は中国の民族体育スポーツの重要な内容である。武術の種類はとても多く、内容は豊富多彩で、場所、季節、年齢、性別、設備等の条件の制限を受けず、学校で繰り広げるのが容易である。武術教授を通じれば、身体の各種の素質を伸ばし、勇敢さと頑強さ、機知と果断さ、堅忍不抜の意志と民族の誇り等といった品性を培うことができる。

上述の各種目を除いて、学校体育の内容には更に光、風、水等の自然条件を利用した鍛錬、土地柄に合わせた登山、スケート、スキー等といった多様な活動等が含まれる。

第二節　体育課程の基本要素と法則

学校体育の課程とは、教育者が身体運動を通じて活発に自発的に体育スポーツと衛生保健の知識、技能を習得し、体育鍛錬のおもしろさを形成することで、身体の成長発育を促し、体質を増強するよう目的と計画を持って生徒を導く課程の

ことをいう。

一、体育課程の基本要素

学校体育の課程は一般的に以下の基本要素を含むものである。

(一) 教師

教師は、体育課程の組織者であり、導き手である。一コマの体育授業の質の高低は、大きな程度において、教師の専門の素養と努力の程度、教師が主導性、創造性を発揮するか否かということと密接に関係する。合格の体育教師は、良好な身体的素質と相応の体育教授の技能を具備する以外に、生徒を熱愛する感情、強靭な意志及び良好な道徳的修養等の品性を具備していなくてはならない。

(二) 生徒

生徒は体育課程の教育を受ける者であり、体育学習活動と自身の成長に参与する能動的主体である。現代の学校教育は生徒の主体性を発揮させることを特別に重視するものであり、生徒の活発で自発的な参与を抜きにしては、学校体育の目的は実現できないと言い得る。それ故に、生徒の体育課程における活発な自主性を存分に発揮させることが、現代学校教育の根本要件なのである。

(三) グラウンド、器材

グラウンド、器材は体育活動を繰り広げる上での必要不可欠の要素であり、一定のグラウンドを抜きにしては、体育活動を展開する術が無い。陸上競技や球技等といったスポーツは、グラウンド、器材を必要とするのみならず、更にグラウンド、器材に対して特定の質や規格の要件があり、スポーツの質が影響を受けることになりかねない。我々は自力更生と粗末なものでも利用できるものは利用し、出来得る限り節約して間に合わせることを提唱するものではあるが、学校体育を展開するためには、必要な体育グラウンドの建設と体育器材の購入を保障して然るべきである。

第十二章　体　育　533

二、体育課程の特殊性

体育課程は知育課程や徳育課程と同様、教育の基本法則の制限を受けるものではあるが、その特殊性も有するものである。

（一）体育課程の操作性

ここで言う操作性とは、主に体育教授は必ず一定のグラウンド、器械を運用することによって初めて体育活動が可能になることをいう。現代体育は、例えば球技や陸上競技、体操等は均しく関連するグラウンド、器材及び設備に対して操作を行う必要があるように、人間が一定の規範に基づき「工具」を上手に操作し、創造的に力と美の運動や競技を行うものであると理解できる。現代体育が操作性を重要視するのは、それが体育の質と創新を重んじていることの表れである。

（二）体育課程の流動性

体育の授業と文化の授業の教授との顕著な違いは、それが絶えず運動空間と教学環境を変換することにある。この種の流動性は、学校に相応の体育の基礎施設を配備することを要求するのみならず、教師にも比較的強い適応力を具えるよう要求するものである。

（三）体育課程の分散性

一つの学年クラスの数十人の生徒が、もしも一緒に集まって活動をしたとすれば、鍛錬の効果は達せられない可能性がある。それ故に、教師は教室教授を組織する際に、往々にして種目あるいは性別、能力に応じたグループに分かれた活動を行うという方法を採る。これは、グラウンドや器材に対して相応の要求を出すのみならず、教師が強い計画及び組織能力を具えている必要がある。

（四）体育課程の強度性

体育の授業は一定の運動強度を手段として生徒の心身の発達を促すものである。計画的に運動の強度を高めるためには、教師は密度（運動の頻度を指す）を強化し、強度を高める上で、体育教授課程に対して行き届いた手配をすべきである。

以上から分かるように、体育教授課程の特性に基づくことによって、初めて体育教授の質を確保することができるのである。

三、体育課程の基本法則

（一）体育課程の縦の法則

　いわゆる体育課程の縦の法則とは、主に学校体育課程を分析することから着手し、生徒の年齢的特徴、心身の発達及び運動の順序的法則に基づき、学校体育課程を異なる段階に区分けすることで、体育教授を順を追って一歩一歩進めることである。

1.　生徒の年齢的特徴に基づき、体育課程を自由活動、規範活動、自主活動に準じて展開する過程

　（1）小学生段階。児童の年齢的特徴の制約により、学校体育は主に自由活動の特徴を示す。「自由活動」の含む意味は、散漫で、組織性が無いということではなく、規範の体育教授活動と相対させてそういっているのであり、小学生（とりわけ低学年）が教師の引率の下、体育教授においては比較的に多くの自由選択の権利、自由活動の空間及び遊戯を含んだ要素を持つべきであることをいい、その主な目的は児童の体育スポーツの興味を養うとともに、適量な身体運動を通して、体質を増強し、敏捷性、協調性、柔軟性等といった児童の生命体の表現力を伸ばすことを達成することである。

　（2）中・高校生段階。生徒の体質が増強され、自覚的な心理制御能力が徐々に養われることにより、正規の体育訓練を受け入れるための基礎が固められると、学校体育は徐々に規範の段階へと移行することが可能になる。この段階は、学校体育の系統において、前を受けて後を啓くという極めて重要な地位を占めている。その主な特徴は、規範の運動技能技巧の教学を主とし、生徒に正しい体育の基本知識と技能を習得させるとともに、正しい体育観念の薫陶の下、初歩的に生徒の身体鍛錬を行う習慣を養うことであり、一部の生徒は規範訓練と自覚的な鍛錬を経ることで、なんらかの体育の特定種目の才能を形成することができるようになる。上述の目標を達成するには、学校体育指導が明確な計画性と組織性を持たね

ばならないその一方で、教師が体育の授業の教学の質を保証し、厳格に体育の課程標準に照らし、生徒に対して規範の教学と訓練を実施することで、教室教学の厳粛性、運動技能の規範性及び質の評定の科学性を確保する必要がある。

（3）大学生段階。この段階は、学校体育の自主活動段階である。大学生の心身の発達は、既に次第に成人の発達水準に達するとともに、相応の体育基礎知識及び技能技巧を具えており、故に大学体育は深度と広度に向かって伸び、規範の運動教学から自主的な運動鍛錬及び専門的な運動訓練へと発展することで、更に臨機応変性と自覚性を具え、学生が自覚的で自主的にスポーツ種目を選択することを奨励する。逆に、もしもその時学生の体育活動に対する制限が多過ぎたりすると、学生の心理上の反発を容易にもたらすことになり、学生の体育の趣味を伸ばしたり、学生の体育の特技を発揮させたり、その運動レベルを高めたりするのに不利である。この段階の教学は重点的に二つの面を掴むべきである。一に、幅広く豊富で多彩な学生の集団性の体育訓練の気風を形成することであり、二に、一定の基礎を踏まえて、はつらつとしたスポーツ種目の試合を組織することである。

　一般的にいうと、子どもの体育に対する認識は、面白さから徐々に興味を感じることへと移行し、然る後に、正しい規範の体育基本知識技能を習得したことをベースに、自覚的で自主的なレベルへと発展するのである。

2. 生徒の体育活動課程における心身の運動の法則性に基づき、体育教授課程を準備段階、基本段階、結び段階で構成する漸進過程

（1）準備段階。主に以下の内容を含む：授業開始後、学習の目的、内容、要求を生徒に明確にさせることで、精神を奮い立たせ、楽しく学習と鍛錬に参加するようにさせ、点呼、方向転換、隊列練習等を通じて、生徒に精神集中させ、感情を高ぶらせて活動状態に入れるようにさせ、更にジョギング、徒手体操、遊戯等の準備活動、もしくは的を絞って補助練習を進めたりすることを通して、身体の各部位の筋肉や関節を活気づかせることで、準備段階を自然に基本段階に移行させる。

（2）基本段階。これは体育教授の主要段階であり、その目的は新教材を学び、旧教材を復習強化し、反復練習を通して運動の技能技巧を習得させるとともに、一定の密度と強度を手段とすることで、生徒の体質を増強させ、勇敢さ、粘

り強さ、集団を熱愛する等の思想的品性を培う目的を達成することである。一般的に言うと、新しい授業は運動の知識と技能をマスターすることを主とし、先ず速度と敏捷性の練習を配分し、その後にパワーやスタミナの練習を配分することで、上下肢の活動を交互に行うことで、身体の各段階の均整の取れた発達を促すべきである。生徒を組織して練習するに当たっては、循環練習法を採用することで、生徒のグループ間のバランスが取れるようにすることに気を配る必要がある。生徒の知識習得の特徴に基づき、この段階は、①動作の理解と初歩的習得、②動作の練習と改善、③動作の強化と熟練という三つの段階に分けることができる。

（3）結び段階。主な目的は、ジョギング、遊戯、体操等といったような一定の愉快で気楽な操作を通して、生徒が迅速に疲労を解消し、緊張状態から徐々に相対的に安静な状態に戻れるようにさせることである。教師は更に本授業の学習情況に対して中間のまとめをしたり、生徒の課外練習等の準備を整えたりすべきである。

（二）体育課程の横の法則

いわゆる体育課程の横の法則とは、体育課程の諸要素の間の関係を分析することから着手し、その中の本質を有する連繋を明らかにすることで、体育教授がより一層自発的で活発で効果的に行えるよう指導するというものである。

1. 体育課程は、生徒の身体機能の成長と精神力を高めることとを結合させる過程

中国現行の体育課程標準は学校体育に対し、思想教育、体育知識技能技巧の教学と体質の増強という三大目的を打ち出した。それ故に、三大目的の間の関係を上手く処理することが極めて重要である。

正常な児童と青少年は何れも体育活動の潜在能力と要件を具えており、教育者はこの種の潜在能力と要件を上手に利用し、彼らの体育活動に対する興味や趣味を掻き立て、逐次にその自覚的な鍛錬の習慣を養い、身体を鍛えることの自身及び社会に対する意義を理解させるようにすべきである。青少年の体育に対する認識の過程は、一般的には「おもしろい体力作り─奉仕」という方向へと発展するものである。教育者の責任は、体育の鍛錬活動を通して、思想教育、意志と道徳

第十二章 体 育 537

品行の養成を進め、逐次に生徒の認識を彼らが体育の知識・技能・技巧を習得し、体育鍛錬のおもしろさ、意志及び習性を養うことで、体質増強の目的と役割を実現するところまで高めることである。

　体育活動の多くは集団形式と対抗性競技の方法を採るとともに、一定の規則と条件の下で行われる。個人の力を発揮させねばならず、集団の協働精神もなくてはならず、更に一定の組織の規律性も必要である。教育者の責任はこれらの形式や条件を利用し、厳正に節度を持ち、知らず知らずの内に感化させるやり方で、その団結友愛、互いに援助し協力し合うこと、組織服従、規律遵守、他者を思いやる、相手を尊重する、誠実、謙虚、上品で礼儀正しい、集団主義等の道徳的品性を培うことにある。

　体育活動は更に、形体の美、力の美、動作の美、風格の美等というような豊富な美育の要素を秘めている。たとえ体育活動の鑑賞であっても、一人の人間の審美のおもしろさや素養を鍛えることができる。現代体育の享受性と愉悦性は人類の美を愛し、美を追求することに基づく天性として広く認められているものであるに過ぎない。体育課程においては、教育者の責任は各種の手段を運用し、人体が表現し得るところの各種の美の動作を運動の形式で生徒に明らかに示すことで、生徒に美を感受させるのみならず、自らの身体の運動を通して美を表現し、美を創造するよう生徒を激励し、人体の運動の中の美の要素を利用して生徒を薫陶し、外なる美と内なる美の両面から生徒に美の教育を与えることにある。

2. 体育課程は体育スポーツの基本知識の習得と体育鍛錬への参加とを結合させた過程

　学校体育は同じく知識を伝授し、技能技巧を伸ばす目的を担うものである。長年来、我々の学校体育は運動技能の学習を偏重する余り、体育の基本知識の習得をないがしろにして来たが、これは一種の誤った傾向である。国外の幾つかの体育課程の標準からすると、学校の体育授業は生徒の身体の発達を強調すると同時に、体育の基本知識の教学をも非常に重視している。ちなみに、アメリカの『比較体育』という一書は、35の国の学校体育を調査し、絶対多数の国家の体育の授業は何れも知識を伝授することと運動訓練を行うことの両部分を含んだものであることを発見した。中国の現行の体育教材も体育の基本知識と運動訓練の両部

分を包括するものである。

体育の基本知識の教学を強調しなければならないのはなぜか？ 第一に、生徒がこれらの体育の知識と技能を習得することは、健康で衛生的な生活を送るため、あるいは労働して国を守るため、あるいは関連する科学的知識を学び、習得するために重要である。第二に、体育の基本的な知識と技能を総合的に学ぶことは、青少年の心身の発達のために必要である。例えば、速く走ることは人間の動きの速さを、球技は人間の体の敏捷性や協調性を、ダンスや体操は人間の体のリズム感や韻を、それぞれ養うことができる。最後に、様々なスポーツの知識と技術を学ぶことは、生徒のトータルな成長を促進することにつながる。

体育の基本知識をマスターすることと体育鍛錬に参加することとの関係は、実際には体育の理論と実践との関係である。体育理論は主に党と国家の体育に関する方針政策、体育スポーツの基礎知識、医療保健の基礎知識を含むものである。体育理論の授業をしっかりと行うには、生徒の思想上あるいは体育活動において存在する問題に焦点を合わせることに気を配り、代表的な観点や実例を選択し、啓発式の教学を採用し、的を射た講義を行い、科学性と思想性、知識の伝授と能力の養成、知識の習得と実際の鍛錬とを結合させ、充分に生徒の能動性を引き出すとともに、生徒が学んだ知識を応用するよう指導することに注意すべきである。

3. 体育課程は規範訓練と自主活動とを相結合させた過程

学校体育は社会体育に比べて厳密な計画性、組織性及び目的性を有している。故に、学校体育の過程においては、規範の訓練が強調されるが、これは生徒の身体的素質を高め、社会体育事業の発展を後押しすることに対して重要な意義を持つものであり、生徒が自覚的で自主的に体育鍛錬に参加するための堅実な基礎を築くのみならず、全民の健康な身体づくりを展開するための準備を整えることにもなる。

体育教授の規範訓練を強化するには、以下の何点かに気を配るべきである。

（1）体育教師の素養を高めること。体育教師は専門の技術、技能及び教学の上で合格の教師に成るのみならず、生徒に関心を寄せ、理解することに長け、順を追って巧みに指導し、人を教えるのに熱心で、身を以て範を示し、生徒のために学習の手本を提供できるようになる必要がある。

(2) 体育教授過程の科学性を強化すること。体育教授の科学性の要求は高く、課程の標準、明確な教室教学の目的、内容に基づき、規範の範を示す動作をするとともに、生徒に対して厳格な訓練等を行わねばならない。

(3) 生徒に対して厳格に要求すること。体育過程においては、生徒は常に好奇心旺盛で、じっとしていられず、ルーズであったりする等の注意力を集中できない態度を示しがちである。教師は生徒に厳格に要求するとともに、辛抱強くなければならず、出来得る限り運動による負傷を回避し、想定外のスポーツ事故の発生を防ぐ必要がある。

(4) 生徒を自主的に鍛錬に参加させることを重要視すること。学校体育指導の一つの重要な面とは、すなわち生徒が積極的に課外の体育鍛錬に参加するよう奨励することであり、これは一種の活発で向上的な精神状態を体現するのみならず、一つの学校体育の質を評価する重要なしるしでもある。

一般的な意義からすると、規範訓練と生徒の自主活動との関係は、教育過程では教師と生徒の関係に属する。生徒に対する規範訓練を強化するには、教師は必ず自らの立場と役割を意識し、体育授業の教学の質を確保すると同時に、生徒の主体的役割を正しく認識しで発揮させる必要がある。生徒の自主的鍛錬活動の広範性や質の状況は、教師の教学効果を秤にかける一つの重要な面であり、我々は生徒が自主的に体育鍛錬に参加するよう奨励することに、より多くの努力をすべきである。

4. 体育課程は体育の観念の普及とスポーツ成績の向上を相結合させた過程

学校体育はすべての国民体育の基礎として、一国家が体育スポーツを普及させる重要な面である。目下、中国の学校体育においては、普及と向上の何れにも問題が存在する。その突出した表れが、すなわち学校体育の学校教育における地位と役割に対する認識が不十分であることである。徳、知、体は人間そのものの発達の三つの基本面であり、体質の増強はその中において重要な地位を占めている発達の基礎であり、前提である。しかしながら、我々の今日の学校体育は、徳育、知育が重視されているところの程度に達するにはまだ程遠い。それ故に、体育の観念を普及し、人々の学校体育に対する認識を高めることは、依然として極めて骨の折れる目的である。

社会の角度から見るならば、体育観念を普及する対象には、主に各級の教育行政部門の指導者や幹部、学校教師及び生徒の家長が含まれ、体育観念を普及する内容は主に三つの面が含まれる。すなわち、体育の地位と役割に対する認識、体育スポーツの基本知識の習得及び集団性の体育活動の広範な展開である。

　学校体育は更にスポーツ成績の向上に気を配らねばならず、このことは生徒の体質の増強に有利であるのみならず、集団性体育スポーツを幅広く展開するための基礎を築くとともに、国家が競技スポーツのレベルを高めるための予備力を準備することにも繋がる。この点に鑑み、学校体育における普及と向上の関係に対し、我々はこのように理解することができる：図12-2が示す通り、学校体育、競技体育、集団体育は一国の体育事業の三つの構成部分であり、それらの各々に自らの発展の道と仕事の法則があり、自らの普及と向上の関係

を確立させて然るべきである。

　学校体育は国民体育において重要な基礎的役割を担うものであり、現代社会はとりわけそうである。学校体育は、普及の方向に発展すれば、集団体育を形成することになり、向上の方向に向かえば、競技体育を推進することになる。但し、学校体育は一種の人間を培い育てることを特徴とする教育活動であり、スポーツ成績を高めることのみに気を配ることで、学校体育を競技体育に向かわせてしまったならば、若き世代の体質の発達がないがしろにされてしまう可能性があり、もしも学校体育を集団体育と同一視してしまったならば、向上が軽視され、学校

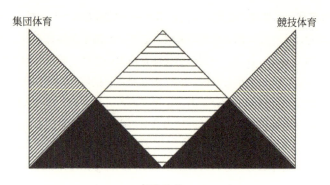

図12-2　学校体育における普及と向上の関係

体育の競技スポーツの人材を培い育てるための基礎固めの機能を蔑ろにしてしまうことになりかねない。したがって、学校体育の普及と向上の関係は、教育目的を実現し、生徒のトータルな発達を促進するという前提の下においてのみ、初めて正しい理解と処理が得られるのである。

第三節　生徒の成長を促す体育基本方針

　生徒のトータルな成長を著しく効果的に促すためには、学校体育は以下の指導を重要視すべきである。

一、生徒に正しい体育観念を形成すること

　学校体育としては、主に合格の人材を培い育て、人間のトータルな成長を促すという価値的方向付けを出発点とし、体育授業を存分に利用し、生徒に体育の基礎知識を伝授し、体育の基本的技能・技巧をマスターし、活発で自発的に身体を鍛えるおもしろさと習慣を養うよう生徒を向かわせるとともに、実際の鍛錬において生徒の誤った体育認識を是正し、正しき体育観念を形成するようにさせて然るべきである。

（一）体育の意味を正しく理解するよう生徒を指導

　長年来、我々の学校体育は球技をもって体育に代えることが流行し、いわゆる「ホイッスル一つと球二つで、教師と生徒は皆自由」という誤った認識が広く存在し、科学的で厳密な体育の授業をしっかりと行うのを堅持することなど論外で、こうした現象は人々の体育観念が更に一歩進化することが待たれるという事実を明らかにするものである。運動は身体の活動のみとしては、それは人間と動物に共有されるものではあるが、人類の体育スポーツと動物の運動と異なる顕著な特徴は、それが明確な目的と価値的傾向を有することにあるということを指摘しておかねばならない。我々の学校体育は、体育の基礎知識・技能・技巧を習得し、体質を増強し、更に情操を陶冶し、意志を培い、人格を伸ばし、社会と国家

に奉仕することを重視するよう生徒を導くべきである。学校体育がもしも単なる身体活動に止まるものであったとしたら、人を育成するという教育目標を達成できなければ、体育の独特な価値を発揚することもできなくなってしまう。

（二）体育の授業を継続するよう生徒に要求

体育の授業は、学校の体育の目的を実現する基本ルートである。体育の授業は主に二つの種類を包括するものであり、一つは体育実践の授業で、それは実際の鍛錬と訓練に重点を置き、生徒に運動過程において動作が無意識にできるまで習得することで、運動の技能と技巧を徐々に形成するようにさせるとともに、自らの思想、感情、意志を昇華せしめるようにするものである。これは学校体育授業の基本的構成部分である。もう一つは、体育理論の授業で、それは体育の基礎知識の学習に重点を置くとともに、知識を習得することを通して、正しい体育観念を徐々に形成し、自らの身体運動に対して自覚的な調節と制御を行い、体育鍛錬の効果を高めることを実現するものである。目下、我々の学校体育は体育実践授業のみを重視し、必要な体育理論の授業を蔑ろにしており、この種の現象は改変すべきである。

（三）多種の形式で普及している現代体育観念を唱導する

21世紀に入って以来、現代体育は世界各国の政府の普遍的重視をもたらしているのみならず、日を追って一般人の生活における不可欠な構成部分となりつつある。我々は学校教育の有利な条件を存分に活用し、放送、テレビ、新聞及び講座、壁新聞、知識クイズ等といったような様々な形式を通し、大々的に現代体育観念を宣伝普及させることで、青少年世代がより高い現代文明の素養と活発に発展するための精神的風土を具えて、現代文明を更に創造して享受できるようにすべきである。

二、生徒の体質を増強させること

体質とは何か？体質に関する取り上げ方はとても多く、国外においては、体力のことをいうものもあれば、身体能力のことをいうものもある。中国の体育理論

界は、一般的には、体質とは人間の身体の質のことであり、それは遺伝性と獲得性の基礎の上で表現された人体の形態構造、生理機能及び心理的要素の相対的に安定した総合的特性である。それは、形成、発展及び衰亡の過程において、明らかな個体的な差異性と段階性を有し、ベストな機能状態から深刻な疾病や機能障害等までに至る様々に異なる体質レベルを表している。体質は、一般的には以下の数項目からなる基本内容を含むものである。

(1) 身体形態の発育レベル、すなわち体格、体形、姿勢、栄養及び身体の各部分の発育の状況

(2) 生理機能の状態、すなわち体の新陳代謝のレベル及び各器官系統の効能

(3) 身体の素質と運動能力の発達レベル、すなわちスピード、パワー、スタミナ、敏捷度、協調度、柔軟度等といった素質、歩、走、跳躍、投擲、よじ登り、はい上がり等の身体活動能力

(4) 心理発育（もしくは発達）状態、すなわち身体の感知能力等の認知的要素及び意志、個性、気質等の非認知的要素との組み合わせの状態

(5) 適応能力、すなわち周囲の環境に対する順応能力及び抗疾病能力

体質の概念から、生徒の体力を高めることは、生徒の心身のあらゆる面に良い影響を及ぼし、正常な発達に基づいて身体のあらゆる部分の機能を徐々に改善・発展させ、様々な複雑な社会活動に従事するための良い生理的基礎と身体条件を提供することであることがわかる。

学校体育はどうすればより良く生徒の体質の向上を促すことができるのか？それには、主に以下の措置を講ずるべきである。

（一）教育者の現代体育観念を高めることを重要視すること

教育者の現代体育観念を高めることは、主に二つの面の内容を含むものである。一に、科学の人間のトータルな発達観、二に、正しい学校体育観である。目下、中国の小・中学校においては、依然として一部の教師や教育管理者が学校体育指導を軽視し、体育はフレキシブルな指標であり、点数や進学率こそがインフレキシブルの指標である考えている。このような観念の支配の下においては、学校体育は極めて重視を得難く、生徒の体質が確かなものになるのは困難である。したがって、教育者に対する現代教育観念の教育を強化することが、学校体育の目的

を実現する鍵となるのである。

（二）生徒が毎日最低一時間以上の鍛錬の時間を持つことを保証すること

　生前、小・中学生の身体の健康に十分な関心を注いだ周恩来はかつて、生徒一人ひとりが毎日最低一時間以上の体育鍛錬の時間を持つことを保証すべきであると多次にわたって強調した。これがすなわち有名な 7+1 ＞ 8 という教学不等式の由来である。教育部も多次にわたって文書を頒布し、小・中学生が毎日一時間の体育活動時間を持つことを保証すべきであると明確に要求したが、これは毎週少なくとも二コマの体育の授業、朝の体操、授業と授業の合間の体操、眼の保健体操及び生徒の課外体育鍛錬を含むものであった。ところが、こうした高くはない要求でさえ、本当の意味において履行されることはなかった。それ故に、学校は週二回の課外活動を課程表に組み入れるとともに、その他の体育に関連する活動の時間を占有しないことを確保する必要がある。課外の体育活動は一般的に午後の三つ目の授業に割り当て、体育教師がグラウンド、器材及び活動内容を手配する責任を負い、クラス担任及び生徒会の幹部が活動を組織する責任を負うべきである。一つの学校、一つの学年クラスは、「拳法体操」や「中国式エアロビクス」等を自ら編み出すなどして、逐次に自らの伝統体育活動を形成しても良いし、冬季は長距離走、夏は遊泳といったように、季節の移り変わりに応じて臨機応変に鍛錬内容を案配するのも良いし、更に体育の授業のない日の午後に、課外の体育活動を割り当てたりすることもできる。

（三）完全で合理的な体質査定指標システムを確立すること

　生徒の体質を増強するというのは、ある意味においては、生徒の体質指標が発達の方向に沿って上向きに高まる過程であると理解することができる。したがって、合理的な査定方法及び指標システムを確立すれば、学校体育指導を秤にかけるためにやや客観的な標準を提供することができる。目下、通常は三大指標体質査定法が採用されている。すなわち形態指標（例えば、身長、体重等）、機能指標（例えば、肺活量、心拍数、脈拍等）及び運動能力指標（スピード、スタミナ、瞬発力、敏捷度、柔軟性等）を運用して行われる。それ以外にも、体質総合査定法を提唱する人もいて、それは主に指標法、距差法（Dispersion）及び百分位法

を含むものである。客観的で合理的な評価基準があれば、学校体育指導の検査と評価に対して活発な促進の役割を果たすことになるであろう。

三、生徒の自己鍛錬の能力と習慣を養う

生徒の自己運動能力と習慣の形成は、体育の過程で生徒の主体性が育まれたことを示す重要なサインである。特に、生徒の主体性、教育における生徒の主体性の発揮が強調される今日、生徒の自己運動習慣の育成を強化することは重要である。次のような側面が考えられる。

(一) 生徒の体育鍛錬に参加する自覚性を啓発する

毛沢東は『体育の研究』という一文の中で、「身体が頑丈であることは鍛錬にあり、鍛錬は自覚にある」と指摘している。彼はまた、「体育が効果的であることを図ろうと欲するならば、是が非でもその主観を動かし、その体育に対する自覚を促さねばならない」とも述べている。このことからも、体育鍛錬の自覚性が非常に重要であることがうかがえる。生徒の教育過程における立場からすれば、その体育鍛錬に参加することに対する自覚性を高めるその鍵は教師の指導にある。体育教授において、教師は生徒に体を鍛え、体質を増強することと中華民族の素質を高め、中華民族の偉大な復興を実現することとは密接な関係があることをわきまえさせ、更に進んで明確な学習目標を確立させる必要がある。そして更に、生徒に政治家や科学者の体育鍛錬をやり続けた物語を紹介し、典型的なイメージを用いて生徒を薫陶して感化することも可能である。

(二) 生徒の実情を出発点に、体育の授業を工夫する

教師は生徒の年齢的特徴及び技術レベルに応じ、適切に体育教授の内容を選択しなければならない。例えば、小学段階においては、体育遊戯を多目に案配することで、児童の体育活動に参加しようとする積極性を高め、彼らの体育に対する興味を培い、中学の段階では、陸上競技や球技や体操等のスポーツ種目の正規の教学や練習を多く行うことで、生徒の心身がトータルに鍛えられるようにし、大学段階では、特定項目の体育授業を多目に開設することで、異なる興味を持つ学

生のニーズを満足させ、彼らの積極性と自発性が存分に発揮できるようにさせるといったようなことである。体育教授においては、生徒が自らの体育の興味と特長を伸ばす機会を創造すべきなのである。

（三）体育の教育方法を改革し、おもしろさを体育教授の中に活かす

　体育教授においては、教師は教学方法を絶えず更新し、教学の組織形式を不断に変化させ、啓発式、談話法を用いるなど、斬新的で生き生きとした教学方法を用いて生徒の注意力を吸引する必要がある。ちなみに、冒頭の準備運動が一律になったりするのは禁物で、多様な方法を講じて開始するか、もしくは新たな授業を導入したりするのも良い。教学と訓練の過程においては、常に環境を変え、競技を結合させるなど、多様な手段で絶えず新たな要求を出しても構わない。ちなみに、青少年である生徒は、何れも興味をもって向上し、集団的名誉欲が強いといった特徴を具えているので、教師は適切に競技の方式を取り入れて生徒の積極性を引き出し、試合に勝つことを目指させることも可能である。授業の終了部分においては、軽やかなダンスのステップ、おもしろい遊戯、精彩な講評等を用いることで、生徒が楽しく愉快な気分の中で疲労を解消させ、満足を感じられるようにするのも良いであろう。

（四）授業以外の体育活動を組み合わせる

　体育授業の教学は生徒に体育の基本知識や技能の伝授と訓練をするものであるというならば、課外の体育活動は生徒に授業で学んだ体育の知識を応用して鍛錬を進め、身体を強健ならしめる目的を達成するものである。但し、課外の体育活動は生徒の自由意思で行う活動に等しいという訳では決してなく、それは授業と同様に周到な計画と手配を有するべきであり、活動内容の選択、グラウンドや器材の分配、生徒のグループ分け等といったようなことは何れも事前に計画を立て、必要な時には、体育教師及びクラス担任が主導して組み合わせるべきである。そうすることで、生徒に課外の体育活動の中で自覚的鍛錬の長所や楽しみを体得させることができれば、授業以外の体育鍛錬を授業の教学の質を強化する重要手段とすることも可能になるのである。

第十二章　体　育　547

四、生徒の体育の特技を伸ばす

　いわゆる体育の特技とは、主に生徒個人が何らかの体育種目に対する特殊な好みを持つとともに、生徒の平均レベルよりも高い体育特技の技能、技術を形成していることをいう。生徒個人の体育の特技を伸ばすことは、学校体育が深い方向へと発展する重要な内容であり、生徒の独立した個性の体育の面における一種の表れでもある。現代社会にあって、人々は体育を語り論じ、体育を好み、自ら体育に参加することを時代の流行としており、未来社会のメンバーとしての生徒が、もしも学校教育段階で自らの体育の特技を形成し伸ばすことができるならば、個人の生活や未来の仕事に利益と楽しみをもたらすことになるであろう。学校自身の発展からすれば、社会が展開している全民健康体操活動や高水準を確立しているスポーツチームも大勢の体育の特技を有する人材の参加を必要としている。したがって、学校は大勢の体育の一芸入学者を育てることに気を配り、その重要性は教育目的の実現と民族の素質の向上という高みから認識して然るべきである。
　一般的にいえば、生徒の体育の特技を発見し培い育てるには、主に以下の幾つかの面から着手できる。

(一) 新芽 (若き後継者) を発見し、新進気鋭を培い育てること

　体育教授において、教師は、学習態度がきちんとしていて、骨身を惜しまず鍛錬に励み、身体的素質が素晴らしく一定の体育の天賦を具えた生徒を発見し、彼らに体育の幹部を担当させるか、もしくは体育集団活動の中堅とみなして培い育てることに気を配るべきである。教師は生徒の自らの身体の条件や伸びる潜在力に応じ、合理的に人材を選び出し、その具体的事情に応じて適切な教育を行う必要がある。例えば、背丈の高い身体つきをした生徒であれば、彼らのバスケットボール、バレーボール、高跳び等の方面の天賦を発揚させ、反応が敏捷で、動作がすばしこい生徒の場合は、卓球等の面で特徴を示せるようにし、柔軟性や耐久力がずば抜けている生徒の場合は、彼らの中距離走、体操、武術等の方面の特長を培うことができる。中国の体育が世界の先進的レベルに追い付き、それを追い越すには、赤ん坊から捉え始めるべきであり、小・中学校の体育指導者はこの種の先取りした意識と長い眼を持って然るべきである。

（二）体育特定種目向上授業をしっかりと行うこと

　体育特定種目向上授業は生徒から大いに歓迎されている。なぜならば、それは一部の生徒の興味や趣味を十分に満足させ、生徒の学習、鍛錬の積極性を引き出し、彼らのスポーツ技術を急速に高めることができるからである。特定種目を向上する授業は、一般的には中学校、高校と大学において開設され、当該課程に参加して学ぶことを望む生徒や学生は、基本的に『国家体育鍛錬標準』にパスした、身体的素質が優れ、一定の将来性を有していなくてはならない。種目を選ぶ際には、教員の力やグラウンド・器材を考慮する必要があれば、更に生徒の願望や基礎に応じ、生徒に自らが好む種目を選択させ、鍛錬を進める必要がある。体育特定種目授業の教材、教法の割り当ては、精通していることを主とし、身体的素質の訓練を補助とし、特定種目と補助種目の比例は、一般的には７：３とするのが適当である。特定種目向上授業も生徒のトータルな成長に気を配る必要があることは無論言うまでもない。体育特定種目向上授業は相応の学校のスポーツチームと連繋し、特定種目の成績が突出している生徒を学校のスポーツチームに送り込んで然るべきである。そうすることで、普通体育授業、特定種目向上授業、学校のスポーツチームで構成される学校体育システムを確立することができ、体育の普及に便利であるし、体育の向上にとっても有利である。

（三）学校スポーツチームの立派な運営を堅持すること

　学校のスポーツチームは、学校体育指導の展開の情況を反映しているとともに、学校のスポーツ種目の発展レベルを体現している。学校のスポーツチームの結成を通じ、生徒にトータルな成長を得させることができるのみならず、体育の中堅を育成訓練することもでき、集団活動を展開することにとって有利である。これは中国の体育事業を発展させ、全民族の素質を高めることに対して、重要な意義を有するものである。それ故に、相応の条件を具備する大・中・小学のいずれもが、自らの特色を体現した学校代表チームを有して然るべきである。

　学校スポーツチームを結成するには、以下の問題に注意する必要がある。一に、本校の特徴に基づくべきであり、より大きくより完備したものにといった拡張思考を持ってはならない。二に、文化授業の学習とスポーツ訓練との関係を上手く処理すべきであり、小・中学校のスポーツチームはあくまでも文化課の学習を主

とし、スポーツ訓練を補とすることを堅持すべきである。三に、業余訓練を主とし、試合への参加を補とすることを堅持すべきである。四に、一級上のスポーツ学校やスポーツチームに人材を送り込むことに気を配る必要がある。指摘しておく必要があるのは、学校のスポーツチームの訓練と特定種目向上授業とは別物であるということである。生徒の選択において、前者がスポーツの成績を重んじるのに対して、後者は興味や趣味を重要視し、訓練方法においては、前者が試合への適応と成績の向上を主とするのに対して、後者は素質の向上と技術の習得を主とし、教学目的においては、前者が新たなスポーツ成績の創造に着目するのに対して、後者は特定種目の技術のトータルな把握に着目する。学校がスポーツチームを創設するには、教育目的の実現を出発点とし、あくまで学びを主とし、課外活動としての訓練を主とすべきであり、試合は余り多くやり過ぎないようにする。随意に授業を停止したり、休講して集団訓練を行ったりするといったやり方を厳禁することで、生徒が学業をなおざりにしないよう厳しい措置をとるべきである。

復習思考問題

1. 体育とは何か？学校体育という概念は如何にして正しく理解すればよいのか？
2. 学校体育、競技体育及び集団体育の関係と違いをどのように理解すればよいのか？
3. 体育課程を一般の教育課程と区別する特殊性にはどのようなものが有るのか？
4. 学校体育課程にはどういった基本法則があるのか？
5. 学校体育は如何にして生徒の成長を促すべきであるか？

第十三章

総合実践活動

総合実践活動は、中国の基礎教育の重要構成部分でもあり、また中国の基礎教育の重要なルートでもある。新課程プランは総合実践活動を九年間の義務教育と普通の高等学校段階に開設する必修課程に規定している。それは中国の数十年来の課外活動、活動授業の継承、規範及び発展であり、時代の発展に適応する国民の素質に対する挑戦に対応する基本的方針であり、トータルな発達の教育を実施し、生徒の創造精神、実践の知恵と能力、強い社会責任感及び良好な個性と品性を培う根本要件である。

第一節　総合実践活動のあらまし

一、総合実践活動を展開する現実的背景

　全体からすると、総合実践活動課程の案出と実施は、時代の発展の小・中学生の素質の伸びに対する内在的要求であると同時に、長年にわたって小・中学校に存在して来た教育離脱の実際、実践の軽視を克服する必然的要件でもある。

（一）時代の変化の小・中学生の素質に対する根本的要求を反映
　総合実践活動を案出及び実施するのは、時代の発展の小・中学生の核心的素養及び鍵となる能力の発達に対する基本要求であり、基礎教育の人材育成パターンを変革することを通じての時代発展のニーズに対する応答でもある。

　1.　経済の国際化時代の小・中学生の素質に対する要求
　経済の国際化の社会の成員の一人ひとりに対する一連の要求とは、最低限度の国際意識、国際視野及び開放的な思考を具えるべきであるのみならず、協力、交流等の良好な行為品性と行為習慣を具備し、世界の発展の方向を把握し、世界の文化の精髄を吸収し、国際理解を強化し、自らの国際事務に参与する能力を伸ばすとともに、国際的背景と世界発展の角度から問題を思考し、解決することができなくてはならないというものである。青少年である生徒の国際意識、国際的視野、多元的価値観及び交流と協力の能力は、基礎教育の各科の教授において培わ

第十三章　総合実践活動　　553

れるべきであるのみならず、更に開放的な学習環境の中、総合実践活動及び実際
問題の解決において培われる必要がある。

2. 情報時代の小・中学生の素質に対する要求

1970 年代以来、コンピュータやネットを代表とする情報技術の凄まじい発展
に伴い、人類は情報時代に突入した。ビッグデータ、クラウドコンピューティン
グ、「インターネット + α」を特徴とする情報時代は、情報技術が既に元々の専
門人員の一種の手段から次第に人々の不可欠な一種の仕事、生産及び生活へと進
化発展したことを意味している。情報技術を離れては、人類の現代生活は連繋を
維持することが難しい。情報技術の幅広い活用は、社会の成員一人ひとりに対し
て、情報意識と情報価値観を具え、情報を収集し、処理し、活用することによっ
て問題を提起し、解決する能力を具えるといったような新たな素質的要求を出す
に至っている。『基礎教育課程改革綱要（試行）』は「情報を収集し、処理する能
力」を小・中学生必須の四大基本技能の一つとするとともに、情報技術教育を九
年間の義務教育段階における総合実践活動課程の一つの基本要素として設計を加
えるよう要求し、実践学習プロセスにおいて良好な情報意識を養成し、情報を収
集し、処理する能力を具備することを特に強調している。

3. 知識経済時代の小・中学生の素質に対する要求

1980 年代以来、人類の科学技術は凄まじい発展を遂げ、科学技術の経済成長
に占める比重は益々大きくなり、資本経済は徐々に知識経済へと転変しようとし
ていることは、知識経済時代の到来を予め示すものであると人々は認識するに
至った。知識経済時代を前に、各国は総合的国力を増強し、人材の素質を高める
べきであり、創新体系を特に重要視する必要があると普遍的に考えるようになっ
た。知識経済時代は実質的には一つの創新を強調する時代であり、創新は知識時
代の魂であり、それは創新意識と創新精神を有し、探究する態度と習慣を養い、
より強い探究能力を具えるよう人々に要求するものであると言える。当面は、世
界的な基礎教育課程改革のうねりの中で、創新を突出させ、問題解決能力を伸ば
すことを重要視することが既に各国の普遍的な改革目標となっている。総合実践
活動の案出と実施は、生徒の創新精神、探究意識及び研究能力を伸ばし、生徒の

批判的思考の品性を培い、伸ばし、生徒の実践能力に関心を注ぐことをとりわけ強調するものである

(二) 小・中学校課程教授の弊害改革のニーズ

　総合実践活動課程の案出と実施は、時代発展のニーズであるのみならず、小・中学校課程教授の弊害を改革することへの要求でもある。改革開放以来、中国の基礎教育は長足の進歩を遂げた。しかし、新たな時代を前に、小・中学校の課程と教授には依然として幾つかの時代のニーズに立ち遅れているという限界性が存在しており、それは主に以下の幾つかの面に現れている。

1. 課程教学の目標の一面性

　長年来、小・中学校の課程教学目標は往々にして認知目標に限られ、知識の掌握が決定的地位に据えられてきた。ところが、当面の社会発展が要求するところの基本の情感、態度及び価値観は、未だにあるべき重視と実施が得られておらず、時代発展が必要としている基本能力、とりわけ創新能力、社会実践の知恵と能力もあるべき重視が未だ得られてはおらず、知識の獲得と反復が一方的に強調されている。

2. 課程教学は社会の実態と生徒の生活から離脱

　長年来、小・中学校の課程と教学は、強い書物化の傾向を体現し、書物による知識伝授の学科教授活動に偏重し、日増しに生徒の生活世界や社会の実際から遠離することで、広範、新鮮で生き生きとした課程資源が効果的に教育プロセスに導入されてこなかったことは、均しく生徒の創新精神や社会能力の発展にとって不利なものであり、社会主義現代化建設のニーズにしっかりと適応できていない。

3. 学習方法の単一性

　小・中学校は、これまで普遍的に教授方法が単一であるという弊害が存在し続けており、課程の実施と教授方法は知識の獲得を目的とした「受け身学習」に依頼し過ぎで、生徒の学習の自発性が未だ十分に引き出されてはいない。教学空間は狭く、閉鎖的な授業あるいは教室に限られ、生徒は必要な実践活動を欠き、教

材が唯一の課程資源となっていた。これらすべては、何れも生徒の創新精神、探究意識及び社会実践の知恵と能力を伸ばすことには不利なものである。正に人々が泳ぎの中で遊泳を学ぶ必要があるのと同様に、生徒も創新、探究活動において創新精神、探究意識を養うべきであり、社会実践の中で社会実践の知恵と能力を増長させて然るべきなのである。

二、総合実践活動の歴史的発展

　総合実践活動課程の開設には、強い現実的基礎があったのみならず、深厚なる歴史的基礎があった。歴史の上から考察すると、活動課程は19世紀末から20世紀初頭にかけての欧米の「新教育運動」と「進歩的教育運動」を起源とするもので、その思想はフランスの思想家で教育者のルソーの教育理論と実践を淵源とし、活動課程の萌芽を体現している。デューイは、伝統の学校は「静かに聴く学校」であると指弾し、伝統教育が教師中心、書物中心、教室中心であることを激しく批判し、生徒の生活のためになる様々なタイプの活動を展開するよう主張するとともに、「為すことによる学び」、生徒の自発的な活動と探索を通して知識と経験を取得することを提唱した。デューイは「活動課程」という名称を用いはしなかったものの、彼が活動を通して学び、成長することを重要視したことは、実はすなわち活動課程を実施していたのである。

　活動課程は1920〜30年代前後に一時的に盛んに行われ、キルパトリックのプロジェクトメソッドがすなわち活動課程の一種の形式である。「設計」とは、生徒自らが、自分が既に持っている知識と経験を計画し、活用し、実際の操作を通じて実情において実際問題を解決することをいい、生徒の「自由意思で行う活動」を強調し、生徒の興味と趣味を強調し、生徒の活動の動機を重要視する。50年代に至ると、科学知識の絶えざる更新と発展に伴い、認知主義的な課程観や教学観が日増しに主動的地位を占めるようになり、米国の小・中学校の課程体系において、活動課程は分科の学科課程に取って代られた。

　1950〜60年代は、欧州に幾つかの新しい学校が出現する。これらの学校は活動を開放することを通して生徒の成長の内的ニーズを満足させることを重要視し、開放的活動と学科（教科）教学を並列させることで、学科（教科）教学と活動教

学が並列する課程構造を形成した。70年代初期は、ブルーナーのリードする課程教学改革が益々多くの批判を浴び、基礎回帰運動が興起するに従い、アメリカの小・中学校には再び活動の教育価値を重要視することが盛んになることで、課外活動が徐々に課程化される趨勢が現れた。70年代以来、日本の小・中学校の課程構造に二つの基本的な活動課程が現れた。一つは、生徒の特別活動であり、もう一つは、学級指導である。それと同時に、それは更に課外活動をも展開した。これは均しくその1999年における課程改革が「総合的な学習の時間」を設けるための堅実な基礎を築くこととなった。90年代以来、アメリカ、イギリス、日本、フランス、オーストラリア、ノルウェー等の国が基礎教育課程改革において、何れも総合実践活動類の課程を開設することを重要視した。

　中国の小・中学校は、1980年代初期以来、課外活動を展開することを特別に重視するようになり、様々な形式の趣味サークル、クラス会活動、団体活動、科学技術活動、文化娯楽と体育の催しが均しく存分に活躍するようになった。これも1992年の中国の課程改革の活動授業の設置のために経験を積み、その基礎を築くことになった。

　世界的な基礎教育課程の発展は、課外活動の課程化から総合実践活動課程の設置と実施に至るまで、既に各国の基礎教育の時代の挑戦を前にした一種の基本的対策に至っている。

三、総合実践活動の本質的特徴

　総合実践活動は、教師の指導の下、生徒が自主的に行う総合的な学習活動であり、生徒の経験に基づき、生徒の生活と社会の実際とを結びつけ、生徒の知識に対する総合的活用を体現させる実践的課程である。『基礎教育課程改革綱要（試行）』は、総合実践活動は研究的学習、地域奉仕と社会実践、労働と技術教育、情報技術教育を包括すると規定している。総合実践活動は小・中学校の必修課程として、いったいどのような課程なのか？ それは学科課程、課外活動及び活動課程とどんな違いがあるのであろうか？ これは、総合実践活動課程を案出し、実施するに当って明確にすべき基本問題である。

　総合実践活動は決定されている学科の限界と系統的で緻密な学科知識を超越し

た活動である。生徒が問題提起し、目的を確定し、手段を考え、問題を解決する総合実践能力を効果的に培い、伸ばすことに力を注ぎ、生徒の学習方法や生活の転換を後押しするものだ。これによって生徒の自然や社会に対する理解や参与にとって有利で、新しい学習を構築するのに役立ち、生徒の実際の着手能力、創造精神、高尚な情操及び正しき価値観を培うものである。総合実践活動は、一つの課程として、その他の課程とは異なる基本的特徴を具えている。

（一）実践性

　総合実践活動は、社会生活と生徒の実践活動を基礎として課程資源を開発し、案出し、利用するものであり、学科知識の論理順序の中で課程を構築し、実施するものでは決してなく、実践性がその最も重要な基本的特徴である。したがって、総合実践活動は実践活動を主な形式とし、生徒が自分で体験し、自分で行うことを強調し、生徒が自身で活発に様々な活動に身を投じることを要求し、生徒が「為す」「考察する」「実験する」「探究する」等といった一連の豊富で多様な実践性学習活動を繰り広げる中で問題を発見し、解決し、生活を体験し、感受することで、実践能力と創新能力を伸ばし、単一の書物による知識の学習を超越し、自覚的に直接的経験学習と間接的経験学習を結合させるよう導くのである。

　総合実践活動課程の基本的学習は実践的学習であり、生徒が探究的学習、社会参与的学習及び操作的学習等といった様々な実践性学習活動を通し、授業の空間や教材に対して開拓を加えることで、生徒のもともとの学習、生活を変え、生徒の探究発見、調査研究、実験論証、協力交流、地域奉仕、労働及び技術実践等を重要な教育活動とすることを強調するものである。

　学科課程と比較するに、総合実践活動の実践性学習活動は、系統立った書物による知識を掌握することを主要目的とするのではなく、創造精神、実践能力を伸ばすことを主要目標とする。学科課程は一定程度において、何れも生徒が学科知識と技能をより良く理解し把握するためのものであるのに比べて、総合実践活動は、生徒と生活や社会との連繋を密にし、生徒の総合実践能力を伸ばすためのものである。

（二）総合性

　総合性は、総合実践活動のもう一つの重要な特性であり、総合実践活動の中で生徒が直面するところの生活世界によって決定されるものである。このことから、総合性はその実践性を源とするものであることが窺える。何故ならば、生徒の生活と社会実践活動とはすなわち個人、社会、自然等といった面の様々な要素が総合されることにより構成される互いに融け合った総体であるからである。社会生活の実践においては、生徒と自然、生徒と他者、生徒と社会、生徒と自我の関係は生活世界における最も普遍的な関係である。生徒がこれらの関係を処理するプロセスが、すなわち生徒の個性がトータルに伸びるプロセスである。それ故に、生徒の個性の伸びは、それぞれの学科知識の雑多な寄せ集めの結果ではなくして、知識を総合的に活用して絶えず世界と自我を探究し、改変した結果なのである。総合実践活動は厳格な知識体系や学科の限界を超越し、生徒のトータルな成長に着目するという総合性の特徴を具えたものである。

　日本では、当面の基礎教育課程改革において、一種の普遍的に認められている観点は、生徒の「総合学力」は学科（日本は「教科」と呼んでいる）教学を通じるだけでは、全面的なかかわりを持つことは難しく、開かれた学習において基本の学力を伸ばすよう生徒を導くことが必要であるとしている。したがって、総合実践活動課程の範囲は、生徒と自然、社会、自我との関係の基本的な情境と問題を含むものであり、如何なる学科の知識体系をも遥かに超越したものである。あらゆる総合実践活動のテーマの案出と実施は、何れも個人、社会、自然の総合を体現するとともに、科学、芸術、道徳の整合を体現し、生徒の健全な成長に立脚するものでなくてはならない。

（三）開放性

　総合実践活動は一種の社会生活と実践活動のニーズに合わせた課程であり、開放性を有するとともに、生徒の生活との密接な関係を保持し、生徒一人ひとりの個性の伸びを配慮し、彼等が社会生活に溶け込み、総合実践能力を伸ばすというニーズを満足させる必要がある。その課程の目標、内容及び活動方法は何れも開放性という特徴を有する。

　総合実践活動のカリキュラム内容は、生徒の生活全般を志向し、生徒の生活の

発展とともに変化するものであり、その内容は自由である。新教育課程基準では、総合的な実践活動の内容として、調査研究、社会奉仕・社会的実践、労働・技術活動の３大領域を規定しているが、その具体的な内容は、地域や学校、学級、生徒によって様々であり、立地する地域の背景や自然資源、生徒の実生活のニーズや問題に応じて変えることが可能である。生徒の実生活に関連するものであれば、また、生徒が主体的に活動のテーマを提案・選択するものであれば、生徒の総合的な実践活動の内容として活用することができる。このような内容の開放性は、他の科目の内容にはない。

　総合実践活動のプロセスと結果は均しく開放性を具えている。それは学習活動や活動プロセスの上に表現されており、生徒は既存の課程資源、自身の既有の経験に基づき、異なる学習方法と活動プロセスを採用することができる。因みに、課題研究的学習、社会参加的学習、体験学習及び実践的学習等の方法を選択して用いることができるし、調査、訪問、視察、実験、製作、労働、奉仕等の活動を採用することもできる。これらの学習方法や活動プロセスは、人によって異なり、場所によって異なり、目的によって異なるものである。総合実践活動課程の実施は、生徒が固定的に何らかの活動や活動プロセスを採用するよう強要するものでは決してない。開放的な活動プロセスにおいて、生徒は豊富で多彩な学習体験や個性化された創造性の表現を発することができるのである。

（四）成長性

　総合実践活動は、生徒の積極的な参与と自らの体験を重要視し、生徒が活動プロセスにおいて不断に自身の良好な思想意識、情感、態度、価値観及び品行を形成できるようにするとともに、着手能力、総合実践能力及び創造性を不断に伸ばせるようにするものであり、したがって、総合実践活動は成長性を有するとともに、成長性の教育的価値に富むものである。もしも学科課程の教学においては、一定の知識と技能、感情態度及び価値観を伝授の方法で生徒に伝達し得るというならば、総合実践活動課程においては、実際の事物に関する知識と技能、プロセスと方法、感情態度と価値観は、伝授の方法で伝達することはできない。それは、活動プロセスにおいて自ら経験し、為し、体験することを生徒に要求することで、初めて不断に成長し得るのである。

総合実践活動の実施プロセスは常に成長性という特徴を体現している。活動のテーマ、活動のプロセス、活動、とりわけ生徒の学習と成長のプロセスは均しく強い成長性を具えている。総合実践活動課程の案出と実施からみるならば、総合実践活動は一種の生徒の成長に対して価値を有する課程であり、それ自体が絶えず成長する、教師と生徒が共々に創生する課程である。成長性の一つの主な表現とはすなわち非予設性であり、それは事前に完全に案出することができ、固定不変で型どおりにできるものではない。当然ながら、学年クラスや学校ごとに総合実践活動課程を実施する全体計画を立案すべきであるとともに、一つ一つの活動の開始に先立ち、総合実践活動を展開する綿密な設計をすべきであり、これは総合実践活動が計画的であるという一面である。しかしながら、総合実践活動の本質的特性は成長的であるという一面であり、これは活動全体が予定のパターンに従って機械的に執行されるプロセスでは決してないことを意味しており、活動の実際の過程において、生徒は常に新たな問題に出くわし、新たな考え方を生み、新たな問題解決を見出すとともに、自主的に活動プログラムや計画を修正し、改善し、補充する。簡単に言えば、総合実践活動に対する企画と設計は、その成長性を制限するためではなく、その成長性を更に方向感を具え、成果に富むように発揮させるためであるのである。

（五）自主性

　総合実践活動は生徒の興味、趣味を十分に尊重し、生徒の自主性の存分な発揮のために広大な空間を切り拓くものである。総合実践活動のテーマ、活動、活動プロセスは、何れも生徒が教師の指導の下、彼等の現実生活の情境の中から自主的に確定しデザインするものであり、鮮明な自主性を有する。それは、生徒自らが学習の目標、内容、方法及び指導教官を選択し、自らが活動プランと活動結果を現す形式を決定することを重要視するものであり、指導教官はそれに対して必要な指導を行うのみで、生徒の仕事を引き受けたり、代わりを務めたりするようなことはしない。総合実践活動の開放性の活動領域、活動内容、開放的な活動、活動プロセスは、生徒の学習の自主性を発揮させるために条件を創出した。

　総合実践活動課程の自主性は、生徒の課程における主体的な立場と役割を十分に体現している。総合実践活動においては、生徒が実践の主体であり、自己成長

の主体である。新たな課程構造において総合実践活動課程が設けられたその目的の一つは、すなわち学科課程を主体とした課程において、生徒のために自主学習、自主実践、自主成長の空間を切り拓こうとすることであった。

第二節　総合実践活動の案出と実施

一、総合実践活動の価値と目標

　総合実践活動課程はその他の課程とは異なる独特の価値を有するものである。総合実践活動課程案出の根本的価値と目的は生徒の成長を促すことに在り、それは主に以下の幾つかの面において体現される。

（一）生徒の経験を豊かにする

　一種の経験性課程として、その独特な価値は生徒の経験と体験の獲得の上に集中的に体現される。この種の経験や体験の形成と獲得は、如何なる学科課程も比べ物にならないものである。もしも学科課程は系統的な科学知識体系をベースに確立された、生徒に自然を認識し、社会を認識し、自我を認識する基本知識と能力を獲得せしめるものであるというならば、総合実践活動は開かれた生活空間において自然、社会、自我に対する全体的な認識を形成するよう生徒を導くことを試みたものである。以下の湖北省荊州市沙市北京路第一小学校の児童が展開した荊州の観光資源に関する調査研究活動の個人的総括から、我々は児童のこの種の開かれた情境と現実の実践における自らに対する再認識を目にすることができる。

　僕は趙力という北京路第一小学校の児童です。これから、社会実践活動が僕の悪い癖を改めさせてくれたことを少し話させてもらうことにします。
　以前、ぼくはパソコンのゲームをするのが好きで、時間さえあれば、遊戯室に忍び込み、遊び足りるまでパソコンで遊んでいました。同級生たちは皆、僕のことを「ゲーム王」と呼んでいました。社会調査活動が繰り広げられるようになって以降、僕はやっと心を取り戻し、一心に資料探しに全力を集中するようになり

ました。

　僕たちの今回の社会調査の目的は、経済発展の資料を集め、論文を書くことです。ところが、僕たち小グループのメンバーは何軒かの書店に出かけたりしたものの、調べ上げた資料は余りに少なく、しかもすべてが2000年も前のものでした。僕がネットにアクセスできるのを知っている彼らは、そこで僕に小グループのネットアクセス資料検索係りを担当させることにしました。それ以降、僕が帰宅する度に真っ先にする事といえば、パソコンを立ち上げ、蒐集した資料をすべてプリントアウトすることで、現在、僕は既に分厚くそれらを積み重ね、僕たち小グループが討論するのに提供しています。同級生たちは皆、僕のことを褒めたり、羨ましがったりしています。実は、僕はその中で多くのものを学び取り、荊州のことを理解し、資料を整理することを覚えただけでなく、コンピュータゲームをして遊ぶという悪い癖を改めることができました。僕はとても嬉しく感じています。　現在、僕たちは荊州観光のウェブページを立ち上げ、僕たちが蒐集した資料のすべてをそれに載せることで、より多くの人に荊州を知ってもらうようにすることを相談中です。

　総合実践活動は、生徒が現実生活の中で向かう課題やテーマを中心に実施を企画すること、実践することであり、生徒が自らの身で体験し、自主的に実践するという方法で自発的に自然に触れ、社会を知り、自我を再認識するものであるが故に、総合実践活動において生徒が受ける自然、社会、自我に対する経験と認識は、学科において獲得する知識とは異なるものである。

　総合実践活動の独特の課程的価値は、生徒に認識あるいは知識を得させることだけでなく、より重要なのは、生徒に総合実践活動を通して自然、社会及び自我に対する豊富な経験を得させることに在る。以下は一人の生徒が調査活動を行った日記である。日記の行間には生徒の社会機構及びその役割に対する再認識及び彼等が調査活動を展開した際の感情変化の過程が滲み出ており、彼等が実際に遭遇した「喪失感」「くさくさした気持ち」や「喜び」は、何はともあれ学科教学過程においては体験し難いものである。

　2001年10月12日　木曜

第一回目の調査：失敗に喪失感が加わる。

　これは我々の初めての調査である、私たち一行四人は、意気込みに燃えて河南省　林業研究所にやって来た。私たちがスタッフに質問をしたところ、彼の回答は私たちを大いに驚かせた。なんと、彼等は科学研究作業の責任を負うだけで、私たちが提起したのは何れもデータの問題であったのだ。彼は私たちにこう言った。「君たちの問題なら、林業局に行って尋ねるんだな」「ちぇっ、肩透かしを食らったということだな！結局、出兵のしくじりは兵家のタブーって訳か！」と私たちは皆、とても落胆した。私は「僕らはまるで頭のない蠅みたいなものだね。無鉄砲過ぎたな！」と言った。

2001 年 10 月 16 日　月曜

　二度目の調査：喜びとくさくさした気持ち

　今日、私たちは 114 を通して林業局の電話を調べ上げた。私たちは五つの問題を準備した。さすがは林業局だけあって、私たちの最初の質問は答案を得られた。私たちは大喜びした。しかし、思いも寄らなかったことに、他の四つの問題を彼等はこともあろうに知らないのだ。やれやれ、実に呆れたものだ。私たちは腹が立つやら、むしゃくしゃするやらで、まるで霜にやられた茄子の様だった。私たちのそれは本当に「喜びの後には苦しみが待っている」というやつだね。

(二) 生徒の生活を十全にする

　デューイは、我々が如何なる教育を選択するかは、如何なる生活を選択するかであると言った。学科知識の獲得を主たる目的とする教室の学科教学が生徒に賦与する生活は、理性的生活を主な特徴とし、生徒が一種の理性的生活を送るというものであるのに比べて、総合実践活動は、体系化された学科課程と教室の知識の教授の枠組みの中で、生徒のために一つの系統的な学科知識体系を超越する窓を開き、生徒のために一種の自主的実践の効果的な生活空間を提供するものである。

　学科課程の教室教授は全体から見れば、それが生徒に賦与するのは一種の「科学の世界」もしくは「書物の世界」の生活であり、それは彼等の「生活全般」にかかわることが難しいのに比べて、総合実践活動は生徒の生活世界のために配慮

するものである。この種の生活世界においては、生徒は自然に歩み寄り、社会に足を踏み入れ、自らを再認識し、社会の関連部門や人員に応対し、生徒の間の協力を通じて、仲間の交流を行うことを身につける。研究、奉仕、設計、製作等の活動を通して、各種の実践性の活動を進めるのである。

開かれた生活世界において、生徒は自然との関係、他者との関係、社会との関係及び自我との関係をマスターすることを通して、彼等の生活態度や生活を絶えず形成する。総合実践活動においては、生徒は往々にして自らの生活と行為に関心を持つようになり、ひいては自らの身なりに対しても極めて重要視するようになる。正に総合実践活動において、生徒の生活や行為の癖も自らを再認識することを通して向上するのである。

(三) 生徒の創新精神と実践能力を伸ばす

新たに順番の廻ってきた基礎教育課程改革の目標体系は、生徒の創新精神と実践能力を促すことを核心とするものであるが、総合実践活動課程の実施は、生徒の創新精神と実践能力の発展のために未曽有の発展空間を提供した。

総合実践活動のプロセスにおいて、生徒の活動の問題あるいは主題の提起から解決、完成に至るまでの実践プロセスは、何れも問題意識、探究能力及び創新精神に満ち溢れたものである。生徒が総合実践活動の実施プロセスにおいて、生活の中の細微な箇所から問題を発見し、活動テーマを明確にすることで、問題意識はより素晴らしい発展を得るという事実を実践が物語っている。生徒たちの提起する彼等が興味を感じる各種の問題を解決する対策及びその少々未熟に思える結論の中から、我々が彼等の創新精神を目にすることも難しくはない。

より重要なのは、総合実践活動において、生徒が各種の自然情境、社会情境及び自らの生活の中の問題を前にして、これらの問題を如何に考え、研究し、如何にして他者と交流し、社会の部門と連繋を進めるかや、既有の知識を如何に応用して各種の実際問題を解決し、資料を蒐集し、関連技術を活用して一つの製品をデザインし、問題解決のプランを立てるかなどといったことを身につけることである。要するに、実践することを身につけると同時に、逐次に各種の良好な感情態度や価値観をも形成するのである。

総合実践活動課程の価値は更に学校の課程建設能力の発展を促し、教師の課程

意識の形成と発展を促すという点において表れもするが、総合実践活動課程の根本的価値は、生徒の成長という内的ニーズを満足させることにおいて体現されるものであることは無論言うまでもない。

二、総合実践活動の基本内容

　総合実践活動が採用するのは、国家が設置し、地方と学校が開発実施する三層課程管理モデルである。国家は主にマクロ的指導に着目し、総合実践活動指導綱要を開発するとともに、内容の基本範囲に対して説明をし、具体的な組織と実施は主に地方と学校が自らの現存する基礎と条件及び生徒の現実のレベルに基づき適切な企画を行う。国家が設置した総合実践活動の主な内容は研究的学習、地域奉仕及び社会実践、労働と技術教育及び情報技術教育という四つの互いに緊密に連繋し合う要素を含むものである。この四つの基本の内容は有機的に関連するものであり、実際の実施においては、生徒の異なる特徴、異なる年齢的段階に応じて多少の重点的な偏りがあるので、四つの関係を適切に処理すべきである。

(一) 研究的学習
　研究的学習とは、生徒が自身の興味に基づき、教師の指導の下で、自然、社会及び生徒自身の生活の中から研究テーマを選択し、確定し、自発的に知識を入手し、応用することによって、問題を解決する学習活動のことを言う。研究的学習は、生徒が実践を通して、探究と創新の意識を増強させ、科学研究の方法を学び、知識を総合的に活用する能力を伸ばすことを強調するものである。生徒は研究的学習を通し、逐次に活発で、生き生きとした、自主的な協働探究を身につける学習である。各種の時代感に富むテーマは、何れも研究的学習活動に滲透させることができる。

　研究的学習の目標は、六つの面に概括することができ、3～6年次の目標は7～9年次の目標と本質的には合致するものであり、目標レベルに高低の差があるのみである。具体的には以下の幾つかの面を含むものである。

1. 自ら研究探索に参与する活発な体験を獲得する

研究的学習が関心を注ぐ重点は、生徒の実際の研究、操作及び創造のプロセスであり、生徒が研究のプロセスにおいて自らの経歴あるいは心理的移情により獲得する内なる体験である。したがって、小学生が研究的学習を展開するよう導くには、児童の生活を観察し、問題を発見し、探究する興味を掻き立て、身の周りの自然現象や社会現象に対する観察、思考及び分析を通じ、簡単な操作実践を通すことで、自らが手を動かし、頭を働かせて問題を探究する喜び及び問題を解決する初歩的経験を獲得するようにさせることを重要視すべきであり、中学生に至っては、彼等が研究的学習を通して、自然、社会及び人生問題に対する思考と悟りを深めるようすべきである。故に、親歴性（自分で経験・体験すること）、探究性の豊富な経歴と気持ちを揺さぶる内心体験こそが研究的学習の重要目標である。

2. 課題に気づき、探究し、解決し、創作を進める能力を高める

研究的学習は一種の学習として、一定の研究の課題、研究活動の実践鍛錬プロセス及びせっせと求めた成果を必要とするが、より重要なのは、生徒が研究において研究することを学び、質疑することを好み、探索を楽しみ、絶えずよく考え、問題に気づき、解決することを好む精神性を徐々に形成し、目的や任務を確定し、計画や実施方法を立案し、逐次に問題を解決するかもしくは一定の力の能力に相応する創作、製作及び発明創造を行う能力を養うようにすることである。

3. 提携することを身につけ、協力と分かち合いの意識を形成する

この種の貴い品性は、研究的学習を展開する中においてとりわけはっきりと表れる。研究的学習は個性化の基礎に立脚し、グループの協働と交流をも併せて考慮するものであり、提携することを身につけることはその不可欠の一つの目標である。生徒は学習のプロセスにおいて、協力することを身につけ、団体精神を培う。これは、活動的で自発的に活動プロセスに参与し、単独で問題を思考することができ、また同級生たちと互いに助け合い、共々に前進することができ、更に活動的で自発的に各種の人間関係を上手く処理し、自発的に仲間と交流して意思疎通し、活動成果を分かち合うことができるよう生徒に求めるものである。

第十三章　総合実践活動　　567

4. 科学を尊重し、真面目に実践し、研鑽に努める科学的な態度と精神を培い
育てる

　研究的学習は生徒の知識と技能の発達に関心を注ぐのみならず、生徒の感情態
度及び価値観の養成と発達を強調するものである。良好な道徳的品性、科学的で
実際を重んじる態度は、研究的学習を進める上での根本要件である。生徒は研究
的学習のプロセスにおいて、「真理を崇め尊び、科学を尊重する」意識を確立し、
盲従せず、迷信せず、インチキをして人を騙さない、実事求是の科学的態度を初
歩的に形成する必要がある。自らの研究のプロセスと結果に真剣に対処し、それ
を正確に評価するべきであり、他者の思想、方法及び研究成果を尊重すべきでも
あるのである。

5. 社会と自然に対する責任感を培う

　これは更に高次元の目標である。社会的責任感を具えることは、一公民になる
基本要件であり、自然的責任感を具えることは人類発展の角度から提起される人
類の中の一員としての基本的な生存と発展の要件である。研究的学習のプロセス
において、生徒は社会調査や研究活動を通して、社会的責任感と自然的責任感を
増強し、徐々に社会の現状に関心を寄せることを身につけ、人類発展に関連する
問題を思考し、活発な人生観と価値観を形成する。

　各科の学習における知識の蓄えを活性化させ、関連知識の総合的活用を試み、
情報を収集し、分析し、処理する能力を培う。これは研究的学習の一種の総合実
践活動課程としての基本要件であり、目標である。研究的学習においては、学ん
だ各科の知識を総合的に活用することによって一定の問題を研究し、解決し、そ
れによって各科の知識を完全に理解し、ニーズに応じてそれを実践に応用して然
るべきである。

　生徒の研究する問題は広大な範囲を有するものであり、考え付くことができ、
しかも研究の可能性と価値の有る問題でさえあれば、何れも研究してみて良いの
である。学校教育に在っては、生徒が発見し、選択した問題のために幅広い視野
を提供することに気を配る必要があり、学校ごとの特徴や所在地域の特性を体現
させるべきであり、また世界に目を向け、未来を展望することができるようにな
るべきでもある。

これらの研究問題は、主に生徒の学習や社会生活から来るものであることはいうまでもない。それは生徒が無意識の内に気付いたものでも良ければ、教師が意識的に提供するものであっても良いし、自然や社会現象に対する興味であっても良ければ、書物の知識に対する疑問であっても良い。理論的、学術的研究でも良いし、自ら赴いた実地視察であっても良い。単一学科性の知識問題の総合実践活動における掘り下げであっても良ければ、幾つかの総合性問題に対して展開する多角的、多面的な研究であっても良い。もちろん既知の結論の慎重な再認識であっても良ければ、未知の領域に対する大胆な推量であっても良い。

研究的学習の結果は、研究発明や創造を標準とするものではないものの、常に幾つかの創新性の観点、作品、成果が誕生する。例えば、児童が黄河に対する考察と理解を通し、黄河の未来を気遣い、次々に黄河を治水するプランや建議を提起したとする。これらの成果は取るに足りないものであるかも知れないが、小学生からすれば、これがすなわち彼等の研究成果なのであり、彼等の学習成績であり、更には彼等の能力アップの一つの重要な評価の拠所である。しかも、彼等が収穫したものは、こうした建議だけではなく、主に一種の問題を研究し、解決する方法を徐々に把握し、現実生活に関心を寄せ、未来の発展に関心を持つ貴い意識と追究を形成したことである。

(二) 地域奉仕と社会実践

地域奉仕と社会実践とは、生徒が教師の指導の下、教室を出て社会に入り、地域の生活と社会実践活動に参与し、各種の力の及ぶ範囲での地域奉仕性、公益性、体験性、学習性の活動を展開することで、直接的経験を手に入れ、実践能力を伸ばし、社会責任感を強めることを趣旨とする学習領域のことを言う。地域奉仕と実践能力を通せば、学校と社会との密接な関係を増進し、生徒の精神性、道徳的品行及び実践能力を絶えず高めることで、生徒の人格をより完全なものに近づけることができる。

地域奉仕と社会実践の目標は、生徒の社会適応能力、社会参画能力と公民的責任感及び創新意識を伸ばすことである。先ずは、知識入手の角度から、生徒が校門を出て、地域奉仕や社会実践の活動を展開することで、学校で学科学習を通じて獲得したところの知識面を広く開拓することができるようになることを望むと

ともに、生徒が社会実践の中から多くの生活経験や社会経験を得ることを促し、生徒の現実生活と未来社会における生存能力を高め、社会適応性を増進させることができる。次に、情感や態度を培うという点からすると、更に生徒に身をもって生活に溶け込ませ、生活を体験させ、切実な実感と体得を得せしめ、社会の現状と発展のビジョンに対する正しい認識を形成させるとともに、健康で、進取で、活発で、楽観的な生活態度を形成し、社会実践を通じて自覚的に社会に奉仕し、社会における交流における様々な人事関係を処理することに長け、他者や社会に対して思い遣り豊かになるよう生徒を指導する必要がある。最後に、価値観の確立からすれば、生徒が自然に親近し、自然を大切にし、自然との調和的共存を弁え、社会の平和と社会の進歩との関係を弁え、社会発展の重要性を弁えるようにするとともに、社会実践活動を通して、自らに対する理解を強め、自身を確立し、自らの興味と特技を伸ばし、個人の社会における地位と役割を十分に認識するようにさせ、生徒の公民意識と社会責任感を増強させることで、正しい個人の成長と社会の進歩の価値観念を形成させる。

　国外が地域の教育性に対する研究を比較的重要視するのに比べ、中国の地域の教育における地位と役割は未だ十分に重視されていない。地域奉仕と社会実践活動を展開するプロセスにおいて、教師と生徒が最も頭を痛める問題は主に二つある。一つは広く地域に対する理解が十分でないこと。もう一つは、地域そのものの教育的価値が人々から普遍的に認められていないことが、学校が展開する地域性教育活動が地域の大々的な支持を得られないようにさせていることである。それ故に、学校は「地域に足を踏み入れる」ことを生徒が必ず参与すべき一種の重要活動とすることで、生徒が地域に対してトータルな理解を持てるようにすると同時に、地域の学校の社会活動に対する理解と支持を促すようにして然るべきである。

　地域奉仕と社会実践の内容は開放的、融通多様なものであり、学校は自らの実際の条件や地域と結合させて自由に選択することができる。一般的にいえば、先ずは地域奉仕及び社会実践的な意義と価値を具えた活動を選択し、活動を通じて生徒に所在地域の自然環境、風俗習慣、生活レベル、生産状況、制度的特徴等といった特徴を理解させ、そうすることでそれらに対して一定の情感を生じさせ、更に進んで地域の現状に関心を注がせるとともに、地域が更に一歩改善すべき問

題に関して思考をさせ、徐々に自らが学んだ知識と技能を応用して地域に存在する問題を解決することを身につけさせることで、地域奉仕の意識を増強させるとともに、地域発展に関心を注ぐ責任感を培うべきである。

社会に足を運ぶことは、地域奉仕を進め、社会実践を展開する一つの重要な前提条件であり、その活動内容を選択する一つの重要な基準でもあることは無論いうまでもない。先ずは、社会に足を踏み入れ、社会の現実に身を置き、様々な社会性活動に参与してこそ、生徒は初めて真実の社会状況を理解し、身をもっての体験や直接的で深い実感を持ち、各種の社会問題を効果的に発見し、掘り下げて思考することができるようになるのである。また、社会の現実情境においてこそ、生徒は初めて文化体育、科学技術の発展の人類社会及び人類生活に対する意義と価値を知り、それによってより良く様々な社会現象や文化の特性を理解するようになるとともに、人間付き合いの基本的規範を弁え、他者を理解し尊重することを弁え、団体意識と帰属感を形成し、地域奉仕の意識と社会的責任感を増強することができるのである。

次に、自然環境に対して行う様々な観察、配慮、保護及び建設といった活動を通じることによってこそ、生徒は初めて自然の不思議さと豊かさを悟り、自然の美を鑑賞することを知り、自然に対する認識と配慮を増進させることができるとともに、周囲の様々な環境の毀損や汚染の問題を真剣に観察し、思考し、生活と環境との緊密な関係を悟り、環境保護意識を増強させることができ、更には、効果的にごみを処理し、汚染を取り除き、地域環境を保護する各種の措置を採ることで、生活の小事から始めることで、良好な環境保護の習慣を養うことができるようになるのである。

最後に、地域の地理環境、人文景観、特産特色、民族風情及び地域の現状等といった各方面の特徴に対する理解と調査を通じることによってこそ、生徒は初めて地域の人々の生活レベルや地域に存在する様々な問題に関心を注ぎ、地域の保護と建設の意識を増強させ、地域建設の社会発展における役割を果たすことができるようになるとともに、総合的に各ジャンルの知識を活用して地域に関心を注ぎ、地域を建設することを身につけ、地域を思い遣る意識、情感、態度及び責任感を形成することができるようになる。

地域奉仕と社会実践の活動プロセスにおいては、他者との交流と協働が上手く

なり、社会の発展や人類の進歩といった角度から他者の面倒を見、自らに要求することを身につけるよう生徒を導く必要がある。生徒に他者を尊重し思い遣ることを弁えさせ、社会のコロニーの個人の生存と発展という面における重要性を弁えさせ、自発的に他者に関心を寄せることを身につけさせるべきであると同時に、他者が自分に与えてくれる関心に対して感謝の念を抱き、良好な人間付き合いの意識と他者を労わる精神構造を形成させて然るべきである。活動においては、自らの生活の現状を気に留めて、自らの成長のビジョンに関心を寄せ、様々な社会活動を通して生命の意義と価値を悟る体験をし、適切な方法を活用して自らの情緒、感受を調節し、自らの優位性や得意とするものを発揮させつつ社会のために奉仕するとともに、他者の優れた点を虚心に学ぶことで、自らの不足を補うことを身につけるよう生徒を指導することも必要である。

　要するに、地域奉仕と社会実践活動の内容の選択は、生徒のニーズを尊重し、生徒の生活の実際や本地域の発展の現状を出発点とするとともに、生徒が地域を理解し、地域に奉仕し、地域の建設に参画するのに役立つようにすべきであり、内容的には本土化を重要視し、なるだけその地域の事情に適した措置を採り、現地で原材料を入手し、地方の課程開発と結合させて考えるべきであり、更に学科間の連繋を重要視することで、生徒が学んだ各科の知識や技能を整合させるのに役立たせ、生徒の総合実践能力の発達を効果的に促すようにすべきである。

（三）労働と技術教育

　労働と技術教育は、活発な労働体験を獲得し、良好な技術的素養を形成し、多方面の発達した操作性学習の特徴を獲得するよう生徒を導く教育活動であり、それは、生徒が人と物の役割、人と人の連動を通して操作性学習に従事することを強調するとともに、生徒が手を動かすことと頭を働かせることとを結びつけることを強調するものである。当該領域の学習を通し、生徒は必要な通用する技術や職業分業を理解し、初歩的な技術意識や技術実践能力を形成することができる。

　2015 年 7 月、教育部、共産党青年団中央、全国少年工作委員会が共同で『小・中学校の労働教育の強化に関する意見』を発布した。小・中学校の段階において労働と技術教育の課程を開設し、生徒に初歩的に基本的な労働と技術活動に従事する能力を得させることは、党の教育方針を実施に移すことに対して、また創新

精神と実践能力を養成重点とする資質教育を深く推進するうえで、更に生徒を未来の新たな型の労働者へと培い育てることで、中華民族全体の科学技術の資質を高めることに対して、何れも極めて重要な意義がある。

労働と技術教育課程の開発と実施は、以下の基本理念に従うべきである。

1. 手と頭を結合させて技術探究と技術学習を進め、生徒の技術的素養を高めること

労働と技術教育は生徒の身をもっての実践、自らの手による操作、手と頭の併用を基本的特徴とする。生徒は「為すことで学ぶ」ことを通す外にも、更に「学ぶ中で為す」、つまり手を動かし、更に頭も使うことが必要である。生徒は人の物に対する順序性、技能性の活動を展開することで操作性学習に従事すると同時に、人と人の連動を通じて豊富な体験を得、実践において技術意識、技術的思考を形成する。但し、労働と技術教育は単なる技能の訓練の上に止まることは決してなく、技術原理に対する探求、技術やこつの掌握に対する悟り、及び生徒の良好な労働習慣の養成にも気を配らねばならず、とりわけ技能訓練中の生徒の創新精神と実践能力の養成を重要視すべきである。生徒の労働のプロセス、操作のプロセスは活力に富み、探究心が漲るような、手と頭を併用するプロセスであって然るべきである。

2. プロジェクトあるいは製品の製作活動を媒体として、労働と技術学習活動を展開すること

活動は労働と技術教育実施の主たる方法であり、品目あるいは製品を製作することは労働と技術教育活動を企画する重要な方法であり、土台になる。3〜6年級の生徒はイメージによる思考を主とするものであるが故に、生き生きとしたイメージの製品あるいは作品を媒体とすることで、製品のデザイン、評価及び展示といった活動を展開するよう生徒を導くべきであり、それは一つの工芸模型であっても良ければ、一つの芸術作品であっても良く、ひいては一種の農作物の栽培等であっても構わない。7〜9年級の生徒の心身の発達は既に一定のレベルを具えるに至っているので、具体的な技術品目や製品を任務としてデザインし、労働と技術活動を組織することでもって生徒を指導することが可能である。例えば、

ある種の技術を学び、掌握したり、ある種の製品を革新あるいは発明したり、技術養成や小さな創作をやらせたりする等である。一般的にいえば、如何なる具体的な技術品目も、均しく豊富な教育的価値を秘めており、生徒に系列的な操作学習プロセスを通して相応の材料、工具、技術設計、製作及び評価等といった多岐にわたる、生徒の知識と能力を伸ばさせることができるのである。

3. 実際の条件により、段階的に労働と技術教育における技術力を高めること
　労働と技術教育は、当地の経済、社会及び技術環境を背景とし、学校の現実の条件の可能性に依拠しつつ、生徒の成長に有益で、未来の生活に有用で、科学技術発展の趨勢と関係のある内容を選択して労働及び技術教育活動を案出し、組織すべきである。活動のプロセスにおいては、学んだ知識や技能を幅広く生産労働や生活の実際に応用するよう生徒を導く必要があり、また一定の科学技術力を具えた教育内容を通して労働と技術教育の時代性と魅力を増強することを重要視すべきであるとともに、生徒に年齢の増長に従って絶えず自らの技術能力を高めることができるようにさせることも考慮すべきである。それ故に、労働と技術教育の内容を割り当てるにおいては、開放性と可選択性に富んだものにすべきであり、また可能な限り活動の任務内容、活動及びプロセスの設計や構成の上で徐々に技術のレベルを上げていくことも必要である。

4. 生徒の労働と技術教育の内包を充実させ、工具的価値と発展的価値の統一を追求すること
　学校が生徒を組織して簡単な労働に参加させるといったこれまでの教育方法を改変し、生徒の労働と技術教育の内包を絶えず充実させねばならない。労働と技術教育のプロセスにおいては、労働、技術と各学科知識との連繋及びその総合的活用並びにその基礎の上での技術に対する探求を重要視するのみならず、生徒の技術能力を不断に高めることで、生徒をして、労働と技術の学習及び実践の活動において、生産ができ、製作ができ、更に思考が得意になり、改革、創新、発明ができる様にすると同時に、労働、技術の社会、経済、環境、法律、倫理、心理及び健康等の面に対する巨大な意義の認識を絶えず高めるよう生徒を導く。そのうえで、個人が具えるべき責任感を培うことで、労働と技術教育の手段としての

価値と発展性の統一を実現することを重要視する必要がある。

（四）情報技術教育

情報技術は総合実践活動を実施する重要手段であるのみならず、総合実践活動教育の重要内容でもある。情報技術教育の目的は、生徒が効果的に情報技術を利用する意識や能力を含めた情報時代のニーズに適応する情報的素養を伸ばし、霧のかかった海のように広大である情報に対して再認識し、識別する能力を持ち、健康向上の情報倫理を養うことをサポートすることにある。情報技術教育は主に三つの方面の目的がある。

1. 情報基礎施設と情報資源の建設を強化し、小・中学校の情報技術教育が超越式の発展を実現できるようにすること

当今、中国は既に小・中学校の「校校通」（中国のスマートスクール構想）を全面的に実施しているが、全国の90％以上の独立編制の小・中学校がネットにアクセスできるようになることを目指すことで、小・中学校の教師・生徒が何れもネット上の豊富な教育資源を共有できるようにし、小・中学校の教育と教学の質を高めるとともに、ネットにアクセスする条件を具備していない少数の小・中学校もマルチメディアの教育設備と教授資源を配備できるようにするべきである。

2. 情報技術必修課程を開設し、迅速、全面的に生徒の情報技術の素養を高めること

情報技術必修課程を開設し、それを総合実践活動に組み入れる主要目的は、最短の時間内において全面的に小・中学生の情報技術の素養を高め、生徒が基本的な情報技術の知識と技能を掌握するのをサポートすることで、生徒に情報を収集し、伝達し、処理し、応用する能力を具えさせるとともに、生徒の情報技術に対する活発な態度と価値観を培うことで、生徒が効果的に情報技術を自らの学習と生活の工具とすることができるようにすることである。我々は活発に条件を創出し、全国の90％以上の独立編制の小・中学校が情報技術必修課程を開設することを目指すべきである。

3. 情報技術とその他の課程との整合を加速させ、情報技術を各ジャンルの学習活動に滲透させること

情報技術の素養は、教師と生徒が当面及び今後の教授プロセスにおいて身につけるべき必須の素養であり、情報技術の教授プロセスにおける普遍的応用を推進して然るべきである。情報技術の優位性を十分に発揮させ、生徒の学習と成長のために便利な現代化の条件を提供する必要があれば、また情報技術を工具や手段としてその他の学科の教授の中に滲透させることで、情報技術の各学科領域の学習における応用を強化し、教師の教授方法及び教師と生徒の連動の効果的変革を逐次に実現する必要もある。

総合実践活動課程の中の労働及び技術教育と情報技術教育は何れも三つの方面の内容、すなわち労働の実践、技術の実践及び情報の実践に触れるものである。

労働の実践とは、主に生徒が興味を感じる農工業生産を巡って関連する労働実践に参加するよう生徒を組織するとともに、その中から労働のプロセスを経験し、労働の意義を体験し、労働の技術を獲得し、良好な労働の態度と習慣を養うことを言う。生徒を連れて農村に行ったり、工場に行ったりするといったように、生徒を実際の労働場所に赴くよう組織し、実地の参観や労働を行う必要がある。労働実践は教室の中や学校内に限定すべきではなく、学園から出て、広大な社会に労働に赴くべきなのである。

技術の実践は、主に幾つかの一定の技術的要求を具えた労働を選択するよう生徒を導くことで、労働技術教育に一定の技術力を持たせるとともに、これまでの労働技術教育の形式的な傾向を克服する必要がある。一定の技術工具あるいは技術手段を活用して労働技術の実践を進めることを通して、生徒の労働実践の技術的要求を高め、現代の科学技術の発展が人間の労働技術の素質に対する要求に適応させるのである。

情報の実践とは、現代の情報技術を総合的に活用することを言い、情報の実践を展開し、情報技術を労働に活用するプロセスにおいて、これらの内容は家の手伝い、自発的な奉仕労働であっても良いし、生産労働、職業指導及び職業技能訓練等といった方面の内容であっても良い。

情報技術教育の実施プロセスにおいては、情報技術教育は総合実践活動の中の四つの重要内容の一つであり、その他の内容との有機的整合を遂げるべきである

ことと、総合実践活動の実施プロセスにおいては、ネット技術等の情報技術手段を活発に活用することで、総合実践活動の時空の範囲を広く開拓し、その実施のレベルをアップさせるべきであるというこの二点に気を配るべきである。

復習思考問題

1. 幾名かの小・中学生を訪ね、彼等が総合実践活動に参加したプロセスと実感を理解しよう。

2. 小・中学校の校長もしくは教師を訪ね、総合実践活動を展開した経験、困難や問題について理解しよう。

3. 総合実践活動にはどのような価値があるのか？ 総合実践活動を展開することは、「高分低能」（高点数なのに能力が低い）という現象の解決にどのような役割があるのであろうか？

4. もしもあなたが一つの総合実践活動をテーマにした活動を展開するよう生徒を指導するとしたら、生徒をどのように指導し、企画するか？

第十四章
学級担任

第一節　学級担任の仕事のあらまし

一、学級の地位と機能

　学級とは、学校が学習と成長という目的のため、一定数の年齢と学業の程度が近しい生徒で編成する、相対的に安定した最下部のグループのことをいう。現代の学校教育が主に学年学級授業制に基づき教育と教学を組織し、管理し、進めるものであることから、学級は学年学級授業制の基本単位でもあり、また生徒がそれを頼りに目的を持って学習、交流及び心身の成長を進める活動の場でもあり、更に生徒に連れ添って生活し、学び、成長する最下部共同体でもある。したがって、学級は学校教育において極めて重要な地位を有するとともに、生徒の教育と成長に対しても多岐にわたる重要な機能を有している。

（一）生態機能と帰属機能

　生徒は入学するや、班に分かれた活動を開始する。このことは、客観的には生徒に相対的に固定的な新しい学習と交流のグループと一定の地点で休息し生活する環境を与えるものであり、生徒の主観的な心理においては、彼らの内なる帰属感、安定感及び決められたニーズを満足させ、彼らに学校生活における新たな家庭を持たせる。一つの学級の生態環境の創建は、同級生、教師の親しい顔合わせ、相互の紹介、理解及び後続の次から次へと起こって止まない活動は、均しく生徒に対して重要な影響を与え、生徒一人一人に自発的に喜び、興奮、快適さ、アイデンティティーを感じさせ、いとも自然に慕わしさ、帰属感、安定感を起こさせる。これはまた、彼らがポジティブに学級の活動に参与し創建するために活力を注入するとともに、生徒と新たな生態環境との間の影響の与え合いを始めさせる。

（二）指導機能と自主機能

　学級は、本質的には生徒を学習と成長へと導くために構成されたものであり、目的と計画を持って一定の学科を割り当てて系統的な教学を進めるのみならず、常に多様化された課外及び校外の活動を展開するとともに、いつでもどこでも生徒の品行の規範を配慮し、明確にして適切な指導機能を具えている。ただし、生

徒が能動性を有する主体であるのに比べて、学級は相対的に独立自主的なグループであり、学校の指導機能の効果と質は最終的にはやはり生徒個人とグループのポジティブで協調一致した参与と支えがあって初めて真に確かなものになるが故に、学級というコロニーの独立自主性は軽視することが許されないものである。したがって、教師と学級担任の指導の積極性を発揮する必要があれば、生徒と学級集団の自己教育の積極性を発揚する必要もあり、二つの面の能動性を十分に引き出してこそ、初めて教育の質を高め、生徒個人と学級共同体のアクティブな向上、成長を促すことができるのである。

(三) 社会化と個性化の機能

　学級は共同体、集団の方向へ向かって発展するコロニーである。学級は共通の学習目的と役割を実現するため、共通の規範、制度に従って提携し、集団の成果と名誉を勝ち取り、分かち合おうとするとともに、その活動プロセスにおいて、共同体の生徒の何れもに相互尊重、民主平等、団結提携、時間と規律の遵守、時を惜しむ勤勉等といった現代人の品性を養わせ、すぐれて効果的に青少年の社会化を後押しする。そして、生徒一人一人が学級において異なる作業を分担し、異なる活動を行うが故に、異なる問題を解決し、異なる人間関係を処理する必要があり、更に容易に各自の情趣、潜在能力を掻き立て、それぞれに異なる才能、特長及び習性を形成するとともに、生徒の個性化を加速させる。ただし、社会化に当たっては、一律を強要することを防ぎ、個性化を唱導するに当たっては個人の我儘に反対すべきであり、そのようにして初めて学年学級の社会化機能と個性化機能を良性的に連動させることができるのである。

　上述の学級の主な機能は、実際の発展プロセスにおいて極めて複雑な関係を形成し、相互連繋、相互依存もすれば、相互矛盾、相互損耗もする。こうした関係に対して、もしも処理が不当であれば、程度こそ異なれども、学級の指導の正常な進行及びその効果に影響を来すであろうし、もしも処理の仕方が正しく、合理的、適切であれば、一つの学級のコロニーを順調、効果的に盛んに発展する学級集団へと構築し、学級の生徒一人一人を徳、知、体、美等の面で何れも生き生きと活発にして、自発的な成長を遂げさせることができるであろう。

二、学級担任の仕事の意義と任務

　学級の学校教育及び生徒の成長における重要な地位と機能に鑑み、一つの学級の組織、管理、教育及び構築の仕事を立派にやり遂げることが極めて重要であるということを我々は明確にする必要がある。学級ごとの教育と構築の仕事を立派にやり遂げることを確保してこそ、初めて学校の教育教学を整然、高効率に進め、学校の全体的な教育の質を高めることを確保できる。

　では、学級をしっかりと把握する作業は誰に頼るのか？　生徒に頼るべきであることはいうまでない。ただし、小・中学生は身体を大きくし、知識を伸ばす重要な時期にあり、彼らの学習目的は厳しく、しかも独り立ちして生活し作業する経験や能力に乏しく、いわんや彼らは教育を受ける者であるからには、彼らの自我意識、自己教育の能動性は、依然として教師により誘発され、導かれるのを待たねばならず、教師の主導的役割が発揮される必要がある。しかし、一つの学級には既に何人もの教科担当教師が教鞭を執っており、その上学級には更に沢山の教科担当教師の職責には属さない仕事があり、それには、生徒を組織して学級の活動を展開したり学級集団を培い育てたりすることや、生徒を組織して課外や校外の活動、団体活動を行ったり、生徒の授業の余暇の生活を配慮したり、学級の生徒一人一人の成長を配慮したりすることが含まれる。更には学級の教科担当教師、学校の団、隊、政治指導責任者及び家庭、地域及び校外の教育機関等の各方面と経常的あるいは定期的な連繋を保ったり、協調一致して生徒に対して配慮、指導及びサポートを行ったりする等々も含まれる。これらの重く、ないがしろにできない仕事は、均しくそれを行う専任者を必要とするものである。したがって、学校は学級毎に学級担任を委任派遣し、彼に一学級の指導、管理及び構築の仕事の責任を全面的に負わせる必要がある。

　一貫して学級担任の仕事を重視する我が国は、相前後して一連の関連規定を頒布している。2009 年 8 月に教育部が頒布した『小・中学校学級担任指導規定』は、配備と選抜、職責と役割、待遇と権利、養成と訓練、試験と賞罰等の面から、小・中学生の学級担任に対して系統的で明確な規定を行うことで、大々的に学級担任指導を推し進めた。

　学級担任は学級の教育者であり、組織者であるとともに、学校が指導を進める

上での力強いアシスタントである。その役割は極めて重大で、多くのいわゆる「崩壊学級」が、優秀な学級担任の懸命な育成と掘り下げた細緻な思想指導の末、ついに「模範学級」「優秀集団」へと転じた。その一方で、本来とても素晴らしい学級であったのが、学級担任が責任を負わず、成り行きに任せたことで、逆に次第にだらけて散漫になり、「落ちこぼれ学級」に成り果ててしまったケースもあることを実践が証明している。以上からも分かるように、学級担任の仕事の状況や質というものが、一つの学級の精神状態と発展の趨勢を大きく左右し、生徒一人一人のトータルな成長に深く影響するのである。

　学級担任の仕事の基本任務は、我国の教育目的と学校の教育任務に基づき、各方面からの生徒に対する要求や影響を調整し、計画的に学級の生徒の全体の指導活動を組織し、生徒の思想教育指導をしっかりと行うとともに、彼らの学習、労働、作業、課外活動、授業の余暇の生活及び社会活動等に対して全面的に責任を負い、学級を積極向上の集団へと培い育て、生徒一人一人が徳、知、体、美等の面で何れも十分な成長を遂げられるようにすることである。

三、学級担任の素質の要件

　学級担任は教師の一般的素養を具えるのみならず、一学級担任としての特殊な品性を具えているべきである。

（一）人の手本となる風格を具えていること
　学級担任は生徒の教育者、道案内人であり、彼らが崇敬する先生、頼れる先輩、学びの手本である。彼は己を律するに厳しくあるべきで、彼の人柄と生き方、言葉と振る舞い、性格や流儀等の各面は均しく人の手本となり、生徒のために範を示し得るものでなくてはならない。

（二）教育の力を確信すること
　生徒一人一人が皆自らの特徴、優位性及び潜在能力を持ち、教育を経さえすれば、何れも素晴らしい成長と前途をものにすることができると確信すべきである。たとえ由々しき欠点や誤りを持つ生徒であったとしても、真心をもって配慮し、

辛抱強く教育し、適切なサポートを与えれば、好転することが可能である。教育の力を確信する学級担任であってこそ、初めて困難や曲折を恐れず、生徒を素晴らしく変えることができる。さもなくば、学級担任の仕事の任に堪えることはとても難しい。

（三）保護者の気持ちを持つこと

　学級担任が生徒に対応するのは保護者が我が子に対応するのと同じであるべきで、深厚な感情を持ち、至れり尽くせりの配慮ができ、生徒と互いに信頼し合うことができなければならない。そうであってこそ、初めて生徒に学級担任への親近感を覚えさせ、学級担任の話に耳を貸すようにさせ、学級担任の仕事を順調に行うことができる。

（四）強い組織親和力を具えていること

　学級担任は人付き合いが得意で、生徒に親近し、生徒と一体になることが上手であるべきで、そうすることで、初めて生徒を組織しての活動が展開しやすくなる。そして更に、仕事において気魄を現し、禁じられたことは必ずやめさせ、物事の成り行きに従い、是非を弁えずして、学年学級を混乱に陥れるのではなくして、断乎として生徒を正しい方向へと導き、絶えず前進させることができねばならない。

（五）歌も踊りも上手で、多才多芸であること

　青少年である生徒は生き生きとして活気に満ちており、歌を歌ったり楽器を奏でたり、ダンスや遊戯をしたり、絵を描いたり、パソコンや携帯電話を操作したり、様々な体育スポーツや特殊活動に従事したりすることを得意とし、生徒一人一人が何れも自らの興味と趣味を持つものであるが故に、豊富で多彩な活動を展開する必要がある。このことは、学級担任も幅広い趣味を持ち、多才多芸であることを求めるものであり、容易に生徒と打ち解けるのは、仕事を展開するのに便利である。もしも学級担任が沈黙寡言で、昔気質で融通が利かず、才芸に乏しいならば、学級担任の仕事をこなすのはとても難しい。

第二節　学級集団の育成

一、学級集団と生徒グループ

（一）学級集団の概念

　一つの学級の生徒は一群れの子どもの偶然の集まりではなくして、一定の教育目的、カリキュラムプラン及び教学要求に応じて組織された生徒のグループである。ただし、一つの学級の生徒グループはまだ真の意味での学級集団とは呼べない。なぜなら、学級の集まりが学級集団へと発展するには、一つの逐次に向上するプロセスが存在するからであり、集団は集まりが発展した高級段階だからである。

　一つの真の意味での学級集団は、明確な活動目標、健全な組織、厳格な規則・制度及び規律、強力な指導的核心、正しい共通意見と優良な風土を有し、計画的に各種の教育活動を展開することができ、自覚的に再認識し、経験を総括することで、集団を絶えず自己教育し、自らを高め、絶えず前向きに発展するようにさせることができなければならない。如何なる学級も皆学級集団と呼び得る訳ではないのである。それらの規律が弛み、思想がだらけ、何もしようとしない学級は、学級集団の数には入らないのである。

　社会主義社会の集団は、集団主義原則の指導の下のグループである。生徒集団に対しても同じで、その成員を教育し、個人の利益を集団と国家の利益に従属させ、末端の集団利益を学校や社会の利益に従属させねばならないが、個人の利益をも併せて配慮し、生徒一人一人の異なる特徴や異なるニーズを尊重することで、出来得る限りにおいて彼らが自主的に各々の興味、趣味及び個性を伸ばすことができるための条件を創出する必要がある。

（二）生徒の集まり及びその主な類型

　一つの学級においては、実際に若干の比較的正式な集まりと非正式な集まりとが存在し、ひいては彼が実際に参加している集まりと彼が心の中で憧れている集まりとが不一致な生徒もいる。それ故に、生徒の中の集まりの類型及びその相互関係を知ることは、生徒を理解し、学級担任の仕事を立派にこなす上で非常に必

要なことである。

1. 正式な集まり

正式な集まりは、一般的には何れも学校や学年学級のニーズあるいは要求に応じて成立したものであり、学校、学級担任あるいは関係教師の指導が得られている。そして、明確な目標と役割、一定の組織的規律を有し、正常に作業や活動を展開したり、総括と向上を進めることができる。それは通常は学年学級の生徒の集まり、共青団や少年先鋒隊等を含むとともに、学級刊行物編集サークル、学科サークル、文体（文化娯楽・体育）サークル及び各種の祝賀パーティーあるいはテーマ学級会準備企画サークル等といった、学級のなにがしかの方面の指導や役割を全うさせるために構築されたサークルをも含むものである。正式な集まりは、もしも上手く組織できるならば、強力に団結し、学級の生徒全員を共に前進するよう教育するなど、一つの学級の生徒の学習、交流、文芸活動及び精神生活において重要な役割を果たす。

2. 非正式な集まり

非正式な集まりとは、生徒が自発的に形成もしくは組織した集まりのことをいい、それは興味や趣味を同じくするが故に、感情的に打ち解け合ったものや、隣近所、親友、同級生の関係により形成された各種の生徒の集まりをも含むものである。非正式な集まりには、その大半が自由意思で結合したものであることから、三々五々の群れを成し、人数が不揃いで、一般的に小規模であるといったその顕著な特徴を有するとともに、性格が似通っていて、趣味が同じで気が合っていたり、利害が相関し、一体に結ばれていたりするといった共通のニーズが存在し、強者がリードし、活動が頻繁で、活力がある。ただし、一般的には明確な目標や系統的な活動計画を持たず、そのメンバーは不安定で、外部や内部の状況の変化を受けることによって変化し易く、主要メンバーの変化（退出したり、もしくは新人が参与するなど）が集まりの解体、再組織及びその性質の変化をもたらしがちである。

非正式な集まりは自発的に形成された、変わり易いものである。しかし、それは確かに活力があり、生徒個人が学習、娯楽、生活及び交流を行うのに必須のも

のである。なぜなら、生徒一人一人が学級の集団活動の後に、何れも非正式な小さな集まりの生活を送ることで、正式な集団活動の不足を穴埋めすることを必要としているからである。例えば、友達を探して腹を割って話をしたり、遊んだり、あるいは学習や生活の上で互いに助け合うことで、個人の生活を順調、安全で、友情と喜びに満ちたものに変えたりするというのがそれである。したがって、非正式な集まりと正式な集まりの個人に対する影響とニーズは互いに補完し合うものであり、両者は何れも生徒個人の生活、交流、学習、成長にとって不可欠なものなのである。

　以上からも分かるように、学級担任は公正で情熱的に生徒の各種の非正式な集まりに対応すべきであり、正式な集まりを偏愛する余り、非正式な集まりを蔑視したり打ちのめしたりしてはならず、それに配慮し、それを尊重し、そのポジティブな一面に目を向けねばならない。非正式な集まりの発展を導くことに長け、それと正式な集まりの活動目標を一致させ、それらの非正式な集まりにおいて威信と能力を具えた生徒を抜擢し、正式な学級や学年における適切な作業を担当させるべきである。そうすれば、正式な集まりと非正式な集まりとの間の関係を打ち解けたものにすることができ、集団の共通の目標と利益のために、ポジティブにそれぞれの役割を果たすことができるのである。

　非正式な集まりには盲目的でネガティブな一面があることはいうまでもない。例えば、小さな集まりの活動に熱を上げ過ぎる余り、学級の集団の活動に無関心であったり、それに参加したがらない者もいれば、排他性を具え、学級で不団結を企てたりする者もいれば、遊んでばかりいて真面目に勉強せず、甚だしきに至っては、悪ふざけをしたり、悪事の限りを働いたりする者もいる。それでも、学級担任が真心を込めて彼らに配慮とサポートを与え、辛抱強く細緻に指導をしさえすれば、その悪しき影響を縮小させ、ネガティブな要素をポジティブな要素へと変えることができる。もしも学級担任が非正式な集まりに対して少しも理解が無く、それを小さな縄張りや排他的な小グループであるとみなして強硬に抑えつけたりすれば、それは人為的にそれに学級の集団や学校と対立せざるを得ないようにしてしまい、学年学級の活動の展開や学級集団の発展に由々しき影響を与えかねない。

3. 準拠集団（リファレンス・グループ）

準拠集団（リファレンス・グループ）は、生徒個人が心の中で憧れ、崇め尊ぶ集まりである。生活あるいは心理活動において、生徒一人一人は実際には何れも同時に若干の正式及び非正式の集まりに参加している。ただし、彼はこれらの集まりを同等に重要な位置には決して置かず、その中の一つ一つの集まりの何れとも思想や行為の上で一致を保つことも決して無く、個人の価値観に基づいて、それらを一定の順序に配列し、分別的に対応を加える。末尾に据えられるのは彼から大した影響はないものとみなされた、全く興味を感じず、ひいては鬱陶しがられる集まりであり、最前列に据えられた一つかあるいは数個のものこそが、彼個人が可能な限りそれと思想あるいは行為の上で一致を保ち、憧れる準拠集団（リファレンス・グループ）である。

生徒一人一人の選択する準拠集団（リファレンス・グループ）は往々にして大きく異なるものであり、憧れるものが少年先鋒隊、共青団である者もいれば、羨望するのが合唱団、舞踊団やスポーツチームである者もいれば、ある者は学科や科学技術サークルに参加したいと思ったりと…内外の各種要素の影響の下、生徒の選択する準拠集団も絶えず変化し、低学年の生徒は常に高学年の生徒が組織するなにがしかの集まりを準拠集団とし、高学年の生徒の多くは社会で尊敬されているリーダー的人物、科学者、模範的英雄あるいはある先進的単位や集団を準拠集団とする。更に彼個人の現実生活の中に存在する集まりを準拠集団とするのではなく、文学、映画、テレビの中の崇拝する主人公や団体を自らの準拠集団とする生徒もいるかも知れない。したがって、生徒一人一人の準拠集団を知ることは極めて重要で、そこから生徒の内なる心の世界を知り、彼らの志向や価値の訴えを知り、彼らの生活あるいは学習の原動力を知り、それによって照準を合わせる形で彼らに対して指導や教育を行うことができるようになるのである。

生徒が選択したり心の中で憧れたりする準拠集団は彼が実際に参加している生徒の正式な集まりとは往々にして不一致なものであり、それ故に教育指導に極めて複雑な情況がもたらされる。

第一種の情況は、生徒が少年先鋒隊、共青団、先進学級集団、高学年優等生、英雄や偉人を崇め尊ぶ対象とし、それが学校教育や学級集団の発展方向と一致するというものである。学級担任は彼らが個人的な崇敬を強化し、高めることをサ

ポートすることで、彼らの追求をより一層自覚的で、明確で、強烈なものにすべきである。

第二種の情況は、生徒が球技チーム、武術団、科学技術サークルあるいは文学芸術団体を学習の模範とするものであり、そうなると、興味を持つ活動、運動及び文芸活動に夢中になることが原因で、学校の要求や学級集団の活動との間に不一致が生じ、甚だしきに至っては鋭い矛盾や衝突を来してしまうことにもなりかねない。この種の情況下においては、学級担任は物事の成り行きに応じてよりよい方向へ、長所を伸ばして短所を補うことに長けているべきで、そのポジティブな要素を発揚し、そのネガティブな要素を抑制し、この類の生徒が学校の制度や規律に従って個人が夢中になっている興味や趣味の活動を工夫し、調節するのをサポートすることで、個人と集団の発展にとって有益なものにしなければならない。

第三種の情況は、少数の生徒が選択する準拠集団が、遊んでばかりの、甚だしきに至っては甚大な危険性を有する集まりで、社会や学校教育の要求に背くものである。例えば、ぶらぶら遊んでばかりいることに憧れる者がいれば、剣客をひれ伏す対象として家出する者もいたり、あるいは不良グループを見倣う手本にして殴り合いに熱中する者もいる。この種の情況に対しては、学級担任は察知することに長け、小さいうちにその根を断ち、断乎として制止することで、由々しき事態が発生するのを未然に防ぐ必要がある。

第四種の情況は、ある生徒が同時に例えば学科サークルと不良グループといったように二つの性質の正反対の準拠集団に関わるというものである。彼は優秀な成績を収めるよう努力もするし、また積極的に仲間と競合して犯罪事件を起こすといったように、自らの長所や優れた点でもってその悪事をごまかす。これはすなわち「秀才」の生徒が罪を犯す一つの原因である。この種の情況は極めて非公然的であるため、防備するのが難しい。学級担任は生徒のことを深く知り、彼らの秘密の活動や内なる世界を明らかにしてこそ、初めて効果的な措置を採り、正しく導くことができるのである。

二、集団の発展段階

一つの学級が結成されたばかりの集まりから堅固な集団へと発展するには、お
およそ三つの段階からなる一つの発展プロセスを経なければならない。

（一）結成段階

その時、学級組織は、形式的には確立されてはいるものの、同級生間は互いを
知らず、凝集力や活動能力に乏しいため、学級担任に対する依頼性が大きく、学
級担任自らが指導し、監督することによって初めて活動を展開することができる。
学級担任は学級づくりと活動の展開のために一連の指導を行う必要があり、それ
には、学級の生徒全員を組織して互いを紹介し、認識したり、サークルに分け、
学年学級の活動を展開する臨時の責任者を指定することで、学級の活動を回転さ
せ、学級の生徒一人一人が安定感、喜びを感じ、期待と進取を持てるようにした
り、適時に学級の生徒全員に向かって明確な活動の目標や要求を出し、学級の規
則制度を確立するとともに、ポジティブに各種の活動を繰り広げるよう生徒を激
励し、導き、督促したりすることで、集団の発展を促すべきである。この時点で
は、学級組織は学級担任の監督を離れて単独で活動を展開することができず、少
しでも手抜きしようものなら、学級を弛んでだらけたものに変えてしまうことに
なりかねない。

（二）核心の初歩的形成段階

当該段階の特徴は、教師と生徒の間や同級生同士の間に一定の理解や友情と信
頼が生まれ、積極的な生徒が絶えず育ってくることで、学級の核心が初歩的に形
成され、学級組織の機能がわりと健全なものになる。この時点で、学級担任は学
級の活動を直接指導したり、指揮したりすることから、徐々に彼らに建議し、学
級のリーダーによって集団の作業や活動を組織し、展開させることへと移行する
ようになる。

（三）集団自主活動段階

当該段階の特徴は、積極的な生徒集団が強大になり、生徒が広く学級集団に関

心を寄せ、熱愛し、先を争うようにして積極的に集団の作業を担い、集団の名誉を擁護し、正しい共通意見と学級風土を形成する。学級組織は学校や学級担任の要求に基づき、同級生と民主的に協議し、自覚的に集団あるいはそのメンバーに対して役割や要求を出すなどして、自主的に集団活動を展開する。

学級集団形成のプロセスはとても複雑で、往々にしてこの三つの段階をはっきりと分けるのは難しくはあるものの、それを認識することは、我々が学級集団形成の法則を掌握し、一つの学級が目下、達している発展段階を診断することで、照準を合わせた措置をとり、その発展を促すことに役立つものである。

三、集団を培い育てる方法

生徒を教育するには、個人を教育することから始めるべきなのか？それとも集団を教育することから始めるべきなのか？　マカレンコはその長年にわたる教育実践において、集団の教育を通す方がより効果的に個人を教育し得るという貴重な経験をまとめ、学級集団の教育機能を肯定した。彼は「私自身、十七歳から教師をしているが、かつて長きにわたって、最も望ましいのは、まず一人の生徒をしっかり管理し、教育し、それから更に二人目、三人目、十人目と、すべての生徒を皆立派に教育できた時に、一つの素晴らしい集団になっているはずだと考えていた。ところが、後に私は一つの結論を得た…このような方式を取るには――どうしても生徒一人一人を皆共通の活動に参加させなければならないと。そうすれば、我々は集団を教育し、集団を団結させ、集団を強化したことになり、以後、集団自身が大きな教育力となることができるのである」と言っている。彼の経験は、生徒指導を行うには、まず生徒集団のために配慮し、集団を組織し、集団を教育すべきであることを証明するものである。なぜならば、集団の目的や栄誉を実現するためには、学級のメンバー全員が共同で話し合い、対策を講じ、分業提携し、一致団結して指導を展開しようとするからである。この目的を持って自覚的に行う集団の活動においては、集団のメンバー間の相互の意思疎通、激励、助言、助け合いといった連動のプロセスにおいて、効果的に生徒の自己教育能力を鍛え、高めることで、生徒が自分で自分を管理し、教育することができるようになるだけでなく、集団に一種の正しい風土と共通意見を形成させることができる

ようになることは、メンバー全員に対して、均しく絶大な監督と教育の役割を果たすことになり、彼らが良好な思想品行を養うのに役立つ。集団を培い育ててこそ、初めて効果的に生徒個人と全体を教育できるのである。

　集団を培い育てる方法はとても多く、情況に応じて創造性を発揮しなければならない。ただ、一般的には以下の主な面に注意すべきである。

（一）集団の目標を確定すること

　目標は集団の発展方向と動機である。集団を構築するには、まず集団をして、活動の目標を明確にせしめねばならない。集団の目標は、学級担任と同級生全員が共に討論して確定することで、認識を統一し、皆の積極性を引き出さねばならない。ただし、新たに設けられた学級あるいは遅れている学級に対しては、学級担任がきっぱりと疑う余地無しに、情況に応じて学級全体の活動目標を打ち出すとともに、そのための一連の活動を展開すべきである。集団の目標は、一般的には、教室の規律をしっかりと設けるといった短期のもの、優秀学級づくりのような中期のもの、生徒の成績と素質をトータルに向上させるといった長期のものが含まれる。目標の打ち出しは、簡単なものから難しいものへと移すようにすることで、集団の絶えざる前向きな発展を後押しすべきである。

（二）組織を健全にし、リーダーを育てることで集団の中核を形成すること

　学級の組織と機能を健全化することを重要視すべきで、カギとなるのは学級のリーダーの選抜と育成をしっかりと行うことで、集団の中核を形成し、学級組織で正常に指導を展開できるようにすることである。新しい学級を指導する際、学級担任は学級リーダーを揃えることを急いではならず、臨時の責任者を指名して日常の指導にしっかりと取り組ませるようにし、一定期間の活動を経て相互に理解し、積極的な生徒が現れるのを待って、初めて理想的な学級リーダーを選出することができるようになるのである。学級担任は思い切って学級リーダーに大胆に指導をさせ、実践の中で鍛錬し、培い育て、向上させるべきであり、学級リーダーが謙虚で慎重であるよう教育するには、身をもって範を示し、己を厳しく律するとともに、彼らに対して偏愛したり、落ち度や欠点を庇ったりしないようにすることで、リーダーと一般の対立や学級の不団結がもたらされるのを回避すべ

きである。

（三）計画的に集団活動を展開すること

　学級集団は集団活動を展開することを通じて徐々に形成されていくものであり、集団の共通の目的を実現するために進められる一連の活動においてのみ、学級の生徒全員が初めて十分に交流し、意思疎通し、提携し、緊密に団結し、集団の中核を形成し、クラスメイト全員の積極性を引き出すことができるようになるとともに、生徒の指導の責任感や集団主義精神を掻き立て、彼らに人と人、個人と集団、学級と学校及び社会との関係を正しく処理させることで、正しい共通意見と学級風土を形成することができる。したがって、学級担任は各種の活動を全面的に展開し、生徒一人一人が何れも活動において鍛錬と向上が得られるようにすることで、学級集団の盛んな発展を後押しすることを重視すべきである。

（四）正しい共通意見と良好な学級風土を培うこと

　集団の中で正しい共通意見と良好な学級風土を形成してこそ、初めて集団が是非、善悪、美醜をはっきりさせ、正を支え邪を除き、優れた点を発揚し、悪しき思想や風習の侵蝕を食い止めることができるとともに、集団に自己教育の能力を具えさせることで、教育の主体にすることができるのであり、これは集団が堅固であることの重要な標識である。学級担任は常に生徒が政治理論や道徳規範を学習するよう組織することで、彼らの認識を高めることに気を配るとともに、好人好事を表彰し、悪しき思想行為を批判することで、正しい共通意見を形成するための思想的基礎を固めることを重要視すべきである。とりわけ、学級担任は重大な偶発事件の処理をしっかりとし、生徒を組織して討論させることで、是非をはっきりとさせ、正しい共通意見の形成を後押しすることに長けている必要がある。

（五）個別の教育指導をしっかりとやること

　集団教育と個別教育は緊密に連繋しているものである。学級担任は集団を教育する際には、実際には生徒個人を教育しているのであり、彼が個別の生徒の教育を行う時は、それは集団をより立派に培い育てるためでもある。ただし、両者に

は違いもある。個別教育の重心は集団のために配慮するのではなくして、直接個人のために配慮する。それは、教師が生徒個人の特徴やニーズや問題に応じて単独に教育を行うという照準性を有するものであり、一般的には個別的な腹を割っての話し合い、道徳談話、個別的な助言指導やサポート等が含まれる。個別教育は極めて重要で、生徒一人一人をしっかりと教育し、生徒一人一人の何れもを学級の様々な活動にポジティブに参加させるとともに、学級に関心を寄せさせ、学級を熱愛するようにさせ、学級の活動に参与する中で役割を発揮させ、向上を得させるなど、一人も落ちこぼれを出さないことを確保してこそ、初めて真の意味で一つの学級を立派に引率し、学級を本物の集団へと構築できるのである。

　個別教育を、遅れをとっている生徒の思想指導をすることと同一視する者がいるが、この種の考え方は偏ったものである。個別教育は、遅れをとっている生徒の指導を含むものであるとともに、一般の生徒や優等生に行う指導をも含むものであり、後者の方がより重要である。これらの指導にはおおよそ三つの面がある。

1. 生徒一人一人の個性のトータルな発達を促す

　集団の活動においては、生徒一人一人の優れた点と欠点、長所と不足の何れもが存分に表れるものであるからには、如何にして生徒一人一人が長所を伸ばして欠点を補い、長所を生かして短所を抑えることをサポートし、その個性のトータルな発達を促すかということが、学級担任の重要任務である。学級担任は、生徒一人一人を理解し、彼らがポジティブに集団の学習、交流、文化娯楽・体育及び生活等といった面の活動に身を投じ、同級生と相互に学び、助け合い、他者の長所を取り入れ、自らの短所を補うことで、個人の潜在能力や個性を伸ばしもし、集団の共通の向上を後押しもするよう激励し導くことを得意としなければならない。生徒のトータルな成長を促す上で、優等生の教育指導をしっかりと行うことには重要な意義があり、それは教育活動において模範、示範、中核及び原動力としての役割を果たすことができる。ただし、太鼓を鳴り響かせるには重いバチでたたかなければならないということをわきまえ、優等生に対しては更に厳しく要求することで、傲慢になったり落ちこぼれたりすることを防ぐとともに、そのポジティブな役割を発揮させ、学級の生徒全員を共々に奮い立って前進するようリードし、鼓舞するようにさせるべきである。

2. 遅れを取っている生徒の思想指導をしっかり行うこと

遅れをとっている生徒とは、一般的には品行あるいは学習のできが悪いか、品学ともに劣っている生徒のことをいう。彼らの人数は少ないものの、その教育指導は極めて骨の折れる、きついものである。とりわけ、品行が比較的悪い生徒は、常に同級生苛めをし、団結を壊し、授業の邪魔をしたり、教師や学級担任に楯突いたり、甚だしきに至っては、法に背き規律を破って大きな禍を醸し、彼らの影響力や危害性は特に大きく、その本人を教育するためと集団の発展を確保するためとを問わず、何れにしても遅れをとっている生徒一人一人の教育指導をしっかりと行うことが要求される。遅れをとっている生徒には何れも各人の特徴や欠点があり、それが彼らの遅れをとっている根源である。彼らの特徴と欠点に照準を合わせて的を絞り、具体的な事情に応じて適切な教育を施し、きめ細かで突っ込んだ困難な指導を経ることによって、初めて効果を得ることが可能となる。

コンプレックスを持ち、「捨て鉢になり」、自暴自棄になっている生徒に対しては、その優れた点に気付き、それを是認することで、その自尊心、自信、名誉感、進取の気性を培い直し、確立し直すことに長けていなくてはならない。

態度が冷ややかで、同級生を信じず、学級担任と思想感情の上で対立する生徒に対しては、彼らに特別に関心を寄せ、親近し、彼らとの感情を確立して彼らに温もりと愛情とサポートを与え、感情から接触して思想を転換させる必要がある。

一種のゲーム、イベント、スポーツ等に夢中になっているか、あるいは一種の趣味に熱中している生徒に対しては、彼らに対して単に禁止するのではなく、具体的な状況に応じて有益に導き、彼らを組織して活動させ、彼ら自らに活動の範囲を確定させることで、彼らを正しい方向へと導いてあげなくてはならない。

自尊心が強く、能力に優れ、しかもいたずら好きな生徒に対しては、締め出したり孤立させたりするのではなく、具体的な仕事を委ね、その積極性を発揮させるその一方で、厳格な要求もすることで、彼が実際の鍛錬において転換し、向上するようにすべきである。

学校内外を問わず、活発な生徒あるいは不良グループと繋がっている生徒に対しては、対策を講じて彼らとの交流、つながり及び相互影響を断ち切らせるとともに、責任をもって自らを点検、認識させ、彼らの行為を監督することで、彼らが過ちをしっかりと改めるようにすべきである。

遅れをとっている生徒の指導を行うことに決まりきった方法というものはなく、学級担任は情況に基づき、創造的に指導を行うことで、初めて良き効果が得られるのである。

我が学級に張君という生徒がいて、私がこの学級を引き受けた際、彼は授業に出ても元気がなく、小細工を弄するのでなければ、他人の学習の邪魔をしたりで、少しも学習する気になれず、授業が終わると、暴れたり騒いだりするは、ちょっかいを出したりするはで、宿題はやらず、やったところで、全部はやり終えず、書き方もぞんざいで…毎日学科担当教師でなければ、生徒が私に告げ口をするという有様であった。私はかつて何度も彼を見つけて話をし、彼が学校の規則や決まりを遵守し、期日通りに宿題をし、保護者や教師から好かれる良い子になるよう目指して頑張って欲しいと願った。彼は口先では承知するものの、実際の行動はそれまでと少しも変わらなかった。彼が少しも良くならないのを目にし、私の心は今にも冷めようとするところであった。しかし、学級担任としての私は、如何なる生徒も見捨てる訳には行かず、少しばかり困難だからといって尻込みし、学級集団全体に影響を与えてしまうことはできなかった。

そこで、私は再度彼を探して話をした。話をする中で、私は彼が心の中で前のある学級担任をとても怨んでいることを知った。彼に間違いを認識させるチャンスが来たようだと、心の中で一喜びした私は、「君はどうしてあの先生のことを恨んでいるのだい？」と小さな声で尋ねてみたところ、彼はきまり悪そうに「だって、彼女は何時も僕のことを叱るんだもん」と答えた。ついでに私が「先生がどうして何時も君を叱るのか、君は知っているかい？」と問うと、彼はこう言った。「僕が常に規律に違反し、期日通りに宿題をやらず、書く字も丁寧でないから…」そこで私が、「実は、君は自分の過ちを既に認識しているんだね。このことは君が潔く間違いを認めようとする好い子だということを物語ってる。でも、それだけではまだ足りない。君はどうすればいいと思う？」というと、彼は「僕は、今後は必ず規律を守り、団結友愛で、真面目に宿題をします…」と言うので、「じゃ、言った事は必ず実行するんだよ！」と私が強調すると、彼は「いいよ！」と一も二もなく承諾した。

その後、彼は規律の上でも、学習の上でも、何れも明らかに進歩を見せた。彼に進歩が見られるようになった時、私はすかさず褒め、激励し、随所で教師が彼

のことを思い遣っていることを感じさせるようにした。彼も徐々に学習態度を正すようになった。

　彼の学習成績を上げるべく、思想の上で彼を教育し、感化する以外に、私はわざわざ責任感が強く、学習成績が良く、喜んで人助けをする、辛抱強くて細緻な女生徒を彼の横に坐らせるよう手配した。事前に、私はまずその女生徒に対し、学級集団のために、彼を蔑視したりせず、君自身のベストを尽くし、辛抱強く彼をサポートしてあげて欲しい、と話しをした。時に、この女生徒はいささか嫌気がさすこともあり、彼は言う事を聴かないし、勉強もしたがらないし…などと言ったりすることもあったが、その時、私はすかさず彼女に対して、根気が必要なのだから、急がないでいこう、と言った。後に、彼が進歩を勝ち取った時、彼を褒める以外に、私は特別に、このことは同級生たちのサポート、とりわけ××君の力添えを抜きにしては有り得なかったと彼に気付かせてあげた。同級生たちの援助の下、彼は学習の面でよく努力するようになり、規律も守るようになり、労働もより積極的になり、成績も大きな進歩を遂げた。

　とある日、私が彼を見つけて話をすると、「先生、同級生たちがこんなにも僕のことを思い、助けてくれたからには、もしも僕が努力しなかったなら、彼女に申し訳が立たないのでは？」と彼が言うので、私は微笑みながら、「君も物心が付いて、進歩したな。君のためにも嬉しいよ！」と言った。

　遅れをとっている生徒に対しては、彼らと一、二度話をし、何回か活動を企画したり、あるいは幾つかの措置を講じたりすれば、彼らを根本的に転換させ得るなどと当てにしてはならないし、たとえ彼らに進歩が見られたところで、新たな情況の下において大きな反復が現れる可能性がある。

　したがって、学級担任は辛抱強く、自信を持ち、気力を持って長期にわたる、苦難に満ちた、創造的な指導をすることで、初めて真の意味での成果が得られるのである。

　3．偶発事件における個別教育をしっかり行うこと
　一つの学級においては、折につけ決まって幾つかの偶発事件が発生するものである。常見されるものには、学級騒動、同級生同士の口喧嘩や殴り合い、金銭や物品の盗難、公共物の損壊、教師に対する不尊重等がある。偶発事件を正しく処

理することは、規律を維持することや正しい共通意見を確立すること、あるいは事件を起こした張本人への教育を問わず、何れも重大な関係を有する。偶発事件を上手く処理し、張本人に対する個別教育指導を立派に行うには、まず事に当たって冷静沈着、慎重であらねばならない。もしも感情的になり、大癇癪を起し、理知を失ったりするか、あるいは生徒を罵ったり殴ったりしたり、独断専行で人に罪を被せたりするならば、生徒の心や人格を傷つけ、思いも寄らない由々しき結果をもたらすことにもなりかねない。次に、事の真相、経緯の軽重、発生の根源ともたらされる結果をはっきりとさせ、真剣な検討の末に初めて処理し得ることに気を配る必要があり、一方の言い分だけを聴いて偏った判断をし、トータルな情況を掌握する前にそそくさと簡単に結論を下すようなことがあってはならない。最後に、教育を重んじ、過ちを認識し、心を入れ替えて生まれ変わるよう生徒を啓発すべきである。批判や処分は生徒を教育するための補助手段でしかあり得ず、もしもここぞとばかりに生徒を吊るし上げたり、懲罰を加えたり、抑えつけたりすれば、適切に問題を解決できないばかりか、生徒を立派に教育する助けにはならない。

　お昼に、私が執務室で机に向かって自分の事をするのに忙しくしていると、突如、中隊長の麗麗が息も絶え絶えにハアハアと喘ぎながら走って来て、「張先生、教室の中が滅茶苦茶の大騒ぎになっています」と言った。「えっ！さっきまで静かに宿題をしてたんじゃなかったの？」「一枚の貼紙用紙が原因なんです。授業の時、軒君が依依に手渡すと、その後で輝君に横取りされ、他の生徒が皆それを見たさに奪い合っているんです」「何の貼紙用紙なの、そんなに魅力があるというのは？」と私が冷やかし半分に言うと、麗麗は顔を真っ赤にさせて、「先生が自分で行って見てみて下さいよ」と言った。

　教室に来てみると、腕白小僧の輝君が早くも勝者の姿で教壇に立ち、軒君がまだ彼と引っ張り合いをし、教室の中からどっと笑う声が伝わって来る。私の出現は騒々しい教室を急に静かにさせ、教壇の上の二人の子どもは驚き恐れた様子で私の方を眺めている。輝君は処罰を逃れようと、すぐさま「軒君が貼紙用紙を依依に手渡して彼女が好きだと言ったんです」と白状すると、同級生たちも皆悪意をもって笑い出し、陰でひそひそ話をしている者もいる。私も輝君の突拍子の「告げ口」に、手を下す暇をなくし、思わず依依の方に目線を投げかけると、眼

にしたのは首を更に低く項垂れ、一言も発せずに宿題を書き続けている彼女の姿だけであった。どう処理したものかと、私は困り果ててしまった。

考える時間を稼ぐため、私は輝君に貼紙用紙を差し出すよう合図した。私は生徒にペンを置かせ、この話題について討論会を開く事を提案した。私の提案を耳にした生徒たちの情熱は猛スピードで温度を上げた。

討論がのっけから軌道からそれないようにと、私はまずこう短いスピーチをした。「同級生諸君、君たちが学園に足を踏み入れたあの日から、私たちが朝な夕な一緒に過ごして、いつしか既に六年近くが経ちました。六年来、君たちのちょっぴり僅かな進歩というものを、先生は皆この眼に収めるとともに、ひそかに君たちのために喜び、そして益々君たちのことが好きになりました。私の直覚からすると、諸君の大勢が先生のことを好きになってくれているようなので、今日先生は、私のどういった所が好きなのか君たちが話してくれるのを聞いてみたいと思います」

生徒たちのおしゃべりが始まり、先生は毎日僕たちに知識を学ばせてくれて、とても大変ですと言う者がいれば、先生はとてもきれいで、気質をもっておられますと言う者もいるし、また先生は特別におしゃれで、どんな服を着てもきれいに見えると言う者がいれば、「先生、先生に学問が有るのが一目で分かります」という者までいた。同級生たちの私に対する誉め言葉を聴いた後、私はすぐさま話題を生徒に振り、こう言った。「とても感動したわ！ 先生が君たちの印象の中でこうまで完璧なものだとは思いも寄らなかったし、軒君が依依ちゃんの事を好きなのには、彼なりの理由があるはずだから、これから彼に少し語ってもらうことにしましょう」。

私が下地を作ったことによって、軒君の決まり悪さが消え失せたのか、彼は鷹揚に依依の優れた点を話し始めた。教育成果を拡大させるため、私は今度は軒君の発言を結び合わせ、依依の優れた点に対してこのように更に一歩突っ込んだ総括をした。「依依さんは、きれいなだけではなく、やる事が真面目で、授業では常に彼女の一生懸命やっている姿を目にし、彼女の良く通る声を耳にします。宿題ノートのきれいな字は更に同級生諸君を羨ましがらせています。学級の中で依依さんの事が好きな同級生は軒君一人だけではないと先生は思っているので、好きな人は挙手してみて下さい」。すると、学級の同級生の殆ど全員が皆手を上げ

始めた。そこで、今度はこう続けた。「軒君は自分の本当の考えを勇敢に表現できたからには、もしも更に自らの行動でもって依依さんに学ぶなら、彼の努力を通せば、彼はきっと依依さんのような優秀な生徒になるはずです」。今回の討論は、同級生全員を教育するのみならず、軒君にメンツを挽回させることにもなった。私は、彼の表情が二度と始まった時のあのバツの悪さではなくなり、次第に常態を回復させ、元々持っていた自信を取り戻したのに気が付いた。

　我々は、彼らは年齢が幼いのに、このような考えを持ったりするのは常識にもとるものであるからといって単純、粗暴に叱ったりしてはならず、真心の理解を与えるとともに、方法を講じて彼らのバツの悪さを原動力に変えさせ、正確に評価する中で積極向上のパワーを見出すべきである。

第三節　学級担任の仕事の内容と方法

一、生徒を理解し、研究する

　経験豊富な学級担任は、往々にして始業の前に生徒を理解しようと着手する。例えば生徒の学籍カードの内容を熟知したり、元の学級担任を訪ねて情況を紹介して貰ったり、重点的に保護者を家庭訪問したり、一部の生徒と接触したり等である。そうすることによって、始業後に順調に仕事が展開できるようになるからである。例えば、生徒をグループに分けたり、席順を割り当てたり、臨時の学級委員会を設けたり、生徒の特長を生かして仕事を展開する便宜を図ったりする等である。

　生徒を理解することには、個人と集団というふたつの面がある。生徒個人の情況を理解することには、個人の徳、知、体の発達、その情趣、特長、習性、要求、家庭状況や交流情況などが含まれる。生徒の集団情況を理解するというのは、生徒個人の情況を理解したその基礎の上で収集するもので、学級の生徒全員の年齢、性別、家庭等の一般情況、生徒の徳、知、体の発達の一般レベルと特殊な才能を具えた生徒の情況、学級風土や伝統等が含まれる。以下のような更に詳細な要件を列挙することができる。

学年学級集団に関して

(1) 生徒の総人数、男子、女子の数　(2) 生徒の家庭の住所、保護者の職業情況（異なる社会階層出身の生徒の比例）　(3) 一人っ子の情況　(4) 生徒の家庭の類型（三世代同居のような複雑型、三人家族のような一般型、母子・父子家庭のような特殊型、それぞれのパーセンテージ）(5) 生徒の家庭条件、居住面積、平均生活費　(6) 生徒の身体的素質（基本的に健康な者、近視や各種の慢性病を持つ者、障害を持つ者、それぞれのパーセンテージ）　(7) 少年先鋒隊隊員、団員の人数　(8) 学級集団の要求、得意とする事　(9) 兄弟学級との関係　正しい集団共通意見の有無　等々。

個人に関して

(1) 通常の休息時間と生活習慣　(2) 集団観念がどのようなもので、どの同級生と仲が良いか　(3) 各学科に対する見方、態度、学習方法及び成績　(4) 家族との関係、誰の言う事を最も良く聴くか、毎月の小遣い銭とその用途　(5) 授業の余暇の生活の配分、どのような本や刊行物を読むのが好きか、訓練養成班への参加情況　(6) 気質の類型（胆汁質、多血質、粘液質、憂鬱質）　(7) 具体的な性格的特徴　(8) 自覚的に規律を遵守しているか否か、文明的習慣の有無　(9) 思想政治状況、心の中で尊敬している人物　(10) 最も尊敬する教師、最も好きな学び方、等々。

（一）観察

生徒の学習、労働、課外活動及び授業の余暇の生活の中に深く入り込むことによってこそ、初めて生徒の様々な表現を深く観察することが可能となる。生徒を驚かせない情況の下で真実の情況を観察できるようにするため、学級担任は観察点の選択に注意する必要がある。生徒の日常に対する観察においては、学級担任はうかつであったり、注意を払わなかったりであってはならず、敏感で、警戒心を持ち、どんな小さなことも見逃さないようにするとともに、ある活発な生徒がなぜ突如沈黙するようになったのか？行儀のよい生徒がなぜ遅刻したのか？××はなぜ落ち着きがないのか？　というように、たとえ微小であっても、突然の変化に注意を払うべきである。こうした些細で微妙な変化を捉えることによって、生徒の内なる世界を探り、明らかにする必要がある。

（二）談話

　生徒と話をする方式はとても多い。ズバリと本題に入るのも良いし、婉曲に話すのも良く、生徒に話す目的を知らせ、指向性をもって語るのも良ければ、生徒に目的を感づかせないようにし、何の拘束もなく話すのも良い。どのような情況であろうとも、学級担任の態度は親切で、平等で、誠実であるべきで、厳粛である必要がある時もある。話し合う内容は教育的意義に富んだものであるべきで、方式の上では親しくして、生徒の心を開かせ、虚心に他者の意見を聴き入れるようにさせる必要がある。

（三）書面材料の分析

　生徒の書面材料はとても多い。一に、成長記録帳、生徒カード、数年来の成績や素行、賞罰記載、身体検査表等といった生徒の身の上調書・行状記録資料。二に、学級日誌、学級会及び団支部会議記録等の学年学級記録資料。三に、作文、日記及び宿題等といった生徒個人の書いた資料である。資料を分析することにより、生徒の個性や才能の伸び及びその家庭、社会交流のトータルな情況が掌握できる。これは、生徒を教育することにとって極めて重要である。

（四）調査研究

　生徒を深く理解するかもしくは何かの問題をはっきりさせるためには、常に調査研究を活用する必要がある。調査は一般的には二つに類別し得る。一に、総合調査で、これは新たな形勢の下、生徒の徳、知、体の各面の発達変化のトータルな情況を知ることで、新たな学級担任の仕事計画を立てるためのものである。二に、テーマ調査で、ある成績の奮わない生徒を転換させたり、ある方面の問題を解決したりするためには、深く突っ込んだテーマ調査を行うことで、適切な狙いを定め、正確に処理することが必要である。

二、授業をしっかり学ぶよう生徒を教え導く

　授業をしっかり学ぶことは、生徒の主な役割であり、学級担任の経常的な重要役割でもある。この役割を効果的に全うすることは、主に各科の教師に頼るもの

ではあるが、学級担任の役割は軽視できない。一つの学級の生徒の平均成績の高低は、その学級の学級担任が生徒の学習にしっかり取り組んでいるか否かということと密接に関係するものであり、低学年であればある程相関性が高くなる。主に以下の配慮をしっかりと行うべきである。

（一）学習の目的と態度の教育に気を配ること

　古今中外の著名人、学者、科学者の勤勉が学習の生々しい事跡を用いて生徒を教育し、激励することで、彼らが学習や科学や真知を熱愛し、科学に献身する願望を持つようにさせるとともに、生徒の妙味や趣味や特技を奨励し、培う必要があるが、ある学科への偏りといった悪しき現象は是正し、彼らを個人的興味のために学習することから、祖国の現代化建設のため、科学の発展のために学ぶことへ高めさせることで、彼らに学習に対する内的な責任感、使命感及び推進力を持たせる必要がある。

（二）学習規律の教育を強化すること

　規律の遵守は、生徒が正常に学び、成績を高めることへの保証である。学級担任は規律に力を入れ、学習を促す上で重要な役割を有するものである。生徒が学校の制度を遵守し、遅刻せず、早退せず、授業をサボらず、真剣に授業を聴き、教室の規律を遵守し、期日通りに学習役割を全うし、宿題を提出し、時間を惜しんで勉強し、年月を無駄にせず、休暇期間中も適度に学習し、休暇の宿題をやり終えるよう教育する必要がある。

（三）生徒が学習の方法や習慣を改善するよう指導すること

　学級担任は生徒の学習方法や習慣を理解し、どういった方法や習慣が良いもので、発揚して然るべきであり、どのような方法が良くなく、改善する必要があるかを指摘すべきである。これは学業成績をアップさせる重要条件である。教師に頼んで専門的な指導を行うか、あるいは生徒を組織して学習の経験を交流させたりすることで、生徒の学習方法に対する関心や改善を促す必要がある。

三、学級会の活動を組織する

　小・中学校は毎週一コマの授業時間を割り当てて学級の集団活動を行い、二週間に一度ホームルーム活動を行うよう要求している。ホームルームは生徒に対して思想教育を行う重要な陣地であり、計画を立ててホームルーム活動を組織することは学級担任の重要役割である。

　ホームルームの内容と形式は多様化であって然るべきである。ホームルームは国内外の情勢や政策の報告であっても良いし、本学級の生徒の思想教育の段落的締めくくりであっても良く、また祝祭日や記念日の慶祝イベントを行うのも良ければ、各種のテーマホームルームを行っても良く、更には道徳、規律、民衆及び法治等の問題の学習、討論及び弁論であっても良いし、生徒を組織して自らの遠大な理想や追究について語り合うのも良い。多様化であってこそ、青少年の知識を求め、才能を伸ばし、思想感情を述べ表し、社会に向き合う等といった多岐にわたるニーズを満たすとともに、彼らの積極性を引き出すことで、彼らに教育、鍛錬を受けさせ、向上を得させることが可能になる。

　ホームルーム活動を組織するには計画を持たねばならない。まず、一つの学期のホームルーム活動には総体的な計画が必要である。次に、毎回のホームルームは何れも一つの具体的な指導計画が必要で、それには主にホームルームの目的、テーマ及び内容、形式と方法、企画準備指導の分業及び人事やホームルームに至るまでの段取りや組織等が含まれる。ホームルーム計画は、一般的には学級担任の引率の下、生徒リーダーもしくは同級生全員の討論によって確定される。ホームルーム活動は無計画で滅茶苦茶であったり、あるいはいよいよという瀬戸際になっても何ら準備できていないといったようであったりしては決してならず、学級担任が訓話で対処するのみであっては、生徒の反感を買い、ホームルームを組織する興味と活力を喪失させてしまいかねない。

　一回のホームルームを立派に組織することは極めて容易ではなく、一コマの授業を立派に行うよりも更に難しい。学級の生徒全員が何れもポジティブにホームルームの準備や活動の進行に身を投じるとともに、鍛錬と教育を受けるということは、一つの複雑な創造的活動である。学級の生徒全員に働きかけ、皆で知恵を出し、力を合わせてこそ、初めてホームルームを立派に開くことが可能になる。

まず、人目を引くテーマを確定せねばならない。次に、テーマを表現し、心を動かすことのできる内容と形式を選択すべきである。最後に、なるだけ多くの生徒に参加させ、準備させるべきである。ホームルームを準備するプロセスはすなわち生徒を教育し、鍛え、向上させるプロセスであるとともに、学級集団を構築し、形成あるいは更に一歩発展させるプロセスでもあるのである。

以下は武漢市育才高等学校三年級（1）学級「父母に感謝」のテーマホームルームである。

一、活動目的

生活の中から父母と一緒に暮らしたエピソードを探し、自らを長年養ってくれた両親に感謝することを身につけ、その上で父母を思い遣り、理解し、反抗したり、楯突いたりするのではなく、父母と友好的に暮らすとともに、父母の愛を学習の原動力に変えるよう生徒を導く。

二、活動の背景

思春期にいる高校生は、社会的交流や身なりの成人化に熱中したり、授業をエスケープしたり、メル友にこっそり会ったり等々といった常に父母の期待に背離することをやらかす。彼らは父母の善意の教戒になど耳を貸さず、きまって父母は思想的に遅れていて、自分のプライベートなことに干渉するのが好きで、根本的に意思疎通できないと思っている。少数の生徒は父母にお金をねだる以外は、父母と話をしたがらず…これに鑑み、「父母に感謝」をテーマとするホームルームを企画し、それを機に生徒たちと父母たちに交流の土台を提供し、親子間の誤解やわだかまりを除くことで、生徒に父母の辛苦を理解させ、心の底から父母に感謝することができるようにしようとするものである。

三、活動の準備

(1) 一部の生徒を見つけてじっくりと話し合い、その父母との暮らしぶりを知る。

(2) 小作文を段取りし、生徒に自らと父母と一緒に生活している時の様々な事情や実感を書かせる。

(3) 一部の生徒の保護者に招待状を送り、保護者のフィードバック情報を収集する。

四、活動プロセス

1. 報恩感謝の呼び掛け

進行係甲：この世界で、君は友達がおらず、同級生がおらず、兄弟姉妹がおらずとも良い。だが、君は父母なしではいられない。

進行係乙：父母は私たちに血と肉の身体を賦与し、私たちを養育し、私たちを世界や社会にとって有用な人間にしてくれた。

進行係（いっしょに）：したがって、私たちは父母の恩を知ろうではないか。

2. クールな父の愛情──父親への報恩感謝

進行係甲：僕たちはまだ小さいので、大恩大徳とは何なのかをまだ知らないし、父母の厳格さが僕たちに要求するものの深層の含意を本当の意味で体得することなどまだできない。だが、君の成長のプロセスにおいて、君が生活の中で幸福を感じたことの一つ一つを記憶しさえするならば、君は必ずや彼らのあの尽きることの無い気配りを感じることができるに違いない。もしかするとある日、何とあの何時も向かって腹を立てている父親が、実は自分をとても愛しく思ってくれていたのだということに気付くかも知れない。以下、潘さんと張君に自分の「父親」について語ってもらいます。

潘：小さい頃から私はとても泣き虫でした。パパは私を何度叱ったことがあるか知れません。彼はいつも厳しくこう言いました。「弱々しいやり方で生活に向き合ってはいけない」。いつ知れず、私はパパの顔を真顔に見ることができなくなっていました。ところが面倒なことに出くわした時、私が過ちを犯したのであっても、私を引き取って帰宅するのはやはり父親でした。今、彼には私の一切を包容してくれる広く大きな度量があり、それが正に深い父親の愛情なんだということが分かるようになりました。ここで、私はこう言おうと思います。「パパ、父さんが寛容であることに感謝します」。

張：僕は僕と父親との間の事に関して、これまで一度も話したことが無いのは、その事に常に決まり悪さを感じてしまうからです。実は、僕は父親の事が好きで…父のせっかちで、ちょっとでも気に入らないことがあると腹を立てるところが大好きなのです。僕はもう17歳だというのに、父は

苛立つと、僕を殴ったりもし、言って見れば、とてもメンツのないものです。僕は、一夜にして大きくなれたら、もうこれ以上彼に束縛されずに済むのになあと思ってばかりいました。ところが、僕が父親と「冷戦」になる度に、母が父さんは泣いていたよと言いました。父は私が過ちを犯したことで深く自分を責めていたのです…僕に何が言えるというのでしょう？　明らかに自分が間違っていたのに、父はなんと自分を責めていたのです。これは何という深い愛情なのでしょう！　父さん、今僕はあなたを理解するようになりました。

3. 温和な母の愛情

進行係乙：父の愛情は山であり、母の愛情は海であり、母親の愛は温かくて無私なるもので、純粋でしかも繊細です。彼女は私たちに如何にしてこの世の一人一人と一つ一つの全事柄を大切にすべきかを教えてくれています。以下、蒋さんと陳さんに母親が自分を教育してくれた物語と実感を話してもらいます。

蒋：幼い頃から、ママは他者に対して役に立つ人になるよう私を教育しました。乗り物に乗るたびに、子どもを抱えた乗客やお年寄りや、あるいは妊婦を目にするや、母は決まって私に自ら進んで席を譲るよう求めました。私が学級で人付き合いが良いとされているのは、実に小さい時に母が培ってくれた、喜んで人助けをするという習慣のお蔭なのです。ママは言います。「他人様のお役に立てると、自分も嬉しく愉快になる」と。

陳：私は普通クラスから優秀クラスに転入してきました。しかし、競走が更に激しい優秀クラスに進まなければならないのかと思うと、退却の太鼓を鳴らし、学級替えをしたくなくなっていました。しかし、母が私を励まし、説得し続けたことで、私は最後は考えを変えたのでした。もしも母の助けが無かったなら、私はまだ目先の利かない小さな女生徒のままで、大きな成長も得られなかったかも知れません。この機会を借り、ママにこう言いたいと思います。「母さん、ありがとう！」

進行係甲：報恩感謝することを身につけ、父母が私たちのために何でもするというのは当たり前のことだなどと二度と考えたりしてはなりません。彼らが私たちをこの素晴らしい世界に連れてきてくれたこと自体が既に十

分なほど偉大なことであるのに、おまけに私たちを成人へと養育してまで
して、それでも報いを求めずに、黙々と私たちのために尽くしてくれてい
る…。

4. 私の懺悔——父の愛情に対する理解

進行係甲：人は言う。「子どもは樹で、父母は根であり、樹は高ければ高
いほどに、その根は深い」と。しかしながら、私たちのこれらの「樹」と
「根」にはいつも決まって何らかの矛盾と衝突があるものです。では、劉
君に自分と父母との間の物語を語ってもらうことにしましょう。

劉：かねてより、父親には夕飯後に半時間散歩に出かける習慣があります。
六時半に玄関を出て外出し、七時丁度に家に戻って来ます。ほんの短い半
時間だけとはいうものの、幼稚な僕のテレビ癖をつけさせるには十分でし
た。とある日、テレビを見終えて部屋にそっと戻ろうとした僕は、突如喉
の渇きを覚えたので、勉強部屋を出て水をつごうとすると、父が客間のテ
レビの傍に立ち、片方の手をテレビの上に置いているのが目に入りました。
テレビの余熱が正にじんわりと父の顔に作用しつつあるのが明らかで、父
の顔色が益々暗くなっていくのが分かり、私は密かにしまったと言って、
大急ぎで部屋に戻りました。ほどなくして、父が来ました。今宵は又して
も「お説教」の追加だなと知りました。案の定、父の手は既に高くかかげ
られています。僕が正に「勇敢」に一切に面と向かおうと準備するや、父
の手が下ろされ、そっと僕の頭の上に置かれ、僕の頭を撫で、しっかり勉
強するのだぞ、と一言言ってから、振り返りもせずに離れて行きました。
一時、僕の心は何とも言えない気持ちになりました… 翌日、夜の六時半
になると、父はいつも通りコートを身に纏って家を出て行きます。僕はこ
れまでのように、異常な敏捷さでテレビのスイッチを押そうとはせず、窓
の前に歩み寄り、カーテンを開けて細い隙間を作り、黙って佇んだまま
待っていると…父はついに一歩一歩遠ざかって行きます。とっさに、僕は
父が随分と老けてしまっていることに気付きました。父はその重々しい足
取りでまだそれほどまでに肥ってはいない体を引きずりながら、一歩一
歩よろよろと前へ進んで行き、曲がり角までやって来ると、体の向きを変
え、頭をもたげて家の方を眺めていて、その時僕は気が重くなってきまし

た。父がきっと勉強部屋を眺めているに違いないことを僕は知っていました。その刹那、僕は本当の意味で父親を知りました。その瞬間から、高校入試前の最後の一晩まで、僕は二度とテレビのスイッチをオンにすることはありませんでした。

進行係乙：劉君の物語は実に感動的で、多くの同級生が目に涙を浮かべているのが目に入りました。同じ類の事情はまだあるはずです。今日の活動を通して、私たちは今後果たして父母の苦労を思い遣ることができるようになるのでしょうか？心の底から父母に向かって「ありがとう」と言えるようになるでしょうか？

5. 学級全員で『報恩感謝の心』を合唱

進行係甲：今日、私たちが正に父母の白髪や皺を見ながら大きくなっている時、私たちは父母の青春が私たちのために過ぎ去ってしまい、血と涙が私たちを潤してしてくれていることを知るべきです。中国には古くから「一滴の水の恩は、湧き出ずる泉をもって報うべし」との名言があり、西洋にも「感謝祭」があるなど、何れも報恩感謝の気持ちを忘れないよう皆に注意を促しています。さあ、臨席の父母並びにすべての父母たちに『報恩感謝の心』の一首を献上しようではありませんか…。

　　　報恩感謝の心
　　　　あなたがいて
　　　　一生私のお伴をして下さり
　　　　自分らしく生きる勇気を持たせてくれたことに感謝
　　　報恩感謝の心
　　　　運命に感謝
　　　　花が咲き、花が散るのを
　　　　私は同じように大切にするだろう

6. 心と心の交流——王さんと父親の対話

進行係乙：今日は、多くの同級生が自分と父母とのちょっとした物語を語ってくれ、その真摯な感情に感動させられました。次に、王さんと彼女の父親に登場して頂き、私たちでお父さんの心の声を聞いてみたいと思います。

王の父：パパとママのお前に対する唯一の期待は、自分の外見を繕うこと
しかできない人間ではなく、誠実で勤勉なよい女の子になることを学んで
もらうことです。お前が大人びた身ごしらえをするのを目にする度に、父
母たる者として心が痛み、お前が悪いことを覚えてしまうのではないかと
案じているのをお前は分かっているのか？

王：パパ、分かってるわ、改めるわよ…こんなにも多くの同級生たちが話
すのを聴いて、私は自らを反省し始めるとともに、幼い頃に私たち一家三
人のちょっとしたエピソードを思い出しもしたわ。あの頃、父さんはいつ
も私をおんぶして、きれいな本を買ってくれ、ママも常に私にきれいなス
カートを買ってくれた。あの頃は、父さんや母さんが何かをくれたりする
と、みなとってもきれいだと思い、嫌ったりえり好みをしたりしたことな
どちっともなかったのに、私は少しずつ変わり出し、流行を追い始めるよ
うになり…ひいてはママが既に仕事を失っていて、家族は父さん一人でダ
ブルワークして支えてくれるのに頼るしかなくなっていたのさえ忘れてし
まっていました。時に、父さんに腹が立って、故意に授業をサボったりも
したわ…もう一度私にチャンスをくれるかしら？私はきっと変わる努力を
するわ。

7. 母の愛情の偉大さ──母親の話

進行係甲：私たちのママもパパと同じで、私たちに多くのことを話したく
思っています。次は邵さんのママに話をして頂きます。

邵の母：高三（1）学級のこの「父母に報恩感謝」をテーマとしたホーム
ルームに感謝します。私たち一人一人は皆、常に報恩感謝の心を持ち、そ
れを行動に移すべきです。父母として、私たちは同様に、あなた達、子ど
もであるあなた達が私たち父母に希望をもたらすことで、私たちの生活を
より充実したものにするとともに、責任感を持たせてくれたことに感謝
します。あなた達は正に花の年齢、人生における最も煌びやかな時期に当
たっています。あなた達が努力しさえすれば、同席している同級生の一人
一人が何れもあなた達自らが欲しがっている立場を見出し、理想の大学に
合格し、自らの夢を叶えることができます。将来自分が何をしたいか、ど
のような人間になりたいかということが、あなた達が常に考えている問

題であるはずです。もしも私の子どもに対する教育に成功した一面が有るとするなら、それはつまり子どもに、自分はどのような生活をするべきか、どのように自らの人生を高めればよいかといったような道理をはっきりと分からせたことです。この前提があれば、例えば学習、交友といったような、私たちの多くの問題は何れもよく意思疎通し合えるもので…自らを開明的な保護者であると思っている私は、娘が男子生徒と交流しているのを目にするやいなや、すぐに顔色を変えたりはしないでしょうし、我が子は物分かりが良く、彼女が今最もやる必要があることは何なのかということを弁えているものと信じたいのです。私はかつて娘に、学校の男子生徒の誰かを気に入ってる？ と尋ねたことがあります。娘の答えは、私が彼女に対して平素より教育している幾つかの理念が既に彼女にインパクトを与えているなと思わせるものでした。娘はこう言ったのです。私はこの問題を一度も考えたことなどなく、私たち自身、何れも自らの将来を未だ確定している訳じゃないから…同級生の皆さんが何れもあなた達のような年齢段階でやるべきことをしっかりとやって欲しいと願っています。それはつまりしっかりと勉強することです！

8. 報恩感謝──私たちの責任

　進行係甲：父母の愛、それは暗闇の中の明るい灯であり、常に私たちの邁進を明るく照らしてくれている。父母の愛は、私たちの人生を創造してくれただけでなく、私たちの人生に重大な意義を賦与してくれた…父母の愛、それは私たちが輝ける人生を創造するために刻苦奮闘する最大の原動力なのだ。

　　進行係乙：

　　我何処より来り

　　我が情は何処に帰る

　　次の瞬間私を呼ぶのは誰

　　天地は寛しといえども

　　この道歩み難く

　　我、この人の世の不遇の辛苦を普く眺めるに

　　我にはまだ幾許の愛あり

我にはまだ幾許の涙ありて

　　　留め与え得る

　　　我が生命の父親と母親とに

　進行係（一緒に）：高三（1）学級のホームルームをこれで終了します。皆
　さま、有り難うございました！

五、ホームルームの反省

　　今回のホームルームで、生徒は真情を投入し、自らの生活における父母の
　　エピソードを回想し、何れも父母に合わす顔がないと感じた。と同時に、
　　保護者の代表も心の中で思っていることや望んでいることを口に出して
　　語ってくれたことで、子どもと保護者との交流や意思疎通の役割を果たし
　　た。

　　総じて云えば、今回のホームルームは成功だったといえる。

四、課外活動、校外活動を組織することと授業の余暇の生活を指導すること

　課外活動と校外活動は、生徒の志向や才能を培い育てること、彼らの生活を豊
富にし、活気づけること、彼らの徳、知、体のトータルな成長に対して重要な意
義を持つ。これらの活動は、一般的には何れも学級を単位として組織され、工夫
されるものであり、従って学級担任の経常的な重要な役割でもある。

　課外と校外の活動を展開するという面において、学級担任は主に動員と組織指
導の責任を負うものである。まず、本学級の課外活動の組織を立ち上げ、課外活
動計画を立案し、様々な課外活動を展開する。次に、校内と校外の組織の各学科
サークル、技術サークル、体育サークル、芸術サークル等の専門サークルのため
にそれに相応しい生徒を推薦することを重要視せねばならない。最後に、更に、
関連する教師、保護者あるいは学識者を招聘して指導を担当させたりするといっ
たように、本学級が課外活動を展開するための条件を創出するとともに、場所、
設備、活動用具等の問題を解決することで、活動をしっかりと展開させる必要が
ある。課外活動を展開することはとても複雑な作業であり、学級担任は要求を出
すだけでは不十分で、活動の中に深く入り込み、困難を理解し、存在する問題を

解決して、初めて活動の展開を推し進めることができる。

　生徒の授業の余暇の生活に対する学級担任の責任は、何時でも何処でも関心を寄せ、理解し、必要な指導を与えることである。その目的は、生徒の生活を生き生きとして活発で、豊富多彩で、充実し、意義に富んだものにすることにあり、生徒に退屈さや何もすることがないといった感じを与えたり、あるいは不健康で低俗な趣味を追い求めさせたりしてはならない。授業の余暇の生活においては、余りに多くのことに関与し過ぎることで、生徒の個性を抑えつけたりすべきではないが、規律を遵守し、自覚的に悪しき風習の侵蝕を拒むことができるようになるよう厳しく求めるべきである。

五、生徒の労働を組織する

　生徒の労働内容はとても幅広いものであるが、主なものとしては、生産労働、学校建設労働及び各種公益労働がある。毎学期の始業当初、学校は情況に応じ、各学級の生徒の労働に対して統一的な計画と配慮を行うべきである。学級担任は学校の配慮と要求に基づき、目的と計画を持って本学級の生徒の労働をしっかりと組織する必要がある。一般的には以下の指導に気を配らねばならない。

(一) 準備指導
　学級担任は労働の準備指導にしっかりと力を入れねばならず、まずは、生徒の思想指導をしっかりと行うことで、今回の労働の意義を認識させ、労働の意欲を刺激し、労働の責任感を高めさせねばならない。次に、生徒に労働の役割、労働の時間と場所、労働の段取りと方法及び質の要求を明確にさせる必要がある。最後に、生徒を組織し、一定の組織指導方式を確立し、リーダーの分業と職責を明確にし、労働の規律と安全注意事項を明確にすべきである。

(二) 組織と教育指導
　労働のプロセスにおいて、学級担任は労働現場に深く入り込み、生徒の労働組織が合理的であるか否か、正常であるか否か、労働の過重の有無、緊張し過ぎたり、あるいはだらけ過ぎたりしていないか、仕事が無くて手が空いたりしてはい

ないか、生徒は適応しているか否か、病気や身体障害があったり、身体の弱い生徒及び女生徒は適切な配慮を得られているか否か等を理解する必要がある。労働や生徒個人の態度を結合させることを通じて、彼らに対して労働態度、困難さ、責任感及び互助提携等といった多岐にわたる教育を行うことに長けていなければならない。生徒の思想、規律等の面において存在する共通の問題に対しては、学級全体の討論を組織し、解決を加えることで、全員が教育を受けられるようにすべきである。個別の問題に対しては、個別の教育指導をしっかりと行い、彼の改善をサポートする必要がある。

(三) 総括作業

労働の総括にしっかりと取り組むことは、学級全体の労働成果を強固にし、生徒に対して思想教育を進める重要な一環である。学級担任は、学級の生徒全員が総括作業をしっかりと行うことを重視し、そうするよう働きかけるべきである。総括の役割は、主に労働成績を肯定し、労働における立派な生徒と立派な行いを表彰することであるが、当然ながら、労働中において存在した主な問題を検討し、悪しき現象を批判することも必要であることは言うまでもない。その目的は、優れた点を発揚し、欠点を克服することで、生徒の優秀な品性を培うとともに、良好な風土と頑強な集団を形成するためである。

六、各方面の生徒に対する要求を調整する

学校内外の各方面の生徒に対する要求を調整することは、効果的に生徒を教育する重要条件であるとともに、学級担任の指導の重要内容でもある。この指導には二つの面が含まれる。

(一) 校内の教育者の生徒に対する要求を統一すること

学級担任、授業担当教師、団体リーダーは何れも生徒に対して要求を出すはずである。もしも各人が思い思いの事をし、それぞれの流儀を通すのであっては、生徒の学習と思想品徳の成長にとって不利である。それ故に、学級担任は実情に応じ、常に各方面の生徒に対する要求を調整し、統一せねばならない。まずは、

主動的に授業担当関連の教師と連繋を取り、常に意見交換をし、定期的に学級の生徒の思想、学習、労働、課外活動等の情況を研究することで、教え導く上での生徒に対する要求を統一し、作業の手配、助言指導及び課外活動の配慮においては、統一的計画と各方面への配慮をしっかりと行うことで、諸活動のトータルな展開を後押しすべきである。次に、団体リーダーと常に意見交換し、研究を行うべきである。特に団体活動と学級集団活動とのチームワーク、団員受け入れの対象及びその優先順位の確定、生徒リーダーの分業等においては、何れも見方を統一し、一致協調する必要がある。

(二) 学校と家庭の生徒に対する要求を統一すること

学級担任は、学校と家庭とを繋ぐ紐帯であり、家庭訪問、書簡、電話、SNS（WeChat など）を使った保護者会等の方式を通じて、家庭と連繋し、生徒を教育する上での認識や要求を統一するとともに、相互に提携し、歩調を合わせることで、ベストな教育成果を手に入れることが可能になる。

七、生徒の操行を評定する

操行とは、生徒の思想品徳の表れのことを言う。操行評定とは、すなわち生徒の一つの学期（あるいは一つの学年）以来の思想品徳の発達変化情況に対する評価のことである。操行評定は、一般的には評語を採用するが、等級を評定するものもある（優、良、中、劣の評価）。

操行評定は教育を進める重要方法であり、それは生徒が自らの品行態度、優れた点及び欠点を理解することで、努力すべき方向を明確にし、長所を伸ばして短所を避け、向上を続けるのに役立つとともに、保護者が子女を理解し、学校が子女に対する教育を強化することに歩調を合わせることに役立ち、更に学校がより良く生徒を理解し、生徒を教育するのにも役立つ。したがって、これは学級担任がしっかりと取り組むべき仕事でもある。

操行評定をしっかり行うために、学級担任は、指導において生徒一人一人の評価資料を蓄積することに気を配らねばならない。評定に先立ち、関係教師や団体リーダーの意見を聴取するか、もしくは生徒に自己評定させることで、参考に供

することも可能である。然る後に、学級担任が生徒の実際の態度や各方面の意見を考慮してまとめるのである。

操行評語は、実事求是にして、主要問題をしっかりと捉え、照準性を具えた、生徒の思想品徳発達の全貌、特徴及び傾向を反映できるようにする必要があり、生徒の進歩を十分に是認し、その主な欠点や努力すべき方向を指し示すべきである。現象の羅列であったり、主要なものと副次的なものを区別できていない物ではいけない。文字は簡明で適切で、一目見れば分かるように、空虚であったり、抽象的であったり、通り一遍であったりするのはタブーであり、言葉の用い方が不適切であるが故に、生徒の感情を傷つけたり、保護者の誤解を招いたりすることは厳しく防がねばならない。

八、学級担任任務の計画と総括をしっかりと行うこと

より自覚的に学級担任の仕事ができるようにするためには、一に、計画性を強めることで、仕事が整然と秩序だって進められるようにすべきであり、二に、仕事の経験を総括することで、絶えず改善し向上することに注意すべきである。その実、両者は互いを基礎にし、促進し合うものである。

学級担任の指導計画は学期指導計画と具体的執行計画とに分けられる。学期指導計画の基本内容は、情勢、要求及び本学級の生徒の徳、知、体の発達の基本情況を簡明に分析し、本学級の学期の教育目標を打ち出し、毎週の指導の要点等を列挙することである。表形式を用いて記入し、二部を一式として、一部を指導部に渡し、一部を学級担任自らが保管することで、執行の便宜を図ることができる。学級担任指導の具体的執行計画は、週に基づいて立案しても良いし、活動に準じて立案しても良い。それは目的、活動方法、時間配分、分業、完成の期限等を含むものである。

学級担任任務の総括は、トータル総括とテーマ総括の二種類がある。トータル総括は、学級担任の一学期の指導全体に対する総括であり、トータルな分析と評価を行う必要がある。テーマ総括は、学級担任の指導における一つの問題あるいは一つの方面に対する総括で、この特定の問題あるいは方面における貴重な経験と教訓を深く掘り下げて研究することが求められる。

学級担任の指導の総括は、指導の事実やプロセスの単なる記述であってはならず、教育理論の高みから行ったところの指導を分析し、何れが成果であり、何れが問題であるかを明確にし、成功とミスをもたらした原因を明らかにすることで、一歩進んだ活動目標を明確にし、仕事を改善する必要がある。

学級担任の指導の総括をしっかりと行うためには、平素の指導プロセスにおいて、資料を蓄積し、「指導日誌」「学級担任日記」といった形式を用いて指導情況、共産党員以外の反応及び自らの認識を記載することに注意するとともに、生徒、教師及び保護者が関連活動の中で書いた、計画、中間のまとめ、個人の認識及び理解等を含めた材料を保存しておく必要がある。そうすれば、期末になると、水が流れてくれば用水路はできるとの言葉通り、高品質の学級担任の指導の総括をまとめることができるのである。

復習思考問題

1. 小・中学校教育で学級担任の務めを特に重視すべきなのはなぜか？
2. 学級集団の育成が学級担任任務の基礎であるのはなぜか？
3. 学年学級の非正規の集まりにポジティブな一面はあるか否か？それにどう対処すべきであるか？
4. 参照的集団とは何か？如何にして生徒が参照的集団を正しく選択するようサポートすれば良いのか？
5. 生徒の集団教育をしっかり行うに当たって、更に個別教育にしっかりと取り組む必要があるのはなぜか？如何にして、初めて個別の生徒の教育をしっかり行うことができるのか？
6. 一人の生徒を理解するとともに、その生徒の特徴を分析してみよう。
7. 教師の指導の下、ホームルーム活動を組織し、中間のまとめを書いてみよう。

第十五章

教師論

教師は若き世代の育成者であり、「人類の魂のエンジニア」と崇め敬われている。教師の労働の特徴と価値、教師の資質、教師の養成と向上を理解することで、活発に、効果的に教師の重要にして栄えある任務を担う必要がある。

第一節　教師の仕事のあらまし

一、教師の労働の特徴

教師の労働の特徴を認識することは、我々が更に深く教師の職責と役割を知る助けとなる。

（一）教師の労働の複雑性

まず初めに、生徒の状況の複雑性が教師の労働の複雑性を決定づけている。教師の労働の対象は主に発達変化の最中である生き生きとして活発な青少年の生徒であり、それは能動性を有する主体である。彼らは共通の生理、心理的特徴を持ち、共通の発達の法則に従いもし、またそれぞれに異なる天賦、経歴、興味や趣味及び個性的特徴等を具えてもいるので、教師は彼らの心身発達の共通性と個性を把握し、創造的にその能力・性格・志向といった具体的な事情に応じて適切な教育を行う必要がある。

次に、教師の任務の多様性が教師の労働の複雑性を制約している。教師は生徒全体のために配慮しなくてはならないし、個別の生徒にも関心を注がねばならず、またその学識や才能を高める必要があれば、彼らに世の処し方や身の立て方を教える必要もあり、そして優等生を育てたり、後れをとっている生徒をサポートしたりせねばならず、更には家庭や社会と一致協調する必要があり、生徒の校内生活に対して全面的に責任を負う必要がある。

最後に、生徒の発達要素に影響する広範性が教師の労働の複雑性を制約している。生徒は入学後においても、依然として直接的あるいは間接的に社会や家庭の影響を受け入れており、とりわけ科学技術の発展、マスメディアの普及に伴い、社会及び仲間の集まりの彼らに対する影響や役割も益々大きくなっている。如何

にして効果的に各方面の関係を調整し、自覚的に悪しき要素の影響を食い止め、活発に、向上的に成長するよう生徒を導くかということが、当代の教師の重大にして複雑なる任務である。

(二) 教師の労働の示範性

教育は教師が生徒を導き、培い育てる活動であり、それは身をもって手本を示し、示範性を有することを教師に求めるものである。いわゆる「教とは、上が施す所、下が倣う所也」「師たる者、人の模範なり」との言葉通り、教師の労働の対象は成長プロセスにいる青少年の児童・生徒であり、彼らは教師を尊敬し、教師の教えを喜んで受け入れ、教師を手本とするいわゆる「向師性」の特徴を具えているものである。とりわけ、小学生は教師に対して一種の特殊な信頼と慕う気持ちを持ち、教師は彼らの心の中において崇高な威信を有するものである。したがって、教師は厳しく自らに求め、身をもって範を示し、いつでもどこでも自らの活発な思想・行為、良き個性及び少しもいい加減さのない学問を修める精神を用い、範を示すやり方を通して生徒に影響を与えることで、ベストな教育効果を収める必要がある。

(三) 教師の労働の創造性

教師の労働は、毎日が皆、授業を準備し、授業をし、個人指導をし、宿題の添削をし、課外活動を計画し、生徒を見つけて話をし、意思疎通し、教育を行う等、日々斯くの如しであり、一見単純で平凡でこまごまと煩わしいものであるように思える。その実、教師の仕事は青少年である生徒の知恵と心を培い育てる作業であり、最も創造性に富んだものである。教師の労働が創造的であることの最も重要な特徴は、その仕事の対象である児童・生徒が常に変化し、永遠に新しいものであり、今日は昨日と同じでないことにあるとスホムリンスキーは述べている。教師は循環往復（何度も繰り返し行う）という方法を採って各期の生徒に対処することは不可能であり、永久に変わらぬ方法を採用して生徒一人ひとりに対処し、良好な教育教学の効果を収めることなどあり得ない。それは正に「一般的に言うならば、教育学は最も弁証的で最も融通の利く一種の科学であり、また最も複雑で最も多様な一種の科学である」とのマカレンコの言葉通りである。

教育は一種の心の激突であり、感情の打ち解け合いと呼応である。教師と生徒の相互作用においては、感情は往々にしてコントロールし難いものであり、思いも寄らない情況が随時に発生する。教師は感情の細微な変化を捕らえ、素早く機知を働かせて適切な措置を講じ、自らの主導性と創造性を発揮し、不利な要素を有利な要素に変えることで、教育活動をより一層生き生きと活発なものにし、更に深く展開させていくことに長けていなくてはならない。

　冬のある一コマの国語の授業で、私は生徒に一つの面白い事を書くよう求めた。人選を論じる際、教室の中は異様なまでに静かで、誰一人として挙手する者がいない。私が為す術を知らずにいた正にその時、外ではボタン雪が舞い始め、教室内が少々ざわつき出した。そこで、私は此度の作文練習を放棄し、生徒を教室から出させて雪の中に身を置かせ、雪片を観察させ、それに触れさせ、雪片を実感させた。生徒に雪だるまを作らせ、雪合戦をさせると、生徒は全身全霊で感受し、思う存分にはしゃいだ。後に、彼らは何と奇跡的に次々と優れた作文を書き上げたのだ！

　教師の労働の創造性とは、それが自動的に生じることを意味するものでは決してない。一人の教師が創造的に教育を展開するには、必ず辛い労働と長年にわたる積み重ねを経ねばならず、再認識と探究を得意とし、機知を活かして展開してこそ、初めて創造性を発揚できるのである。

(四) 教師の労働の専門性

　社会学の領域において、人々は専門性労働と一般的な労働とを区分し、専門性労働の特徴を以下のように要約した。(1) 範囲が明確で、独占的に社会に不可欠な仕事に従事する。(2) 高度な理知的技術を運用する。(3) 長期にわたる専門的養成を必要とする。(4) 従事者が個人であるのと集団であるのとを問わず、均しく広範な自律性を有する。(5) 専門の自律性の範囲内において、直接に判断をし、行動をとる責任を負う。(6) 非営利的で、奉仕を動機とする。(7) 整合的な自治組織を形成する。(8) 具体的な倫理綱領を擁する。

　教師の労働は果たして「専門性労働」と言い得るのか？

　まず初めに、現代の教師の労働の専門化は、一つの歴史発展のプロセスであり、それは国民教育制度が関心量の蓄積から質の向上へと至るのに伴い、不断に専門化の方向に向かって迅速に発展したものである。但し、異なる国家、異なる歴史

的時期において、その専門化の情況は異なるものである。

次に、専門化の標準は相対的なものであり、社会上の様々な労働は「一つの連続スペクトル上に分布し、そのスペクトルの一方の端は、医師や弁護士といったような、既に認可され、早くから定説を有する一群の専業であり…もう一方の端は、警備員や肉体労働者といったような、技術性が低く、魅力に乏しい職業で…残りの職業…はその両端の中間に分布する」(E. Greenwood, Attributes of A Profession, S. Nosowand W. H. Form (Eds.), *Man, Work and Society*, NewYork：BasicBooks, 1962.)。教師の労働は正に専門化の一端に向かって邁進中の専業である。

国内外ともに教師の仕事の専門化問題をとても重視している。1966 年、国際労働機関、国際連合教育科学文化機関が『教師の地位に関する勧告』において、「教育という仕事は専門の職業（Profession）とみなされるべきで、この種の職業は一種の厳格で持続的な研究を経ることによって初めて獲得し、維持し得る専業知識及び専門技能を具備していることが教師に求められる一種の公共業務であり、所轄の生徒の教育と福利に対して個人的及び共通的な責任感を持つことが要求される」と提起している。1993 年 10 月 31 日の第八期全国人代表大会常務委員会第四回会議が採択した『中華人民共和国教師法』も、「教師は教育教学の職責を履行する専業人員である」と明確に規定している。これは、根本的に教師の労働の専門性を是認するものである。

二、教師の労働の価値

教師の労働の価値とは、教師の労働が社会や個人に対して果たすところの直接的及び間接的な積極的な役割である。教師の労働の価値に対する認識と理解は、教師の労働の態度に影響するとともに、社会の教師の地位や見方にも影響を与えるものである。

（一）教師の労働の社会的価値と個人的価値

1．教師の労働の社会的価値

教師の労働は絶大な社会的価値を有するものであり、マクロ的に見るならば、

それは教師の労働の人類社会の存続及び発展に対する絶大な貢献という点において突出的に表れている。如何なる社会においても、前人の創造した社会文明と知的財産を次なる世代に伝承させるには、教師というこの人類文明と知的財産の伝承人を通す必要がある。したがって、教師は社会の発展における先人の後を受け、新たな発展の端緒を開く「仲介」「紐帯」であり、「過去と未来との間の一つの活きたリンク」なのである。ミクロ的に見るならば、教師の労働は若き世代の一人ひとりの成長と幸福に関係する。現代社会においては、一人の人間の成長状況が如何なるものであるかは、大幅にそれが受けるところの教育によって決まり、教師の労働如何によって決まる。教師による育成を抜きにしては、若き世代が短い期間内に効果的に前人の蓄積してきた知識を掌握することは不可能である。いわんや社会が発展し、科学技術が発達すればするほど、教師の導きが益々必要になり、社会矛盾の摩擦が鋭ければ鋭いほど、価値の傾向が多様化すればするほど、教師の指導が益々必要になる。

2. 教師の労働の個人的価値

　教師の労働には更に極めて豊富な個人的価値があり、一般の労働が享受し得ないところの喜びがある。この種の喜びは生徒の平素のちょっとした進歩から来るものであり、門下生に優れた人物が多くいることから来るものであり、生徒の卒業後における社会への貢献から来るものである。孟子が「君子には三つの喜びがある」と説いたのも無理からぬことであり、「天下の英才を得て、それを教育することである」というのがその中の一つである。

　正に教師の労働には非凡な社会的価値と個人的価値が具わっているものである。教師自らがまず、自尊、自愛、自律、自彊し、春蚕の精神（春蚕は糸がなくなるまで吐きつくして死ぬことから死ぬまで思いは変わらないこと）、ろうそくの風格（ロウソクを両端とも灯すことわざから多事多端かつ気苦労であること）、人のためには梯子になることにも甘んじる自己犠牲の精神を具えてしかるべきであり、そうであってこそ、初めて社会の尊敬を得ることができるのである。

（二）教師の労働の価値を正しく認識し評価する

　教師の労働は大きな社会的価値を持つが、その分特徴があり、社会的に評価さ

れないことも多く、正しく理解し扱うことが求められる。第一に、教師の労働の価値は曖昧である。生徒の成長や進歩は、遺伝、家族、社会、教師、生徒個人の努力など、様々な要因の結果である。生徒の変化にどの要因が関係しているのかを正確に特定することは難しい。この曖昧さが、教師の労働に対する明確な評価を困難にしている。第二に、教師の労働の価値が遅れて出てくることである。教師の労働の価値がようやく反映されるのは、生徒が社会に出て貢献した後である。この時点で、教師とその労働は忘れ去られがちである。最後に、教師の仕事の価値は隠されている。教師の仕事によって生み出される価値は、行動や社会への貢献という外見的な表現によってのみ示される潜在的な価値要素として生徒の中に埋め込まれ、自明性を欠いている。その結果、教師の価値を十分に理解し、適切に評価し、適切に報いることが困難な場合が多い。

　歴史の上で、中国には師を尊び、教育を重んじる伝統がある。儒家は常に師（教師）と君（君主）を同列に論じ、「書曰：天降下民、作之君、作之師」（『書経』に天、民をこの世に降し、その民の君、民の師とした）と説き、荀子は、「天地者、生之本也；先祖者、類之本也；君師者、治之本也」（天と地は、万物が発生する根本である。先祖は、人間という種が発生する根本である。君と師は、人間社会が統治される根本である）と説いたので、後に読書人はより一層師に仕え、父に仕えるようになった。但し、統治階級の胸中にあっては、すべての教師をこのように尊貴であるとみなした訳では決してなく、少数の名師、吏師、宗師を除いた大多数の教師（童子の師や私塾の先生など）の社会的地位は比較的に低いものであった。よしんば教師の役割を肯定している『師説』においてさえ、韓愈までもが童子の師は読み書きができる教書職人に過ぎず、伝道、授業、解惑のでき得る人間の数には入らないとした。中国の元朝においては、ひいては一官、二吏、三僧、四道、五医、六工、七猟、八農、九儒、十丐（乞食）と言われたことがあったという事実からも、教師の地位が低かったことが窺える。清代の著名学者の鄭板橋に「教館本来是下流、傍人門戸度春秋。半飢半飽清閑客、無鎖無枷自在囚。課少父兄嫌懶惰、功多子弟結冤讐。而今幸得青雲歩、遮却当年一半羞」と詠った詩があるが、この詩は迫真的にそれまでの末端教師の窮状ぶりを反映したものであった。

　新中国成立後、教師の社会的地位に根本的な変化が生じた。特に改革開放以来、

党と政府は多次にわたって教師の社会主義現代化建設における重大な役割を強調し、それより以降、教師の社会的地位、仕事条件及び物質的待遇には均しく顕著な向上と改善が見られるようになった。但し、我々は、教師の社会的地位の問題が真の意味において解決を得ていないことを見据えねばならない。教師の政治的地位が心なしか向上し、教師という専業の地位も社会の一定の承認を得られるようになったとはいえ、依然として多くの問題が存在しており、それらは主に賃金収入や物質的待遇が依然として低く、合法権益が尊重されていない等として現れている。教師陣において、幾人かの専門的能力や道徳的素質に不合格な現象が存在していることは言うまでもなく、こうした問題は均しく改善が待たれる。

　教師の物質的待遇がここ何年かで確かに明らかな改善が見られるようになったものの、その他の業種の待遇も高まっており、しかも多くの業種の待遇が教師のそれに比べてアップするのが更に速い。このように、ある一部の地方の教師、とりわけ農村教師の経済的地位はアップしないばかりか、却って反対に低下しさえしており、こうした状況は早急な解決を要するものである。

　社会全体が富をもたらし小康へと向かおうとしている大方の情勢の下、依然として清貧にして教育に従事するよう教師に要求するのは非現実的である。教師も人間であり、一般の人々と同じ基本ニーズを持つものである。教師の労働報酬、とりわけ農村教師の報酬の低さは、不可避的に教師の陣容の不安定さや教師の質及び教育の質の低下をもたらすものである。現今、社会が急ピッチで前に向かって発展し、その成員の収入レベルに大きな差が開くようになるに当たって、労働報酬の高低が人々の職業選択の主たる拠所となっている。それ故に、「教師という職業を最も人から羨望される職業の一つ」にするという目標を実現するには、教師の社会的地位と経済的待遇を大幅に改善させて然るべきであり、そうすることによってこそ、初めて全身全霊で教育教学というこの神聖にして極めて困難な仕事に身を投じるよう教師を激励することが可能になるのである。「国も将に興らんとするや、必ず師を貴びて傅を重んず」との言葉通り、如何なる国であろうとも、世界の民族の林において不敗の地位に立とうと欲するならば、必ず教育を重視し、教師を尊重することで、教師という職業を真の意味において太陽の下における最も崇高な職業として然るべきである。

三、教師の権利と義務

　教師の権利と義務を明確にすることは、教師管理の民主化と法治化にとっての
ニーズであり、教師の権利と義務を保障し、教師自身の資質を高めることにとっ
てのニーズでもある。

（一）教師の権利

　教師は国家憲法が規定する公民の一般権利を享受する以外に、この分野の法律
が教師に賦与するところの各種の特殊な権利を享受して然るべきである。『中華
人民共和国教師法』の規定に基づけば、主に以下の幾つかの面が存在する。

　（1）単独で仕事を行う権利、すなわち教師は法に基づき、生徒に対して教育、
指導、評価を実施する権利を有する。『中華人民共和国教師法』第七条は、教師
には「教育教学活動を行い、教育教学の改革と実験を展開し、生徒の学習と成長
を指導し」「生徒の品行及び学業成績を評定する」権利を有するものであると規
定している。

　（2）自己発展の権利、すなわち教師は法に基づき自らを発展させ、専門の文化
的水準を高める権利を有する。『中華人民共和国教師法』第七条は、教師は「科
学研究、学術交流に従事し、専業の学術団体に参加し、研修もしくはその他の方
式の訓練養成に参加する」権利を有するものであると規定している。

　（3）管理に参与する権利、すなわち教師は様々な合法的なルートを通じて学
校の管理に参与することができる。『中華人民共和国教師法』第七条は、教師は
「学校の教育教学の管理の仕事及び教育行政部門の仕事に対して意見や建議を提
出し、教職員代表大会あるいはその他の形式を通じて学校の民主的管理に参与す
る」権利を有するものであると規定している。

　（4）合理的報酬を勝ち取り、各種の待遇を享受する権利。『中華人民共和国教
師法』第七条は、教師は「時間に基づき賃金報酬を得、国家が規定する福利待遇
及び夏季・冬季休暇の有給休暇を享受する」権利を有するものであると規定して
いる。

(二) 教師の義務

　教師の義務とは、教師が法に基づいて担うべき各種の職責のことういう。『中華人民共和国教師法』は、教師は国家憲法が規定する公民の一般的義務以外に、更に以下のような基本的な職責を履行しなければならないと規定している。

　(1) 憲法、法律及び職業道徳を遵守し、人の手本となること。

　(2) 国家の教育方針を貫徹し、規則と制度を遵守し、学校の教学計画を執行し、教師契約 (任用契約) を履行し、教育教学の任務を全うすること。

　(3) 生徒に対して憲法の定めるところの基本原則の教育及び愛国主義、民族団結の教育、法制教育及び思想品徳、文化、科学技術教育を行い、生徒を組織し引率して有益な社会活動を展開すること。

　(4) 生徒全員を思いやり、大切に労わり、生徒の人格を尊重し、生徒の品徳、知力、体質等の面のトータルな成長を促すこと。

　(5) 生徒にとって有害な行為あるいはその他の生徒の合法権益を侵犯する行為を制止し、生徒の健康的成長にとって有害な現象を批判し、食い止めること。

　(6) 思想政治意識及び教育教学の業務水準を絶えず高めること。

　教師の権利と義務は、均しく法律により規定され、法律の保障を受けるものである。如何なる教師であっても、権利を行使するのみで義務を履行しないようであってはならず、義務のみで権利がないようであってはならないことは言うまでもない。教師が享受するところの権利が多ければ多いほど、担うところの責任が多くなるのは、社会の教師に対する要求が益々高くなっていることを意味している。と同時に、教師の権利と義務のけじめも絶対的なものではなく、時には権利と義務が相互に交叉し、相互に転化することもあり得る。

四、教師という職業の果たす役目

　一人の規格に適った教師になるには、教師という役割を正しく理解し、上手く果たすとともに、教師という役割における摩擦や矛盾を合理的に解決する必要がある。

（一）教師という職業の「複数の役目」

　現実生活において、一定の社会の職業を担う人は、通常誰もが一つの役目のみを果たすのではなく、同時に幾つもの役目を果たしている。ちなみに、ある中学校の教師は、学校の指導部からすれば、彼は指導される役目を負っており、彼の生徒からすれば、教育者の役目を果たす。彼の家庭では、父親もしくは母親、夫もしくは妻等といった役目である。この種の現象がすなわち「複数の役目」である。教師の複数の役目とは、教師という特定の社会の職業や地位と関係のある役目の集合である。人間一人ひとりは皆自らの「複数の役目」を持つ。教師と生徒の関係についていうならば、教師はつまり多重的な役目を果たさなければならない。

1.「保護者の代理」と「友人」の役目

　教師は児童が父母の後に継いで出会うところのもう一つの社会的存在、すなわち保護者の代理人である。低学年の児童は、教師を父母の代わりとみなす傾向があり、教師の気配りや保護を受けることを期待するが、高学年の生徒になると、往々にして教師を友人とみなし、教師の学習、生活等といった多方面のサポートと指導を得ることを希望するとともに、自らの快楽や苦痛を分担してくれることを願う。

2.「伝道、授業、相談役」の役目

　教師が「伝道、授業、相談役」の役目を担うには、正しい政治思想の価値観を自身の言葉と行いの両方を通じて生徒に伝授せねばならず、また短期間で人類が長期にわたって積み上げて来た基本の知識と技能を掌握するよう導くことに長けていなければならず、更に彼らの知恵を啓発し、彼らの人生と学習における様々な困りごとを解決することで、彼らの個性のトータルな発達を促すことを重要視する必要がある。

3.「管理者」の役目

　教師が管理する対象は能動性、自主性、個性を有する生徒である。管理者として、教師は一種の調和的で民主的な進取の集団環境を創出するとともに、生徒に

より多くの自主と責任を与えることで、生徒の自発性を促し、生徒に積極的に民主的な管理をさせたり、自覚的に指導を受けさせたり、自己管理に注意させたりすることで、「成り行きに任せるようになったり」「強迫的に命令するようになったり」するのを食い止めねばならない。

4.「心理士」の役目

生徒の心理的健康に対する重視や心理衛生の展開に伴い、人々は教師に対して「心理健康顧問」「心理コンサルタント」等といった役目的期待を持つようになった。教師が時代の要求に適応するには、基本的な心理衛生の常識を掌握し、日常の仕事の中に心理健康教育を滲透させる必要がある。但し、心理的疾病の診療は専門的な仕事であり、教師が「カウンセラー」の責任を担うのは不可能である。

5.「研究者」の役目

教師の仕事の対象は生命力が漲り、それぞれに個性的特徴を具えた青少年であり、クラス毎、生徒毎の情況は何れも同じではなく、従って教師は千篇一律に機械的に教育を進めるのではなく、絶えず再認識し、研究し、自らを改善する作業を行わなくてはならない。教師は教育の研究者、改革者になり、絶えず自身の教育理論の修養や教育、教学の質を高めねばならない。

教師という職業の役目の多様性は、教師の担う責任の重大さをはっきりと示すとともに、教師に対してより高い要求を出すものでもある。

(二) 教師の役目での摩擦及びその解決

個人は往々にして同時に複数の役目を果たす必要があることにより、これらの役目と個人の期待との間に矛盾が生じたり、一致することが難しかったりする場合、役目の摩擦が現れる。教師という職業に常見される役目の摩擦には主に以下の数種類がある。

1. 社会の「模範」と「普通人」の役目の摩擦

社会は、教師が「人の手本」であり、生徒の手本、社会の模範となることを期待するが、この種の期待の教師に対する要求は明らかに高過ぎである。多くの教

師が為し得ず、またこのような役目を果たそうと思っていない。彼らは、教師も社会の普通の一員であるのに、なぜモダンな身なりができないのだ？ 随意に賑やかに笑ったりできないのだ？ と考える。この種の心理的摩擦は、とりわけ青年教師の身において常に発生し、しかも相当に突出したものであり、如何に正しく対処し、処理するかということが、教師を立派に勤める上で極めて重要である。

2. 「人に羨ましがられる」職業と教師の地位の低下の実態との摩擦

教師の頭上には「人に羨ましがられる」冠が掲げられている一方で、教師の社会的地位は依然として低いままだ。また「人類の魂のエンジニア」との誉れに浴する一方で、待遇がはなはだ低く、経済の上でにっちもさっちもいかないということが、多くの教師の心理及び生活を鋭い矛盾の摩擦に陥れてしまっている。

3. 教育者と研究者の役目の矛盾

教師の役目は、彼が「生徒」と常に一種の密接で持久的な関係を維持し、時間と精神力の上で、全身全霊で休むことなく集中することを要求するものであり、多くの教師が「消耗しきった」感覚を持つことを余儀なくされ、教師の教書育人と自身の発展、教育研究、創新との矛盾を形成している。

4. 教師の役目と家庭の役目との摩擦

教師の学校での仕事は骨が折れ、退勤後も往々にして休息できず、更に机に向かって授業の準備をしたり、宿題の添削をしたり、あるいは家庭訪問等をしなければならなかったりと、自らが夫もしくは妻の責任を果たせず、また父母あるいは児女の責任を果たせずにいることから、家庭の矛盾を引き起こし、苦悩に陥る可能性がある。

これらの摩擦に如何に対処し調整するべきか？我々は主観と客観の両面から着手する必要があると考える。

主観の上では、まず、自尊、自信、自律、自彊といった意識を確立し、次に、現実のニーズに基づき、各種の役目の矛盾と摩擦を処理し、主あり助ありの緩急自在で統一して計画し、各方面に配慮することに長けている必要があり、最後に、自らの思想情緒をコントロールし、確乎たる意志で担当する任務をやり遂げるこ

とが得意でなくてはならない。

　客観の上では、まず、教師の社会的地位と経済的待遇を更に一歩高め、教師の生活と仕事の条件を改善し、教師の実際の困難を解決すべきであり、次に、条件を創出し、教師に研修、養成訓練と発展、向上の機会を与えるべきであり、最後に、教師の思想修養を高め、その責任感と使命感等を強めさせねばならない。

（三）教師の役目の発展の趨勢

　緩慢に発展変化する社会にあっては、教師の役目は主に前人の知識や経験の伝授人であるとみなされた。しかしながら、急速に発展する今の時代にあっては、教師という役目の任務の内容と重心の何れにも大きな変化が生じるようになった。1975 年の国連ユネスコ構成国が国際教育局に対して提供した報告は、教師の役目の発展の一般的趨勢を明らかにしている。

　(1) 教学プロセスにおいて、多様化する職能を更に多く履行し、組織教学の責任を更に多く担う。

　(2) 知識の伝授を強調することから生徒の学習を組織することに重点を置く方に転向する。

　(3) 学習の個性化を重要視することで、教師と生徒の関係を改善する。

　(4) 教師の間における更に広範な協働を実現することで、教師と教師の関係を改善する。

　(5) 更に広範に現代の教育技術を利用することで、必需の知識と技能を掌握する。

　(6) 更に密接に保護者及び地域のその他のメンバーと協働することで、更に経常的に地域の生活に参与する。

　(7) 更に広範に校内奉仕及び課外活動に参加する。

　(8) 子どもたち——特に就学年齢を過ぎた年齢の子ども及びその保護者の身の上の伝統的権威を削ぎ弱める。

　教師の役目のこうした転換は、学校の教育機能の何らかの変化を意味しているだけでなく、教師の資質の要求及び相応の教師の訓練養成の問題に対してもより高い要求を提起している。

第二節　教師の資質

　教師は若き世代を教育する者であり、教育事業が主に拠所とする力である。教師の資質が如何に直接的に中国の若き世代の成長の質に関係するかが、教育事業や社会主義建設事業の盛衰成敗に関わる。「教育上のミスは軽々しく犯してはならず、教育上のミスは薬の調合を誤るのと同じで、初回に間違えてしまうと、二回目三回目に頼って埋め合わせをすることが絶対に不可能であり、それらの影響は一生拭い去ることができないのである」。教師の労働の重要な社会的価値と労働の特徴は、必然的に教師の資質に対してトータル、厳格な要求を提示する。中国の社会主義現代化建設及び教師という労働職業のニーズに基づき、教師は主に以下の素質を具備して然るべきである。

一、気高き師の徳

（一）教育事業を熱愛し、献身精神と人間力に富む
　教育事業を熱愛することは、教育を立派に行う基本前提である。多くの優秀な教師が教育において卓越した成績を収めるその所以は、まず彼らが教育事業を熱愛し、次世代の成長のために自らの人生の精神力、ひいては自らの貴き生命をも捧げることを願うからである。

　2008年5月12日午後、四川の汶川でマグニチュード8の地震が発生し、徳陽市東汽中学校の教師だった譚千秋氏は、地震発生の瞬間、道義的に後には引けないと、自らの両腕を開き、正に教室で授業聴講の真っ最中であった生徒四名を体の下にしっかりとかばった。翌日、人々が廃墟の中から彼を掘り出した時、彼の両腕はまだ広げられたままで、机にうつ伏せになり、腕は傷痕だらけで、後頭部は床板にぶつけられて凹んでいた。彼は51歳の生命を捧げたことにより、四名の生徒は彼の保護の下で無事救出されたのである。

　この種の献身精神は、教師の気高き職業理想とゆるぎない職業信念から生まれるものであり、内心から発した自らの心血のすべてを次なる世代の育成に注ぎ込みたいという願いでもある。それは真摯で、重々しい持久的な感情であり、寸分の虚偽も相容れない。教師は更に人間力を具えるべきで、生徒の学習と成長に関

心を注ぐとともに、民族、人類の現実の境遇と未来の発展に関心を注ぐ必要がある。

（二）生徒を熱愛し、人を教えるのに熱心であること

　教育事業を熱愛することは、具体的には生徒を熱愛することに体現される。生徒を可愛がるのは教師の天職であり、生徒を立派に教育する重要条件である。教師は生徒を熱愛してこそ、初めて生徒を立派に教育することができ、教育をして最大限の役割を発揮せしめるとともに、真の意味においてデューイのいわゆる「天国の道案内人」となることができるのである。

　教師の生徒に対する愛情は一つの大きな教育の力であり、一種の重要な教育手段である。それは往々にして生徒の教師に対する敬愛、感謝及び信頼の情を促すことで、生徒をして、教師に近づき、その教育を受け入れたいと願わしめることができる。正に旧ソ連の教育者フェリックス・ジェルジンスキーの言った「誰かが子どもを愛するならば、子どもは彼を好きになり、子どもが好きな人であってこそ、初めて子どもを教育できる」という言葉通りである。

　教師の愛情はまず「少しも保留することなく自らの精神力、才能及び知識を捧げることで、自らの生徒に対する教学と教育において、彼らの精神的成長の上において最良の成果を勝ち取る」ことに表現される。教師の愛情は更に生徒の学習、思想及び身体に対するトータルな関心の上に示されるとともに、一視同仁に生徒全員を熱愛し、公正、平等に生徒一人ひとりに向き合うものである。

（三）集団に愛情を傾け、団結協力すること

　教師の労働は個体性を有するものでもあれば、集団性を具えたものでもある。一人の生徒が人材になるのは、何れの教師の功労のみでは決してなく、教師集団の知恵と共同の労働の結晶であり、多くの教育従事者の団結協力と一致した努力の結果である。それ故に、教師の間、教職員の間で互いを尊敬し合い、団結協力し、足並みを揃えて生徒を教育し、集団の教育の力を最大限に発揮させて然るべきである。

（四）己を律することに厳しく、人の手本となること

　教師が人の手本となるには、必ず自らの身をもって範を示し、己を律すること
に厳しくあらねばならない。およそ生徒にやるように求めることは、教師がまず
やるべきであり、生徒にしてはならないと要求することは、教師がまず自律すべ
きである。教師は自らの身をもって範を示してこそ、初めて威信を確立し、生徒
の尊敬を得られる様になるのである。

二、幅広い文化的資質

　教師の主要任務は、生徒に科学文化の知識を伝授することを通じてその能力を
培い、その個性を生き生きと活発に伸ばすことである。一人の良き教師の基本条
件の一つとは、すなわち比較的に広い知識と多岐にわたる才能を持つべきことで
ある。それ故に、教師は自らが教えるところの学科の知識に対して、それを科学
的に深く把握すべきであるとともに、自らが教える専門に対して、それを完全に
理解し、その深い内容を分かり易く表現し、見通しを利かせることで、自在に運
用できる境地に到達し、教学過程において知識性のミスを犯さぬようにせねばな
らない。と同時に、教師は更に比較的に幅広い文化的修養を持つ必要がある。生
徒の念頭においては、教師は常に全知全能的存在であり、常に教師に向かって
「これは何」「なぜ」等の質問を投げかけ、天文から地理に至るまで、そして遠い
昔から未来に至るまで、更にはマクロからミクロに至るまで、教師から答案を得
たいと思わないものはない。もしも教師が自らの知識が狭隘であるが故に生徒の
求知欲を満足させられず、敷衍や回避といった形で自らの無知をごまかすか、あ
るいは逆に余計なことを問うなと生徒を叱ったりするようであっては、教師の威
信を損ねることになるばかりか、教師と生徒の関係に由々しき危害を与えること
になりかねない。とりわけ、情報社会である今日においては、生徒の視野は更に
広々としたものになっているから、教師は自らの文化的資質をより一層広く、分
厚いものにして然るべきである。

三、専門の教育的資質

教師の教育の資質のレベル及びその合理的構造は教育教学の任務が完遂を得るための重要保証であり、それは主に三つの面の内容を包括するものである。

(一) 教育理論の資質

教育理論の資質とは、主に教師の教育科学の基本的な理論や知識に対する掌握が、教育学、心理学の基本概念、範疇、原理を適切に運用して教育・教学における様々な問題を処理することができ、自覚的、適切に教育理論を運用して自らの教育・教学の実践を総括し、概括するとともに、それを昇華させることができるとともに、明晰、正確に自らの教育思想及び改革を進める構想を表現することができることをいう。

(二) 教育能力の資質

教育能力の資質とは、主に教師が順調に教育及び教学の任務を完遂するのを保証する基本操作能力のことをいう。これは各種の教育・教学活動に従事することが得意で、教育方面の「臨床専門家」として、医師の如く「分析」「診断」を行うとともに、「処方箋を出す」ことで、教育・教学における様々な問題を解決できるようになることを教師に求めるものである。具体的にいうならば、それは以下の幾つかの能力を含むものである。

(1) カリキュラム開発の能力。これには以下のものが含まれる。トータルに、正確に教材を理解し処理する能力。生徒の特徴と教学のニーズに応じてカリキュラム資源を開発し、教学内容を改善し、補充し、郷土教材を本にまとめる能力。教学活動プロセスを展開する上でのニーズを見通し、教学の方法と手段を選択し、運用する能力。

(2) 優れた言語表現能力。

(3) 教学を組織し、引率する能力。

(4) 機知を働かせて突発事態に対処し、創新する能力。

（三）教育研究の資質

教育研究の資質とは、主に教師が一定の観点や方法を運用し、教育分野の法則を探究し、問題を解決する能力のことをいう。教育の「第一線」で仕事をする一人の教師として、教育の科学的研究、とりわけ彼らの従事する教育あるいは教学の研究を行う資格を有するとともに、条件をも具えている。教師は問題意識、「再認識」能力に富むとともに、仕事における経験と教訓を総括し、様々な教育問題を創造的に解決し、改善することに長けていなくてはならない。

四、健全な心理的素質

現代社会の教師の役目は日増しに多様化しており、頻繁な役目の転換や多岐にわたる役目への期待が、教師をして、常に役目の摩擦を生ぜしめる。その時、もしも教師が適時に自らの心理状態に対して経常的に行っている幾つかの適切な調整ができなければ、心理障害や心理的病を来してしまう可能性がある。教師のメンタルヘルスの問題は、教育作業の優劣や成否に直接影響するのみならず、生徒のメンタルヘルスのレベルにも影響しかねない。それ故に、教師は自らの心理的素質を高めることを重要視する必要がある。

中国人民大学公共管理学院及び人力資源研究所と新浪教育チャンネルとが行った「2005 年の中国教師の職業ストレスとメンタルヘルス調査」で、のべ 8,699 名の教師が調査アンケートに記入を行った。調査結果は、80％を超すアンケートに応じた教師が、ストレスが大であることを反映し、40％近くのアンケートに応じた教師が、健康状態が思わしくないことを明らかに示した。中でも、中学校と高校の教師は普遍的にストレスが比較的大きいと反映し、その比率は幼稚園、小学校、中等専門学校（中卒または高卒の学歴を有する者を対象に 2 年間の実務的な教育を行う機関）及び高等専門学校、大学本科の教師のそれに比べて明らかに高い。それとほぼ時を同じくして、ハルビン市呼蘭区二八鎮中学の趙健という名の青年教師が跳び下り自殺をした。この専門的に生徒にメンタルヘルス指導を行っていた教師自らが事もあろうに巨大な心理的ストレスの下で崩壊してしまったのである。アンケートは、目下における教師は既に心理的病の発病率の高いコロニーであることを明らかにしたのである。

健全な心理的素質は心理活動のあらゆる面に体現されるものであり、概括すると、主に教師は気楽で愉快な心境、昂揚して奮い立つ精神、楽観的でユーモラスな情緒及び堅忍不抜の意志力等を具えている必要があるということになる。

社会が変化にある中で、新たな科学技術の急速な発展、マスメディアの普及と、現代社会は益々「学習化の社会」になりつつある。「情報の洪水」を前に、教師は生徒に基礎知識と基本技能を教えなければならないだけでなく、更に重要なのは、生徒が「自己教育の能力」を身につけ、「生命の意義と価値」を認識するのをサポートしなければならないことである。国連ユネスコの各構成国は、教師の役目が知識の供給者から学習活動の組織調整者へと転換し、一連の新たな能力が教師というこの職業の、判断能力、反応能力、評価能力、人間関係能力、カリキュラム開発能力、社会責任感及び管理能力等を含めた有機的構成部分となるであろうとしている。当今の社会は未来の教師に更に多くの責任と権利を賦与し、より高い要求と期待を掲げ、とりわけ他者を理解し、他者と交際する能力、管理能力及び教育研究能力を強調する。

要するに、教師の素質は教育という仕事の優劣成否に直接関係し、それは教師が生徒の心の中に威信を確立する基盤であるのみならず、教師の労働価値の巨大な差異をもたらす重要な原因でもある。如何にすれば「人類の魂のエンジニア」という光栄で神聖な称号に恥じないようになれるかということは、教師一人ひとりが常に反省すべき事柄なのである。

第三節　教師の育成と向上

教師の育成と向上は、教師の陣容を築き、学校を立派に運営し、教育事業を改革、発展させ、社会の確かな足取りでの着実な前進を促すキーポイントである。

一、教師の育成と向上の緊迫性

党と政府の配慮と支持の下、中国は既に比較的完全な師範教育体系及び教師の継続教育体系を確立することで、極めて大きな成績を収めた。普通の小・中

学校の教師陣の建設のみから見ても、2013 年までに、中国の小学校は専任教師 558.46 万人を有し、学歴合格率は 99.83％で、前年度に比べて 0.02 ポイント高く、生徒と教師の比率は 16.76：1 で、前年度の 17.36：1 に比べてある程度改善され、初級中学校（中等学校）は 348.1 万人の専任教師を有し、合格率は 99.28％で、前年度に比べて 0.16 ポイント高く、生徒と教師の比率は 12.76：1 で、前年度の 13.59：1 に比べてある程度改善され、高級中学校（高等学校）は 162.9 万人の専任教師を有し、合格率は 96.8％で。前年度に比べて 0.36 ポイント高く、生徒と教師の比率は 14.95：1 で、前年度の 15.47：1 に比べてある程度改善されている。全体からすると、中国の基礎教育の教師の数の問題は基本的に既に解決を得、教師の質も顕著な向上を得るに至ってはいるものの、もしも具体的で深く突っ込んだ考察と分析をするならば、依然として教師の分布と構造の失調、教師の質の不均衡、教師の陣容の安定の足りなさ、現代的な教育意識と能力を欠いている教師もいる等といった重大な関心を注ぎ、憂慮せざるを得ない問題が存在していることが見て取れる。

（一）教師の分布と構造の失調

　都市部の教師の仕事条件は相対的に良く、賃金待遇も相対的に高いが故に、都市部の小・中学校の教師の数は、目下の実際のクラス規定数（一般的には人数が多目で、実際は大クラスである）計算に基づくと、確かに余裕があるのに比べて、農村、とりわけ老、少、辺、窮地域の教師の仕事条件は比較的苦しく、賃金待遇も低目であり、それ故に、その小・中学校の教師の数は不足気味である。農村の初級中学校（中等学校）と小学校、特に農村の小学校は、「代講教師」を大量に招聘するとともに、一定の「支教生」（政府の唱導の下、農村の学校に赴いて教育を支援することを志願し、教師を担任する大学卒業生）を受け入れているという事実から、教師欠乏の切迫が表面化し、中でも音楽、体育、美術、科学及び情報技術教育等のカリキュラムの教師が特に欠乏している。

（二）教師の質の不均衡

　系統的育成と実践を経ることで、中国の教師の大半は才徳兼備にして、比較的に高い素質を具えているが、教師の陣容の質に種々の不均衡が存在するという現

状に目を向けるべきである。例えば、中国の相当部分の教師、とりわけ農村の小・中学校の教師は、以前から基礎がやや劣っているが、ここ数年来、合格率がアップし、そのスピードも比較的速い。それは主に通信教育、放送大学、自習による受験等といった非正規の教育によって実現されたものである。ある教師は学んだ専門が彼の教える専門ではなく、こうして学んだものが用いられず、用いるものが学んだものではないという情況が現れており、特に多くの農村の小学校の教師は年齢が高めで、五十歳前後の者も少なくなく、「おじさん」「おばさん」先生と呼ばれ、若い教師、とりわけ男性教師は農村においてより一層稀で、教師の陣容は活力を欠いており、それに加えて代講教師の比率も比較的に高く、安定性を欠いているなど、均しく教師の質に影響を与えている。

(三) 教師の陣容が安定性に欠け、流出が深刻

　教師の流失には顕性流失と隠性流失とがある。顕性流失とは、賃金が低く、条件が厳しい中西部あるいは農村地域の教師が、あらゆる方法を講じて賃金がより高く、条件のより良い東部地域あるいは都市部の学校で教師を務めるか、もしくはその他の仕事に従事することにより形成される流失のことを言う。隠性流失とは、在勤中の教師が個人の経済利益を増やすことを目的とする第二の職業あるいは活動に従事することにより、彼の本職の仕事を圧し潰したり、削いだりすることでもたらされる実質的な流失である。この二種類の流失は中国の中西部、とりわけ農村地域の教師の陣容において何れもかなり突出しており、広範な教師のプロ意識や敬業精神に深刻に影響するとともに、中西部、とりわけ農村の学校教師の陣容の安定に影響を与えている。教師流失の主な原因は教師の物質的待遇が低目であることである。ゴーリキーはとうの昔に、教師という重要で緊張する仕事に対する見積不足は、正直で有用な教育従事者が自らの偉大なる労働を放棄し、容易に金儲けのできる仕事に従事する原因となりかねないと我々を誡めている。もしも根本的に教師、とりわけ中西部や広大な農村の学校教師の賃金待遇をアップさせ、彼らの仕事条件を改善しなければ、この種の情況は益々激化し、はなはだしきに至っては、農村学校教師の後継が乏しくなり、継続し難くなるという局面がもたらされかねない。

（四）多くの教師が未だに現代教育の意識と能力を欠いている

　伝統の教育思想と実践パターンの惰性的影響を深く受け、新しい教育思想理念に触れ、それを研究し学ぶチャンスや教育改革実践の鍛錬に参与することに乏しいが故に、多くの教師が旧態依然として伝統的な教育観、教学観、師生観に執着するとともに、伝統的パターンの一式のやり方に慣れ親しみ、教育と教学の活動プロセスにおいては生徒の自発性、自主性、創造性を発揚する必要があることを重視せず、しかも未だ真の意味において認識するに至っておらず、この方面における経験、方法、能力を欠き、はなはだしきに至っては、新しい教育理念及び改革を学び、実施することに対して、本能的に抵抗し、消極的に対抗する者もいる。こうした状況を根本的に変えるには、まず新しい教育の理論及び方法を真剣に学び、研究し、実践するよう教師を組織することを重要視することから着手する必要がある。そうしてこそ初めて教師の現代教育の意識と能力を適切に培い、高めることが可能となる。

　以上からわかるように、教師の育成と向上は、既に当面の中国の教育の更なる発展と改革の重要な一環となるに至っている。この問題がもしも適切で妥当な解決を得られないならば、教育事業の発展、教育改革の深化、教育の質の向上は、均しく空論と化してしまうか、あるいは大いに割り引かれてしまうことになるであろう。

二、教師個人の専門性発展のプロセス

　教師の専門性資質を高める為、世界各国は何れも教師の教育問題に対して極めて大きな関心を注いでいる。

　教師の専門性の核心は、教師個人の専門性の進展にある。この種の発展は教師個人の専門性の発展に対する追究をよりどころとする、教師個人の内なる専門性が絶えず豊かで、完全なものへと向かうプロセスである。この教師個人の専門性の発展プロセスは、師範教育がそれに対して軽視し得ない着手と基礎固めの役割を果たしはするものの、多くの小・中学校の優秀な教師の専門性資質と才能は主に実践の中で徐々に積み上げられ、発展しゆくものであることを事実が証明している。その成長プロセスは、一定の客観的法則性が存在する一つの多段階的で連

続するプロセスである。このプロセスを掘り下げて研究し、理解することは、教師を指導し、育成することにとって重要な意義を有するものである。人々はそれに対して異なる説明をしており、以下、その幾つかを選んで紹介することとする。

リリアン・カッツ（Lilian Katz）は旧来の観念に基づき概括を行い、教師発展の四つの段階を提起した。

第一段階「求生期」：仕事における初年で、適応に努力することで生存を求める。

第二段階「強化期」：一年後、一般の生徒の情況に対して基本的な理解を持ち、注意力を問題のある生徒に注ぎ始める。

第三段階「求新期」：三年目から四年目において、教師は新たな教育・教学の方法を見出し始める。

第四段階「成熟期」：教師は三年、五年あるいは更に多くの時間を費やすことで、プロの仕事人となり、教育問題に対して反省的な思考ができるようになる。

葉瀾氏等は、「自我の更新」傾向の角度から教師の専門性の発展段階及びその特徴に対して掘り下げた研究を行い、それを五つの段階に分けた（表 15-1 を参照）。

国連ユネスコが 1975 年に教師の専業能力の変化に対する具体的研究を行ったが、その研究結果は表 15-2 の通りである。

教師の専門性の発展プロセスに関する研究は、教師の専門性の発展は一つの持続的な成長プロセスであり、その最終目標は比較的に成熟した教育のプロになることであるということを明らかに示している。いわゆる成熟した教育のプロとは、生徒のトータルな成長を促すことを個人の追究する目的とすることができ、独立自主的に教育と教学に従事する専門の知識と技能を具え、比較的強い啓発性と創造性を有し、多角的に問題を分析し、解決する能力を具えている等といったことをいう。教師のこの種の専門性の成熟プロセスは、時間的に長短があり、少ないもので 3 ～ 5 年、多いもので 20 年である。多数の人々の研究や経験からするならば、教師が教材を分析し、理解し、はっきりと明確に説明する能力を具備するには約 3 ～ 5 年を要し、成熟した形で導き、組織し、啓発し、順を追って巧みに指導し、学ぶ者の具体的事情に応じて適切な教育を行う能力を身につけるには 6 ～ 10 年、ひいては更に長い時間を要する。

第十五章　教師論　　641

表 15-1　「自我の更新」傾向の教師の専門性の発展の段階及びその特徴

段階名称	期　限	主な特徴
1.「無関心」段階	正式な教師として教育を行う前	無意識の内に教師職業予備軍の形で比較的安定した教育信念を形成し、少々の「直覚式」で「前科学的」知識と教師の専門的能力と密接に関連した一般能力を具備。
2.「仮想的関心」段階	師範学習段階（実習時間を含む）	合格教師の要件に対する思考を開始し、仮想の教学環境において幾つかの経験を得、教育理論及び教師の技能に対する学習と訓練を進め、自らの専門性発展に対する再思考の萌芽を有する。
3.「生きる関心」段階	新任教師段階	「現実の衝撃」の下、強烈な自我の専門性発展の憂慮意識を生じ、プロとしての活動における「生きる」技能に特に関心を注ぎ、専門性の発展がプロとしての態度や動機の面に集中する。
4.「任務関心」段階		教学の基本「生きる」知識、技能の掌握に伴い、自信が日増しに強まり、自らの生存に関心を注ぐことから教学の方により関心を注ぐようになり、関心が「自分はやれるのか」から「どうすればやって行けるのか」へと転じる。
5.「自我更新関心」段階		これ以上外部の評価あるいは職業的昇進の牽制を受けることが無くなり、自覚的に教師発展の一般路線や自らの眼先の発展条件に基づき、意識的に自らを企画することで、最大程度の自我の発展を求めるとともに、生徒の全体的な発展に関心を注ぎ、個人の実践科学知識を積み上げる。

表 15-2　教師の専業能力の構成及びその変化

	3年	3〜5年	6〜10年	11〜20年	21年以上
教材を分析し、授業内容を構成する能力	40.9	41.5	15.9	0.7	0.0
児童の反応に応じて臨機応変に授業を行う能力	18.4	49.0	18.0	3.6	0.0
クラス全体を導き、クラス集団の質を高める能力	28.9	49.9	18.0	1.6	0.0
児童の父母との関係を適切に処理し、家庭訪問を立派に行う能力	34.0	43.7	16.8	3.5	0.2
児童の心理及び発達段階に対する理解能力	27.6	39.4	28.6	4.9	0.2
現代の教育問題の思潮に対する理解能力	16.1	30.3	34.0	14.6	1.7
児童をリードし、指導し、組織する能力	2.4	15.3	44.2	33.6	2.4
学校の教育・教学計画を立案する能力	1.6	7.1	27.4	49.4	13.0

三、教師を育成し、拡充し、向上させる主なルート

（一）師範教育の教科と改革

　教師の陣容の質を高めるには、まず適切で効果的な政策的措置を採り、師範教育を強化し、改革し、師範大学を受験するよう大勢の優秀な生徒を奨励し、引き付ける必要がある。なぜなら、「能力的に恵まれた生徒が師範生として吸収されるか、もしくは卒業後に学校に招聘されて教鞭をとるようになってこそ、初めて教育専業の質と地位を向上させるのに効果的であるからである」。中国は目下この面において師範生の学費免除等の措置を採っている。但し、深慮に値するのは、生徒一人ひとりや子どもの出世を願う保護者に、自分と自らの子女が幸運にも数人の良き教師に出会うのを望まぬ者などいはしないものの、彼らはあくまでも教師という職業を見下し、「教師が培い育てる人材が多ければ多いほど、教師という職業は逆に益々萎縮し、教師を見くびる社会的力を生じさせてしまう」といった荒唐無稽な結果と潜在的な危害をもたらしてしまっている。したがって、我々は様々な効果的措置を採り、教師の社会的地位と物質的待遇を向上させる努力をすることで、師範教育の吸引力を高める必要がある。

　時代の進歩は、「もうこれ以上教師を既に一定の型にはまった者のメガホン、既定思想と既定材料の供給商、規約通りに事を行う創見無き盲従者とみなすのではなくして、教師を先覚者、導師、カリキュラム創造者、学科デザイナー及び文化の解釈者とみなすべきである」ことを求めている。それ故に、我々が現行の師範教育を改革するには、今の時代の教師の職能に対する新たな要求に基づき、未来の教師がそれ相応の専門的な訓練を受けられるようにすべきであり、とりわけ師範生の先進的な教育理念を確立し、現代的科学知識と現代化された教育手段を運用して啓発的で創造的な教育と教学を行う能力を具えるよう彼らを培い育てることで、現代教師の職責に堪え得るようにせねばならない。

（二）教師資格考察制度の実施

　目下、中国の教師の出所は、主に師範大学・学院の卒業生であるが、現存する教師の陣容には不安定さと深刻な流失の現象が存在しており、したがって、新たな情況に基づき、「正規の教師以外の様々な教育プロセスに参与することが可能

第十五章　教師論　643

な人を吸収して」教師の陣容に加入させることで、教師の陣容を拡充するとともに、彼らが教育に従事するために必要な職業的支援を提供する必要がある。教師資格考察制度の実施は、その中の一つの重要な措置である。2001年4月1日より、国家は教師資格認定事業の全面的な実施を展開した。これは教師の質の管理と考査を強化するのに有利であるのみならず、非師範専攻卒業の大学生が教師の職を求めるための道を開き、それによって適切かつ効果的に教師の陣容を充実させるものである。

　教師資格制度は三重の意味を含むものである。

　第一に、教師資格制度は国家が実施する一種の職業資格制度である。教師の資格は国家が相応の教師資格条件に適い、申請を出した人員に対する認定の資格であり、公民が教師というポストを獲得し、教師の仕事に従事する前提条件である。

　第二に、教師資格制度は法律の定めるものであり、必ず法に基づいて実施されねばならない。『中華人民共和国教師法』は教師資格制度の実施に対して原則的な規定をし、国務院の頒布した『教師資格条例』、教育部制定の『〈教師資格条例〉実施方法』はその実施に対して一連の具体的な規定を行っている。教師資格は国家法定の職業資格であり、一度取得すれば、全国の範囲内で普遍的に適用される効力を持つものである。教師資格の取消は、必ず法の定めに照らして処理されねばならない。

　第三に、教師資格は教師の職業認可である。教師資格制度が実施された日より、およそ教育行政部門が法に従って運営を批准した各級各類の学校をはじめとするその他の教育機関において教育・教学に従事する教師は、必ず法に依拠して取得した相応の教師資格を具えていなければならず、相応の教師資格を持たない人員は教師として招聘されることができない。と同時に、教師資格を具備する者は、某学校により法に依拠して招聘され着任した後に初めて教師となることができ、国家が定める教師の権利を有するとともに、相応の義務を履行せねばならない。

（三）教師の在職向上を強化する

　師範生が学習期間において形成する知識構造は主に理論知識であり、それは教師という職業に従事する上で必須の基礎であるに過ぎず、彼らはまだ教授実践を

進める能力を欠いており、如何にして生徒の思惟を啓発すれば良いのかを知らず、生徒の学習の積極性を促すことが得意ではないが故に、我々は一度きりの職前教育で合格教師を培う目標を実現しようと望んではならない。

　新任の教師が教授実践の要求に適応するために如何にサポートし、師範生から合格教師へと至るプロセスを順調に完了させるかというのが、教師の在職育成事業のキーポイントである。それ故に、計画を立案し、効果的なルートを通じて、専門的に新教師に対して系統立ったサポートを提供することで、なるだけ速やかに新環境に適応させ、順調に一教師として受け持つべき職責を担うことができるようにさせねばならない。そして、更に新教師の成長に関心を注ぎ続け、主に教育、教学の実践と結び付けて学び、研究し、交流し、経験を総括するなどして、絶えず彼らが向上と完全さを得られるようにする必要がある。要するに、教師は在任中に何れも絶えず学び、教育を受け続けて然るべきなのである。教師の在職向上プロセスとは、事実上はすなわち教師の終身教育のプロセスなのである。

　教師の在職向上のルートは、主に教学の再認識、校内養成訓練、校外支援及び協働等の形式を含むものである。

　(1) 教学の再認識。これは、教師が自らを研究者、再認識者の位置に置き、教育、教学の日常の仕事の中で出現する某かの難解な問題に対する観察、分析、再認識及び解決を通じて、自らの専業の理論的レベル及び専業実践の知恵と能力を高めることを言う。教学の再認識の内容は、教師が生徒の行為を観察し、思考することを含むと同時に、自らを再思考の対象とし、自らの教育行為、教育理念を再認識し、もしくは自らの過去、現在の専門性の発展に対して全行程的な再認識を行い、それによって未来の専門性の発展に対して企画を行うことを教師に求めるものである。教学の再認識は、通常は観察日誌、反省日記、教育エピソード、事例研究、行動研究等の方式がある。

　(2) 校内養成訓練。これは教師が勤める学校を組織単位とし、教師の専門性素質を高めることを主な目標とし、教育・教学の実践と教学の科学的研究活動等の形式を通じて、教師全員に対して行う全員性在職養成訓練のことを言い、その主な特徴は三つある。第一に、学校を養成訓練の基地とし、教師の実際のニーズに配慮し、それに応じて訓練養成する。故に、養成訓練に先立ち、学校は本校の教師の専門性の素質と発展のニーズに対して分析を行うか、あるいは教師の意見

第十五章　教師論　　645

を聴くかして、狙いを定めた養成訓練を行うこと。第二に、教授実践において教師を養成訓練し、教学、科学研究と養成訓練を一体化させることを重視し、持ち場訓練を強調すること。第三に、教師の養成訓練中における主体的地位を重視し、教師の専門性の成長の内的動機を促すこと。

　校内養成訓練の主な形式は、校内教育研究である。研究の主な課題は、教師が教育・教学の実践において解決する必要のある実際の課題であり、研究の主な方式は行動研究である。得られる研究成果は、直接、教師自らの実践において検証を行うもので、その目的は教育・教学を改善し、教師の専門性資質を豊富にし、高めることにある。

　常見の校内教研の活動形式には、主に相互の授業評価、教学見学、あるいはデモンストレーションセミナー、課題研究等がある。

　(3) 校外専業支援と協働。

　その主な形式には

　①学校を跨いだ協働で、学校同士、学校と大学もしくは師範学院・大学との協働。②専門家の指導で、専門家の講座、報告等を含む。③政府教育部門と教研機構組織の各ジャンルの専門養成訓練で、短期養成訓練、一時的な職場を離れての研修、業務外研修等を含む。こうした多様な校外専業支援及び協働は、広範な小・中学校の新しい教育理念や新しい専門知識と技能の導入を普遍的に後押しし、学校間の経験交流を促すことができるのみならず、学校同士、教師同士の更に大きな範囲の協働を進め、教師の専業化の視野を広げ、教師の専門性向上の絶好のチャンス、豊富な資源及び明るいビジョンを提供するものでもある。

復習思考問題

1. 教師の労働にはどのような特徴と価値があるか？適任な教師はどのような資質を具備すべきであるか？

2. 教師という職業が人間力を必要とする専門職であると言われるのはなぜか？その専門性はどのような所に表れているか？また、その人間力はどのような所に表れているか？

3. 若手教師と優秀な生徒で、それぞれ別途に訪問、談話を行い、両者の専門的成長を分析し、専門的成長の分析報告をまとめてみよう。

第十六章

学校管理

学校があれば、そこには学校管理の問題が存在する。ただし、学校管理が科学的に研究されるようになったのは19世紀になってからのことである。

第一節　学校管理のあらまし

一、学校管理の概念

学校管理は、学校の管理者が一定の社会歴史的条件の下、一定の組織機構や制度を通し、学校の人、財、物、時間、空間及び情報等の資源のベストな像体機能を存分に発揮させ、学校の経営目標を実現させる組織活動である。簡単に言うと、学校管理は管理者が一定の組織形式を通じて学校の教育目標を実現する活動であり、それは以下のような特性を有する。

（一）学校管理は育人を中心とし、教育性を有するもの

学校管理は学校を管理対象とする実践活動である。工場や企業、政府機関等の機構の管理とは異なり、それは学校の特性に基づいて管理せねばならない。学校は育人の場所であり、その基本的機能とは、すなわち一定の社会の政治、経済及び文化の発展のニーズに基づき、人間の心身発達の法則に従い、被教育者を徳、知、体、美等の面のトータルに発達した人材を培い育てるものである。そのために、学校管理は教育性を具えることで、育人管理を実現せねばならない。

如何にして育人の管理を実現するのか？ それには、主に以下の何点かを成し遂げねばならない。まず、物質環境、精神環境及び情報環境を含めた良好な育人環境を創出し、次に、管理活動において人間を根本とすることを堅持し、管理即教育、教育即生徒の成長を促進させることという観念を確立するとともに、それによって学校生活を組織し、学校管理の成否得失を秤にかけ、更に、管理者の一人一人が自らを一教育者とみなし、自らの品徳と模範的行為をもって他者に影響を与えるべきであり、自らをある種の管理業務の組織者や執行者に限定させてはならない。

（二）学校管理の実質は教師・生徒に奉仕することであり、奉仕性を有するもの

現代社会に在っては、「管理即奉仕」という思想が徐々に一つの大衆によって普遍的に受け入れられる価値追究及び理想的目標となりつつある。伝統的な管理制度から現代の役割へと向かうといった変化は、企業管理分野において特に顕著で、管理者が果たして適任であるか否かを秤にかける鍵は、それが従業員のために良好な仕事環境や発展の土台を創出し得るか否か、従業員の擁護が得られているか否かを見ることである。この種の奉仕型の企業管理思想の普及に伴い、「学校管理即奉仕」という思想が教育管理の分野においても時運に乗って現れるようになった。現代の観点からすると、教師と生徒とがすなわち学校の本当の意味での主人ということになる。学校管理の仕事は複雑に入り込んだものではあるものの、実質は教師・生徒のために奉仕するものなのである。

学校管理即奉仕の理念を実現するためには、まず、管理者と教職員・生徒との間の平等な人間関係を強調し、互いに尊重し合うべきであり、次に、物質と精神のニーズ、並びに心身の健康的発達のニーズを含めた教職員・生徒のニーズを満足させることが管理者に求められ、更に、他者の身になって考え、熱心に教職員・生徒に奉仕することができることが管理者に求められる。伝統的思想は根強いものであり、管理者は「人の上の人」になることに慣れてしまっているが故に、学校管理即奉仕という思想は今なお形式に流されおり、管理者が管理即奉仕を成し遂げるには、自らの思想感情において一大転換を成し遂げることが必須である。

（三）学校管理は特定の文化環境の中で行われる、文化性を具えたもの

学校管理と文化には切っても切り離せない内的な結びつきがある。アメリカの著名な経営学者のドラッカーは、「管理は一つの学問であるのみならず、一種の『文化』であるべきで、それは自らの価値観、信仰、ツール及び言語を有するものである」と述べている。このことからも分かるように、学校管理は特定の文化環境の中で行われるものなのである。まず初めに、学校管理は文化環境の影響と制約を深く受けるものであり、文化環境の違いにより、学校管理のパターンにも差異がある筈である。たとえ同一の社会制度の下であったとしても、文化や伝統の違いにより、その学校管理にも差異が存在する筈である。次に、学校は文化の影響や薫陶を受けると同時に、自らの亜文化を形成するものである。これがすな

わち学校文化である。学校の建築物、学園の配置、教師と生徒の関係及び学風から学校の建学理念、教学方法等に至るまで、学校ごとに何れも自らの文化的特色を形成している。学校管理の文化性は、社会や文化の学校に対する影響を考慮すべきである一方で、学校それ自体の文化を構築することによって学校のブランドを創り上げ、学校の建学の特色を形成する必要がある。

（四）学校管理は学校内外の各種資源の効果的整合であり、創造性を有するもの

学校管理は一つの科学であり、一種の芸術でもある。それは従うべき法則を持つものでもあれば、また人により、時により、地により、事によって千変万化する一種の創造性に満ちた活動でもある。まず、管理の対象から見ると、学校管理は人、財、物、時間、空間及び情報等といった資源の合理的な組み合わせであり、これらの資源は、学校からすると非常に限られたものである。そのために、学校の管理者は各種資源の属性及びその全体構造における地位と役割を理解するとともに、一定の方式に照らしてそれらを組み合わせることで、それらに最大限の役割を発揮させるようにする必要があり、これはチャレンジ性と創造性に富んだ作業である。次に、管理プロセスから見ると、学校管理は一種の動態的な開放的システムである。政府、社会及び家庭といった各種の異なる観念、態度、行為の何れもが学校管理に影響をあたえ、学校内部の管理者と被管理者の異なる思想的認識や利益追究も学校管理に異なる要求を突きつける。これらの影響あるいは要求には、積極的なものもあれば、消極的なものもあり、学校管理プロセスにおいて生じるところの作用は極めて複雑なものである。したがって、学校管理者は正しい観点、鋭敏で機知に富んだ頭脳を具え、適切に矛盾を解決し、創造的に仕事を展開する必要がある。

二、学校管理の構成要素

学校管理の基本要素には、主に学校管理者、学校管理対象及び学校管理手段がある。

（一）学校管理者

　学校管理者とは、すなわち学校管理活動において指導的地位にいて、リーダーシップを発揮する人のことである。学校の正・副校長及び各職能部門の責任者が学校の管理者、管理の主体であり、学校管理における主動的地位にいる。それ以外に、一定の意義の上では、学校の教職員や生徒も学校の管理者である。なぜなら、彼らも学校の主であり、管理を受け入れるのみならず、管理にアクティヴに参加もするからである。故に、学校管理者に対しては偏狭な理解をすべきではなく、学校の校長や各部門の責任者のリーダーシップや管理の役割を発揮させるのみならず、教職員・生徒一人一人に対して参与と監督の役割を呼び起こすべきであり、各方面と互いにチームワークを取り合いながら、共に努力することによって初めて教育の質を高め、教育目的を実現し、学校を真の意味で立派に管理することができるのである。

（二）学校管理の対象

　学校管理の対象とは、すなわち学校管理者の認識と実践の対象であり、それには主に学校の人、財、物、時間、空間及び情報等といった資源が含まれる。学校管理の対象の人というのは、主に学校の教職員と生徒のことをいう。一般的に言えば、彼らは管理の対象であり、客体である。ただし、人間の社会活動は複雑なもので、彼らは異なる情況の下で異なる役柄を果たす事ができるが故に、彼らの管理における主・客体の地位というのは相対的で変化するものである。教師について言えば、学校の指導部と相対するならば、彼らは被管理者であるが、生徒と相対する場合は、彼らは管理者ということになる。生徒に就いていうならば、学校の指導部や教師と相対する場合は被管理者であるものの、彼らが自主的に学校のある種の管理活動に参加するに当たっては管理者の役割も発揮している。財とは、主に学校の経営が必要とする経費のことをいい、国家の割当金、生徒の納める学費、自己調達資金等といった面の学校管理経費が含まれる。物とは、主に学校の経営が必需とするところの物的設備のことをいい、校舎、教具、器械・器具、図書資料等がこれに含まれる。人、財、物と違って、時間、空間及び情報は学校管理の特殊資源である。学校管理者は必ず科学的に時間を割り振り、合理的に学校の空間を利用し、効果的に各種の情報を受け入れるべきであり、そうすること

で初めて管理効果を高めることが可能となる。

また、学校管理の対象は、「人」の要素と「物」の要素に分けることができる。まず、「物」の管理については、経済原則に従って利益の最大化を追究する。「人」の管理については、その成長と完成を促進すること、特に被教育者が総合的かつ自由な成長を遂げられるようにすることを目的とする。「人」の管理は、人間を中心とする。第二に、学校管理者は、物質的要素が人的要素のためにあることを明確にしなければならない。学校管理者が民主的で思いやりのある管理方法を採用して初めて、職員と生徒が教育活動に十分に従事し、学校管理の目標が最終的に達成されるのである。

(三) 学校管理の手段

一つの学校を立派に管理しようと思えば、学校管理者は一定の管理方法を擁していることが必須である。学校管理手段には主に学校の組織機構と規則制度が含まれる。

学校の組織機構は、一定の組織原理と仕事のニーズに基づいて打ち建てられたものであり、それは行政組織機構と非行政組織機構という二種の類型に分類できる。行政組織の構造には、主に政策決定機関、諮問機関、執行機関、監督機関及びフィードバック機関等が含まれる。学校の非行政組織機構には、主に各種の団体、労働組合、婦女連合、生徒会等の団体組織が含まれる。目下、中国の小・中学校の管理機構には主に教導処、総務処、校長弁公室、教研組、年級組、教育科学研究室等があり、それらは図 16-1 に示す通りである。

学校の規則・制度は、全構成員の日常生活の基本的規範であり、学校管理の科学化、民主化及び法治化の重要保証である。学校の規則・制度は、一般的には学校の指導制度、教育・教学管理制度、生徒管理制度、学園管理制度、財務管理制度、後勤(後方勤務)管理制度等である。

学校管理者、学校管理対象及び学校管理手段は、学校管理を構成する三大要素であり、それらは学校管理のプロセスにおいて相互に連携し、作用し合うことで、一つの能動的で複雑なシステムを構成しており、その中の学校管理者は学校管理の実践活動プロセスにおいてキーポイントとなる役割を果たしている。

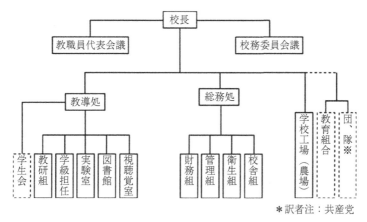

図16-1　中国の小・中学校の管理体制

三、学校管理体制

　学校管理体制は、学校管理の中枢であり、学校管理機能の実現に対して全局的、根本的な役割を発揮している。それは、学校組織機構体制と学校指導体制という二つの面を包括し、前者は学校管理機構の設置、各機関の職、責、権の区分及び相互関係を規定し、後者は誰が学校を指導し、その責任を負うかを規定する。関係上からすれば、学校指導体制は学校の指導の主体と指導形式を規定する以外に、学校内部の組織機関の目標と任務、職責と権限及び経営方式に影響を与える。学校指導体制は学校経営、学校管理の根本制度であり、学校管理活動を秩序だったものにし、学校機能の最大化を実現する重要な保証である。

　中国現行の小・中学校管理体制は校長責任制である。1985年発布の『中国共産党中央政府の教育体制改革に関する決定』は、「学校は校長責任制を逐次に実行し、受験を有する学校は校長が主宰する少人数からなる威信を有する校務委員会を設けて審議機関とすべきである。教師を主体とする教職員代表大会制度を確立し、健全化させることで、民主的管理と監督を強化する必要がある」と要求している。1993年、中国共産党中央政府と国務院は『中国の教育の改革と発展綱要』において、「中等及び中等以下の各種学校は校長責任制を実施するものとする。校長が国家の教育方針及び政策を全面的に貫徹するには、教職員をよりどこ

ろとして学校を立派に経営すべきである」と重ねて言明している。

校長責任制を実施するには、以下の問題をしっかりと処理することに注意せねばならない。

(1) 校長の権力と責任を明確にすること。校長が全面的にそれぞれの仕事の責任を負うものであるからには、名実相伴った一定の権力を擁するべきである。一般的にいえば、校長は学校行政の政策決定権、各項目の仕事の指揮権、副校長の指名や教職員の招聘任用及び考査の人事権、学校管理経費の使用権、校内機構の設置権及び校舎校産の管理権を有するものである。しかしながら、一部の地方においては、校長責任制が今なお実施に移されてはいない。校長の 80％以上が、自分には本学校が必要とするところの実際の権限、とりわけ人事行政及び財務行政面の権限を具備していないと感じているとする調査もある。校長の権責対等は現代管理の基本原則であり、一定の権力が無ければ、学校管理のプロセスにおいて、校長は真の意味で自主と責任を負うことをなし得ないのである。

(2) 党組織の保証・監督の役割を発揮させること。校長責任制の実行は、党の学校に対する指導を削ぎ弱めることを意味するものでは決してなく、それとは正反対に、党組織の指導的職責をより明確にし、突出させるべきである。『中国共産党中央政府の教育体制改革に関する決定』は、学校の党組織の役割をこう明確に規定している。

①学校の中の党組織は過去の一切合切を引き受けるという状態から抜け出し、自らの精力を党の建設と思想政治事業を強化することに集中させねばならない。

②広範な教師・生徒を団結させ、校長の職権の履行を大々的に支持し、党の各方針・政策の着実なる実施と国家の教育計画の実現を保証し、監督すべきである。

③マルクス主義を用いて広範な教師・生徒を教育することを堅持し、祖国の富強のために勇み立って進取し、功績をあげ自ら事業を興すよう彼らを激励し、生徒の徳、知、体、のトータルな成長を保証することで、学校をして、真の意味での資本主義を初めとするその他の腐敗した思想を食い止め、社会主義精神文明を建設する確乎たる陣地ならしめる必要がある。

(3) 民主的な管理と監督を強化すること。校長の独断専行を回避することで、「家父長制」や「ワンマン経営」といった管理的旧習を防ぐため、学校は教職員代表大会制度を確立し、教職員を吸収して学校の民主的監督と管理に参画させる

べきである。教代会制（教職員代表大会制度）は校長責任制の重要な構成部分であり、それは学校の教職員のために参政、議政（政策に対して意見すること）を提供する合法的ルートを提供すると同時に、学校指導部の政策決定の科学性と合理性を保証するものである。学校管理の全面的責任者として、校長は上級主管部門の指導を受け入れるのみならず、教職員代表大会の監督をも受け入れなければならない。教職員代表大会は以下のような職権を有するものである。

①校長の経営報告を聴収し、学校の年度経営計画、発展計画、重大改革プラン、教職員の構成構築等の重要問題を討議するとともに、意見と建議を提出する。

②持ち場責任制プラン、教職員の賞罰方法、賞金の実施プラン及びその他の教職員に関連する基本的な規則・制度を討議する。

③教職員の福利費の管理と使用の原則と方法及びその他の教職員の集団福利事項を討議し、採択する。

④学校の各級の指導管理職の業務を管理し、彼らに対して表彰、批判、評議、推薦を行い、必要な時には上級機関に褒賞、昇進、処分、免職を施すよう建議することができる。

第二節　学校管理の目標とプロセス

一、学校管理の目標

学校管理の目標は、学校管理の起点、管理プロセスの拠り所でもあり、また学校管理の帰着点でもある。管理の実効性を高めるため、学校管理者は社会発展の要求及び学校業務の実際のニーズに応じて科学的、合理的で、適切に実行に移し得る管理目標を制定せねばならない。

（一）学校管理目標の概念と意義

学校管理目標とは、学校管理の主体の管理活動に対する要求と期待、すなわち管理活動を通じて到達しようとするところの状態、標準及び結果のことを言う。学校管理の目的は、ベクトル的、集約的、規定的なものである。ベクトル的とは、

目標の方向が正確で、具体的な描写や評価の数的指標及び管理活動の結果に対する判定を有することを言う。集約的とは、目標が単なる孤立した量ではなくして、多くの目標で構成された体系で、分解と総合を行うことが可能であることをいう。規定的とは、目標が一種の期待値であり、到達を計画している見込み量であることをいう。学校管理目標は学校管理活動において重要な役割を持つ。

1. 方向付けの役割

学校管理目標は、一般的には何れも中国の教育方針を貫徹し、教育の発展方向を体現し、学校の実際に適合したものであり、従って学校管理目標は方向付けの役割を有し、学校のために経営の方向性を明示するとともに、教師や生徒のために努力すべき方向を明示することで、学校を理想的な目標に向かって前進するよう導くことができる。

2. 激励の役割

人を憧れさせ、しかも実施に移すことが可能な目標は、人々の積極性、自主性及び創造性を促すことができるとともに、彼らがその目標を達成するために努力するのを後押しすることができる。ブルームの『期待理論』は、「目標は一種の強力な刺激であり、人々が目標の価値を重くみなせばみなすほど、目標の実現を期待する確率も益々高くなり、促す力も益々大きくなる」と指摘している。

3. 調整コントロールの役割

学校組織機構は一つの複雑なシステムであり、その各部門は管理活動において異なる任務を担い、それらの間には統一性もあれば、特殊性もあり、業務において矛盾が現れるのを免れ難い。学校管理目標には調整コントロールの役割が有り、各部門に認識を統一させ、自覚的に調節させることで、学校組織機構に協調力、凝集力及び戦闘力を具えさせることができる。

4. 評価の役割

学校管理目標それ自体が学校業務のプロセスと成果を秤にかける質的基準でもあり、評価の役割を具えるものである。学校管理プロセスあるいは結果の質を理

解するには、目標を尺度として用いて秤にかけ、評価しさえすれば、その結果は一目瞭然である。したがって、当代の管理目標の評価機能は既に人々の高度な重視を得ている。

（二）学校管理の目標のポジショニング

学校管理は一つの系統的で複雑なプロジェクトであり、その目標の構造類型も複雑多様なものである。時間的に見るならば、長期的目標（10年以上）、中期的目標（3～5年）、短期的目標（1～2年）に分けることができ、レベルから見るならば、総体的目標、部門的目標、持ち場的目標に分けることができ、企画形式から見るならば、発展戦略、発展企画、経営目標及び経営計画に分けることができ、管理対象から見るならば、人的管理目標、物的管理目標、財的管理目標、時間的管理目標、情報的管理目標等に分けることができる。学校管理目標が如何に複雑多様なものであろうとも、その最終目的は何に対しても念入りに画策し、学校内外の様々な資源や学校管理の優位性を最大限に利用し、学校の効能を最大限に発揮させ、著しく効果的に学校の教育の質を高めることであり、これが現代の学校管理の目標のポジショニングである。

学校の効能とは、学校の機能が発揮されることによって生じるところの実際的効果のことを言い、これは学校管理の有効性の重要な標識である。学校の各方面の発展においては、生徒の成長が最も根本的で最も鍵となるものである。学校の効能とは、学校の生徒の学業成績に対する影響の程度のことを指すのみならず、それは学校の生徒の社会的成長に対する影響も含むものである。ただし、生徒のトータルで、自由、調和的な成長は、学校の各方面の発展が最終的に指し示す方向であり、学校発展の根本であり、学校管理目標の内在的価値である。現実においては、社会文化生活のレベルの向上に伴い、人々の教育に対する期待も益々高まっている。多くの保護者は既に子どもが進学できる学校があることには満足しなくなり、彼らが高質の教育を受けることができることを望んでいる。学校が時代発展のニーズに順応するためには、管理レベルと学校管理の効能を高め、教育・教学のレベルと生徒の成長の質を向上させることが必須である。したがって、学校管理目標は、学校の効能をベストに発揮させることによって生徒の成長を促すことにポジショニングすべきである。

（三）学校管理目標実施の要求

1．各種の管理目標の協調一致を保持

　一つの学校が高効率、秩序だって経営されるには、関連する学校管理の様々な目標が調和的な一致を保持するようにする必要がある。第一に、学校管理目標と学校の目標とが一致していることである。学校教育目標とは、各級各類の学校の被教育者の心身の成長に対して打ち出すところの標準と要求、つまり教育目的の具体化のことをいう。学校管理目標とは、すなわち学校教育目標を実現するために管理規範及び効能の上で達成すべき目標と効果であり、それは学校の教育目標を実現するために奉仕するものであり、教育目標と一致を保つべきである。第二に、部門管理目標は学校管理の総目標と協調一致しているべきである。第三に、学校管理者の目標と被管理者の目標は宣伝・説明、学習及び意思疎通を通じて一致の方向に向かわねばならない。

2．高効率の管理組織システムを確立

　高効率の学校管理組織システムを確立するのは、学校管理の目標追究である。一つの高効率の管理組織システムは、静態的に見るならば、それは機構が健全で、職責が明確で、権責の釣り合いがとれているものでなければならず、上下のレベルの関係を明確にする必要があり、また平行部門の間に関係もはっきりとさせねばならず、更に本部門の内部関係を正常化させることで、相互関係における分業と協働、各々がその職を司ることをやり遂げる必要がある。動態的に見るならば、学校管理の各レベル、各部門は秩序だった経営がなされ、最大効率を発揮すべきであり、そうすることで、日常的な管理経営が上手く処理できるのみならず、変化に応じて創造的に様々な管理問題を解決することができるのである。

3．高レベルの学校管理構成を組織

　高レベルの学校管理構成は活気に満ち、生気と戦闘力に富んだ構成で、変化する環境の中で創造的に仕事を繰り広げることができなくてはならない。高レベルの教師陣を組織するには、まずもって、教師陣の構築を強化すべきである。なぜなら、教師陣は学校発展の基、競走の根本であるのみならず、管理構成選抜の源

でもあるからである。次に、管理構成の年齢、専門及び学歴構造の配置が合理的であるか否か、学校の長期的な発展に相応しいか否かを考慮せねばならない。更に、管理職の任用に対しては、信頼、思い切り、人を用いるのが得意でなければならない。そして最後に、若き管理職の選抜と育成を重要視することで、構成の生気と活力を永遠に保てるようにする必要がある。

4. 科学的な管理の方法と手段を講ずる

科学的な管理の方法と手段とは、すなわち学校管理経営の実際を出発点とし、人、財、物の異なる特徴に基づき、適切で効果的な方法を講ずることである。人について言うと、学校管理は人間を根本とし、人間を十分に尊重し、彼らの自主性と創造性を発揮させるために条件を創出することで、彼らが仕事において一種の楽しさや幸福、あるいは達成感を持てるようにする必要があり、財、物について言えば、現代化の技術や手段を用いて系統立った管理を行うことで、その役割を十分に発揮させる必要がある。

二、学校管理のプロセス

学校管理プロセスとは、すなわち学校管理者が学校管理を実現するために予め定める目標であり、学校管理の対象に対して計画、引率、規範化、調整及び向上化を進める動態プロセスである。学校管理プロセスはどのような基本的部分を有するのか？如何にすれば管理プロセスの質を高め、ベストな管理効果が得られるのか？ これは学校管理者が実際の経営において思考すべき問題である。

学校管理プロセスは、一般的には計画、実施、検査及び総括という四つの基本部分で構成される。

(一) 計画

計画は、学校の経営目標のトータルデザイン及び統一計画案配である。それは学校管理プロセスのスタート部分であり、方向を明示し、コースを企画し、歩調を統一し、効率を高める役割を果たすものである。計画の組織及び調整コント

ロールの機能を効果的に発揮させるため、学校は経営計画を立案する際に、以下の何点かに注意しなければならない。まず、党と国家の教育方針、政策及び要求をよりどころとし、教学を主とし、教育・教学の質を高めることを目標とすることを堅持し、学校の各項目の事業を統一して計画し、各方面に配慮するとともに、それに全面的に協調するべきである。次に、学校の過去の事業の基礎、当面の実情及び未来の発展趨勢を深く掘り下げて分析することで、学校の奮闘目標と任務を明確にすべきである。更に、学校の経営計画の立案プロセスに参画するよう真剣に校内の非党員に働きかけねばならない。そして最後に、計画は詳細・確実、具体的で、明確な仕事内容、主な方法あるいは段取り、完成期限や責任者等を有していなくてはならない。

（二）実施

実施とは、つまり計画を行動に移し、構想を現実に変え、学校の人、財、物、時間、空間、情報等といった資源が最大の実益と社会的価値を生むようにすることである。実施無くしては、如何に立派な計画であっても一枚の空手形に過ぎず、何の価値もない。したがって、学校管理者はこの中心的部分をしっかりと捉えて実施する必要がある。実施プロセスにおいては、学校管理者は組織、指導、協調及び激励の作業をしっかりと行わねばならない。組織とは、つまり全校の人、財、物、時間、空間、情報等といった資源の科学的な組み合わせ、合理的な組み合わせに対して、人がその才能を尽くし、物がその用を発揮し尽くすようにすることである。指導とは、つまり学校指導部の具体的な執行人員に対する引率、支持及びサポートのことであり、それには思想的なヒントを与えたりすることや、業務上の扶助等も含まれる。協調とは、つまり作業の重複、浪費を減らし、矛盾や衝突によりもたらされるところの様々な問題を解決するために行う意思疎通や協議の事業である。激励とは、つまり学校の教職員の仕事の意気込みを促し、彼らに終始旺盛な士気や高ぶる情熱を維持させることで、愉快に仕事をする中でベストな管理成果を収められるようにすることである。

（三）検査

検査とは、計画の執行情況に対して考査を行うことを言い、その目的は問題を

第十六章　学校管理　　661

発見し、解決することに在る。検査は学校管理における監督、審査評議及び激励の役割を有する。検査を抜きにしては、フィードバック情報を得ることが難しく、存在する問題及びその原因を理解する術が無く、仕事を改善せしめる術も無い。検査には経常的検査と定期的検査、トータル検査と特定項目検査、相互検査と自己検査、上から下への検査と下から上への検査等といった様々な形式がある。ニーズに応じて選択すべきであるが、如何なる検査であるのかを問わず、何れも厳粛、真面目に行うべきであり、いい加減にその場をごまかすのは是非とも避けねばならない。

（四）総括

　総括とは、つまり学校管理プロセスの計画、実施、検査等の作業に対して分析、評価等の反省的活動を行うことを言い、それは我々に成功の経験を得させるとともに、学校管理経営の自覚性や予見性を高めさせることが可能であるし、また我々に失敗の教訓を汲み取らせ、盲目性や主観的随意性を食い止め、克服させることも可能である。又、前プロセス周期の終了でもあれば、次なるプロセスの開始でもあり、上を受けて下を起こし、前の事業を受け継ぎ将来の発展に道を開くものでもある。したがって、総括作業の意義は重大である。

　学校管理プロセスの四つの環節は相互に連繋し合い、相互に制約し合い、順序を追って逐次に進められ、首尾一貫した有機的総体である。計画は管理の全プロセスを統率し、実施は計画の執行であり、検査は実施プロセスに対する検証であり、総括は計画、実施、検査に対する総体的分析と評価及びその改善建議である。各環節の間には、何れもフィードバックの回路が存在し、経営に対する再認識、向上化及び促進の役割を果たしている。その機能は図16-2が示す通りである。

　学校管理プロセスの四つの環節は、順を追って徐々に進む中で絶えず循環しながら前向きに発展するものであり、この種の循環は機械的な重複ではなく、螺旋式の上昇である。毎次の循環は何れも前段階の経営の改善と向上である。学校管理経営とは、すなわちこの種の循環往復する活動の中で絶えず前向きに発展するものであり、図16-3の示す通りである。

　学校管理プロセスにはその法則性があり、順を追って一歩一歩進め、首尾一貫して立派にやる必要がある。ただし、学校管理プロセスはまた、動態的、多変的

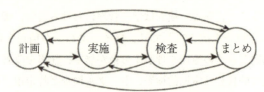

図 16-2　学校管理プロセスの四つの環節の関係

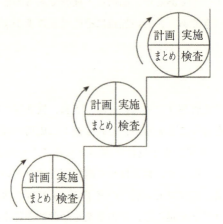

図 16-3　学校管理プロセスの螺旋式上昇

なものであり、従って実情の発展に応じて融通を利かせることで、実効性を高めねばならない。

第三節　学校管理の内容と要件

一、教学管理の内容と要件

　教学は学校管理の中心であり、教学の質と効率は学校の経営のレベルと効果・利益を直接的に決定づける。学校指導部は教学管理を学校管理のトップに据えることで、以下の教学管理経営を適切にやり遂げることが必須である。

第十六章 学校管理　663

（一）教学思想の管理

　思想は行為を先導するものであり、先進的な教学思想が教学経営の積極的で前向きな発展や変革を誘導するのに比べて、後れをとった保守的な思想はその発展の障がいとなる。そのために、教学管理者はまずもって教学思想の管理をしっかりと掴むべきである。計画を持って常に先進的な科学的教学理論及び教育方針、政策を学ぶよう教師を組織し、様々な曖昧で誤った認識を一掃し、正しき教学理念を確立することが教学思想管理の基本任務である。

　教学は教師と生徒の間の一方的な知識の授受ではなくして、教師・生徒間の双方向の交流であり、影響の与え合いである。教学の目的は知識を身につけるよう生徒を導くのみならず、生徒の能動性を十分に発揮させ、トータルに知識の教育価値を実現し、生徒の創造精神や実践能力の発達を促すことで、時代のニーズに適応させるべきであるというのが、つまり当面において我々が確立すべき教学観である。

（二）教学組織の管理

　教学組織の管理経営をしっかりと行うことには、教導処の経営の強化と教研組の経営をしっかりと指導することが含まれる。

1．教導処の構築の強化

　教導処は学校の教務行政の職能機関であり、教学管理の中枢及び調度室（管理調整室）である。教学管理は教導処の構築を大々的に強化し、教導処の職能作用を十分に発揮させるべきである。

　（1）教導処の職責を明確にすること。教導処は学校の教務行政の仕事を担うものであり、生徒募集、入学手続、クラス編成、学校の行事カレンダーの作成、授業時間割表及びタイムスケジュールの作成、学籍管理、教学保存書類の管理、図書室及び実験室の管理、統計教務報告表等がそれに含まれる。

　（2）教導主任を念入りに選抜すること。教導主任は校長の教学管理の主な助手であり、教務事業のリーダーである。彼は先進的な教学理念を有するとともに、計画、協調、研究及び教学改革事業の能力を具備している必要があり、そのために念入りに選抜しなければならない。

（3）教導処の機構は膨れ上がってはならず、人員は細心で頭の切れが良く、やり手でなくてはならない。

2. 教研組の事業をしっかりとリードすること

　教研組は教師が教学研究を行う組織であり、それは教師の教学レベル、科学研究能力を高めること及び先進的経験を発見し、総括し、推進拡大するという面において全局面を左右する役割を持つ。教育部が1957年1月21日付で発布した『中学校の教学研究組の事業に関する条例（草案）』は、教研組の性質と任務に対して、「教学研究組は教学研究組織であり、行政組織の一つの級ではない。その任務は教師を組織して教学研究を行うことで、教育の質を高めることであり、行政事務を処理するものではない」と明確に規定している。そして更に、教研組の主な仕事内容は、教師を組織し、教育に関する方針、政策及び指示を学び、教学大綱、教材及び教学方法を研究し、教学を結合させて教育理論や専門的な科学知識を研鑽し、教学経験及び教学改革の経験を学び、組織し、交流し、総括するものであると明確にしている。教研組はかつて中国の小・中学校の教学活動において重要な役割を果たしたことがある。新カリキュラム改革の背景の下、教研組の役割は日増しに浮き彫りになっており、そのために教研組の構築を強化することで発展のニーズに適応させることが、学校管理の緊急の課題である。

　（1）教研組の確立と健全化。教研組の構築は、中国の教育改革発展のニーズに随って発展したものであるが故に、学科の教学研究のニーズに応じて単一の学科教研組あるいは多学科教研組（以下、教研組と略称）を設立する以外に、多くの規模の比較的大きな中学校は、学年クラスの教学を強化し、最適化するために、更に年級教研組（以下、年級組と略称）を設置している。それは同学年の各学科教学の間の研究、改革、交流と向上化にとって都合の良いものである。当面においては、年級組が学校の教学研究及び管理経営において果たしている役割は日増しに顕著になっている。

　（2）教研組長をしっかりと選ぶこと。教研組長は優れた師の徳、先進的な教育理念、比較的に高い専門レベルと科学研究能力、鋭意改革の精神、強い組織協調能力を具備していなければならない。教研組長は校長が任命するか、もしくは選挙を通じて誕生させても良い。

第十六章　学校管理　　665

（3）教研組の仕事に対する指導とサポートの強化。現実の教育改革の実践においては、教師の観念と教学パターンの変革、カリキュラム資源の開発と生徒の学習方式の改善とを問わず、何れも教研組の支持と参与が必要である。しかしながら、教研組の構築は、当面においては新たな試練に直面している。教研組のメンバーの人心の弛みや自分の主張通りにして歩調を合わせないといった状況を変えるため、学校指導部は自らの特長に基づき、手分けしてそれぞれの教研組に深く入り込み、具体的な指導と幇助を与えるべきである。教研組が仕事の方向を明確にし、作業計画を立案し、規範制度を確立し、教学の見学、研究及び経験交流等を組織するのをサポートすべきであるその一方で、教研組が一種の相互学習、提携及び共同探究の文化を形成し、学習型組織となり、教師成長の郷里となることで、その凝集力を高めることをサポートすべきであり、そうすることによってこそ、初めて学校が真の意味において入り込んで複雑な教育改革に適応できるようになるのである。

（三）教学の質の管理

　教学の質の管理は、学校管理者が一定の質的標準に基づき、学校の教学プロセス及びその結果に対して全面的な指導、検査・測定、評価及び改善を行う活動であり、その目的は教と学の質を高めるためである。教学の質は教学管理の生命線であり、学校の教学管理のすべての作業は、最終的には何れも教学の質を高めるためである。

1．教学の質管理の内容

　（1）科学的な教学の質の基準を制定すること。教学の質の基準は、教学の質の検査のよりどころであり、教学管理の基礎でもある。教学の基礎の基準は教学経営の各方面に関わるものであり、多層的、多次元的な複雑な体系である。一式の科学的で適切な教学の質の基準を制定するのは容易なことでは決してなく、それには絶えざる探索と総括と向上化が必要である。

　（2）教学の質に対して検査と分析を行うこと。教学の質の検査には様々な方法があり、学校は計画的に平素の検査と段階的検査、全面的検査と重点的検査を結合させるとともに、質の検査において得られた資料やデータに対して整理、分析

及び評価を行うことができ、そうすることによって、管理者は教学の成績と問題をはっきりと整理するとともに、適切で実行に移し得る改善方法を提起することで、教学の質をより一歩高めさせることが可能になる。

（3）教学の質に対する調整コントロールを行うこと。教学の質のコントロールは、実質上は教学において積極的な要素を発揚し、消極的な要素を克服するか、もしくは制限することであり、その鍵は質の検査と分析において提出した教学改善の意見を実施に付すとともに、フィードバック情報を入手することによって適時に一歩進んだ合理的な調整と改善を進めることに在る。

2. 教学の質管理の基本要件

（1）トータルな教学の質管理を堅持すること。まず初めに、教師の教えの質をおさえるとともに、生徒の学びの質をおさえ、次に、少数の「秀才」の質のみに目を向けるのではなく、大多数の生徒の実際のレベルを見、最後に、「進学率」の高低のみに目を向けるのではなく、生徒の徳、知、体、美がトータルに発達しているか否かを見る必要がある。

（2）全プロセスの教学の質管理を堅持すること。現代の教学の質管理は一種の教学のプロセス全体に対する管理であり、故にこれまでの結果を重要視する管理からプロセス全体を重視する管理へと転向すべきである。プロセス全体の管理は、教師の授業の準備、授業、個人指導から生徒の予習、聴講、宿題に至るまでのすべてに対して明確な要求を持ち、相応の管理措置を講ずるものでなくてはならない。

（3）全員の教学の質管理を堅持すること。教学の質を高めるのは教師のする事であるのみならず、全校の職員の共同責任でもある。故に学校は全員の教学の質管理を実行し、人員全体の積極性を十分に引き出すことで、教学の質の向上のために共に戦うべきである。

（4）全要素の教学の質管理を堅持すること。学校における教授は、一種の人、財、物、時間、空間及び情報等といった要素の影響を受ける活動である。我々は人という要素を考慮する以外にも、教学経費、設備、資料及び教学環境等といった要素が正常な教学のニーズを満足させられているか否かを考慮せねばならず、教学の質を保障することは、管理者が関心を注ぎ、解決すべき問題でもある。

二、教師管理の内容と要件

（一）教師管理の意義

百年の大計は教育を本となし、教育の大計は教師を本となす。「一つの学校が社会主義構築のために規格に合った人材を育成し、徳知体がトータルに発達し、社会主義の自覚を持つ文化を有する勤労者を育成し得るか否か？ その鍵は教師に在る」。広範な教師の役割を十分に発揮させるため、我々は教師の構成の構築を強化し、教師に対する配慮と管理及び奉仕をしっかりと行う必要がある。

（二）教師管理の内容

素質が優れ、構造が合理的で、現代の教学と科学研究に適応し得る教師の構成を構築するには、以下の事業をしっかりと行うことが必須である。

1. 教師の選抜

教師の選抜をしっかりと行うことは、教師の質を確保する前提であり、以下の三つの方面の事業を行うことを含むものである。

（1）資格的制御。教師をする資格があるのはどのような人なのか？ 多くの国が何れも教師資格制度を確立している。『中華人民共和国教師法』第十条第二項は、「中国公民で、凡そ憲法と法律を遵守し、教育事業を熱愛し、良好なる思想品徳を具え、本法の定める学歴あるいは国家教師資格試験合格を具備し、教育・教学能力を有し、認定を経て合格したものであれば、教師の資格を取得できるものとする」と規定している。教師の資格は一人の人間が教師として招聘され得るか否かの前提条件である。

（2）編制的制御。学校が幾人の教師を採用し得るのかについては、学校の現況と将来的発展のニーズを考慮する必要があり、また教育行政主管部門の頒布した教師編制標準を遵守する必要がある。

（3）採用的制御。学校が教師を採用するには、情報公開、手続の公正さ、結果の公平さを成し遂げねばならない。

2．教師の任用

教師の任用には、以下の要件に注意する必要がある。

（1）事情に応じて人を選ぶこと。学校の仕事の持ち場は組織の定員と構成により定められたものであるからには、教師の任用はニーズに応じて持ち場を設け、事情に応じて人を選ぶものでなくてはならない。

（2）長所を伸ばし、短所を避ける。金に純金無く、人に完璧な人間はいない。教師に仕事を割り当てるには、長所を発揚することによって短所を回避させ、その創造性を発揮させねばならない。

（3）新老の釣り合いをとること。若い教師は経験に欠けるので、年輩教師が伝、帮、帯の役割を発揮する必要があり、これは経験済みの有効な方法である。

（4）全局に立脚点を置くこと。教師の任用には全体観が必要で、当面を立脚点とし、長期的発展に着眼し、彼らが輝ける未来を切り開くよう激励する必要がある。

3．教師の育成

学校は教師の育成と仕事の向上を学校発展の大局に据えて考慮し、操作すべきであり、以下の作業をしっかりと行う必要がある。

（1）現代教育発展のニーズに適応することを教師の訓練養成の出発点とすること。

（2）教師訓練養成の長期的計画と短期的目標とを結合させること。

（3）健全な教師の各種の学習及び進修の制度を確立し、教師の訓練養成事業を規範化し、制度化すること。

（4）改革・創新を堅持し、教師の訓練養成事業の照準性と実効性を強化すること。

4．教師の審査評議

教師の考査と評価は、学校教師管理の経常的事業である。科学的、客観的、公正に教師の仕事を審査評価することは極めて重要であり、管理者がトータルに教師を知り、教師を合理的に用い、昇進させるのに役立つその一方で、教師が自らを冷静に認識し、自らをより良く改善し、向上させる助けにもなる。教師の審査

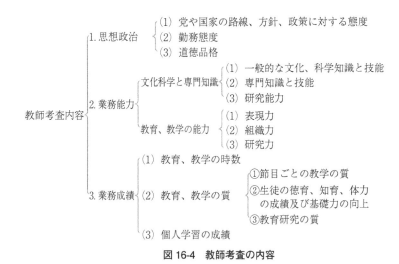

図16-4 教師考査の内容

評価の内容は、一般的には思想政治、業務能力及び仕事の業績審査評価に分けられ、それは図16-4に示す通りである。

教師の審査評価をしっかりと行うには、以下の要件に注意しなくてはならない。

第一、平素の考査と定期的考査を結合させ、平素の考査を主とすることを堅持すること。

第二、指導部の審査評価、非党員の審査評価及び自己審査評価を結合させ、審査評価の主体を多元化させることを堅持すること。

第三、定性審査評価と定量審査評価を結合させ、審査評価結果を公平、トータル、適切なものにするよう努力することを堅持すること。

第四、審査評価と賞罰を結合させ、審査評価の激励的機能を発揮させることを堅持すること。

(三) 教師管理の発展趨勢

1. 職務招聘任命制を逐次に実現

長年来、中国の小・中学校の教師は、上級教育部門の統一的計画により分配と管理がなされて来た。この種の制度の弊害は、権力が過度に集中することにより、学校と教師に自主選択の権利が少しもなく、人員が合理的に流動する術が無いと

いう情況がもたらされることであり、それに加えて教師という職業の「親方日の丸」「終身制」が更に教師の仕事の積極性を欠乏させていた。改革開放の進展と市場経済の逐次的な確立に伴い、教師管理制度も統一分配制から職務招聘任命制へと転向し、身分管理を持ち場管理へと変えることで、健全で公開的、公平的な教師招聘任命制度と自主流動メカニズムを確立するというのが将来的発展の趨勢である。

2. 科学、人道性及び奉仕へと向かう

民主と法治の観念の普及及び教師の権利意識の目覚めに伴い、学校の教師に対する管理方式も徐々に変化が生じ、伝統的な行政命令の「ハードな管理」から教師を尊重する「ソフトな管理」へと変わり、教師管理も科学化、人道性、奉仕へと向かうようになっている。多くの学校が教師に対する動機的激励や尊重的配慮を益々重要視するようになるとともに、教師と腹を割って話し合い、自発的に教師のために奉仕することを重要視するようになったが、教師の自律、自己勉励及び自発的に仕事することを唱導すべきであることも無論いうまでもない。

三、生徒管理の内容と要件

生徒は学校教育の対象であり、教育と成長の主体でもあり、生徒管理の方法が適切であるか否かは学校の人材育成の質に直接影響する筈であるが故に、生徒管理問題に対して研究を進めることには重要な意義が有る。

(一) 生徒管理の内容

生徒管理は細緻・複雑にしてしかも多層的な作業であり、その主な内容には以下の面がある。

第一、思想品徳管理。生徒の日常行為規範の慣例的管理、各種偶発事件の非慣例的管理を含み、後者は生徒の喫煙、早恋、殴り合い、犯罪、人身死傷事故等のことをいう。

第二、学習管理。生徒による授業の慣例的管理、学籍管理、生徒の成績と身上調書・行状記録の管理を含む。

第三、健康管理。生徒の体育活動管理、保健衛生管理及び心理健康教育管理を含む。

第四、生徒組織の管理。学年クラス、少年先鋒隊、共青団、生徒会等の正式な組織の構築と管理、及び生徒が自発的に結成した各種の非正式な組織に対する配慮と管理を含む。

第五、課外活動管理。生徒が組織し、活動の内容、時間及び場所を案配するのをサポートしたり、必需の物質条件を提供したり、中間総括を行ったりすること等を含む。

(二) 生徒管理の要件

1. 国家の法律・法規の要求に従い、生徒に対して法に基づく管理を行う

中国の憲法と教育の法律・法規は、小・中学生の管理に対して明確な規定を行っており、学校は法に基づき生徒に対して管理を行うことが必須である。この事は、良好な法的素質を具備し、法を知り、弁え、法を守り、護ることで、学校の校規、校紀と『中華人民共和国教育法』、『中華人民共和国未成年者保護法』、『中華人民共和国義務教育法』等の法律との一致性を保持し、アクティヴに法に基づく管理を推し進め、法律が生徒に賦与するところの権利と義務を保障するよう学校の管理者、教育者に要求するものである。

2. 生徒の心身発達の特徴に基づき、生徒に対して科学的管理を行う

生徒の心身発達は順序性と段階性を有するものであり、生徒に対して管理を行うには、生徒の心身発達のレベルを考慮に入れ、異なる年齢、異なる特徴の生徒に対して違った対処の仕方をし、異なる要求を出し、異なる管理方法を用いるべきである。

3. 生徒の自発性を発揮させ、自己管理を行うよう生徒を導く

伝統的な生徒管理は、主に「管（管理する）、圧（押さえつける）、盯（マークする）」といった方法を採り、圧するも服さずというのが常であった。生徒は能動性を具えた人間であり、外的な力の拘束に頼るだけではダメであるということを弁えねばならない。まして社会の発展と変革に伴い、青少年である生徒も、経

験豊富で知識が広く、思想が解放され、参加意識が強く、独立した思考をすることに勇敢で、自らの見解を述べ、学校及びクラス集団の構築のために献策したがるといったような新たな特徴を示すようになっている。したがって、学校は生徒に対する管理パターンを改革し、受動的に管理を受け入れることから自発的に管理に参与することへと転じることで、逐次的に自己管理を強化するよう生徒を導くべきある。

　自己管理を行うよう生徒を導くには、まずもって、自分こそが教育と成長の主体であり、自らの成長と発展と関係の有る事務を処理することに参与する権利と義務を有することを生徒に意識させることで、アクティブに管理に参与することを願うようになるよう生徒を養うべきであり、次に、生徒が豊富で多彩な活動や試合及び偶発事件の処理に参与するようにさせることで、生徒の自己管理能力を鍛えるべきであり、最後に、意見交換、自己批判、共に向上することを通し、生徒に自己管理の楽しさを体験させるようにする必要がある。

四、総務管理の内容と要件

（一）総務管理の内容

　学校の総務管理は、事柄が多く、量が膨大で、関わる面が広く、政策性の強い仕事であり、その内容は主に財務管理、生活管理、校産管理及び環境管理等の面を含むものである。財務管理とは、すなわち資金の調達、計画、使用、分配、調節、監督及びそれによって生じる様々な財務関係の管理であり、その目的は資金の利用率を高め、教育投資の効果と利益を増やすことである。生活管理は食堂管理、水道・電気・ガス管理、住宅管理、医療保健管理等を含み、その目的は学校の教職員・生徒の生活、学習及び仕事のニーズを改善することである。校産管理とは、すなわち経済と実用の原則に基づき、各種の教学設備、実験機器、生活奉仕施設及び図書資料等といった学校資産の買い入れ、効果的使用及び適切な保管を計画することであり、その目的は消耗を低く抑え、浪費を減らすことで、使用効果を高めることである。環境管理は学園計画、教学棟や学生宿舎及び道路の建設、環境改造や衛生整備等といった方面の管理を含み、その目的は学園の浄化、緑化及び美化を実現し、教職員・生徒のために優雅で静かで、清潔で快適、安全

な生活、学習及び仕事の環境を創出することである。

　四川省安県の桑棗中学校の葉志平校長は、四川省の優秀な校長である。彼が引き継いだのは建築が質的にかなり劣った教学棟で、着任後、最初に決心したのがこの棟を立派に修復し、子どもたちが安全に授業を受けられるようにすることであった。教学棟が見かけ倒しで、重いレンガの欄干が有ることに気付いた彼は、大いに立腹し、軽くて精巧で頑丈な鋼管の欄干に取り換え、棟全体の22本の荷重柱を太くし、セメントを注ぎ直すよう要求した。この棟の建設にはたったの17万元しか使われておらず、強化するだけで40数万元が費やされ、そのすべては彼が寄付を募ったことで賄われた。　新築の棟に対する彼の要求は更に厳しく、大理石の壁面は他者の何れもが貼り付けるというものであるのに、彼はそれが剥がれ落ちて生徒に怪我をさせてしまうことを恐れ、施工隊にすべての大理石の石板に四つの穴を開けさせ、金属の釘を用いて外壁に打ち付けた上で、改めて貼り付けるようにさせた。

　校長の第一の任務はすなわち生徒の安全の確保であることを弁えていた彼は、それ故に、学期ごとに防災訓練を組織した。たとえ誰か反対する人がいようとも、彼はそれを堅持し、教師・生徒は終にそうすることが習慣となった。　「5・12」四川汶川大地震の発生時、葉校長は正に綿陽で仕事をしていて…彼が綿陽から狂ったように舞い戻り、学校に突入した時、生徒と教師の全員が何れも運動場に立っていた。彼が最も心配していたあの四十数万元を費やして修復した実験教学棟は崩れなかったのに対し、学校以外の家屋は百パーセント損害を被った。

　このような校長に恵まれた桑棗中学の子どもたちは幸せであり、幸運であった。

（二）総務管理の要件

　学校の教育・教学活動の展開、作業効率の向上には、物質条件の支えと保障が欠かせない。故に、学校の総務管理は教職員・生徒互いに密接な関係に在る重要な仕事なのである。そのために、管理者は、教室、教研室、生徒宿舎、食堂及び運動場等の場所に入り込み、教職員・生徒のニーズを理解し、群衆の意見や要望に耳を傾けるべきであり、教職員・生徒の困難を適切に解決し、彼らの要望を満足させてこそ、総務の仕事は初めて実効を奏することができるのである。総務の仕事は一種の奉仕であり、奉仕を突出させれば、総務の仕事の核心を掴んだこと

になる。しかしながら、奉仕すべき対象はとても多く、学校の人、財、物は限られたものであるので、如何に奉仕を展開するのかが重要問題となる。ただし、学校の様々な仕事に在っては、あくまで教学が中心であり、したがって、総務の仕事は教学に奉仕することをトップに据え、絶えず教学の環境と条件を改善することで、学校の教育の質を適切に高めるべきものである。

第四節　学校管理の発展趨勢

学校管理は時代に即して発展変化すべきであり、当代の学校管理の発展趨勢を思考し、探究すべきである。

一、教学管理の法治化

法律に照らして国を治める方策の確立に伴い、教育を管理するということが党と政府の教育管理の基本方針となり、学校を管理することが教育を管理することの重要な構成部分であるとするのが、21世紀の学校管理の必然的選択となるであろう。法律に照らして学校を管理するというのは、つまり学校管理を法治の軌道に乗せることであり、それには二つの面がある。一つは、政府及び教育行政部門が、法に基づいて学校を管理するという面であり、もう一つは、学校管理者が学校を管理するという面である。

法律に照らして学校を管理せねばならないのはなぜか？第一に、学校を管理するのは法律に照らして国を統治するという方策の必然的要件である。1999年3月、第九期全国人代表大会第二回会議が憲法修正案を採択し、「中華人民共和国は法に基づいて国を統治することを実行し、社会主義の法治国家を建設するものである」という一句を憲法に盛り込んだ。法律に照らして国を統治するとの基本方策を貫徹するためには、学校管理の法治化が必要である。第二に、法律に照らして学校を管理するのは市場経済の発展に適応する客観的ニーズである。計画経済の体制下においては、学校と政府及びその教育行政部門との間の関係は、一種の従属関係であり、政府は主に行政の指令をよりどころに、学校に対して管理

を行ったため、法的規範を欠くことで、管理の仕方に融通が利かなさ過ぎ、学校が受け身的に硬直し、生気を欠いてしまった。当今においては、市場経済のニーズに適応するため、学校は独立の法人的地位と学校管理の自主権を擁すべきであり、法律に照らして学校を管理する必要がある。況してや、市場経済の発展、公民の権利意識の徐々なる高まりに伴い、教師、生徒及びその保護者の様々な合法的権利を守る活動が自ずと増え、学校管理者は何らかの新たな状況で、新たな問題にぶつかることは不可避であるからして、学校は法律に照らした管理を行うことが必須となる。第三に、法律に照らして学校を管理することは、学校管理改革のニーズである。長きにわたり、中国の学校管理は主に「人治」に頼って来た。「人治」の最大の特徴は「権力が法よりも大きい」ことであり、人々は往々にして権力に服従する余り、法律を遵守することを重視せず、そのために学校管理において「以権代法」（権力が法の代りとなること）、「以官代法」（役人の言葉が法になる）といった混乱と腐敗の局面が現れた。だからこそ、法律に照らした学校管理が必要なのである。

　法に照らして学校を管理する作業を推進するため、学校管理者は以下の措置を講じるべきである。

　第一に、法に基づく行政を重要視すること。法に基づく行政は法律に照らした学校管理の前提であり、保障である。したがって、厳格に法の定める職責に準拠しつつ、学校に対して管理を行い、学校の経営自主権を擁護することが教育行政部門に求められる。そして、法執行のメカニズムと監督メカニズムを総合することで、法に基づいて学校管理活動を監督し、学校教育の正常な秩序を護るべきであり、法に基づいて申し立ての制度を確立し、規範化することで、社会に向けての告発制度を確立し、教師と生徒の申し立て案件を適時に処理し、学校の違法行為、とりわけ教師が生徒の権益を侵犯する違法行為を発見し、糾すべきであり、関連部門と歩調を合わせて学園及び周辺環境の管理経営を展開し、学校の合法的権益を保護するべきである。

　第二に、制度構築を強化すること。学校は法律・法規に基づき学校の規約を制定し、完全化し、主管の教育行政部門の審査を経た後、学校管理の重要制度とすべきである。そして、健全なる学校の教育・教学制度を確立し、国家の教育方針を貫徹し、実行に移すことを保障すべきであり、また、健全なる学校行政制度を

確立し、校長の政策決定の手順を完全化させることで、学校の党組織の政治的保障の役割を発揮させるべきであり、更に、学校の財務と資産管理制度を完全化させることで、法に基づき費用を収め、法に基づき学校の財物をしっかりと管理すべきである。

　第三に、民主的構築を推進すること。教職員代表大会制度をより一層完全なものにし、教職員の学校の民主的管理と民主的監督に参与する権利を適切に保障すべきであり、また、校務の公開制度を全面的に実行し、学校の改革と発展の重大な政策決定、学校の財務収支情況及び教職員の福利待遇及びその他の権益は適時に教職員に公布すべきであり、学校の生徒募集規定と費用を収める項目及び標準は生徒、保護者及び社会に対して公開すべきであり、更に、保護者委員会を設け、地域の学校の管理及び監督への参与を後押しすべきであり、学校の生徒の権益に関わる重要な政策決定は、地域と保護者委員会の意見に十分に耳を傾けるべきである。

　第四に、法治教育を展開すること。法に基づく学校管理の鍵は観念の転換に在り、学校は生徒が喜んで聞き、喜んで目にする方式を多く採用し、生き生きとして活発な法治教育を展開することで、教職員・生徒の法律の素養を高めるべきであり、学校の指導部と教師は先頭に立って法律知識を学ぶことで、法治観念を強めるとともに、法や規律を遵守する素質が具わっていることを校長及び教師の審査評価の重要内容とすべきである。

　第五に、教師の権益を擁護すること。学校は法に基づき規格に適った教師を招聘任用し、双方の権利と責任を明確にすることで、教師の権益を尊重し、教師の待遇を保障すべきであり、また、校内における教師の申し立てのルートを確立することで、教師の合法的権益を擁護すべきであり、更に、教師に対する教育と管理を強化することで、賞罰をはっきりとさせ、教師の生徒の人権を侵犯する違法犯罪行為を厳しく処罰せねばならない。

　第六に、生徒の権益を保護すること。生徒の人身と財産の安全を保護し、安全管理制度を確立し、完全化させることで、生徒の傷害事故を予防し、減らすことを重要視すべきであり、また各種の突発事件に対応する事前の対策を確立し、事故を防ぎ、適切に処理する能力を増強するべきであり、更に学籍管理制度を健全化させ、法に基づき生徒の被教育権を保護すべきであり、小・中学校は一般的に

生徒を除籍してはならず、生徒に対する処分は公正、適切であるべきで、教育に重きを置くべきである。

二、学校管理の人道性

学校管理は一種の人間に頼り、人間を通じ、人間のために、人間の成長を促す活動であり、人間を根本とすることを堅持しつつ、学校管理の人道性を実現してこそ、初めて広範な教職員・生徒の情熱と積極性を引き出し、効果的に人間の成長を促すことが可能となる。不幸であるのは、現実において依然として一部の学校管理者の行為が人道性の要求に背離していることである。

1999年9月27日午前、陝西省黄陵県田荘鎮の中心小学校4年次のある22歳の数学教師は、葛君が宿題をやり終えていないことを理由に、往復ビンタをしたり、彼をけり倒し、更にクラスの生徒全員に一人が10回ずつムチで葛君を叩くよう命じた。それは、きつく叩いた者は表彰され、軽く叩いた者は逆に10回叩かれる処罰に遭うというものであった。40分間の非情な仕打ちに、葛君は打ちのめされて大小の便を失禁してしまった。誰が葛君を叩いたのかと記者が訊ねた時、子どもたちは我先にと手を挙げ、後ろの生徒は前の生徒に自分が遮られてしまうのを恐れたのか、腰掛けの上に立ちさえした。子どもたちは煌めく笑顔を浮かべながら、均しく先生が僕らに叩かせたのだと言った。

その実、これよりも更に劣悪な事例も滅多にない訳では決してなく、問題の深刻性は人々が非人間的な管理に対して持つべき認識を欠いていることに在る。管（取締り）、卡（締めつけ）、罰（処罰）等といった非人間的な管理手段を運用することは、教職員・生徒の行為を短期間内に変えることに対しては抑止力を持つものではあるが、それは人間の個性の歪みや人間の尊厳性の喪失を重々しい代価となすものである。それは正に、「人は自らを奴隷のようにこき使われることに適応させることはできるが、彼はその知的素質と道徳的素質を引き下げることに頼って適応するのである」と心理学者エーリヒ・フロムが述べた言葉通りである。哀れむべきは、人々はこうした「血腥い」事件から何かを悟ったのでは決してなく、様々な人を奴隷のようにこき使う手段が相も変わらず使用されていることである。そのために、学校管理は改革が必須であり、人道的な方式に照らして人を

理解し、尊重し、管理すべきである。

　人道性管理とは、学校の管理経営が人間を根本とし、人の感情に配慮し、人のニーズを満たし、人の価値を崇め尊び、人の主体としての人格と地位を尊重するものであることをいう。この種の理念を実施に付すには、第一に、人という要素を考慮し、すべてにおいて人の実際を出発点とすべきであり、第二に、個々の差異を考慮し、人間一人一人が何れも自らの思想、情感、興味及び趣味を有するものであることを弁えるべきであり、第三に、人間の内的価値を強調し、激励の方式を通じて仕事の効率を高めさせるべきであり、第四に、ある種の尊重と理解と信頼に満ちた人間環境を構築し、教職員・生徒の集団的帰属感を増強することに努めるべきであり、第五に、学園の文化環境の構築を強化し、学園文化の管理と育人の機能を十分に発揮させるべきであり、第六に、管理観念と管理方式を転換し、管理即育人、管理即奉仕の思想を貫徹すべきである。

三、学校管理の学校志向

　1980年代以来、アメリカ、イギリス等を初めとする西洋先進国が相継いで学校本位の管理という理念を提起することで、学校管理の学校本位化を促すようになった。中国においては、新カリキュラム改革の進展に伴い、学校本位管理が徐々に基礎教育の改革と発展の新たな趨勢となった。

　学校本位管理とは、学校が教育方針と法規の手引きの下、自らの実情やニーズに基づき自主的に発展の目標と任務を確定し、管理経営を進めることができることを言う。簡単に言うと、学校本位管理とは、すなわち学校を本位とする自主管理のことをいうものであり、それは管理の重心の下への移動を強調し、小・中学校を政策決定の主体として、分権、授権、提携等の組織行動学の原理及びその技術を運用することにより、学校と外部（教育行政部門、地域等）及び学校内部（校長、教師、生徒）同士の新しい型の関係を構築するものである。学校本位管理には以下の二つの特徴がある。一つは、学校が財政、人事、カリキュラム及び教学等の面で何れも一定の自主権を有することであり、もう一つは、校長、教師及び生徒、保護者、地域の代表が共同で学校の主な政策決定と民主管理に参画することである。

学校本位管理は伝統的管理に比べて顕著なメリットを持つものである。伝統的な学校管理は一種の上から下への「外部コントロール式」管理であり、それは等級や集権を強調するものであり、学校は上級の命令を厳格に執行することしかできない。しかしながら、社会発展の加速や人々の学校の民主的管理に対する期待が高まるという情況の下、この種の外部コントロール式の管理は情勢の発展に適応し難く、そこで一種の学校本位管理というものが時運に乗って現れたのである。権力の下放により、学校は自主的な政策決定の空間を擁することで、自らの実情に応じて資源の分配、カリキュラムの設置、教学改革及び人事の政策決定等ができるようになり、それによって学校発展の内なる生気と活力が促されるようになった。

因みに、アメリカの全国高等学校校長連合会は、学校本位管理のメリットについてこう略述している。(1) それら在校の人々がその専門的知識と能力を持つことを正式に承認し、彼らの行った決定により、生徒の学業成績を改善することが可能になる。(2) 教師・職員及び地域のメンバーにより多くの政策決定に参与する機会を賦与すれば、衆知を集めて有益な意見を広く吸収することで、政策決定の合理性を高めるとともに、それらメンバーの積極性を引き出すことが可能になる。(3) 教師の士気を強め、彼らをして周囲の環境に対して直接的な影響を与えることを可能ならしめることができる。(4) 教師が彼ら自らの仕事の範囲内に属する事情に直接参与し、決定を行うことが可能になる。(5) 学区の学監、学校の校長、教師及び政策決定への参画者を含めた学校の成員の責任感を高めるのに役立ち、何れもが政策に対して責任を負うようになる。(6) すべての学校が効果的に経費や教学資源を使用することを促すことができる。(7) 生徒に対してより良い教学サービスとカリキュラムを提供するのに役立つ。(8) 各級のリーダーを育成し、激励することに役立つ。(9) 多様化した非正規の会議を通じてメンバー同士の意思疎通と交流の頻度と質を高めることができる。

学校本位管理の実施においては、以下の事業をしっかりと行うことに注意すべきである。

第一に、機構を簡素化し、権限を下部へ移譲させること。学校に自主管理をさせるには、一定の自主的権力を持たせることが必須であり、そのためには、教育主管部門が学校の本来持つべき教育政策決定権、財産権、人事権、カリキュラム

と教学及びその改革権を逐次的に学校に解放することで、政府と学校との間の権力と職責の関係を正しく処理すべきである。政府は立法、資金割当、監督指導及び情報サービス等の手段を通し、学校に対して指導と調整コントロールを進めることに長じていなくてはならない。学校は、主導性、創造性を存分に発揮し、法に基づき学校を管理し、学校の自主的権利を上手に用いなくてはならない。

　第二に、民主的管理を唱導すること。政府は権力を下部に移譲させ、校長個人ではなく、学校に譲渡する。したがって、学校は集権的管理から民主的管理へと転換し、八方手を尽くして教職員・生徒及び保護者を学校管理に参画させるべきである。

　第三に、学校本位の研究を展開すること。学校本位管理の政策決定能力と効果の向上化のルートはとても多くはあるものの、その中の効果的な方式がすなわち学校本位研究の展開である。学校それ自体の情況をはっきりと研究してこそ、自主的な政策決定は初めて照準性と実効性を具えることが可能となる。

四、学校管理の情報化

　情報化時代に在っては、人材を育成する学校も大きな変化が起き、学校管理の面においても新たな特徴、すなわち管理の情報化が現れるようになった。それは、二つの面に現れている。一つは、学校の情報技術に対する開発及び使用により、コンピュータ、インターネット、マルチメディア等の現代技術を管理に応用することで、学校管理の実効を高めているという面であり、もう一つは、学校管理方式の情報化が、過去の「人―人」管理、「人―物」管理から「人―機」管理、すなわち関連の情報資源に対する管理を重要視することへと転換した面である。

　情報化管理は管理の革命であり、それは学校に未曽有の変化をもたらした。第一に、学校情報システムの確立が、学校業務の流れを改善させ、管理人員の労力を軽減させ、管理の効率を高めた。第二に、学校の集成化管理システムの出現が、部門間の閉鎖と隔離を打破し、学校の人、財、物、時間、空間等の情報を迅速かつ効果的に交流、伝達、整合できるようにさせるとともに、素早く、はっきりと現れるようにさせることで、情報資源の共有を実現し、管理者の政策決定の効力と質を大々的にアップさせる。第三に、学校の公共サービスが普遍性と時空を跨ぐ

第十六章　学校管理　681

という特徴を呈するようになり、教師・生徒及び保護者が何れも学校の情報を利用できるようになった。このように、情報サービスの公開性が学校のサービスのレベルと競争力を高めたのである。

　情報化管理を実現するには、ハードの投入とソフトの開発を強化し、学校管理情報化の物質的基礎をしっかりと築くとともに、学校教職員の情報管理の素養を高めることで、情報化管理の運行を保障し、更に学校情報化の管理の規則と制度を十全にすることで、学校管理情報化を効果的なものにする必要がある。

復習思考問題

1. 学校管理の特性はどのように取り扱えばよいのか？
2. 学校管理の目標はどのように実現すれば良いのか？
3. 法律に照らして学校を管理することを堅持すべきであり、学校の自主性と創造性を発揚することも必要であるからには、両者の関係をどのように認識し、処理すべきであるか？
4. 実際と結び付け、あなたの教学管理経営に対する認識を語ってみよう。
5. あなたの現代の学校管理の発展趨勢に対する認識を語ってみよう。

監訳者挨拶

本書は、「教育学の教科書」です。教員養成専門学校・大学での教育に供するとあり、教員を目指す学生が、教育とは何か、学ぶとはどのようなことかを広く探究しつつ、力ある教員を目指すための教材であると捉えました。

力がある教員とはどんな教員なのでしょうか。

本書では、子どもが父母の次に出会う社会的な存在である教師には、人間力、専門性、創造性等の様々な能力が求められること、授業者、相談者、心理士等々の多重的な役目があること、課題解決力を高めるため、研究者としての力も必要であることを述べています。

序章では、教育学の研究を通じて教育の基本的な理論を把握し、正しい概念を確立できると述べ、教師が教育理論を学び、その上で実践することの重要性を強調しています。

教育現場では、以前から「理論と実践の融合」や「理論と実践の往還」が重視されていますが、時間的な制約もあり、まだ十分とはいえません。

日々の教育活動に当たって、教育とは何か、教育はいかに在るべきか、どのような人間を、どう育てていくのか、子供が学ぶとはどのようなことで、教師が教えるとはどのようなことか等々の問いを持ち続けることが大切だと思っています。

今回、浅知、浅学を省みず、監訳をお引き受けしたのは、本教育学を読み通すことによって、実事求是で貫かれた中国の教育の実際を学びたいという一念からでした。

本書の前半は、教育の目的等、教育の理論が壮大に展開されています。国内外の古を紐解き、時代が求める教育の在り方を辿り、中国の歴史の負の部分にも触れながら、時代の求めに応じて今後の教育を指向しています。合わせて、世界の教育の改革は、「人間本位の教育」に向かい、人間の全面的で自由な発達の促進が重視され、それが「新しい理想の教育」になるだろうと述べています。

後半では教育方法や指導内容について書かれ、具体的な授業例が教師と子どもの生き生きとしたやり取りで再現されています。そこでは、子どもを学ぶ主体として捉え、教師も共に学ぶ存在として、一方的な教え込みを厳しく戒めています。

また、各章毎の復習思考問題は、子ども観や指導観、教育観に関わる見解を鋭

く求めています。異なる意見を示して多面的に考えさせる問題もあり、学生の主体的で活発な議論が期待できます。振り返りがその先の探究へと道を開く内容になっており、興味深いものでした。

　日本ではなじみの薄い言葉、直訳的で難解な文章や言い換えが難しい部分もありました。意訳も試みましたが、微妙なニュアンスが伝わらないので、中国独特と思われる言葉は残すことにしました。

　訳者の渡邊英子さんは、私が発する疑問がどんなに些細であっても、数十回も全て対面で懇切に説明してくださいました。高い見識は中国の歴史や社会情勢、文化、人々の生活等々多岐にわたり、私の不明を啓いてくださいました。心からの深い感謝を捧げます。

小関　禮子

【主編略歴】

王道俊 (1926 〜 2017)

華中師範大学教育学部教授、中国教育学者。1953年に北京師範大学大学院を卒業後、華中師範学院（現中央師範大学）で教鞭をとる。主に教育学と教育哲学の教育・研究に従事。中国で初めて主体的教育理論を提唱・研究し、中国の教育理論と実践に多大な影響を与えた。「学生を真に教育の主体にする」、「教育の主体性に関する実験的考察」、「主体的教育の理念に関する考察」、「教育の主体性に関する問題」などの一連の論文を発表し、主体的教育の理念を具現化した著書『教育原理』を主編した。

郭文安 (1932 〜)

華中師範大学教育学部教授，中国教育学者。1956年、華中師範大学教育学部卒業。主に教育学と教育基礎理論の研究に従事。「学生を真に教育の主体にする」など40以上の論文を発表し、『教育学の基礎』や『主体的教育論』などの編著書もある。王道俊教授とともに共同提唱する主体教育の思想は、中国の教育界に大きな影響を与え、現代中国における重要な教育潮流、学問的な学派として認知されている。

【監訳者略歴】

小関禮子

元　帝京大学大学院教職研究科　教授。公立小学校教諭、校長を経て帝京大学へ。『開かれた学校づくりと事例研究』（帝京大学教職大学院年報3）、『「教育と医療の架け橋となる教師」の育成を目指して』（帝京大学教職大学院教職研究科年報7）他。共著に『教職概論』一藝社、『教職の探究』学校図書。

【訳者略歴】

渡邊英子

1976年1月生まれ。1989年創価大学法学部卒業。1989年日中友好協会派遣留学生として北京外国語大学、1990年国費留学生として北京大学に留学。株式会社ブリヂストン、アリババ株式会社などを経て、2011年外文局中国網で翻訳指導に従事。訳著『一冊で分かる中国史』樹立社、2022年。

現代中国研究叢書

中国教育学

2024 年 12 月 12 日　初版第 1 刷発行

主　編	王道俊、郭文安
監訳者	小関禮子
翻　訳	渡邊英子
発行者	向安全
発行所	株式会社 樹立社

　　　　　　〒 102-0082　東京都千代田区一番町 15-20 フェニックスビル 502
　　　　　　TEL 03-6261-7896　FAX 03-6261-7897
　　　　　　https://www.juritsusha.com

編　集	岩井峰人
印刷・製本	錦明印刷株式会社

ISBN 978-4-910326-09-2　C3037

「教育学」© 王道俊　郭文安，2020
Japanese copyright © 2024 by JURITSUSHA Co., Ltd.
All rights reserved. Original Chinese edition published by People's education press
Japanese translation rights arranged with People's education press
定価はカバーに表示してあります。
落丁・乱丁本は小社までお送りください。送料小社負担にてお取り替えいたします。
本書の無断掲載・複写は、著作権法上での例外を除き禁じられています。